上海三联人文经典书库

国家出版基金项目
NATIONAL PUBLICATION FOUNDATION

上海三联人文经典书库

126

# 中世纪的图书馆

[美]詹姆斯·韦斯特福尔·汤普逊 著

张淑清 郑 军 译

# THE MEDIEVAL LIBRARY

上海三联书店

"十四五"国家重点图书出版规划项目

国家出版基金资助项目

# 总　序

陈　恒

自百余年前中国学术开始现代转型以来,我国人文社会科学研究历经几代学者不懈努力已取得了可观成就。学术翻译在其中功不可没,严复的开创之功自不必多说,民国时期译介的西方学术著作更大大促进了汉语学术的发展,有助于我国学人开眼看世界,知外域除坚船利器外尚有学问典章可资引进。20世纪80年代以来,中国学术界又开始了一轮至今势头不衰的引介国外学术著作之浪潮,这对中国知识界学术思想的积累和发展乃至对中国社会进步所起到的推动作用,可谓有目共睹。新一轮西学东渐的同时,中国学者在某些领域也进行了开创性研究,出版了不少重要的论著,发表了不少有价值的论文。借此如株苗之嫁接,已生成糅合东西学术精义的果实。我们有充分的理由企盼着,既有着自身深厚的民族传统为根基、呈现出鲜明的本土问题意识,又吸纳了国际学术界多方面成果的学术研究,将会日益滋长繁荣起来。

值得注意的是,20世纪80年代以降,西方学术界自身的转型也越来越改变了其传统的学术形态和研究方法,学术史、科学史、考古史、宗教史、性别史、哲学史、艺术史、人类学、语言学、社会学、民俗学等学科的研究日益繁荣。研究方法、手段、内容日新月异,这些领域的变化在很大程度上改变了整个人文社会科学的面貌,也极大地影响了近年来中国学术界的学术取向。不同学科的学者出于深化各自专业研究的需要,对其他学科知识的渴求也越来越迫切,以求能开阔视野,迸发出学术灵感、思想火花。近年来,我们与国外学术界的交往日渐增强,合格的学术翻译队伍也日益扩大,同时我们也深信,学术垃圾的泛滥只是当今学术生产面相之一隅,高质量、原创作的学术著作也在当今的学术中坚和默坐书斋的读书种子中不断产生。然囿于种种原因,人文社会科学各学科的发展并不平衡,学术出版方面也有畸轻畸重的情形(比如国内还鲜有把国人在海外获得博士学位的优秀论文系统地引介到学术界)。

有鉴于此,我们计划组织出版"上海三联人文经典书库",将从译介西学成果、推出原创精品、整理已有典籍三方面展开。译介西学成果拟从西方近现代经典(自文艺复兴以来,但以二战前后的西学著作为主)、西方古代经典(文艺复兴前的西方原典)两方面着手;原创精品取"汉语思想系列"为范畴,不断向学术界推出汉语世界精品力作;整理已有典籍则以民国时期的翻译著作为主。现阶段我们拟从历史、考古、宗教、哲学、艺术等领域着手,在上述三个方面对学术宝库进行挖掘,从而为人文社会科学的发展作出一些贡献,以求为21世纪中国的学术大厦添一砖一瓦。

# 出 版 者 前 言

　　我们很高兴将这本 1939 年初版的《中世纪的图书馆》的再版本呈现给大家，因为实际上很长时间以来，中世纪史的研究者、图书管理员以及其他学者看不到这本书。在这本书里，已故的詹姆斯·韦斯特福尔·汤普逊教授为我们对大量的图书馆和书籍做了一个梳理，这些书籍和图书馆已经变成了该领域非常少有的权威的参考工具之一。

　　关于本版中已知的众多小错误和不足之处，我们应该出版一个新的完整的修订版，然而目前鉴于经费上的原因，这还不可能付诸实施。但是，在本版的结尾，我们增加了一个附录，内容是布兰奇·B. 博耶（《图书馆季刊》，1940 年 7 月第 10 卷第 3 期）撰写的一篇评论文章，其中将"事实和方法上的错误"以及"一些不足之处"都一一列举了出来。

# 前　言

　　培根曾于 1605 年(在《学术的进展》中——译者注)写道:"我可以准确地断言,现在还缺少一部恰当的学术史。"如果他生活在今天,他就会对这种对学术的轻视状况少一点抱怨。然而,从最普遍的意义上来说,他的断言还是有道理的。关于学术和科学的历史,已经有大量的文献作品被写出来,但从实质上来说,这些作品都是专题性的——不均衡、不连贯、不完整,而作为社会力量的学术史还没有被叙述。事实上,没有对各种学术形式的充分研究,就不可能形成学术史。可以非常肯定地说,这些形式之一,就是图书馆。在人们阅读的材料和他们能够了解、思考、写作和制作的材料之间总是存在着内在的联系,图书馆的历史因此成为人类文明发展史中一个非常重要的组成部分。

　　对于那些了解印刷术发明前的书籍和图书馆史文献的人来说,人们试图把知识发展概述为一段不间断的历史,这是无须辩解的。这些文献的丰富程度可以从本书后面内容的注释中得到展示。在抄本时代,没有任何使用英语或者其他语言对书籍的历史或者图书馆历史综合考察,抄本时代从基督教纪元开始,不间断地延续到印刷术发明之前的 15 世纪。后人应该记住过去那些为学术而思考和辛勤劳动的人,我通过对中世纪图书馆历史的考察,为自己也为他人,向前人表示敬意。

　　这本著作的写作,始于我在芝加哥大学历史系工作期间。在1927 年,当图书馆学研究生院在那里成立的时候,我有机会将我的研究作为图书馆历史的一门课程。从此——一直到最后——后面的内容都是成果。我在该领域里做讲师 5 年的经历,不仅使我积累了大量的信息,而且还促使许多学生对这门课程产生了兴趣。

因此，当一场严重的疾病使我不得不终止写作的时候，我还担心自己不能完成这项工作，幸亏有几位学生鼎力协助，本书得以最终完成。整部书稿由我的朋友和图书馆学研究生院前同事皮尔斯·巴特勒(Pierce Butler)教授通读，对于他的学识和他的批评我表示深深地感谢。在此我必须要向系主任 R. 威尔逊(R. Wilson)的鼓励和支持表示感谢，没有他的支持和资助，本书不可能付梓出版。最后，要感谢芝加哥大学出版社的戈登·J. 莱恩(Gordon J. Laing)先生、唐纳德·P. 比恩(Donald P. Bean)先生和 D. 亚历山大(D. Alexander)女士，感谢他们在本书出版中所付出的努力。

任何人在出版一本著作的时候，都要使用参考文献，这通常会包括外文文献、模糊的小册子和技术性的期刊，没有人能避免出错。这样的一本著作不可能没有一点错误。但是我们依然希望，这里出现的偏差在连续性的研究中不是实质性的错误，并尽量将错误降至最低的程度。

我们在这里已经不可能提供一章关于中世纪西班牙图书馆的历史了。近代对西班牙图书馆历史的研究落后于对欧洲其他国家图书馆历史研究一个世纪，几乎没有古老的图书馆图书目录被出版，我们也很少能够找到被编辑的编年史和文献资料。如果可能的话，我们要写一部中世纪西班牙图书馆的历史，但是这一天，看上去还很遥远。

詹姆斯·韦斯特福尔·汤普逊
加利福尼亚大学
伯克利　加利福尼亚州
1938 年 1 月 20 日

# 目录

# 第一部分　中世纪早期

如果有人一心愿意思考神律，坐在此处，他便能专心阅读神圣的书籍。

——诺拉的波莱纳斯（PAULINUS OF NOLA）

我一向很享受学习、教学以及写作。

——比德《教会史》v.24

哦，当我们静静地坐在智者的书箱间、在这许多书中，以及在先人可敬的思想中时，生活是多么甜蜜啊！

——阿尔昆 *Ep*.xxii

在我看来，当为追求智慧而追求智慧。

——塞尔维图斯·卢普斯（Servatus Lupus）*Ep*.i

# 前　　言

对中世纪文明的任何讨论，都会经常提及它从更古老的希腊、罗马文明那里汲取的"古典遗产"。然而，所有这些讨论都会长篇大论地反复重申，这一遗产只是对它们有组织的、系统的联系中完全中断的碎片所进行的一个初步整合而已。正如一个大的神殿在一次剧烈的地震中被毁坏，但一些成型的建筑石材依然会保持原样，只是这些建筑石材与原来的石材都脱离了，因此显得不再实用，中世纪早期从古典文化中继承的正是这样孤立的碎片，而不是从前彼此相连的有机组合体。关于图书馆的历史同样如此。罗马帝国曾经拥有图书馆，在罗马帝国文明普遍没落的时候，这些图书馆也变得支离破碎，甚至被人们完全淡忘了。然而，在中世纪最早的图书馆形成的时候，还有许多罗马的希腊文和拉丁文书籍被重新利用。

正因为如此，关于中世纪图书馆丰富的历史，都必须先回顾较早的希腊-拉丁文图书馆①，但不是将其作为中世纪图书馆的起源，甚至也不是作为中世纪图书馆的原型，而只是作为其材料的来源。

对于所有的外国文献来说，除了希腊文献之外，罗马文化总是格外不被接受。尽管它的艺术、技术甚至宗教都保留了许多较早的伊特鲁里亚人文明的成分，但是伊特鲁里亚人的语言和文学还是消亡了。同样，当罗马人征服迦太基的时候，他们将发现的书籍

---

① 其文献大量存在，其中较重要的参见：C. E. Boyd, *Public Libararies and Literary Culture in Ancient Rome*（Chicago, 1915）；R. Cagnat, *Les Bibliothèques municipales dans l'Empire Romain*（Paris, 1906）；F. G. Kenyon, *Books and Readers in Ancient Greece and Rome*（Oxford, 1932）；F. Reichmann, "The Book Trade at the Time of the Roman Empire," *Library Quarterly*，VIII（1938），40-76；还可参见较大型的古典辞典。

都留给了当地的贵族。这并不是因为他们不懂迦太基的语言，事 4
实上，由于普劳图斯(Plautus)在他的戏剧《小迦太基人》(*Poenulus*)
(大约公元前 190 年)中几次使用了腓尼基语的长篇演说词供人们
背诵，迦太基人的语言早已为罗马人所熟知。作为战利品，迦太基
人的书籍由于罗马人完全的漠不关心而被丢弃了。①在后期罗马向
东征服的过程中，除了希腊文书籍以外，罗马人对所有其他的外国
书籍同样表现出了漠不关心。在此，正如我们将看到的那样，希腊
图书馆也被劫掠，但是在所有从小亚、叙利亚和埃及流向罗马的战
利品中，当地的书籍从未被提及。

　　在早期，罗马作家效仿希腊模式和希腊作家的风格，这种希腊
模式和希腊风格源于大希腊，作为希腊人在南部意大利建立起来
的殖民地，大希腊历史悠久，在公元前 2 世纪时罗马人最早同希腊
建立起了直接的大规模的文化上的联系。罗马人入侵并征服了马
其顿，马其顿当时是汉尼拔的盟友，汉尼拔的军队征服了大部分希
腊领土，向南直至科林斯湾。因此，许多罗马士兵和行政官员亲眼
看到了希腊文化所取得的成就，了解到了一些希腊的历史与文献。
他们所获得的新知识以及他们对希腊文化的敬慕之情在本土很快
就被采纳了，在某种程度上，其结果可以同大约 15 个世纪之后——
也就是十字军东征之后西欧的文化复兴相媲美。

　　这一影响在希腊学者作为外交使者出现在罗马时得到了进一
步加强，特别是由语法学家马洛斯的克拉特(Crates of Mallos)率领
的帕加马(Pergamum)的欧迈尼斯二世(Eumenes II)使团到来时，
克拉特是欧迈尼斯在帕加马建立的大图书馆的负责人。事实上，
一些近代作家将克拉特到达罗马并开启"希腊文化入侵意大利"的
历史追溯到公元前 159 年。可以肯定的是，从这一时期开始，罗马
人开始认真地学习和效仿希腊文化，希腊的语法学家成为罗马学
校里受欢迎的老师，希腊导师走进富裕人家成为平常的事情。

　　作为征服和劫掠的结果，希腊图书馆同样被移到罗马，成为罗 5
马图书馆的一个有机组成部分。因此有人说，公元前 168 年，卢修

---

　　①　唯一的例外是马戈(Mago)所写的有关农业的著述被带到了罗马，并且被翻译，
从而成为以后所有关于农业问题的拉丁文手册的基础，这一点至关重要。

斯·埃米利乌斯·保卢斯（Lucius Aemilius Paulus）在皮德纳打败马其顿的珀尔修斯（Perseus）国王之后，为自己夺来了国王的图书馆。他把这些书遗赠给了他的儿子们，其第二个儿子就是迦太基的征服者小西庇阿（Younger Scipio）。一个世纪以后，卢库勒斯（Lucullus）在征服了小亚以后（前74—前64年），获得了一个藏书丰富的图书馆，他将其带回家并向学者开放，尽管在罗马，人们称其为希腊人而非罗马人，罗马人依然利用自己的特权享用了这个图书馆。但是，所有的这些收获都比不上苏拉的功劳，苏拉曾经在公元前86年征服了雅典，并带回了亚里士多德的图书馆。他把亚里士多德的图书馆放在了他在罗马的大宫殿里，并雇用两个图书管理员——一位是罗得岛的安德罗尼库斯（Andronicus），他负责校对亚里士多德文集，另一位是曾经担任西塞罗图书馆顾问的蒂兰尼恩（Tyrannion），他负责保管图书。这与斯特拉波有关，他与这两位管理人员私交甚好。尽管这三部分收藏全部对深受大众喜爱的学者开放，但是它们都属于私人所有。

随着对外征服的深入，罗马开始重视文化，并获得了文化财产，这种趋势在罗马由对外征服阶段转到发展经济的过程中得到了延续并不断加强。在随后的几个世纪里，罗马收藏者可能在希腊购买了更多的书籍，其数量超过了专横的罗马官员通过武力或者欺骗手段所获得的书籍。在罗马，可能还以希腊作品为原型而仿制出了更多的书籍，因为在罗马帝国的黄金时期，拥有一个某种类型的图书馆是彰显个人成就的一个典型的标志。对于真正热心于文化事业的有真才实学的男子来说，毫无疑问，这些书籍是实用的图书馆，但即使是这些男子，在当时的时代背景下，大量收藏书籍通常也仅仅是为了炫耀财富，比如西塞罗就属此类，在他的每一个别墅里（他在希腊的不同地方拥有18幢别墅）都有一个永久的图书馆。然而，西塞罗在书籍方面的铺张花销，似乎仅仅是他的社会地位的典型写照，他的做法总是被那些粗鲁的新贵们古怪地效仿。那些冒牌的书籍收藏者经常会出现在罗马的讽刺作品中，彼得罗纽斯（Petronius）作品中著名的人物形象特里马尔乔（Trimalchio），在吹嘘他的希腊文和拉丁文图书馆的同时，呈现了对这些文学作品的荒唐漠视。马提雅尔（Martial）、塞内加（Seneca）、尤维纳利斯(Juvenal)、卢西恩(Lucian)甚至还有奥索尼厄斯(Ausonius)都讥笑这些仅仅为收藏而收藏的愚蠢行为。

在私人生活中盛行的藏书风尚不可避免地会变成公共行为。古罗马第一个公共图书馆由阿西尼厄斯·波利奥(Asinius Pollio,公元前76年—公元5年)建立,他在年轻的时候放弃政治,成为艺术和文学的赞助者,他本人也成为一个小小的作家。作为年轻人的波利奥是卡图鲁斯(Catullus)的朋友,并曾经在雅典学习。公元前40年,他以执政官的身份进入罗马的公共生活中,当时维吉尔将第四首田园诗献给了他。第二年,在达尔马提亚战役获胜之后,罗马为他举行了一个公共的凯旋式,他变得很富有,随后退休了。在公元前37年,他在阿文丁山上的检察官档案馆(Atrium Libertatis)建立了一个希腊文和拉丁文文献图书馆。该图书馆立即成为一个公共图书馆,同时也是一个内部装饰有著名作家半身像的公共艺术展览馆。对于当时健在的人来说,只有瓦罗被包括其中。或许瓦罗并不是以作家的身份享有这一殊荣,而是以一个创建者的身份。尽管历史记载很匮乏且残缺不全,但瓦罗的名字在与图书馆相关的记载中出现过三次:他写了一本《论图书馆》(De bibliothecis),该书没有流传下来;尤利乌斯·恺撒在去世前曾考虑建立一个公共图书馆,并且派瓦罗去做这件事情;最后,波利奥图书馆的书籍中据说包括了瓦罗和苏拉的著作。这一证据并不确定,但是它却表明,瓦罗或许是爱德华·爱德华兹(Edward Edwards)作品中的罗马人原型。

如果这一情况属实的话,他的影响可能还在随后很快建立起来的奥古斯都的两个图书馆之后体现出来。第一个是屋大维图书馆,它于公元前33年被建立于屋大维柱廊,即在更古老的梅泰利柱廊遗址上,它的柱廊围绕着朱庇特神庙。奥古斯都在这两个神圣的建筑中间建立了一个朱诺神庙和一个图书馆。在公元前28年,他还建立了帕拉蒂纳图书馆(Bibliotheca Palatina),但是除了名字之外,我们对其几乎一无所知。

奥古斯都之后的皇帝们由于个人性格或者政治命运的不同,要么继续、要么漠视奥古斯都建立图书馆的政策。尽管提比略经常住在家里而不是更昂贵的帕拉丁宫殿里,他还是给奥古斯都的图书馆添加了他喜爱的希腊诗人的作品和雕像作品。在尼禄统治时期,罗马发生了大火,罗马公共图书馆和私人图书馆都损失惨重,但是屋大维图书馆却幸存下来。韦伯芗建立了和平圣殿,并在那里建了一座新的图书馆。公元 80 年,在提图斯统治时期,屋大维图书馆在该城发生的第二场大火中被烧毁了。图密善重建了这座图书馆,但是是在奥古斯都圣殿(Templum Augusti)里,而且是由罗马市政负担费用,因为该图书馆不是由帝国财政来维持的。为了拯救书籍,他派人去亚历山大里亚以获取那里的手稿抄本。图拉真皇帝(98—117 年在位)在其原来的位置上重建了屋大维图书馆,又建立了乌尔皮亚纳图书馆(Bibliotheca Ulpiana),它是继亚历山大里亚图书馆和帕加马图书馆之后最著名的古代图书馆。这里主要是学者的藏书,《罗马皇帝传》(*Historiae Augustae*)中不只 7 次提及这里便足以证明。它坐落于大法院的后面,由两座建筑构成,其中一个收藏希腊文著作,一个收藏拉丁文著作,分列于图拉真广场的东侧和西侧,在图拉真广场的中心竖立着图拉真纪念柱。

> 纪念柱上宏伟的系列浮雕是为了让人们不仅从地面而且从大殿和两个图书馆的两层柱廊都能看到……纪念柱类似纸草书卷的外形和它在两个图书馆之间的位置,表明了它是为了纪念图拉真自己的战争史而竖立的。①

公元 2 世纪,在开明的安敦尼王朝皇帝们的统治下,罗马的公共图书馆数量众多,空前繁荣,每一个图书馆可能收藏某一种特定的文献作品。它们是由一个行政长官以皇帝的名义管理,每一个独立图书馆的馆员(*bibliothecarum*)都由一个这样的行政官员代理,图书馆的代管权则通常被授予一些受认可的学者。在铭文中,图书馆的一些管理者的名字被保存了下来:克劳狄时期的西图斯(Scitus)、哈德良皇帝时期的维斯蒂纳斯(Vestinus)以及其后的拉齐斯(Larges)和朱西努斯(Juncinus)。

现代的图书管理员会发现,后者的薪水是 60 000 塞斯特斯

---

① F. S. Burnell, *Romē* (New York, 1930),p.78.

(sesterces)，这对于代理官员级别的任何人来说都是最低的薪水。有关这一时期图书馆的另一条琐碎信息来自马可·奥里略（Marcus Aurelius）征战潘诺尼亚时随身携带的小加图的《对话集》（Discourses）帕拉丁抄本，由此人们推断，普通百姓可以从这些罗马图书馆借书。事实上，历史记载揭示的情况恰恰相反，因为马可·奥里略皇帝曾经开玩笑说，他的信使弗兰托（Franto）应该自己想办法从提比利亚（Tiberia）图书馆借书。

公元 192 年，在放纵的康茂德统治时期，和平圣殿连同苇伯芗建立的图书馆都毁于大火。更糟糕的是，帝国王宫本身也毁于大火，其中拥有提比略藏书的帕拉丁图书馆也被大火吞噬。公元 5 世纪的奥罗修斯（Orosius）在攸西比厄斯的基础上写作，他说图书馆在议会大厦里，但这一说法没有任何的权威性。同样，认为它是被大格里高利（Gregory the Great）毁坏的说法，则是 12 世纪怀有恶意的一个杜撰。①

对于 3 世纪的图书馆历史我们知之甚少。一位伟大的藏书家老塞里纳斯·萨摩尼卡斯（Serenus Sammonicus the Elder）将他的书籍赠送给了皇帝戈迪安三世（Gordian III），从这个意义上来说，人们说他重建了帕拉丁图书馆。

在 4 世纪君士坦丁大帝统治时期（313—337 年），对罗马 14 个地区做的一份地质调查显示，在该城的著名建筑物中有 28 个图书馆。同样，4 世纪后期②的历史学家沃皮斯库斯（Vopiscus）是《罗马皇帝传》的作者之一，他提及了几个关于他在乌尔皮亚纳图书馆研究的有趣典故。比如，在他的《奥勒留传》（Life of Aurelian）中，他提及该城的行政长官从这个图书馆中为他借了一些书。在《塔西佗传》（Life of Tacitus）中，他又一次提到了第六个书柜中的一本以象牙作封底的书。如果沃皮斯库斯真的是一位学者的话，这些线索就非常重要了。但是，遗憾的是，在许多段落中，他都给人一种夸大自己学识的印象，所以他提及的乌尔皮亚纳可能是从早期作家那里转引来的。

---

① 参见 F. H. Dudden, *Gregory the Great*(London, 1905)，I, 290-291。
② 从前标注的是 3 世纪。

　　这种不明确性是这一时期的特点,在文化衰落的过程中,学术研究不仅减少了,而且其可靠性也降低了。流行的文明不再需要图书馆,克莱奥(Clio)也对此保持沉默。事实上,阿米阿努斯·马塞利努斯(Ammianus Marcellinus)在大约公元378年已经写下了他们的墓志铭:"图书馆,就如同墓地一样,已经永久地关闭了。"

　　在罗马发生的事情,通常也在罗马的各个行省小规模地发生。罗马帝国是一个由先前各自独立的国家组成的大杂烩,每一个地区的生活都以自己的市政为中心,因此帝国遍地都有市政图书馆的遗迹就不足为奇了。1904年在以弗所进行的考古发掘,使提图斯·尤里乌斯·阿奎拉(Titus Julius Aquila)为纪念他的父亲于公元92年建立的一座图书馆重见天日。大约在同一时期,小普林尼在他的出生地科莫建立了一个公共图书馆,并向它捐赠了一百万塞斯特斯。哈德良偏爱希腊和东方文化,他在雅典建立了一个图书馆,其遗址已经被发掘出来。非洲提姆加德城市政图书馆的遗迹保存得非常完好。斯特拉波提及过士麦那的一个图书馆,奥卢斯·格利乌斯(Aulus Gellius)提到过帕特雷的一个图书馆。我们还有一些有关亚美尼亚的信息,在这里,希腊人、叙利亚人和波斯人的文化影响交互争锋。在公元2世纪,一位伟大的叙利亚学者卡蒂纳的马里巴斯(Maribas of Catina)被派到尼尼微为尼西比图书馆拯救手稿。在埃德萨,还有一个希腊语和叙利亚语图书馆,尼西比和西诺普圣殿图书馆的建设在禁止异教信仰之后得到了加强。而且,如此多的详细情况出于偶然而被保留了下来,我们可以假设,一定还有一些其他的行省图书馆,尽管没有留下任何记载。

10　　在接下来的几个世纪中,所有的这些图书馆命运又如何呢?我们无从得知。对于罗马本身来说,在以后的记载中偶尔会提及一个"图书馆",但是我们永远也无法确定,它指的是一个图书馆,还是仅仅是空的且被毁坏的建筑。比如,说西多尼厄斯(Sidonius)的雕像在图拉真广场"希腊和罗马图书馆之间"被立起来,这并不能用来证明乌尔皮亚纳藏书在汪达尔人洗劫罗马的劫难中幸存了下来。更重要的是卡西奥多罗斯(Cassiodorus)对图拉真广场的记述:"无论我们是多么频繁地见到它,它永远都是令人赞叹的。"既然我们知道他是一位热情的学者,但是他对图书馆却保持沉默,这一点至少表明,那里的图书馆已经不复存在。在沉默的历史面前,我们只能进行猜测。罗马曾经遭到三次可怕的围攻——其破坏性之大足以改变这座永恒之城的面貌,在这个过程中,是否有任何公共图书馆幸存了下来?是否有任何藏书由于管理员的忠诚而被安全地保存了下来?是否有任何图书被皇帝康斯坦斯(Constans)移到了君士坦丁堡?他曾经于663年访问罗马,在被毁的恺撒宫殿里住了12天,并直接指挥了最后的抢劫活动。

罗马大部分公共和私人的图书馆之所以湮灭,可能是由于长期被忽略和潮湿等原因,而不是因为战争的劫掠。当世界发生了巨大变化以至于人们不再真心地热爱书籍的时候,书籍就不能幸存下来。事实上,那个世界已经变成了基督教世界,它对更古老的异教文献持一种极大的敌视态度。

早期基督教对罗马文化的影响是一个备受争议的话题,有关这一点,已经有太多关于双方的令人不快的愚蠢观点。但是有关图书馆的历史,有一点是明确的:许多公共图书馆,有可能是帝国大部分公共图书馆,都是坐落于公共神庙当中。公元392年,当异教信仰被最终禁止,它们的神庙也被关闭的时候,这些图书馆也理所当然地被关闭了。尽管如此,它们也没有被立刻毁掉,而是被禁封了,里面的藏书由于纯粹的疏忽注定要消失,或者散落,或者由于不断的偷窃行为而被糟蹋了。当基督教变成罗马国教的时候,公共图书馆大部分就自动消失了。

除此之外,一些其他的已有观点也至关重要。在早期的扩张阶段,这种新的宗教主要是在下层人民中间传播,后来才逐步被受过良好教育的文化水平更高的阶层所接受。它最初的拥护者不可避免地狂热反对异教——或者,为此抵制任何异教文献。只要这样的态度占主导地位,文化程度更高的阶层地位就很可悲。一方面,像杰罗姆这样的改变人们读写训练的人,会在对伟大的异教古典文化的热爱和对新宗教的忠诚之间左右为难,另一方面,许多高贵的人绝望地固守异教,以作为他们对更古老文化忠诚的一个标志,他们被迫置身事外,并变成伤感的、无能为力的和人数逐渐减少的一小部分群体,观望自己的世界在宗教蒙昧主义面前逐渐被贬低。我们通过阿忒纳乌斯(Athenaeus)、马克罗比乌斯(Macrobius)和西

*11*

马库斯(Symmachus)的著作知道了一些人及其沉默隐匿的圈子的兴趣。所有这些著作都充满古典主义和异教的色彩,其中找不到基督教的痕迹。每一页都充满了极具创造力的想象和博学多识,这是事实,而且,他们对古典文化的尊敬掩饰了他们卖弄学问的不足。我们必须将崇高的敬意献给所谓的"狄奥多西时代异教贵族们的努力——'反基督教运动',这些人为基督教会持久地保持了古代文化的活力"①。

　　幸运的是,新宗教自身包含了最终必将回归文化理性的重要因素。基督教是一个热爱学术的宗教。在希伯来经典的译本中,基督教迅速地增补了大量的经典内容,在祈祷中被广泛阅读。出于宣教的目的,基督教护教者很快发现,引用世俗的古典著作使他们在反异教的过程中具有更强大的力量。最终,正如早期信徒的简单信条被阐释、讨论、维护并最终发展成一个完整的理论体系那样,基督教广泛使用了古典语法、文学、历史和哲学,教会几乎是不自觉地被迫从事世俗的学术教育,并将其作为自身教育体系的预备学校,这最终包括了图书馆的重建。

　　当然,这一趋势经历了几个世纪的时间,而这本书仅仅是描述了这一过程。这里要谈到的关键问题是,不应谴责基督教加速了罗马文化的衰落,也不必赞扬它减缓了罗马文化的衰亡。在这个过程中,社会力量比宗教发挥了更大的作用。基督教诞生于一个正在衰落的文明世界中,它自身也被卷入这一时期社会力量造成的文化衰落的浪潮中。恐怕没有任何其他时期比罗马文化和教会文化与希腊语言之间的整体关系对图书馆的历史更加重要。教会和罗马文化从起源上来说都完全是希腊化的,二者经历了文化发展的最高峰之后都完全使用两种语言;二者最终都长期不再使用拉丁语;二者最终都在文艺复兴时期得到了复兴,文艺复兴以希腊文化的复兴和拉丁语的恢复使用为标志。保罗用希腊语给罗马人写信,正如几个世纪以前,费边·皮克托(Fabius Pictor)用希腊语写他们的第一部历史一样。杰罗姆与在他之前的西塞罗一样,能阅读两种语言,但他完全使用拉丁文写作。大格里高利教皇(590—

① F. W. Hall, *Classical Review*,XXXVI(1932),42.

604 年在位）明显与塞维利亚的伊西多尔（Isidore of Seville，卒于636 年）一样，对希腊语是一无所知的。

　　希腊语的消失，意味着古老图书馆里的一多半图书正在变得没有价值，与此平行的是，用拉丁文写成的古老书籍的使用也在逐渐地减少。由于罗马文化的衰落，人们开始编撰和研究简明节选梗概和选集，而不是完整的原本，学术正堕落成卖弄学问的引经据典。大部分近代学者对罗马文明衰落中幸存下来的古典文明的研究，都因为他们不能考虑到二手资料的广泛引用而站不住脚，只有到了最近这些选集的地位和重要性才得到了认可。①因此，我们现在可以更清楚地看到，罗马图书馆的消失，并不是由于偶然的灾难，而是由于文化自身的衰落而造成的。

_13_

---

①　B. L. Ullman, *Classical Authors in Mediaeval Florilegia*(Chicago，1932).

# 第一章　早期教会图书馆

从某种意义上来说，罗马的公共图书馆对于现代图书管理员来说只具有古物收藏的价值，没有一个罗马的公共图书馆保留到中世纪盛期，几个世纪以来，甚至人们对它们的记忆都已经不复存在了。后来的中世纪图书馆既不是罗马图书馆的遗留，也不是它的复兴，而是伴随着新的西方文明而自然产生的。然而我们不应该忘记，在罗马帝国时期，基督教文化在世俗世界也达到了它发展的高峰，早期教会图书馆就是一个证明。

尽管早期的基督徒文化程度较低，并且富有欺骗性的千禧年说使得他们狂热地反历史，但是他们很快就发现，记录历史和文献研究是非常必要的。在几代人的时间里，各种基督教文献大量涌现，其中《新约》仅是其中一个有限的精品。在正典以及十二门徒之后非正典的著作中，我们都能发现其中参考文献涉及不只某一本书，而是一堆书，我们可以视之为早期的图书馆。在《提摩太后书》（4：13）中，保罗让提摩太"带来……那些书也要带来，更要紧的是（他留在特罗亚的）那些皮卷"。《路加福音》（1：1）中不仅提及"有好多人提笔作书"，而且他本人也将对这样的历史中提取的材料进行整理。《使徒行传》对革老丢·吕西亚（Claudius Lysias）写给腓力斯（Felix）的书信的引用，证明了档案材料的存在。

上述每一个例证都可以表明，个人拥有一定的藏书作为实用的图书馆。然而，在后使徒时代早期，我们发现了教会力图搜集基督徒著作的努力。写于公元117年后不久的鲍利卡普（Polycarp）主教的书信，部分是对腓力比（Philippi）教会请求的答复，他寄去了当时刚刚殉道的伊格那提乌斯（Ignatius）主教所有书信的副本（copies）。其他的教会组织肯定也想要搜集和保存有关他们信仰的文献资料。换言之,教会图书馆的形成是顺理成章的事情。与早期基督教会的历史一样,有关教会图书馆的直接证据并不多,但是我们可以从已有的事实中得出一定的结论。公元 2 世纪,在异教徒和基督教信徒之间开始了一场论战,前者驳斥新宗教的观点,后者试图在驳斥这些争论的同时攻击异教信仰的愚蠢。第一个反基督教的辩论家塞尔苏斯(Celsus)卒于公元 177 年,很显然,他获得了大量各种各样的基督教文献作品。另一方面,有证据表明,基督教的拥护者比如里昂的爱任纽(Irenaeus)、迦太基的德尔图良(Tertullian)和罗马的希波吕托斯(Hippolytus),对诺斯替教和异教著作有百科全书式的了解,作为学者,他们收藏了大量的资料,同时我们也可以断定,在上述每一个地方的教会,都拥有系统的宗教藏书图书馆。从后期的发展来看,后一种可能性更大。

我们有充分的证据表明,这样的图书馆是由教会在亚历山大里亚建立起来的,它与康茂德(Commodus,180—192 年在位)统治时期的问答式学校有很大关系。[1]德尔图良(大约公元 200 年)提到该图书馆拥有《旧约》的希腊文版本,也拥有《旧约》希伯来文版本。[2]亚历山大里亚的克莱门特(Clement,卒于 217 年)将这所学校变成了基督教学术研究的中心,而安提阿依然是精神上的中心。克莱门特是一个雅典人,他在雅典学习了异教的哲学。在成为基督徒之后,他来到了当时希腊学术的中心亚历山大里亚,在这里,正如他的著作所清楚表明的那样,他接触过大量的图书馆藏,其中除了教会图书馆之外,还有萨拉皮雍图书馆,尽管该博物馆已经不复存在,但是,其图书馆依然尚存,还有埃及各大神庙图书馆。从后者的一个图书馆藏目录中,他引用了一份包括 42 本有关礼拜仪式著作的清单。[3]他经常引用希腊剧作家、历史学家和哲学家的著作。在他所引用的 348 位作者的著述中,也许他仅仅是通过选集而对其著作有部分了解,但尽管如此,也表明了他对古典文献深深的真

16

---

① A. Harnack, "Die älteste Inschrift über einer öffentlichen Kirchenbibliothek," *Beiträge zum Bibliotheks-und Buchwesen, Paul Schwenke zum 20. März 1913 gewidmet*, p.112.

② *Apologeticus* 18.

③ R. B. Tollinton, *Clement of Alexandria*, I, 151.

诚的热爱,或许正是这一高贵的品质,成为他的著作在基督教人士那里没有获得流传的原因。①克莱门特对基督教思想的影响几乎完全是通过他的学生奥利金(Origen,约185—约254年)的学说,奥利金是一个粗鲁的人,但是比他的老师个性更强。奥利金通过出售自己世俗的书籍而使其思想受到了削弱,正如人们说他因为宗教事业而伤了自己的身体一样。在克莱门特去世以后,奥利金因为与教会中比他职位更高的人争吵而被赶出了亚历山大里亚。当奥利金移转到巴勒斯坦的凯撒利亚以后,他也将基督教的文化中心转移到了那里。毫无疑问他带来了大量的《圣经》抄本,以此为基础,他完成了自己最伟大的学术著作《六经和参》(Hexapla)。从这个意义上,我们可以说他建立了凯撒利亚的教会图书馆,但是它真正的建立者是帕菲利厄斯(Pamphilus,约卒于310年),杰罗姆将其描述为一个基督徒庇西特拉图(Peisistratus)或者德米特里·法拉雷乌斯(Demetrius Phalareus)。②他是一位不知疲倦的收藏者和书稿校对者。③尽管他在凯撒利亚搜集的图书馆目录已经不复存在,但我们从优西比厄斯和杰罗姆那里仍可以略知一二。④我们可以有把握地说,如果没有帕菲利厄斯的藏书,优西比厄斯不可能写出早期教会史。这一图书馆依然受到后世主教的赞誉和保护,这可以从以下事实中得到证明:阿卡西厄斯(Acacius,340—366年在位)和尤佐乌斯(Euzoius,366—379年在位)将损坏的纸草书卷换成了羊皮纸抄本,在5世纪时,尤萨利乌斯(Euthalius)还使用过它。

巴勒斯坦另外一个著名的教会图书馆是耶路撒冷图书馆。据说它是由亚历山大主教(212—250年在位)直接仿照亚历山大博物

17

---

① 在贝克尔(Becker)和戈特利布(Gottlieb)出版的中世纪图书目录中,没有引用亚历山大里亚的克莱门特的任何著作。

② *Ep*. xxxiv.

③ V. E. Gardthausen, *Handbuch der wissenschaftlichen Bibliothekskunde*, I, 124, and n.3.

④ Jerome *Ep. ad Marcellam* 34; *De viris illustr*. 113; Eusebius *Hist. Eccles.* vi. 20. 关于这个图书馆及其以后的历史,参见 O. Bardenhewer, *Geschichte der altkirchlichen Literatur*, II, 10 ff.; A. Ehrhard, "Die greichische Patriarchalbibliothek von Jerusalem," *Römische Quartalschrift für christliche Altertumskunde und für Kirchengeschichte*, V(1891), 219-243; A. Harnack, *Geschichte der altchristlichen Literatur*, I, 543 ff.; J. A. Robinson, *Euthalania* ("Texts and Studies," Vol. III, No.3), pp.34-36。

馆建造起来的。①尽管它可能比凯撒利亚的图书馆建造得更早,但它似乎从来没有比后者地位更重要。然而,杰罗姆和其他作家似乎在那里发现了有价值的材料,赫西基奥斯(Hesychius)在公元5世纪提到过它。②它可能是在公元614年波斯占领巴勒斯坦的时候和凯撒利亚图书馆一样被毁掉了。

我们还获得了一些有关基督教获得合法地位之前教会图书的有趣信息。早在公元2世纪,查士丁(Justin)在写给皇帝的《辩道》(Apologia)中,就认为他们已经得到了《旧约》。杰罗姆对帕菲利厄斯促进《圣经》传播活动的描述更有趣:

> 他提供《圣经》不仅为了阅读,还为了保存;不仅给男子,还给任何他见到的沉溺于读书的妇女。因此他要准备大量的书籍,这样当他遇到任何需求时,他才能满足那些向他索书的人的需求。③

对于富人来说,花钱支持《圣经》的传播以使个人能够阅读经典是一项"好的工作",因此备受鼓励。在一些地方,需求似乎大于供应,比如奥古斯丁大喊:"我们在哪里能找到这些书[圣经]? 我们在哪里能获得这些书? 我们怎样能获得这些书? 我们从谁那里能获得这些书?"④ *18*

第一次提及对所有人开放的《圣经》阅读室是在稍后的时间里。诺拉的波莱纳斯(353—431年)详细记载了诺拉一个教堂的建立情况,他提及了一个"读书室"。根据他的表述,这个读书室墙上刻着一些经文,其中有一句信息量最大:

> 如果有人一心愿意思考神律,坐在此处,他便能专心阅读神圣的书籍。

---

① J. De Ghellinck, "Diffusion, utilisation et transmission des écrits patristiques," *Gregorianum*, XIV(1933), 365; Harnack, *op. cit.*, I, 505 ff.

② "Maytyrum Sancti Longini," Migne, *Patrologia Graeca*, XCIII, col. 1559.

③ Cited in A. Harnack, *Mission and Expansion of Christianity*, I, 285 n.

④ *Confessions* vi. II.

哈纳克(Harnack)①推论说,几乎不能期望读者带来自己的书籍,我们因此可以认为在读书室中是有《圣经》的。

公元303年由戴克里先发起的对基督徒大规模迫害行动引人注目,除了因为它是最后的也是最大规模的迫害行动之外,还因为在这场行动中,政府齐心协力毁灭了全部基督教的典籍。②在许多地方,基督教图书馆被找到并被烧毁。幸运的是,尽管帕菲利厄斯本人殉道(公元310年),但其中最大的图书馆即凯撒利亚图书馆幸免于难。在许多地方,珍贵的书籍都被紧急藏匿起来。在非洲,毁坏《圣经》和其他祈祷书的行为,比毁坏教堂或者抢劫圣坛上的器皿更激起了民众的愤怒。③但是,有时教士们通过使用计策,比如贡献出异教徒的书籍甚至更古老的医学书籍,从而将自己的书籍保留了下来。除了教堂之外,搜查者还光顾了教士们的家。我们在一起公元314年在迦太基教区牧师法庭当地大法官面前进行的审判记录中,找到了大量关于发生在希尔塔的事情的记载。④公元180年西里坦(Scillitan)殉道者的审判记录记载了殉道者对下面这个问题的答案:"你的书包里有什么?"回答是:"书……"(我认为是《福音书》)"和虔诚者保罗的书信。"这场迫害行动过后,教会的图书馆再也没有受到异教徒的攻击。当尤利安(Julian)努力恢复异教信仰的时候,他没有再毁坏基督教会的图书馆。此后,基督教典籍遭受的任何损失都源于基督教徒内部的冲突,他们分裂成了许多敌对的派别,每一个派别都宣称自己的信仰为正统,而敌对派的信仰为异端。事实上,在君士坦丁大帝承认了基督教的合法地位以后,图书一览表被保留了下来,异教徒的图书馆处于危险的境地,是民众的暴怒而不是警察的压制,使得塞拉皮雍神殿丰富的藏书在狄奥多西二世统治时期被一伙基督徒暴民给毁坏了。

19

---

① A. Harnack, "Die älteste Inschrift über einer öffentlichen Kirchenbibliothek," *Beiträge zum Bibliotheks-und Buchwesen*, *Paul Schwenke zum 20. März 1913 gewidmet*, p.113. 哈纳克在《早期教会中的圣经阅读》(*Bible Reading in the Early Church*, London, 1912)中,探讨了宗教文学、正统派和异教徒、《圣经》市场以及个人阅读等等,但是他没有讨论波莱纳斯的图书馆。

② Eusebius, *Hist. eccles.* viii. 2, 4.

③ A. J. Mason, *The Persecution of Diocletian*, p.166.

④ Translated in Mason, *op. cit.*, pp.159-168.

在公元 4 世纪所有基督教教父作者中，杰罗姆是最好的一个学者，他的著作清晰地反映了当时的著作和图书馆情况。在罗马，他师从多纳图斯（Donatus）学习古典学，开始了收藏图书的工作，而且无论他旅行①到哪里，他都继续这种图书的收藏，年复一年，从不间断。在特雷维斯学习（366—370 年）并拥有了隐修思想之后，杰罗姆从高卢去了叙利亚的科尔基斯沙漠。他在那里学习了 5 年的时间，埃瓦格鲁斯（Evagrius）给他提供了书籍和抄工（scribes）。②381年，杰罗姆又回到了罗马，在那里给教皇达马苏一世（Damasus I）当秘书，教皇达马苏一世建立了教皇图书馆。在 383 年，他将奥利金的《〈雅歌〉布道书》（*Two Homilies on the Song of Songs*）翻译成拉丁文，献给教皇。奥利金的希腊文著述和这本拉丁文版本可能是教皇图书馆里的第一批书。在前言中，我们一眼能够看出来杰罗姆最伟大的著作注定是这本拉丁文版《圣经》。杰罗姆首先对《新约》进行了审视性的考察，这项工作完成于公元 383 年。他充分意识到了这本著作令人敬畏，为了使自己胜任更艰巨的任务，他决定学习希伯来语。在 385 年，他离开罗马去了伯利恒，并在那里度过了余生，许多在他住所附近居住的修士、修女作为缮写员（copyists）协助他进行著述工作。

杰罗姆大量的长篇书信是关于基督教文献和大约公元 400 年书籍的形成及保护方面的信息宝库。他在长达 15 年的时间里没有阅读任何古典学著作，但很显然，他在伯利恒的图书馆里既有古典文献，又有早期教父的著作。③

他鼓励抄写书稿，甚至将其当作僧侣的一项义务，注意到这一点非常重要。④在另一封信中，杰罗姆自豪地记载了缮写员从遥远的西班牙被送到巴勒斯坦来抄写他的著作（*Ep. lxxi, Ad Lucinium*）。凯撒利亚的图书馆是杰罗姆能使用的东方唯一的图书馆，他经常去那里，并且从那里得到了很多抄本（transcripts）。

---

①　"我不能放弃我在罗马精心建立起来的图书馆"（*Ep.* xxii[写于 384 年]）。

②　*Ep.* v.

③　G. Greutzmacher, *Hieronymus*, I, 128-129.

④　W. Wattenbach, *Das Schriftwesen im Mittelalter*, p.428 指出这一做法早于卡西奥多罗斯一个多世纪。

## 中世纪的图书馆

在 397 年，杰罗姆给罗马的雄辩家马格努斯（Magnus）写了一封信，从中我们可以了解有关他在伯利恒图书馆的大量信息。为了给自己经常引用异教徒的著作作辩护，杰罗姆证明，使徒保罗本人也引用阿拉图斯（Aratus）、伊庇米尼德（Epimenides）和米南德的著作，他提及了梅多迪乌斯（Methodius）写的"万行"著述，还有优西比厄斯和亚波里拿留（Apollinaris）写的 25 部著作，他敦促他的通信者阅读它们，并列出了一个长长的"我们自己的作家"清单。分析杰罗姆的著作，可以进一步揭示出他的图书馆的藏书内容，因为他不可能全凭记忆写出他在《反福维尼阿努斯》（*Treatise against Fovinianus*）中提及的所有古典典故。对于杰罗姆来说，书籍是使用的工具，而不是装饰品。他在 403 年给一位名为莉塔（Leata）的女性通信者的信（*Ep.* cviii）中这样写道：

> 让你的财富不是宝石或者丝绸，而是《圣经》抄本（manuscripts）①。不要看重金饰、巴比伦羊皮纸、阿拉伯式花纹风格，而要重视准确性和正确的标点符号……只要让那些保留着使用金色或者银色字母写在紫皮上的古老书籍的人，或者，使用"安瑟尔字体"写作的人，给我留下并非精美但是却精确的抄本就好……

在西方，迦太基是基督教学者和基督教图书馆的第一个中心。事实上，正是在非洲，而不是在罗马，西方的教会最早开始使用拉丁文而不是希腊文作为其官方语言，也是从非洲行省出现了基督教神学明显西方化的最早的领导者。德尔图良（约卒于 200 年）完全是以异教知识为基础；西普里安（Cyprian，卒于 258 年）似乎知道一点《圣经》以外的书籍；但是奥古斯丁（353—430 年）很明显拥有一个他自己掌握的大图书馆，该图书馆里藏有神学著作和古典著作。当他去世的时候，他将这个图书馆留给了希波城的皇家教会，

---

① 英文中的 manuscript 虽然也可指作者手稿，但在写本书时代，大量的 manuscript 其实是抄本。故将本书中能断定是作者手稿之外的 manuscript 均译作"抄本"——译者注。

该图书馆甚至在 439 年汪达尔人征服非洲之后还保留着。①

　　许多证据表明,高卢的基督教学者在那里也很早就建立了基督教会图书馆。里昂主教爱任纽(卒于 202 年)写了一篇很长的有争议的文章,其中展现出他熟悉大量正统派、异端和异教徒的文献。从 366 年到 370 年间,杰罗姆花了 4 年时间在特雷维斯学习,很有可能接触了一个图书馆。6 世纪由阿尔勒教派(Arles school of canonists)完成的著作表明,该城的教会在很长一段时间里一直在搜集文献资料。②

　　人们可能很自然地认为,教皇会在罗马建立起西方最早的和最丰富的教会书籍图书馆。③但是,直到达马苏一世在任时期(366—384 年),没有任何证据表明有教皇图书馆的存在,达马苏一世使圣劳伦斯教会变成了藏书中心和他的档案馆。从那以后直到 6 世纪中叶,我们再没有关于这个最早的教皇图书馆的更多信息。在 410 年西哥特人洗劫罗马和 455 年汪达尔人洗劫罗马的过程中,这个图书馆是否幸免于难,我们对此完全不清楚。罗马教会在图书馆建设方面的落后可能源于两个因素。在 3 世纪末以前,基督教没有获得合法地位,而且经常遭到迫害。因此,在这一时期,基督教在罗马帝国首都的地位比在帝国其他地区的地位更加不稳定。而且,在正在衰落的文明、政治冲突、民众骚乱、经济窘迫和军事暴动或军事入侵中,罗马总是每一个破坏性力量发挥作用的中心。正如它对于基督徒来说是一个最危险的地方一样,它对于学者和书籍收藏者来说也是最危险的地方。事实上,有一些证据表明,罗马最早的基督徒学者是以海港城市奥斯蒂亚为中心,而不是以罗马城本身为中心。

22

---

　　① M. Chladenius, *De fortuna bibliothecae Augustini in excidio Hipponense*(Leipzig, 1742), cited in *Realencyklopädie für protestantische Theologie und Kirche*, III, 190.

　　② L. M. O. Duchesne, *Fastes épiscopaux de l'ancienne Gaule*(2d ed.), I. 144; F. Morin, "Les Statuta ecclesiae antiqua," *Revue bénédictine*, July, 1913, pp.334-342.

　　③ E. Stevenson, *Codices palatini Latini Bibliothecae Vaticanae ....*(esp. Introduction); J. B. De Rossi. *De origine, historia, indicibus scrinii et bibliothecae sedis apostolicae*; De Rossi, *La Bibliotheca della sede apostolica edi catalogi dei sui manoscritti*; I. Carini, *La Biblioteca Vaticana*; C. Sayle, "The Vatican Library," *Library*, VI(1894), 327-343, 371-385.

　　然而在公元 6 世纪,罗马并没有像人们推断的那样完全丧失书籍和书籍爱好者。有证据表明,在狄奥多里克大帝(Theodoric the Great,489—526 年在位)统治时期,甚至在他去世以后,直到查士丁尼重新征服巴尔干半岛的持久战之时,教士们在该城的文化生活中一直发挥着积极的作用。助祭阿拉托(Arator)用六音部诗行写了一首诗献给教皇维吉利乌斯(Vigilius),这首诗的名字叫《论〈使徒传〉》(De actibus apostolorum)。在 544 年,他在圣彼得教堂朗诵过这首诗,当时的观众不仅仅是由教士组成的。这一朗诵活动持续了 4 天时间。①罗马教士尤吉皮乌斯(Eugippius)编辑了奥古斯丁著作的流行诗选,其材料来自名为普罗巴的罗马已婚贵族妇女的图书馆。②因此,很明显,在 6 世纪中叶的罗马,有一个包括男子和妇女在内的教俗阶层,他们主要对学习神学问题感兴趣,而且,可能也对礼貌的对话感兴趣。③当我们发现 6 世纪下半叶是多么黑暗的时候,这些事情尤其值得铭记。

　　尽管 5 世纪和 6 世纪对于文献来说是一个不幸的时期,当时大量的著作散佚失传,人们也几乎不会想到以任何大的规模迅速地增加书籍的数量,然而,有证据表明,这一时期仍然有书籍的收藏和书籍爱好者。④抄写和修订古典作家作品的工作并没有完全停止,正如著名的迪奥斯科里德斯(Dioscorides)在巴黎和维吉尔在佛罗伦萨所做的那样,其抄写或修订的作品又由顾问鲁费努斯·阿普罗尼阿努斯(Rufinus Apronianus)进行了修正(494 年)。有教养的贵族自己抄写和修订书籍的实践越来越多,证明了这一时期缮

---

① A. Ebert,*Allgemeine Geschichte der lateinischen Literatur des Mittelalters im Abendlande*,I,491.

② 这位妇女是克洛狄乌斯·塞尔西努斯·阿代尔菲乌斯(Clodius Celsinus Adelphius)的妻子,她编辑了名为《维吉尔诗句集锦》(*Centones Virgiliani*)的一部诗作,该诗作完全由维吉尔的诗构成,取材于那个时代背景,重新编排以拼凑出耶稣基督的生活图景。

③ G. H. Hoerle,*Frühmittelalterliche Mönchs-und Klerikerbidung in Italien*,pp.4-5;G. Pfeilschifter,*Theoderich der Grosse*,pp.79-82.

④ 在 5 世纪中叶,那博纳的主教鲁斯蒂库斯(Rusticus)在与他的朋友里昂主教优卡利乌斯通信时,回忆了他小时候在一个朋友的图书馆里读维吉尔诗歌时的乐趣。他告诉我们,这个图书馆装饰有“雄辩家和诗人的肖像和各种颜色或者熟石膏装饰出的诗歌;在每一个肖像或者诗歌的下面,房子的主人都刻上了文字以说明其特征”。Cf. E. J. Sandys,*A History of Classical Scholarship*,I. 229.

写员的无知和日益加深的蛮族化。①在 6 世纪,世俗知识和古典学术几乎不复存在。佩拉吉乌斯二世(Pelagius II,578—590 年在位)在任时期,在罗马编辑的《教宗名录》(Liber Pontificalis)中,有明显的证据表明神职人员拉丁文水平的迅速衰落。②卡西奥多罗斯公开谴责低级教士③的无知,并且努力劝说教皇阿戈培一世(Agapetus I,535—536 年在位)以亚历山大里亚和尼西比的学校为样板在罗马建立学校。囿于当时局势的不稳定,该学校的设计没有完成。但是,教皇最终在他祖先的宅第建立了一个图书馆。④现代考古学家已经在这里挖掘出了一块大理石厚板,上面刻着:BIBLIOTHECA AGAPETI I A DXXXV DXXXVI。⑤进一步的挖掘发现了一个建筑物的遗迹,它最开始被认为是一个古老的教堂遗址,但是,从来没有罗马教堂在其半圆形的小室里有如此多的分隔间,这个设计表明,它一定是一个图书馆。墙体高 6.5 米——超过了 20 英尺——装饰有人物肖像。在这些墙体的周围,一定曾经有许多装满书的书柜,墙上曾有一个檐壁,上面的雕刻很可能以《圣经》历史为背景。毫无疑问,这些装饰是在阿戈培在任时期完成的。但是,这一建筑工程应该在此前就已经开始了。从卡西奥多罗斯开始,教皇缺少资金,而且他的统治时间不长。因此我们猜测,阿戈培的前任教皇就已经开始了该图书馆的建设,而卡西奥多罗斯和阿戈培的贡献则是为其搜集图书。这个图书馆最终的命运怎样? 它是在公元 546 年托提拉(Totila)围攻罗马城的时候被毁掉的吗? 我们从卡西奥多罗斯本人那里知道,当时图书馆也遭受了劫掠。⑥或者它被保存了下来并在格里高利统治时期变成了教皇图书馆的中心? 如果是后者的话,教皇对古典文献的臭名昭著的敌视态度一定是在他开始统治几年之后才开始的。

24

---

① A. H. L. Heeren, *Geschichte der classischen Literatur im Mittelalter*, pp.81-83.

② L. M. Duchesne, *Lib*, *pontif.*, I, ccxxxi-ii.

③ Migne, *Patrologia Latina*, LXX, col.1105.

④ L. Traube, *Vorlesungen und Abhandlungen*, I, 108, and his *Textgeschichte der Regula S. Benedicti*, p.950.

⑤ H.-L. Marrou, "Autour de la bibliothèque du pape Agapit," *Mélanges d'archéologie et d'histoire*, XLVIII(1931), 124-169.

⑥ Migne, *Pat. Lat.*, LXX, col.1212.

大格里高利统治时期(590—604 年)的教皇图书馆规模很小,这可以从他引用的有限的几本著作中体现出来。他引用的几乎所有著作就是《圣经》和少数几位拉丁教父的著作(他不懂希腊文,而且看上去他似乎很讨厌前尼西亚时代的希腊作家)。他一遍又一遍地从《圣经》和拉丁教父的著作中汲取思想变化的源泉。有一次,他抱怨在图书馆里找不到爱任纽的著作①或者优西比厄斯的《殉道者行传》(*Acta martyrum*),②在所有他的著作中,仅有一处提及抄写这些书③。尽管他在君士坦丁堡担任罗马教廷大使长达 6 年时间,但是他从来没有学习过希腊文。④根据教皇格里高利一世的传记作家助祭约翰(John the deacon)的记载,在格里高利一世任职的最后一年(604年),罗马发生了饥荒,人民抱怨他浪费圣彼得的财产。他们奋起反抗,教皇本人逃跑了,暴徒们冲向教廷,甚至烧毁了那些没有被助祭彼得通过演讲保留下来的书籍,而助祭彼得也是《对话录》(*Dialogues*)中的对话者。彼得说,试图彻底毁灭教皇书籍的做法没有任何意义,因为全世界都有这些书籍的手抄本。⑤

在 649 年,《教父和异端选集》(codices patrum et haereticorum)被从教皇图书馆搬到了存放教皇档案的档案馆(*scrinium*)里,这样,一个拥有档案的真正的图书馆开始形成了。⑥这里的档案一定非常少,而且没有得到精心保护,因为我们发现,教皇马丁一世(649—654 年在位)请求乌特勒支的主教寄给他以往会议教规的抄本,这些抄本在罗马找不到。⑦直到教皇扎加利(Zacharias)统治时期(741—752 年),才有清晰的迹象表明教皇图书馆有所发展。扎加利教皇在他重建的拉特兰教堂的柱廊里藏书,从这时起,我们必须要对教皇档案馆和教皇图书馆作出区分。

公元 7 世纪和 8 世纪,尽管文献减少,但是罗马的图书贸易却

---

① *Ep*. xi. 40.

② *Ibid*., viii. 29.

③ *Dial*. i. 4.

④ M. Manitius, *Geschichte der lateinischen Literatur des Mittelalters* [ed. 1911], I, 104—105.

⑤ F. H. Dudden, *Gregory the Great*, II, 270.

⑥ Stevenson and De Rossi, *op. cit*., I, xviii.

⑦ G. B. Mansi, *Sacrorum conciliorum*, XV, 285.

繁盛起来，这使得格里高利沉默对待书吏的态度令人感觉奇怪。公元 596 年，他派奥古斯丁去不列颠，奥古斯丁随身携带了一些书籍，①在接下来的两个世纪中，罗马持续给英国使团提供书籍。本笃·比斯考普(Benedict Biscop)就为书籍去了罗马 5 趟，在 657 年前，尼维尔的格特鲁德(Gertrude of Nivelles)接受了来自罗马的书稿；657 年到 672 年间，旺德利耶(Wandrille)接受了来自罗马的书稿；766 年到 780 年之间，一些书被送到了约克郡，格里高利二世将利奥大帝的一卷书信寄给了卜尼法斯(Boniface)。②

26

　　6 至 7 世纪，就文学创作和书籍保护而言，法兰克人的高卢和西哥特人统治的西班牙比意大利领先。西多尼厄斯·阿波洛尼厄斯(Sidonius Apollinaris)和苏尔皮西乌斯·塞维鲁斯(Sulpicius Severus，大约 365—425 年)在充满人文精神的学术(humane letters)中所体现的文化优势在 5 世纪依然持续着，只不过质量有所下降。事实上，后者所拥有的杰出才能使他成为中世纪第一个"最好的书商"，《圣马丁传》(Vita Sancti Martini)这本书几乎是无穷尽的圣人生活传的先行者和原型，今天读者还在如饥似渴地阅读它。它立刻就变成了畅销书，卖书者却不能满足读者的需求。他的朋友波莱纳斯带了一本到罗马，在那里的售书者很快就对该书迅速销售的情况特别满意。③甚至在亚历山大里亚，这本书也有销售。④

　　到了 7 世纪初，最后一个世俗学校已经消失了，所有的教育因此都成了家庭的事情，由私人教师上课——只有富人家是这样——或者在教会的学校。⑤然而，我们发现了一个高卢贵族依然让奴隶给他读书并且给他抄写著作。⑥至少在普罗旺斯，罗马文化一直保持旺盛的生命力，足以抵制学术(letters)的普遍衰落。⑦我们还从比

---

　　①　M. R. James, *Ancient Libraries of Canterbury and Dover*, p.lxiv.

　　②　De Ghellinck, *op. cit.*, p.379 and note.

　　③　Sulpicius Severus *Dialog*. i. 23.

　　④　H. B. Workman, *Evolution of Monasticism*, p.102.

　　⑤　A. Marignan, *Etudes sur la civilisation francaise*：La Société mérovingienne, pp. 312-317; O. M. Dalton, *Gregory of Tours*, I. 409-413; M. Prou, *La Gaule mérovingienne*, pp.213-214.

　　⑥　Greg. Tur. *Hist. France*. iv. 31.

　　⑦　这从图尔城的格里高利对"老练的贵族和具有哲学思维的官员"轻蔑的提及中可以看出(*ibid*, vi. 9)。

27 德的《本笃·比斯考普传》(*Life of Benedict Biscop*)这本著作中了
解到，图书贸易在罗纳河谷的城市至少在维埃纳直到 7 世纪中叶
依然存在。①除了最南部之外，在法兰克高卢几乎没有修道院；兰
斯、图尔城和维埃纳的主教座堂图书馆里几乎没几本书。其中，维
吉尔差不多是唯一一位具有代表性的作家。②在图尔城的格里高利
著作中，没有一句话特别提到图书馆，而只是提到一点书籍。《圣
经》被提及两次，形成了三个不同的专栏。在对西班牙的一次劫掠
中，一个法兰克人将(四卷)福音书中全部为"纯金和饰有宝石的二
十张封面页"③作为战利品带回。当他说，展开卷轴(*revolvit li-
brum*)，④意思就是打开一本书，但是这很有可能是书籍仍是卷轴形
式时期保留下来的一句古语。到 6 世纪的时候，抄本几乎普及。

墨洛温王朝时期比较开明而且唯一具有人文主义色彩的地方
体现在维南蒂乌斯·福图纳图斯(Venantius Fortunatus，约 535—
约 600 年)身上，福图纳图斯在拉韦纳接受的教育，但在法兰克高
卢生活，任普瓦提埃主教时去世。⑤6 世纪的福图纳图斯是从哪里
并如何获得如此全面的古典教育至今是一个谜。他在哪里获得的
书籍？在他著名的诗作当中，只有一首提到这方面的信息。此后
我们知道尼维尔的女修院院长格特鲁德曾经派人到罗马和爱尔兰
去购买书籍。⑥

在哥特人统治时期(415—711 年)，除了大约公元 600 年的塞
28 维利亚之外⑦，我们几乎对西班牙的图书馆情况一无所知，尽管在
7 世纪之前西班牙的文化生活比法兰克高卢时期富有活力。从布
雷卡利亚或布拉加的主教马丁(卒于 580 年)的著作来看，他一定

---

① Bede, *Hist. Abbat.* iv.
② G. Kurth, "Gregoire de Tours et les études claasiques," *Revue des questions Histo-riques*，VI(1878)，386. M. Bonnet, *Le Latin de Gregoire de Tours*，pp.48-76，试图以他
著作中的证据来重建格里高利图书馆。
③ *Hist. Franc.* iii. 10.
④ *Ibid*，v. 8.
⑤ Ebert, *op*，*cit*.，I. chap. xxv；Sandys, *op. cit*.，I，448；E. K. Rand, "The Brigh-ter Aspects of the Merovingian Age,"，*Proceedings of the British Classical Association*，
XVIII(1921)，165-182.
⑥ M. Roger, *L'Enseignement des lettres classiques d'Ausone à Alcuin*，p.126 n.
⑦ H. Leclercq, *L'Espagne chrétienne*，pp.316-327.

拥有一个相当好的图书馆；同样，托莱多的主教尤吉尼乌斯（Euge-nius，646—657 年在位）以及他的继任者尤利安（680—690 年在位）也一定拥有图书馆。

中世纪早期西欧最博学的人是塞维利亚的伊西多尔（约 570—636 年），他最伟大的著作是《词源》（*Etymologiarum or Originum*），共 20 卷，是一部含有各种信息的百科全书。他还著有《哥特人、汪达尔人、苏维汇人国王史》（*A Historia Gothorum，Vandalorwn et Suevorum*）、《论杰出的男子》（*De viris illustribus*），除了大量的书信之外，他还写作了一部自然科学指南，书名为《论事物的本性》（*De Natura rerum*）。在这些著作中，伊西多尔几乎没有漏下幸存下来的古典文献和基督教著作。他引用了 154 个异教徒和基督徒作者的著作，似乎在同时代的作家中，只有卡西奥多罗斯的百科全书没有被他提到。①塞维利亚的图书馆一定藏书丰富且规模很大。但是还有另外一种证据，并且是非常有吸引力的证据，这就是一首明显由伊西多尔为他的图书馆的铭文写作的诗，它描述了一个图书馆，提到了一些作者及他们的特点——至少提及了一些基督教作家。他在谈到异教徒作家的时候，或者仅仅是非常简短，或者仅仅提到名字。M. R.詹姆斯博士认为：

> 诗的节数使我们认为伊西多尔至少拥有 14 个、可能是 16 个书柜，我们可以很肯定地认为，当时的出版物是抄本（*codices*）而不是卷轴（*volumina*）的形式。如果一个书柜里有 30 本书——这不是一个合理的估计——整个收藏将达到非常可观的 420 本或者 480 本。至于书的内容，标签或者题注（*Tituli*）表明神学居于主导地位。②

在 636 年塞维利亚的伊西多尔去世之际，基督教会的主导地位和文化的主导地位都转到了托莱多。

当 7 世纪结束的时候，在西班牙，在穆斯林征服（711 年）之前的几　29

---

① C. H. Beeson，*Isidorstudien*，是最全面研究伊西多尔的著作。
② *Cambridge Medieval History*，III，491.

年,从圣皮特里·德·蒙蒂布斯(S. Petri de Montibus)修道院院长瓦勒里乌斯(Valerius,约 692—696 年在位)、一本《圣弗鲁克托传》(Vita S. Fructuosi,约卒于 660 年)以及有趣的自传体著作中,我们可以了解更多关于书籍的情况。①

公元 600 年可以说是中世纪文化史的一个转折点。"福图纳图斯于 609 年在波伊提尔(Poictiers)去世;大格里高利卒于 604 年;塞尔维亚的伊西多尔在 636 年去世,留下了中世纪不列颠百科全书作为永久的纪念。那一段时间他们似乎将拉丁文带到了他们的坟墓里。欧洲大陆陷入一个文化的低谷期。"②

5 世纪是罗马学校衰落的时期,罗马学校曾经一度是行省的荣耀,6 世纪则见证了罗马学校的消亡。③图尔城的格里高利在一系列书信中留下了如下的话:"在书写的实践衰落的时候,不仅如此,它在高卢的城市里消失了,我们再也找不到受过部分系统的用散文或者诗歌写作训练的学者。"④

但是,正如济慈(Keats)充满希望地所写的那样:"子夜里曙光初现。"因为在地平线已经出现了一道光线,它注定要为欧洲的文化和知识开拓新的时代。这道光出现在意大利,发起者就是卡西奥多罗斯。

---

① N. Antonio, *Bibliotheca Hispana Vetus*,I,382-388;P. B. Gams, *Die Kirchengeschichte von Spanien*,II,Part II,152-158.
② H. Waddell, *The Wandering Scholars*,p.27.
③ M. Roger, *L' Enseignement des lettres d' Ausone à Alcuin*,p.89.
④ *The History of the Franks*,trans. O. M. Dalton,II,2.

# 第二章　早期修道院图书馆

　　正如我们已经看到的那样，在教会图书馆里，基督教出于本能下意识地运用了罗马社会已经存在的制度模式。古老的古典图书馆与异教的圣殿有联系，这些基督教图书馆也在城市的教会中发展起来。而且，重要的是，正是在这些图书馆里，新的宗教第一次将自己与世俗文化调和起来，作为它自身神学发展的必要基础。从这个意义上来说，教会图书馆就是与异教的一个折中妥协。

　　相反，修道院图书馆则是基督教的专门机构。在这里，最初的改宗者对书籍的反感更强烈，也更持久。基督教禁欲主义者出于自己的利益考虑，总是对知识抱有一种不信任感，即使今天也是如此。因此，在黑暗的世纪里，由修士们保留下来的文献作品中，可以作为近代祈祷颂词的内容里往往有许多误解和明显的不实陈述。许多重要书籍的现存抄本是通过修道院图书馆保存下来的，这是事实，但是，它们的保存经常是出于疏忽，或者偶尔是出于有意识的目的，这也是事实。修道院生活创造者的最主要目的，是为了修士的日常生活保持简朴纯洁。为了达到这一目的，修道致力于将修士的注意力集中在精神方面，甚至其闲暇时间也要集中从事无罪的活动。因此，他们规定，在就餐时间要大声朗读虔诚的书籍，这不是为了使修士们变得博学，而是使他们不去想无聊的事情和进行无聊的对话，他们在缮写室里抄写书稿并不足以产生新的书籍，只是使其不要耽于懒散。这就是为什么当现存的羊皮书卷中没有充足的空白时，文章段落就被遗漏，新的写作再被补充进去，不仅仅是世俗的著作，而且大多数正统派和受尊敬的基督教教父的著作也被擦掉重写，有的时候，一张羊皮纸被重写不是两次，而是 5 次甚至 6 次。在修道院里被认为有价值的事情，往往是写作这项工作,而不是写作的内容。

当然,在大部分时间里,还有一些修士既有学术品位又有禁欲的热情,他们自然会将自己的闲暇时间投入到书籍当中,这种投入不是机械的,而是理智的,带有审美趣味的。而且,一旦这样的男子有了权力,他自然会去管理缮写室和他的图书馆,在文献和知识上显示出真正的热情。然而,在我们感谢这些男子以个人身份所做一切的同时,我们也不要忘记,当少数人在保存书籍的时候,其他的修士由于疏忽或者实际的破坏而导致书籍消失了。除了贵族以外,中世纪的缮写室更经常地是一个从事毫无意义劳动的枯燥乏味的地方,而不是一个文化的火种被保留下来从事创作的地方。

修道院最初并不认为有必要制定一套教规,也没有将修道作为一项职业。仅仅是在几代隐修者堕落到不正常的宗教狂热,甚至出现精神和道德方面灾难的时候,修道院才开始利用书籍,将其作为一项有良好道德影响的活动,提倡有序并且有纪律的公共生活。最早的教规之一是埃及圣帕克缪斯(St. Pachomius,卒于346年)教规,其中包括了有关阅读和保护修道院书籍的一些稀奇古怪的规定,甚至还有关于书籍分类的规定。①

在帕克米安(Pachomian)修道院中发现的书籍,全部是宗教和与基督教会有关的书籍——《圣经》、基督教早期教父的著作、教化方面的著作、宣扬宗教伦理的小册子和布道书。

这些“沙漠中的圣人”是兢兢业业的、甚至是狂热的圣书阅读者。阿摩尼乌斯(Ammonius)能记忆《旧约》和《新约》,而且据说他能记忆600万行早期教父的著作。帕拉迪乌斯(Palladius)在他的著作《劳苏斯历史》(*Lausiac History*)第四章中,讲述了一位出身良好的妇女的故事:

> 她日日夜夜阅读每一本她能找到的古代评论家的著作,包括3 000 000行奥利金的著作、2 500 000行格里高利、斯蒂芬、皮利乌斯(Pierius)、巴兹尔(Basil)和其他有水平的作者的

---

① C. Cahier, *Nouveaux mélanges d'archéologie*, IV, 52; A. Van de Vyver, "Cassiodore et son œuvre," *Speculum* VI(1931), 279.

著作:她不仅仅是读一遍,而是仔细地阅读每一本书达 7 遍或
8 遍。

在埃及的修道院中,书法比创造性的写作更受赞赏。但是,在
这里,也有修士偶尔阅读古典著作。其中最伟大的修士是出生于
大约 370 年的佩鲁西乌姆的伊西多尔(Isidore of Pelusium),他几乎
有 2 000 封书信被保留了下来,①据此,他的修道院图书馆可以被
重构。他似乎熟悉全部的教父文献,而且对希腊文和拉丁文古典
文献表现出极大的热情。因为在世俗的作者中,他提到了柏拉图、
品达、希罗多德、诗人切利克莱斯(Chericles)、索福克勒斯、希波克
拉底、阿里斯托芬、修昔底德、伊索克拉底、色诺芬、德摩斯提尼、爱
斯奇里斯、斐洛斯特拉图斯(Philostratus)、西塞罗和奥维德。

近几年来,考古学家发掘出了有关埃及早期修道院图书馆的一
些有趣的证据,我们从同一时代的编年史中找不到相关的材料。
其中较小的修道院之一是从卡纳克神庙穿过尼罗河的伊皮法纽
(Epiphanius)的那个修道院,这一地点是被纽约大都市艺术博物馆
的一支考古先遣队于 1912—1914 年发现的。最初的修道院建筑
是一个古代的坟墓,是伊皮法纽在公元 600 年以前作为一个社区
组织起来的一小群隐士生活的地方。现存的遗迹表明,该修道院
没有大的图书馆。居住在这里的人似乎通过在古陶器的破片和石
灰岩石板上写字来弥补书籍的不足,人们发现的大部分残片都是
用科普特字书写的宗教铭文。希腊人一定也对此进行了研究,因
为一些古陶器碎片包含了《伊利亚特》中的段落,其他的来自米南
德的句子是按字母顺序编排的,这些很显然是学校使用的材料。
古陶器碎片上的记载不是书籍,但是写在纸草上的是书籍。其中,
最有趣的例子(开罗 44689)是一册 16 页的书——不是卷轴——内
容包含了两首希腊文的离合诗,反面是科普特文的翻译。在发掘

33

---

①　The *letters* of Isidore of Pelusium were first published by Billy(Paris, 1585), again
by Ritershausen ( Heidelberg, 1605 ), and by Schott ( Antwerp, 1623 ); Migne, *Pat.
Graec.*, LXXVIII, is a reprint of this edition. 我所知道的关于伊西多尔的研究有:H.
A. Niemeyer, *De Isidore Pelus vita scriptis et doctrina* (Halle, 1825)and P. B. Glueck, *Isi-
dori Pel. summa doctrinae moralis* (Wuerzburg, 1848)。他是非常值得研究的,因为他的
书信反映了古典传统的留存。但是遗憾的是,他被极大地忽略了。

的过程中很少发现书籍,这表明,这个地方已经被寻找珠宝者发掘过。在欧洲档案馆里的几部文献都被认为是来自这里,正如《诗篇》的希腊文羊皮纸抄本 U 也来自这里一样,它自从 1834 年以来一直在大英博物馆(B. M. Pap. xxxvii)保存。1915 年由克鲁姆(Crum)出版的菲利普收藏的科普特"纸草—手抄本"可能也来自同一个地方。此外,还有大量写给伊皮法纽的书信。①

另一个废墟能提供早期修道院图书馆信息的埃及修道院是希腊化时代的科普特修道院。一些意大利的传教士最早发现了这里的纸草书,从而开始了对此地的考古发掘,他们发现了大量的文献资料,部分由佐伊格(Zoega)②编目,部分由明戈雷利(Mingarelli)③编目,现在这些材料分散于欧洲的各图书馆和博物馆。这些材料的时间跨度从 6 世纪到 12 世纪,内容包括了丰富的《圣经》、教父著作以及礼拜仪式材料。从中我们得到关于埃及一个修士最早的信息,这个修士的重要地位相当于帕克缪斯,他叫谢诺迪(Schenoudi,卒于 452 年),是他那个时代一位伟大的教会人士,也是以弗所议会的成员。很奇怪教会历史学家的著作从没有提到过他的名字,尽管他在世的时候,杰罗姆、帕拉迪乌斯和卡西安(Cassian)全都在埃及,帕拉迪乌斯曾经还在白房子几千米的范围之内。送给该修道院的书籍的题跋日期是从 10 世纪到 13 世纪,最近的是在 1248 年。④

34 然而,在底比斯圣伊皮法纽的水井边小房间四周发展起来的修道院和在白房子里建立的群体与一组著名的尼特里安修道院相比,依然是规模较小的社团。据说,"在纳特隆谷地的叙利亚修道院的图书馆是著名的藏书地之一,我们关于基督教东方历史的了解主要来自那里。"⑤该修道院是在 710 年和 816 年之间的某段时

---

① H. G. Evelyn-White, *The Monasteries of the Wâdi'n-Natrûn*; H. E. Winlock and W. E. Crum, *The Monastery of Epiphanius*.

② G. Zoega, *Catalogus Codicum Copticorum manuscriptorum qui in museo Borgiano velitris adservantur* (Rome, 1810).

③ G. L. Mingarelli, *Aegyptiorum Codicum reliquae Venetiis in Bibliotheca Naniana asservatae* (Bologna, 1785).

④ J. Leipoldt, *Schenute und die Entstehung der national aegyptischen Kirche*.

⑤ F. C. Burkitt, review of Evelyn-White, *op. cit.*, in *Journal of Theological Studies*, XXXIV (1933), 191.

间里建立起来的,因为在 817 年,该修道院及其周围的其他修道院都被蛮族"阿拉伯人"可怕的侵略摧毁了。大约在 824 年它又被重新建立起来,由于一些著名的男修道院院长出色的智慧,图书馆也迅速地被建立起来,在这些修道院院长中,第一个是马修(Matthew),图书馆实际建立者的四兄弟之一。他们最有影响的后继者是尼西比的摩西(907—944 年在位),他最伟大的开拓性贡献,是他在 932 年去了美索不达米亚和叙利亚,并从那里带回来250 本手稿,许多手稿都是伟大时代的作品,具有很高的价值。这是一次非常及时的出行,因为不久后突厥人征服了叙利亚,叙利亚语作为一种活的语言被毁灭了。我们对于叙利亚文献的了解很大一部分源于摩西的收藏。

希腊人和科普特人建立起来的修道院制度通过圣杰罗姆、马西里亚的卡西安(约 360—435 年)和阿尔勒的恺撒(Caesar of Arles,约 470—542 年)传到了讲拉丁语的西方世界,后来被本笃修道院教规所采纳。"工作的修士只被一个魔鬼所打扰,而无所事事的修士会被许多魔鬼打扰",在这一理论基础之上,卡西安规定,他的修士在体力劳动之外,还要抄写书籍。但是我们必须承认,这对于知识发展所起的作用微乎其微。仅仅在一些特别的修道院,比如莱兰(Lerins),修士们才接受读写训练,因为对于一般的管理者来说,他的修士们只要能阅读《诗篇》和有关圣徒生活的记载,就能令其心满意足了。卡西安本人仅提到过一次手稿的抄写,然后新来了意大利人,他承认他不适合做其他的事情。在 6 世纪,据说在阿尔勒,有一个女修道院院长①认认真真地读书,成为后世的一个楷模。 *35*还有一则记载表明,有一次修道院着火,修女们都跑去救书,把书扔到干水箱里。然而,西方最早的修道院都不关心《圣经》和祈祷书之外的其他书籍,对于知识和古典著作更是漠不关心。在图尔城的圣马丁修道院,情况也大抵如此,圣马丁修道院是西方第一个真正的拉丁修道院。圣马丁命令马尔莫蒂埃的修士们抄写《圣经》和教父著作,把这作为一项义务,但是仅此而已。一直到 600 年,在大格里

---

① *Vita S. Caes. Arlen*. i. 59; cf. Dom J. M. Besse, *Les Moines de l'ancienne France*, pp.111-112.

高利的《对话》中,提及了修士们从事的所有职业①——园艺、弄草料、修剪葡萄园、摘橄榄、建房、烤面包等等——读写训练仅被提及一次。②

然而在西方,除了本笃修道院以外,还有另外的一个修道院,它很少关心文化方面的事情。该修道院是通过两个哥特时期的意大利人的构想和劳动而发展起来的,这两个人是波埃修斯(卒于524年)和卡西奥多罗斯(卒于575年),他们都是狄奥多里克大帝宫廷里的官员。波埃修斯是古代最后一位古典学者和哲学家,卡西奥多罗斯则是中世纪第一位拉丁和日耳曼西方的图书馆馆员。

波埃修斯③是一个罗马贵族,他娶了雄辩家西马库斯的一个后代,雄辩家西马库斯是西方的最后一个异教徒,他做了许多事情以使得古典精神能够在日益充满敌意的基督教世界保留下来。在他岳父藏书丰富的宫廷图书馆里,他如饥似渴地学习,使得人们会认为他几乎掌握了全部古代的知识。很显然,他计划将柏拉图和亚里士多德的所有著作都翻译成拉丁文。这个计划他究竟完成了多少,我们无从知晓,但是在中世纪的西方,直到12世纪,人们对亚里士多德的所有了解都来自他的翻译。他还撰写了关于天文学、音乐、算术、几何和哲学方面的著作。当他还不到30岁的时候,卡西奥多罗斯给他写信,内容如下:"希腊知识和艺术的丰富财富都通过您的辛勤劳动而传到了罗马;您的翻译是如此地清晰、流利,如果它们的作者知道的话,他们会以为您的译作就是他们自己的著作。"④波埃修斯最早的著作是《哲学的慰藉》(*De Consolatione Philosophiae*),⑤书中充满着异教精神,然而却非常个人化和真实,使人们想起了圣奥古斯丁的《忏悔录》——我们可以认为它是一个

---

① M. Roger, *L'Enseignement des classiques d'Ausone à Alcuin*, pp.147-148; G. Boissier, *La Fin du paganisme*, II, 66.

② *Dialog*. i. 4: "antiquarios scribentes."

③ H. F. Stewart, *Boethius*; E. K. Rand, *Founders of the Middle Ages*, chap. v; F. W. Wright and T. A. Sinclair, *A History of Latin Literature from the Middle of the Fourth Century*, pp.80-90; R. Bonnaud, "L' Education scinetifique de Boéce," *Speculum*, IV(1929), 198-206.

④ *Var*. i. 45.

⑤ 关于这本书的广泛流传,参见 M. Manitius, *Philologisches aus alten Bibliothek-skatalogen*, pp.130-135。

学者的宗教著述。从这部著作以及他尚存的其他著作中，我们有可能在某种程度上重构他的图书馆。尽管每一个细节需要推理，但是我们所了解的有关波埃修斯图书馆重要的事实是，其书柜装有玻璃，并且镶嵌着象牙。[①]

　　相反的例子是卡西奥多罗斯，[②]他不仅深刻影响了整个中世纪欧洲文化的发展，而且建立了第一个中世纪的缮写室，建立了一套图书馆管理的规章与实践制度，一直持续到印刷术的发明。他还是一个罗马的贵族，是4世纪罗马贵族圈子中支持古典和异教传统的继承人，这些罗马贵族包括西玛奇家族（the Symmachi）、普拉特克塔提家族（the Praetextati）和尼克马西家族（the Nicomaci）。在6世纪，他们的基督教后代依然继续着这种文学传统。古代古典文献的文化力量和情感魅力依然具有吸引力。[③]卡西奥多罗斯在很长时间里是东哥特国王狄奥多里克的拉丁文秘书和主管大臣，在狄奥多里克于526年去世以后，他继续为狄奥多里克的后继者效力，直到东哥特王国被查士丁尼大帝征服，查士丁尼大帝征服了意大利，将它重新并入东罗马帝国的版图。卡西奥多罗斯生涯的转折点是546年罗马被可怕地围攻，这次围攻可能毁坏了帕拉丁和乌尔比安（Ulpian）的图书馆，而且毁灭了卡西奥多罗斯和教皇阿戈培以亚历山大里亚和尼西比大学为原型而建立一个伟大的基督教大学的设想。

　　与许多同时代人不同，卡西奥多罗斯并不认为古典文化对基督教文化持敌视的态度，相反它们是相辅相成的，[④]在其漫长一生（他

----

　　① "Comptos ebore ac vitro parietes"(*Consolatio* I. 5).

　　② A. Olleris, *Cassiodore, conservateur des livres d'antiquité latine* (Paris, 1841); A. Thorbecke, *Cassiodorus Senator* (Heidelberg, 1867); A. M. Franz, *Aurelius Cassiodorus Senator* (Breslau, 1872); T. Hodgkin, *Letters of Cassiodorus* (London, 1886); M. Roger, *L'Enseignement des lettres classiques d'Ausone à Alcuin* (Paris, 1905); pp. 175-187; A. Van de Vyer, "Cassiodore et son œuvre," *Speculum*, VI(1931), 244-292; H. Thiele, "Cassiodor, seine Klostergründung Vivarium und sein Nachwirken im Mittelalter," *Studien und Mitteilungen zur Geschichte des Benediktiner-Ordens und seiner Zweige*, L(1932), 378-419.

　　③ J. E. Sandys, *A History of Classical Sholarship*, I, 249.

　　④ 卡西奥多罗斯对异教文化的评价有多高，并不夸张地说，我们可以在他对《诗篇》的评论中看出来，其中引用了古希腊数学家、物理学家和博物学家的著作，并且经常提到欧几里得和阿基米德的名字。在4世纪，普鲁登休斯在"基督教世界的维吉尔"一文中已经表达了这样的看法（P. Chavanne, "Les Sentiments de Prudence à l'égard des institutions et des traditions romaines," *Revue d'histoire et de litérature religieuses*, IV [1899], 385-413）。

卒于 575 年,享年 95 岁)的最后岁月里,他一直都致力于调和古典文化与基督教文化。他富有天才性地洞察到,当时刚刚传到西方的强调隐居的修道院生活,可以作为实现他目标的工具,因为他不信任主教们的世俗活动以及他们的政治抱负。卡西奥多罗斯是一个大土地所有者,在 546—555 年期间,他在斯奎拉斯附近的莫斯西乌斯山脚下他自己的一块地产上,建立了一个修道院,根据附近的鱼塘而取名维瓦里乌姆。他在这里聚集了一批意气相投的人在身边,以极大的热情鼓励他们学习古典文化和基督教文化,并且规范了学习的技巧。他提出了一个想法,创造了一套体系,使得整个中世纪时代都从中受益。这个社团最迫切的需求是一个图书馆,因为卡西奥多罗斯自己捐赠出来的图书远远不够。[①]他精力充沛地四处搜罗手稿,并且鼓励他的同事们也这样做,以弥补这一缺陷。[②]他还引进了抄写手稿的做法,并且高度赞扬这样的做法。[③]其影响在中世纪的文化史上是划时代的。

　　卡西奥多罗斯著有《制度》(*Institutiones*)一书,[④]作为在维瓦里乌姆周围那些人的行动指南。在前言中,波埃修斯将知识划分为"七艺"的观点依然被保留下来,但是,修辞和逻辑被放在了最重要的位置。这本书引用的参考文献表明,他认为天文、地理、修辞和古典文献都应该被放在修道院图书馆的书架上,尽管它们的重要性不能与《圣经》、教父著作和教会历史著作相提并论,这一点是非常重要的。[⑤]书籍摆放在 9 个书柜里,它们不是按照作者而是依据内容来排序。

　　在九章的内容里面,卡西奥多罗斯讨论了《圣经》中的多卷内容,然后他探讨了神学问题和教会历史,简要介绍了后尼西亚时代的作者和他们的著作(10—15 章);然后用七章的篇幅长篇节选奥

---

　　① 在对《诗篇》评论的结论中,卡西奥多罗斯对于书籍的缺乏表示了遗憾。

　　② *Institutiones* i. 3. 有一些书是在非洲买来的(*ibid*. 8)。

　　③ *ibid*. 30.

　　④ 因为古代和中世纪的书没有固定的书名,这本著作被以不同的方式引用。直到它的文本传统确定下来之前,很多问题可能都没有得到解答。有时人们错误地认为它被分成两部分,但是,卡西奥多罗斯无论从思想还是从实践上,都没有做过这种划分。Cf. *Cassiodori Senatori institutines*, ed. R. A. B. Mynors(Oxford, 1937)。

　　⑤ J. Mabillon, *Tractatus de studiis monasticis*, Part I, pp.24-25,以卡西奥多罗斯自己的著作为依据,分析了维瓦里乌姆图书馆内的藏书内容。

古斯丁和小狄奥尼修斯（Dionysius the Little）的著作；第 24—25 章
指出了宇宙学的价值；第 26 章处理了他对《圣经》的注释；第 27 章 *39*
强调了在《圣经》中同样也有世俗知识的要素。那些在思想上没有
能力或者不愿意从事脑力劳动的人被命令去做体力劳动，尤其是
去做园艺工作（第 28 章）；第 29 章轻松地描述了维瓦里乌姆修道
院的生活画面，它标志着卡西奥多罗斯思想的一个重要转变。他
在很多地方强调了正确抄写手稿的重要性，以审美的眼光愉快地
享受精美的手稿，因此，他的著作其余的部分讨论了抄写手稿的方
法和技巧。可以毫不夸张地说，卡西奥多罗斯在这部出色的著述
中为未来几个世纪里修道院缮写室立下了方法和实践的原则。他
坚持准确的拼写方法，为了这一点，他专门写了一部著作：《论拼写
法》（De orthographia），作为修士们的抄写指南。卡西奥多罗斯关
于标点符号、参考书目以及注释的其他重要的观点都附在了后
面。①卡西奥多罗斯没有忽略任何一个成书的细节。他非常重视维
瓦里乌姆书籍的装帧，有技术的修士努力追求"圣书一定要包装上
外皮以显示出荣耀与美观"，甚至有装帧的样书作为样板给修士们
参考。②他独具匠心地为缮写室发明了机动装置，比如自动照明灯、
晴天的日晷仪器和阴天的水表。

　　卡西奥多罗斯高度强调将有价值的希腊文著作翻译成拉丁文
的重要性。最主要的翻译家是伊皮法纽和穆提阿努斯（Mutianus）。
前者翻译了多部《圣经》评论和参加卡尔西顿会议主教的书信集
（Codex Encyclius），现已失传，其中包括了 451 年出席卡尔西顿会
议的主教们的信件。但是，他最重要的翻译作品是已经失传的《教
会史节选》（Historia tripartita），一部拉丁文版的苏格拉底、索佐门
（Sozomen）和西奥多里图斯（Theodoretus）探讨的与教会有关的历
史，上承优西比厄斯，一直持续到 450 年。穆提阿努斯将克里索斯
托关于使徒传的布道书翻译成了希伯来文，还翻译了高登提乌斯 *40*
（Gaudentius）论音乐的一篇专题著述以及其他的著作。③甚至希腊

--------

① *Institutines*，*praefatio*.

② *Institutines* xxx.

③ E. A. Lowe, "An Uncial (Palimpsest) Manuscript of Mutianus in the Collection of
A. Chester Beatty," *Journal of Theological Studies*, XXIX(1927), 29; O. Bardenhewer,
*Geschichte der altkirchlichen Literatur*, III, 303; F. B. C. Maasen, *Geschichte der Quellen
und der Literatur des canonischen Rechts*, I, 752-753.

的医学著作也被翻译成了拉丁文。卡西奥多罗斯对他的修士们说:"如果你们找不到希腊文的文献,那么你们就读狄奥斯科里德、希波克拉底、盖伦、科里乌斯·奥雷利阿努斯(Coelius Aurelianus)的拉丁文译本以及你能在图书馆找到的众多其他的书籍。"①

卡西奥多罗斯关于文本评论非常有见地。他总是试图尽可能地找到最古老的手稿,并且注明可供借鉴的批评性评论、相关的阅读材料和说明性注释。②他对后世最大的贡献,是保留古典著作和《圣经》文本,并使之更加精练。正是他比其他任何人都"赋予西方修道院以学术的氛围,并且在保留和传播古典文献方面发挥了重要的作用"。③

在希腊的作家中,卡西奥多罗斯的图书馆肯定收藏了荷马、希波克拉底、盖伦、柏拉图、卢西恩、狄奥斯科里德、亚里士多德、欧几里得、阿基米德和托勒密的著作。拉丁文作家的著作自然也会大量地存在,其中包括恩尼乌斯、特伦斯、卢克莱修、瓦罗、西塞罗、萨鲁斯特、维吉尔、贺拉斯、科路美拉、瓦勒里乌斯·普洛布斯、塞内加、老普林尼、昆体良和马克罗比乌斯。如果没有卡西奥多罗斯的努力,加洛林文艺复兴不会取得如此的成就,而 14 世纪意大利文艺复兴中的古典文化的复兴,在很大程度上,也要归功于加洛林的学术研究。④

41  卡西奥多罗斯关于《圣经》评论的著作使人们对相关的拉丁文《圣经》文本产生了兴趣,因为他拥有 9 本《圣经》手抄本,并且认真地参照原文进行了校对。在《制度》第 12 章中,他提及根据圣杰罗姆的版本修订内容丰富的《圣经》,其中包含有古拉丁文版本。这

---

① E. C. Streeter,"Mediaeval Libraries of Medicine 500 A.D. to 1500 A.D.,"*Bulletin of the Medical Library Association*,X(1921),15-20.

② Mme O. Dobiache-Rojdestvensky, in *Speculum*,V(1930),21-48,"Le Codex Q. v. I. 6-10 de la Bibliothèque publique de Leningrad,"认为卡西奥多罗斯可能使用过这个手稿。她认为,这本书传到了博比奥,然后传到了圣日耳曼修道院,后来在法国大革命早期,俄罗斯驻法国大使杜布罗夫斯基(Doubrovsky)得到了这本书,他在动荡的年代里获得了许多有价值的书。她甚至认为,红色字体的旁注和批评性的标记可能就是卡西奥多罗斯本人的笔迹。

③ B. E. Skahill, *The Syntax of the Variae of Cassiodorus*,Preface.

④ Traube 持不同意见,认为卡西奥多罗斯在保留古典知识方面的作用被夸大了(*Vorlesungen und Abhandlungen*,II,123),但是大部分学者赞同他在传播维吉尔作品方面发挥的重要作用。

一更大的抄本（Codex Grandior）以一个装饰性的学者像开始，该学者很可能就是卡西奥多罗斯本人，他坐在一个敞开的书柜前。在 7世纪，韦尔茅斯和伽罗的英国修道院院长看上去在罗马获得了这一大抄本，他们部分地以其为范本，制作了 3 本拉丁文《圣经》抄本，其中的一本被作为礼物送给了教皇。他对这本《圣经》重新进行了内部装帧，①但是将坐着的人物标为厄斯德拉斯（Esdras）。尽管《圣经》古拉丁文译本大抄本已经遗失了，但是塞奥弗里德（Ceolfrid）的抄本依然作为尚存最好的拉丁文《圣经》抄本流传了下来。因为它是 16 世纪在托斯卡纳的蒙特阿米阿塔（Monte Amiata）修道院被发现的，所以它以"阿米亚提努斯古抄本"（Codex Amiatinus）的名字为人们所知，现收藏在佛罗伦萨的劳伦提安图书馆。在下一章里，我将详细考察这部抄本的历史。

作为真正的罗马人，卡西奥多罗斯在书柜或者墙洞里保存其书籍，其中 9 本包含《圣经》和有关它们的神学著作。希腊文抄本在第 8 个书柜里，书籍似乎是根据主题而不是作者来摆放。②在 6 世纪，只有在意大利南部地区，才有可能从事像卡西奥多罗斯在维瓦里乌姆那里从事的研究。罗马遭受了三次围攻，暂时毁坏了它作为学术中心的地位。北部意大利在 6 世纪下半叶被伦巴德人征服，他们的掠夺行为加剧了由查士丁尼的大将贝利撒留和纳塞斯征战所造成的惊人的土地荒芜局面。 *42*

此时在南部意大利还有其他学者，在维瓦里乌姆之外还有其他学术和人文研究中心。因此，在 559 年，一位未署名的编辑校订了奥古斯丁的《论三位一体》（De trinitate）。即使当伦巴德人的入侵扩展到南部的时候，在那不勒斯的围攻中（589 年），彼得勒斯·诺塔里乌斯（Petrus Notarius）依然在圣塞维利努斯（St. Severinus）修道院学习奥古斯丁的节选，圣塞维利努斯修道院是由西马库斯的女儿普罗巴建立的。她在卡斯特鲁姆·卢库拉努姆（Castellum

---

① R. Garrucci, *Storia dell'arte cristiana*, III, tav. 126；G. Pfeilschiffer, *Theodorich der Grosse*, p. 126；J. W. Clark, *Care of Books*, front., pp. 39-41；H. J. White, "The Codex Amiatinus and Its Birthplace," *Studia biblica et ecclesiastica*, II(1890), 273-308；E. H. Zimmerman, *Vorkarolingische Miniaturen*, pp. 111 ff., 260 ff.

② *Institutines* i. 8, 17；ii. 12.

Lucullanum)建立了她自己的修道院,这里从前是卢库勒斯的大庄园,西罗马帝国的最后一个皇帝罗慕洛·奥古斯都在476年被贬到这里,并被奥多亚克废黜。①它的第一个男修道院院长是博学的尤吉皮乌斯,其作品有《圣塞维利努斯传》(Vita Sancti Severini)。通过他的努力,一个有价值的图书馆被建立起来。我们从福尔金提乌斯(Fulgentius)的信函中得知这些信息,福尔金提乌斯于508—533年间在非洲任卢斯佩(Ruspe)主教,他在写给尤吉皮乌斯的信中这样写道:"我请求您的手下从您的(藏)书中抄写我们需要的书籍。"②即使是在尤吉皮乌斯去世以后,这个图书馆依然被人们使用着,这可以从大量抄本的引文以及许多书写笔迹中得到证明。③

关于西方修道院最早和最大的图书收藏地卡西奥多罗斯图书馆的命运,我们不清楚。比尔(Beer)④认为,尽管卡西奥多罗斯藏书中的一部分被安放在维罗纳,一些经典的手抄本被运到了不列颠,但是在7世纪,大部分被转移到了博比奥(Bobbio)。他没有用直接的证据来证明这一点,而是在下列事实的基础上得出他的结论:"在中世纪早期,没有任何图书馆能够如此清晰地反映出卡西奥多罗斯的藏书是博比奥修道院最古老的抄本。"他通过猜测希腊修士⑤到达阿普利亚和卡拉布里亚的时间确定了这个日期,而希腊修士是随着查士丁尼征服意大利而来的,并且导致了拉丁化的基督教从这一地区被排除出去。在6世纪末7世纪初,当希腊基督教会的影响日益增长并逐渐将拉丁化的基督教势力清除出南方的时候,拉丁化的基督教由于北部意大利的局势而被强烈吸引到那里。打击阿里乌斯教的任务落到了博比奥修士的身上,阿里乌斯教是

---

① Van de Vyver, *op. cit.*, p.260.

② Migne, *Pat. Lat.*, LXV, col.348; G. H. Hoerle, *Frühmittelalterliche Mönchs-und Kleriker-bildung in Italien*, p.7.

③ Cf. Hoerle, *op. cit.*, p.7, n.3; Dom J. Chapman, *Notes on the Early History of the Vulgate*, pp.31-32.

④ R. Beer, "Bemerkungen über den ältesten Handschriftbestand des Klosters Bobbio," *Vienna*, *Akademie der Wissenschaften* (Phil.-Hist. Cl.), *Anzeiger* (1911), pp.78-104.比尔的观点被广泛地接受。

⑤ K. Lake, "The Greek Monasteries in South Italy," *Journal of Theological Studies*, IV-V(1903-1904), *passim*.

东哥特人带来的，伦巴德人使其得到了进一步发展。①人们认为，转移书籍的中间人是伦巴德女王西奥多林达（Theodolinda），她是一个天主教徒，而且是一个有才智的人。大格里高利寄给她《对话》②和基督教福音书，她将其送给了蒙扎（Monza）的圣约翰教会，③但是博比奥是她的最爱。

然而，关于维瓦里乌姆和博比奥之间关系这个迷人的故事，后来在梵蒂冈图书馆的枢机主教乔凡尼·莫尔凯提（Giovanni Mercati）为西塞罗的《论共和国》（Vat. Lat. 5757）复制本再版中受到了巨大挑战。④对于他来说，博比奥图书馆以维瓦里乌姆为来源似乎是不大可能的。⑤首先，维瓦里乌姆的卡西奥多罗斯图书馆被移走的原因——7世纪希腊宗教礼仪带来的卡拉布里亚入侵——是站不住脚的。在卡拉布里亚，希腊文化于7世纪末开始居主导地位，到8世纪早期更全面地发展起来。人们再一次认为：在7世纪最初的几十年里，卡拉布里亚比意大利中部即教皇国或伦巴第更加幸运和安全，而且，在维瓦里乌姆，一定还有这样的修士，即使他们没有见过卡西奥多罗斯，但他们依然保留着卡西奥多罗斯建立起来的学术传统。在598年，大格里高利因为维瓦里乌姆的修士们从事的学术活动而表扬了他们。⑥根据这些情况，我们可以断定，维瓦里乌姆的修士们同意为了坐落在伦巴德人阿里安统治的王国里的爱尔兰修道院而剥夺他们的手稿，这个说法是不可信的。枢机主教莫尔凯提承认，维瓦里乌姆的一些经典手稿可能是在博比奥发现的抄本的底本，但是更有可能的情况是，卡西奥多罗斯的《制度》成了意大利其他修道院的一种参考书目指南，这些修道院致力于收藏卡西奥多罗斯高度重视的同类书籍。狄奥多里克大帝保持的东哥特王国的和平局面，尤其是在北部意大利，以大量的书

*44*

---

① T. Jung, "Bobbio," *Mitteilungen des Instituts für österreichische Geschichtsforschung*, XX(1899), 533 ff.

② Paulus Diaconus, *Historia Langobardorum* iv. 5.

③ *MGH*, *Epistolae*, II, 431.

④ *Codices e Vaticanis selecti*, XXIII, 14-20.

⑤ 在 *Speculum*, X(1935)第 432-434 页中，有关于他著作的一篇书评，其中，F. M. Wheelock 抱怨说"太依赖于理论了"。

⑥ *Registrum*, ed. Ewald, VIII, 32；*MGH*, *Epistolae*, II, 35.

籍抄写活动为特征,在东哥特王国衰落之后,其中的许多书籍一定还可能找到,整理其中的一些书籍、再抄写其中的一些文本也并不困难。按照枢机主教莫尔凯提的观点,博比奥图书馆中的很大一部分抄本是在北部意大利搜集的,在皮亚琴察、维罗纳、帕维亚、米兰、拉韦纳和其他地方容易找到的教会图书馆里,可能还有一些是在古代和著名家族的私人家里。它是被地震摧毁的吗? 就如同卡西诺山修道院曾经遭遇的那样? 或者它是被火烧毁的吗? 或者是海盗或者穆斯林盗印者劫掠了它并彻底将其夷为平地的吗?

我们考察的修道院图书馆在基督教文化占主导地位的地中海地区得到了长足的发展,现在来看博比奥的历史,我们第一次遇到了人们经常会提及的新的影响因素——英国基督教的影响,基督教是在 6 世纪和 7 世纪传播到不列颠群岛的。我们将在下一章里探讨英伦三岛独具特色的文化的兴起。在这里我们仅来考察爱尔兰传教士在大陆最早建立起来的修道院。①在这些爱尔兰传教士的先行者中,最伟大的传教士之一是圣科伦班(St. Columban),他在 585 年时值 45 岁的时候,带了 12 个伙伴前往高卢,建立宗教会所,以此作为传教活动的中心。他又相继在安尼格雷、卢克西维尔和丰特内建立了修道院,并且最终于 612 年在意大利皮埃蒙特的博比奥建立了一个修道院,它后来成为欧洲最大的修道院之一。科伦班于 615 年 11 月 21 日在那里去世。

与他的爱尔兰训练相一致,科伦班最先关注的事情之一是在每一个修道院建立一个缮写室,尽管这可能更多的是他的后继者们而不是他自己做的事情。据说第二任修道院院长阿塔尔(Attal)带了几箱子书②来到这个新的修道院,而且很显然,在担任修道院院长期间,他对书籍的兴趣一直没有消减。阿塔尔是一个勃艮第人,

---

① 关于爱尔兰传教士在大陆的情况,有丰富的文献资料。参见 L. J. Paetow, *A Guide to the Study of Medieval History*(rev. Ed.), pp.162-163 列举的名单。W. Schultze, "Die Bedeutung der Iroschottischen Mönche für die Erhaltung und Fortpflanzung der mittel-alterlichen Wissenschaft," *Zentralblatt für Bibliothekswesen*, VI(1889), 185ff., 233 ff., 281 ff.; H. Zimmer, *Irish Element In Medieval Culture*; G. Stokes, *Ireland and the Celtic Church*, chap. Vii; F. H. Dudden, *Gregory the Great*, II, 86 ff.; P. F. Moran, *An Irish Missionary and His Work*.

② "Libros ligaminibus firmat"(Jonas *Vita S. Columbani* ii. 5).

但是他手下的修士们许多都是爱尔兰人。因此,在博比奥使用的文字①都是岛屿体(Insular),在 10 世纪,它被伦巴德体(Lombard writing)取代。除了幸存的抄本之外,关于这个图书馆及其缮写室的历史,我们知之甚少。②最早的图书目录是 10 世纪的,其中多达 666 部著作。③修道院的档案室里分散记载着该图书馆接受的馈赠:643 年,修道院院长波波伦(Bobolen)遗赠给该修道院一箱子书,其中有一卷是 7 世纪的奥古斯丁的《布道书》抄本,现在依然尚存;④在 862 年,都灵的主教西奥杜尔福斯(Theodulfus)提供了一本都灵的克劳迪厄斯(Claudius)所写的关于《哥林多书》的评论,现在被保存在梵蒂冈图书馆;⑤而且可能还有其他的遗赠和捐赠。在这个修道院中,还有一些记载和告示,反映了该图书馆的管理情况。修道院院长瓦拉(Wala,834—836 年在位)在任时期,一份官员的名单除了提及赞礼员之外,还提及了一个档案员和一个图书管理员,我们知道,在许多修道院里,赞礼员除了负责合唱团的工作以外,还履行这些职责。⑥

关于博比奥图书馆的历史,比这些零散的记载或者甚至比 11 世纪的图书目录更有启发意义的是藏书中幸存下来的经典手稿。从他们保留下来的古代历史学家的书写方法来看,很显然,在圣科伦班去世之后短短的一段时间里,缮写室的抄写活动非常活跃,但是到 7 世纪末,这种热情已不复存在。虽然一些抄写活动依然在继续,但是文字和文本都很少能证明文化的衰落。事实上,博比奥还经历了加洛林文艺复兴和撒克逊文艺复兴,但是都没有产生多

---

①　根据 W. M. Lindsay, "The Bobbio Scriptorium: Its Early Minuscule Abbreviations," *Zentralblatt Für Bibliothekswesen*, XXVI(1909), 293-306,自 7 世纪以来,在博比奥的缮写室,不仅使用一种文字,尽管岛内文字在最初的几个世纪里居于主导地位,但是,在那里有几种缩写和标记在大部分手稿中都能经常看到。

②　博比奥的手稿在罗马、米兰、都灵、那不勒斯、巴黎、维也纳、沃芬布特尔和马德里保存着。

③　G. H. Becker, *Catalogi bibliothecarum antiqui*, No.32.

④　Vat. 5758.

⑤　Vat. 5775.

⑥　这份名单在 L. A. Muratori, *Antiquitates Italicae medii aevi*, V, 379 ff 中。这是罗马以外的意大利第一次提及一个图书馆。第二次是在 11 世纪克雷莫纳的教会图书馆提及;第三次是在 12 世纪的维罗纳提及。参见 G. Manacorda, *Storia della scuola in Italia*, I. 204。

大的影响。大部分保留下来的经典抄本是神学著作,但是其中许多是刮干净后又重新使用的羊皮纸,从中许多拉丁文段落都被擦掉了。①既然在大多数情况下,现在可能通过使用化学试剂或者特殊的摄影技术来译解较早的文字,那么博比奥的抄本对于古典学者来说就具有至关重要的意义了。

　　但是,教会历史学家对博比奥的抄本产生的兴趣,一点不亚于古典学者。其中之一是现存于都灵的古抄本 k(Codex k),包含着至今为止最有价值的带有评论性质的所有尚存《福音书》古老拉丁文本。几乎可以肯定的是,它曾经属于卡西奥多罗斯本人,因为它至少比这个修道院还早 200 年。其语言是如此地古老,以至于科伦班也不可能使用过它。当时异教依然充满着生机。那个书吏要么本身是一个异教徒,要么是一个新的改宗者,因为他犯了荒唐的错误,使用"praetor"来表示"frater",甚至连马利亚和彼得的名字也混淆了。②博比奥图书馆第二份著名的教会抄本是《新约》篇目的穆拉多利残篇(Muratorian Fragment),现存于米兰的安布罗斯图书馆,那里有最早的为我们所知的《新约》书目,上面刻有"博比奥圣科伦班之书"(liber sancti columbani de bobio)。但是,这并不能表明,该抄本曾经属于圣科伦班,因为这类铭文在博比奥的许多抄本中都能够找到。然而,碎片上的字迹是 8 世纪的。③它最重要之处在于,这是一份 2 世纪的手抄本,它的错误的拉丁文使得一些学者认为,其原稿是希腊文译本。④第三个与基督教会有关的藏书,是 2 世纪和 5 世纪之间早期教会通用的小册子以及基督教信经。这同样可能是卡西奥多罗斯的藏书,但是从其中的俗语来判断,它源于 5 世纪的高卢。人们怀疑,它可能并不属于圣科伦班,因为我们知道,

---

① Cf. Hoerle, *op. cit.*, p.58.

② F. C. Burkitt, "Further Notes on Codex k," *Journal of Theological Studies*, V (1903), 105.

③ Muratori, *op. cit.*, III, 851.

④ E. g., Hilgenfeld, Zahn, Dom Chapman. Cf. P. C. Labriolle, *History and Literature of Christianity from Tertullian to Boethius*, pp.53-54, 254.没有任何证据表明穆拉托利残片书写于博比奥,其来源也无从知晓(Sandys, *op. cit.*, I, 455; M. Stokes, *Six Months in the Apennines*, p.282.)。

圣科伦班本人于585—610年间在勃艮第。[①]最后，我们来看一下被
许多学者认为最珍贵的博比奥的弥撒经书，它也是完整流传下来的
最古老的弥撒经书。它是"……墨洛温王朝时期流行的同类书的样
本；它是真正的罗马、高卢和爱尔兰因素的一个综合……"[②]E. A. 洛
(E. A. Lowe)博士形象地叙述了这部独特著作的可能的渊源：

> 1 200多年以前，在一个阿尔卑斯山边某个鲜为人知的村
> 庄里，在一个以法语为口语的地方，在一个女隐修院附近，一
> 个古老的神职人员抄写了一部祈祷书。他的手法不是很稳，但
> 他是以一种毅力在做一件有益的工作。他的羊皮纸不是最好
> 的，他的书法表明，他没有掌握书写技巧。他并不能熟练地使
> 用红色字体和黑色字体。他是一个忙碌的教士，他几乎没有时
> 间来修改提炼书名和标题，但是他不忘享受一些装饰的乐趣，
> 所以一旦可能，他就写一个装饰性的首字母，结果却显得很粗
> 俗。古老的书吏试图从头一页一页地抄写。当他写到自己所
> 熟悉的段落时，比如福音书或者先知书，他经常看一眼原稿，
> 然后凭记忆来抄写其余的内容。他是一个彻头彻尾的简单的
> 人——在抄写和语法方面都不纯正。他说什么就写什么，用 ci
> 代替 ti，用 g 代替 j，或者相反，他很少考虑具体情况和动词结
> 尾。他来自一个小地方，他买不起太多的书，所以他在弥撒经
> 书里抄写了比正常情况多得多的内容。当他的羊皮纸不够用
> 的时候，他就偶尔借来碎片。
>
> 在弥撒经书的写作和马比伦发现它期间的几个世纪里，许
> 多无价的手稿被毁掉了，我们永远无法再找到它们了。多少是
> 出于偶然的运气吧，这部由一个不知名的神职人员抄写的又简
> 单又很好的抄本幸存了下来，它让我们迷惑，又给我们以启迪。[③]

---

① 该手稿现存在安布罗斯图书馆。关于它的记载，参见 E. S. Buchanan, "The
Codex Muratorianus," *Journal of Theological Studies*, VIII(1907), 537-545。

② F. C. Burkitt, review of Wilmart *et al.*, *Journal of Theological Studies*, XXVI
(1925), 178.

③ "Henry Bradshaw Society's Publications": No. liii, *The Bobbio Missal*(*Facsimile*);
No. lviii(*Text*); No. lxi (*Notes and Studies*, by Dom A. Wilmart, Dr. E. A. Lowe, and the
Rev. H. A. Wilson), 105 f.

在大陆上，还有其他由圣科伦班建立或者在他传教影响下建立的修道院图书馆：高卢有安尼格雷、卢克西维尔、佩罗尼、科尔比（Corbie）、圣旺德利耶、圣里基耶（St. Riquier）、圣艾里（St. Aile）、圣高尔（St. Gall）以及康斯坦茨湖边的赖歇瑙。我们暂时可以先不谈这些图书馆，因为我们主要的兴趣在爱尔兰文化的影响上。关于它的起源、发展以及衰落，我们可以非常清楚地追随博比奥的足迹，在其他的圣科伦班修道院中，在加洛林文艺复兴的浪潮中，最初的凯尔特人的影响很快就消失了，关于加洛林文艺复兴我们将在后面的章节中讨论。

我们现在必须来探讨另一种类型的早期修道院图书馆。修道院图书馆的传统，一种来自卡西奥多罗斯对东方禁修主义的实践性采纳，另一种来自大陆上爱尔兰的修道院传统，第三种是从英国人卜尼法斯那里发展来的，卜尼法斯于 755 年去世。卜尼法斯是在伟大的宫相查理·马特和矮子丕平在位时法兰克教会的建立者，作为一个政治家，卜尼法斯相比任何其他的人而言，在废黜墨洛温王朝和于 751 年建立加洛林王朝的过程中都发挥了更重要的作用，更不用说他在建立教皇的世俗权威方面发挥的重要作用，他是 8 世纪前半叶最重要的领导人物之一。但是我们要探讨的，是作为书籍爱好者和德国修道院图书馆建立者的卜尼法斯。他恢复了美因茨和萨尔斯堡的主教区，在伍兹堡、埃赫斯塔特和帕绍建立了主教区，在迪斯博登堡（Disbodenburg）、阿莫恩内堡（Amoenaburg）、弗里茨拉（Fritzlar）、布雷堡（Buraburg）、富尔达和海登海姆（Heidenheim）建立了修道院，富尔达修道院是中世纪德国最大的学术中心之一，除了这个修道院的情况以外，我们对这一时期其他修道院图书的情况一无所知。可以肯定的是，富尔达修道院图书馆的书籍来自英格兰，很可能其他修道院的书稿也是通过海峡运过来的。

卜尼法斯的《信札》（Letters）是 8 世纪文献信息[1]的一个来源。他感谢萨尼特的女修院院长给了他《圣书礼物》（"sanctorum

---

[1]　最充分的分析，见 Manitius, *op. cit.*, I, 147 ff. 其文本由 E. L. Dümmler 编辑："S. Bonifati et Lulli epistolae," *MGH, Epistolae Merowingici et Karolini aevi*, I.

liborum munera"），并且他还想要得到圣保罗的书信；他从坎特伯雷的诺塞尔姆（Nothelm）大主教索要圣奥古斯丁的《信札》（Inter-rogationes）和格里高利一世对这些书信的《答复》（Responses）；他感谢约克郡的埃格伯特给他书籍作礼物，他还要比德的一些著作，并且说，他正给大主教寄"我从教皇的档案里得到的圣格里高利的信件抄本"——这是一本他本人在罗马的时候根据教皇档案馆保留的文献而完成的抄本。他在 735 年给修道院院长都铎（Duddo）写道：

50

> 我希望您寄给我一些我这里缺少的关于圣保罗的评论，以帮助我加深对神圣事务的了解。我有关于他的两封书信的评论，一个是《罗马书》，一个是《哥林多书》。所以，如果您能在您的教会图书馆里找到任何我不知道的、我这里所没有的、但您认为对我有用的书籍，请告诉我，并且寄给我您本人的笔记。

在 742—746 年，卜尼法斯请求温彻斯特的主教丹尼尔：

> ［寄给他］《先知书》，这是我的修道院院长、也是我的导师温伯特离世时留下的，在其中一卷中将会发现有 6 位先知的清晰而完整的书信——我在这里无法找到一部我想要的这样的先知书，随着我的视力下降，我无法准确地辨认出小的字母。我想要这本书，因为它是用非常清晰而且完整的文字写出来的。

他请求约克郡的大主教埃格伯特和韦尔茅斯及伽罗的修道院院长休伯特给他寄：

> 一些比德的评论，在他看来，比德是圣人一样的教士和《圣经》研究者；尤其如果可能的话，寄来他的《布道书》和《所罗门箴言》。

当女修院院长巴加（Bugga）约于 720—722 年在罗马的时候，她试图为他找到《殉道者受难记》（Passiones martyrum）。

勒尔（Lull）继续着他导师的实践，也就是继续在英格兰寻找书籍,他对于卜尼法斯来说,就像伊莱莎(Elisha)对于伊莱贾(Elijah)那样重要。他给韦尔茅斯的古特伯克特(Gutberct)写信,希望他帮助找到比德的任何一部著作,因为古特伯克特曾经是比德的学生。这位修道院院长让初学的修女们在缮写室工作,抄写了古特伯克特的一些著作,并且承诺说在适当的时候寄给勒尔 34 本书。后来勒尔又写信请求古特伯克特寄给他其他的书,并且最终如愿以偿。此前,他向一个叫迪尔温(Dealwin)的人索要奥尔德海姆(Aldhelm)的著作,向约克郡大主教科艾纳(Koaena)索要比德的一些著作和一本宇宙学方面的著作,可能是普林尼的一些著作和其他的资料,或者是塞维利亚的伊西多尔的大部头著作之一。卜尼法斯和勒尔对古典著作的了解很少。①维吉尔似乎是他们所熟悉的唯一的罗马诗人,而且,我们可以推测,他们还可能知道塞杜利乌斯(Sedulius)、尤文库斯(Juvencus)和奥尔德海姆。古典文化的复兴要等到加洛林文艺复兴之时。卜尼法斯本人写过少数几本不太重要的教科书,其中《语法的艺术》(*Ars grammatica*)和关于诗体的一部著作的片段至今尚存。②

富尔达图书馆非常值得关注,一是自其建成以来藏书的内容,二是因为它的藏书目录对于我们了解修道院的起源来说最为古老。在修道院院长斯特米(Sturmi,744—749 年在位)任职期间,曾经有 40 个修士连续被聘用在缮写室工作,卜尼法斯和斯特米带来的老师依然从英格兰进口书籍。最有价值的材料是在富尔达曾经保存的那些书籍,其中还有 4 部存放在该城的市政图书馆里。③第一个是著名的富尔达拉丁文圣经古抄本(Codex Fuldensis),其中包括福音书、保罗书信、使徒的历史、7 封基督教徒的书信和启示书,所有的抄本都使用相同的字体,于大约 546 年写给卡普阿主教维克托,并且使用了盎格鲁-撒克逊的封皮。几乎可以肯定的是,这卷书是在本笃·比斯考普或者西奥弗里德(Ceolfrid)把它从意大

---

① See notes in E. L. Dümmler(ed.), *MGH*, *Poetae Latini aevi Carolini*, I, 3-14; II, 687.

② F. A. Specht, *Geschichte des Unterrichtswesens in Deutschland*, pp.10-11.

③ C. Scherer, "Die Codices Bonifatiani," *Festgabe zum Bonifatius-Jubilaeum*(Fulda, 1905).

利带到英格兰以后,从诺森伯里亚给了富尔达的卜尼法斯。①第二本珍贵的图书是拉吉德鲁迪斯古抄本(Ragyndrudis Codex),它包括14 条教规和有争议的内容。关于这本抄本的来源有不同的看法。书中写道:"为了纪念我主耶稣基督,拉吉德鲁迪斯安排了这本书的写作。所有读到这本书的人都会为我祈祷。"有一个修女名叫拉德鲁迪斯(Radrudis),她生活在伦巴第,她可能通过斯特米将这本书寄给了卜尼法斯,斯特米被派到意大利学习本笃教规。②另一方面,利奥夫勒(Loeffler)③认为,这本书是在法国(原文如此。实际上应为法兰克王国——译者注。)写给墨洛温王后拉津斯鲁达(Raginthruda)的。第三本是一个爱尔兰人写的福音书抄本。④根据摘要(它出自另一个人之手)来判断,它是卜尼法斯本人所写。但是文本提及,它是由维德鲁格(Vidrug)转抄(transcribed)的,布朗认为,他与温特鲁恩格(Wintrung)有密切联系,温特鲁恩格是教士,受异教徒弗里西安人(Frisians)迫害而和卜尼法斯一起殉教。然而,洛夫勒认为,其作者是爱尔兰修士凯德穆恩格(Cadmung)。但是这卷书几乎是卜尼法斯装在衣袋里的抄本。传统上人们认为,它与《卜尼法斯传》(*Vita Bonifacii*)中提及的书有密切联系,该书由乌特勒支一位不知名的教士而作,⑤他写道:

52

> 当我在同一个地区询问有关卜尼法斯的一些问题时,我希望能够找到我的著作所需的资料,人们告诉我有一个女人还活着,尽管她已经年老体衰,她经常发誓说当耶稣的战士被斩首的时候她在场,并且说,当这个战士被剑猛击的时候,他用一本福音书盖住头。在被杀人凶手击中前,他曾经誓死保护这本

---

① Dom T. Chapman, *Early History of the Vulgate Gospels*, p.157.
② 这是 G. T. Browne, *Boniface of Crediton and His Companions*, pp.160-162 中的观点。
③ K. Loeffler, *Deutsche Klosterbibliotheken*, pp.120-121.
④ W. M. Lindsay, *Notae Latinae*, p.78 将它描述成"充满变数。该书吏知道他正在写的东西对他的读者来说是完全熟悉的;单单看一眼开始的那个字母或者一个词的音节,就足以唤起他们记忆中的那个句子"。林赛(Lindsay)进一步写道:"通常人们认为它是爱尔兰人的,但是它有可能是来自康沃尔地区或者邻近地区。"
⑤ W. Levison, *Vitae Sancti Bonifatii*, p.75.

他生前挚爱的神圣的福音书。①

这本书的出现维持了这种传统，因为封皮很显然是被一把剑深深地划破了。

卜尼法斯在这次注定要倒霉的使命中带到弗里西亚的小图书馆的命运，被最早为他作传的威利巴尔德（Willibald）所记载，他写道：

> 得意扬扬的一群异教徒立即抢夺胜利的果实，抢夺他们遭天谴的果实，破坏营地，分享和掠夺战利品。他们还偷了一些大箱子，里面有许多卷书籍……拿走锁着的箱子，运到船上……打开书箱子，他们发现了成卷的书籍而不是金子……因此，他们拿走了金银财宝，而把他们找到的书扔到了草地里；其他的一些书被他们扔进了沼泽灌木丛里。但是……很长一段时间以后，这些书被发现，而且完好无损。②

这段记述的最后一句话容易让人轻信。

卡西奥多罗斯所开创的学习精神和风纪不是通过圣本笃，而是通过哈德里安（Hadrian）和英格兰的西奥多逐渐变成了本笃教规，西奥多进一步激励了本笃·比斯考普、奥尔德海姆和比德。爱尔兰修士狂热的传教精神和典范激发了英格兰的修士们，他们也移民到大陆，促使最后的异教徒日耳曼人、黑森人（Hessians）、弗里西亚人（Frisians）和撒克逊人皈依基督教。因此，威利布罗德（Willibrord）、威利巴尔德和卜尼法斯将古老的英国本笃修会含有古典和基督教双重因素的学术传统带到了大陆，在那里甚至爱尔兰传统不再有影响力。卡西奥多罗斯、爱尔兰和英国本笃会的知识传统和活动结合在一起，使得加洛林文艺复兴才成为可能。在知识的复兴中，卜尼法斯是启明星，阿尔昆是太阳。从文化上来说，卡西奥多罗斯和阿尔昆之间的 250 年，是欧洲历史上最黑暗的时期。③

---

① *The Life of St. Boniface* by Willibald, tr. by G. W. Robinson, p. 86 n.

② *Ibid.*, pp. 84-85.

③ 然而，充满悖论色彩的是，恰恰是在这 250 年的时间里发生的变革，决定了中世纪的宗教和近代欧洲的大部分面貌。

所谓的"阴郁的"10 世纪完全不是如此地沉重和如此地黑暗。

　　过去的那个阶段是如此地具有决定意义，当时普通的虔诚者倾听传道者的布道，形成了他们要表达的思想，即使有的时候夸张，但却是布道者自己的思想；虔诚的信仰在慢慢的、寂静的工作中逐渐形成一种普遍被接受的信仰。此后，受教育程度更高者逐渐自然而轻而易举地对其信仰及其教义、经常的争论、异教产生反应或者质疑。正是这一思考，使得这一教会史上最黑暗的时期出现的记载变得不仅有价值，而且事实上非常重要，尽管有时它们看上去微不足道，或者有时几乎又荒诞不经。①

---

① E. Bishop, *Liturgica historica*, p.79.

# 第三章　加洛林文艺
# 复兴时期的图书馆

　　法兰克帝国的政治环境、盎格鲁-撒克逊人（比德）神学研究的繁荣、卜尼法斯在大陆上的宣教活动以及加洛林帝国与罗马和君士坦丁堡之间部分是新的、部分是复兴的关系，宣告了加洛林文艺复兴的到来。事实是，来自英格兰、罗马、伦巴第以及最终来自东方的因素汇聚在查理曼的宫廷里，并且在这位国王那里找到了如此富有创造力的赞助人，使得复兴变得可能，这种复兴在虔诚者路易时代和秃头查理时期继续存在。①

　　自哈德良、安东尼·庇护（Antoninus Pious）和马尔库斯·奥勒里乌斯（Marcus Aurelius）以来，第一次有一个帝王对知识和文献异常感兴趣，他又激励了世俗社会的精英们表现出了同样的兴趣。②在这场著名的致力于"为法兰克帝国获得更高水平文化"的活动中，图书馆是一个重要的工具。

　　然而，加洛林文艺复兴并不如其所表现得那样如此突然或者如此新颖。它不是一个原因，而是一个结果——植物的根茎深深地扎根于过去的土壤。灵感的源泉可以在卡西奥多罗斯的著作中发现，其思想对盎格鲁-撒克逊时代的英格兰产生了深深的影响。英格兰的学术氛围来自罗马，而在英格兰孕育起来的知识又由卜尼法斯和阿尔昆带回了大陆各国。

　　查理大帝统治时期，法兰克帝国的图书收藏大量地增加。起初

---

　　① A. Harnack，*History of Dogma*，IV，277 n.
　　② G. C. O. Koerting，*Die Anfänge der Renaissance-literatur in Italien*，p.79.

书籍很少。随着凯尔特人的传教活动进入几个修道院的手稿数量
并不多,①而且几乎没有人能够管理它们。丕平通过教皇保罗一世
从罗马获得书籍。乌特勒支的格里高利(卒于 775 年)同样从罗马
将书籍带到德国。②当格里高利的学生留德格(Liudger)离开英格兰
的时候,他随身带了许多书籍。③

　　加洛林文艺复兴的历史围绕着一个重要的英国学者阿尔昆展
开,他是查理大帝宫廷中最有学问的人。阿尔昆出生于 735 年,他
在约克郡的主教学校跟随大主教埃格伯特接受教育,但他真正的
导师是埃尔伯特(Aelbert),他代表了最好的诺森伯里亚的文化传
统。在一首诗中,阿尔昆表达了对这位导师的敬意,后者曾经对关
于书籍应该在何种程度上受珍视有深刻的评论,其中一些是新的,
一些是真实的。④阿尔昆曾经和埃尔伯特去罗马寻找书籍,并且于
768 年继埃尔伯特之后成为主教学校的老师。在 781 年埃尔伯特
去世以后,阿尔昆被送到罗马为新任大主教伊恩巴尔德(Eanbald)
接受长方形披肩,在回来的时候,他在帕尔马遇见了查理曼,查理
曼邀请他到法兰克王国。第二年,阿尔昆加入了他那个杰出的学
者和古典文学业余爱好者的小圈子,他的几个英国学生很快也随
他加入到了这个圈子中。⑤名义上阿尔昆是费里埃修道院院长,但
实际上,他在接下来的 8 年时间中都待在宫廷里,然后返回英国待
了 4 年时间(789—793 年),从 796 年起直到 804 年去世期间,则担
任图尔城圣马丁修道院院长。⑥终其一生,阿尔昆代表了约克的传
统,即卡西奥多罗斯所坚持的基督教传统与世俗知识相结合的价

---

① F. Keller, "Bilder und Schriftzüge in den irischen Handschriften der schweizerischen Bibliotheken," *Mittheilungen der antiquarischen Gesellschaft zu Zürich*(1851), translated in *Ulster Journal of Archaeology*, VIII(1860), 212-230, 291-305.

② A. Hauck, *Kirchengeschichte Deutschlands*, II, 167.

③ *Ibid.*, p.179.

④ Alcuin, *De Sanctis Euboricae urbis*(1457/8).

⑤ W. Wattenbach, *Deutschlands Geschichtsquellen im Mittelalter*, I, 159. 关于查理曼和英格兰的关系,尤其是和诺森伯利亚及温彻斯特的关系,参见 R. Pauli, "Karl der Grosse in Northumbrischen Annalen," *Forschungen zur deutsche Geschichte*, XII(1871), 137-166。

⑥ 人们几乎普遍认为,阿尔昆是一个修士,但是这并不准确。查理曼解散了圣马丁修道院,代之以世俗的机构。参见 *Moyen âge*, 2d ser., VI, 54。

值观。①

最初,法兰克修道院在文化上的贫乏似乎使阿尔昆大为吃惊。即使是像图尔城的圣马丁这样古老和富有的修道院也几乎没有几本藏书。当他开始在那里教学的时候,他派人去英格兰搜罗书籍。②他给查理曼写道:

> 我在这里深切地感到对我在我的国家所拥有的那些或由我的导师辛勤所作,或由我本人谦恭写作的富有学术价值的书籍的需求。因此请允许我向那里派一些我们的年轻人去搜集有用的书籍,让他们将不列颠之花带回法兰克。③

直至生命结束之时,英格兰都是他最主要的书籍来源地,其次是罗马。④我们不可能知道当阿尔昆管理修道院的时候图尔城有哪些书籍。在他前后都没有保留下来任何书籍目录。圣马丁修道院的复兴一定是受到了来自英格兰和罗马的影响,其中一些图书来自莱兰和普罗旺斯的维埃纳。

加洛林文艺复兴的起源可以追溯至卡西奥多罗斯经过本笃·比斯考普、比德、约克郡的埃格伯特到阿尔昆的书籍的传播。古典作家的另一个传统同样证明了这一点。特劳伯写道:

> 从总体上来说,加洛林文艺复兴的发展情况是这样的:6世纪的古老抄本在加洛林时代得到了传播,并且没有任何中断,古老的祖先的传统很快就由加洛林的子孙后代追随……一本古老的书经常只有一本抄本传播到加洛林时代,在加洛林时代抄本又会非常快地成倍地增加,因此才有可能流传到我们的时代。只有在例外的情况下,加洛林时代拥有古代作家不止一部抄本……如果在查理曼之前曾经有过更多的抄本,我们将可以在我们的著作中分析它。即使在墨洛温王朝的抄本存在的情况下,加洛林时代也倾向于使用6世纪的文本。当我们的抄本呈

57

---

① Migne, *Pat. Lat.*, C, col. 501.
② E. K. Rand, *A Survey of the Manuscripts of Tours*, p. 39, n. 2.
③ *Ep.* xxxviii.
④ *Epp.* xl, xciii, and clxiv.

现出高度腐坏状态的时候,其原因不在于抄本被连续地重抄,而是因为其从一个不再清楚的脚本转变为一种新的脚本。①

大量增加的书籍从图尔城传播到包括法国和德国版图在内的法兰克帝国众多修道院中。图尔城懒惰而无知的修士们②并不喜欢阿尔昆以及他在缮写室里所进行的"英国式"制度性改革。阿尔昆直白地告诉他的弟子们"抄写书籍要比耕种更好"(*fodere quam vites melius est scribere libros*)。抄写大部分是使用我们熟知的"加洛林小写体(Caroline minuscule)"清晰而准确地完成的,加洛林小写体起源于罗马帝国每日的速写(cursive writing)实践,从不规则的墨洛温体发展而来。尽管被广泛地使用并广为人们所推崇,加洛林小写体在其他任何地方都没有像在图尔城的缮写室,尤其是在圣马丁修道院的缮写室取得如此大的成就。在那里发展起来的小写体以其完美的形式,因其简洁、大气和纯美,轻而易举地成为法国字体(scripts)的王后。在那里,其他成型的字体也被提炼并被规则化,最终发展成今日这样高贵的字体。即使是在当时精美的书籍中,图尔城的图书设计和制作也都是非常出色的。在加洛林文艺复兴中,基督教的人文主义和古典文化的人文主义并行不悖。艺术同样也有一席之地。维特鲁维乌斯(Vitruvius)的抄本成倍地增加,从而促进了建筑的发展。③

查理曼对修道院图书馆的关心,非常奇怪地在给予索恩河畔沙隆(Châlon-sur-Saone)的圣马塞勒斯(St. Marcellus)修道院的受保护的权利状中得到了描述,其中这样写道:"如果任何人想要破坏或者侵犯这一受保护的权利,他就要被罚款 600 索里达(solidi),其 58

---

① L. Traube, *Vorlesungen und Abhandlungen*, II, 133—an abridged statement of what is written in his *Geschichte der klassischen Philologie*. See, further, E. J. Sandys, *A History of Classical Scholarship*, I, 471-476.

② 其中有一些是爱尔兰人;参见 Rand, *op. cit.*, p.90。

③ 我们有理由认为,哈利父子搜集的维特鲁维乌斯的古抄本(Harleian codex)是和阿米阿提努斯抄本(Codex Amiatinus)在同一间缮写室里完成的,加洛林的抄本来源于维特鲁维乌斯的抄本。参见 F. Granger, "The Harleian MS of Vitruvius(*H*)and the Codex Amiatinus," *Journal of Theological Studies*, XXXII(1930), 74-77。

中三分之二给图书馆,三分之一上交国库。"①

　　阿尔昆在亚琛为查理曼建成的图书馆可能是那个时代大陆上规模最大的图书馆。阿尔昆和其他学者都从那里借书,并且也给那里捐书。②查理曼在亚琛的宫廷里似乎有两个图书馆——一个是私人图书馆,一个是宫廷图书馆。③不幸的是,关于这两个图书馆的任何图书目录都没有流传下来。爱因哈德的《查理大帝传》(*Vita Caroli Magni*)33 章中仅仅提到:"他命令,在他的图书馆里他所搜集的大量图书(他没有说是哪个图书馆)应该以合理的价格卖给任何愿意购买的人,所得的钱款分赠穷人。"装饰古朴华美的抄本——神学、语法、逻辑和科学著作——构成了藏书的大部分。④勤勉的研究已经找到了一点关于查理曼图书馆的信息。⑤这位皇帝得到的礼物清单中提及了一些书籍,但是数量极少,不足以建构起他的图书馆。查理曼可能给富尔达修道院一些书,但是,《杂录》(*Adversaria*)中称他是富尔达图书馆的建立者,这可能仅仅是一个夸张的说法。洛尔施修道院图书馆也被说成是查理曼建立的。但是关于他与苏黎世之间关系的说法是捏造的。在慕尼黑图书馆,有一批来自班奈狄克波恩(Benediktbeuren)的抄本,是查理曼的姐姐吉塞拉(Gisela)捐给科舍尔(Kochel)的女修道院的。查理曼还在耶路撒冷为基督徒朝圣者建立了一个"最高贵的图书馆"(nobilissima bibliotheca)。⑥

　　在查理曼的儿子虔诚者路易(814—840 年在位)和孙子秃头查理(840—877 年在位)统治时期,法兰克的宫廷保留了这位伟大的

---

　　①　引自 E. Emerton, *Beginnings of the Middle Ages*, p.249。关于查理曼对于拥有真实文本的兴趣,参见 H. Labande, *Catalogue général des manuscrits des bibliothèques de France*: *Départements*, XXVII(1894), 96-98; Dom A. Wilmart, *Revue Mabillon*, XII (1922), 119 ff.

　　②　M. Manitius, *Geschichte der lateinischen Literatur des Mittelalters*, I, 264.

　　③　这一观点最早由西蒙(B. Simon)提出,见 B. Simon, *Jahrbücher des fränkischen Reichs unter Ludwig dem Frommen*, II, 254, and n.6。关于查理曼图书馆的罕有的著作,见 D. Koeler, *Commentatio de bibliotheca Caroli Magni Imperatoris Aug. ad Eginharti de vita ejusdem cap. XXXIII*(Altdorf, 1727)。

　　④　Cf. Hauck, *op. cit.*, II, 180 and nn. 1-6, for an analysis.

　　⑤　P. J. G. Lehmann, "Büchersammlung und Bücherschenkungen Karls des Grossen," *Historische Vierteljahrschrift*, XIX(1916), 237-246.

　　⑥　Cf. A. Ehrhard, "Der alte Bestand der griechischen Patriarchalbibliothek von Jerusalem," *Centralblatt für Bibliothekswesen*, IX(1892), 441-459.

皇帝建立起来的重视知识文化的传统,尽管这种传统已经不再具有从前的活力。在他父亲在世的时候,虔诚者路易搜集了一批书,后来由兰斯大主教艾波(Ebbo)保管。在 817 年,当亚琛议会进行伟大变革的时候,宫廷图书馆被用于参考的目的。查理曼在 814 年去世,他在遗嘱中要求处理他的书籍,但是我们在查理曼的遗嘱中,没有发现任何相关的细节。①路易内心虔敬,他希望看到每一个修道院甚至每一个教区的教会里都有《圣经》、祈祷书和权威性的教化书籍。②

在加洛林王朝的所有王子中,秃头查理最有教养。关于这一点在他实际拥有的书籍中③很少提及,但是另一个事实更能证明这一点,就是当时许多作者、神学家、历史学家和诗人——都将他们的著作送给他,④他本人也在腥风血雨的一生中少有的平静时刻里写过拉丁文诗歌。从他的母亲朱迪斯(Judith)皇后那里,查理继承了活泼的性格,虽然他没有继承到坚强的意志。他的老师是被誉为 9世纪智慧之光的瓦拉弗里德·斯特拉波(Walafrid Strabo)。 60

然而,在 9 世纪中期,加洛林宫廷不再是当时的文化中心。加洛林文艺复兴时期最古老的古典和宗教著作抄本均发现于富尔达、赖歇瑙和伍兹堡。修道院里的著作是加洛林文化最持久复兴的见证。9 世纪的重要性,无论是从文学的角度还是从抄本古文字学的(paleographical)角度,都还没有被充分认识。

　　正是在最初的几个世纪里,大量拉丁文抄本被保存了下来,同样是在最初的几个世纪里,我们可见大量作者的亲笔签名以及与那些亲笔签名同时代的抄本。结果,也是在最初的几个世纪里,我们能够重建完美准确的文本。除了重建文本之

---

①　Thegan *Vita Ludovici* lxiii.

②　E. Baluze, *Capitularia regum Francorum*, I, col. 582. 在 827 年,拜占庭的皇帝寄给贡比涅的虔诚者路易《论出版自由》(*Areopagitica*)的抄本,奥蒙特(H. Omont)研究表明,这个抄本依然在法国国家图书馆里:"Manuscrit œuvres de S. Denys l'Aréopagite envoyé de Constantinople à Louis le Débonnaire," *Revue des études grecques*, XVII(1904),230-236。

③　M. Bouquet, *Rerum Gallicarum et Francicarum scriptores*, VII, 711.

④　A. Ebert, *Allgemeine Geschichte der Literatur des Mittelalters im Abendlande*, II,217; S. Hellman, *Sedulius Scottus*, pp.190-194.

外,9世纪还是一个汇编4、5、6世纪和其他世纪抄本的伟大的时代,否则,其中的一些抄本可能已散佚失传了,所有这些抄本都通过这样的汇编而得到了很好的传播。①

这一时期文化上的创造力可以通过对德国两个典型修道院里制作的抄本的分析中得到证明,这些抄本在接下来的几个世纪里得到保存,这两个修道院就是赖歇瑙和圣高尔,如下表:

| 世　纪 | 赖歇瑙 | 圣高尔 |
| --- | --- | --- |
| 8…… | 44 | 21 |
| 9…… | 100 | 237 |
| 10…… | 29 | 86 |
| 11…… | 7 | 49 |
| 12…… | 4 | 54 |
| 13…… | 11 | 50* |

\* From A. Schulte, *Der Adel und die deutsche Kirche im Mittelalter*, pp.67-68.

查理曼和阿尔昆发起的这场文艺复兴运动的一个结果,是导致了法兰克帝国全境,包括法国和佛兰德尔、德国、意大利和基督教统治下的西班牙古老的教会和修道院图书馆以及新建图书馆的复兴,即使是小的、偏远的修道院也从中受益良多。尽管没有关于图尔城的圣马丁修道院的图书目录,但是阿尔昆的传统一定由他的学生们传承了下来,他们到处搜罗手稿并抄写它们。②事实上,图尔城的大主教赫拉尔德(Herard)提醒他的教士们一定要重开这些学校并关注这些书籍。③在圣马丁修道院附近的马尔莫蒂埃,保护书籍甚至早在9世纪就被认为至关重要。在其他的修道院里也在做相同的事情:订正古老的抄本,获得新的抄本。④

---

① A. Souter, "The Sources of Sedulius Scottus' *Collectaneum* on the Epistles of St. Paul," *Journal of Theological Studies*, XVIII(1917), 184.

② L. Maitre, *Les Ecoles épiscopaux et monastiques en Occident avant les universitiés* (2d ed.), p.33.

③ *Ibid*, p.21.

④ L. C. F. Petit-Radel, *Recherches sur les bibliothèques anciennes et modernes*, p.114.

　　法国中部最重要的图书馆可能是弗勒里，它自 7 世纪以来成为最重要的文化中心之一。[①]这里的修士们发展了一套书写体系，这套书写体系在以后的书法历史中非常有名。早在 7 世纪的时候，宗教文本就被抄写，它们成为图书馆的基础。[②]此外，有兴趣的捐助者又赠送了书籍作为礼物。秃头查理捐赠了一本精美的福音书，艾卡德伯爵（Count Eccard）捐赠了他所有的书籍。同一个世纪的修道院院长马格努尔福斯（Magnulfus）建了一个特别的房间，在那里修士们享有更好的条件阅读书籍。尽管有来自沙特尔和克莱瓦勒[③]的 3 份 8 世纪的抄本可以证明，在那里自 6 世纪以来就有一个学校，但是这个图书馆第一次被提及是在 9 世纪，当时一本书被送给了圣玛利亚（St. Maria）教会。在主教的关心下，在该教会附近有一个地方，在那里有抄本用来学习，神圣的祈祷书被收藏。[④]关于这一时期图书馆发展的更多证据，还有几本 9 世纪的主要与教会有关的抄本，世俗性质的抄本却少之又少。

　　在加洛林时代，在古老的奥斯特里亚，有三个著名的女修道院因其图书馆而值得一提，它们是：圣旺德利耶、圣里基耶和科尔比。圣旺德利耶修道院[⑤]在塞纳河附近的科德贝克（Caudebec），是由圣科伦班的一个弟子旺德吉斯尔（Wandregisil）于 650—657 年间建立起来的。它在 7 世纪的时候衰败了，但是后来因卜尼法斯发起的修道院改革运动而得到恢复。修道院院长旺多（Wando，742—747 年在位）是一个改革家，《丰特内修道院院长的事迹》（*Gesta abbatum Fontanellensium*）中保留了一段关于他获得书籍情况的冗长论述。宗教书籍当然构成了其图书收藏的核心内容，但是，令人吃惊的是，这里还有泰安那的《阿波罗尼乌斯传》（*Life of Apollonius of Tyana*）和约丹尼斯（Jordanes）的《哥特史》（*History of the Goths*）。此外还有一个抄本，被称为"使用罗马字母写作的

62

　　① 　E. K. Rand, "A Vade Mecum of Liberal Culture in a Manuscript of Fleury, "*Philological Quarterly*, I(1922), 258.

　　② 　C. Cuissard-Gaucheron, *Inventaire des manuscrits de la bibliothèque d'Orléans, fonds de Fleury*, p.ix.

　　③ 　J. A. Clerval, *Les Ecoles de Chartres au moyen âge*, I, 6-8.

　　④ 　*Ibid.*, p.16.

　　⑤ 　G. H. Becker, *Catalogi bibliothecarum antiqui*, Nos. I, 4, 7.

抄本"（codicem Romana littera scriptum）。①旺多、奥斯特鲁尔夫
（Austrulf，747—753 年在位）和维多（Wido，753—787 年在位）的
后继者们似乎没有兴趣扩大这个图书馆。维多捐赠了 2 本书。②然
而，修道院院长奥斯特尔鲁夫是一个受过教育的人。在他生活的
年代，据记载，在近代瑟堡（Cherbourg）附近的波尔巴伊（Portbail）
发掘出的财物中，有"一本古抄本，内容包括使用罗马字母精美书
写在非常干净的羊皮纸上的四福音书，外形美观"。③

　　加洛林文艺复兴随着修道院院长杰沃尔德（Gervold，787—
806 年在位）到达了圣旺德利耶，杰沃尔德贡献了《摩西五经》《小
先知书》的手抄本、圣奥古斯丁的《约翰福音诠释》（*Exposition of
the Gospel of John*）和多位作者写的《指南》（*Enchiridion*）。④他和
他的修道院院长都对圣奥古斯丁非常感兴趣，并抄写了《上帝之城》
的大部分、比德的《论短暂时光》（*De tempore*）、《诗篇》和《雅歌》、安
布罗斯的圣歌以及圣万德雷吉赛尔（St. Wandregesil）、圣安斯伯特
（Ansbert）和圣伍尔夫拉姆（Wulfram）的传记。在修道院院长安塞
吉斯（Ansegis，817—827 年在位）任职期间，对文化更广泛的兴趣
可以被察觉到。关于礼拜仪式方面的著作和说教作品没有被更多
地提及。在书单的前面是精美的《圣经》，每卷书都以金色的字母
开头；然后是奥古斯丁的 12 本著作抄本；4 本安布罗斯的著作抄
本；几本杰罗姆、大格里高利、福尔金提乌斯、比德和其他人的著作
抄本；还有会议立法的文件。⑤在同样的精神感召下，安塞吉斯为圣
杰尔曼（St. Germain）图书馆提供了弗拉维尼的著作。在这一时期
兴建的无数新的建筑当中，编年史家自豪地记载了"可以保存丰富
书籍的房子的兴建"。⑥

　　在索姆河流域，坐落着森图拉（或者圣里基耶）、科尔比和贝罗
尼三座修道院。它们是爱尔兰人的建筑，最初也因受爱尔兰人精

63

---

　　① Wattenbach，*Schriftwesen*（2d ed.），pp.370 and 451，thinks that uncials are meant；but Sickel，*Acta*，I，290，n.i，believes that capitals are intended.

　　② *Gesta*，15.

　　③ *Gesta*，p.14.

　　④ *Ibid.*，p.16.

　　⑤ *Ibid.*，p.17.

　　⑥ *Ibid.* C. 17，pp.55-56 and note.

神和传统的影响而发展得生机勃勃。森图拉修道院坐落在亚眠附近,是由圣科伦班的一个弟子里奎尔于 625—645 年间建立起来的,它后来以里奎尔的名字而命名。①该修道院与查理曼宫廷的学术活动密切相关。事实上,它的修道院院长安吉尔伯特(Angilbert)是和查理一块儿长大的,并且娶了他的女儿贝莎(Bertha),与她共同生育了两个孩子,其中的一个继任他担任该修道院的在俗院长,这就是著名的历史学家尼萨德(Nithard)。安吉尔伯特一生的大部分时间是与世俗而不是修道院的事务联系在一起的。他因国家公务几次赴罗马。②他的诗歌大部分是献给皇室成员的,而且深受古典文化的影响。他当时一定使用了查理曼的图书馆,因为他的家就在帝国宫廷附近。

在 790 年,安吉尔伯特当上了圣里基耶修道院的院长,但是他没有放弃政治生活。通过他的努力,300 个修士被带到一起,他们以极大的热情复制抄本。③查理曼给了他们一本用金黄色的字母写在紫色羊皮纸上的《福音书》,查理大帝的图书管理员杰瓦尔德(Gerward)将他的一些书留给了安吉尔伯特。安吉尔伯特在 814 年去世前,将他的 200 本书留给了圣里萨耶修道院。④与英格兰相近的地理位置给了安吉尔伯特丰富修道院生活的途径。⑤他的儿子即他的继任者尼萨德,和父亲一样勤于做事。他在查理曼图书馆被卖的时候当上了在俗修道院院长,查理大帝图书馆被卖所得的收益都分给了穷人。我们不禁要问,圣里基耶是否得到了帝国图书馆的一部分？ 在 831 年,在虔诚者路易的命令下,一份图书目录被编制出来,并被并入《编年史》。⑥书单的第一部分显示,编撰者试图给图书分类,但是这种做法很快就被放弃了,最后只是简单地列举了图书。包括《圣经》或者其中部分内容的 22 卷书被列在首位。

64

---

① Hariulf, *Chronique de l'abbaye de Saint Riquier*, pub. par. F. Lot, Book I, chap. vi.

② M. Manitius, *Geschichte der lateinischen Literatur des Mittelaters*, I, 545.

③ L. d'Achery, *Spicilegium* (2d ed.), II, 311.

④ W. Wattenbach, *Deutschlands Geschichtsquellen*, I, 173.

⑤ J. Mabillon, *Annales ordinis Sancti Benedicti*, IV, Part I, 116.

⑥ Hariulf, *op. cit.*, Book III, chap. iii; T. Gottlieb, *Ueber mittelalterliche Bibliotheken*, p.145; Becker, *op. cit.*, No.11.

然后是圣奥古斯丁的 29 部著作、圣格里高利的 15 部著作、圣杰罗姆的 22 部著作、比德的 11 部著作、伊西多尔的 9 部著作、波埃修斯的一本《哲学的慰藉》和一本图尔城的主教格里高利的著作。教会史方面，有优西比厄斯、苏格拉底、索佐门、西奥多雷特（Theodoret）的著作和杰罗姆的《编年史》。然而，最有趣的著作是那些世俗文献。古典作家及作品包括 10 位拉丁文语法家、西塞罗的 2 本《论修辞学家》(*Rhetoricorum libri ii*)、维吉尔、小普林尼、《迪克提斯和达雷斯》(*Dictys et Dares*)、圣科斯莫斯和达米安的《自传》(*Vita*)、昆图斯·塞里纳斯的《论医学》(*De medicamentis*)、约丹尼斯的《哥特史》。福图纳图斯的诗歌主要是为安吉尔伯特写作的。在 831 年，它被分成了两部分，其中一半给了科尔比，许多年以后，米克(Mico)在一封充满诗意的信函中，要求将它寄给自己。①在这份书单的最后是有趣的评论，所列抄本的总数合计为 256，但是，因为许多抄本包括几部著作在其中，所以书目总数可能已经超过了 500。②

65　　科尔比是一个古老的本笃派修道院，坐落在亚眠附近的索姆。它于 657 年由克洛维二世(Clovis II)的遗孀巴兹尔德(Bathilde)建立。她的儿子克罗泰尔三世(Clotaire III)是一个自由的捐赠人，他的做法被后期墨洛温王朝的国王们所仿效。③在加洛林王朝时期，科尔比修道院是一个文化中心，与法兰克王国的统治者有密切的联系。在 9 世纪初，它有两个著名的阿德尔哈德(Adelhards)，轮流担任修道院院长。科尔比修道院是一个学术中心，这可以从以下事实中得到证明：一本抄本包含了两本杰罗姆《反约维尼安》的著作(*Hieronimi contra Jovinianum, libri II*)和一本结尾附有一篇很长希腊铭文的鲁芬编辑的《信经说明》(*Expositio symboli a Rufino edita liber I*)。这本抄本还有一些正确抄写的希腊文词汇。④

这一时期最伟大的学者是帕斯查西乌斯·拉德波尔图斯(Paschasius Radbertus，790—865 年)，他是古老的科尔比修道院的一位

---

①　*MGH*，*Poetae Latini aevi Carolini*，ed. E. L. Dümmler，III，363. 这部科尔比的手稿现在还保留在列宁格勒(F. XIV，I，保存在前俄国帝国图书馆)。

②　Hariulf，*op. cit.*，Book III，p.94.

③　L. Delisle，"Recherches sur l'ancienne bibliothèque de Corbie，"*Bibliothèque de l'école des chartes*，5th ser.，I，393 ff.，498 ff.

④　科尔比图书馆曾经有一本希腊-拉丁文词汇表。参见 Sandys，*op. cit.*，I，499。

修士,后来担任科维修道院院长。他引用了所有特伦斯的戏剧,并且提及过西塞罗的《加图颂词》(*Cato Maior*)、《论取材》(*De inven-tione*)、《论义务》(*De officiis*)、《论雄辩家》(*Oratio pro Sestis*)、《反维利尼斯》(*Verrines*)和《为米洛辩护》(*Pro Milo*)。他了解塞内加的《信札》(*Letters*)、《论恩惠》(*De beneficiis*)和《论克劳狄之死》(*De morte Claudii*)。他经常引用维吉尔的作品。除此之外,他还知道加图、斯塔提乌斯、尤文库斯、塞杜利乌斯、福图纳图斯、奥索尼乌斯、恩诺迪乌斯、福尔金提乌斯、波埃修斯和比德。他在所翻译的爱任纽和德尔图良的《论谦逊》(*De pudicitia*)中,显示了非凡罕见的学识。①他那部伟大的著作《论主的身体和血》(*De corpore et sanguine Domini*)第二版在 844 年被作为圣诞礼物送给了秃头查理。小阿德尔哈德(Adelhard the Younger)和拉德波尔图斯将新旧科尔比的修道院学校都发展成了杰出的机构。②阿德尔哈德的规章显示了这个修道院缮写室里修士们的活动,该修道院有羊皮纸生产者。③当他去世以后,他的弟弟瓦拉于 826 年继任该修道院院长。被放逐以后,他到了意大利,并且当上了博比奥的修道院院长(833—835 年在位)。E.雷斯尼(E. Lesne)④从事了一项有趣的研究,将科尔比的阿德尔哈德道院的章程和博比奥德修道院的院规作了对比。

　　有充分的证据表明,科尔比最密切的联系者是意大利。该修道院有大量的抄本,德莱尔(Delisle)认为,它们全都来自意大利。⑤其他的抄本可以被认定为是来自萨克森(Saxony)——事实上,马比伦(Mabillon)用来说明撒克逊体(Saxon script)的范本是科尔比的抄本,而不是科维的抄本。⑥三本现存的科尔比抄本均来自爱尔兰。⑦科尔比不仅在萨克森建立了科维修道院,而且还向北方派出传教士。圣

---

①　Manitius, *op. cit.*, I, 406-407.

②　E. L. Dümmler, *Geschichte des ostfränkischen Reichs*, I, 261.

③　L. Delisle, *Le Cabinet des manuscrits de la bibliothèque impériale*, II, 111.

④　E. Lesne, "L'Economie domestique d'un monastère au ix^e siècle d'après les statutes d' Adalhard, abbé de Corbie," *Mélanges d'histoire du moyen âge offerts à M. Ferdinand Lot* (Paris, 1925).

⑤⑥　Delisle, *op. cit.*, II, 122.

⑦　J. Mabillon, *De re diplomatica libri VI* (2d ed.), p.351.

安斯卡(St. Anskar)年轻时在科尔比生活,后来在科维教书,然后在830年和4个修士一起去了瑞典。语法家德鲁斯马尔(Druthmar)在斯塔维洛特(Stavelot)和马尔梅迪(Malmedy)教书。修士约翰被阿尔弗雷德大帝从科尔比征召来温彻斯特帮忙建立他的宫廷学校。①在整个9世纪,科尔比都与法兰克的宫廷有密切联系。大约在880年,修道院院长安吉尔伯特献给国王路易三世一本圣奥古斯丁著作的抄本。

在这一时期,阿拉斯的圣瓦斯特(St. Vaast at Arras)并不像圣里基耶或者科尔比那样富有,②但是,关于法国北部边界的其他图书收藏情况,可以在修道院院长奥狄罗(Odilo)为列日教区的斯塔维洛特修道院的一本《圣经》而制定的教规中看出来,③今天许多抄本被认为是塞杜利乌斯·斯科特斯所抄写,在848年,他正好在列日。对于后者和他的那个圈子,我们要感谢在其他抄本中缺失的西塞罗的部分演说词,以及贺拉斯的《书札》(Odes)的最古老抄本。④

贝罗尼或者贝罗纳·斯科特鲁姆(Peronna Scottorum)及科尔比和圣里基耶修道院一样,是在大约650年由爱尔兰的修士建立起来的。最初,这三个修道院"是连接英伦三岛和大陆之间文化的纽带"。⑤但是到9世纪的时候,这个传统已经消失了,所有的这三个修道院不是从爱尔兰或者英格兰,而是从罗马寻找他们的文化。在法兰克高卢这里,爱尔兰的影响在康布雷表现得最强烈,在那里现存最古老的手稿《爱尔兰教会法》(Hibernensis)是在阿尔伯里克(Alberic)任主教时期写成的,阿尔伯里克可能去世于790年。⑥

在法兰克高卢,加洛林文艺复兴开始于782年,由阿尔昆发端。在德国,知识的复兴开始于卜尼法斯,他于755年去世。因此,德国的文艺复兴比法国要早。但是在查理曼时期,这两个运动合而为一个文化的复兴,并有共同点,德国和法国的文艺复兴运动

---

① J. Mabillon, *De re diplomatica libri VI* (2d ed.), p.164.

② A. d'Hericourt, "Ancienne bibliothèque de Saint Vaast à Arras," *Bibliophile belge*, 1ˢᵗ ser. VI, 210-218.

③ Delisle, *op. cit.*, II, 417.

④ *Cambridge Medieval History*, III, 526.

⑤ Sandys, *op. cit.*, I, 456, n.2, citing L. Traube, *Peronna Scottorum*, p.493.

⑥ E. Bishop, "On Some Early Manuscripts of the Gregorianum," *Journal of Theological Studies*, IV(1903), 414, n.1.

都从英格兰得到了最主要的启发,无论对于德国还是法国来说,英格兰都是图书馆藏书最重要的来源地,罗马是第二大图书来源地。在 9 世纪中叶,德国的修道院甚至比法国更能感觉到加洛林文艺复兴的力量。从文化上来说,在莫兹(Meuse)以西,没有修道院比德国的那些修道院更加敏锐、更具进步性。在那里,藏书备受推崇。①拉巴努斯·莫鲁斯(Rabanus Maurus)是富尔达修道院院长,后来又担任美因茨大主教,他吹嘘说,自己在德国拥有大量的图书。②

在 9 世纪的德国,有四个修道院——富尔达、赖歇瑙、圣高尔和新科维以及三个主教辖区——伍兹堡、萨尔茨堡和美因茨——是勤奋研究者的学术中心和图书馆所在地。很久以来,富尔达的两份古老的图书目录就已经为人们所知。近来,慕尼黑的保罗·莱曼教授在巴塞尔发现了一份 8 世纪末期富尔达图书馆的图书目录,"毫无疑问,它是我们所知最古老的图书目录之一。"③

正如我们看到的那样,富尔达图书馆是由卜尼法斯和勒尔打下的基础。那里有许多阿尔昆的著作。④该图书馆的藏书远远不止基督教文献。修道院院长鲍古尔夫(Baugulf,779—802 年在位)本人亲自抄写了维吉尔的《牧歌》(Bucolics)。⑤他非常热衷于收藏书籍和教学活动,正是在他任职期间,爱因哈德和拉巴努斯在富尔达进行学术研究。在这一时期,该修道院一定有一本维特鲁维乌斯的《论建筑》(De architercure)抄本,因为在爱因哈德离开富尔达之后,写信给他的一个弟子,询问这本书中的一些技术性词汇,之后这本抄本可能到了赖歇瑙。⑥可能也是在同一时期,伍兹堡的圣基利恩(St. Kilian)修道院借给了这个修道院 4 本书。⑦富尔达修道院

68

---

① See the letter, probably of Arno of Salzburg, in the Salzburg *Formulae*, cited by A. Hauck, *op. cit.*, II, 183, n.2.

② F. Kunstmann, *Hrabanus Magnentius Maurus*, Part III, p.211.

③ P. Lehmann, "Fuldaer Studien," *Sitzungsberichte der bayerischen Akademie* (Phil.-hist. Kl.), 1925, Abh. 3.

④ Becker, *op. cit.*, No.30.

⑤ Kunstmann, *op. cit.*, p.35.

⑥ Sandys, *op. cit.*, p.482.

⑦ E. A. Lowe, "An Eighth Century List of Books," *Speculum*, III(1928), 12-14. 这篇文章对于我们了解早期修道院的图书目录和修道院之间的借书情况尤其有参考价值。

的一本 8 世纪的爱尔兰抄本现藏在罗马(Pal. 235)。①

　　根据富尔达修道院的图书目录(*Catalogus abbatum Fuldensi-um*),富尔达修道院院长拉特格(Ratger,802—817 年在位)最初对知识学问非常感兴趣,并且派他的修士们到不同的地方去接受教育。②但是根据拉巴努斯写给他的修道院院长拉特格利乌斯的诗(*Ad Ratgerius abbatem suum carmina*),后来他对体力劳动兴趣更浓,并且对建筑的兴趣超过了对书籍的兴趣,他不再给他的修士们任何时间去抄写手稿,甚至拿走了拉巴努斯全部的藏书。③在修道院院长埃吉尔(Eigil,817—822 年在位)任职期间,知识的命运改变了许多,拉巴努斯后来被任命为该修道院学校的校长,这所学校在他的领导下,成为了德国最有影响力的学校。④从 822 年到 842 年间,拉巴努斯担任富尔达修道院的院长,该修道院的学校和图书馆都占据重要地位。《富尔达图书目录》夸张地写道:正是拉巴努斯·莫鲁斯首先"一定建了一个图书馆,他添加了大量的图书,几乎数不胜数"。⑤从拉巴努斯的著作中,我们能了解他在那里所写书籍的类型,因为他不是一个独立的作者。他的编年史建立在波埃修斯、伊西多尔和比德的基础之上。⑥他以奥古斯丁、卡西奥多罗斯和格里高利的《教牧守则》(*Cura pastoralis*)为基础,编撰了他的大部分神学著作;他的《论事物的本性》(*De universo*)以伊西多尔为基础,他的《论灵魂》(*De anima*)以卡西奥多罗斯为基础;他还编辑了一个维吉蒂乌斯(Vegetius)的《论军事》(*De re militaria*)节选本,并称之为《论罗马人的军事实践》(*De praecinctu militiae Romanae*)。在 842 年,拉巴努斯将他的修道院院长职务交给了哈图(Hatto),

---

　　① F. Falk,"Beiträge zur Rekonstruktion der alten Bibliotheca fuldensis und Bibliotheca Laureshamensis," *Beihefte zum Zentralblatt für Bibliothekswesen*, XXVI(1902).

　　② *MGH*, *Scriptores*, XIII, 272.

　　③ Migne, *Pat. Lat.*, CXII, col.1600.

　　④ W. Wattenbach, *Deutschlands Geschichtsquellen*, I, 235.

　　⑤ *MGH*, *Scriptores*, XIII, 273.

　　⑥ 在他的 *Liber de computo* 中,拉巴努斯引用了如下的材料:Arator, *Phaenomena*; Augustinus, *De Sancta Trinitate* and *Epistola de Pascha*; Boethius, *Arithmetica*; Cato, *In originibus oratorum*; Dionysius; Hieronymus, *Martyrologium*; Isidorus, *Origines*; Josephus, *Liber antiquitatum*; Pliny Secundus; and Virgilius.尽管他引用了这些著作,但是我并不认为他熟悉所有的这些著作;他可能是使用了波埃修斯或者伊西多尔的引文。

以便能将全部时间投入到研究中。在847年,他离开富尔达,担任美因茨的大主教。他从他的老师阿尔昆那里,得到的不仅仅是知识,还有对学术的热情;他对拉丁文献的评价几乎不低于对基督教文献的评价;他认为对古典文献的研究有助于对《圣经》的理解。[①]在写给查理曼从前的图书管理员格尔霍(Gerhoh)的一首诗中,拉巴努斯表达了对修道院图书馆里既有基督教著作也有古典著作而感到自豪的心情。[②]

　　除了德国以外,法国的修道院也从富尔达借书,甚至图书交换的目录都被保留了下来。[③]有12个修士被连续地雇用抄写手稿,而且,根据一位当代作者的说法,富尔达的图书数量是一个奇迹。[④]在9世纪和10世纪,富尔达的缮写室以其插图抄本而闻名,这些抄本不仅是为它自己的图书馆所用,而且还为了与其他修道院进行交换,并且作为献给国王和教皇的礼物。[⑤]尽管现存还有一些插图的《古罗马土地调查》(*Agrimensores*)、《蛮族法》(*Leges barbarorum*)、《埃吉尔传》(*Vita Eigilis*)的抄本以及其他的世俗著作,但是这些抄本大部分都是礼拜仪式用书。

　　在拉巴努斯的一个学生塞尔维图斯·卢普斯(Servatus Lupus)的书信中,[⑥]提及了一些他在富尔达使用过的书籍。他从爱因哈德索要西塞罗关于修辞学的著作,他仅仅有一本已经损坏的抄本,有人将它同富尔达一本更破旧的抄本作了比较。在844年,他写信给普鲁姆修道院院长马克瓦尔德(Markward),请求他派一个熟练的修士来富尔达,抄写一本苏托尼厄斯的著作,它"包含两小卷的内容",并说他在高卢中部找不到这本著作的抄本。在一封836年的书信中,他提及了塞尔维乌斯关于维吉尔的评论。

---

　　① W. Wattenbach, *Deutschlands Geschichtsquellen*, I, 235. 一般来说,我们可以说,从这时开始,有教会著作的图书馆同样也有一些古典拉丁文著作,而且在任何有古典拉丁文著作的图书馆里,教会书籍都是非常丰富的。

　　② *Carmen* XXIII; *MGH*, *Poetae Latini aevi Carolini*, I, 187.

　　③ Lupus of Ferrières *Epp*. i and v.

　　④ R. P. M. Ziegelbauer, *Historia rei literariae ordinis S. Benedicti*, I, 483; A, H. L. Heeren, *Geschichte der classischen Literatur im Mittelalter*, I, 163.

　　⑤ A. Boinet, "Notice sur deux manuscrits carolingiens à miniatures executés à l'Abbaye de Fulda," *Bibliothèque de l'école des chartes*, LXV(1904), 355-363.

　　⑥ Loeffler, *op. cit.*, p.124.

## 中世纪的图书馆

在 16 世纪以前，我们确实没有关于富尔达全部图书的目录，但是从 9 世纪的几份零星的目录和其他图书馆关于富尔达图书馆的书目中，我们可以对其藏书略有了解。在梵蒂冈图书馆发现并由贝克尔[①]出版的一份作为 12 世纪抄本的 9 世纪的图书目录，现在被莱曼[②]和林赛认为是在 840—850 年之间的图书目录。莱曼还认为，作为独立的 9 世纪图书目录的贝克尔 No.13，只不过是 No.128 的一部分。No.13 图书目录，开头是一个关于修道院教规的条目。接着是一组阿尔昆的著作，其中的三部还没有出版——《论十二先知》(In prophetas XII)、《论保罗书信中的〈以弗所书〉》(In epistolam Pauli ad Ephesios)和《论所罗门箴言》(In proverbi Salomonis)。再后面是拉巴努斯·莫鲁斯的著作目录，但是中间是空白。No.128 的图书目录开头是经文选、说教著作和应答轮唱歌集的书目；然后是《保罗希腊–罗马人书信》(Epistolae Pauli Graeco-Latinae)和圣奥古斯丁的著作；接下来是希罗尼穆斯(Hieronymus)的一些著作抄本，包括评论和书信集。贝克尔 No.14 同样是一个关于富尔达的零星的图书目录，这些图书一定是写于 9 世纪的。它开始于《办公室用书》(Liber officiorum)，还包括了《计算用书》(Liber com poti)、《教会史》(Ecclesiastica Historia)、《圣巴兹尔教规》(Regula St. Basili)、伊索珀斯《论动物的本性》(Liber Esopi de natura animalium)和《圣奥古斯丁传》(Vita beati Augustini)。

现存的 16 世纪图书目录，[③]主要是中世纪的图书目录，尽管其中还有许多古典著作，但很大一部分自然是神学著作。这份图书目录最先提及的是《圣经》及其评论，然后是大量奥古斯丁的著作、大格里高利和杰罗姆的著作，还有大量拉巴努斯的著作，接下来是格拉提安(Gratian)、比德、阿尔昆、波埃修斯、卡西奥多罗斯、卡西安、优西比厄斯、约瑟夫斯、奥罗修斯、普里西安和多纳图斯的著作。在这份目录中，关于阿尔昆的著作没有早先的目录提及得多。最有趣的古典著作有：萨鲁斯特的《朱古达战争》(De bello Jugurthino et Terentii commediae)和《喀提林阴谋》(De bello Punico

---

① Becker, op. cit., p.128.
② Lehmann, op. cit., pp.6-12.
③ Published by C. Sherer in Falk, op. cit., pp.89-112.

Carthaginensium）（两本抄本）；卢卡努斯的《内战》（*De bello civili*）
（3本抄本）；西塞罗的《论修辞学》（*Liber rhetorica*）（两本抄本）、
《论友谊》《论老年生活》（*De senectute et de anima*）和《论职责》；李
维的《论共和国》（*De republica*）；维吉尔的《埃涅阿斯纪》（*Aeneid*）、
《牧歌》和《田园诗》（*Eclogae et liber georgicorum*）；普劳图斯的《一
坛黄金》（*Aulularia*）；亚里士多德的《动物志》（*De natura animali-
um*）；奥维德的《哀歌》（*De tristibus*）和《变形记》（*Metamorphoses*）。

　　现在我们来探讨在其他图书馆中发现的富尔达抄本中一些最
有趣的内容。在巴塞尔有一本用盎格鲁-撒克逊-法兰克体书写的
富尔达抄本，包括了日尔曼尼库斯·恺撒（Germanicus Caesar）的天
文学著作。巴塞尔其他来自富尔达的抄本，是使用撒克逊体、撒克逊
-法兰克体和爱尔兰体抄写的。在卡塞尔有大量重要的9世纪的富
尔达抄本，其中的一份包括《希尔德布兰之歌》（*Hildebrandslied*）的
两份抄本，另一本是6世纪下半叶的抄本，有用盎格鲁-撒克逊速写
体（Anglo-Saxon Cursive）修改的痕迹，这是最古老也是最著名的约
瑟夫斯著作的抄本之一，在7世纪的时候它依然还在富尔达。[①]这
里还有一部经典的手抄本，里面包括富尔达最古老的《年代记》
（*Annales Fuldenses antiquissimi*）和比德的《论时间的计量》（*De ra-
tione temporum*）。在哥廷根，有一本256页的天主教弥撒经书和用
德国的方言撰写的告解词。哥达（Gotha）图书馆有著名的尤特罗
比乌斯的著作抄本。在罗马有大量9世纪的抄本。福尔克（Falk）
认为，在梵蒂冈的阿米阿努斯·马塞利努斯的手稿很可能是由波
基奥带到意大利的。他本人可能没有到过富尔达，但是富尔达的
抄本被带到了康斯坦茨，波基奥参加了康斯坦茨的宗教会议。另
一本有趣的手抄本包含了几本不同的关于艺术方面的著作和一本
《古罗马土地测量员》（*Agrimensores*），它是在8世纪或者9世纪在
富尔达被抄写的，可能是抄自一本4世纪的著作。在沃芬布特尔，
有一本用漂亮的盎格鲁-撒克逊-富尔达体抄写的《查理大帝法令汇
编》（*Statuta canonica Karoli*）抄本，它是789年查理曼的牧师会法
规的手抄本。还有9世纪的法学家克瑞斯康尼修斯（Cresconius）的

72

---

① Lehmann, *op. cit.*, p.15.

法规,其中的一本抄本还在卡西诺山修道院(Monte Cassino)。

赖歇瑙修道院[1]于724年建立于奥瓦(奥吉亚),它位于康斯坦茨湖西北部的一个岛屿上,这里靠近去意大利的公路,因此位置优越。它的建立者是柏米纽斯(Pirminius),他可能是一个爱尔兰人,[2]尽管拉巴努斯·莫努斯[3]认为他是一个法兰克人,而豪克(Hauck)[4]认为他一定是一个盎格鲁-撒克逊人。艾贡(Egon)[5]对他没有什么特殊的了解,但是他确实说过奥吉亚"从最初的百年以来"以其文化建树而闻名。根据奥海姆的说法,[6]柏米纽斯是赖歇瑙图书馆的建立者,他从法兰克王国带过来50本书。尽管这一数目可能有点夸张,但是这个8世纪下半叶的修道院的藏书却是来自西法兰克的。

在他的继任者埃托(Etto,727—732年在位)任职期间,建立了一所学校,它吸引了各地的学生来到赖歇瑙,其中最优秀的学生之一是厄曼弗雷德(Ermanfred)。许多学生都是带着书籍而来,而且一些学生在离开以后,还寄书给该修道院。但这些学生在离开的时候,同样也带走一些书。有记载表明,[7]埃托曾经将他的学生和书籍分成四组,其中一组留在赖歇瑙,其他的三组被派出去建立新的修道院,这三个新建的修道院分别是赖斯的普法费尔斯(Pfäffers)、帕绍的阿尔特海姆(Altheim)和阿尔萨斯的穆尔巴赫,每一个修道院都以一个图书馆的建立为开端。这些修士们带了什么书,带了多少本书? 我们都不知道,但是柏米纽斯带到赖歇瑙的书还在那里,很明显,被带出图书馆的仅仅是抄本。厄曼弗雷德从732年开始任修道院院长,当时埃托被查理·马特派到了康斯坦茨,埃托同样通过让他的修士们抄写书籍而使得图书馆的藏书有

---

① A. Holder, *Die reichenauer Handschriften*,包含了赖歇瑙图书馆历史的主要材料。

② K. Beyerle (ed.), *Die Kultur der Abtei Reichenau*.

③ Rabanus Maurus, "Epitaph Pirmins," *MGH*, *Poetae Latini aevi Carlolini*, II, 224.

④ Hauck, *op. cit.*, I, 315-318.关于其他的猜测和文献,参见 J. F. Kenney, *The Sources for the Early History of Ireland*, I: *Ecclesiastical*, No.322a。

⑤ Egon *De viris illustribus* i in Holder, *op. cit.*, III, Part II, 212-245.

⑥ Gallus Öhem *Chronica in Holder*, *op. cit.*, III, Part I, 65.

⑦ Holder, *op. cit.*, III, Part I, 165.

所增加,并且在他去世的时候,他将自己的藏书都留给了修道院。在 8 世纪后期,这个图书馆遭受了巨大损失。修道院院长西多尼厄斯(Sidonius,740—760 年在位)仅允许他自己使用所有的藏书,但是拒绝其他人使用它们。修道院院长约翰尼斯(Johannes,760—781 年在位)同样如此,但是在他生命的后期,他又将书都还给了修道院,包括他带到赖歇瑙的那些书。克雷巴尔特伯爵(Count Kerebalt)借了一些最珍贵的书,并且承诺在抄写完之后尽快归还。但是他没有信守诺言,他生前保留着这些书,并且将它们留给了自己的侄子,这是第一次赖歇瑙书籍被借给俗人的记载。其中丢失的书籍中,有一本珍贵的作品集,是由修道院院长约翰尼斯或者彼得任职期间赖歇瑙的一个修士埃德弗里达斯(Edefridus)用撒克逊体写的,还有一本希腊文《诗篇》,它是修道院院长彼得从罗马带来的。

在接下来的四任修道院院长任职期间,图书馆达到了它第一次真正重要的发展阶段。沃尔多(Waldo,786—806 年在位)曾经在赖歇瑙学习,当他成为查理曼的告解神父和重要议员的时候,他开始担任修道院院长,后来成为帕维亚和巴塞尔的主教。但是很明显,他厌倦了他的职务,因此放弃了职位,并返回赖歇瑙。在那里,他建立了最著名的学校之一,并且建立了该修道院历史上的图书馆。在帕维亚,他获得了许多手抄本并将它们带到了赖歇瑙,同时带回去的还有他在所到访之地抄写的手稿。沃尔多在赖歇瑙的第二段时间里,既没有额外努力,也没有再花费金钱来增加图书馆的藏书。他从其他的修道院得到了许多书籍,让他的修士们抄写。他还成为一名著名的教师,并吸引了所有国家的修士来学习。一位威尔士的主教兰伯特斯(Lampertus)"带来许多书";"一位来自萨克森的主教哈特里库斯(Hatrikus)同样如此。"来自巴伐利亚的德鲁特蒙德(Drutmund)"带了许多书去奥瓦"。不幸的是,这些访问学生带来的书名都没有被记录下来。沃尔多送去图尔城学习的一些赖歇瑙修士寄回来许多抄本。这一时期,还存在着同意大利之间的图书贸易——比如,他们用被三次书写的羊皮书卷①交易了

①　Holder, *op. cit.*, III, part II, p.114.

74

伦巴第的一份 4 世纪的《早期日耳曼法》（*Lex Langobardorum*）第一个版本。

　　另一位著名的修士是海托（Heito），他被查理大帝派去出使君士坦丁堡，期间获得了许多图书，并将它们送给了赖歇瑙。他继沃尔多之后担任修道院院长（806—822 年在位），并且和他的前任一样，也成为了一位著名的教师。海托最出色的学生之一、也是他的继任者厄尔巴尔德（Erlebald），曾经在赖歇瑙、图尔城和圣德尼（St. Denis）学习。他同样是一个书籍爱好者，他在圣德尼抄写了许多书，并寄回他自己的修道院。①他后来当了修道院院长以后，继续搜罗书籍，并让修士们抄写。在这段时间里，许多修士去赖歇瑙，回来的时候都带回了书籍。幸运的是，我们有一本关于这些书名和捐赠者的目录。维罗纳的主教拉托尔德（Ratold）送给修道院一本大格里高利如诗般的《道德论集》（*Moralia*）。一个名叫希尔提格尔（Hiltiger）的修士从意大利带回了《先知书》。尤拉格雷斯（Uragrath）捐献了普里西安的《论语法的艺术》（*De arte grammaticae*）；马彻尔姆（Machelm）是一个无名的修士，他捐献了一本《经文选》（*Lectionarium*），里面包含图尔城的主教格里高利的《编年史》（*Chronica Gregorii episcopi de Turonis*）和牧师比德的《编年史》（*Chronica Bedani presbyterii*）；罕佐（Hunzo）捐献了约瑟夫斯的《历史》（*Historiae Josephi*）；另一位匿名捐赠者捐献了圣阿塔那修的《驳异教徒》（*St. Athanasii altercatio cum haereticis*）以及《圣马丁传》（*Vita St. Martini*），两本是在一卷里。②还有其他人捐赠了礼拜仪式用书。

　　修道院院长路德海尔姆（Rudhelm，838—842 年在位）"对书有一种非常特殊的爱"，③并且在他当修道院院长前后抄写了许多书，同时带动其他人做了同样的工作。在他任职期间，有少量但非常有趣的书籍被收集到这个图书馆里。除了有关圣徒生活和杰罗姆的著作之外，还有皇帝马提亚努斯和利奥写给几乎世界各地的主教关于卡尔西顿会议的信函（*Epistolae imperatorum Marciani et Leonis ad*

_____

① Holder, *op. cit.*, III, part I, p.67.
② *Ibid.*, pp.88-90.
③ *Ibid.*, p.67.

*episcopos pene totius orbis de synodo Chalcedonensi*）、《反聂斯托利派和优迪克派异端》（*Contra Nestorianorum et Eutychianorum haereticos*）、维特鲁维乌斯的《论建筑》（*Liber Vitruvii magistri de architectura*）、卡西奥多罗斯的《制度》、一本许多作者合写的关于几何学的著作和一本关于占星学的著作，还有两本拉巴努斯·莫努斯的评论和圣奥古斯丁的论文集。

在沃尔多、海托、厄尔巴尔德和路德海尔姆担任修道院院长期间，赖歇瑙因其博学的修士们而闻名。对于图书馆历史学家来说，最值得一提的是雷金博尔特（Reginbert，卒于 847 年）[1]，在这四任修道院院长任职期间，他一直担任图书馆管理员。他撰写了许多评论，甚至用德文写作诗歌。然而，对于我们来说，最有价值的是他所编辑的图书馆目录，这些目录至今还尚存。[2]它们是如此地重要，因为目录中列出的许多书籍依然留存于世，尽管不是在赖歇瑙那里。一些书因为不同的原因现散佚在慕尼黑、特里尔、斯图加特、沃芬布特尔、科隆、海德堡、多瑙埃兴根、圣保罗（卡林西亚）、维也纳、圣加伦、沙夫豪森、苏黎世、布鲁塞尔、莱登、剑桥、牛津和大英博物馆、巴黎、罗马教廷和切尔滕纳姆。最终在 1805 年，赖歇瑙图书馆中所有留存的图书被移至卡尔斯鲁厄。

对于 6、7、8、9 世纪的中世纪学生来说，赖歇瑙的抄本具有非常高的质量，A. 苏特（A. Souter）作了说明：“如果同帕里、慕尼黑或者牛津的图书馆比较起来，这个图书馆不算大。它仅有 265 卷羊皮纸抄本，但其质量上乘，所有书卷都具有极高的价值。”[3]

822 年的目录中共有 415 部抄本，其中包括了从西普里安到阿尔昆的拉丁文教会著作、一些希腊教父的著作、圣徒生活传、修道院教规、《狄奥多西法典》、日耳曼民间法、约瑟夫斯的著作、图尔城的格里高利的著作、众多语法学家的著作和基督教诗人的作品。但异教徒中，只有维吉尔的著作和一卷日耳曼诗集，还有几本关于自然科学的著作。该

76

---

① Holder, *op. cit.*, III, Part II, pp.223-224.

② Becker, *op. cit.*, Nos. 6, 8, 9, 10.

③ A. Souter, review of Holder, *op. cit.*, in *Journal of Theological Studies*, VIII (1907), 310.

图书馆还有很多爱尔兰人的著述，①并且由于其源自西班牙，它还拥有许多特藏珍品——尤其是雷金博尔特拥有的《给希腊、非洲、高卢和西班牙罗马主教的教皇训谕》(*Graeciae Africae Galliae Hispaniaeque postea decretales epistolae antistitum Romanorum*)抄本，②但现已散佚。还有一些用日耳曼语写的书籍，包括用撒克逊方言和斯瓦比亚方言写就的作品。③但是，古典著作非常少。在所有这一时期抄写的著作中，仅有维特鲁维乌斯的作品，而且它只是作为艺术的指南而彰显了价值。事实上，一位 9 世纪去过罗马的赖歇瑙修士在日志中记载过基督教铭文，但是他却不愿意因为异教徒而玷污了自己的手稿。他好像还从维罗纳带回来一些书籍。在赖歇瑙，似乎还可以找到零星的希腊文著作。④

第二份目录写于 823 到 838 年间。其中首先提及的是《圣经》；然后是奥古斯丁、奥利金、杰罗姆的著作；圣克莱门特的《圣彼得的旅行日记》(*Itineratium St. Petri*)；伊西多尔的《一本小书中的时间计算和周期》(*Computum et cyclum in uno libello*)和《约瑟夫的故事》(*Istoria Iosephi*)。在"关于主教厄尔巴德的书"(De libris abbatis Erlebaldi)的标题下，有 7 本礼拜仪式用书，很明显，它们是修道院院长的私人藏书。最后是各修士捐赠的礼物。

第三份目录(838—842 年)很可能是没有完成的对前两份目录的修订版，而第四份目录(786—842 年)列举的书籍，是雷金博尔特本人撰写和抄写的作品，或者是在他生前由别人赠送的书籍。在这份目录中，每一个手抄本的内容都非常详细。首先是神学著述；第二组和第四组是关于"七艺"的著作，比如多内图斯《论语法艺术》的书籍(*Libri grammaticae artis Donati*)、《论文集中令人费

---

① M. Esposito, "A Seventh Century Commentary on the Catholic Epistles," *Journal of Theological Studies*, XXI(1920), 316-318.

② Identified by A. Kuenstle, *Eine Bibliothek der Symbole und theologischer Tractate zue Bekämpfung des Priscillianismus und westgothischen Arianismus aus dem VI Jahrhundert*, with the collection known as the "Hispana," ed. Gonzales(Madrid, 1808), reprinted in Migne, *Pat. Lat.*, LXXXIV; cf. C. H. Turner, review of Kuenstle, in *Journal of Theological Studies*, II(1901), 460.

③ Hauck, *op. cit.*, II, 566, n.1.

④ Cf. C. R. Gregory, *Prolegomena to Tischendorf's Novum Testamentum Graece* (8th ed.), p.30.

解之谜》(*Liber de aenigmatibus Symphosii*)、诗人阿里安的《寓言》
(*Liber fabularum Aniani poetae*)、波埃修斯的《几何学》(*Libri Boetii geometricorum*)、阿尔昆关于逻辑学和辩证法的两本书
(*Libri duo Alchuini de rhetorica et dialectica arte*)、尤利乌斯·恺撒
《论衡量整个世界》(*Liber Iulii Caesaris de mensione universi orbis*)、阿普列乌斯《论草本植物》(*Liber herbarius Apulei*)以及尤文
库斯和塞杜里乌斯关于四福音书的诗(*Metrum Iuvenci et Sedulii super libros IV Evangeliorum*)。第三个手抄本,可能来自沃尔多时
代的图尔城,是优西比厄斯、杰罗姆、普罗斯珀、卡西奥多罗斯、约
丹尼斯、梅里图斯(Mellitus)、比德和伊西多尔的资料收藏,还有小
普林尼的注释和关于确定复活节的论文。第五部分手抄本包括
《艺术和文化》(*Visiones*),比如瓦拉弗里德·斯特拉波撰写的韦廷
(Wettin)的艺术和文化。42 卷的其余部分是关于圣徒的生活、教
父著作、民间法、查理曼的书信、修道院院规以及祈祷书。其中最
有趣的著作是波埃修斯的《哲学的慰藉》(*De philosophia consolationis Boetii*)、《12 首德语诗歌》(*XII carmina Theodiscae linguae formata*)、主教阿尔卡夫指示给阿德曼的 3 本关于海外圣
地的书(*Libri tres quos Arculphus episcopus Adamnano escipiente de locis sanctis ultramarinis designavit conscribendos*),这是瓦拉弗里德
送给雷金博尔特的礼物。此外还有《论医术》(*De arte medicinae*)、[①]
一个名为詹姆斯的人写给卡尔国王的诗,包括 62 章科尔杜因兄弟
带给我(雷金博尔特)的内容([Verses quae] *Iacobus nominee ad Karolum regem scribebat comprehendens capitula LXII* "quem mihi
(Reginbert)frater Colduinus detulit et donavit,")、5 本关于维尼勒斯
人也就是伦巴德人故事的书(*Libri quinque historiarum gentis Winilorum qui et Langobardorum*)和关于特洛伊城毁灭的书(*Liber in quo habetur excidium Troiae civitatis*)。

　　第五份目录写于 850 年以前,是赖歇瑙所有藏书的一个总目
录,共有 353 个条目,其中大部分具有神学的性质,但是也有少数

---

① Cf. P. Lehnann, "Die mittelalterliche Bibliothek," in K. Beyerle, *Die Kultur der Abtei Reichenau*, II，645-656.

有趣的题目:关于纳布塔一世的故事,包括维吉蒂乌斯论军事的文章、阿尔比努斯对《创世记》的疑问和亚历山大大帝的事迹(*De hystoria Nabuthae I in quo et Vegicius de re militari et questiones Albini in genesim et gesta Alexandri Magni*)、伊西多尔《词源》的最后部分(*Postera pars ethimologiarum Isydori*)、拉巴努斯·莫鲁斯《论〈创世记〉》(*Rabanus in Genesim*)《罗马史》(*Historia Romanorum*)《伦巴德人史》(*Historia Langobardorum*)、盖纳迪乌斯《论杰出的人士》(*Gennadius de illustribus viris*)《三段论》(*Tripartitae*)、阿马里乌斯《〈反犹太人〉摘录》(*Excerptio Amali contra Iudeos*)、卡西奥多罗斯的《论七艺》(*De VII liberlibus artibus*)。这也是赖歇瑙的第一份包括古典著作的目录。其中有《珀尔修斯和尤维纳利斯》(*Persii et Iuuenalis*)、奥维德《论爱的艺术》(*Ovidius de amatoria arte*)、希鲁斯和斯塔修斯《论奥维德的〈变形记〉》(*Ovidii metamorfoseon Sili et Stacii*)、夏尔西蒂乌斯《论柏拉图的〈蒂迈欧篇〉》(*Kalcidius in Thymeum Platonis*)、塞内加和保罗之间的书信(*Libellus epistolarum Senecae et Pauli*)、《致卢西里乌斯》(*Eiusdem ad Lucilium*)、亚里士多德的《范畴篇》(*Categoriarum Aristotelis*)、萨鲁斯特的《喀提林的阴谋》(*Salustius Catelinarum*)、克劳迪亚努斯《论普罗塞尔皮纳》(*Claudianus de Proserpina*)《节选》(*Excerpt*)《庞培》(*Pompeii*)、塞内加《论自然事物》(*Senece natualium questionum*)和亚里士多德《论七艺》(*Aristotelis de VII liberalibus artibus*)。

瓦拉弗里德·斯特拉波[①]是雷金博尔特的同时代人。他大约于809年出生于阿勒曼尼亚,其父母地位卑贱,他在海托修道院院长任职期间来到赖歇瑙,受教于厄雷巴尔德(Erlebald)、韦廷和塔托(Tatto)。在827年,他去了富尔达,在拉巴努斯·莫鲁斯的指导下完成了他的研究,并且在这里成为了戈特沙尔克(Gottschalk)的挚友。从富尔达他又去了虔诚者路易在亚琛的宫廷中,并于849年以教师和修道院院长的身份返回赖歇瑙。瓦拉弗里德是他那个时代最出色的诗人之一,他的写作既有世俗题材,也有神学方面的作品。他最著名的诗作是《论维提努斯的幻象》(*De visionibus Wettini*),这首

① Ebert, *op. cit.*, II, 145-166;Sandys, *op. cit.*, I, 485.

作品主要描述赖歇瑙修道院的历史，同时也是韦廷的传记和"影像"。他的两首世俗诗作是《论狄奥多里克的雕像》（*On the Statue of Theodoric*）和《小花园》（*Hortulus*），后者是描述赖歇瑙修道院花园的诗，它在整个中世纪都非常流行。在这些诗中，他经常提到维吉尔和奥维德，而且《小花园》与奥维德《变形记》的一些内容非常相似。他还写了《注释集》（*Glossa ordinaria*），这部著作以拉巴努斯的著作为基础，拉巴努斯的著作被修士们大量地引用。他唯一独立的散文著作是《关于教会的劝诫和改进》（*De ecclesiasticarum rerum exordiis et incrementis*），是应雷金博尔特的要求而创作的。当瓦拉弗里德于 842 年当上修道院院长的时候，他也鼓励收藏书籍，并且让雷金博尔特训练的修士们抄写了许多书籍，包括他自己的著作。在他任职期间，与富尔达、美因茨、斯派尔、穆尔巴赫和特里尔的抄本交换非常活跃。他给西班牙的作家普鲁登提乌斯（后来是特鲁瓦的主教）寄去了莫都努斯（Moduinus）的诗。他给美因茨的一个爱尔兰人寄去了维南蒂乌斯·福图纳图斯的一首诗和一本《对世界的衡量》（*Mensuratio orbis*）。

巡游的爱尔兰人给赖歇瑙带来了大量抄本，其中包括爱尔兰评注，因此是早期凯尔特语文学（philology）非常重要的纪念物。这些手抄本之一因其流传和内容尤其有趣，这就是所谓的"赖歇瑙派书籍"（9 世纪），现存在卡林提亚的圣保罗修道院。①它可能是由爱尔兰的修士带到赖歇瑙，然后又被带到了圣保罗。这部书卷包括维吉尔的《传记》，附有可能由约翰尼斯·爱留根纳（Johannes Eriugena）所写的关于《埃涅阿斯纪》的评论、对普林尼《自然史》的一些注释、一部包括贺拉斯著《诗艺》部分内容的语法书以及一本包括西塞罗的《论神性》（*De natura deorum*）摘录的地理著作。同样还有一些用拉丁字母写作、带有拉丁文翻译的希腊词汇、两本拉丁语法家查里西乌斯（Charisius）的评注、一本附带术语汇编的关于古典计量表的著述、一部可能由普林尼撰写的天文学著述、一本由鲁宾写的关于逻辑学的著作以及许多爱尔兰的诗歌。

79

---

① K. Preisendanz, "Die Augienses von St. Paul," in Holder, *op. cit.*, III, Part II, 124-131.

由于地理位置相近,赖歇瑙和圣高尔之间经常交换书籍。各种记载提及了某本书被借出或者被借来的情况。当925年圣高尔的修道院院长受到匈牙利人入侵威胁的时候,其整座图书馆的藏书都被寄到了赖歇瑙。在埃克哈德四世(Ekkehard IV)的《圣高尔修道院编年史》(*Casus St. Galli*)①中,有关于此事的记载。数年之后,许多书都被还了回来,但可能都已经不再是当时的抄本了。

通过将赖歇瑙的藏书同其他修道院的藏书相比较,我们可以发现,尽管它比其他修道院的世俗藏书少,但却种类可观,而且还有几本相当稀有的著作,比如斯塔提乌斯(Statius)的《拉丁文六步格诗集》(*Silvae*)和西里乌斯·伊塔里库斯(Silius Italicus)的《诗集》(*Punica*)。医学方面,有盖伦、温迪西阿努斯(Vindicianus)、优培特(Eupate)、迪莫克利特(Democritus)和普布利乌斯·维吉蒂乌斯·雷纳图斯(Publius Vegetius Renatus)的著述。其他科学比如地理学和天文学方面,有阿拉图斯、拉巴努斯·莫里斯、索利努斯、索兰纳斯(Soranus)、维吉蒂乌斯、凯利乌斯·奥雷利阿努斯(Caelius Aurelianus)和阿普列乌斯的著作。关于建筑,有维特鲁维乌斯和法温提努斯(Faventinus)的著作。历史学家中最重要的有约瑟夫斯、优西比厄斯、杰罗姆、奥罗修斯、图尔城的格里高利、伊西多尔、比德和助祭保罗。两本最好的编年史则由卡西奥多罗斯和赫尔曼·康特拉克图斯(Hermann Contractus)所编撰。文法、韵律和逻辑学方面有阿戈罗西乌斯(Agroecius)、奥尔德海姆、阿斯皮尔(Asper)、卡皮尔(Caper)、多纳图斯、优迪克、费斯提斯(Festus)、普罗布斯(Probus)、马提安努斯、普里西安和维吉利乌斯(Virgilius)的著作。这些著作中的大部分可能来自爱尔兰。当然还有大量最重要的教父著作。在赖歇瑙的抄本中,有两本再生羊皮纸书卷值得一提。②更重要的一本最近的文本,是8世纪抄写在叶片上的杰罗姆的一篇短文,上面所抄写的文字与5世纪的普林尼的《自然史》被刮去了。在《自然史》的下面是3世纪一篇不为人所知的文章。

洛尔施修道院建立于763年,属于人们喜欢的加洛林时代的建

---

① Hauck, *op. cit.*, III, 277-280; Holder, *op. cit.*, III, Part II, 3.
② Holder, *op. cit.*, I, 569; III, Part II, 114-116.

筑。尽管我们对于其图书馆的历史知之甚少，但它有重要的藏书。①在 814 年，根特的杰瓦尔德（Gerward of Ghent）留下了大量书卷，其中有两本圣奥古斯丁的书稿抄本，现保存在梵蒂冈图书馆。②和其他的修道院一样，该修道院在中世纪遭受了严重的损失。比如，在 1090 年，一场大火烧毁了许多书籍。在 12 世纪，修道院院长狄莫（Diemo，1125—1139 年在位）卖了祈祷书。9 世纪的 2 份洛尔施图书目录幸存了下来，③这两份目录是中世纪早期修道院图书馆最长的图书目录。第一份目录包括了 590 个标题，分 6 个部分。首先是用于教会祈祷的珍贵书籍，有奢华的金色和彩色镶边，比如，"使用金色字母书写并带有象牙封面的福音书"（Evangelium scriptum cum auro pictum habens tabulas eburneas）。④接下来是说教作品、圣本笃教规的抄本、应答轮唱歌集和《诗篇》。在第三组里有医学著作。由于某种共同的原因，这组书排在了《圣经》抄本的前面，《圣经》抄本是第四部分。第五部分是历史著作：优西比厄斯的《教会史》（*Historia ecclesiastica Eusebii*）、约瑟夫斯的《历史》、奥罗修斯的《历史》（*Historia Orosii*）、优西比厄斯的《编年史》（*Chronica Eusebii*）、杰罗姆和比德（*Hieronymi et Bedae*）的著作、《教会史节选》（*Tripartita historia*）《罗马教皇列传》（*Gesta pontificum Romanorum*）、克莱门特的著作（*Libri Clementis*）、图尔城的主教格里高利的《法兰克人史》（*Gesta Francorum Gregorii Turonensis*）、约丹尼斯论最古老的年代或者罗马人起源的历史（*Historia Iordansis de summa temporum seu origine Romanorum*）、庞培·特鲁古斯的节本（*Pompeii Trogi epitoma*）、法维乌斯·克劳迪乌斯·戈迪亚努斯

*81*

---

① K. Loeffler, *Deutsche Klosterbibliotheken*（2d ed.）, pp.140-145；A. Wilmans, "Der Katalog der Lorscher Klosterbibliothek," *Rheinisches Museum für Philologie*, 3d ser., XXIII, 385-410；Becker, *op. cit.*, No.37；W. M. Lindsay, "The（Early）Lorsch Scriptorium," *Palaeographia Latina*, III（1924）, 5-48；D. Neuendorfer, *Studien zur ältesten Geschichte des Klosters Lorsch*.

② *Pal. Lat.* 210, in uncial letters, and *Pal. Lat.* 234, on Genesis. Cf. Lindsay, *op. cit.*, p.11.

③ Becker, *op. cit.*, Nos. 37 and 38.

④ 这本祈祷书很显然出自艾琛的加洛林宫廷学校，因为它属于高贵的贵族团体，创作于 793 到 824 年之间。莱夫勒认为，它一定是查理大帝的礼物，他特别钟情于洛尔施修道院。

论世界和人类的年龄,每一本书都使用从 A 到 Z 的字母编排页码(*Favii Claudii Gordiani de aetate mundi et hominis reservatis singulis litteris per singulos libros ab A usque Z*)、《特洛伊城的毁灭》和达雷图斯·弗里吉乌斯《论罗马人离开的历史》的一本抄本(*Excidium Troiae et historia Daretis Phrygii de exitu Romanorum in uno codice*)、埃希库斯·科斯莫格雷弗斯的著作(*Liber aethici cosmographi*)、阿内乌斯·弗洛鲁斯节选的李维的《罗马史》节本(*Annaei flori epitoma Livii Romanae historiae*)、昆图斯·尤利乌斯·希拉里昂论世界起源的小篇幅著作(*Libellus Quinti Iulii Hilarionis de origine mundi*)、索利努斯《论世界的奇迹》(*Solini polyhistor de situ orbis terrarum et mirabilibus*)以及约瑟夫斯的《古代史》(*Libri antiquitum Iosephi historiographi*)。这是在对这五个修道院进行研究的过程中,发现的最有趣也是最长的编年史和历史图书目录。

在这些内容之后,是很长的圣奥古斯丁的著作目录,其中许多著作是在其他的目录中少见的。接下来是杰罗姆和圣安布罗斯的诸多著作。比德的书稿没有奥古斯丁的多,但是却包含有他最好的著作,比如《英吉利教会史》(*Historia Anglorum*)、《论神庙建筑》(*De aedificatione templi*)、《论神龛》(*De tabernaculo*)、狄俄尼索斯论时间及计算、编年和轮回的著作(*De temporibus et computo et chronica et circuli Dionysii*)、《拼写法》(*Orthographia*)、《论测量问题》(*De ratione metrorum*)和《圣库斯伯特传》(*Vita sancti Cuthberti*)。在奥利金的著作中,有一些有趣的标题附带翻译者鲁费努斯(Rufinus)的名字。普罗斯珀的著作比任何其他的目录都要多。在同一组目录下,还有克里索斯托和其他教父的著作。

古典著作散放在各组其他的著作中——贺拉斯、马提雅尔、尤文库斯和尤维纳利斯的诗;维吉尔的《牧歌》和《田园诗》;卢卡努斯的《内战》(*Bellum civile*)和《盖乌斯·普林尼的书信》(*Epistolae Gaii Plinii*);西塞罗的《论义务》、《信札》(*Epistolae*)以及其他各种书籍(*Liber differentiarum Ciceronis*)和《塞内加书信集》(*Epistolae Senecae*)。还有大量从 4 世纪到 6 世纪的著作:普鲁登提乌斯的《人类灵魂之战》《神圣化运动》和《原罪的起源》(*Psychomachia et apotheosis et hamartigenia*）；塞杜里乌斯和普鲁登提乌斯对诗的衡量（*Metrum Sedulii et Prudentii*）和根据教士福尔金提乌斯的哲学 [82] 编辑的 50 个寓言（*Fabulae numero quinquaginta secundum philosophiam expositae a Fulgentio presbytero*）；福尔金提乌斯的《论维吉尔的〈田园诗〉》（*Super bucolicon Virgilii*）和阿尔库斯对耶路撒冷及其周围圣地的描述（*Descriptio Arculfi de situ Hierusalem et locorum sanctorum in circuitu eius*）；维吉蒂乌斯的《论军事事务节选》（*Epitoma rei militaris*）；佩拉吉乌斯的《关于保罗所有的书信》（*Super omnes epistolas Pauli*）、《关于希腊名字的解释》（*De interpretatione nominum Graecorum*）和圣杰罗姆一本小笔记本的目录中结集起来的希腊字母的解释（*Interpretatio nominum Graecorum de catalogo beati Hieronymi excerpta in uno quaternione*）。还有霍诺拉图斯（Honoratus）、多纳图斯、马克西米乌斯（Maximius）、维克托利努斯（Victorinus）、梅特罗利乌斯（Metrorius）、比德、康森提乌斯·庞皮乌斯（Consentius Pompeius）、优迪奇斯（Eutychis）、塞尔维乌斯、圣奥古斯丁、奥尔德海姆、阿斯佩鲁斯（Asperus）和福卡斯的著作。和赖歇瑙图书馆相比，这里的民法书籍非常少，但是洛尔施有《哥特法》（*Lex Gothorum*）《里普阿尔法兰克人法典》（*Lex Ripuaria*）和《萨利克法典》（*Lex Salica*）的抄本各一本。很显然，洛尔施的修士们对诗歌非常感兴趣，因为有大量独立的诗歌书卷，也有几本合集。

在 822 年，科维①作为索姆河边科尔比修道院的姊妹修道院在萨克森被建立起来，因此它经常被称为科比亚·诺瓦（Corbeia Nova）。它受虔诚者路易的特殊保护，而且其中的第一批书部分可能是虔诚者路易的礼物。当法兰克的修士们首先从科尔比来到德国的时候，他们带来了许多书，但是遗憾的是，我们没有任何关于这些书的记载。有可能其中有前加洛林时代杰罗姆用小写拉丁文字母的草书体写的书稿（现存在沃芬布特尔）；②科尔比和科维互相交

---

① P. Lehmann, *Corveyer Studien*, *Abhandlungen der bayerischen Akademie der Wissenschaften*, XXX（1919）, Abh. 5; G. Hüffer, *Korveryer Studien*; K. Loeffler, "Die Korveier Bibliothek," *Zeitschrift für Bücherfreunde*, N.F., X（1918-1919）, 136 ff.

② L. Delisle, *Le Cabinet des manuscrits de la bibliothèque nationale*, II, 122, 认为在一个撒克逊人手中的书稿发现于科尔比，很明显是来自加洛林时代的科维；但是, Lehmann, *op. cit.*, p.11 认为，德莱尔引用的这些书稿直接来自英格兰或者爱尔兰。

换书籍,这种状况持续了很长时间。在科维没有古老的图书目录,①所以我们只能从使用它的修士们的著作中对该图书馆略知一二。

83     拉德波图斯参与了科维的建设工作,他写了三部著作,后来该修道院的修士们对此有所提及。科尔比另一位修士拉特兰努(Ratramnus)的著作同样肯定在古老的科维图书馆。大约在 847 年,虔诚者路易的神父杰罗尔德(Gerold)进入了这个修道院,带来了许多礼物。我们不知道这些书的数量或者名称,但是我们确实知道杰罗尔德是一个受过良好教育的人。有人说科维图书馆的第一批图书一定来自查理曼图书馆,但是没有关于这一说法的可靠证据。②两本著名的佛罗伦萨抄本包含了塔西佗的《编年史》(*Annals of Tacitus*)的前半部分和普林尼的《信札》(*Epistolae*),这两本佛罗伦萨抄本本来自德国,并且曾经在科维图书馆。

    在 975 年,修士阿吉乌斯(Agius)写信给甘德斯海姆(Gandersheim)的女修院院长,从他的书信和编年史家维杜金德(Widukind)使用的资料中,我们可以推测,如下这些学者的著作在科维图书馆:维吉尔、萨鲁斯特、李维、塔西佗、苏托尼厄斯、普林尼、卢坎、奥维德、贺拉斯、尤维纳利斯、尤文库斯、约瑟夫斯、苏尔皮西乌斯·塞维鲁斯、比德、保罗斯·迪亚克努斯、塞维利亚的伊西多尔、约丹尼斯和爱因哈德,此外还有《撒克逊法典》(*Lex Saxonica*)、《圣维图斯的翻译》(*Translatio St. Viti*)、利姆伯特(Rimbert)的《安斯卡传》(*biography of Anskar*)以及早期科维修道院教师的著作和各种教规。

    圣高尔修道院于 614 年由圣高尔建立以后,为了生存而进行了长期的斗争,科伦班也加入进来,然而这些都没有对文化活动产生影响。③在 8 世纪中叶,这个修道院也汇聚了有文化的修士,比如修

---

    ① 科维《编年史》中所谓的"notices"提及了该图书馆珍贵的礼物是 17 世纪 C. F. Paullinis 的一份赝品。

    ② Lehmann, *op. cit.*, p.13.

    ③ F. Weidmann, *Geschichte der Bibliothek von St. Gallen*; T. von Sickel, "St. Gallen unter den ersten Karolingern," *Mittheilungen zur vaterlandischen Geschichte*, IV, 9 ff; E. I. Hogan, "The Monastery and Library of St. Gall," *Irish Ecclesiastical Record*, 3d ser., XV, 33-54, 289-301.

道院院长奥斯莫（Othmer，720—759 年在位）以及修士维尼萨尔（Winithar）和科洛（Kero）。在修道院院长戈兹伯格（Gozberg，816—836 年在位）任职以前，圣高尔的书籍非常匮乏。①正是他于 830 年在缮写室的上面另辟了一个房间作为图书馆。在 8 到 9 世纪，圣高尔修道院比大陆上任何其他的修道院都更得益于爱尔兰的文化传统。在我们拥有的圣高尔最古老的图书目录中，有 30 本“用苏格兰语写作的书籍”（Libri Scottice scripti）书目。②另一方面，岛屿体的传统在这时已经不存在了。根据利奥夫勒的研究，现在保留下来的抄本都不是出自本国人之手，可以被认为是在圣高尔修道院写的，最早的著作类型是“雷蒂亚”（Rhaetian），与瑞士讲罗曼语的人的语言相似，显示了它与北意大利之间重要的亲缘关系。③

在圣高尔修道院的黄金期即格里姆瓦尔德（Grimwald，841—872 年在位）任修道院院长期间，最古老的目录可能被编辑出来。④它列出了大约 400 本书卷，并且附有修道院院长和修士们的个人藏书。格里姆瓦尔德个人就捐赠了 35 部著作。⑤在修道院院长哈特穆特（Hartmut，872—883 年在位）任职期间，该图书馆得到了持续的发展，⑥尽管在这一时期，人们对古典文化研究的兴趣有所减弱。在格里姆瓦尔德捐给图书馆的图书中，有维吉尔的著作，但是在哈特穆特积累起来的图书中，却没有一本古典著作。有记载的第一个图书管理员是留特哈德（Liuthard，861—872 年在任）。在 890 年，由绰号“口吃者”诺特克尔一世（Notker I）接任。在 10 世纪初，由沃尔特拉姆（Waltram）继续担任。

圣高尔图书馆另一份古老的目录，是在依然保存在圣高尔一卷书（No.728）中的最初 18 页里发现的，它被分成两个部分。⑦第一部分上

①　Ratpert, *Casus St. Galli* v, in Weidmann, *op. cit.*, p.6.

②　Becker, *op.cit.*, No.22; C. Scherer, *Verzeichnis der Handschriften der Stadtbibliothek von St. Gallen.*

③　K. Loeffler, "Die Sankt Galler Schreibschule in der 2. Haelfte des 8. Jahrhunderts," *Palaeographia Latina*, VI(1929), 5-64.

④　Becker, *op. cit.*, No.15.

⑤　*Ibid.*, No.23; T. von Arx, *Geschichte des Kantons St. Gallen*, I, 189.

⑥　Ratpert *Casus S. Galli* ix and x; cited in Weidmann, *op. cit.*, p.7.

⑦　Becker, *op. cit.*, No.22; Weidmann, *op. cit.*, pp.364-396.

面写着"用苏格兰语写作的书籍",共有 30 本书,在卷(volumina)、简牍(codicilli)和四个一组(quaterniones)之间有所区别。第二部分列举了大约 400 卷书,上面写着"书籍概要"(Breviarium librorum),是用 9 世纪和 10 世纪 4 种不同的字体写的。第二部分中的前半部分的编辑者几乎肯定是留特哈德,他有的时候会添加一些描述性的或批评性的注释。有少量的古典著作;有大量的神学著作;有圣徒传、修道院的规章制度和准则;医学和哲学著作很少。很奇怪的是,除了优西比厄斯、奥罗修斯和比德的著作之外,几乎没有历史著作。

　　正如我们已经看到的那样,到了 9 世纪的时候,在富尔达和赖歇瑙,爱尔兰的影响已经消失,它只不过是一个过时了的传统而已。但是,在圣高尔,情况却有所不同。在格里姆瓦尔德任职期间,一个叫马库斯的"苏格兰主教"在他的侄子摩恩盖尔(Moengal)陪同下,从罗马返回途中,在圣高尔作了停留,后者被劝说留了下来。他成了圣高尔修道院内部学校的负责人,而一个德国人伊索(Iso)在外部学校教学。摩恩盖尔是圣高尔著名教师的先驱,这些著名的教师包括拉特珀特(Latpert)、"口吃者"诺特克尔和萨洛默三世(Salomo III)。后来,萨洛默三世作了康斯坦茨的主教。但是到了 9 世纪末,圣高尔的荣耀就如富尔达和赖歇瑙一样已经暗淡了。①

　　洛林重要的普鲁姆(Plüm)女修院没有图书目录为我们所知。然而这个修道院拥有丰富的手抄本,而且在 9 世纪的时候,它是洛林的文化中心。在 855 年,皇帝洛萨(Lothar)给了该图书馆一本珍贵的装饰有插图的《圣经》,开篇这样写道——"带有插图和金色大写首字母的书籍图书馆"。②

　　在 11 世纪以前,作为文化中心,中世纪的主教座堂落后于修道院,但是到了 11 世纪,它们后来居上,其发展超过了修道院。在 8 世纪的时候,约克在文化上的主导地位卓然非凡,而且在大陆上没有与之相媲美的。无论如何,加洛林文艺复兴触及了各地的主教座堂图书馆,在德国而不是在法国,其中的一些还受到盎格鲁-爱尔兰传

<hr />

① Hauck, *op. cit.*, II, 567-568.

② T. Marx, *Geschichte des Erzstifts Trier*, IV, 558; T. Gottlieb, *Ueber mittelalterliche Bibliotheken*, p.65 n.

统的影响。在科隆,曾经是查理曼的宫廷牧师希尔德博尔德
(Hildebald)建立起了学术研究中心,西奥杜尔夫(Theodulf)以亚伦
的名字对此进行了庆祝。他有教皇寄给查理曼的抄本,这些抄本
是为主教图书馆而复制的。大主教希尔杜因(Hilduin,842—849 86
年在位)和冈萨尔(Gunthar,863 年被废黜)由于其学识而受到了
塞杜利乌斯的赞扬。大主教维利伯特(Willibert,870—889 年在
位)得到了卡洛里努斯(Carolinus)抄写的抄本。①美因茨的大主教
勒尔,也是卜尼法斯从前的学生,从英格兰购买了神学和科学方面
的著作。②《圣留德格传》(Vita sancti Liudgeri)③进一步说明了 8 世
纪下半叶德国图书馆独立于英格兰图书馆之外的事实。留德格生
于大约 744 年的弗里西亚,他在乌特勒支接受了早期教育,在 767
至 770 年之间,他在约克师从阿尔昆,然后又返回乌特勒支,并且
"带了许多书回来"。在查理曼征服萨克森之后,留德格被任命为
明斯特的首任主教,而且我们可以相信,这个地方从他开始拥有英
文书籍。

　　人们很早就注意到,爱尔兰传统在法兰克的高卢爱尔兰人建立
起来的修道院消失以后,在康布雷产生了最强烈的影响。在加洛
林的主教辖区,仅有康布雷还有一些希腊文抄本,这些抄本是主教
哈里特加尔(Halitgar)于 817 年出使君士坦丁堡时带回来的。④但
是,在加洛林王朝时期德国地区所有的主教座堂图书馆中,伍兹堡
和萨尔茨堡藏书最丰富,无可匹敌。爱尔兰的影响在伍兹堡最为
突出。由于长久的隔离,在爱尔兰,对古老的基督教文献进行了精
心保存和研究,爱尔兰的传教士将这些文献带到了大陆,但在任何
其他地方都没有达到传到伍兹堡的程度。伍兹堡一份《圣保罗书
信》的抄本,⑤大约写于 800 年,里面有后世部分用拉丁文、部分用
爱尔兰语写的页边注和行间注。其中拉丁文的评注尤其有趣。大
部分都是匿名评注,但是也有如下 7 位教父作者的名字被引用:奥

---

① W. Wattenbach, *Deutschlands Geschichtsquellen*, I, 263.
② Hauck, *op. cit.*, II, 179, n.5.
③ Migne, *Pat. Lat.*, XCIX, cols. 769-796.
④ *Ibid.*, IXXXVIII, col.450; CV, col.649.
⑤ MS Würzburg, M. tr. F. 12. J. F. Kenney, *The Sources for the Early History of Ireland*, I: *Ecclesiastical*, No.461.

87　利金、希拉里、杰罗姆、奥古斯丁、大格里高利和伊西多尔。最令人
惊讶的是，1 311 条评注的来源是佩拉吉乌斯，其中 957 处是直接
引用。古代爱尔兰的基督教一定非常忠实于西方第一位伟大的主
张教会分裂者，他在爱尔兰的受欢迎程度，可能可以解释早期爱尔
兰基督教的分裂情况。

　　伍兹堡的主教辖区是由圣卜尼法斯建立起来的，后来他将它托
付给他的同伴盎格鲁-撒克逊的伯查德（Burchard）。牛津的教授
E. A. 洛（E. A. Lowe）公布了一份使用盎格鲁-撒克逊体写于大约
800 年的简短目录，这份目录在一份圣奥古斯丁著作的法文抄本末
尾页，它出自伍兹堡的主教辖区图书馆。①在其中列出的 6 个条目
中，一些还在牛津大学博德利（Bodleian）图书馆的劳德（Laudian）藏
书中，它们是在三十年战争期间由大主教劳德获得的，其他的还保
留在伍兹堡。

　　　　对这份目录的分析显示，五个条目是《圣经》中的篇章（1，
28，29，32，35），四部是格里高利的著作（2，3，21，34），一
部是比德的著作（5），三部（或许是四部）是杰罗姆的著作（6，
13，30，可能还有 4），七部是奥古斯丁的著作（7，8，16，19，
27，31，33），一组条目里有安布罗斯（9）的著作、奥罗修斯
（11）的著作、尤文库斯（12）的著作；至少有三条是礼拜仪式用
书（14，23，24），一个条目是基督教教会法规（15），一个条目
是尤尼利乌斯（12）的著作，一个是普罗斯珀（20）的著作，一个
或许两个是伊西多尔的著作（22，可能还有 18），一个是术语汇
编（25），一个是奥尔德海姆（26）的著作，一个是卜尼法斯（31）
的著作，一个是关于基督教祝福的书（36）。②

　　因为涉及中世纪图书馆管理方面的内容，这份目录关于五本书
的借出方面的证据尤其有趣。第四条增加了一条德文记载"ad
holzkirihhun"——证明了当这份目录被编辑的时候，这本著作被借

---

　　① E. A. Lowe，"An Eighth Century List of Books in a Bodleian MS fromWürzburg and Its Probable Relation to the Laudian Acts，"*Speculum*，III(1928)，3-15.

　　② Lowe，*op. cit.*，p.10.

给了富尔达的附属修道院霍尔茨基兴（Holzkirchen）修道院。同样，有用盎格鲁-撒克逊体记载的"ad fultu"，表明了四本著作被借给了富尔达。

　　萨尔茨堡的主教图书馆是大主教阿尔诺①（卒于 821 年）建立的，他是阿尔昆的一个亲密的朋友。毫无疑问，他从埃尔诺（Elno）② 带来了作为该图书馆的核心书籍，但是增加了许多抄本，他小心地将一些那个时代的作家尤其是阿尔昆的著作收藏进去。③阿尔诺与法兰克高卢的精神领导者有密切的联系，他的修道院学校从西方引进了教师和书写材料。阿尔昆的学生维佐（Wizo）于 797 年来到此地，并且在这里待了几年的时间。在阿尔诺从西方带来的抄本中，有《福音书》（*Evangeliarium*），是盎格鲁-撒克逊人库斯伯特（Cuthbert）写的，可以回溯到 8 世纪，它是萨尔茨堡主教图书馆最古老的抄本。还有阿尔昆的书信，是 802 年在萨尔茨堡被整理出来的。有一部按照年代顺序撰写的天文学（chronologico-astronomical）著作抄本，大约始于 809 年。在 797 年，阿尔诺开始了《尤维乌姆④年代记》（*Annales Juvavenses maiores*）的写作；《副修科目》（*minores*）开始写于 816 年，现在依然还保留在伍兹堡。总共有 32 本尚存抄本可以追溯到阿尔诺。大部分其他的抄本可能都毁于大火，因为在 845 年，圣鲁普雷希特（St. Ruprecht）毁于大火，在 847 年，圣彼得教堂也毁于大火。在 1127 年，大火烧毁了主教座堂，在 1167 年，大火几乎毁灭了整个城市，包括主教座堂。⑤阿尔诺还鼓励了巴伐利亚修道院图书馆的兴建，在那里，除了普通的著作之外，圣徒生活传是常见的读物。⑥

　　阿尔诺的后继者继承了他的传统。阿达尔拉姆（Adalram，821—836 年在位）在任期间，让人抄写了《圣奥古斯丁关于信经和反犹太人的布道》（*Sermo S. Augustini de symbolo contra Judaeos*）。

---

　　①　Zeissberg, "Arno, erster Erzbischof von Salzburg," *Sitzungsberichte der wiener Akademie*, XLIII(1863), 305-381.
　　②　K. Foltz, *Geschichte der salzburger Bibliotheken*, p.7, and cf. Hauck, *op. cit.*, II, 384.
　　③　Hauck, *op. cit.*, II, 770, n.54.
　　④　古代萨尔茨堡。——译者注
　　⑤　Flotz, *op. cit.*, pp.7-10.
　　⑥　Alcuin *Ep.*, cxxxvii.

下一任大主教留夫拉姆（Liuphram，836—859 年在位）同样特别强调书籍的价值。在他在任期间，格里高利《论〈约伯记〉中道德问题节选》（*Excerpta de moralibus Gregorii super Job*）被写作出来，巴尔多（Baldo）抄写了阿库尔福斯（Arculfus）的《论圣地》（*Liber de locis sanctis*）以及与教区主教有关的诗歌。有一封路德维格（Ludwig）写给巴尔多的书信，对后者给他寄书表达感谢。巴尔多大约在 851 年还抄写了一本教会法规集。[1]

89　　在加洛林时代，科隆图书馆无法和伍兹堡以及萨尔茨堡的图书馆相比，它是由大主教希尔德博尔德（Hildebald，785—819 年在位）建立起来的，其最早的藏书主要是教皇利奥三世送给查理曼的书籍。在加洛林时代，科隆看上去已经超过了所有其他的主教缮写室，尽管它并不像图尔城和科尔比那样有自己独特的风格。[2]

　　为了在斯堪的纳维亚传教，汉堡的传教站于 834 年由安斯卡建立起来，这里有一个图书馆——它一定是一个很小的图书馆——后来很快就被入侵的维京人给毁掉了。[3]

　　穿过莱茵河，从德国到法国，我们发现在 9 世纪，那里的主教座堂图书馆藏书非常匮乏，与德国的情况形成了奇怪的鲜明的对比。在里昂，我们发现了 9 世纪法国唯一著名的主教座堂图书馆，而它的发展并不是得益于加洛林文艺复兴，而是得益于与意大利和西班牙的联系。[4]兰斯的档案非常丰富，那里一定有大量的教会法规，正如大主教辛克马尔（Hincmar）的著作所显示的那样，[5]但看上去那里好像几乎没有书籍。在弗洛多德（Flodoard）所著的《兰斯教会史》（*History of the Church of Reims*）中有丰富的信息，但他唯一提到书籍的地方是大主教特平（Turpin）将《圣经》抄本送给了主教座堂图书馆。[6]我们发现里济厄的弗雷卡尔夫（Freculf）曾抱怨那里缺乏书籍，[7]甚至《圣经》都非常缺乏，这使得人们不禁怀疑，是什么成

---

[1]　W. Wattenbach, *Deutschlands Geschichtsquellen*，I，158，202.

[2]　L. W. Jones, *The Script of Cologne*.

[3]　*Vita Anscharii* vi.

[4]　Cf. A. Potthast, *Bibliotheca historica medii aevi*，I，26-27.

[5]　Manitius, *op. cit.*，I. 346 n.

[6]　Flodoard *Historia Remensis ecclesiae* ii. 17.

[7]　Ebert, *op. cit.*，II，147（法文译本）。

为了特平《圣经》抄本的底本。巴黎的情况较好，因为奥塞尔的雷米吉乌斯(Remigius)建立了一所著名的学校，①并且详细了解波埃修斯、塞杜利乌斯、马提安努斯·卡佩拉、多纳图斯、普里西安、福卡斯、优迪斯、小加图、尤维纳利斯、佩尔西乌斯、特伦斯和比德的《韵律学的艺术》(Ars metrica)。克吕尼的奥多(Odo)、圣米耶勒(St. Mihiel)的希尔德博尔德(Hildebold)和梅斯副主教布利多尔夫(Blidulf)都是他的学生。②圣德尼女修院有一份 9 世纪的抄本，其中包括了维吉蒂乌斯和索利努斯的著作，还有一部《圣经》的高级抄本。③

里昂的图书馆在某种程度上弥补了 9 世纪法国主教座堂图书馆总体上的藏书匮乏状态。除了维罗纳的教会图书馆以外，古代卢古德南希斯图书馆(Bibliotheca Lugdunensis)是欧洲所有主教座堂图书馆中保留最好的一个。在这里还能找到 13 本写于 5—8 世纪的安瑟尔字体和半安瑟尔字体的抄本，还有在其他地方保存下来的同样古老的抄本，毫无疑问也是曾经属于里昂的。这些抄本大部分是教父著作，只有少部分是《圣经》和法学家的著作。其中有奥利金、希拉里、奥古斯丁、优克里乌斯(Eucherius)和杰罗姆的著作；有《旧约》的三个部分，包括著名的《旧约》前 7 卷；一些教会会议文件；一本珍贵的《狄奥多西法典》抄本。最后，我们可以肯定地说，著名的《新约抄本》(Codex Bezae)至少早在 9 世纪的时候就已经在里昂。④里昂的图书馆传统比法国其他地方持续的更长，也更持久。我们可以将其追溯到罗马书亭将普林尼的《书信集》和马提雅尔的诗稿卖给圣爱任纽和修辞学校，后者在 5 世纪时还保持繁荣的状况。⑤大主教雷德拉德(Leidrad，798—814 年在位)是一个进步的

---

① H. F. Stewart, "A Commentary of Remigius Autissiodorensis on the *De consolatione philosophiae*," *Jorunal of Theological Studies*, XVII(1915), 22-42; Manitius, *op. cit.*, I, 504 ff.

② *Vita Odonis*；Migne, *Pat. Lat.*, CXXXIII, col.62.

③ L. Delisle, *Littérature latine et histoire du moyen âge*, pp.7-8.

④ E. A. Lowe, *Codices Lugdunenses antiquissimi*, and his article, "The Codex Bezae at Lyons," *Journal of Theological Studies*, XXV(1925), 270-274.

⑤ L. de Saussaye, *Les six premiers siècles littéraires de la ville de Lyons*(Lyons, 1876); early volumes of the *Histoire littéraire de la France*; various articles in *Mémeires de l'Académie de Lyons*, *Classe des lettres*, 1858-1861; S. Tafel, "The Lyons Scriptorium," *Palaeographia Latina*, II(1923), 66 ff; IV(1925), 40 ff.

教会人士,他恢复了主教座堂学校。雷德拉德是弗赖辛的阿里波(Aribo)的学生,他的继任者们和他志同道合,阿格巴德(Agobard,814—840年在位)是9世纪最有学问的人之一;阿莫罗(Amolo,840—852年)和雷米吉乌斯(852—875年在位)是在对戈特沙尔克提出的理论进行辩论时的领导者。诗人和神学家弗洛鲁斯(Florus,约860年)的著作,在这个城市的文学活动和图书馆藏书中无论如何都不能被忽视。①毫无疑问,在里昂还有其他图书馆,诸如那些在圣查斯特(St. Just)和圣伊雷内(St. Irenee)的图书馆,但是,没有任何证据能够支撑(起源于15世纪的)查理曼的图书馆或者其部分是坐落于索恩河边受雷德拉德保护的伊雷-巴伯(Ile-Barbe)修道院的说法。②

在9世纪,法国大部分主教辖区的书籍都非常匮乏。在822年,里济厄的弗雷卡尔夫向拉巴努斯·莫鲁斯抱怨说,在他的教区内连一本完整的《圣经》都没有,更别说关于《圣经》的评论了。③然而,弗雷卡尔夫要么是修补了书籍缺乏的这一状况,要么是广泛地游历去求教于别人,因为他的具有世界史性质的两部《编年史》(Chronicorum tomi II),显示了他进行了广泛的阅读。④一次仅有的机会,我们获得了关于加洛林时代后期朗格勒(Langres)的教会图书馆的一些很少但是很有趣的信息。在海牙的密尔曼诺-韦斯特林尼恩(Meermanno-Westreenianum)博物馆里保存的329部抄本中,有一部9世纪的抄本残篇,即写在羊皮纸上的《亚历山大大帝传》(Vita Alexandri magni),其中有7行清晰地列出了主教座堂图书馆里的藏书目录。其中两部是历史著作:奥罗修斯的《法兰克人的事迹》(Gesta Francorum)是其中之一;两部是法学性质的书籍:《查理大帝法令汇编》(Capitularia Karoli Magni)和《里普阿尔法兰克人法典》;文学著作是维吉尔的,还有多纳图斯、普里西安和他的学生优迪斯的语法著作;还有关于以赛亚评论的神学著作和关

① Cf. Wandalbertus Prumiensis' *Carmina* in Migne, *Pat. Lat.*, CXXI, Col. 577.
② Tafel, *op. cit.*, pp.70-73.
③ Migne, *Pat. Lat.*, CVII, col.727.
④ A. Molinier, *Les Sources de l'histoire de France*, V, xlix; L. C. F. Petit-Radel, *Recherches sur les bibliothèques anciennes et modernes*, pp.77-79.

于四福音书和使徒书信的诠释。①

很显然,我们几乎没有任何关于 9 世纪意大利图书馆的书籍信息,甚至罗马的也没有。但是,我们不能怀疑,罗马比其他任何地方都为加洛林文艺复兴提供了更多的抄本,在这一点上,它仅次于英格兰。教皇保罗一世寄给矮子丕平的书籍,无疑至关重要。②当比萨的博学的保罗和伦巴第的保罗离开意大利前往法兰克宫廷的时候,他们每人一定都带来了书籍。

关于加洛林时期意大利修道院图书馆的信息尤其缺乏,甚至关于卡西诺山修道院图书馆的信息也很少。我们可以安全地推断,尽管法尔法(Farfa)的修道院院长阿拉努斯德(Alanusde)的世俗知识被认为是"敏锐的",但当时的教育仅限于经书、多纳图斯和普里西安的文本和关于维吉尔的评论上。他是保罗斯·迪亚克努斯使用的说教作品的作者,修道院图书馆藏有大量教父著作。在 9 世纪中叶,加洛林文艺复兴总体的上升趋势似乎使得法尔法的大门向古典文化敞开。修道院院长希查德(Sichard,约卒于 840 年)的墓志铭是用非常精美的文字写的,是维吉尔、奥维德和维纳提乌斯·福图纳图斯的修辞风格的体现。③

罗马文化兴趣的兴起可以从尼古拉一世、哈德良二世和约翰八世任职期间安纳斯塔西乌斯(Anastasius)的生涯中得到最好的证明,他以其博学而被冠以"图书馆馆员"之名。他的兴趣主要在希腊文化上,并受聘教皇的公共档案馆,将希腊国家档案文书和神学论文翻译成拉丁文。但是希腊语正是在这个世纪里在罗马独立地发展起来的。《格拉库斯·帕里斯抄本 1470》(*Codex Graecus Paris 1470*),包括《圣马里纳传》(*Vita S. Marinae*),在页边空白处有拜占庭修士墨索迪乌斯(Methodius)的注释,墨索迪乌斯是一个语法家和书法家,他此时移居到罗马。同样,《圣安纳斯塔西乌斯传》

① H. Stein, "Une Bibliothèque langroise du ix<sup>e</sup> siècle," *La Bibliographie moderne*, XIX(1918-1919), 159 ff.

② *MGH*, *Epistolae*, III, 529.

③ G.H. Hoerle, *Frühmittelalterliche Mönchs- und Klerikerbildung in Italien*, p.53.这部著作的姊妹卷,也是对加洛林时期的图书馆非常有价值的著作是 R. Stachnik, *Die Bildung des Weltklerus im Frankenreiche von Karl Martel bis auf Ludwig den Frommen*。

(*Vita of St. Anastasia*)的希腊文译本,收录在了《巴黎格拉库斯抄本 1451》(*Codex Graecus Paris 1451*)中,它是于 824 年在罗马写成的。①罗马有丰富的古典著作和神学著作藏书,但是在 9 世纪我们能找到的却很少,这是一件令人烦恼的事情。然而,我们可以很自信地认为,这时的罗马语法家和修辞学家的古典文化的训练,不仅仅是从不同作家作品的选集和文选中获得的,而且还能从罗马图书馆保留的完整的文本中获得。②

93　　加洛林文艺复兴的深远影响触及了罗马的一些人,比如阿多(Ado),他是维埃纳有学识的大主教(卒于 874 年)。他出生于法兰克一个贵族家庭,曾在桑斯附近的费里埃接受教育,在此前,塞尔维图斯·卢普斯将这个修道院作为图书馆研究的中心。阿多曾经在洛林的普鲁姆学习,后来在意大利待了 5 年时间。从那里,他又去了里昂,正如我们已经看到的那样,里昂是一个著名的文化中心,在 860 年,他当上了维埃纳的大主教。他曾经写了一本重要的编年史,但是他最杰出的著作是《殉教史》(*Matyrologium*)。在这本书的前言里,阿多告诉我们,他的意大利之旅使得他去了许多图书馆去寻找抄本。③

　　意大利更著名的猎书者是费里埃的卢普斯,他在大约 855 年的时候请求教皇本笃三世寄给他下列书籍:西塞罗的《论演说家》(*De oratore*)、昆体良的《原理》(*Institutes*)和多纳图斯的《论特伦斯》(*Commentary on Terence*)。④他是最狂热的、最不知疲倦的中世纪的猎书者,也是最伟大的藏书者。⑤塞尔维图斯·卢普斯的父亲是巴伐利亚人,母亲是法兰克人,他大约出生于 805 年,在修道院院长亚德伯(Adalbert)任职期间进入了费里埃修道院,亚德伯是阿尔昆的学生。大约在 828 年,他被送到富尔达的拉巴努斯·莫鲁斯

---

　　① P. Batiffol, "Librairies byzantines à Rome," *Mélanges d'archéologie et d'histoire*, VIII(1888), 298-299.

　　② Hoerle, *op. cit.*, p.66.

　　③ Migne, *Pat. Lat.*, CXXIII, col. 453.

　　④ *Ep.* ciii.

　　⑤ L. Trauber, *Vorlesungen und Abhandlungen* II, 133 ff.; Becker, *op. cit.*, No.25; Gottlieb, *op. cit.*, No.991; Molinier, *op. cit.*, II, Nos. 53-59, 790, p.242; C. H. Beeson, *Lupus of Ferrières as Scribe and Text Critic*; J. B. Mullinger, *Schools of Charles the Great*, pp.155-170; and the literature cited in Paetow, *op. cit.*, pp.397-398.

那里,去接受经典的指导,正是在那里,他遇见了哥特沙克。随着学问的长进,他协助拉巴努斯准备他的评论。在富尔达,他还参加了其他的文化活动,为弗留利(Friuli)的艾伯哈德伯爵(Count Eberhard)写了一大卷关于日耳曼流行法律的著作,弗留利的艾德哈德伯爵拥有一个大图书馆。这卷书包括了一些诗文和图片来介绍单个的"法律",既刻画了普通百姓的生活,也介绍了从查理曼到洛萨一世(Lothar I)时期的法兰克国王的业绩和生活。[①]从842年到860年,卢普斯担任费里埃修道院的院长。

在动荡混乱的9世纪,卢普斯能找到时间和方法来从事自己的学术活动,这不能不说是一个奇迹。他终其一生都在孜孜不倦地寻求新抄本、整理抄本、写作、教书、研究并回答朋友的问题。只有源于对知识非常真诚和深厚的热爱,才能在如此艰难的环境下有如此不倦的热情去学习,有如此决心去获取新书。

作为一个书籍收藏者,卢普斯拥有可以弥补他遇到任何困难的资本——率直。比如,他的书信表明,他和他的通信者交换他们各自修道院图书馆里的藏书目录。因此,他在840年之后给他的朋友圣高尔的雷金博尔特写道:

> 我期待着你的到来,正如我在信中已经明确表达的那样,但是,我建议你一定要选择一条安全的路线,因为在我们的国王查理的王国里,已经有革命运动,抢劫可以不受惩罚。抢劫和暴力是最经常发生的事情。因此,需要找到同行者,通过他们的人数和勇敢,可以避免邪恶者的攻击或者击退他们。萨鲁斯特的《喀提林阴谋》和《朱古达战争》,以及任何你所知道的我们根本没有的书籍,希望你将它们带给我们,以此弥补我们的缺憾,还有那些我们没有也不可能有的书,只有你能带给我们。非常感谢,求之不得。祝你好运![②]

这表明,雷金博尔特知道费里埃的图书馆里有什么书,这可能

---

① Manitius, *op. cit.*, I, 483.
② *Ep.* xlv. 114.

是通过图书目录,也可能是通过他个人的调查了解到的。但是我们有理由认为,他从来也没有到过西法兰克王国,否则,为什么卢普斯要警告他旅程危险呢?这在卢普斯书信中经常提及。卢普斯很显然在给不熟悉西法兰克王国的人以明确的指导。因此,我们推断,雷金博尔特一定有一份费里埃的图书目录,这种推断并不草率。卢普斯在从富尔达返回之后于 837 年写给阿尔特温(Altwin)的信,同样可以证明这件事情,信中说:"从我回来之后,许多人向我索求你要的那本书,我不能借给他们。我已经决定将它藏起来,这样它不会丢失。"①

很显然,其他修道院的修士们一直缠磨着这位谨慎的藏书家。很可能这则关于这本书的消息是由当地的流言传出去的。但是我们必须指出,阿尔特温靠近美因茨,美因茨离费里埃距离远一些,流言不可能传到那里。这表明了一则图书目录或者同样有趣的类似于图书目录存在的可能性——事实是,它是不断更新的。因为看上去我们说的这本书是卢普斯从富尔达带回来的,在这封信所属的日期里,卢普斯已经回到费里埃近一年的时间了。②卢普斯谈及塞利根施塔特(Seligenstadt)的图书目录时,给人的感觉是他好像曾经在富尔达见过它。③而具有重要意义的是,当卢普斯拒绝别人的索书要求时,他并没有要求别人原谅他说这本书不在他的手里。④他的通信者一定知道,他有他们想要的那些书,而卢普斯要书的要求是最明确的。他似乎毫不怀疑它们的所在地,尽管有的时候,他的一些信寄给了他并不认识的人。如果他和他的通信者依靠的是传言,那么可以说 9 世纪的这些人真够幸运。

文本的变化极大地增加了卢普斯收藏图书的热情。我们绝不能因为卢普斯索求一本书,而推断他本人没有这本书。他曾经迫

---

① *Ep.* vii. 66.

② L. Levillain, "Etude sur les lettres de Loup de Ferrières," *Bibliothèque de l'école des chartes*, LXII(1901), 498.

③ "Quos(*libros*) vos habere arbitror; propterea quod in brevi voluminum vestrorum post commemorationem *libri ad Herennium*, interpositis quibusdam aliis reperi; *Ciceronis de rhetorica*; item *explanatio in libros Ciceronis*. Praeterea *Auli Gellii noctium atticarum*. Sed et alii plures in praedicto brevi." "breve"一词,似乎是用来表示图书目录,或者至少是一份书目单。

④ Cf. *Ep.* xii.76; *Ep.* lxxxv.161; *Ep.* x.66.

切地通过与他人的著作比较,而校正自己的抄本,他经常借他自己
已有的著作,为的是通过比较来校正自己的抄本。当他通过阅读
发现两个抄本有差别的时候,他会加以注明,并标明出处。有错误
的段落,他会用一个重要的记号标出来。他对拼写和音节部分都
会进行校正。他比他同时代的其他任何人都更掌握了近代学术中
比较的技巧。如此审慎的努力,在 9 世纪拉丁文古典著作传播的
过程中起到了至关重要的作用,因为正是在那个时候,古老的大写
体(majuscule)抄本被转换成小写体(minuscule script),正如在图尔城
所发生的那样。大约于 840 年写给某个叫阿德尔加德(Adalgard)的
人的一封信,表明了卢普斯要校正和完成文本的愿望。

96

　　我非常感谢您以兄弟般的情谊,不厌其烦地校正马克罗比
乌斯的著作。我也非常想见到您寄给我的这本书,因为它是一
本真正值得赞赏和最精心制作出来的抄本。我感谢您居然为
波埃修斯的著作作了评注,然而,我还不知道这里是否有这本
书,是否它是您的,或者您使用其他人的这本书作的评注。所
以我希望您永远受责备,以使您再也不会去自己写或者告诉我
任何模棱两可的东西,您一定知道,阿波罗的神谕就是语意不
清,模棱两可。因为您也没有弄清楚是否已将《图斯库勒辩
论》(*Tusculans*)抄写给我,也不知道阿吉乌斯在做什么,您已
经完成了哪些书,我特别想知道的是,您这次退休得到了
什么。①

这封信还表明,除了借书和在费里埃让人抄书之外,卢普斯还
通过其他的方式获得书籍。阿德尔加德毫无疑问是生活在一个修
道院里的专业书吏,这个修道院可能拒绝将抄本借给卢普斯,但是
允许他的朋友为他抄书。很明显,卢普斯将他自己的那本马克罗
比乌斯的抄本寄给了阿德尔加德,请他根据他手边的抄本进行校
正。同样明显的是,卢普斯对其"像兄弟般地不厌其烦"的感激被他
对于模糊不清的恼怒而大大地抵消了,这一模棱两可,使得他得不到

---

①　*Ep.* ix.69.

关于西塞罗的《图斯库勒辩论》的任何信息。

卢普斯并没有将自己借书局限于法兰克王国的东部和西部。当他发现了靠近英吉利海峡的圣若斯（St. Josse）小修道院之后，他开始试图从依然是重要文化中心的约克郡借书，他写信给约克郡的修道院院长阿尔西古斯（Alsigus）：

> 既然出于上帝的怜悯，过去一直盘旋在所有高卢人和日耳曼人之间的不合与纷争已经减少了，我希望在第一项和平的行动中，恢复我们的教会和你们的教会之间曾经存在的联系……您可以先履行我要求的事情，我诚恳地请求您找可靠的信使寄给圣若斯小修道院《旧约和新约研究》，它近期已经被归还给了我们，而且，根据卡西奥多罗斯的证言，它是由圣杰罗姆编撰的；还希望您寄来您那里拥有的比德的《旧约和新约研究》、杰罗姆的"耶利米书评论"，最初的 6 卷书除外，因为我们这里有；最后，还希望您寄来两本昆体良的《演说术原理》。这些书您交给兰特拉姆努斯（Lantramnus），您非常熟悉他了，他将在圣若斯小修道院抄写完后尽可能快地把它还给您。如果您不能将所有这些书寄过来，希望您能寄过来其中的部分，您将为您付出的爱而得到上帝的奖赏，您也将为您付出的如此多的劳动而从我们这里得到尽我们所能的任何回报。①

卢普斯可能没有从约克郡收到所有的这些书籍，因为在他大约于 855—858 年间写给教皇本笃三世的一封信中，我们发现他依然在寻找昆体良的著作。

> ……我们还希望得到西塞罗的《论演说家》和 12 本昆体良的《演说术原理》，它包含在一本相对小的书卷中。我们有这些作者的部分著作，但是我们希望通过你们得到他们全部的著作。出于同样的目的，我们还想要多纳图斯关于特伦斯的评论，如果您出于慷慨给予我们这些作者的著作，我们将保证将

---

① *Ep.* lxxv, 148.

这些书和前面的圣杰罗姆的抄本一起还给您……①

这些书信和其他的证据表明,卢普斯是最有热情的借书者,但是有证据表明,他没有热情借书给别人。当他要求向教皇借昆体良的著作时,他说,它是一卷"相对较小的书卷",暗示这卷书很容易携带。然而,当兰斯的辛克马尔向他借比德的评论著作时,卢普斯回复说,这本书太大了,不能安全地寄出。他写道:

> 我不敢将比德关于使徒书的评论和奥古斯丁的著作一起寄给您,因为这本书体积太大,不能将它藏在一个遮盖物里,放在手提包里也不方便,即使可以这样做,我们也会担心路上遇到歹徒,他们的贪婪一定会被抄本的精美所激起,因此这本书会从你我手中丢失。因此,如果上帝愿意,我们可以在某一个安全的地方会面,我一定会将这卷书尽快地以最安全的方式借给您,我会这样做的。②

按照卢普斯的观点,在马背上驮运书籍是安全的方式。他拒绝了借书给阿尔特温,他说:"尽管我看到这本书可以托付给这个对您忠诚的神职人员来保管,然而我怀疑,您没有考虑由他将书寄出是多么的不安全,因为他是步行的。"③卢普斯同样非常关心他可以将书托付给谁来保管这个问题,缺少一个合适的送书人恰恰是他拒绝雷金博尔特的一个理由。④

无论如何,他确实偶尔将书借给别人,但非常小心谨慎,而且多次温和地提醒借书者要尽可能快地将书还回来。奥塞尔的海里博尔德(Heribold)主教或许是卢普斯借书的两个男子之一,但是他有可能是卢普斯自己的兄弟。⑤尽管如此,他还是小心翼翼,这可以从下文中看出来:"除此之外,根据你的要求,我将寄给你圣杰罗姆

98

---

① *Ep.* cxi. 191.
② *Ep.* lxxxv. 160-161.
③ *Ep.* x. 66-67.
④ Ep. xii. 76.
⑤ E. Marckwald, *Beiträge zur Servatus Lupus*, p.58.

的手稿《先知书注解》(*Annotations on the Prophets*)，这本书我自己还没有读过。希望你尽快抄写或者阅读此书，然后将它还给我。"①海里博尔德一定还想从他那里借尤利乌斯·恺撒的著作，卢普斯竟然说，他将获得《评论》，并将它们寄给他。②

　　另一个向卢普斯借书的人是桑斯大主教温尼洛(Wenilo)，也是他的上级。不幸的是，他写给温尼洛的两封书信被严重地损坏了，仅有一些零散的句子能被辨认出来。这些书信被卢普斯书信最初的收集者放在了一起，而且，既然莱维兰(Levillain)已经明确地指出，他的编排大体上是按时间来计算的，③那么毫无疑问，这两封写给温尼洛的信④在时间上是有联系的。由于两封信都不是完整的，那么卢普斯是从外面借书，还是将书借出去就都不确定。但是从残存信件的只言片语来看，他提到了提图斯·李维，而且我们知道，卢普斯甚至在当修道院院长之前就拥有了一份李维著作的抄本，很可能他最初是同意了温尼洛请求从他这里借李维抄本的请求，后来他要求温尼洛将书还回来。

99　　尽管卢普斯是一个精心的书籍守护者，但有时他的书或者整本或者部分也会被偷走。在写给哥特沙克的信中，他写道："你发现的那部四本一组(quaternions)的书卷是某人从我那里偷的。"⑤

　　尽管卢普斯无疑精心地看护他的书籍，但是费里埃图书馆的书籍目录却没有被保留下来，从卢普斯的书信中，我们并不容易断定那里的藏书内容。我们不能想当然地认为，卢普斯引用了什么书，他那里就有什么书，因为引文可能来自其他的著作或者出自一些选集。我们也不能推断说，卢普斯并不拥有他寻求借的那本书，为了校对，他总是急切地想要找到另一本抄本。我们也不能下结论说，他得到了他要找的书。有一些书，他确认自己拥有，而且，幸运的是，还有一些尚存的由他写的或者由他做评注的抄本。

---

①　*Ep.* xxviii. 92.
②　*Ibid.* 93.
③　Levillain, *op. cit.*, pp.454 ff.
④　*Epp.* xcii and xciii.
⑤　*Ep.* lxxiii. 145.

其中 7 本由比森在 1930 年的时候列出,[①]从那时开始,还有 3 本书也开始为人们所知。[②]最早的鉴定由特劳伯以及他的学生施内茨做出,其他的鉴定则由比森、林赛、洛和兰德完成。并不是所有的著作都在书信中有所提及——这充分表明,我们对卢普斯图书馆的了解是多么地不充分。然而,有 10 本或者由卢普斯所写或者由他做注解的抄本(完全有可能再发现更多)留存了一千年的时间,这表明了他的贡献。他是否在去富尔达之前接受过任何抄写训练,我们不能从他的书信中知道这一点,但是他所掌握的技巧,却只有通过多年的实践才能获得。当然,他抄写时使用的是加洛林小写体(Caroline minuscule),并且写得一手非常独特和漂亮的书 *100* 法。比森先生提到他时这样写道:

> 他作为一个书吏的专业性,使得他能写一手非常小巧统一的字体,且韵律统一,熟悉他抄写风格的人可以发现,他的抄写具有现代书法特征。他的书写风格比当时流行的风格早了几十年,这就是为什么卢普斯大部分抄本的日期被学者标出 9 世纪末期或者 10 世纪早期。[③]

从卢普斯所知著作的大致分类情况来看,很明显他主要关注的是非教会的著作,他熟悉大约 40 本世俗的著作,而他对大约 14 本宗教著作是不熟悉的。27 本纯文学的著作、评论、语法著作表明,他主要的兴趣是在古典学术方面。正是因为他的努力,才使得一些古典著作得以保存下来,因为他拥有的或者他做注解的幸存下来的抄本包括了瓦勒里乌斯·马克西穆斯、西塞罗、李维、格利乌斯、多纳图斯、马克罗比乌斯的早期著作和西马库斯的书信,经过卢普斯具有判断力的校订之后,这些抄本获得了更大的价值。正如特劳伯所认为的那样,毫无疑问,他是他那个时代语言学研究最杰出的代表人物。

---

① Beeson, *op. cit.*, pp, vii-viii. 这本书中包含一本由卢普斯亲笔签名的一个抄本的摹本(Cicero *De oratore*,Harleian MS 2736)。

② Cf. Sr. L. Meagher, *The Gellius Manuscript of Lupus of Ferrières*, p.iii.

③ Beeson, *op. cit.*, pp.9-10.

**中世纪的图书馆**

在本章结尾,我们将提及 9 世纪后期两个法兰克贵族的图书馆,它们是加洛林文艺复兴最后一道亮丽的风景线。关于这两个图书馆,我们的信息都来自一份遗嘱。赫卡德(Heccard)伯爵是一个勃艮第贵族,他于大约 875 年留下了一份古文书(document)。[①]这份古文书表明,这个在俗教徒一定拥有对于他那个时代来说非常大的一个图书馆。尤其值得一提的是,他拥有图尔城的格里高利、伦巴德人保罗、萨里安的著作和《勃艮第人法典》《帕皮努斯抄本》(*Codex Papianus*)、一本关于农业的著作、一本关于军事科学的著作、一本医学著作、两本关于天文学的著作、一本日耳曼人的福音书,几本教会法和神学著作和一本伊西多尔的小册子(libellum Isidori)。[②]赫卡德伯爵不仅拥有这些书籍,他还借了其他一些书籍。他吩咐他的遗嘱执行人"将这些属于弗勒里的圣本笃修道院的书籍还回去,这些书原本保留在我的壁橱里"。另一位 9 世纪拥有书籍并且热爱书籍的贵族是弗留利的伯爵艾伯哈德。[③]他与拉巴努斯·莫鲁斯、兰斯的辛克马尔和塞杜利乌斯·斯科特斯的关系说明了他对学术的兴趣。他的图书馆甚至比赫卡德的图书馆还要大,因为在他于 864 年去世前,他将他的书都留给了他的两个儿子和三个女儿。[④]他娶了皇帝虔诚者路易的一个女儿吉塞拉。他的长子后来成了意大利的国王(888 年)和皇帝贝伦加尔一世(Berengar I,916 年)。

*101*

---

① 在最后增补的信息大部分来自 E. Bishop, "A Benedictine Confrater," in his *Liturgica historica*, pp.362 ff.

② P. Lejay, "Catalogues de la bibliothèque de Perrecy," *Revue des bibliothèques*, VI (1896), 228.

③ E. Favre, "La Famille d'Evrard, marquis de Frioul dans le royaume franc de l'ouest," *Mélanges d'études ... Gabriel Monod* (Paris, 1896), pp.157 ff.

④ L. D'Achery, *Spicilegium*, II, 877; Dom A. Wilmart, *Revue Bénédictine*, XXVIII, 365-366.

# 第四章 盎格鲁-撒克逊时期 不列颠群岛上的图书馆<sup>①</sup>

在罗马人离开之后,当不列颠回复到蛮族主义的时候,罗马人的书籍遭遇了什么命运? 在罗马人占领不列颠三个半世纪的时间里,那里的读写文化发展到了很高的程度,毫无疑问,拉丁文的古典著作抄本是非常常见的。但是,自410年霍诺留(Honorius)放弃了这个岛,到大约670年奥尔德海姆、阿尔昆和比德的著作显示了他们对古典作家的熟悉,这期间,不列颠的学术记录完全是一片空白。然而,在不列颠,尤其是在爱尔兰,有一种持续的传统,那就是他们在保存古代世界的书籍方面发挥了重要的作用。<sup>②</sup>在莱顿(Leyden)的抄本中(M. L. V. F. 70),有一个关于蛮族入侵的注释代表了流行于6—7世纪高卢的一个传统:在蛮族入侵的时候,"海这边所有有学问的男子都越海而亡,在海那边也就是爱尔兰任何能藏身的地方,他们定居下来,并将大量的知识学问带给了那些地区的居民"。<sup>③</sup>

人们猜测,名为《西方演说术》(*Hisperica famina*)的拉丁文著 *103*

---

① 本章由 Ramona Bressie 撰写。

② 在11世纪圣阿尔班的两个修道院长对罗马城镇维鲁拉米翁进行考古发掘时,工作人员在一座城墙内的一个壁橱里发现了许多书籍和卷轴。其中的一本被一位老教士破译,被认为是使用古英语写的,包含了圣阿尔班的历史。其他的包含了异教徒祈祷和偶像崇拜仪式的内容,都被毁了。正如怀特所说,"这个故事很可能是一个虔诚的捏造,目的是赋予圣人的传说以权威性"(T. Whright, *Essays on Archaeological Subjects*, I, 273)。然而,其中的一些书是卷轴这样的言论却具有重要的意义,因为这种形式的书籍在5世纪以后就已经没有了。关于这一事件最早的记载,见 *Gesta abbatum monasterii Sancti Albani a Thoma Walsingam compilata*, ed. H. T. Riley("Rolls Series," No.28), I, 24 f.

③ J. F. Kenney, *The Sources for the Early History of Ireland*, I: *Ecclesiastical*, p.142.

作是 5 世纪和 6 世纪爱尔兰社会的文化产物，"它使得拉丁文和高
卢的希腊文化在罗马帝国的最后岁月里持续了一段时间"。而且，
"这些文本中的拉丁文因其过于古怪，以至于几乎变成了一种神秘
的语言，使人们不禁想起维吉利乌斯·马洛（Vergilius Maro）晦涩
难懂的《公式》（*formulae*）。"①尽管齐莫（Zimmer）认为语法家本身
可能也移居到了爱尔兰的想法在某种程度上是荒诞不经的，②但是
维吉利乌斯·马洛的著作在爱尔兰却有相当大的影响。

帕特里克（Patrick）《忏悔录》（*Confessio*）中的一段文字已经被
解读为是反映了英国的拉丁学者对圣徒俗拉丁语（rustic latin）的嘲
讽，并且因此而质疑他的使命。另一位圣徒的传说是关于卡多克
（Cadoc）的，他在利斯莫尔学习了"七艺"之后，又返回了不列颠，并
在那里学习了拉丁文，了解了一位名为巴山（Bachan）的来自意大利
的著名修辞学家的"更多传奇故事"。③但是，圣徒传并不能作为真
实的历史记载。《忏悔录》的文本即使是真品的话，也已经毁坏，它
的重要性也就无法得到确定了。

可能《西方演说术》导致了爱尔兰人对古典文化的了解，并且
在他们早期的学校里，设置了古典课程。一般认为，在 6 世纪后
期，科伦班在爱尔兰的班戈尔模仿古典作家学习写作，这比英国人
在坎特伯雷的哈德里安和西奥多的指导下学习用拉丁文写作早了
100 年的时间。诗歌作品是科伦班接受过古典教育的唯一的证据，
但其真实性值得怀疑，这些作品在他那个时代是卓越的，而且在风
格和特色上，这些诗与他的书信明显不同。它们令人愉悦，风格优
雅，而其书信尽管充满活力，但是却没有生气，是务实的，在风格上
一点也没有特色。最早的能够显现古典知识痕迹的可靠的爱尔兰
作品是阿德曼（Adamnan）的《克鲁姆巴传》（*Life of Columba*）。④它
作于 7 世纪后期，当时，坎特伯雷的哈德里安和西奥多的影响由爱
奥那岛和诺森伯里亚到达爱尔兰。奥尔德海姆关于爱尔兰学校的

104

---

① Quoted from J. F. Kenney, *The Sources for the Early History of Ireland*，I：
*Ecclesiastical*，pp.255-258，which cites the texts and literature of this enigma.

② *Ibid.*，p.145 and n.122.

③ T. D. Hardy, *Descriptive Catalogue of Materials Relating to the History of Great
Britain and Ireland*（"Rolls Series," No.26），I，147.

④ Kenney, *op. cit.*，pp.431 ff.

优点的评论属于同一时期。①进一步来说,这样的关于爱尔兰学校存在的证据表明了它们对于古典文化研究来说还处于初级阶段,事实上,它们仅仅是训练教师的学校,正如在哈德里安和西奥多之前的坎特伯雷一样。②比如,威尔弗里德在林迪斯法恩学习《圣经》中的《诗篇》,但是后来他在坎特伯雷又学习了拉丁文《圣经》中的《诗篇》。最后在罗马,他研究了《福音书》,学习了罗马人关于复活节的推算,③所有的这一切都是他在668年之后在坎特伯雷习得的。

能够确定年代的最早的爱尔兰抄本是《班戈尔赞美诗集》(*Bangor Antiphonary*)。这是大约690年写在班戈尔的一本祈祷书的剩余部分,后来在博比奥被使用。其他最古老的爱尔兰书籍是一本《拉丁文福音书》抄本(*Codex Usserianus I*)④和一本被称为《圣克鲁姆巴诗篇》(*Cathach of Columcille*)的诗篇集,根据惯例,它应该是由圣克鲁姆巴(Clumba,卒于597年)写的。《福音书》是斜体校订本,它可能在5世纪第一批传教士到来的时候在不列颠诸岛流行,但是,诗篇集是拉丁文版本,在威尔弗里德时代,它在林迪斯法恩还不为人们所知。除了福音书和诗篇集之外,在8世纪以前,《圣经》其他篇章还没有出现在爱尔兰的抄本中。

因此,中世纪不列颠岛图书馆的历史不是开始于对罗马帝国光荣的继承,而是从几卷《圣经》文本和宗教礼仪用书开始的,处于破败中的修道院基本上还未被注意,当年曾经发展出罗马人繁荣农业和商业的那些土地又重新变成了荒地、沼泽、泥沼和丛林,变成了蛮族人打猎和放牧的地方,旅行要走水路而不是陆路。比德谈 105 及一个罗马的城市格兰切斯特(Grantchester)时,称其"无人定居",一批虔诚的基督徒到那里去寻找一尊可以埋葬他们圣人的棺木。⑤当第一批罗马传教士在5世纪早期被派到那里去的时候,那里的

---

① Kenney, *The Sources for the Early History of Ireland*, I: *Ecclesiastical*, p.227, letter to Eahfrid.

② P. F. Jones, "The Gregorian Mission and English Education," *Speculum*, III (1928), pp.344 ff.

③ Eddius Stephanus, "Life of Wilfrid," in *Historians of the Church of York and Its Archbishops*, ed. J. Raine("Rolls Series," No.71), pp.4,5,8.

④ Trinity College, Dublin, MS 55.

⑤ *Ecclesiastical History* iv. 19.

文化和学术都处于低潮。幸存下来的铭文数量从 3 世纪就开始减少了,它表明由阿格里古拉于公元 79 年建立的罗马学校已经衰落。①因此,在爱尔兰,帕拉迪乌斯(Palladius)和帕特里克拥有的书籍可能来自罗马,这种说法或许是真实的。②但是,帕特里克的书籍中有一本是仪式用书,一本《福音书》和七篇法律文本③,这反映了两个世纪以前教士们拥有书籍的大致情况。

没有任何材料提及尼尼亚(尼尼安)到皮科特传教时带了哪些书到苏格兰,或者奥塞尔的杰曼努斯(Germanus)到威尔士传教时带了哪些书籍。杰曼努斯之后一个世纪或者更长时间以后,在吉尔达斯(Gildas,大约卒于 570 年)著《不列颠的毁灭》(Liber de excidio Britanniae)中大量的《圣经》引文中,有证据表明在威尔士收藏了相当可观的《圣经》文本。《旧约》中有 5 卷书被吉尔达斯引用,而《新约》几乎全部被他引用。这些引文代表了各种各样的版本———一些是通俗拉丁文本(Vulgate),一些是古老的拉丁文本,而《撒母耳记上》和《列王纪上》则既有通俗拉丁文版,也有古老拉丁文版本。④资料的这一多样性表明,在 7 世纪后期本笃·比斯考普在韦尔茅斯藏书之前,不列颠诸岛的任何其他地方都不能与这个图书馆相媲美。这一记载因此支撑了这种说法,即吉尔达斯拥有"大量不同的书卷"。⑤这可以证明吉尔达斯引文的藏书一定包含着不同时期、不同来源(Provenance)的不同书卷。但是一些学者认为,吉尔达斯还拥有一个更惊人的图书馆。他现存著作中的第 2-26 章引用了如下资料:杰罗姆的《论名人》(De viris illustribus)、维吉尔的《埃涅阿斯纪》、优西比尔斯的《教会史》(Ecclesiastical History)鲁费努斯版本、奥罗修斯关于戴克里先迫害的失实陈述和各种其

① Tacitus Agricola xxi; R. J. Collingwood, Archaeology of Roman Britain,p.162.
② E. A. Savage, Old English Libraries, pp.3-4.
③ Tripartite Life of St. Patrick, ed. W. Stokes("Rolls Series," No.89),I,105,326,300.
④ Gildae de excidio Britanniae, ed. With tr. By H. Williams("Cymmrodorion Record Series," No.3),p.94.
⑤ "Life of Gildas," by Caradoc of Llancarfan in Williams' ed. of Gildas,p.394.

他记载，比如，埃提乌斯（Aetius）的书信。①吉尔达斯拥有这些书，然而，还需要证据说明那些篇章是真实可靠的。在年表方面，它们已经受到了质疑，②而且，第 27—110 章虽在真实性上无可辩驳，但也因其仅仅引用了《圣经》更受质疑。

　　大约在吉尔达斯写作的时候，克鲁姆巴创建了爱奥那修道院。通过其贵族身份以及强有力的个性，他使得该修道院在 600 年之前成为爱尔兰最重要的教会机构，而且作为总抄工（archscribe），他在他的修士们中间永久建立了缮写室里的抄写行业。③爱奥那及其独立的修道院因其书籍而闻名。《林迪斯法恩福音书》（*Lindisfarne Gospels*）、《圣克鲁姆巴诗篇》和《杜若经》（*Book of Durrow*）依然是其完美技艺的标志。④阿德曼描写克鲁姆巴的时候，说他不停地在写，他提到，仅有一个文本被抄写，即《诗篇》；他只提及了一本特殊的书卷出自克鲁姆巴之手，即一本赞美诗，由一个名为艾奥甘（Iogan）的皮克特教士所保存。如果科伦班和他的随从们在去大陆的途中在爱奥那作了停留，⑤并且在那里获得了可以带走的书籍，那么这些书极有可能是《诗篇》、赞美诗或者其他的教会书籍。据说科伦班曾经拥有过《拉丁文圣经福音书》册子本（*Codex Bobbiensis of the Gospels*）⑥，但并不一定是来自爱尔兰。爱尔兰人并没有将稀有珍贵的书籍带到大陆，而只是带来了他们传教所需的宗教书籍。当尼维尔的女修道院院长杰特鲁德（Gertrude）在罗马和爱尔兰购买书籍

107

---

　　①　F. J. Haverfield, "The Romanization of Roman Britain," *Proceedings of the British Academy*, 1905-1906, p.217.

　　②　A. W. Wade-Evans, "Some Insular Sources of the Excidium Britanniae," *Y Cymmrodor*, XXVII(1917), 37-70.

　　③　Adamnan's *Life of Saint Columba* 中的 ii.8, 9, 16, 30, 44 和 iii.23 中提及了克鲁姆巴的写作。他说，当这位圣徒外出旅行的时候，他随身携带着书籍，放在一个防水的袋子里面，他在抄写一篇礼拜用的诗篇歌集的时候去世了（iii.24）。在他被流放之前，他秘密地抄写了属于芬尼安（Finnian）的一个诗篇的手稿，芬尼安向国王迪尔梅德（Diarmaid）抱怨说，这本抄本也是属于他的财产。国王裁决说："一个抄本属于它原来的那本书，正如小牛属于生它的母牛一样。"克鲁姆巴很愤怒，他煽动他的家族成员向国王迪尔梅德开战，国王被打败了。克鲁姆巴重新获得了他的抄本，但是因为煽动战争而被教会会议判决流放。参见 W. D. Killen, *Ecclesiastical History of Ireland*, p.31.

　　④　Kenney, *op. cit.*, Nos. 490, 454, and 455, 简单描述了这些抄本及其参考文献。

　　⑤　*Ibid.*, pp.186 ff.

　　⑥　Turin Bibl. Naz. G. VII. 15; Kenney, *op. cit.*, No.451.

的时候，①这些书籍可能是《诗篇》和祈祷书，也可能是《福音书》。

在克鲁姆巴去世的那一年（597 年），奥古斯丁被格里高利一世派到了坎特伯雷。克鲁姆巴在爱奥那岛加强了爱尔兰教会的力量，爱尔兰的影响从那里向南扩展到了东盎格里亚。奥古斯丁的传教团在惠特比建立了一个行动基地（664 年），但是到 8 世纪中叶时，它不仅阻止了爱尔兰的教会体系，而且破坏了它的力量。②这些事实对不列颠岛的书籍史产生了一定的影响。很明显，在第一次传教士于 5 世纪到不列颠、皮克特和爱尔兰传教以及奥古斯丁于 6 世纪末去传教期间的百年甚至更长的时间里，大陆并没有传来新的观念或者影响。因此，在这期间，很难有重要的图书运载穿越海峡。然而，奥古斯丁于 597 年的到来及其传教活动的成功，给不列颠带来了强大的影响。

诺曼征服之前的英国图书馆没有图书目录流传下来。这使得研究盎格鲁-撒克逊图书和图书馆的历史学家同大陆的学者比较起来处于不利的位置，甚至阿尔昆关于约克图书馆的研究也仅仅列举了作者。因此，盎格鲁-撒克逊图书馆的内容一定大部分是通过作于这一时期的著作中的证据得到了保存，这些著作包括奥尔德海姆的著作和比德的《教会史》。比德说奥古斯丁得到了教皇格里高利本人给他的书籍。这一观点可以被接受，因为比德从修道院院长阿尔比努斯（Albinus）那里得到了关于坎特伯雷的信息，阿尔比努斯是由哈德里安和西奥多培养的一位拉丁和希腊学者。③但是，比德没有提及格里高利这份礼物的名称，而且，对于现存抄本的讨论、猜测和精细的研究，都无法找到书名。大部分学者赞同的一个观点是，这些可能是艾尔姆海姆的托马斯（Thomas of Elmham）列出的一些书的原本。④如果是这样的话，它们是一本《圣经》、一本或者更多的《福音书》抄本、《诗篇》和《殉教者列传》。对格里高利一世的性格、习惯及其与其忠诚信徒奥古斯丁之间关系

---

① J. E. Sandys, *A History of Classical Scholarship*, I. 448.

② See the account of the Easter controversy in Kenney, *The Sources for the Early History of Ireland*, I；*Ecclesiastical*, pp.210 ff.

③ *Ecclesiastical History* i.1；v.20.

④ M. R. James, *Ancient Libraries of Canterbury and Dover*, p.lxiv.

的猜测,再加上《本笃教规》(*Benedictine Rule*)和格里高利的《教牧守则》(*Pastoral Care*),后者在阿尔弗雷德的声明中有一份证明书,表明了它可能是随着奥古斯丁"跨越盐海"而来的。[①]最后,我们一定不能忘记助祭詹姆斯在 625 年陪同波莱纳斯来到约克之前在坎特伯雷学习了格里高利圣咏的歌唱方式。[②]如果詹姆斯需要一本书来教大家唱诗,那么格里高利的《对唱歌集》(*antiphonarium*)就一定应该在坎特伯雷的新罗马书籍名单中。

像这些书一样的外国书籍在 7 世纪中叶之前一定已经被带到了英格兰的各个地方,因为直到大约 650 年之前,高级教士都是外国人,其下属则是英国人。英格兰这些外籍主教的出现,表明了不仅大陆的观念和影响是存在的,而且书籍是从罗马和法国引进来的。勃艮第的主教菲利克斯在国王西格伯特(Sigebert)于 635 年在东盎格里亚建立的学校里教书。而且,英国人开始去国外接受更多的教育。惠特比的希尔达(Hilda)作为诺森伯里亚皇室的一名成员,是保利努斯所传天主教的早期皈依者。她带着传教的热情离开了约克去接受训练,先去了东盎格里亚,然后去了法国的凯尔(Cale)或者谢勒(Chelles)。[③]因此,诗人凯德蒙(Caedmon)和 5 个"具有同样价值观和信仰的"主教在惠特比接受的"神圣史的正规课程"教导的一些书籍可能来自法国。威尔弗里德(Wilfrid)从林迪斯法恩到了坎特伯雷,又从坎特伯雷去了法国和罗马,人们认为牛津大学博德利图书馆的《福音书》的一个抄本可能是由他从高卢带回来并送给了利奇菲尔德主教座堂。[④]正如比德所记载的那样,威尔弗里德的墓志铭上写道:这个圣徒有 4 本金色《福音书》,放在里朋(Ripon)教堂中,封面是红-金色。[⑤]

但是在这一时期,在所有受外国人影响而出国的英国人中,最

*109*

---

①　*Ecclesiastical History* ii. 56(I, 63 n, in C. Plummer's ed.).

②　*Ibid*. 20.

③　*Ibid*. iv. 23.

④　MS Bodl. 2698 or Auct. D. 2. 14; F. Madan and H. H. E. Craster, *A Summary Catalogue of the Western Manuscripts in the Bodleian Library at Oxford*, II, Part I, 500-502.

⑤　*Ecclesiastical History* v. 29.

重要的是本笃·比斯考普。①他是他那个世纪里最出色的英国人，也是诺曼征服前最伟大的图书馆建立者。没有本笃和他的图书馆，可能就不会有比德。当本笃声明放弃他的大乡绅身份而成为一名修士的时候，他才25岁。他首先在653年和威尔弗里德去了罗马，第二次则是孤身前往。在罗马停留几个月之后，他在莱兰做了2年的修士，并及时地回到了罗马，陪同西奥多去了英格兰。在那里，本笃在哈德里安到来之前做了两年坎特伯雷修道院院长，然后他启程第三次前往罗马，比德说："他带回来许多书籍，这些书或者是花钱购买的，或者是他的朋友赠送给他的。"在他回来的途中，他发现西撒克逊的国王森沃尔赫（Cenwalh）已经去世了，他去了他的家乡诺森伯里亚。在那里，国王艾格弗里德（Egfrid）给了他一块地方作为韦尔茅斯修道院的建筑用地，该修道院建立于674年。为了这个新的修道院，本笃又两次去罗马搜寻书籍。当他去世的时候，他嘱咐修士们要保管好他搜集到的那些珍贵的书籍。

　　西奥弗里德（Ceolfrid）当时已经是伽罗的姊妹修道院的院长，在他担任两个修道院院长期间，他继续发展图书馆和缮写室。特别值得一提的是，他已经完成了三本拉丁文《圣经》通俗版的抄本制作。西奥弗里德陪同本笃·比斯考普最后一次去了罗马，在那里似乎获得了卡西奥多罗斯的《圣经》古拉丁文译本大单卷抄本，而且可能还带回了意大利的抄工。意大利人的书写特点和《圣经》古拉丁文译本大单卷抄本的影响，可以从幸存下来的西奥弗里德的拉丁文《圣经》通俗版的一个完整抄本和一些零散抄本中反映出来。一个抄本是韦尔茅斯的，另一个是伽罗的。西奥弗里德不顾年龄和糟糕的身体状况，于716年去觐见教皇，送给了教皇第三个抄本。他在朗格勒去世，但是他的一些随从去了罗马，而且很显然是像西奥弗里德打算的那样呈送这本书。接下来的历史我们并不完全了解，但是大约是在公元900年的时候，由伦巴德一个修道院

---

① See article in the *Dictionary of National Biography*；T. Allison，"Benedict Biscop,"*Church Quarterly Review*，CVII（1928），57-59，and his *Pioneers of English Learning*，pp.17-19.

的院长彼得将其呈献给阿米亚塔山（Monte Amiata）的圣萨尔瓦多（S. Salvatore）修道院，西奥弗里德在首页上的题辞也因此被改变了。在近代，这个抄本在阿米亚塔山被发现，并被转到了佛罗伦萨的劳伦图书馆。阿米亚提努斯古抄本（Codex Amiatinus）被认为是《圣经》拉丁文通俗版最古老和最好的一个抄本。[①]

如果在韦尔茅斯和伽罗的其他书籍与阿米亚提努斯古抄本的质量一样的话，那么这个图书馆毫无疑问是欧洲最好的图书馆了。比德本人的著作就说明了其文献资料的来源，因为他熟悉更多的书籍，并且其著述的数量不仅超过同时代人，也远超诺曼征服之前的其他英国人。韦尔茅斯图书馆不仅给他提供了非同寻常的大范围的阅读资料，而且还给了他批判性使用文本尤其是记录性资料的经验，因此，他的《教会史》是历史编纂学的一个里程碑。那么，这个图书馆有哪些书籍？截至目前，只有一个抄本是我们明确知道的。[②]但可能还有其他的书籍没有被辨识。在比德使用的文献资料被详细研究之前，[③]韦尔茅斯图书馆的藏书我们只知道大概情况。

首先，该图书馆有一本古老的《圣经》拉丁文译本，有一本可能 　*111*
是属于维瓦里乌姆的卡西奥多罗斯的《圣经》古拉丁文译本大单卷抄本，还有一本非常像阿米亚提努斯古抄本的拉丁文《圣经》通俗本。西奥弗里德为韦尔茅斯和伽罗作的拉丁文《圣经》通俗版抄本中的 11 叶（leaves）被发现——一叶（folio）[④]是由牧师威廉·格林威

---

① F. Madan，"The Localization of Manuscripts，"*Essays in History Presented to Reginald Lane Poole*（Oxford，1927），pp. 6-7. Mgr. A. Mercati，"Per la storia del codice Amiatino，"*Biblica*，III（1922），324-328；H. J. White，"The Codex Amiatinus and Its Birthplace，"*Studia biblica et ecclesiastica*，II（1890），273-308 and Appen，"The Codex Amiatinus，Where，When，and How Written，"*Church Quarterly Review*，XXIV（1888），435-448. See also chap. Ii，n.30.

② Laud Gr. E. 35 in the Bodleian，used by Bede in his comments on *Acts*. 这个抄本是在 7 世纪的时候在撒丁岛写的，它在韦尔茅斯-伽罗逗留之后，又回到了大陆，在那里它一直被保存到近代。参见 M. R. James，*op. cit.*，p.xxiii；E. A. Lowe，"An Eighth Century List of Books，"*Speculum*，III（1928），12-14。

③ But see R. Davis，"Bede's Early Reading，"*Speculum*，VIII（1933），179；M. L. W. Laistner，"Bede as a Classical and Patristic Scholar，"*Transactions of the Royal Historical Society*，XVI（1933）；the same writer in *Bede，his Life，Times and Writings*，ed. A. Hamilton Thompson，chap. ix.

④ 所谓"叶"，是指构成抄本折子之对开页的一半，包含正面（recto）和背面（verso）两个面——译者注。

尔在纽卡斯尔发现的，并且被他送给了大英博物馆，[1]还有 10 叶被
用作米德尔顿藏书中其他抄本的封面。[2]根据一份伪造的特许状，
人们曾经猜测，米德尔顿这些叶（Middleton leaves）来自麦西亚国王
奥法（Offa）于大约 780 年送给伍斯特《圣经》的一部分。[3]比德还使
用过一本属于诺塞尔姆（Nothelm）的《圣经》。[4]

其次，韦尔茅斯图书馆有基督教教父的著作。比德知道大格里
高利所有的著作，有关于《福音书》《以西结书》和《先知书》的说教
作品；有《〈约伯记〉释义》（Moralium in Job）；《教牧守则》（Liber
pastoralis）和《对话录》；有与奥古斯丁的往来书信；除此之外，还有
《会刊》（Synodical Books）和小册子《雅歌》（Cantica canticorum）。
在杰罗姆的著作中，他使用了关于大小先知的评论，还可能有关于
《摩西五经》《箴言》《传道书》《马可福音》和《圣经》所表述的末世的评
论。比德关于《使徒行传》和末世的评论，很大一部分来自奥古斯
丁。他使用了安布罗斯的《创世六天》（Hexameron）和其他的著
作，包括巴兹尔的《创世六天》、伊西多尔关于世界分六个时期的理
论以及安纳托利乌斯（Anatolius）关于二分点（equinox）的书信体诗
文（epistle）。对于诺拉的保利乌斯的《圣菲利克斯传》（Life of
St. Felix），他用散文做了解释，他修正了安纳斯塔西乌斯（Anasta-
sius）希腊文传记的一个译本，很明显他使用了不仅一个抄本。关
于库斯伯特（Cuthbert）的生平，他在林迪斯法恩写了一个说明。关
于《教会史》，他使用了权威历史学家小普林尼、索利努斯、奥罗修
斯、尤特罗比乌斯、优西比厄斯、阿基坦的普罗斯珀、马塞利努斯·
库姆斯、约瑟夫斯和至今不为人知的圣阿尔班（St. Alban）的记载；
康斯坦提乌斯的《杰曼努斯传》、吉尔达斯、艾迪乌斯的《威尔弗里
德传》、来自梅尔罗斯的《德里塞尔姆的神示》（Vision of
Drihthelm）、来自拉斯廷海姆的《圣查得传》（life of St. Chad）、阿

112

---

[1]　MS Add. 37777, printed by C. H. Turener, *Journal of Theological Studies*, X
(1909), 530 ff.

[2]　W. H. Stevenson, *Report on the Manuscripts of Lord Middleton*, pp. xi, 196,
611.

[3]　C. H. Turner, *Early Worcester Manuscripts*, Append, I. pp. xli-xlii.

[4]　Plummer's ed. of the *Ecclesiastical History*, I, lv n.

达曼的《克鲁姆巴传》和《论圣地》(De locis sanctis)、圣奥古斯丁修道院院长阿尔比努斯关于肯特的记载、主教埃希(Esi)关于东盎格里亚的论述、希尼伯特(Cynibert)主教关于林德塞郡的书信以及巴金(Barking)女修院的一本关于神迹的小册子也为比德所知晓和参考。他还有诺塞尔姆从罗马带回来的教皇档案馆的记录抄本,比如教皇的书信和教会会议颁布的教令。

比德写作科学著作时还使用了下列材料:伊西多尔的《论事物的本性》《词源》和《起源》(Origines)①以及普林尼的《自然史》、当时流行于英格兰的关于复活节日期的著作、狄奥尼修斯·埃克西古斯(Dionysius Exiguus)、亚纳托留斯(Anatolius)、托勒多的朱迪阿努斯(Judlianus of Toledo)的《教皇列传》(Liber pontificalis)、马塞利努斯·库姆斯、阿弗朗什的马里乌斯(Marius of Avranches)、帕西卡西乌斯(Paschasius)、普罗斯珀、普罗迪里乌斯(Proterius)和索利努斯的著作。他的著作《拼字法》(Book of Orthography)来自伊西多尔;他的《论方案》(De schematibus)和《论韵律》(De metrica arte)则以下列作家及其著述为基础:多纳图斯、庞贝乌斯(Pompeius)及塞利乌斯的评论、奥蒂斯(Audax)、马里乌斯·西奥多罗斯(Mallius Theodorus)、塞尔维乌斯的《对〈埃涅阿斯纪〉的评论》(Commentary on the Aeneid)、查理西乌斯、维克托利乌斯(Victorinus)和狄奥梅德斯(Diomedes)。在诗人中,他熟悉贺拉斯、奥维德、卢坎和特伦斯,维吉尔是他最喜欢的作家之一。他知道奥尔德海姆的《论贞洁》(De virginitate)和一篇关于复活节日期的著述。他的著作中还引用了如下作者的著述:阿非利卡努斯·尤里乌斯(Africanus Julius)、阿拉托、克莱门斯·亚历山德里努斯(Clemens Alexandrinus)、西普里安、奥利金、普鲁登提乌斯、亚历山大里亚的西奥费鲁斯(Theophilus)和提克尼乌斯(Tychonius)。

比德在这个伟大的图书馆里编辑的书籍部分是供韦尔茅斯的修士们使用,另一部分是书籍汇要,主要提供给那些急需书籍的相对较小的图书馆。他曾提及他向赫克瑟姆的阿卡(Acca of Hexham)提供了几本著作,搜集了一本《殉道者行传》,与其他的教

---

① 此处《词源》和《起源》应为同一本书,书末评论文章已对此进行订正——译者注。

会书籍一起，形成了一个宏大壮观的图书馆。因此，这个伟大的图书馆促进了其周围小的图书馆的诞生。

与此同时，在英格兰南部，其他图书馆也发展起来。当本笃·比斯考普于670年离开坎特伯雷的时候，哈德里安已经在坎特伯雷接替了他的职位。哈德里安学识渊博，他懂拉丁文和希腊文的神学著作。利兰(Leland)认为，在他那个时代，奥古斯丁的一些拉丁文著作依然存在，但是希腊文著作已经不知所终，他推测西奥多尔图书馆已经被丹麦人给毁掉了。可以肯定的是，尚存的书籍中几乎很少可以被证明是诺曼时代之前的了。在1067年坎特伯雷发生了一场大火，烧毁了许多书籍。在1168年之后，无知的修士们撕毁了他们看不懂的希腊文抄本，使用他们并不感兴趣的古老的拉丁文抄本，放在他们的书架里面。然而利兰确信，一些图书馆中的古代文本被带到了亨利八世的宫廷中。但是，在1538年和1539年英国教会与罗马教廷脱离关系的时候，没有人尝试保存基督教教会或者修道院图书馆。

在7世纪以后直至13世纪之前，英格兰似乎没有人认真学习希腊语了。[①]8世纪的时候，在这个国家的某个地方很可能有一本拜占庭的地理著作，因为约克的科艾纳(Koaena of York, fl. 767—781年)提及了使用任何人都不会抄写的特殊字母写成的宇宙天文学著作，而一本已经大约有930年历史的英文抄本中有一部分是拉丁版的宇宙星象图。从9世纪开始，希腊文抄本已不为人所知。在10世纪(984年)，温彻斯特的埃塞沃尔德(Ethelwold)给彼得伯勒修道院留下了一本"用希腊文写的语法著述"(de litteris grecorum)，但是，我们不知道它是一本语法书还是一篇文章。11世纪没有任何线索。12世纪有一个"多纳图斯·格雷斯"(Donatus grece)在坎特伯雷1179年的基督教会图书目录被提及(No.25)。这可能是一本希腊文语法书，但是，因为之后的图书目录中不再提及这本书，所以这一点我们无从肯定。一部现存于剑桥以马内利学院的12世纪的《诗篇集》是耗时费力才完成的，很显然它不是任何希腊人的著作，看上去更像是在一个英国修道院完成的。

---

① G. R. Stephens, *The Knowledge of Greek in England in the Middle Ages*.

# 第四章　盎格鲁-撒克逊时期不列颠群岛上的图书馆

联系本笃和比德之间的纽带是马姆斯伯里的奥尔德海姆，[①]在他的身上，英国古老的文化传统和来自奥古斯丁传教团的新的文化潮流第一次结合在一起。他于671年写给温彻斯特主教的一封信[②]间接地描述了坎特伯雷的全部课程，他当时正在坎特伯雷学习。他提到了罗马法、韵律学、教会音乐、修辞和历法理论的学习。一般认为，法律的教科书是阿拉里克的祈祷书缩略本（Alaric's breviary）。[③]教会音乐可以通过对圣彼得修道院弥撒主唱者约翰（John the archchanter）写作并且留在韦尔茅斯的著作进行研究。奥尔德海姆和他的同学可能既熟悉本土音乐，[④]也熟悉教会音乐。至于有关语法和修辞学的教科书，奥尔德海姆或许在他的《致阿西尔西乌斯》（*Epistola ad Acircium*）中公正客观地描述了他在坎特伯雷学习的内容。他在写作《致阿西尔西乌斯》时，参考文献如下：普里西安和多纳图斯的著作和评论、狄奥梅德斯、奥迪斯（Audax）和塞尔维乌斯的著作，在文学研究方面，他使用了塞杜利乌斯、普鲁登提乌斯、拉克坦修（Lactantius）、尤文库斯、德拉康提乌斯（Dracontius）、贺拉斯、尤维纳利斯、奥维德、卢坎、佩尔西乌斯、斯塔提乌斯和维吉尔的著作。[⑤]温彻斯特的主教让奥尔德海姆将他在坎特伯雷学习的关于复活节日期的内容放在一本著述中，以便让那些依然坚持爱尔兰体系的教士们使用。[⑥]这部著作现在已经不复存在，但是我们可以确信，其原始资料来源于狄奥尼修斯·埃克西古斯，西奥多曾经在赫特福德议会介绍过他的教规，另一来源是阿纳托利乌斯（Anatolius），威尔弗雷德（Wilfred）在惠特比向爱尔兰人作了关于他的说明，[⑦]还有普洛

---

① 　G. F. Browne, *Aldhelm*: *His Life and Times*.

② 　*MGH*, *Auctores antiquissimi*, IV, 475 ff.

③ 　A. S. Cook, "Aldhelm's Legal Studies," *Journal of English and Germanic Philology*, XXIII(1924), 105-113.

④ 　根据马姆斯伯里的威廉，阿尔弗雷德认为，奥尔德海姆是他那个时代第一个懂得英语游吟表演的人（*De gestis pontificum*〔"Rolls Series," No.52〕, p.336). Cf. K. Norgate, *England under the Angevin Kings*, I, 86.

⑤ 　M. Manitius, *Geschichte der lateinischen Literatur*, I, 137; K. W. Chambers, "Lost Literature of Medieval England," *Library*, 4ᵗʰ ser., V, 311, 认为"我们可能丢失了一些阿尔弗雷德之前的英文散文作品，"但是古老的英文诗歌"在教会被大破坏之前已经被写进了书中"，因为阿尔弗雷德有一本英语诗歌的书籍。

⑥ 　Bede *Ecclesiastical History* v. 18.

⑦ 　*Ibid*. iii. 25.

**111**

特利乌斯(Proterius)和比德使用过的其他作者的材料。奥尔德海姆的《解谜》(*Enigmas*)之一是关于他的著作的：

115

论书籍的避难所

现在我的内心充盈着神圣的话语，

我的内脏都装载着神圣的书籍(圣经)，

但是，我从中没有学到任何东西。

很不幸我被这样的一件礼物所欺骗，

因为可怕的命运正带走书籍的光芒。①

为了管理奥尔德海姆的研究中提及的学校，哈德里安和西奥多一定给坎特伯雷新增了大量的书籍。法律著作、关于语法和修辞、基督教和古典诗人的著作和数学教科书，不仅对于坎特伯雷来说，而且对于英伦诸岛来说，这些书都是全新的。一些尚存的抄本被认为是哈德里安的书籍，也就是尤文库斯的《耶稣圣体》(*Corpus Christi*，Cambridge，No.286)，这本书在 7 世纪写于意大利，比德曾经使用过文献号为 Cotton Vespolitan A. I 和 Laud Greek E. 35 这些抄本。②圣威利伯罗(St. Willibrord)的《福音书》抄本可能来自在那不勒斯附近的哈德里安修道院任院长的尼里丹(Niridan)，因为里面包含了一部那不勒斯人的历法，还可能有一些坎特伯雷的其他书籍。其中的一些来自罗马；另一些可能是从法国马赛、阿尔勒、莫(Meaux)或者巴黎获得的。来自韦尔茅斯的书籍并不多，因为很明显那里的修道院并没有很多抄工。比德是自己写的书，③即使是在 8 世纪，一个修道院院长还不能提供别人要的书。④相反，韦尔茅斯要从坎特伯雷借书。⑤

---

① T. Wright，*The Anglo-Latin Satirical Poets and Epigrammatists*，II，544.

② Laud Gr. E. 35 in the Bodleian, used by Bede in his comments on *Acts*.这个抄本是在 7 世纪的时候在撒丁岛写的，它在韦尔茅斯-伽罗暂存之后，又回到了大陆，在那里它一直被保存到近代。参见 M. R. James，*op. cit.*，p.xxiii；E. A. Lowe，"An Eighth Century List of Books," *Speculum*，III(1928)，12-14。

③ Plummer，*op. cit.*，I，xx.

④ *MGH*，*Epistolae Merowingici et Karolini aevi*，I，406.

⑤ 除了 Albinus' account of Kent 之外，比德从教皇档案中得到了诺斯海尔姆的圣经和注释。

112

## 第四章 盎格鲁-撒克逊时期不列颠群岛上的图书馆

奥尔德海姆在撰写著作的时候，一定能够接触到一个图书馆，这些著作使得他成为第一个在大陆具有声望的英国学者。但是据记载，他从坎特伯雷得到的唯一的一本书是《圣经》，它是波特瓦尔德(Bertwald)在702年送给他的礼物。[①]不管怎么说，他身处一个广泛的书籍和原创的散文和诗歌等作品交流的中心。他将所著的116《致阿西尔西乌斯》寄给了诺森伯里亚的国王，而国王本人也是一个杰出的业余文学研究者和不列颠群岛第一个私人图书馆的拥有者，他本人很可能还是爱尔兰学派的一个诗人和诺森伯里亚诗人的赞助者。[②]他获得书籍的地方不仅包括韦尔茅斯和坎特伯雷，而且还有马姆斯伯里和爱奥那岛，那里的修道院院长阿德曼将他的《论圣地》送给了他。阿尔德弗里斯(Aldfrith)可能也寄书给奥尔德海姆。后者的其他通信者还有麦西亚的国王埃塞瓦尔德(Aethelwald)，他将其《诗歌集》给了奥尔德海姆、贝罗尼的爱尔兰修士塞拉努斯(Cellanus)、埃赫弗里德(Ehfrid)，他可能是格拉斯顿伯里(Glastonbury)修道院的院长。[③]奥尔德海姆将他的《论贞洁》送给了巴金的修女们。

在爱奥那岛，修道院院长阿德曼对于爱尔兰人的重要性，就相当于比德对于英国人所具有的重要性。他的《克鲁姆巴传》是以科穆纳(Cummene)一部较早的著作为基础的，而他的诗歌，就像《教会史》一样，具有学术意义。他的《论圣地》取材于阿尔库尔夫(Arculf)本人在神圣罗马帝国旅行的记述，其他的原始材料则来自杰罗姆、苏尔皮西乌斯·塞维鲁斯和赫格西普斯(Hegesippus)。[④]《克鲁姆巴传》被认为反映了作者对下列著作的了解：拉丁文的《圣安东尼传》(*Life of St. Anthony*)、苏尔皮西乌斯的《图尔城的圣马丁传》(*Life of St. Martin of Tours*)、大格里高利的《对话录》、康斯坦提乌斯的《欧塞尔的杰曼努斯传》(*Life of Germanus of Auxerre*)、《西尔维斯特行传》(*Gesta Silvestri*)、维吉尔、尤文库斯，

---

① Hardy, *op. cit.*, I, Part I, 391.

② A. S. Cook, "Possible Begetter of Old English Beowulf and Widsith," *Transactions*, *Connecticut Academy of Arts and Sciences*, XXV(1922).

③ A. S. Cook, "Who was the Ehfrid of Aldhelm's Letter?" *Speculum*, II(1927), 369-373.

④ Kenney, *op. cit.*, p.286.

可能还包括赫格西普斯和狄奥尼修斯·埃克西古斯的著作。①此外,对维吉尔的《牧歌》的评论和阿达纳努斯(Adananus)的《田园诗》被认为是 7 世纪的(尽管它仅仅出现在 9 世纪的抄本中)作品,并且被归于爱奥那岛的阿德曼。②如果它确实是他的作品,那么它表明,在爱奥那岛有一个非同一般的图书馆,因为其中使用的原始资料在 7 世纪后期的不列颠群岛是非常罕见的。其中除了普劳图斯和苏托尼厄斯的评论之外,还包括了提图斯·盖洛斯、高登提乌斯和米兰的朱厄尼斯·菲拉吉留斯(Junius Philargyrius)的评论。

看上去,英格兰得到的书籍,甚至在奥尔德海姆时代之前得到的书籍,要比想象的情况好得多。从 670 年到 735 年比德去世的那一年之间,图书馆一定得到了快速发展。近来的一位学者认为,在大陆基础上英国图书馆发展的势头如此之快,以至于"在西欧的图书馆里想找到盎格鲁-撒克逊人没有的书籍已经变得越来越困难了"。③

因此,在 8 世纪开始的时候,在不列颠群岛有两个大的图书馆——一个在坎特伯雷,一个在韦尔茅斯——在赫克瑟姆、林迪斯法恩、马姆斯伯里、舍伯恩、巴金和爱奥那岛则有较小的图书馆。在比德去世之前,约克郡的大图书馆是由主教埃格伯特建立起来的。④诺森伯里亚和麦西亚的国王拥有自己的私人图书馆。还有一些高级教士,比如希腊学者托拜厄斯(Tobias),他是罗切斯特主教,他可能带来了一些书籍。希尔达(Hilda)培训的主教在约克郡和沃切斯特;普塔(Putta)是在坎特伯雷接受过培训的一位唱弥撒的神父,他曾经担任过赫尔福德的主教。莱切斯特的主教库斯维尼(Cuthwini)据说拥有一本在罗马购买的装帧精美的抄本。⑤大约在 700 年的时候,一位在沃切斯特附近叫库苏伊萨的女修道院院长拥有一部杰罗姆的《传道书》抄本。⑥

---

① Kenney, *op. cit.*, p.433.

② *Ibid.*, p.287.

③ J. D. A. Ogilvie, "Books in England from Aldhelm to Alcuin," *Harvard Summaries of Theses*(1933), pp.293-296.

④ Manitius, *op. cit.*, I, 19; M. Roger, *L'Enseignement des letters classiques d'Ausone à Alcuin*, pp.316 f.

⑤ A. S. Cook, "Bishop Cuthwini of Leicester(680-691), Amateur of Illuminated Manuscripts," *Speculum*, II(1927), 253-257.

⑥ MS Würzburg Mp. Th. q. 2.

## 第四章　盎格鲁-撒克逊时期不列颠群岛上的图书馆

因此,当卜尼法斯感觉到欧洲大陆需要某方面的图书时,他就会到这些图书馆中去查询搜罗,他的继任者勒尔继续他的做法。在大约725年卜尼法斯较早地一次去罗马的时候,他从萨尼特(Thanet)的女修院院长伊德伯加(Eadburga)那里带回了一本《殉道者受难记》(*Passiones martyrum*)抄本作为礼物。①在他担任美因茨大主教之后,在他的往来书信中,有许多是要求得到一些特殊书籍的内容。比如,他让都铎(或者温彻斯特?)的修道院院长伊德伯加和坎特伯雷大主教诺塞尔姆给他寄一些《圣经》文本和早期基督教教父的著作,后来他从伽罗修道院院长哈瓦特伯克特(Hwaetberct)索求比德的著作。他向温彻斯特修道院院长丹尼尔要他过去的导师温伯特使用清晰的大写字母写的《先知书》抄本。他抱怨说,这样的书籍在大陆上找不到。②同样,勒尔也向迪尔维努斯(Dealwinus)索求奥尔德海姆的《小品文》(*Opuscula*)。③但是,可能有一些书从大陆转移到了英格兰。在755年,温彻斯特主教为温彻斯特图书馆书籍的事情给勒尔写信,让他寄一些该图书馆缺少的有用的书籍、世俗的著作和关于教会管理方面的著作。他偶尔会提及他有医学方面的书籍,但是因为他不懂医学方面的知识而无法使用。④

在截至目前我们所提及的所有英国图书馆中,约克图书馆注定要成为最杰出的一个。关于其图书的最初来源,我们知之甚少,但是当主教座堂学校繁荣起来的时候,这些书很可能就已经被收集起来了。在这里,比德的一个学生埃格伯特负责教阿尔昆,并且使他成为一名老师。关于约克图书馆的记载主要是在阿尔昆的著作中被保留了下来,在他的《主教、国王和圣徒》(*De pontificibus ecclesiae Eboracensis*)中,有关于一个图书馆的描述,它被解释成是约克图书馆的一个目录。⑤不管这是否真实,我们确信的是,阿尔昆说服查理曼从图尔城调书吏到约克来抄书,这些书是高卢所没有的。⑥

*118*

---

①　MGH,*Epistolae Merowingici et Karolini aevi*,I,264.

②　*Ibid.*,pp.328-329.

③　*Ibid.*,p.338.

④　*Ibid.*,p.403.

⑤　Edward Edwards,*Memoirs of Libraries*,I,104-105;A. F. Leach,*Schools of Medieval England*,pp.60-61.

⑥　MGH,*Epistolae Merowingici et Karolini aevi*,IV,177.

从时间和质量上来说,约克图书馆都达到了英格兰读写文化时代的一个高峰。在它发展的最高峰时期,其他地方的衰落也开始了。早在 8 世纪的时候,在俗教徒已经开始收购修道院,并作为修道院院长来经营它们。①修道院不可避免地走向了衰退。比德建议埃格伯特教育那些不懂拉丁文的英国神职人员,这具有重要的历史意义。②在他去世的时候,他已经将伊西多尔的选集翻译成了英语,并从事《约翰福音》的翻译工作。③

当英国的文化从内部逐渐衰落的时候,一个更加可悲的命运正在外部等待着它。阿尔昆借助于来自英国抄本完成的欧洲大陆的抄本,无意当中为其文本的保存准备了条件。他在丹麦人第一次入侵的前夜采取了行动,而且到 875 年为止,诺曼人入侵的人数和规模都在扩大,英国的每一个文化中心甚至约克和坎特伯雷都受到了劫掠。④在这场大混乱中,图书馆的命运无从考察。很显然,大部分图书连同藏书的建筑都一起被烧毁了。但是间或,毫无疑问地,更精美的一些抄本是被其他的劫掠者给拿走的,并因为在新的无知的收藏者手中被漠视而湮灭了。⑤在极少数情况下,南部和西南部的宗教机构(修道院)的整个图书馆幸免于难。在其他地方,文化消亡是如此地彻底,以至于从前繁荣的修道院除了"名字作为送给土地所有者的名称而保留下来"之外,其他的什么都没有留下来。⑥

从此以后到诺曼征服时期,英格兰的历史和欧洲其他地方一样,是从斯堪的纳维亚入侵者造成的破坏中大规模文化复兴的时期。在不列颠,这里的统治者是阿尔弗雷德,他于 871 年登上王位。他最主要的障碍,不是缺少书籍,而是鲁莽的教士和修士不会读拉丁文。他因此试图进行渐进的改革,使用本地语言教育教士

---

① Bede, *Letter to Egbert*, 12.

② *Ibid.*, 5.

③ Cuthbert, *Letter to Cuthur'n*; Plummer, *op. cit.*, p.lxxv.

④ Savage, *op. cit.*, p.37; Hardy, *op. cit.*, II, 249.

⑤ 一卷是《福音书》的一本精美的抄本,现藏于斯德哥尔摩的皇家图书馆,逃过了这一劫而幸存下来。其中有一条注释,记载了它"是在 10 世纪的时候从英格兰的异教徒军队手中"购买而来的。参见 J. Stefánnson, "Western Influence on the Earliest Viking Settlements," *Saga Book of the Viking Club*, V, 289。

⑥ *Memorials of St. Dunstan*, ed. W. Stubbs("Rolls Series," No.63), p.lxxxii, n.i.

们。在改革结束的时候,他在自己的周围聚集了一批学者,大约在
894 年,开始翻译"对于男子们来说最需要的"书籍,①并且打算在 120
每一个主教辖区都放置一批翻译的书籍。②他们翻译的第一本书是
格里高利的《对话录》,阿塞尔(Asser)认为它是由伍斯特的主教沃
菲尔斯翻译的。紧随其后翻译的作品有:比德的《教会史》、波埃修
斯的《哲学的慰藉》、格里高利的《教牧守则》、奥罗修斯的《历史》和
奥古斯丁的《忏悔录》(Soliloquies)。这些著作是学者选择的,显示
了他们比拥有图书馆的阿尔弗雷德本人更熟悉图书馆。而且,值
得一提的是,阿尔弗雷德许多主要的助手都是外国人——阿塞尔是
威尔士人;③格林鲍尔德(Grimbald)是法国人;约翰是德国人。有
可能是他们选择的书籍,并且给他提供了抄本。在这种情况下,已
知在大约 900 年的时候已经在英格兰的圣伯丁(St. Bertin)的抄本
应该被追溯到格林鲍尔德和海德(Hyde),同一时期的科维的书籍
应该被追溯到古老的撒克逊和阿塞尔内的约翰,威尔士的书籍应
该被追溯到阿塞尔和舍伯恩。对于我们来说非常奇怪的是,阿尔
弗雷德在那些"对于男人们来说最需要的书籍里"没有包括《圣
经》。主教辖区已经被提供了译本了吗?带着方言注释的拉丁文
抄本已经足够了吗?或者他有一本像圣约翰的比德版本一样的抄
本没有幸存下来吗?④ 在世俗的研究中,阿尔弗雷德对历史编纂
学⑤和本土的英国诗歌产生了一些影响。在两个多世纪的时间里,
本土诗歌的数量一直在不断地增加。他在这个领域里确切地做了
什么,我们无从知晓,但是大约在他那个时代一个世纪以后,在抄

---

①　Preface to the *Pastoral Care*. 关于阿尔弗雷德开始翻译的时期,参见 C.
Plummer, *Life and Times of Alfred the Great*, p.136。

②　比如,根据 Chambers, *op. cit.*, pp.312-313,格里高利的《牧师守则》的科顿抄
本似乎曾经是温彻斯特缮写室使用过的一个抄本。一个空白的地方留作书写阿尔弗雷
德欢迎的主教的名字,并且做了一个注释标明大主教普雷格蒙德(Plegmund)收到了这个
抄本;主教斯维斯塞尔夫(Swithself)(罗切斯特的)和主教沃菲尔斯(Werferth,伍斯特的)
也是如此。

③　马姆斯伯里的威廉说阿瑟将波埃修斯的《哲学的慰藉》翻译成了盎格鲁-撒克逊
语。参见 *De gestis* pontificum, p.177。

④　Plummer, *op. cit.*, p.148.

⑤　*Ibid.*, p.146:"在 892 年之前,所有的编年史抄本都可以追溯一个共同的起
源。"从那以后,它们就有所不同了。因为从那时开始,各个抄本被抄出来,并被寄往不同
的修道院,在不同的修道院里,它们在很大程度上彼此是独立的。

本中出现了大量的英国诗歌。

当阿尔弗雷德大帝与欧洲大陆同盟一起建立了一个强大的英国人的王朝时，他也开启了英格兰与大陆交往的一个新通道。在这个时代之前，教会是唯一的联系中介。此后，英格兰进入了欧洲大陆的知识文化和政治圈子之内。9世纪末英格兰的修道院改革运动和法国及佛兰德尔的改革是相一致的。阿尔弗雷德的孙子阿瑟拉斯坦（Athelastan，925—940年在位）是一位欧洲的君主，与大陆上同盟国的国王们进行联姻并交换礼物。①到奥托一世（Otto I）统治的时候，他得到了《福音书》的一个抄本，很可能还有一本《君士坦丁堡会议条例》（*Acts of the Council of Constantinople*）的抄本和一本法国天主教徒使用的《诗篇》。②他的《福音书》现存在兰贝斯宫廷，这是他从阿尔玛（Armagh）修道院院长麦克杜尔南（Macdurnan，888—929年在位）那里得到的。③

他还拥有罗亚尔 I.18（Royal I.18）抄本，可能还有罗亚尔 I.B.7，并且将它们和提比略 A.II（Tiberius A.II）和兰贝斯宫廷抄本一起送给了坎特伯雷。他将一本给了巴斯（Bath），一本给了南格尔（Nangor）主教杜比恩苏斯（Dubiensus，卒于951年），一本给了切斯特尔-斯特利特（Chesterle-Street）的库斯伯特圣殿。值得一提的是，曾经属于阿瑟拉斯坦的幸存下来的书籍中，每一本都有一个注释，显示他的赠书情况。

据说科顿·图密善 A.I.（Cotton Domitian A.I.）抄本是国王送给坎特伯雷的另一件礼物，"阿瑟拉斯坦的书籍名单"的第55页，有如下的证据：④

> 论事物的本性。珀修斯。关于写作韵律的艺术。小多纳图斯。关于写作韵律的节选。启示录。大多纳图斯。阿尔昆。对加图论语法艺术小篇幅著作的评论。作为……一部分的地

① S. Turner, *History of the Anglo-Saxons*, II, 172.
② 所有这三个抄本现在大英博物馆 Cotton Collection；MSS Tiberius A. II, Claudius B. V., and Galba A. XVIII.
③ Cf. J. Bradley, *Dictionary of Miniaturists*, II, 245.
④ M. R. James, *op. cit.*, p.lxix.

球。塞杜里乌斯。对多纳图斯的评论。关于对话录。

从笔迹上来说，这个记录的时间应该在 11 世纪以前，[1]而且其字体也明显比罗亚尔 I. A. 18(Royal I. A. 18)中的捐赠铭文要晚，从对其原件的考察，我们可以说后者是国王阿瑟拉斯坦送给坎特伯雷的真正的礼物。此外，这个阿瑟拉斯坦不是国王阿瑟拉斯坦(Athelastan rex)，他作为国王，在皇家铭文和宪章中被模式化了。此外，我们并不能肯定图密善手稿是写在国王阿瑟拉斯坦去世之前，能够证明它是一本坎特伯雷之书的最早证据是一篇 13 世纪的铭文。因此，这个阿瑟拉斯坦不是国王，而是 11 世纪的某位教会人士，很可能是圣奥古斯丁坎特伯雷的一名官员，在那里一个叫埃尔斯坦(Elstan)的人在 1022—1042 年间担任修道院院长。他拥有的课本通常被学校使用。[2]

在 10 世纪，温彻斯特、伍斯特和坎特伯雷的图书馆从前几个世纪的动荡中幸存下来。在埃塞沃尔德统治下的温彻斯特和敦斯坦统治下的坎特伯雷修道院改革运动以这些地方为中心。[3]这些人肩负的责任是重建本笃教规，本笃教规要求修士们在修道院里要进行阅读和研究，因此带来了学校、缮写室和图书馆的复兴。在这场复兴运动中，最突出的是伍斯特及其在韦斯特伯里和拉姆塞的独立的修道院。[4]这三个修道院都与弗勒里保持着密切的联系——最初是通过在那里接受训练的奥斯瓦尔德本人，后来是通过书籍和教师的输入。弗勒里的阿博(Abbo)在拉姆塞学校当了两年教师，并在那里写了一本语法书。[5]英格兰弗勒里的大部分抄本都流传到

---

　①　A. S. Napier, *Old English Glosses*, p.xx.

　②　参考 12 世纪坎特伯雷的图书目录，由詹姆斯出版，James, *op. cit.*, pp.3 ff.

　③　约克郡大主教伍尔夫斯坦(1003-1023 年)于 1014 年致英国的一篇布道，清晰地勾画出了丹麦人入侵所造成的影响以及修道院遭到的破坏。关于这篇布道的内容及其文献资料，参见 C. Cross, *The Sources and Literature of English History*(2d ed.), No.1433。

　④　布里特菲尔斯(Britferth)是这一时期英国最著名的数学家，他在拉姆塞写了关于比德科学著作的评论。他的注释表明，在他那个时代，其图书馆里有下列人的作品：安布罗斯、奥古斯丁、克莱门斯、优西比厄斯、贺拉斯、西吉斯、伊西多尔、杰罗姆、尤维纳利斯、卢坎、马克罗比乌斯、马提阿努斯·卡佩拉、马库斯·瓦罗、佩尔西乌斯、普林尼、普里西安、特伦斯和维吉尔。

　⑤　B. ten Brink, *History of English Literature*, chap. ix.

伍斯特或者其姊妹修道院之一。

令人尊重的格拉斯顿伯里修道院是由麦西亚的伊纳（Ina）所建，它被丹麦人给毁掉了，后来由敦斯坦和埃德蒙国王重建。根据马姆斯伯里的威廉记载，这里有许多精美的祈祷书。①敦斯坦时期的少量书籍尚存：博德利的奥维德、②两本哈顿的抄本可能还有在巴黎的《舍伯恩的教皇的书》（*Sherborne Pontifical*）。但是，这个教皇可能来自坎特伯雷，在那里，敦斯坦在他生命的后期担任大主教。可以肯定的是，有两部抄本现在大英博物馆，③还有来自弗勒里的一封不完整的书信，要求将借出的一本《弗洛鲁斯的评论》（*Commentum flori*）还回去。④但是，坎特伯雷的敦斯坦与佛兰德尔的联系，胜过他与法国的联系，在与他通信的人中，有布兰迪尼乌姆的维多（Wido of Blandinium）、圣伯丁的奥德波特（Odbert of St. Betin）和阿努尔夫伯爵（Count Arnulf）。他被流放的时候，去了佛兰德尔。事实上，敦斯坦最早的传记作品是在阿拉斯的圣瓦斯特（St. Vaast）图书馆发现的。⑤

在本笃教规的影响下，温彻斯特的学校和缮写室都得到了长足的发展。抄工戈德曼（Godeman）写了一本罗马天主教会使用的《祝福祈祷文》（*Benedictional*）和包含有一些节日上弥撒开始前唱诗的教会用书（*Tropary*），在近代，它们被保存在德文郡公爵的图书馆里。⑥主教埃塞沃尔德送给了彼得伯勒一些图书，这些图书十之八九代表了温彻斯特图书馆藏书的水准：

------

① *De gestis pontificum*［"Rolls Series," No.52］, p.196.

② Auct. F. IV. 32. 这是一个合成品，它在英伦诸岛与古代的经典作品一样古老。它还包含了优迪克（Eutyches）语法的大部分内容、希腊文和拉丁文的圣经节本、从公元817年到832年的一张逾越节桌子，一篇盎格鲁-撒克逊人的布道和一些数学注释。字里行间的凯尔特人的注释使得它成为最早的威尔士语言的书写范本。参见 W. Macray, *Annals of the Bodleian*, p.20；Sandys, *op. cit.*, I, 640；关于摹本，参见 E. Chatelain, *Paléographie des classiques latins*, Pl. 93², and G. Hickes, *Linguarum septentrionalium thesaurus grammatico-criticus*, I, 144。

③ Claudius A. III, *Privileges of Christ Church*, and Royal 10 A. 3, an exposition of the *Benedictine Rule* from Fleury.

④ *Memorials of St. Dunstan*, pp.cx-cxiv, 376.

⑤ *Ibid.*, p.xxvi.

⑥ C. L. White, *Aelfric*, p.40.

比德论马可福音、奇迹书、希伯来名字汇编、论未来、奥古斯丁论学人、生命神圣论、伊西多尔的同义词汇辨析、优西塔西乌斯传、巴黎城的部门分割、医学治疗、关于 12 个被错误使用的名字、《诗篇》中的布道书、《雅歌》评论、关于圣餐、马提安的评论、阿尔西姆斯·阿维图斯、（伊西多尔著）关于差异的书、西里西亚的西普里安、关于希腊人的书信、动物志。①

阿尔弗里克（Aelfric）在瑟尼（Cerne）写他的说教作品，但是他的书籍很可能是来自温彻斯特。他参考了阿玛拉留斯（Amalarius）、阿尔昆、奥古斯丁、巴兹尔、比德、卡西安、大格里高利、图尔城的格里高利、海默、杰罗姆、拉特兰努斯、斯马拉格杜斯和特伦提安（Terentian）的作品、弗勒里的阿博的《圣埃德蒙德的耶稣受难和死亡》（*Passion of St. Edmund*）以及塞尔维乌斯的《圣马丁传》（*Life of St. Martin*）。②

伍斯特图书馆除了有许多英语书籍之外，还有一些不寻常的书籍：一本 8 世纪佩特留斯（Paterius）的抄本，一本西班牙语的杰罗姆关于《马太福音》评论的抄本，沃菲尔斯亲笔签名的用英语抄写的格里高利的《对话录》抄本，一本著名的埃希卡斯（Aethicus）的《宇宙学》（*Cosmographia*）抄本，格里高利的《对话录》和《教牧守则》《圣本笃教规》和《编年史》。它还可能拥有《阿米亚提努斯抄本》的姊妹卷抄本。③我们相信，它还曾拥有维切利抄本（Vercelli manuscript）。④一份 11 世纪的图书目录中列举了如下的书籍：

英语版《对话》（可能是圣格里高利的）
关于殉道者的书单
英文《诗篇》
英文《修士准则》

---

① M. R. James, *List of Manuscripts Formerly in Peterborough Abbey Library*, p.19.

② White, *op. cit.*, pp.185-188.

③ C. H. Turner, *Early Worcester Manuscripts*, Appen. I, pp.xli-xlii.

④ M. Foerster, "Der Vercelli-Codex," *Festschrift für Lorenz Morsbach*（Halle, 1913），pp.20-180.

## 中世纪的图书馆

巴伦图斯(一个古代的英国修士——译者注)①

在本笃改革的这段时间里,英格兰学术的发展和其他地方一样,主要是在修道院里,但是我们同样要称赞那些支持拉丁文和本土文字发展的英国贵族和王室成员。②这一时期唯一幸存下来的私人图书馆的目录③是埃克塞特主教利奥弗里克(Leofric)的图书馆目录。他有数量惊人的英文书籍,包括著名的盎格鲁-撒克逊诗歌《埃克塞特卷》(*Exeter Book*)。④《埃克塞特卷》的字体表明,这个抄本是在 70 年到 990 年之间完成的,它的历史可以追溯至利奥弗里克主教之前,他将主教教区从克雷迪顿移到了埃克塞特,因为克雷迪顿受到了海盗的袭击。他在 1072 年去世前将其图书馆遗赠给了主教座堂。但是,随着时间的推移,其图书馆大量的图书都散失了,唯独《埃克塞特卷》依然还为教长所有。但是,主教利奥弗里克图书馆中 19 卷书还能找到其藏书之地——9 卷在牛津大学图书馆博德利分馆,一卷在剑桥,另一卷在兰贝斯(No.149)。最后一卷的笔迹与《埃克塞特卷》惊人地相似,上面有题辞,记载着它是在 1018 年由"Aetheluvardus dux"送给了一个不为人知的修道院,"Aetheluvardus dux"娶了与他同名之人的一个孙女。前面的那个郡长埃塞维尔德(Aethelweard)可能被确定为是那个名字的编年史家,如果真是这样的话,他就属于皇家世系,是马尔顿的布里斯诺斯(Brithnoth of Maldon)的女婿,是布道者阿尔弗里克的赞助人。我们已经看到,在诺曼征服之前,一场新的文学运动已经从修道院改革运动中突然出现。但是,我们不能忽略这一时期具有皇室血统的一批世俗贵族的存在,或者是通过联姻与西撒克逊王室有联系的世俗贵族的存在,他们是艺术、学术的资助者和教会的自由赞助人。

---

① J. K. Floyer and S. G. Hamilton, *Catalogue of Manuscripts in the Chapter Library of Worcester*, p.166, n.3.

② B. Thorpe, *Diplomatarium Anglicum aevi Saxonici*, pp.243 ff., 428 ff., 512, 539, 550.

③ Published in Wanley's catalogue, Vol. II of Hickes' *Thesaurus*, and in Dugdale's *Monasticon Anglicanum*, II, 527.

④ Published in facsimile, London, 1933, with introductory chapters by R. W. Chambers, M. Foerster, and R. Flower.

# 第四章 盎格鲁-撒克逊时期不列颠群岛上的图书馆

通过对英国图书馆历史大体的考察，我们可以看到，在丹麦人入侵期间，英国大部分古老的藏书都被毁坏了。从阿尔弗雷德大帝到征服者威廉统治时期，是一个书籍替代和增加的时期，这种书籍的增加主要是通过抄写少量幸存下来的手稿和从欧洲大陆新引进的抄本而完成的。因此，一些最古老的盎格鲁-撒克逊作品仅仅是通过最新的替代抄本而幸存到今天。事实上，坎特伯雷所拥有的《编年史》和《凯德蒙》（Caedmon）抄本，均是 1067 年大火毁掉修道院之后重新抄写的同类作品的替代品。

# 第二部分　中世纪盛期

在闲暇中,在忙碌的时候,我们传授我们所知道的,并且学会我们所不知道的。

吉尔贝(GERBERT)*Ep*. xliv

没有图书馆的修道院,就犹如没有军备的要塞。

杰弗里(GEOFFERY DE STE BARBE),
*Thesaurus novus anecdotorum*,
ed. Martène and Durand, I, 511

卑谦的心境、探究的热情、平静的生活、安静的探索、贫穷、异乡:对许多人来说,这些就是学习的秘密。

夏尔特尔的贝尔纳(BERNARD of CHARTERES),
quoted by JOHN of SALISBURY *Policraticus* vii. 13

关于修道院、战争、土地与武器备战的书。

威尔海姆的休(HUGH OF WILHAM),
*Thesaurus novus anecdotorum*,
ed. Martène and Durand, I, 511

# 前　　言

在我们进入对中世纪盛期这一特殊时期的图书馆历史的探讨之前——也就是说，从加洛林文艺复兴的结束到 13 世纪中叶这段时期——我们必须要作一个总体的考察。除了英格兰的阿尔弗雷德大帝这样一个孤立的例子之外，我们再也遇不到和查理曼的宫廷学校相类似的机构，再也没有官方的或者世俗的读写文化的发展，在奥托统治下德国所谓的"萨克森文艺复兴"，并不是在宫廷支持下产生的。①教会的影响完全控制了学术和文学创作，私人的图书收藏变得非常稀少。几乎所有的图书馆要么是教会的，要么是修道院的，很少有平信徒（the laity）有任何爱书的倾向——事实上，他们中没有多少人能够阅读或者书写。

1150 年到 1250 年间是中世纪盛期的高峰，这段时间被公正地称为"12 世纪的文艺复兴"。幸存下来的图书馆目录显示，这一时期的图书馆数量和藏书规模都有所增加。对贝弗克尔（Bevker）的《古代图书馆目录》（*Catalogi bibliothecarum antique*）的分析表明，在 900 年前有 25 份图书目录，在 10 世纪有 17 份，在 11 世纪有 30份，在 12 世纪有 62 份。②很明显，新图书馆的形成源于抄本的广泛而大量的增加。但是，在抄本增加的过程中，文献资料却减少了。首先，人们对古典著作的兴趣日趋减弱，直到 12 世纪，正如索尔兹

---

① A. Ebert，*Allgemeine Geschichte der Literatur des Mittelalters im Abendlande*，II，261.

② Cf. J. S. Beddie，"Libraries in the Twelfth Century," *Anniversary Essays ....Charles Homer Haskins*（Boston and New York，1929），p.2.

伯里的约翰公开谴责的那样,古典学术达到了它的最低点。[1]在
1000 年之后,教育在发展壮大,但是在 12 世纪之前,没有出现新的
教科书。神学著作也同样如此,直到经院哲学兴起之前,教父神学
占据着最高的支配地位,而且,图书馆规模都是很小的。在 822
年,赖歇瑙有 415 本书;9 世纪时,博比奥有 666 本书;圣埃默拉姆
有 513 本;维森堡的图书目录(1043 年)列举了 171 本书。甚至在
12 世纪的时候,科尔比仅有 342 本书;巴姆博拉姆的圣米歇尔斯堡
有 242 本书。1165 年一份希尔绍的图书目录仅仅列举了 37 本书,
但是注明了如下的信息:"总的来说,有许多书,我在此不想写出它
们的名字和作者。"克吕尼有 500 本,达勒姆有 546 本,这是当时拥
有图书最多的地方,但是克吕尼有许多复制品。在中世纪后期,经
历了战争、出借、大火和偷盗,修道院藏书的总数量实际上减少了。
除了这些因素之外,我们还必须提到另外一个因素,那就是修道院
本身的读写活动衰落了。在 13 世纪的穆尔巴赫,修士们不会写
字,甚至同一个世纪圣高尔修道院的院长都是一个文盲。在宗教
改革之初,布劳博伊伦仅有 50 本书。[2]

　　书籍生产最主要的原因来源于对抄写神学著作的兴趣。甚至
在神学领域里也几乎没有新的书籍出现。在大约 1100 年我们遇
到圣安瑟伦之前,我们没有发现任何新的神学思想。[3]特里尔的圣
马克西敏目录[4]是 11 或者 12 世纪的,它将圣奥古斯丁、杰罗姆、安
布罗斯、格里高利和比德的全部图书进行了归类,尽管它也包括了

---

　　① L. Traube, *Vorlesungen und Abhandlungen*, II, 134; L. Friedlaender, "Das
Nachleben der Antike im Mittelalter," *Erinnerungen*, *Reden und Schriften*, I, 272-391;
H. O. Taylor, *The Medieval Mind* (2d ed.), II, chap. xxxi; also his "Antecedents of the
Quattrocento," in *Annual Report of the American Historical Association*, 1912, pp.89-94;
A. C. Krey, "John of Salisbury's Knowledge of the Classics," *Transactions of the Wisconsin
Academy of Sciences*, *Arts and Letters*, XVI, Part II(1909-1910); K. Bursian, *Geschichte
der classischen Philologie in Deutschland*, pp.62 ff.; E. J. Sandys, *A History of Classical
Scholarship*, I, 618-620.
　　② Cf. K. Loeffler, *Deutsche Klosterbibliotheken*, pp.15-17; Beddie, *op. cit.*; G. Ko-
hfeldt, "Zur Geschichte der Büchersammlungen und des Bücherbesitzes in Deutschland,"
*Zeitschrift für Kulturgeschichte*, VII(1900), 328 ff.
　　③ A. Hauck, *Kirchengeschichte Deutschlands*, IV, 448.
　　④ G. Becker, *Catalogi bibliothecarum antique*, No.76.

131　其他作者的著作。①直到 12 世纪末，我们才看到了新的神学家如安瑟伦和圣维克多的休（Hugh of St. Victor）②的著作，而且即使在那个时候，这也是很罕见的。

真实的情况是"对许多宗教机构来说，12 世纪是一个停滞或者衰落的时期。几个宗教机构的图书馆在其图书目录中所列举的作者都是加洛林文艺复兴之前的。"③在 9 世纪之后，古老的本笃修道院修士也过着无聊的生活，卡西诺山修道院和弗勒里可能是唯一的例外。在圣德尼、富尔达、赖歇瑙、圣高尔、博比奥和从前大量曾经著名的修道院那里，辉煌已经不再，以克吕尼和西多会为代表的"新"的修道生活并不关注学术的提升，克吕尼关注的是基督教会的改革。另一方面，西多会修士大部分都参与到流行的宗教复兴运动中去了。④二者对古典传统和文学创作即使不是充满敌意，也没有热情。语法和修辞不允许被研究，"世俗的"研究也被轻视。尽管神学、教会法、逻辑和辩证法研究明显地向前发展了，但是克吕尼修士发挥了如此的影响，以至于自由研究的衰落在 11 世纪非常明显。因此有如下的这样一句格言："像语法家一样会更好，像神学家一样会更糟糕"（Quanto melio Grammaticus, tanto pejor theologus）。⑤

从大约 1000 年开始，我们必须考察主教座堂学校和主教图书馆而不是考察修道院，来找出进步的教育思想和新思想的出现。法国的兰斯、沙特尔、巴黎，佛兰德尔的列日，德国的科隆、希尔德海斯姆、班贝格、弗赖辛和许多其他的主教驻地取代了修道院而成为重要的文化中心。

---

① 比如，在比德这一栏下，我们发现了格里高利·那齐恩增、斯马拉格杜斯、圣约翰·克里索斯托姆、奥罗修斯、图尔城的格里高利、《查理大帝传》、卡西安、拉巴努斯·莫鲁斯的著作，等等。

② L. Schmidt, "Beiträge zur Geschichte der wissenschaftlichen Studien in Klöstern," *Neues Arhiv für saechsische Geschichte und Altertumskunde*, XVIII(1897), 201.

③ J. S. Beddie, *op. cit.*, p.6, 里面附有插图。

④ 参见作者的 *Economic and Social History of the Middle Ages*, chap. xxiv, and biliog., pp 838-839; A. Hessel, "Odo von Cluni und das französische Kulturproblem im früheren Mittelalter," *Historische Zeitschrift*, CXXVIII(1923), I-25; F. J. E. Raby, *History of Christian-Latin Poetry*, passim.

⑤ H. Prutz, *Kulturgeschichte der Kreuzzüge*, I, 481.

　　通过很长的时间,德国的修道院才摆脱了法国修道院的狭隘和
偏执,克吕尼主义直到 11 世纪后期终于在德国获得了稳固的立足
点。而且,德国奥托一世于 952 年征服意大利,并且他的萨利克和
霍亨斯陶芬王朝的后继者们继续保有他征服的战果,这使得德国
较之法国与意大利有更亲密的接触。而且,我们必须记住的是,意
大利不仅比欧洲其他地方拥有更深厚和更古老的文化,而且它还
是抄本生产的中心。事实上,从古代开始,意大利的图书生产就一
直或多或少是一种商业行为。①当诺瓦拉的甘佐(Gunzo of Novara)
在奥托一世在位时来到德国的时候,带来了 100 多本书籍,其中有
马蒂阿努斯·卡佩拉、柏拉图的《蒂迈欧篇》和亚里士多德以及西
塞罗的一些著作。②在同一时期,来自诺瓦拉的另一位学者斯蒂芬
在奥托一世的劝说下来到德国,他们在帕维亚相遇。斯蒂芬同样
带来了许多书籍,并且在伍兹堡定居下来,他将带来的书籍留给了
伍兹堡的主教座堂图书馆。③不过,我们有可能过分强调了德国和
意大利之间相互联系的影响。甘佐和斯蒂芬的例子可能只是例
外,而不能代表全部。因为毫无疑问,意大利和德国之间的图书贸
易在加洛林文艺复兴时期达到顶峰,而之后就减少了。④在 11 世
纪,我们没有发现像 10 世纪这样的图书贸易的明确证据。在赖歇
瑙图书馆留存下来的抄本中,仅有 2 本是 900 年之后的抄本。⑤然
而,经常去伦巴德学校的德国学者要将一定数量的书籍带到德国
必须得到许可,德国爱好学术的主教偶尔还会在意大利服兵役,尽
管有关后者有效的证据并不充分,甚至连桑格马尔(Thangmar)这位
希尔德斯海姆的伯恩瓦尔德(Bernward of Hildesheim)的虔诚而多产
的传记作家也没有丝毫提及这位有教养的主教从意大利带回来的一

---

　　①　关于这个问题,参见一篇重要的文章:R. Falk, "Italienisch-deutsche Kultur-Be-
zeichnungen in der Zeit von 900-1056," *Archiv für Kulturgeschichte*, XV(1922), 161-
211。

　　②　Ebert, *op. cit.*, III, 370; Hauck, *op. cit.*, III, 331; W. Wattenbach, *Deutsch-
lands Geschichts-quellen im Mitelalter*, I, 316.

　　③　Hauck, *op. cit.*, III, 328-329; Wattenbach, *op. cit.*, I, 317.

　　④　Falk, *op. cit.*, p.172 and nn. 4 and 5.

　　⑤　*Ibid.*, p.173, citing A. Holder, *Die reichenauer Handschriften*, V, 340.

133　些书籍，但是有艺术珍宝和遗物被提及。①然而到了 12 世纪，随着法国学派在文化知识上日益占据优势，德国和英格兰逐渐地转向法国去寻找新的著作。②在那个时候，源于经院主义和逻辑学的新的神学以及圣贝尔纳（St. Bernard）的布道处于优势地位，而旧知识在衰落。③在 12 世纪，圣贝尔纳和道依茨的鲁伯特（Rupert of Deutz）的著作成为了"畅销书"。④当到了 13 世纪的时候——更大的变化发生了！那时旧的神学衰退到了最低点，即使是奥古斯丁和大格里高利也变得过时了。另一方面，圣托马斯·阿奎那的著作即便在无足轻重的修道院中也能找到。⑤加尔斯滕修道院的一个修士毕生都在抄写书籍，他从未抄写过一本教父的著作。我们也发现了有抱怨说再也没有人读古老的"权威"作家的著作了。⑥

　　在意大利，在封建时代同样也有两个文化复兴的时期。第一个是加洛林文艺复兴，当时修道院和主教座堂图书馆的大门对世俗的文化敞开了。比如，修道院院长希查德（Sichard，约卒于 840 年）的碑文就是使用优美的诗文写的，而且模仿了维吉尔、奥维德和维

134　纳蒂斯·福图纳图斯的诗作风格。⑦第二个时期是与 11 世纪的修道院改革和"12 世纪的文艺复兴"同时发生的。从这一时期图书馆的目录中，我们可以获得由支流不断汇聚而成的小河的画面。尽

---

　　① See Thangmar *Vita Bernwardi* i，vi，viii，ix，x，in *MGH*，*Sriptores*，IV，758. 亨利二世似乎是向科维捐赠了一本意大利书籍，因为一份 10 世纪的伦巴德语的科维手稿有一条新增加的登记信息："Heinricus imperator istum dedere noscitur librum"（*Archiv der Gesellschaft für ältere deutsche Geschichtskunde*，XII，344）。

　　② Falk，*op. cit.*，p.174，n.5；P. Lehmann，*Mittelalterliche Bibliothekskataloge*，I，222.

　　③ "1200 年之前，《圣经》、教父和说教性著作的收藏量增加，在经院主义和教会法发展之前是可以满足图书馆的需要的。在 13 世纪，学校教师的著作开始涌入，随着 14 世纪早期民法和教会法书籍的增加，法国成为经院主义文献书籍生产的主要地方，而意大利是法律书籍生产的主要地方。从总体上来说，突出的事实是，在 12 世纪，基督徒伟大的经典和世俗知识在增加，13 世纪学校教师的著作在增加，14 世纪法律书在增加。"（M. R. James，Introduction to A. T. Bannister，*A Descriptive Catalogue of the Manuscripts in the Hereford Cathedral*，p，iii）。

　　④ 关于鲁伯特的文献，参见 A. Potthast，*Bibliotheca historica medii aevi*，I，990，and Hauck，*op. cit.*，IV，419，particularly nn. 6-10。

　　⑤ Hauck，*op. cit.*，V，241，n.5.

　　⑥ *Ibid.*，p.241，n.4.

　　⑦ Cf. G. H. Hoerle，*Frühmittelalterliche Mönchs-und Klerikerbildung in Italien*，p.54.

管如此,世俗文献——尤其是与神学著作有别的哲学文献——依然是落后的,古代的经典著作正被经院主义著作的流行而遮蔽得黯然失色。①只有最丰富和最有影响的修道院是稳步发展的。大部分修道院很小,且对学术不感兴趣。他们的图书馆几乎没有藏书,那些书都是传统的与基督教会有关的,几乎找不到任何一点世俗学问的味道。在罗马的圣塞维里诺(San Severino),在杂乱堆放的宗教和神学著作中,有一本 12 世纪的尤维纳利斯的著作抄本。②那不勒斯附近的圣乔凡尼·迪·卡波纳里亚(San Giovanni di Carbonaria)拥有一本 10 世纪的维吉尔著作抄本和一本塞尔维乌斯的《评论》抄本。与这一匮乏的状况相比,法国的科尔比却富有有关法学和古典方面的著作,包括特伦斯、恺撒、斯塔提乌斯、普林尼、维吉尔、奥维德、萨鲁斯特、李维、卢克莱修、塞内加的著作,以及西塞罗的《论神性》(De Natura deorum)。

有趣的是,即使是早在 12 世纪,我们也发现有个人图书爱好者和图书收藏者的迹象。9 世纪和 10 世纪那不勒斯的开明的公爵③和阿奎丹公爵威廉五世(993—1030 年)④就是这样的人。在 12 世纪,世俗界对文化的兴趣在迅速增长,尽管这种兴趣更多地集中在 *135* 新的民间文学上,而不是任何形式的中世纪或者古典的拉丁文学上。⑤但是,在 12 世纪上半叶的意大利,我们发现了贝加莫的学者摩西(Magister Moses of Bergamo),他长期居住在君士坦丁堡,在那

---

① Cf. M. Grabmann, *Die Geschichte der scholastischen Methode*, II, 55-57.

② B. de Montfaucon, *Diarium Italicum*, p.312.

③ 在 9 世纪,公爵塞尔吉乌斯对于拉丁文和希腊文是如此地精通,以至于他可以在两种语言之间进行熟练的翻译;他向那不勒斯的主教图书馆提供了三本约瑟夫斯的抄本 *Gesta episcoporum Neapolitanorum Neapolitanorum* ( E. A. Lowe, *The Beneventan Script*, p. 54 and n. 6; cf. *MGH*, *Scriptores rerum Langobardicarum et Italicarum saec. VI-IX*, p.434)。他的儿子格里高利同样也精通拉丁文和希腊文(*ibid.*, p.441)。这一文化传统在公爵约翰那里继续保持了下来(926-968)(Lowe, *op. cit.*, pp.55, 82-83; B. Capasso, *Monumenta ad Neapolitani ducatus historiam pertinenta*, I, 339-340; M. Manitius, *Geschichte der lateinischen Literatur im Mittelalter*, I, 529-531。

④ *Ademari Cabanensis chronicon* iii. 54(ed. Chavanon, pp.176-177).

⑤ See C. H. Haskins, *The Renaissance of the Twelfth Century*, and his "Henry II as a Patron of Literature," *Essays in Medieval History Presented to Thomas Frederick Tout* (Manchester, 1925), pp.71-77; K. J. Holzknecht, *Literary Patronage in the Middle Ages* (Philadelphia, 1923); A. Phillipi, "Heinrich der Loewe als Beförderer von Kunst und Wissenschaft," *Historische Zeitschrift*, CXXVII(1922), 50-65.

里被雇用为拜占庭皇家服务,他是热心的希腊手稿搜集者,这耗费了他三磅金子,而这些手稿在毁灭威尼斯地区的大火中被烧毁了。①

　　但是,在南部意大利和西西里——一句话,在帕勒莫开明的诺曼统治者的宫廷中,我们一定会找到私人的世俗的图书馆。"在其范围之内,国王罗吉尔与其儿子宫廷中的文化运动有许多文艺复兴的因素,像 14 世纪的文艺复兴运动一样,它有赖于王室的大力支持。"②在这里,希腊文化、阿拉伯文化、犹太文化和拉丁文化汇合在一起,全部都得到了辛勤的培育。遗憾的是,这些天才的王子们的任何图书馆的目录都没有流传下来。现存于威尼斯的一本手抄本(MS 313)和托勒密的《天文学大成》(Almagest)在大约 1160 年的时候,由皇帝曼努埃尔·康奈诺斯(Manuel Comnenus)作为送给国王威廉一世的礼物带到了西西里。正如哈斯金斯教授所言:"很明显,在追溯第四次十字军东征之前希腊帝国和西方之间的文化联系时,我们要考虑教会和商业的影响,但是我们必须还要研究皇家图书馆的手稿。"③

---

① C. H. Haskins, *Studies in the History of Medieval Sciences*, p. 198 and n. 28; and his *Renaissance of the Twelfth Century*, pp. 64, 273, 294, 298.

② Haskins, *Studies in the History of Medieval Science*, p. 190.

③ *Ibid.*, pp. 164-165.

# 第五章　中世纪意大利的图书馆

从 9 世纪到 13 世纪，意大利在文化创新方面落后于法国和德国。在这一时期，意大利半岛已经被划分为三个文化区域：在中心地区甚至在罗马，古典传统是最弱的，这在某种程度上颇具诡异的色彩；在南部，希腊和拉丁文化的影响依然存在；在北部，罗马文化顽强地存留了下来，经过伦巴德人天才的创造而更富有生命力。

几乎每一座意大利的主教座堂、修道院，甚至很小的教会都藏有古老的书籍，这种代代相传的收藏使得新旧抄本的正规贸易成为可能。正如卡西奥多罗斯时代一样，这一时期意大利依然是西欧图书贸易的中心。罗马在图书贸易领域中的卓越地位被清晰地记载了下来。在 855 年，费里埃的卢普斯请求本笃三世提供给他远超他能在法兰克高卢能找到的书，他索要的书籍有：一本西塞罗的书，一本昆体良的书，还有多纳图斯的《论特伦斯》。[1]在接下来的世纪里，利乌特普兰德（Liutpuland）在他的诗句中对罗马的书法不吝赞美之辞。[2]格伯特（Gerbert）是一个狂热的图书搜集者，他依次以罗马、意大利的其他地区、德国和"比利时"作为他的资料来源。[3]他还记载了意大利乡村和城镇中大量的抄工。[4]其中的一些抄工是俗界人士。[5]

这一时期幸存下来的文献资料表明，书籍在意大利比在欧洲的其他地方受到更高的推崇，它们在留给一般继承人的遗嘱中被提 *137*

---

[1] *Ep*. ciii.

[2] W. Wattenbach, *Das Schriftwesen im Mittelalter*(3d ed.), p.253.

[3] *Ep*. xliv; *Lettres de Gerbert*, ed. Havet.

[4] *Ep*. cxxx.

[5] 洛特兰德是一个伦巴德的非教会人士，在 1050 年，他吹嘘说自己抄写了许多书籍。参见 E. L. Dümmler, *Anselm der Peripatetiker*, p.32。

及,或者在给宗教机构虔诚的遗赠中也被提及。[①]

关于这一时期的读写活动,我们知之甚少,但是从少量仅有的证据中,可以很明显地发现,这一时期读写活动已经出现萌芽,并在接下来的几个世纪中得到了蓬勃发展。纳瓦尔的甘佐和他的老师斯特凡诺(Stefano)因其渊博的学识于 965 年被奥托一世召到了帝国宫廷中;纳瓦尔的甘佐在他的《致奥格斯堡修会书》(*Episola ad Augienses fratres*)中引用了柏拉图、亚里士多德、维吉尔、贺拉斯、佩尔西乌斯、尤维纳利斯、萨鲁斯特、特伦斯、西塞罗、奥维德、卢坎、斯塔提乌斯、马蒂阿努斯·卡佩拉、塞尔维乌斯、波尔菲利、多纳图斯和波埃修斯的著作。[②]维切利的埃托(Atto of Vercelli)引用柏拉图和亚里士多德的著作,也引用维吉尔、奥维德、加图、卡西奥多罗斯、奥利金和波埃修斯的著作。他还使用了查士丁尼法典和狄奥多西法典文本。他在讨论《圣经》参考文献的时候,显示了他还懂得一些希腊文。[③]维罗纳的主教[④]拉瑟(Rather)本身就是一个学者,他坚持认为,所有的教士都应该受到良好的教育。[⑤]克雷莫纳的主教利乌特普兰德懂希腊语,并编制了古典著作书目索引。贝伦加尔一世(Berengar I)的宫廷无名诗人在他的《颂诗》(*Carmen Panegyricum*)中引用了维吉尔的诗句。[⑥]关于文学鉴赏力的重获新生,同样值得提及的是卡纳帕拉的约翰(John of Canapara)所著的《圣阿尔伯特传》(*Vita S. Adalberti*)[⑦]和一位佚名作者的《埃波罗迪安的诗文》(*Versus Eporedienses*)。后者将对自然的感情和来自古典作家的影响综合在一起。[⑧]同样的情况在乌尔加利乌斯(Vulgarius)的诗歌[⑨]、那不勒斯的教士和同一时代一些著名的诗作当中

---

① L. Chiapelli, "La Formazione storica del commune cittadino in Italia," *Archivio storico italiano*, 7th ser., X(1928), 64 and n.5.

② Migne, *Pat. Lat.*, CXXXVI, col. 1283. See also F. Novati, *L'Influsso del pensiero latino sopra la civiltà italiana del medio evo*, pp.36 ff.

③ *Opera*, passim.

④ A. Vogel, *Rather von Verona*.

⑤ A.Ozanam, *Documents inédits pour server à l'histoire littéraire de l'Italie*, p.14.

⑥ Wattenbach, *DGQ*, I, 311.

⑦ *MGH*, *Scriptores*, IV, 581 ff.

⑧ Dümmler, *op. cit.*, pp.94 ff.

⑨ E. l. Dümmler, *Auxilius und Vulgarius*; *MGH*, *Poetae Latini aevi Carolini*, IV, 412 ff.

也有所体现。古代人的形式、风格以及词汇和算术正受到人们的热捧。

从神职人员非文学性的作品中，是可能评价这一时期的古典学　*138*
术成就的。维吉尔、贺拉斯和奥维德看来是广为人知的，在某种程度上尤维纳利斯、佩尔西乌斯、卢坎、斯塔提乌斯、普劳图斯和特伦斯的知名度要低一些。在接近末期的拉丁诗人中，福图纳图斯是最受人们欢迎的，而西塞罗在散文作家中占据首位。萨鲁斯特、苏托尼厄斯、尤特罗比乌斯、奥鲁斯·格利乌斯、波埃修斯和罗马语法学家的著作被列为学校的课程，但是希腊作家可能仅在翻译方面为人们所知。其中，亚里士多德是人们最经常提及的人物。荷马被阿尔巴的贝恩佐（Benzo of Alba）提及，并且在卡西诺山修道院图书馆中被列出，很可能在第二种情况下，或者也有可能在第一种情况下，参考文献是拉丁文节本，拉丁文节本位列品达鲁斯·塞巴努斯（Pindarus Thebanus）的名下。

令人遗憾的是，由于古典罗马历史学家不被人们熟知，作为当代历史事件的记载者神职人员就没有很好的范本来参考。①没有任何迹象表明人们对古代历史有真正的了解。甘佐的《颂词》仅仅是人名的大杂烩。随后的时期好理解一些，因为对这一领域的研究对于教俗两界的政治和法律事务有实际的价值。为了这一目的而使用的书籍主要是选辑或者仅仅是编年史。优西比厄斯、奥罗修斯、伊西多尔、比德、约丹尼斯、图尔城的格里高利、爱因哈德、保罗斯·迪亚克努斯、厄尔谢姆伯特（Erchempert）和雷吉诺（Regino）的著作都被抄写并且被研究。对《教皇列传》的经常引用表明，人们对教皇史给予了特殊的关注。

即使这样的学术也表明，当时已经发展出相当广泛的学校和图书馆制度。学校在各种不同的修道院、主教座堂和基督教礼拜堂中举办。其中，最著名的是伊夫雷亚、诺瓦拉、贝尔塞利（Bercelli）、帕维亚、米兰、克雷莫纳、贝尔加莫、维罗纳、帕尔马、摩德纳、埃米利亚的雷吉奥（Reggio d'Emilia）、拉韦纳、罗马、那不勒斯、萨勒诺、

---

① A. Dresdner, *Kultur-und Sittengeschichte der italienischen Geistlichkeit*, pp.197-200.

贝内文托、博比奥、法尔法和卡西诺山修道院的学校和图书馆。正如这份清单所显示的那样,伦巴德是最大的教育中心。事实上,克鲁萨的本笃(1034 年以前)吹嘘说"龙戈巴迪亚是智慧的源泉"(Langobardia est fons sapientiae)。①还有一些迹象表明,在托斯卡纳有学校,在锡耶纳、比萨、卢卡和费埃索(Fiesole)也有学校,但是在佛罗伦萨没有。帕维亚是一个教育中心,尤其从 9 世纪到 11 世纪以其伦巴德法律学校而闻名,而博洛尼亚很早就在罗马法方面很专业。正如后者取代了前者一样,②博洛尼亚取得了优势地位,在1157 年,它的学校变成了一所大学。

在各个主教座堂、教会和修道院还有图书馆。在 10 世纪,博比奥拥有 666 卷图书,克雷莫纳拥有 95 卷;在 1093 年,庞波沙(Pomposa)有 58 卷书;在 12 世纪,圣安杰尔(S. Angelo)有 143 卷书,诺南托拉有 61 卷。一些教堂和修道院的藏书规模要小得多,9 世纪的卢卡有 19 卷书;1023 年,卡西诺山修道院有 21 卷书;在 11 世纪,西克尼亚(Ciconia)有 26 卷书;阿贝纳塔(Abbenata)有 7 卷;兰德波尔多(Landepoldo)有 27 卷。

在这些书中包括一些古典著作。因此,克雷莫纳的圣马乔里(S. Maggiore)在 984 年有维吉尔、普里西安、多纳图斯、卡西奥多罗斯和波埃修斯的著作。③在博比奥颇有盛名的图书收藏中,有亚里士多德的著作、带有注释的维吉尔的著作,还有西塞罗、奥维德、特伦斯、马提雅尔、佩尔西乌斯、尤维纳利斯、普林尼、卢坎、瓦勒里乌斯·弗拉库斯、加图、奥罗修斯、卡西奥多罗斯和波埃修斯的一些著作。④诺瓦莱斯(Novalese)的藏书具有相似的性质,但是在 906年匈牙利人攻击该修道院的时候,这里的藏书散失了。⑤

对于这些收藏的图书,有一些是由正规的图书管理员来管理。

---

① J. Mabillon, *Annales ordinis S. Benedicti*, IV, 666.

② A. J. Macdonald, *Lanfranc*, p.7; J. Merkel, *Geschichte des Langobardenrechts*, pp.13-16 and notes, 45-48; F. K. von Savigny, *Histoire du droit romain au moyen âge*, II, 154-164; P. Haulleville, *Histoire des communes lombardes*, I, 234-235.

③ Becker, *op. cit.*, No.36.

④ *Ibid.*, No.32.

⑤ Dresdner, *op. cit.*, p.241.

845 年,博比奥的图书办公室被提及。①充满激情的修道院院长们热衷于搜罗书籍。丘萨的本笃(Benedict of Chiusa)的传记作家说,没有王子和骑士对华丽武器或者健壮马匹的兴趣超过本笃对他的丰富藏书的钟爱。图书管理员杰拉尔德与他的修道院院长一样对书籍充满了渴望,他多次外出猎获新书。②庞波沙的希罗尼穆斯为他的修道院积聚了一个如此规模的图书馆,以至于他的修士们为他的挥霍行为而感到愤慨。③一些神职人员同时还是热情的抄工。据说维罗纳的执事长帕西菲库斯(Pacificus)曾经抄写过 200 多本书稿。④圣尼勒斯(St. Nilus)每天都抄满四张对折的一沓纸,当他的墨水用完了之后,他就在蜡板上抄写。克鲁萨的本笃(Benedict of Clusa)也抄写书籍。⑤但是,当时的许多书吏书写不规范,他们抄写的东西经常很丑陋,也不可靠。⑥在庞波沙,许多书抄写得质量很差,以至于无法辨认。⑦由于抄工们有时会毁坏他们抄写的书卷,教士们例如达米亚尼、克鲁萨的本笃和洛迪的约翰尼斯就会监管他们的抄工,他们本人则进行订正抄本的工作。

　　从这一宏观的考察,我们可以再对中世纪意大利更大规模的图书馆作更详细的研究。根据近代的观点,罗马值得我们首先给予关注,尽管实际上,在这一时期——事实上,在文艺复兴以前——教皇图书馆并不重要。在文献作品的留存方面,罗马不能和各个行省相比。关于罗马图书馆的文献相当匮乏。⑧几个世纪以来,在拉特兰的任何书籍都和教皇档案保存在一起。在哈德里安一世(Hadrian I,772—795 年在位)任职期间,设立了图书管理员办公室,但是直到 1144 年,图书管理员还同时在公共档案馆任职,而且

　　① L. A. Muratori, *Antiquitates Italicae medii aevi*, V, 379.

　　② *MGH*, *Scriptores*, XII, 197.

　　③ Becker, *op. cit.*, p.157.

　　④ Muratori, *op. cit.*, III, 837.

　　⑤ *Vita S. Nili* xv.18-21; *Acta sanctorum*, Sept. VII, pp.293 ff.

　　⑥ *MGH*, *Scriptores*, XII, 200.

　　⑦ Dresdner *op. cit.*, p.231.

　　⑧ *Liber pontificalis*, ed. L. Duchesne, II, 152, 191; G. Tiraboschi, *Storia della letterarura italiana*, III, I, 189.

似乎要全身心地投入到公共档案馆的工作当中。这一时期唯一的具有学者气质的教皇是哈德里安三世（Hadrian III，卒于 885 年），他无论走到哪里，都随身携带着书籍。在 1023—1064 年间，科隆大主教被任命为教皇的名义图书管理员，然而，这并没有影响罗马的正常工作程序。在那里，在 1037—1063 年间，有一个例外，而且是对助祭彼得有利的，即在罗马市郊的塞尔瓦·坎迪达（Selva Candida）教区，设立了教皇和图书管理员两个办公室，教皇斯蒂芬九世（Stephan IX，1057—1058 年在位）在当选教皇的时候拥有三个头衔。在 1144 年，档案和图书馆被分开，并分别拥有自己单独的管理人员。①

在 1084 年，正值格里高利七世任职期间，诺曼人洗劫了罗马，拉特兰积累起来的档案和书籍几乎全部难逃此劫。在 12 世纪和 13 世纪，皇帝和教皇之间的斗争对于教皇所在地的文化发展产生了非常不利的影响。格雷格罗维乌斯（Gregorovius）总结了这几个世纪里罗马图书馆历史的发展情况：

> 关于这一时期罗马图书馆的情况我们一无所知。然而，可能已经采取了一些保护措施，11 世纪图书管理员的档案依然没有被毁坏，但是 12 世纪，就仅有 3 个图书管理员被提及，在 13 世纪，没有一个图书管理员的名字为我们所知。知识的衰败冷却了人们完善拉特兰图书馆的热情，很少有懂得抄写手稿艺术的修士留在罗马修道院。彼得·达米阿尼抱怨书吏的不足，而且几乎没有人能够读懂抄写出来的手稿。②

关于这一时期的枯燥无味状况，同样重要的一个事实是，有学术兴趣的教皇只是在其开始和结束的时候才能发现。首先，教皇霍诺留二世（Honorius II，1124—1130 年在位）似乎是一个比他的前任和后继者都更有文化素养的人。卡西诺山修道院院长这样评价他："我

---

① 关于这个问题，参见 R. Lane Poole, *The Papal Chancery*, *passim*; and the literature cited in chap. i, n.22, above。

② F. Gregorovius, *History of the City of Rome in the Middle Ages*, IV, 304 f.

不知道他是谁的儿子，我仅知道他学识渊博。"①第二个教皇克莱门特四世（Clement Ⅳ，1265—1269 年在位）是罗吉尔·培根（Roger Bacon）的保护人和朋友，他下令编制了一份详细的目录。这些文献是使用古代的草写体书写的，对于 13 世纪的古文书学家来说难以辨认，甚至文艺复兴时期的学者也难以辨认。②13 世纪教廷中记载下来的唯一的两个文人是枢机主教瓜洛·比基耶里（Gualo Bicchieri）和阿夸斯帕尔塔的马修（Matthew of Acquasparta），前者向维切利捐赠书籍的事情我们将在讨论该城市的时候予以介绍，后者的图书馆在托迪。③

*142*

尽管我们很难相信没有更早的图书目录，但是我们所知最早的教皇图书馆目录是 1295 年的。④这份目录是在卜尼法斯八世任教皇期间编写的。其中提及的一些带有装饰的抄本一定非常有名，因为他们是由古比奥的奥德里斯（Oderis da Gubbio）和弗朗哥·波伦亚（Franco Bolongnese）制作的。其中还有 32 本希腊文著作，现在人们认为，它们是在曼弗雷德衰落之后由西西里传进来送给教皇的。⑤

对于罗马无数修道院图书馆的图书内容我们一无所知。但是，正是在这些图书馆而不是在教皇图书馆里，有职业的抄写活动。在文献材料方面，它们可能比拉特兰还丰富。对于学术拥有特殊兴趣的是罗马的希腊人修道院，它们是由作为难民从东方来的修士们建立起来的，这些人为逃避 8 世纪的破坏圣像运动而寻求避难，并随身携带了希腊书籍。⑥

在罗马以外，这一时期图书馆活动最早的发展之一一定是在帕维亚的法律学校，它在 997 年到 1027 年之间最负盛名。遗憾的

---

① F. Gregorovius, *History of the City of Rome in the Middle Ages*, Ⅳ, p.406.

② 这是教皇的医生西蒙尼斯·桑内西斯（Simonis Sannensis）的有趣的证明，参见他的 *Clavis sanationis*（Venice, 1514），p.37。

③ Gregorovius, *op. cit.*, Ⅴ. 611.

④ F. Ehrle, "Zur Geschichte des Schatzes der Bibliothek und des Archivs der Päpste im vierzehnten Jahrhundert," *Archiv für Literatur-und Kirchengeschichte des Mittelalters*, Ⅰ (1885), 3, 21 ff.

⑤ Cf. B. Altener, "Griechische Codices in abendländischen Bibliotheken des XIII und XIV Jahrhunderts," *Byzantinische Zeitschrift*, XXXVI(1936), 32-35.

⑥ P. Batiffol, "Librairies byzantines à Rome," *Mélanges d'archeologie et d'histoire*, Ⅶ(1887), 419 ff.; Ⅷ(1888), 297 ff.

是,关于它的藏书情况没有任何记载。同样,博洛尼亚的图书馆发展一定也很早,因为在 11 世纪之初,当时阿奎(Acqui)的主教圣圭多(St. Guido)鼓励该城的学术研究。①关于博洛尼亚大学的图书馆,13 世纪有一则记载。②

143　　在克雷莫纳的主教座堂里,有一个文学抄本(literary manuscripts)收藏中心,其中有一份书单是 984 年编辑的。在那一年,主教奥德里克(Odelric)发现多本书被偷,他下令将剩余的书编辑一份图书清单。③在 10 世纪末,该城市一定是一个文化中心。其优秀睿智的主教利乌特普兰德(卒于 972 年)能够读希腊文,并且懂拉丁文的古典著作。④在 1070 年,教士阿德拉诺(Alderano)被从其他职务中解放出来作哲学讲座,吸引了众多来自德国和法国的学生。⑤

　　早在 10 世纪,伊夫雷亚的主教座堂图书馆以其神学和法律书籍而著名,⑥在 1001 年,主教瓦尔蒙德(Warmund)有许多手稿被抄写。⑦

　　与利乌特普兰德在学识和个性上相似的是他的同时代人语法家纳瓦拉的甘佐。当他奉奥托一世之命于 965 年去帝国宫廷的时候,他随身携带了将近 100 卷书。这些抄本是来自纳瓦拉的主教座堂还是来自一个修道院,我们并不清楚。⑧后来,随着罗马法和神学研究的复兴,纳瓦拉的图书馆因其在这两个领域的藏书而闻名

144 于世,正如我们从 1175 年至 1212 年所编制的图书清单中所了解

---

　　① F. Schupfer, "Le Università ed il diritto," in *Gli Albori della vita italiana*, III, 441 f.

　　② 这是一封弗里德里克二世"写给波隆纳大学师生"的信,他给他们寄了一些亚里士多德的著作,他已经将这些著作从希腊文和阿拉伯文翻译成了拉丁文。"……因为这些书籍多种多样的……书写字体装饰了我们大大的图书馆,这些书籍被阅读思考……我们遇到了亚里士多德和其他哲学家的包含有逻辑和数学内容的各种著作,这些小著作在古代就以拉丁文和阿拉伯文出现了。这些使用古代语言写就的著作……并不意味着勤奋……已经被融进了拉丁文的知识。正如我们所期望的那样,这些高度受人尊敬的著作可以在我们中间通过语言的转换而发挥普遍的作用,我们已经通过懂两种语言(希腊文和拉丁文)的人将它们忠实地翻译出来,保留原意……(Petrus de Vineis, *Ep*. iii, 67)。"

　　③ Becker, *op. cit.*, No.36; T. Gottlieb, *Ueber mittelalterliche Bibliotheken*, No.543.

　　④ Ebert, *op. cit.*(French ed.), III, 445.

　　⑤ G. Salvioli, *L'Istruzione pubblica in Italia*, p.79.

　　⑥ *Ibid.*, p.98.

　　⑦ E. L. Dümmler, *Anselm der Peripatetiker*, p.83.

　　⑧ Becker, *op. cit.*, No.31; Ebert, *op. cit.*, III, 397-399.关于意大利和德国修士在学识方面的优点上,他的观点与圣高尔的修士们的观点是有矛盾的,这似乎暗示了他是一个法国人。已经有人争论过,古恩佐是一个法国人,但他的观点似乎是不可信的。

的那样；第一份清单有 60 个条目，第二份有 73 个条目。①

　　尽管米兰是中世纪伦巴德地区最重要的大主教区，但是，其学校和图书馆都不出名，这令人感到不可思议。在北部意大利，它一直在政治和经济上居于领导地位，但是对于更高级的文化，它并不感兴趣。安布罗斯图书馆今天的辉煌令人瞩目，但它是近代建立起来的。②另一方面，在伦巴德国王最喜欢的居住地蒙扎附近，除了书籍再无其他，因为一份 13 世纪的图书目录被保留了下来。③特雷维索的主教座堂图书馆一定很小，因为一份 1135 年的图书目清单并没有将书籍和教堂其他的财产区分开来。④

　　对于维切利早期图书馆的历史，我们几乎一无所知。最古老的主教座堂抄本 4 世纪的《福音书》，也是所有前杰罗姆时代（pre-Hieronymean）文本⑤最重要之一的抄本，被一些学者认为是维切利主教优西比厄斯于 345 年的笔迹。至于说主教的藏书也同样是古代的，这一点就令人质疑了。该城有记载的第一个真正的图书馆与主教座堂无关，而是与枢机主教瓜拉·比基耶里建立的圣安德雷亚斯（St. Andreas）的奥古斯丁教堂有关，瓜拉·比基耶里是当地人，是 1216—1218 年间教皇派驻英国的使节。在他 1227 年去世的时候，他给圣安德雷亚斯主教座堂的咏礼司铎留下了包括 98 卷书的图书馆，其中，最初分类的和带有描述性说明的目录留存了下来。这里的书分为五组：《圣经》，26 卷；法律书籍，14 卷；礼拜仪式用书，9 卷；教父著作，27 卷；杂书，22 卷。由于最后一个目录中的书籍没有被列举出来，也许因为它们是合订卷，看上去对咏礼司铎主要的学术兴趣或者他不关心古典著作这方面下任何结论，似乎都不稳妥，正如有学者已经做的那样。⑥从这份目录中，我们得出如 145

---

　　① Beddie, *op. cit.*, p.5. 在第一份图书清单中，格里高利的《道德论集》和《箴言》被借出去了；在同一年的另一份图书清单中，它们又出现在图书目录中——这是一份较早的成功的图书管理的记录。

　　② Tiraboschi, *op. cit.*, IV, chap, i 中说米兰的大教堂连同其图书馆于 1075 年被烧毁。引用 Arnulphus, *Gesta archiepiscoporum Mediolanensium*（925-1077 年）作为权威的说法；但是，我在那本著作中找不到任何这样的记载。

　　③ Gottlieb, *op. cit.*, No.590；A. F. Frisi, *Memorie storiche della città di Monza*, II, 134-135.

　　④ Gottlieb, *op. cit.*, No.679.

　　⑤ P. C. de Labriolle, *History and Literature of Christianity*, p.256.

　　⑥ A. Hessel and W. Bulst, "Kardinal Bicchieri und seine Bibliothek," *Historische Vierteljahrschrift*, XVII(1932), 772-794.

下的结论似乎更合理:比基耶里更像一个图书收藏者,而不是一个学者,他收藏的文本中有数本都是复制品,更奢华的书卷被详尽地阐述。最为重要的是,其字体在许多情况下被提及。最后一个特点使得这份图书目录成为古字体历史中重要的文献。用来具体说明其字体的技术性的形容词是:*Romana*,*Scottica*,*Tolentana*,*Parisiensis*,*Boloniensis*,*Anglicana*,*antiqua* 和 *antiqua Aretina*。在现代词汇中,头三个词被确认为是贝内文托体、岛屿体和西哥特体,而 *Anglicana* 很可能是盎格鲁-诺曼体,*antiqua* 是加洛林小写体。

在这个图书馆里最重要的手抄本是维切利古抄本(Vercelli Codex),共有 136 叶,包括 6 首诗和 23 篇用盎格鲁-撒克逊文写的散文作品。[1]这个手抄本属于主教座堂的收藏,因为它是使用英语写的最重要的文献之一,自从 1828 年它被布鲁姆(Blume)发现以来,产生了大量关于它的文学作品,[2]出现了各种解释其为何在意大利出现的假说。主要有以下不同的观点:(1)它是红衣主教瓜拉·比基耶里在英格兰得到的;(2)它和另一本 10 世纪的维切利手抄本一样,是在 11 世纪或者 12 世纪来自富尔达或者伍兹堡;(3)它是被一些苏格兰人从不列颠直接带回来的,在 1343 年被归到圣安德雷亚;(4)它是 16 世纪由维切利的一些主教在德国获得的。令人遗憾的是,这些说法没有一个能够得到明确的证实。

146　　　在西欧古代和以后的历史中,没有任何的抄本收藏能够与维罗纳主教座堂图书馆相媲美。[3]如果说维切利是一颗星,那么维罗纳

---

① 该手抄本有摹本,附有 M. Foerster 的序言(罗马,1913)。

② 最重要的有:M. Foerster, "Der Vercelli-Codex CXVII," *Festschrift für Ludwig Morsbach*(Halle, 1913), pp. 20-180; G. P. Krapp, *The Vercelli Book*; A. S. Cook, "Cardinal Gualo and the Vercelli Book," *University of California Library Bulletin*, No. 10(1888); S. J. Herben, "The Vercelli Book: A New Hypothesis," *Speculum*, X(1935), 91 ff。

③ 书目非常多。关于抄本的清单,参见 F. B. C. Maassen, *Geschichte der Quellen und der Literatur des canonischen Rechts*; A. Reifferscheid, *Bibliotheca patrum Latinorum Italica*; H. Omont, "Les Manuscrits grecs de la bibliothèque capitulaire et de la bibliothèque communale de Verone," *Zentralblatt für Bibliothekswesen*, VIII(1891), 487—497; L. Traube, *Vorlesungen und Abhandlungen*, I, 248—252; E. A. Lowe, "A Hand-List of Half-Uncial Manuscripts," *Miscelllanea Francesco Ehrle*, IV(1924), 58-60。关于维罗纳图书馆的历史,参见 G. B. C. Giuliari, "La Capitolare biblioteca di Verona e storia monumentale, letteraria, paleografica della stessa," *Archivio veneto*, X-XXXV(1875—1888), *passim*。关于缮写室,参见 E. Carusi and W. M. Lindsay, *Monumenti paleografici veronese*; M. Venturini, *Vita ed attività dello "Scriptorium" veronese nel secolo*, XI; T. Venturini, *Ricerche paleografiche interno all'archidiacono Pacifico di Verona*。

就是一个星座。维切利拥有两本独一无二的珍贵的抄本，而维罗纳拥有全部的抄本。而且，在任何其他的地方，都没有如此多源自本地的书籍。这些特征综合在一起，可以解释该图书馆的历史及其藏书的内容，它将不仅使我们更详细、更精确地理解中世纪意大利的文献文化、图书生产和图书管理员的历史，而且它是可靠的。维罗纳的情况可能可以代表其他地方的大体情况，知识规模和各地的特色略有不同。主要的区别在于，在维罗纳，有记载被保留了下来，而在其他地方则没有留下记载。

　　维罗纳是罗马帝国重要的行省首府，是诗人卡图卢斯的出生地和早期生活的地方。经过几个世纪的沉浮，这里的一些古代文明遗迹一定保留了下来。在这个城市里，基督教文化很早就建立起来，因为在 4 世纪的时候，这里有一位博学的主教，[1]那里还可能拥有一所培养教师的学校。除此之外，维罗纳成为蛮族征服者喜欢的一个居住地，因为它坐落于博伦纳山口出口处一个大的商业和军事要道上，控制着威尼斯和伦巴第。从古文书学中可以推断出，到 7 世纪的时候，这里的主教座堂有一个教士学校（schola sacerdotum），我们将在后面对此进行讨论。在 825 年，洛萨下令在该城建立一所公共学校（可能是为非教会人士建立的），[2]从此以后，教会学校在历史中占据显要的地位。主教座堂图书馆的起源我们无从知晓，有可能它是在一个异教徒的公共图书馆的基础上建立起来的，这个异教徒的图书馆里逐渐增加了为教堂唱诗班需要的礼拜仪式抄本、为教士们研读而需要的宗教书籍和为了指导官员而需要的经典法令和法律论文，遗憾的是，从其后期的藏书中，我们无法推断该图书馆发展的脉络。任何一本抄本的日期都不能说明它是何时被带到这里的，当然，除非其字母体系或者文本内容具有起源地文化的显著特征。考虑到这些局限性，我们可以列举出维罗纳一些最古老的抄本。一本再生羊皮纸卷（LV，53）包括《十二使

*147*

---

① A. Beigelmain, *Zeno von Verona*.

② *Leges* i. 249. 这一说法至少在维罗纳是夸张的。在这个时候，那里的学术并不突出，因为 9 世纪的上半叶由于伟大的图书收集者执事长帕西菲库斯（Archdeacon Pacificus）而闻名。

徒问答式教令》(*Didascalia apostolorum*)①可追溯到哥特人入侵意大利之时(大约 489 年)。最早的有明确日期的文献也在同一本抄本中,它是《执政官岁时记》(*Fasti consulares*),日期是从 439 年到 486 年,从 486 年到 494 年则出自另一个人之手。②另一本非常早的再生羊皮纸卷包含在格里高利的《道德论集》(*Moralia*)(XL,38)中。在这个羊皮纸卷里,迈(Mai)于 1818 年发现了维吉尔用方形的大写字母对塞尔维乌斯和多纳图斯著作评论的残篇。③在 1867 年,斯图德蒙德(Studemund)发现了一个欧几里得的早期拉丁文本,是用俗大写字母(rustic capitals)写的,其他的一些书页里有李维使用安瑟尔字体写的手稿,附有希腊文的旁注。可以明确断定为 6 世纪作品的是都灵的马克西穆斯的《雅歌》(*Homilies*)(LI,49)。④相同年代的抄本还有一本经典汇编(LIX,57),稍晚一点的有查士丁尼时代的(LXII,60),是贝克尔(Bekker)在 19 世纪早期发现的,抄本使用的是安瑟尔字体,但该抄工对希腊文比对拉丁文更熟悉,因为使用希腊文的旁注在抄本中更经常出现。明显属于 7 世纪或者 8 世纪的是第二本经典汇编(LX,58),可能是阿非利加省的。⑤

148　　　该图书馆因其再生羊皮纸卷而闻名,在多次试图破译它们的过程中,因为使用化学用品,使它们经常像赫库兰尼姆古卷(rolls of Herculaneum)一样无法辨识。⑥遭遇最差的一本抄本是盖乌斯的(Gaius,XV,13),它被恰如其分地命名为"著名的古字体的殉道者"。它于 1817 年被尼布尔(Niebuhr)发现,这个发现为该图书馆带来了新的声名,也标志着在民法研究领域里一个新的时代的开始。这是现存唯一完整的古典罗马法范本。据说盖乌斯的《法学

---

① *Didascalia apostolorum*, the Syriac version translated and accompanied by the Verona Latin fragments, by Dom R. H. Connolly(Oxford, 1929).

② T. Mommsen, "Veroneser Fastentafel von 439-494 n. Chr.," *Hermes*, VII (1873), 474-481.

③ Giuliari, "La Capitolare biblioteca de Verona ...," *op. cit.*, XX(1880), 14.

④ Printed by A. Spagnolo and C. H. Turner in *Journal of Theological Studies*, XVI-XVII(1915-1916), with a note by Turner, *ibid.*, XVII, 232-234.

⑤ C. H. Turner, "Antonio Spagnolo," *Journal of Theological Studies*, XX(1919), 194.

⑥ 抄本经常会遭到霉菌侵蚀的破坏,除非定期给它们消毒。在 1924-1928 年间,有 50 多本最好的抄本在教皇的命令下被带往梵蒂冈,被保护以免于损坏。

阶梯》(*Institutes*)写完之后,被查士丁尼认为是无用的,并被毁掉了,盖乌斯的法学著作是查士丁尼使用的材料之一。吉本①曾为查士丁尼遭到的这一指控而辩护,后因尼布尔的发现,吉本的观点得到了证实,查士丁尼没有责任。

特劳伯②认为,除了维吉尔的著作抄本以外,这些最初的抄本多来自维罗纳,但是其他的一些学者,像凯尔(Keil)和比尔(Beer),③将其归于博比奥,而且可能最终归于斯奎拉切(Squillace)。事实上,我们不得不承认维罗纳和博比奥的文化环境之间的相似性以及它们之间的一些联系。毫无疑问,在7世纪和8世纪,这两个缮写室在意大利占有最重要的地位。④然而,关于这些抄本的出处,布鲁姆持另一种观点,因为在查士丁尼法典和李维的著作抄本中有希腊文,他认为,至少其中的一些抄本来自东方。⑤

维罗纳不仅因其再生羊皮纸卷而著名,它还收藏了保留下来的最古老的安瑟尔字体抄本、半安瑟尔字体抄本和小写字母抄本。关于这些抄本的时间,不同的专家给出了不同的结论,但是最近的调查研究⑥表明,其中的26本有清晰的证据表明至少是8世纪以来的抄本。这一专家还认为,有29本抄本写于800年前,28本写于9世纪,这不包括或者聚集在一起或者散乱的残缺不全的抄本。在这些早期抄本中,最有趣的有以下一些:No. I,一本希腊文的《诗篇》,它是使用5世纪或者6世纪的拉丁文安瑟尔字体书写的,雷南(Renan)认为,这样的抄本通常是属于加洛林时代或者12世纪,如果这一看法正确的话,那么它就是非常珍贵的抄本;⑦No. II,其中的10页包括最古老的现存戴克里先时代各行省的书单,它可能是于7世纪从写于297年的原始书单中抄写过来的;No. VI,是一本精美的紫色《福音书》,它是用4世纪或5世纪的安瑟尔字体抄写的,在每一

149

---

① Bury's ed., IV, 466.
② L. Traube, *Vorlesungen und Abhandlungen*, I, 162, 171, 251; II, 126, 131.
③ 参见第38页注释④。
④ G. H. Hörle, *op. cit.*, pp.43-44, 已经总结了这一结论的证据,尤其强调了这一简洁的证据。
⑤ *Rheinisches Museum für Philologie*, II(1828), 337.
⑥ T. Venturini, *op. cit.*, pp.61-68.
⑦ *Archives des missions scientifiques*, I(1850), 402.

部《福音书》的第一页以及出现耶稣和上帝的地方,都是金色字迹,而其他地方则是银色字迹;No. XXXIX(37),是卡西奥多罗斯的《气质的平衡》(*Complexiones*)唯一现存的文本;No. LI,包括 4 世纪的阿里安布道书的 6 世纪抄本,附有同一时期哥特人所作的旁注;①No. LXXXIX,包含用西哥特体书写的最古老的抄本,是 731—732 年之前写于西班牙的莫扎拉布每日祈祷书(Mozarabic breviary),也可能是写于萨拉森人入侵之前;②No. CLXIII,是我们所知道的克劳迪安最古老的抄本;还有几本其他的书籍,我们将在后面详细讨论。

　　从前在维罗纳的几本著名的抄本现在都存在其他的地方。其中之一是普林尼的《自然史》部分再生羊皮纸卷,是在杰罗姆一篇
150 文章的下面使用较早的安瑟尔字体写的,它是由蒙特(Monte)在卡林西亚的一家名为圣保罗的修道院发现的,它来自维罗纳。③其他的还有齐诺(Zeno)最古老的手稿,现在皮斯托亚的教会档案馆(chapter archives)中;《迦克顿信经》(*Acts of the Council of Chalcedon*),现在梵蒂冈;④埃吉诺(Egino)的《布道书》,现在柏林。⑤

　　维罗纳还有一些图书完全散佚了。其中著名的卡图拉斯的所有古代手稿都没有完整地保留下来,尽管其中的一本在 10 世纪的时候曾被维罗纳主教拉瑟使用过,还有 3 本在 14 世纪的时候由抄工抄写过,现在依然尚存,它们都出自同一个原本。它们与拉瑟读过的文本是否一致都已无法证明。⑥另一本确认已经丢失了的手稿

---

①　B. Capelle, *Revue bébédictine*, XXXIV(1922), 83; XL(1928), 50.

②　根据 L. Schiaparelli("Sulla data e provenienza del cod. LXXXIX della biblioteca capitolare di Verona," *Archivio storico italiano*, 7th ser., I [1924], 106, 111),这本书在 731—732 年间在比萨。

③　See Preface to Mone's Edition(Gotha, 1855).

④　Vat. Lat. 1322.林赛认为,都灵的克劳迪乌斯论保罗书信(Vat. Lat. 5775)是于 862 年写于维罗纳并送给博比奥的。在梵蒂冈其他的维罗纳手稿是通过马菲(Maffei)家族一些成员的机构到达那里的,该家族从 15 世纪到了罗马,可能是带了书籍的。西比奥·马菲(Scipio Maffei)怀疑这一点,但是不能证实(Giuliari, "La Capitolare biblioteca di Verona …," *op. cit.*, XII [1876], 289 f.)。

⑤　Phillips 1676. Of the same collection, Nos. 1831, 1885, and 1896 同样也是 8 世纪或者 9 世纪的,被林赛认为是源自维罗纳的。

⑥　B. B. Boyer, "On the Lost Codex Veronensis of Catullus," *University of Chicago*, *Abstracts of Theses*, "Humanistic Series," IV(1925-1926), 255-258; H. Buttenwieser, "The Distribution of the manuscripts of the Latin Classical Authors in the Middle Ages"(unpublished Ph. D.thesis, Unviersity of Chicago, Department of Latin, 1930), p.14.

是西塞罗的《致阿提库斯》(*Letters to Atticus*)，它是由彼特拉克在维罗纳发现的。①第三个是迪巴拉斯(Tibullus)。古列尔莫·达·帕斯特伦戈(Guglielmo da Pastrengo)于 14 世纪生活在维罗纳，他引用或者改写了迪巴拉斯的一篇文章，这篇文章没有出现在任何一本选集里，被认为是选自从前维罗纳教堂图书馆的一本抄本。②除了我们已经提及的用拉丁文写的《诗篇》以外，现存该图书馆的 19 本希腊文手稿没有一本是中世纪的。

　　关于主教座堂图书馆早期的管理情况我们一无所知。斯帕尼奥洛(Spagnolo)记载了 1172 年的大火，这场大火烧毁了许多手稿。③第一个被提及的教堂图书馆管理员是 13 世纪的，当时教士古列尔莫·达·蒙赞巴诺(Guglielmo da Monzambano)被任命管理主教座堂图书馆中的礼拜仪式书籍。④同样的经费用来支付照明费用和修补书籍，这一事实也表明图书馆管理的被忽视状况。还有记载表明，有人负责将圣书从图书馆搬运到教堂里去。⑤

　　这个图书馆里中世纪的任何图书目录都没有幸存下来——事实上，也没有任何证据表明曾经存在过任何一个图书目录。但是，维罗纳在图书目录这件事情上一直是不走运的。即使在今天，关于她的庞大的藏书也没有完整的图书目录面世。在 1625 年，教士雷扎诺(Rezano)手写了一份书单，马菲在 18 世纪手写了另一份较早的书单。摩索蒂(Mosotti)在 1788 年手写了第三份书单，包括两卷对开本，但是，其中只列了 543 个条目。当 19 世纪该图书馆拥

151

---

①　See R. F. Leighton's summary of the controversy, "The Medicean MSS of Cicero's Letters," *Transactions of the American Philological Association*, XXI(1890), 59-87.

②　B. L. Ullman, "Tibullus in the Mediaeval Florilegia," *Classical Philology*, XXIII (1928), 172.

③　A. Spagnolo, "La Scuole accolitale in Verona …," *Atti dell'accademia di agricoltura. Scienze e lettere di Verona*, 4th ser., V(1904), 131.

④　Giuliari, "La Capitolare biblioteca di Verona …," *op. cit.*, X(1875), 253, 标记这些文献的日期是 1206 年 3 月 13 日；但是，M. Venturini, *op. cit.*, p.117, n.1, 记载的日期是 1212 年 4 月 18 日。

⑤　Giuliari, "La Capitolare biblioteca di Verona …," *op. cit.*, XXVII(1884), 45 提及了这个文献。在另一篇文章中，他引用比安基尼(Bianchini)说明，一些文献的存在证明了这个图书馆在 13 世纪从主教座堂接受了一些钱款，还有格里高利九世写于 1231 年的一封信，在这封信中，教皇开除了所有在战时劫掠维罗纳教堂并抢走书籍的那些人。这表明，教会图书馆在 13 世纪经历了战争的劫难。在当时和其他的时间里，还可能有其他的损失发生，但是都没有记载。

有 1 084 本抄本的时候,当时的图书管理员吉乌里拉里(Giuliari)编辑了另一份图书目录,包括 8 卷对开本,附有两页 4 开本的详尽的
152 索引。①这些著作没有一本被印刷出来。然而,某些部分目录被发布出来了。②马森(Maassen)列举了教会法书籍;赖弗沙伊德(Reifferscheid)列出了教父著作;奥蒙特(Omont)列出了希腊文著作;特劳伯列出了安瑟尔字体的抄本;洛列出了半安瑟尔字体的抄本;文图里尼(Venturini)列举了那些 9 世纪到 11 世纪的书籍。然而,很明显,这些图书主要是教会方面的文献著作,和卡西诺山修道院图书馆不一样,那里没有任何拉丁文古典著作。在它自己的领域里,它拥有许多未出版的重要资料。雷南认为从这一点来说,它是意大利最有价值的图书馆;③朱利安尼宣称,他能提供几大卷《布道书》《圣经》、道德说教著作、礼拜仪式著作、赞美诗和使徒书信。④

尽管教会图书馆是维罗纳最杰出的图书馆,但它不是唯一的一个。城市图书馆拥有 1 300 多部抄本,但是因为它们年代久远,很难让人们感兴趣——大部分的日期是从 16 世纪开始的,尽管其中有两本是 12 世纪的,7 本是 13 世纪的。毫无疑问,修道院图书馆和私人图书馆是存在的,尽管能够证明其存在的证据很难找到。但是有一本抄本依然存在,梵蒂冈帕拉丁藏书中的第 927 号,已知是 12 世纪由城墙外蒙特奥利维托的圣三一(Holy Trinity)修道院制作的。

当我们从字体上研究维罗纳图书馆的这些抄本并将其同教堂图书馆及其成员的文献记录联系起来的时候,可以使我们在这个城市更清晰地发现比其他城市更多的文化发展的线索。抄本古文字学(paleography)对维罗纳当地历史做出了诗一般的贡献,因为维罗纳的历史为近代科学的发展奠定了基础,近代科学通过马奎

---

① 参考 Giuliari, *ibid.*, XII(1876),277。他的图书馆的历史介绍了这份图书目录。根据 C. H. Turner, *Journal of Theological Studies*,XX(1919),199,比亚迪哥伯爵(Count Biadego)记载,朱利亚里(Giuliari)的继任者斯巴格诺罗(Spagnolo)受枢机主教埃尔勒(Ehrle)的邀请,准备维罗纳手稿的目录以备系列出版,该出版是在梵蒂冈图书馆官员的监督、支持下进行的,比亚迪哥认为,斯巴格诺罗在去世前完成了他的著作,并且将手稿送到了罗马。

② 参见前文第 143 页注①。

③ *Archives des missions scientifiques*,I(1850),401.

④ "La Capitolare biblioteca di Verona …,"*op. cit.*,XXX(1885),489.

斯·马菲(Marquis Maffei)的发现和研究而第一次建立起来。这个故事是学术史上最罗曼蒂克的一章。

　　西庇阿·马菲(Scipio Maffei，1675—1755 年)出身于维罗纳贵族之家,他学识渊博,并在维罗纳度过了一生的岁月。朋友们敦促他写一本符合需要的维罗纳指南书,为此他开始研究当地的古代史,并很快就被偶尔提及的图书馆信息所吸引,这个图书馆以前为人们所熟知,但是看上去却不再存在。比如,安布罗吉奥·特拉维塞利(Ambrogio Traversari)说他见过许多 15 世纪主教座堂里的精美古老的抄本,但是 17 世纪马比伦被告知,在那个曾经最著名的图书馆里,找不到任何的书籍。[1]人们很容易猜测这些书或者丢失了,或者被毁掉了,但是这些猜测都不能令马菲满意。他开始寻找这些书籍,其间他获得了一位年迈的咏礼司铎卡里内利(Carinelli)的帮助,后者要调查这个主教座堂的久远的过去。在 1713 年的 10 月,卡里内利召唤马菲,当马菲气喘吁吁到达的时候,卡里内利带他走进了主教座堂办公室里一间阴暗的房间里,指给他看一个装满公共档案文献巨大的书箱。箱子的顶部由一个很高的造型制成,看上去像一个巨大的对棚顶敞开的箱子。马菲使用一个梯子检查了这个地方,发现那里装满了名副其实的无价之宝——最精美的和最古老的抄本,从某些方面来说,它们是现存最重要的拉丁文抄本。[2]

　　这些书为什么放在这里? 什么时候被放到了这里? 这些目前都不清楚。人们对此有两点猜测。1574 年的文献提及了阿迪杰河(Adige)泛滥带来的灾难,当时这个图书馆在修道院回廊的底层,因此这些书可能被堆在箱子的上面以受到保护。在 1625 年,教堂图书馆建筑进行了大面积的重修,当时这些抄本可能被暂时保存在这个隐蔽的地方,等待转移。但是在 1630 年,教堂图书馆在灾害中严重受损,因此关于它们所有的记载全部都消失了。

　　令人遗憾的是,马菲没有留下任何记载可以将这些抄本和现在教堂图书馆其他的抄本区分开来,但是,通过他对这些抄本的使用

---

①　J. Mabillon, *Museum italicum*, I, 23.
②　Traube, *Vorlesungen und Abhandlungen*, I, 44.

情况,其整体特征是很明显的。这里的图书收藏对于学术研究来说至关重要,这不是因为其文本内容,而是因为这些内容丰富的系列图书是经过几个世纪的时间,在一个缮写室里抄写出来的。马菲从中得出了其发展的基本线索,它成为近代所有古文献学研究的基本原则。直到这时,马比伦于1681年出版的《论外交》(*De re diplomatica*)中提出的理论才被广泛接受。它区分了5种图书的字体——罗马体、哥特体、伦巴德体、墨洛温体和撒克逊体——但是认为它们完全彼此独立,完全是不同的民族不同的发明。但是,马菲的无价之宝包括了如此多的过渡形态,这些过渡形式展示了一个发展的脉络,就和欧几里得定律一样清晰明确。维罗纳的图书开始使用方形的俗大写字母,在各个不同的阶段,经过了安瑟尔字体、半安瑟尔字体和小写体的演化,最终发展成一种完全成熟的民族书写体,所有这些都与一个缮写室的发展方向和作品在时间顺序上彼此相连。马菲自己对这个发展的过程及其差异的阐释被以后的学者不断地纠正和扩展,但是它依然是近代抄本古文字学发展的最根本的基础。[①]因为这个原因,我们将详细地考察维罗纳缮写室的历史,以作为中世纪图书生产尚存最清晰的记录。

在卡西诺山修道院建立之前,在维罗纳就已经出现抄写手稿的活动了。它拥有一份抄本(XXXVIII,38)明显是抄写于狄奥多里克统治时期,此时古老的罗马文化还没有完全灭绝。但是,正如大多数古文字学家所持的观点那样,比尔认为,这仅仅是这个城市里狄奥多里克故居遗留下来的一个孤立的遗物,不能作为一个标准的缮写室存在的证据。与维罗纳主教座堂有关的缮写室活动的第一份明显的证据来自517年,当时一个普通教士乌尔西奇努斯(Ursicinus)完成了苏尔皮西乌斯·塞维鲁斯的《图尔城的圣马丁传》的抄写工作,并且在抄本中签上了名字。[②]这是已知时间最早并且有签名的抄本之一,也是最早的使用半安瑟尔字体的抄本之一。还有一件事情值得一提,它不是出自一个修士之手,而是由一群在

---

① A. Spagnolo, "Il grande merito di Scipione Maffei nel campo paleografico," *Atti dell'accademia di Verona*, 5th ser., X(1909), 212 ff., and Traube, *Vorlesungen*, I, 24, 26, 43-47.

② 关于使用的字母样本,参见 Carusi and Lindsay, *op. cit.*。

俗神职人员抄写的。而且，还有 6 本维罗纳的抄本①，其字体和乌　155
尔西奇努斯的字体是如此相似，它很可能与前一部抄本出自同一
个地方，并且是出自同一个时期。所有的这 7 本 6 世纪的抄本都是
使用半安瑟尔字体，而且通过羊皮纸的富贵之气而不是装饰达到
美观的目的，其中没有像以后的维罗纳著作中被大量使用的红色
和黄色的装饰。

　　在 7 世纪，很少有关于缮写室的证据。但是在 8 世纪，一位伟
大的德国学者以主教埃吉诺的身份出现了，他后来在赖歇瑙建立
了奈德泽尔（Niderzell），并在那里于 802 年去世。他随身携带了大
量的书籍，很可能都是在维罗纳的缮写室抄写的，其中可能有现存
卡林西亚的再生羊皮纸卷。埃吉诺本人是否让人在普林尼著作基
础上抄写过杰罗姆的著作，这一点不确定，但是这是有可能的。他
的学术活动最重要的证据是一份从前在菲利普藏书（Philipps Col-
lection，1676）中而现在在柏林的抄本。这本抄本里含有为埃吉诺
本人所使用的早期的《布道书》，他因此在这个领域里走在保罗
斯·迪亚克努斯的前面。他说他为了这部著作而查阅了多卷的资
料。有可能是在他离开的那个前夕，这本书被捐赠给了维罗纳的
主教座堂。这部抄本出自 8 个人之手，在装饰上有非常强烈的墨
洛温影响的痕迹，基什内尔（Kirchner）认为，法兰克艺术家为这个
目的而被召到了维罗纳。在 9 世纪，这个抄本由主教迪奥德里希
（Deoderich）从维罗纳寄给了他在梅斯建立的圣文森特（St.
Vincent）修道院。②

　　在埃吉诺的布道书中有许多人的笔迹，这成为他任主教期间
（772—799）维罗纳抄写学校良好发展的一个很有说服力的证明。　156
该图书馆所有 8 世纪的抄本都出自这一时期，尽管看上去它们更
可能代表了更长的一个时段。其中的 4 本是安瑟尔字体，3 本是半
安瑟尔字体。其他的更可能是埃吉诺时代的 4 本抄本，使用的是
前加洛林时期的小写体（pre-Carolingian minuscule），这是一种还没

---

　　①　Carusi and Lindsay，*op. cit.*，pp.7-8.
　　②　Cf. V. Rose，*Verzeichniss der lateinischen Handschriften der königlichen Bibliothek zu Berlin*，I，77.

有完全发展成熟的字体。其中的 3 本表明了外国不同程度的影响。伊西多尔著作的抄本（LV，55）有西哥特的元素，可能是因为它是从一本西班牙手稿或者通过模仿这个图书馆里的莫扎勒布每日祈祷书（LXXXIX）抄写过来的。克雷斯康尼乌斯抄本（The Cresconius，LXII，60）则体现了岛屿体影响的痕迹，这种影响或者来自它的原型或者是来自它与博比奥的联系。第三本即一本奥古斯丁的著作抄本（XXXIII，33）则有墨洛温影响的痕迹。这些域外的影响，可能并不仅仅是通过外国的抄本，还可能是源于抄工和画工（illuminators）大量的交换活动。很明显，所有的这些活动和书籍生产的多样性遮盖了一些学者关于 8 世纪对于各个地方来说都是一个文化衰落时期的争论。维罗纳的缮写室一定是非常有生机而稳步发展的。克劳狄的《格言警句》（*Epigrams*，CLXIII，153）被抄写，同样也是使用前加洛林小写体，表明了当时人们甚至对古典文学也表现出了一些兴趣。

在 9 世纪，缮写室是如此地活跃，以至于它的领导执事长帕西菲库斯（Archdeacon Pacificus）有时被认为是教堂图书馆的建立者。他可能是埃吉诺的学生，而且是个幸运之人：他有生之年正赶上加洛林文艺复兴的黄金时代，在 802—840 年期间，他的抄写活动受到了维罗纳主教拉道夫（Radolf）的大力支持。维罗纳主教拉道夫和埃吉诺一样，具有德国血统，在赖歇瑙退休，并于 847 年在那里建立了拉多尔夫采尔（Radolfzell）修道院。他可能也随身带来了维罗纳的书籍。他的墓志铭上写明他一共"完成"了 218 本抄本。①这个数字对于一个人的抄写数量来说似乎是太大了，可能这是他那个年代该图书馆里所有抄本的总数。

通过对这一时期维罗纳抄本的细致的古文字研究，特丽萨·文图里尼（Teresa Venturini）在她的著作中，试图弄清楚在 9 世纪有多少抄工在这个缮写室里工作，并且认为她能够确认大约 50 个抄工的笔迹。②她还试图弄清楚这些笔迹哪一个是执事长帕西菲库斯本人的。尽管他在 809 年的一个文献中的签名依然尚存，但因其太短、

157

① *MGH*，*Poetae Latini aevi Carolini*，II，655，No.844.

② 这个数字与斯基阿帕雷利（Schiaparelli）的结论类似，斯基阿帕雷利认为，在 8 世纪，在主教座堂的缮写室里有 40 多个书吏在工作。

太过私人化,以至于很难通过这个签名来辨认出其正式的书写体。帕西菲库斯没有将任何一部古抄本署名为自己的作品,但是作为这个缮写室的组织者和领导者,他的笔迹最有可能出现在其他人完成的抄本的补遗、修订和旁注中。在 18 本 9 世纪的书籍和 14 本较早的书籍中,这样的注释看上去确实是出自一个人之手,而且,它们是出自该图书馆一位具有渊博知识和高深学术造诣的人之手。毫无疑问他就是帕西菲库斯。他书写使用的是加洛林小写体,伴有一些前加洛林时代字体特征和一些速写特征,他添加这些元素是为了形成一种具有鲜明特征的风格。使用这种字体抄写的手稿有 4 部(XIX,LXXV,LXXVI,CVI),可能还有 4 部(XX, LIV, LXVII, XCII)。在维罗纳还有 20 本 9 世纪的抄本和他的风格非常接近,这表明它们是出自其他抄工之手,但可能是在他的指导之下完成的。这个学派抄本的开头使用方形大写字母,标题、每段的第一行、礼拜仪式用书的第一页和 VIII 整部抄本使用华美的安瑟尔字体,大部分著作使用的是加洛林小写体,半安瑟尔字体则没有被使用。

　　该图书馆其他的 9 世纪抄本似乎是前帕西菲库斯时代的著作,或者是更早的抄工抄写的著作流传下来的。其中的一些是处于过渡期的,综合了前加洛林时代和加洛林时代早期的特点。一组古老的加洛林字母非常拥挤,而且是尖的字母;另一组是圆形的,很少尖的字母,偶尔有小写字母。在 9 世纪上半叶,维罗纳的风格在图形化方面有非常明显的发展,这与同一时期其他地方的情况一样。正如乌尔西西努斯的半安瑟尔字母已经被埃吉诺的前加洛林字母所取代一样,后者也被公共档案文献中的速写体稍微作了修改,从而产生了一种新的书写体。这两种风格的交互影响具有重要的历史意义,一些文献的书写体非常优美,一些书就在公共档案室里,少有人经管。根据 E. A.洛的研究,维切利和诺瓦拉所拥有的小写体完全是建立在 8 世纪早期的速书体基础之上,而维罗纳尽管拥有辉煌的过去,而且拥有无可媲美的丰富的安瑟尔字体和半安瑟尔字体的抄本:

> ……并没有设计出一种自己的小写体。它反复尝试。但是这种尝试是在速写体和那些半安瑟尔字体的基础之上,最后依

*158*

然仅仅是尝试。它的抄工如此地缺乏创意,以至于他们试图模仿法国的书写体系,法国的书写体系是通过赖歇瑙或者通过博比奥而传到他们那里的。当最终在 9 世纪,他们成功地开发出一种小写体,它属于加洛林风格,会使人们联想起圣高尔和赖歇瑙的样式。我们知道他们的主教埃吉诺(卒于 799 年)和罗萨尔杜斯(Rothaldus)(卒于 840 年)都和赖歇瑙有着密切的关系。执事长帕西菲库斯(卒于 844 年)与科维有联系,正是通过他,许多新书才到了维罗纳。①

除了制作抄本和指导抄本的制作以外,帕西菲库斯也许还从外部搜集了一些抄本。他可能负责将它们中的一部分用来制作复本,但是关于这些都缺乏有效的证据,所以这些猜测就很难站得住脚。

所有 9 世纪的抄本在本质上来说都具有宗教性。其中的一些可以证明维罗纳和博比奥之间的关系。梵蒂冈的拉丁文抄本 No.5775 包括一本都灵的克劳迪厄斯关于保罗的使徒书信的著作,它于 862 年成书于维罗纳,是在帕西菲库斯去世很久以后,这本书后来送给了博比奥。②另一个具有这种联系的例子可以从著名的《逃亡者的哀歌》(*Lamentum refugae*)中看出来,这是博比奥的一个修士创作的祈祷书,该修士逃到了维罗纳,祈求维罗纳的圣齐诺将他送回他原来的修道院。③维罗纳所有的抄工几乎都没有留下名字,但是,在 814 年的一部文献提及了"教士和作家阿吉佩尔图斯"(Agipertus presbiter et scriptor),④MS XIII(II)的一则注释中,出现了"古物学家优塔利乌斯"(Scribit antiquarius Eutalius)。⑤

159　　在 10 世纪,意大利的主教和教士阶层愚昧且腐化。圣职买卖盛行,学习被忽视,在 900 年至 1050 年期间,文化上的创新性活动日趋减少,道德风尚和学习的风气仅在修道院里尚存,但是维罗纳却完全没有腐化,维罗纳修道院分会的一个成员卡多罗(Cadolo)当

①　*The Legacy of the Middle Ages*, ed. G. C. Crump and E. F. Jacob, pp.213-214.

②　W. M. Lindsay, note on article by A. Spagnolo, "Abbreviature nel minuscule veronese," *Zentralblatt für Bibliothekswesen*, XXVII(1910), 549.

③　*Poetae Latini aevi Carolini* III, 688-689.

④　V. Lazzarini "Scuola calligrafica veronese del sec, IX," *Memorie del r. istitutoveneto*, XXVII(1904), 5.

⑤　Reofferscheid, *op. cit.*, p.94.

上了帕尔马的主教,而帕尔马拥有意大利最好的主教学校之一。为了达到这样的地位,他可能在维罗纳获取了一些知识。10 世纪的早期产生了《阿达尔哈德的诗歌》(*Carmen Adalhardi*),它是模仿贺拉斯的古典之作。①充满更多古典精神的著作是《皇帝贝伦加尔的事迹》(*Gesta Berengarii*),它是在 922 年之前创作的一部史诗性的作品,其作者可能是一位基督教会的书法家,同时是贝伦加尔档案室的抄工,他的身上体现了人文主义者的气质。所有摘自维吉尔和斯塔提乌斯的段落充分证明了卡多罗对古典作品的借鉴,证明了这些作品缺乏独创性;这部作品还反映出他阅读过尤维纳利斯、西里乌斯·伊塔里库斯(Silius Italicus)、普鲁登休斯和塞杜利乌斯的著作。这一现象在蛮荒的时代里显得非同寻常。它是第一个可以证明维罗纳古典手稿存在的真正的证据,是唯一的早期重写本和 8 世纪克劳狄作品存在的证据。但是前者可能是其他图书馆留下来的,后者绝对是古典时代后期的作品。

在前面的章节中,我们已经考察了 7 世纪和 8 世纪期间博比奥的修道院图书馆鲜为人知的记载。这里我们将继续探讨后面的历史,尽管我们这个时代的证据也远未清晰,而且其年代顺序也颇具争议。在 1714 年,穆拉托里(Muratori)访问了博比奥,尽管那里的许多抄本已经被转移到了米兰,但是还有一部分抄本留存下来。在这些剩余的部分抄本中,他发现了一份不完整的中世纪图书馆的目录,开头缺了一页或者更多页,但是它看上去是一份重要的文献,穆拉托里后来将其出版。②由于是抄录,我们见不到原始的目录。因此我们不可能再对其原始文字进行考察了,而只能通过考察里面的证据、文献历史及其提及的尚存的抄本来验证他的年代

160

---

① G. Ongaro, "Coltura e scuole calligrafica veronese del sec. X," *Memorie del r. istituto Veneto*, XXIX(1925), 5-7.

② *Antiquitates Italicae medii aevi*, III, 817-824; Becker, *op. cit.*, No.32. 关于这份博比奥图书目录最详细的研究,参见 M. Esposito, "The Ancient Bobbio Catalogue," *Journal of Theological Studies*, XXXII(1931), 337 ff.

关于博比奥手稿的历史,参见 E. Martin(*Bobbio*: *l'ombre d'un grand nom in Mémorires de L'Acad*, *de Stanislas*, 6ᵉ série, t. iii 1906, pp.260-329); C. Cipolla(*Codici Bobbiesi della Biblioteca Nazionale di Torino* i 1907 pp.7 sqq., and in *Rivista storica benedettina* iii 1908 pp.561-580); L. Grammatica in *La Scuola Cattolica*, 6 ser., II(1923) pp.533-549; and De Marinis(*Enciclopedia Italiana* t. vii 1930, art. Bobbio.); Ratti, *Le Ultime Vicende della Biblioteca e dell' archivio de S. Colombano di Bobbio* Milano 1901.

测定和解释。

穆拉托里直截了当地断言这份目录是 10 世纪的,他没有详细地描述,而且一点都没有提及有任何人在任何时候抄写过它。戈特利布①认为,与目录记载相吻合的几部尚存的手稿是写于 11 世纪的,在这之前,穆拉托里认定的年代一直没有受到过质疑。因此,戈特利布认为这个目录一定属于 11 世纪或者更晚的时段。特劳伯、马尼蒂乌斯(Manitius)和其他学者接受了他的观点。②但是,在 1931 年,埃斯波西托(M. Esposito)重新考证了整个问题,他不仅不接受戈特利布的观点,而且认为穆拉托里的文献是一份"10 世纪的附录抄本,这个附录写于 9 世纪的下半叶"。他的论文是文献学历史领域里批判研究方法的一个典范。他的主要观点是:(1)这份目录中没有提及任何晚于 9 世纪中叶的作者或者作品;(2)认定这份关键手稿为 11 世纪的年代测定并不具有权威性,其他学者并不完全赞同戈特利布以及学术权威赖弗沙伊德(Reifferscheid)的观点;(3)博比奥现存 6 部抄本记载,它们被阿吉鲁尔夫斯(Agilulfus)送给了修道院,这份目录没有提及其中的任何一部抄本。可能的情况是,如果它们的捐赠者是 883—896 年期间那个修道院的院长,那么这份目录一定早于他的赠予时间。

穆拉托里的目录中的条目表明,它是建立在较早的一份目录基础之上的,其中提及的两本书附有注释"我们未发现之物"(quasnon reperimus)。不论它是什么时期的,它的内容都为我们描述了一幅该图书馆丰富藏书的生动画面。这些书分两部分被列出,很明显,第一部分包括了所有在博比奥抄写的抄本或者通过交换和购买而获得的抄本,它们是按照中世纪标准的分类法根据其内容列出的。③第二部分捐赠者的赠予根据捐赠者而列出。

第一部分毫无疑问是以《圣经》和礼拜仪式用书而开始的,然后是按作者列出的基督教教父的著作。正如穆拉托里所发现的那

① T. Gottlieb, "Ueber Handschriften aus Bobbio," *Zentralblatt für Bibliothekswesen*, IV(1887), 443.

② L. Traube, "O Roma nobilis," *Abhandlungen der bayerischen Akademie der Wissenschaften*(Phil.-hist. Kl.)XIX(1892), 336; Manitius, *op. cit.*, I, 374.

③ 偶尔其顺序会被混合书卷中出现的不相关的标题所打乱。分析条目法显然还没有被发明出来。

样，这份目录非常意外地以奥古斯丁的著作而开始，头两组的全部和第三组的部分前面的页码都缺失了。第四组（177—194 年）是基督教会法规。第五组（195—264 年）是后期基督教作家的著作、《圣经》评论、反异端的著作、说教作品、卡西安为修士们定的教规、奥罗修斯的《编年史》（*Chronica*）、埃吉西普斯（Egesippus）的《哥特人的事迹》（*De gestis Gothorum*），令人费解的是，还有普林尼的《自然史》和查士丁尼的《法学阶梯》。下一类是佚名评论和礼拜仪式用书（265—295 年），然后是传记（296—355 年）。在这里，又一次出现了其他的书籍，这显然不是装订错误的原因，这些书籍包括科伦班和巴兹尔的修道院院规、伦巴德法律、7 本数学和天文学著作以及 7 个术语汇编。然而，最有趣的是最后一类，是各种不同的世俗内容（*varia*）（356—479 年），在此，最遗憾的是这个目录编辑者列的是最简短的条目，列出了一些作者的名字，但是没有具体说明其书名，而仅仅是列出了 20 卷书的主题。可能是他感觉到非宗教书籍对于修道院图书馆来说是不值得一提的，但我们还是发现了加图、西塞罗、克劳迪安（Claudian）、德拉康提乌斯（Dracontius）、弗拉库斯（Val. Flaccus）、贺拉斯、尤维纳利斯、卢坎、卢克莱修、马提雅尔、奥维德、佩尔西乌斯、普林尼、塞内卡、特伦斯和维吉尔等人的名字。被翻译成拉丁文的希腊作家及其著作包括亚里士多德的《范畴篇》（*Categories*）、德摩斯梯尼的著作、波尔菲利的《〈范畴篇〉导论》（*Isagoge*）和其他著作，以及西奥普拉斯图斯（Theoprastus）的《论哲学与精神的结合》（*De nuptiis*）。[①]

　　如果那 20 卷佚名书卷的标题都列出来的话，那么语法、拼字法和韵文著作的书单将会非常完整。正是通过博比奥的抄本，古罗马大部分著作的文本才能够保留下来。[②]7 个基督教诗人也在这里被列了出来——阿拉托、奥索尼乌斯、尤文库斯、利森蒂乌斯（Licentius）、波莱纳斯、普鲁登休斯和塞杜利乌斯。很显然，他们的著

162

---

　　① 有几位作者都援引这些著作以证明希腊文化在博比奥得到了研究；比如，R. Welsh 在 *Catholic Encyclopedia*，II，606 中写道："爱尔兰的修士们似乎阅读亚里士多德和德摩斯梯尼的原文著作。"对于我来说，这种说法是站不住脚的。没有理由相信这些著作是希腊文的原文著作，而更可能是波埃修斯和其他人的翻译。

　　② R. Sabbadini, *Le Scoperte dei codici codici latini e greci ne'secoli XIV, e XV*, I, 164.

作被认为更具文学性而不是宗教性。数学和科学著作有：波埃修斯的《算术》和《天文学》，①普里西安关于数字的著作，炼金术方面的著作和塞里杜斯的《论乡村事务》（De ruralibus）。还有迪克提斯（Dictys）和达里斯（Dares）写的两部关于特洛伊历史的著作、一本亚历山大大帝的传记和归于他的伪作。

这份目录的第二部分（480—666 年）是按照捐赠者的名字列出的赠予。其中的一些书是分类收藏图书的副本，但是其他的著作似乎是这个图书馆重要的补充，②比德的著作、爱因哈德、阿尔昆、约瑟夫斯、卡西奥多罗斯和马克罗比乌斯·卡佩拉的著作，还有几本马克罗比乌斯、迪奥尼休斯（Dionysius）、阿纳托利乌斯（Anatolius）、维克托利乌斯（Victorius）和科尔曼（Colman）的数学著作。还有一部涉及宝石鉴定方面的著作（lapidary），也许还有一本早期的动物寓言集。

这 666 卷书构成了 10 世纪意大利基督教和古典知识藏书的丰富宝藏。事实上，每一个知识的分类包括宗教的和世俗的都可以在这里找到，而且大部分——宗教、教会史、法律、古典文学、语法和修辞、诗歌、哲学、音乐、数学、年代记和天文学——都能够在这里找到最有代表性的作品。③

由于这份目录年代的不确定性，因而在目录所提供的抄本的捐赠者名单和抄本特征的基础上来重建这个图书馆的历史是一个不靠谱的做法，甚至捐赠了 29 卷书的第一个捐赠者邓加尔（Dungal）是否就是叫这个名字的爱尔兰学者，即查理曼的信使，并且他后来在 825 年被洛萨派去帕维亚管理学校，这还是一个问题。他的赠予中最有趣的是：一本《诗篇》，有时被认为是那本著名的《班格尔轮流吟唱歌集》（Antiphonary of Bangor），它是从博比奥转到安布罗斯图书馆的；一本用拉丁文写的关于爱尔兰语言的书；邓加尔反对克劳迪厄斯有悖常理的观点的著作。在这 29 卷书中，7 卷尚存

① 这部手稿的残片属于 6 世纪或者 7 世纪，在 Turin，Theca F IV 被发现。
② 《圣经》评论、他的《殉道者》以及他关于度量衡和算术方面的著作。
③ 在这份目录中，我找不到医学方面的著作。

（如果我们确认了《班格尔轮流吟唱歌集》的话，就是 8 卷）。书单中的第三个奥利金《论致罗马人书》（*Origen on the Epistle to the Romans*）在最后一页有这样的文字："神圣的科伦班，和您同在一个修道院的苏格兰人邓加尔，给您这本书，教友们的心灵因此会得到祝福。您读了这本书，因此祈祷，愿上帝是他的捐赠的补偿。"①

在穆拉托里书单和 1461 年的图书目录之间的博比奥图书馆的历史完全是一个空白，②但是在这段时间里，很显然图书收藏的规模大大减少了，而损失的程度不能仅仅通过第二份目录比第一份目录（超过 666 卷）减少这一点来评估。这两份目录使用的是不同的计算方法，它们之间不可比较。在可识别的条目中，第二份目录中的 94 卷书相当于第一份中的 336 卷。这种区别产生的原因是前者使用的是集体目录，并且通过再装订而形成综合书卷，另一方面，在此时间段里，该图书馆又增加了新的抄本。

圣西尔维斯洛·迪·诺南托拉（S. Silvesro di Nonantola）的圣本笃修道院，在摩德纳东北 6 里处，是由圣安瑟伦于 752 年建立的，圣安瑟伦曾是弗留利（Forum Julii）的公爵，他放弃了世俗的权力，专心去侍奉上帝。这个修道院接受了伦巴德国王埃斯图尔夫（Aistulph）的慷慨捐赠，到 10 世纪的时候，它被认为是意大利最富有和最宏伟的修道院。直到 1083 年，它还依然是皇家的建筑，当时托斯卡纳的马蒂尔达（Matilda）被迫屈从于教皇的统治。在中世纪，诺南托拉的法律学校和音乐学校非常出色。早在 853 年，在修道院的文献中就提及了法律专家西拉雷杜思（Hilaeradus iuris magister）。在维罗纳，有一份不完整的诺南托拉法律手册，包括一份非常珍贵的《和睦》（*Concordia*）样本。③一些历史学家认为，这所罗马化的伦巴德法律学校是博洛尼亚大学最初的雏形。宗教音乐学校在这个领域同样很重要，因为它是索莱姆（Solesmes）学校的最初形态。

*164*

---

①　该文本选自 M. Stokes, *Six Months in the Apennines*, p.215。它似乎误解了拉丁文的原意。

②　1461 年的图书目录是在 1824 年由 A. Peyron 在他发现于都灵的博比奥手稿的西塞罗作品残片的版本前言中出版的（*M. Ciceronis oralionum fragmenta*［Stuttgart, 1824］）。

③　G. Manacorda, *Storia della scuola in Italia*, Part II, p.311.

## 中世纪的图书馆

诺南托拉图书馆①几乎和其修道院一样古老。安瑟伦为该修道院购得的几本书依然存在，其中里昂的优奇利乌斯（Eucherius）的《形式或制度集》（*Libri formularum sive institutionum*）（6 世纪的安瑟尔字体）在其中被提及两次，第一次是 10 世纪的抄本，第二次是 11 世纪的"修道院院长多姆·安瑟伦获得的"。比该修院还古老的大部分抄本都可能是安瑟伦从卡西诺山修道院带回来的，当他被伦巴德国王德西德琉斯（Desiderius）放逐之后，他到那里去避难。诺南托拉的编年史家告诉我们，当安瑟伦在卡西诺山修道院的时候，他为他的修道院购买了许多书籍，维基兰休斯（Vigilantius）也如此，在安瑟伦不在的时候，维基兰休斯担任该修道院的院长。②

安瑟伦的继任者们不再关心图书馆的发展。修道院院长彼得（804—821 年在位）于 813 年被查理曼作为特使派往君士坦丁堡。③他的随从使节是特里尔大主教阿马拉里乌斯（Amalarius）。早在 814 年，在他返回以后，彼得写信给阿马拉里乌斯，索要他的两部著作，一本是关于弥撒的小册子，另一本是关于洗礼的著作，其中第一本是在他们一起海上航行的时候编辑的。大主教不仅寄去了这两本书，而且还有他为查理曼写的其他作品。④安瑟伦的第三任继任者安斯弗里特（Ansfrit，821—837 年在位）⑤获得了一本精美的抄本，里面包括圣奥古斯丁的《订正录》（*Retractiones*）和圣杰罗姆的一部著作。修道院院长利奥帕杜斯（Leopardus，895—907 年在位）获得了圣杰罗姆的另一本著作抄本和阿尔昆的《论赞美诗》（*De laude psalmorum*），现在依然保存在罗马（Cod. Sessor.71）。该图书馆图书增加最多的时期明显是 11 世纪修道院院长罗杜尔夫斯（Rodulfus，1003—1035 年在位）任职期间。除了三本尚存的抄本（Cod. Sessor. 44，45，56）上面明确写明了它们是在他任职期间获得的以外，在博洛尼亚还有一份包含 32 部抄本的

---

① I. Giorgi，"L'antica biblioteca di Nonantola，"*Rivista delle bibliothece e degli archivi*，VI(1895)，54-60.

② *MGH*，*Scriptores rerum Langobardicarum et Italicarum*，p.571.

③ *Bibliotheca rerum Germanicarum*，ed. P. Jaffé，IV，443.

④ Jaffé cites both letters in his *Monumernta Corbeiensia*，pp.442 ff.

⑤ Codex 38 in the Sessoriana Collection of the Vittorio Emanuele Library in Rome.

书单,这些抄本是罗杜尔夫斯让人为诺南托拉图书馆抄写的。①因 166
为这个图书馆遭受的不幸,它需要大量的新抄本来充实。在 899
年,匈牙利人烧毁了修道院建筑,杀了许多修士,毁坏了许多抄本。
但是,还有一些抄本逃过了此劫,因为修道院院长安瑟伦和安斯弗
里特获得的书籍依然保存到今天。1013 年又发生了一场大火,这
场火灾再一次毁掉了修道院。一些书又一次被抢救出来,但是它
们很可能是在第二场大火之后修道院院长罗杜尔夫斯订购的 32
卷书。

　　除了修道院院长设法获得的抄本和在缮写室里抄写的抄本以
外,诺南托拉还得到了属于教皇哈德里安三世(Hadrian III)的一些
书籍,他在 885 年去法国的路上死于该修道院附近的一个乡间庄园,
并被埋葬在这个修道院。修士们保留着教皇的祭服和他的小小的流
动图书馆。可以肯定的是,现存于塞瑟里安纳图书馆(Sessoriana
Collection)中的《罗马教会法杂集》(*Liber diurnus pontificum Ro-
manorum*)是这些书籍中的一部,可能还有一本圣礼书和一卷圣徒
生活传。②《罗马教会法杂集》比在梵蒂冈的那本更古老。它作为反
映哈德里安三世时代的著名作品,成为 11 世纪时诺南托拉修士们
抄写时效仿的蓝本。诺南托拉的修士们迫切地想得到这位教皇的
圣徒封号,他们保留着他的遗物,但是却对他知之甚少,所以圣徒
传作者简单地将哈德里安一世的生活归到了他的身上,包括教徒
们渴求的圣洁生活,发明出了一些神迹,还增加了他死于诺南托拉
附近的斯皮兰贝托(Spilamberto)或者圣塞萨里奥(S. Cesario),以
及他被埋葬于这个修道院等这些描述。因此两个教皇被合二为
一,给当代读者甚至子孙后代造成了极大的混乱。③

---

　　①　这个书单是使用 11 世纪的书法在一个抄本的空白页上写的,这个抄本被埋在
本笃十四世(1740—1758 年)时期的修道院教堂的墙下,后被发现。它现在波隆纳大学
的图书馆里(Giorgi, *op. cit.*, pp.56, 58)。

　　②　A. Gaudenzi, "Il monastero di Nonantola," *Bulletino dell'istituto storico italiano*,
No.30(1909), p.270, n.1. Cf. review by R. Lane Poole in *English Historical Review*,
XXXIII, 558.

　　③　Gaudenzi, *op. cit.*, pp.265, 270. 10 世纪和 13 世纪之间诺南托拉的书史们对二
次加工文献的艺术非常有经验。随着修道院两次被大火烧毁,修士们和那个不加批判的
年代里的其他修士们一样,承担起了重构他们的章程和记录的任务。

## 中世纪的图书馆

诺南托拉最古老的抄本存在一个有趣的古文字问题,至今未解,E. A.洛先生对此在下文中作了阐释:

一些抄本使用的是小写体,这些小写体很像早期的贝内文托字体,实际上无法辨认。这当然可以简单地解释为是 MSS 从南到北的迁移。对于这一理论,有一些历史证据可以支持:诺南托拉第一任修道院院长安瑟伦被国王德西德琉斯放逐以后,据说是去了卡西诺山修道院,从那里他带回了大量的书籍。但是卡西诺山修道院的编年史并没有记载这件事情,而且从总体上来说,诺南托拉的抄本比这一时期南意大利的抄本更胜一筹,看上去它们不像是来自同一所学校。而且,诺南托拉的安瑟尔字体抄本几乎全部都显示出鲜明的北意大利的特征……它们或者是写于诺南托拉,或者是写于一些其他的北部意大利的中心。①

我们不可能对中世纪诺南托拉修道院图书馆的内容有精确的了解,因为该图书馆没有一份完整的图书目录保存下来,其中不到 50 卷书尚存。有一份 1166 年的不完整的书单,其中包括 60 本宗教方面的著作,大部分是奥古斯丁、杰罗姆、安布罗斯、格里高利和比德的著作。②在罗杜尔夫斯的书单中,两部罗马史被提及,其他的著作均是宗教方面的。我们知道在这个图书馆中有法律书籍,其中的一本现在维罗纳。可能还有为学校所使用的语法方面的书籍,但是,没有任何迹象表明有古典文学方面的著作。从 14 世纪的图书目录以及萨林贝内(Salimbene)的《编年史》中,我们知道,该图书馆实际拥有的书卷,远远超过 1166 年的不完整的目录所提及的 60 卷,在萨林贝内《编年史》中,记载了 1287 年一个小兄弟会的修士圭多里努斯(Guidolinus)的一个有趣的故事,他在诺南托拉认

---

① *Journal of Theological Studies*,XXIX,31.
② 这份目录被乔治(Giorgi)正确地引用过,但是,Becker(No.1)抄写了迈(Mai)的不准确的抄本。

真地研究本笃教规,并且非常受欢迎,如果不是他离开的那个愤怒的小兄弟会阻挠的话,他会被选为该修道院的院长。但是,诺南托拉的修士们选举他当修道院院长,花费了大量的钱财,尽管没有成功,他们也不会再选别人,他们使他成为"修道院的管理者",所以,他成了未得到官方认可的修道院院长。为了与依然不友好的他原来的小兄弟会协调,他承诺允许其在修道院常年派两名抄工,其开销由诺南托拉支付,在那里有"如此多的书籍"可以抄写。①

诺瓦莱萨(Novalesa)小修道院建立于 726 年,它靠近蒙特塞尼斯(Mont Cenis)山麓的苏萨,拥有一个小图书馆,我们对其知之甚少。在 906 年,这个修道院被萨拉森人洗劫,从那时开始,萨拉森人占领普罗旺斯许多年,他们从那里通过山隘关口袭击皮埃德蒙特。修士们到都灵避难,根据一位编年史家一个多世纪以后的记载,他们成功地将修道院的财物和 6 000 卷书籍转移到了都灵。②大约在 1027 年,该修道院得到了修复。通过粗略了解,可以发现,这个图书馆最初的《编年史》延续到大约 1050 年。其中,一位不知名的作者引用了大格里高利的《对话录》、助祭保罗的《伦巴德人史》《瓦尔萨里奥的诗歌》(*Carmen de Walthario*)的大部分和特伦斯的《安德里亚》(*Andria*),尽管他对古代的计量表没有任何的概念。可能除了最后那一本之外,所有这些著作都在这个新图书馆里,因为从文选中引用古典著作在中世纪是非常普遍的现象。

1050 年至 1200 年之间的文化复兴运动深深地刺激了阿尔卑斯山以北的欧洲,它也对意大利产生了轻微的影响,使之对罗马法产生了新的兴趣。然而,拉文纳附近的庞波沙修道院是一个例外。修道院院长杰罗姆(1079—1100 年在位)是一个不知疲倦的图书收藏者,甚至带有异教传统的古典著作也在其收藏之列,在缮写室里有 15 个抄工工作。当他任职以后,他发现许多书的抄写非常糟

---

① 　*MGH*,*Scriptores*,XXXII,625.

② 　C. Cipolla,*Ricerche sull'antica biblioteca del monastero della Novalesa*；his article in *Memorie della r. academia della scienze di Torino*,L(1901),127；and his *Monumenta Novaliciensia vetustiora*,pp.xix,425-432. 6 000 卷书是一个不可能的数字,这个记载出现在 *Chronicon Novaliciensa*(iv. 26),其中后面又说,修士们为了得到食物和住处而典当了许多书籍,其中的大部分再也没有被找到。

糕,于是便让人重新抄写。到 1093 年,当时一个图书目录被编辑出来,①该图书馆有 75 本书。这一图书收藏量尽管在那个年代堪称较多,但是几乎没有古典作家的著作。没有西塞罗、维吉尔或者奥维德,仅有普林尼、塞内加、李维和尤特罗比乌斯的著作。

在塞宾(Sabine)区域内紧挨诺南托拉的法尔法修道院很长时间以来,都被认为是意大利最美的修道院。它在 897 年被萨拉森人毁掉了,但是在 30 年以后又在废墟上被重建,与卡西诺山修道院相匹敌。两份简短的 11 世纪的书单被保留了下来,其中的一份是外借图书的记载,并且附有借书者的名字。②法尔法修道院的黄金时代开始于 1060 年之后,当时它的缮写室非常活跃,它甚至发展出了一套区别于贝内文托的字母体系,后者在意大利中部和南部非常广泛地被使用。

法尔法修道院的近邻苏比亚克(Subiaco)修道院,是由圣本笃建立的,它甚至是他建立卡西诺山修道院之前建立起来的,关于该修道院的情况,我们知之甚少。它的编年史仅仅提及了修道院院长们精心地为图书馆做准备。③仅有的保留下来的少数手稿表明,法尔法修道院和苏比亚克修道院一起,形成了中部意大利一个书写和装帧的小流派。④

罗萨特附近莫里蒙多的圣玛利亚西多会修道院在米兰教区,建立于 1135 年,是以其在法国的较早的建筑而得名的。⑤卢加诺的约瑟夫·马尔蒂尼(Joseph Martini)发现了一份写在 12 世纪的《节日教堂诵读文》(*Lectionarium de festis*)最后一页背面的书单,这本书曾经属于文艺复兴时期的历史学家保罗·乔维奥(Paolo Giovio,

---

① See the vivacious account of Henricus the cataloguer, prefixed to the catalogue.

② Dom Bruno Albers, *Consuetudines Farenses*, p.184.关于法尔法的历史以及大量的参考书目的信息,参见 E. Carusi, "Cenni storici sull'abbazia di Farfa," *Paleographia Latina*, III(1924), 52 ff.

③ L. A. Muratori, *Rerum Italicarum scriptores*, XXIV, 932.

④ Geneva H. Drinkwater, "History of the Monastery of Subiaco to 1500" (unpublished Ph.D. thesis, University of Chicago, Department of History, 1931). See also E. Carusi, "Cenni storichi sui monasteri Sublacense," *Paleographia Latina*, III(1924), 60-62.

⑤ L. Janauschek, *Originum Cisterciensium*, I, 331; G. Porro, "Alcune notizie sul monastero di Morimondo," *Archivio storico Lombardo*, VII(1891), 626-628.

1483—1559 年)，他拥有该修道院的许多藏书，在此之前，我们没有关于这个修道院图书的任何目录。它被刊登在马尔蒂尼的贸易目录(trade calalogue XXII)第 12 页上。

　　直到 9 世纪末，卡西诺山修道院①一直是中部意大利最好的修道院。但是，在 883 年的 10 月 22 日，它围墙之内宁静的生活被野蛮的萨拉森人的入侵给打破了，他们杀死了修道院院长波萨利乌斯(Bertharius)和几个修士，掠夺了修道院的财物，并且将其全部烧毁，只有少数人幸存了下来。这些幸存者将修道院里剩下的能拿走的东西全部带走，其中包括不动产契据和财物，逃到了卡普亚附近的泰阿诺(Teano)。②他们自然不会丢下最珍贵的财富——本笃教规手稿。他们认为，这是本笃本人亲手写的。卡西诺山修道院的传统得以保留下来，我们要归功于这些避难者。其中出色的有档案保管员厄切姆波特(Erchempert)，他是助祭保罗的后继者，他的作品是这个灾难性历史时期的主要的记载。13 年以后，不幸再次降临到这些流亡者身上，大火烧毁了他们在泰阿诺建立的修道院，还有带有本笃亲笔签名的教规，以及自从教规订立以后由皇帝和国王授予的权利特许状。

　　我们很难将这一双重灾难的记载和现实协调起来，因为在任何编年史中都找不到关于书籍被从萨拉森人那里和大火中抢救出来的记载。然而，在今天的卡西诺山修道院和一些其他的图书馆里，有一些 9 世纪以前在缮写室里抄写的抄本，它们当时是被借出去了，所以才在这 14 年的灾难中被保留了下来? 还是它们逃过了萨拉森人的劫掠而完好无损地被从废墟中挖了出来? 还有一种假设认为，它们是被逃到外地的避难者带出去了，因此在第二次灾难中幸存下来，但是看上去，前面的两种假设可能性更大一些。可以肯

170

---

　　① 从关于蒙特卡西诺的大量文献中，少部分专题论文被选取：*Bibliotheca Casiensis seu codicum manuscriptorum qui in tabularia Casiensi asservantur series*，I-IV(1874-1894)；Dom A. Caravita，*I Codici e le arti a Montecassino*(Monte Cassino，1869-1871)；Dom M. Inguanez，*Codicum Casinensium manuscriptorum catalogus*(Monte Cassino，1915-1928)；E. A. Lowe，*The Beneventan Script*(Oxford，1914)；G. Minozzi，*Montecassino nella storia del rinascimento*(Rome，1925)；Dom L. Tosti，*storia della Badia di Montecassino*(Rome，1888-1890)；and numerous papers in the serial publication *Casienensia*。

　　② Leo Marsicanus，*Chronica monasterii Casiensis*，ed. W. Wattenbach，in *MGH*，*Scriptores*，VII，610.

定的是,有 9 本卡西诺山修道院的抄本通过某种方式被保留下来并且流传至今。①它们是:(1)卡西诺山修道院现存最古老的抄本奥利金的《关于圣保罗书信的评论》;(2)一本 8 世纪后期的抄本,现在巴黎(Lat.7530),包括瓦罗的《论拉丁文法》(*De lingua Latina*)、塞尔维乌斯的《论贺拉斯的诗》(*De metris Horatianis*)、伊西多尔的《词源》和一些语法方面的著述;(3)殉道者修道院院长波萨利乌斯的布道书;(4)一本 8 世纪的伊西多尔的《圣经和教父著作资料汇编》(*Sentences*)抄本;(5)奥古斯丁的《独语录》(*Soliloquia*);(6)他的《手册》(*Enchiridion*),附有普罗斯珀的《〈圣经和教父著作资料汇编〉选辑》(selection of *Sentences*);(7)希尔德里克的语法著述;(8)一本 9 世纪的盖伦和托勒多的尤里安的著作抄本;(9)阿尔昆的《论三位一体》(*De trinitate*)。②

一小批逃难者从泰阿诺逃到了卡普亚,他们在那里重建了修道院制度。在修道院院长约翰一世(915—934 年在位)任职期间,他们恢复了抄写工作,首先更新了其赖以生活的教规和一些宗教生活所需要的礼拜仪式用书,然后他们开始复原更多的文献,包括《伦巴德法》和马提安努斯·卡佩拉的著作。甚至在这一时期里,也有一些原始的文献著作被完成。修道院院长约翰写了最后的《编年史》,修道院 11 世纪的历史学家利奥·马西卡努斯(Leo Marsicanus)完美地利用了这部《编年史》。③

逆境会使人消沉。卡普亚的修士和教皇、教区里的教士及其他修道院一样,很可能深受 10 世纪普遍存在的道德沦丧风气的影响。在修道院院长约翰一世去世(934 年)以后,他们也受卡普亚封建制度的贪婪习气所影响,许多修士士气低落,并开始过世俗的生活。该修道院杰出的历史学家在这一时刻保持了谨慎的沉默,但是可以肯定的是,我们可以从其他的资料中④知道,在杰出的修道

<hr>

① 可能还有一些其他的手稿后来被毁掉了,或者被用作再生羊皮纸卷。

② 关于所有这些手稿的时间,我接受 E. A. Lowe 在他的 *Beneventan Script* 中的观点。

③ *Epistola fratris Leonis ad dominum Oderisium sanctissimi monasterii Casinensis*, ed. W. Wattenbach in *MGH*, *Scriptores*, VII, 575. Cf. Petrus Diaconus, *De viris illustribus Casinensis coenobii*, ed. Migne, *Patrologia Latina*, CLXXIII, col.1024.

④ E. Sackur, *Die Cluniacenser*, I, 112-113, and n.1, p.113.

院院长克吕尼的奥多(Odo of Cluny)任职期间,卡西诺山修道院的修士们要服从这个新制订的修道院院规。奥多本人将他们安排到他的学生鲍德温(Baldwin)门下,鲍德温后又被奥多的另一个学生阿尔杰恩(Aligern,949—986 年在位)接替。在教皇阿加佩图斯(Agapetus)的命令下,阿尔杰恩将修士们又带回到了卡西诺山修道院,在那里为新的修道院生活打下了基础。

现在,已经有研究表明,在重要的中世纪修道院历史中,纪律改革时期不可避免地伴随着一个缮写室的复兴活动。[①]卡西诺山修道院也不例外。然而,在某段时间里,这种复兴的程度会比较缓慢,而且大部分活动局限于抄写宗教经典、祈祷和礼拜仪式方面的书籍。但是,即使是在这一较早时期,也有证据表明在修道院里文化兴趣的扩大。两本希腊的手稿可能仅仅是戈洛塔菲拉塔(Grottaferrata)的圣尼鲁斯(St. Nilus)为表达友好而赠予修道院院长阿尔杰恩和他的修士们的礼物,但是如下新增的藏书比如卢坎的《法尔萨利亚》(Pharsalia)、奥维德的《岁时记》和普鲁登提乌斯的《人类灵魂之战》(Psychomachia)同样表明他们对古典和基督教诗歌的兴趣。伊西多里安的《教规》(Canons)和约瑟夫斯的《战争》(Wars)抄本,也表明了对教会法和历史方面阅读的兴趣,他们还抄写了如下的著作:比德的《论时间的计量》(De temporum ratione)、一本《动物论》(Treatise on Animals)、狄奥斯科里德的《植物学》(Botany)、伪阿普列尤斯(Pseudo-Apuleius)的《标本》(Herbarium)、希波克拉底的《预后论》(Prognostics)、《格言警句》以及奥里利乌斯、斯科拉皮乌斯(Scolapius)和盖伦的医学著述,这些著作的被抄写,反映了修士们对纯粹的自然现象好奇心在增强,以及对本笃关心病人的教规的善守。

然而,迟至 1022 年,修道院里的书籍依然匮乏,正如卡西诺山修道院的《编年史》中所抱怨的那样。但是,在这一年里,西奥博尔德(Theobald)当选为修道院院长,标志着修道院文化生活的一个更加辉煌时代的开始。作为圣里伯雷托(San Liberatore)的监管者,西奥博尔德受过约翰三世的修道院生活的培训,他不仅在建筑修

① W. Wattenbach, *Das Schriftwesen im Mittelalter* (3d ed.), p.441.

道院上赶超自己的老师,而且还努力在促进书籍的生产方面模仿他的老师。在他的指导下,有 60 本著作被抄写出来。①当他返回卡西诺山修道院以后,他依然继续这种值得称赞的活动,在他任职的 13 年时间里,那里一共制作了 20 多本抄本。②此时,有大部分《新约》篇章被抄写,还有许多《旧约》篇章、圣奥古斯丁、受人尊敬的比德和都灵的克劳迪厄斯的评论也被抄写;奥古斯丁的《论三位一体》《论基督教秩序》(*On Christian Discipline*)和《真正的宗教》(*True Rligion*)、《忏悔录》(*Confessions*)以及《上帝之城》的第二部分,还有格里高利的《大伦理》(*Magna moralia*)和《训诫》(*Homilies*)满足了人们对神学和宗教仪式用书的需求。西奥博尔德对历史和旅游(他曾经去耶路撒冷朝圣)的兴趣可以从下列被抄写的著作中体现出来:约瑟夫斯的《犹太古代史》(*Antiquities*)、伪埃格西普斯(Pseudo-Hegesipuson)的《耶路撒冷的毁灭》(*Destruction of Jerusalem*)、保罗斯·迪亚克努斯的《伦巴德人史》、优西比厄斯的《编年史》、杰罗姆的《殉教史》(*Martyrology*)和全世界《旅行指南》(*Itinerary*)。在拉巴努斯·莫鲁斯(Hrabanus Maurus)的抄本中,艺术和科学也受到了关注。同样受到关注的还有教会法或者民法:出现了一本新的伦巴德法典的抄本,还有一本《经典选集》(*Collection of Canons*)、克雷斯康尼乌斯(Cresconius)的《重要语汇索引》(*Concordance*)和《教皇训谕》(*Decretals*)。此外还有一本《罗马主教仪典书》(*Roman Pontifical*)和两本合唱所使用的祈祷书也被抄写出来。

遗憾的是,当西奥博尔德于 1035 年去世以后,巴兹尔一世继任修道院院长,他是卡普亚的诸侯潘杜尔夫(Pandulph)的一个工具。巴兹尔任由他的赞助人掠夺修道院的土地,而且在任职期间,他很多时间都是在卡普亚度过的,以至于修士们说他是潘杜尔夫的管家,而不是他们的修道院院长。但是巴兹尔的任期是短暂的,结局也很好。当皇帝康拉德二世在 1038 年越过阿尔卑斯山到达

---

① The San Liberatore list is given by E. A. Lowe, *Beneventan Script*, pp.79-80.

② 关于卡西诺山修道院在西奥博尔德的命令下抄写的手稿名单,参见 Leo Marsicanus, *op. cit.*(ed. cit.), p.662;Tosti, *op. cit.*, I, 394;Lowe, *op. cit.*, p.80 提及了其他的参考书目。

米兰的时候，一个卡西诺修士代表团款待了他，他们不失时机地将圣本笃修道院遭受劫掠的事情告诉了他。皇帝决定去卡西诺山修道院，亲自主持那里的事务。当听到皇帝要来的消息时，潘杜尔夫和巴兹尔都逃走了。皇帝康拉德在修士们的恳求下，为他们任命了一位新院长里奇尔（Richer），他是一位有领导能力的德国人，曾经主持过布雷西亚附近雷诺修道院的事务。在 1056 年，另一位德国人洛林的弗雷德里克（后来的教皇斯蒂芬九世）被选为卡西诺山修道院的院长，所以 1038—1058 年被恰如其分地认为是德国人在修道院占支配地位的时期。里奇尔为修道院带来了新的热情和纪律，弗雷德里克带来了人文学科和神学的广博知识，但是很奇怪，该修道院的编年史在提到抄写手稿的时候，没有提到这两位修道院院长。幸运的是，古文字学在某种程度上弥补了历史的缺陷。有许多神学抄本已经被认为出自这一时期的卡西诺抄工之手，而洛博士将维杜金德（Widukind）的《撒克逊人编年史》（*Saxon Chronicle*）归为里奇尔时期的作品的假说，似乎也有道理。然而，其重要性无法估量的甚至更令人信服的是同一个专家的观点，即认为现存佛罗伦萨劳伦图书馆的塔西佗的著作抄本是在卡西诺山修道院抄写的，因为这个德国修道院院长"对曾经为他的祖先写过著作的这位作者非常感兴趣"。[①]如果那个抄本丢失了的话，那么《编年史》的 11—16 章和《历史》的 1—4 章肯定也丢失了。与塔西佗的著作合订在一起、并且也是在同一时间卡西诺山修道院抄写的是阿普列乌斯（Apuleius）的《变形记》和《英华集》（*Florida*），或者阿普列乌斯的公共演讲词选集——这是我们关于这些著作的唯一的材料。因此，卡西诺山修道院称得上是欧洲保留古典著作抄本最重要的中心。但是，古典著作不是卡西诺山修道院的抄工唯一抄写的内容，他们还持之以恒地保留了大量早期教父和中世纪的著作。[②]仪式学家将他们的热情归功于艾瑟莉亚（Etheria）在 4 世纪末

① E. A. Lowe，"The Unique Manuscript of Tacius' Histories," in *Casinensia*，I (1929)，268.

② On this subject，see Dom M. Inguanez' *L'Opera conservatrice degli amanuensi cassinesi*.

去耶路撒冷朝圣过,《埃瑟莉亚朝圣》(*Peregrinatio Aetheriae*)①是现存早期教会礼拜仪式用书的最早的来源。神学家和历史学家还感谢如下这些珍贵的手稿:普瓦提埃的圣希拉里的《古代的秘密宗教仪式》(*Book of Mysteries*)、爱克拉农的朱利安的《评〈约伯记〉》、圣杰罗姆的《反对奥利金》(*Treatise against Origen*)、圣奥古斯丁最珍贵的手稿之一《布道书》(*Sermons*)以及约翰八世的《登记簿》(*Register*),②这是第二本尚存最古老的教皇登记簿。

修道院院长德西德琉斯于 1058 年的任职,开启了一些学者所说的卡西诺山修道院历史的"黄金时代"。可能在任何其他的时间里,该修道院都没享有过这么多的资源:广阔而富饶的土地、教皇的信任和支持、诺曼人的尊重以及东西方皇帝所表达的友好情谊。新院长的智慧和个人的魅力使得修道院可以有效利用这些资源。德西德琉斯当选修道院院长的时候,他仅仅在卡西诺山修道院待了 3 年的时间。由于出身于贝内文坦(Beneventan)贵族之家,他具有与生俱来的魅力、品位和智慧,他进入他那个时代的最高领导层,直到 40 岁的时候,他才转向学术,开始投身于语法和修辞方面的研究,③他在萨勒诺大学待了一年的时间,在那里,他的极有天赋的年轻的老师阿尔法努斯(Alphanus)为他确立了终生对人文主义的兴趣,使他在未来的行政管理中,避免了陷入彼得·达米阿尼(Peter Damiani)影响下的过度禁欲主义的倾向。④

作为修道院院长,德西德琉斯从物质和精神层面上积极地致力于被破坏的修道院的重建工作。他建了新的房舍,恢复了对教规的遵守,重建了图书馆,该图书馆现在不仅拥有了自己的一个小建筑⑤,而且还有自己的图书生产计划,其规模在修道院的历史上前

---

① 关于埃瑟莉亚朝圣的时间,我赞同 Monseigneur L. M. O. Duchesne 的观点。参见他的 *Christian Worship*,pp.490 and 591。

② 现在梵蒂冈档案馆。

③ Amatus, *L'Ystoire de la Normant*, ed. M. Champollion-Figeac, p.106.

④ J. A. Endres, "Petrus Damiani und die weltliche Wissenschaft," in *Beiträge zur Geschichte der Philosophie des Mittelalters*, ed. C. Baeumker, VIII(1910), 34-35.

⑤ 这一点在当时那个时代更加了不起,正如后来哈斯金斯(Haskins)教授所言,"图书馆"甚至不是一个特殊的房间,更构不成一个特别的建筑(*The Renaissance of the Twelfth Century*, p.71)。

无古人后无来者。彼得在他的《编年史》中列举了这一时期被抄写的 70 本书。当然，在这个目录中，神学、《圣经》和礼拜仪式方面的著作居多，但是地理学、医学、数学和法律方面的著作也没有被忽视，历史学著作同样占有重要的地位，众多的古典学抄本可以确凿地证明，德西德琉斯并没有认为适当地知晓多纳图斯教规与严格遵守本笃教规是相悖的。我们发现，和往常一样，目录以神学著作开头，奥古斯丁的著作在名单的最前面，紧随其后的是安布罗斯的专著《关于信仰和布道》(On Faith and Sermons)，还有利奥大帝(Leo the Great)和塞维利阿努斯(Severianus)的《布道书》。甚至两个希腊的教父——格里高利·那齐安曾(Gregory Nazianen)和约翰·克里索斯托也位列其中。《圣经》中有几卷书被抄写，包括一本《诗篇》《保罗书信》《箴言》和一卷《使徒行传》《使徒书信》和《末世论》(Apocalypse)。这些经卷都有圣奥古斯丁、圣杰罗姆、奥利金、比德、塞杜利乌斯和尤文库斯等人以散文或诗的形式写的各种评论。礼拜仪式用书包括一本主教的《殉道者行传》或者《圣人传奇》等内容的手册以及白天和晚上合唱使用的《应答轮唱歌集》。还有一些著作，比如图尔城的格里高利的《法兰克人史》、约瑟夫斯的《犹太战争》、约丹尼斯的《哥特史》、厄奇波特(Erchempert)的《伦巴德人史》《阿纳斯塔修斯图书馆史》(History of Anastasius Biblioth-ecarius)、《教父传》(Lives of the Fathers)和圣奥古斯丁的《书信集》，都表明了人们对整体史和地方史的兴趣。一些档案材料包括教皇利奥一世和教皇菲利克斯的《登记簿》也都被抄写。此外，还有一些拉丁文著作被收藏，使得本来已经令人赞叹的该图书馆更加熠熠生辉，它们是：西塞罗的《论事物的本性》《论法律》和《论神性》(De divinatione)；一本维吉尔的作品；一本特伦斯的作品；一本贺拉斯的作品(11 世纪意大利各图书馆的图书目录中提及的唯一的一个抄本)；塞内加的《对话》；奥维德的《岁时记》；查士丁尼的《法学阶梯》和《法律新编》(Novels)；科尼利厄斯·尼波斯(Cornelius Nepos)的著作抄本；达里斯的《特洛伊战争史》；狄奥多罗斯的《牧歌》；科里普斯(Corippus)的《约翰尼斯》以及多纳图斯的语法著作。此外，在那里还抄写了阿里奇斯(Arichis)和诺拉的波莱纳斯的宗教诗文。还有一本几何学和一本医学著作使得彼得的图书目录更加完美。从该修道院的《编年史》中，我们了解到德西德琉斯还让大家非常认真地抄写一本书，其中包括圣本笃、圣斯科拉斯蒂卡（St. Scholastica）和圣莫鲁斯（St. Maurus）传；《圣本笃教规》，装帧非常精美，而且用银色装订；还有一些该修道院新教堂所使用的精美的祈祷书。

　　一项最近的权威研究指出，为了准确地弄清楚中世纪图书馆的图书书目，我们必须要用已知目录中的图书书目乘以四，因为一般来说，一卷书里面都装订了几部著作。卡西诺山修道院的《编年史》中不可能记载了德西德琉斯提供给圣本笃的所有精美著作的书单。在彼得的目录中没有列出的还有几本重要的卡西诺抄本，古文字学家通常将其时间定为 11 世纪下半叶或者 1070—1100 年，其内容似乎证明了它们是德西德琉斯时代的抄本，它们在这一时期在该图书馆的出现很显然是值得一提的。这些抄本包括了圣奥古斯丁的几篇著名的神学和颇有争议的论文、拉克坦修的《神圣制度》（*Divine Institutions*），圣安布罗斯的《对〈诗篇〉的评论》（*Commentary on the Psalm beatiimmaculati*）、拉巴努斯·莫鲁斯的《论〈列王纪〉》、卡西安的《归类方法》（*Collations*）和《法学阶梯》；教规方面，包括沃姆斯的伯查德的《教皇训谕》以及安瑟伦和狄俄尼索斯的教令集；历史著作有：查士丁的《特罗古斯·庞培利乌斯的概要》（*Summary of Trogus Pomperius*）和帕拉迪乌斯的《教父史》（*Lausiac History*）；哲学和科学著作有：圣奥古斯丁的《反学院派》（*Contra academicos*）、亚里士多德的《解释篇》（*De interpretatione*）、《算术》；吉尔伯特的《数的划分》（*The Division of Numbers*）、波尔菲利的《亚里士多德〈范畴篇〉导论》（*Introduction to the Categories of Aristotle*），埃伊那岛的保罗斯的《呵护身体》（*Care of the Whole Body*）和罗马地理学家索利努斯的《珍品收藏》（*Collectanea rerum memorabilium*）；古典著作有西塞罗的《为克鲁恩蒂乌斯辩护》（*Pro Cluentio*）、马克罗比乌斯的《评〈西庇阿的梦想〉》（*Commentary on Dream of Scipio*）、瓦罗论拉丁语的一篇论文的新抄本以及阿拉托的基督教诗歌。

　　德西德琉斯任职期间的著述范围暗示了一个相关的问题。修道院院长德西德琉斯是从哪里获得了所有的抄本赖以抄写的原本？对于这个问题的准确答案——只要能找出来——一定来自古文字学家，而不是来自历史学家。如果我们找到了这个答案，它一定对于我们了解 11 世纪的文化史具有重要的意义。遗憾的是，修道院历史学家很少提及这个问题，我们最重要的证据出现于当时该修道院一位修士为向德西德琉斯表达敬意而写的一首离合诗中，这首诗在一个抄本中，该抄本现保存于罗马（Vat. Lat. 1202）。从该诗中，我们知道："他是从许多不同的地区带回来这些书的，因为北风使得小山坡覆盖了很多的树叶。"①而且，从一些卡西诺抄本的注释中，我们知道一些修士在加入卡西诺山修道院的时候，还给修道院带来了一些书，而且，在德西德琉斯任职期间，申请来修道院的人来自意大利的四面八方。事实上，卡西诺山修道院正在经历的文化复兴的回响甚至都能够被遥远的匈牙利和撒丁岛所听到，而且，像 11 世纪卡西诺山修道院使用巴利字体抄写的有趣的附有塞维乌斯评论的抄本《维吉尔》完全有可能是来自达尔马提亚（Dalmatian）的几个中心之一，这些中心当时与卡西诺山修道院有联系，在该修道院中，这种字体是非常流行的。②根据德西德琉斯作为图书收藏者的声望，一些书非常有可能是作为"漂亮的礼物"③由当时意大利的国王和贵族越过阿尔卑斯山而送到修道院来的。我们知道皇帝亨利二世送给该修道院一本精美的《福音书》。从利奥·马西卡努斯（Leo Marsicanus）那里我们还知道，当"另一位示巴女王在希望见到另一个所罗门王和另一所圣殿的愿望驱使下"，虔诚的皇后艾格尼丝（Agnes）即亨利四世的母亲，在 1073 年去该修道院作了一个长时间的访问，和其他的礼物一起，她还送给了圣本笃一本漂亮的用金银装帧起来的《福音书》。波特奥克斯（Berteaux）提及了皇帝罗马纳斯（Romanus）四世和阿马尔菲（Amalfi）的公民送给该修道院相同的书作为礼物。④洛博士还推断，该修道院中两部有阿拉伯引文、并且 11 世纪一定是在南意大利的西哥特手稿，

178

---

① 无论是这位诗人所写诗歌的韵律还是拉丁文的使用都无法与其诗歌的想象力相媲美。

② G. Funaioli, "Il Virgilio di Montecassino," in *Casinensia*, II（1930），388.

③ Leo Marsicanus, *Chronica monasterii Casinensis*（ed. cit.），p.722.

④ E. Bertaux, *L'Art dans l'Italie méridionale*, I, 162.

可能是由诺曼人送给该修道院的,诺曼人是从他们宫廷中的萨拉森(Saracen)学者那里得到的这些书。

然而,该修道院中很少有书籍是卡西诺修士们自己通过文化启蒙和努力的结果。德西德琉斯任职期间,情况尤其如此。利奥·马西卡努斯是一个明显的例外,最重要的是这些能读会写的修士都是作为成年男人来到卡西诺山修道院的,他们或者是受了德西德琉斯本人修道生活的影响,比如萨勒诺的阿尔法努斯,或者是为新修道院院长对于教俗两界研究的热情的传闻所吸引,比如执事阿尔伯里克(Alberic the Deacon)、阿马图斯、瓜伊菲留斯(Guaiferius)、卡普亚的潘杜尔夫和阿非利加人康斯坦丁(Constantine the African)。对于这些人来说,卡西诺山修道院有各种散文和诗歌形式作品的藏书,其内容涉及修辞、语法、神学、圣徒传、历史、数学、天文学、医学、音乐和辩证法。在这一文化活动中,正如同在其他事情中一样,德西德琉斯为他的修士们做了一个榜样。似乎他作了将近10年的修道院院长,当时他第一次学习语法和修辞,而且他学习之后,为了对圣莫尔(St. Maur)表示敬意,他撰写了一首圣歌,后来成为一篇关于语法和音乐的著述。然而,德西德琉斯的文化活动主要与他的修道院生活联系在一起。在修士们的要求之下,他根据自己的收藏和最老的修士们的收藏,写了4本《对话》①,修道院里只有圣本笃创造过如此奇迹。在他的影响下,瓜伊菲留斯和阿尔法努斯②创作了赞美诗和殉道者的故事,甚至哲学家阿尔伯里克写了几本关于信仰方面的著作,而且其作品涉及领域更广泛。彼得勒斯·迪亚克努斯还将一本《天文学》著作、一本《关于音乐的对话》和一本《关于辩证法的著作》归于他的名下。此外,他还是一位辩论家,为了支持格里高利七世的选举,他创作了一个小册子反对亨利四世。恰恰是在1079年罗马会议之前,他将思想转向了神学,他用了一周的时间,写了《论主的身体》(*On the Body of the Lord*),给了贝伦加尔的思想以致命的一击,而贝伦加尔的思想在修道院里被认为是异端。他还写了一本《写作》(*Dictamen*),它

① Manitius, *op. cit.*, III, 76.

② For the literary activity of Guaiferius, see Petrus Diaconus, *Chronica monasterii Casinensis* (ed. cit.), p.746. For Alphanus see Migne, *Pat. Lat.*, CLXXIII, cols. 1030-1031.

是关于这门新艺术的早期作品中最为人熟知的,是一部关于蛮族主义、语病、转义词语和图表的著作。①他的其他关于修辞学的著作《修辞技巧》(Flores rhetorici),显示了他惊人的古典学的功底。正如哈斯金斯所指出的那样,阿尔伯里克的散文主要是来自西塞罗的《反喀提林》(In Catilinam)和《为米洛辩护》(Pro Milone)以及萨鲁斯特的《喀提林阴谋》和《朱古达战争》。这些著作在当时并没有被列入卡西诺山修道院的抄本当中,这是事实,但是,诗歌创作者引用最多的是维吉尔、奥维德、卢坎、贺拉斯和特伦斯的作品,而且,正如我们已经看到的那样,卡西诺山修道院已经拥有所有这些作者的著作。当时有一些证据表明,在这一时期的卡西诺山修道院, *180* 古典著作不仅被阅读,也被抄写。我们有理由认为,这些抄本,就是阿尔法努斯和瓜伊菲留斯精美的作品中引用的众多古典学和神话的来源。

在德西德琉斯的影响下,在这场智力和文化生活中发挥活跃作用的还有其他的卡西诺修士,其中阿马图斯(Amatus)是一位优秀的诗人和富有才华的散文作家,他创作了长篇《诺曼人的历史》献给了修道院院长德西德琉斯。还有一位卡普亚的潘杜尔夫,他代表了修道院对天文学和数学的兴趣,他写了许多科学方面的著作,包括关于闰年、四季、计算和财产估值方面的论文。

但是,在所有这一时期的卡西诺作者中,最容易引起人们注意的是阿非利加人康斯坦丁。事实上,他的生活是如此丰富多彩,以至于他更像是传说中的人物,而不是历史中的人物。他有深厚的哲学素养,学贯东西,彼得勒斯·迪亚克努斯称他是"第二个卓越的希波克拉底"。正如彼得所说,如果当时他真的在巴格达学习过迦勒底人、萨拉森人和埃及人的语法、修辞学、几何学、数学和医学(更不用说他们的音乐和巫术了),并且后来又花了数年时间在印度和埃塞俄比亚进行大学毕业后的学习的话,那么他绝对称得上是他那个时代西方世界的奇迹。既然在意大利,他首先在萨莱诺逗留,那么他可能是由阿尔法努斯引荐给德西德琉斯的,阿尔法努

---

① 　C. H. Haskins, "Albericus Casinensis," in *Casinensia*, I(1929), 122.

斯当时是该城市的大主教。无论如何,在 1060 年之后的某段时间里,他进入卡西诺山修道院,并且受到了热烈欢迎,正是在此期间,可能是在他的学生即另外两名卡西诺修士阿托和约翰的帮助下,他承担了"许多种不同语言著作"的翻译工作。既然彼得勒斯·迪亚克努斯将超过 20 本著作都归于他的名下,那么康斯坦丁一定给卡西诺山修道院贡献了许多书,尽管可能不像一位作者所说的是精确的 76 本。①至少有一些是阿拉伯文抄本。他因此将其翻译成拉丁文,其书名是《医术》(Pantegni),这是阿里·本·阿巴斯(Ali ben Abbas)关于医学的百科全书式著作中的理论部分,而关于外科手术部分,则由他的学生萨拉森人约翰完成。②彼得勒斯·迪亚克努斯还说康斯坦丁翻译了一本阿拉伯文关于发烧的著作。而且,在他关于《尿液》(Urines)的著作前言中,康斯坦丁写道,他没有找到任何令人满意的关于这一方面的拉丁文研究著作,他于是将这本犹太医生吸收古人研究成果编撰而成的著作从阿拉伯文翻译成拉丁文。③不管这些抄本最终的命运如何,它们在卡西诺山修道院存留的时间都不长,因为在大约 1087 年康斯坦丁去世以后,他的学生约翰将其老师的所有著作都带到了那不勒斯。在 12 世纪,在卡西诺山修道院的目录中出现的唯一的康斯坦丁的著作是《论外科手术》(On Surgery),直到 13 世纪,《医术》才被披露出来。

随着 1087 年德西德琉斯的去世,该修道院的"黄金时代"可以说宣告结束,卡西诺山修道院图书馆接下来并未完全衰落。在 1130 年,该修道院支持伪教皇阿纳克雷图斯二世(Anacletus II),当教皇英诺森二世最终获胜以后,它便失去了往日的声望,尽管它作为西西里充满敌意的国王的帝国采邑而受到了攻击和掠夺,但是德西德琉斯的影响却由于其继任者的文化兴趣而长久地保留着。卡西诺山修道院直到 12 世纪中叶还一直是活跃的出色的读写文化中心,而且当时修士们虽然不再写作了,目录却证明了他们依然在读书。德西德琉斯的继任者奥德里修斯(Oderisius)正式委托该

---

① C. R. Creutz, *Der Arzt Contantinus Africanus*, *von Montekassino*.

② G. Sarton, *Introduction to the History of Science*, II, 65, 135.

③ L. Thorndike, *History of Magic and Experimental Science*, p.750.

修道院培养的利奥·马西卡努斯(Leo Marsicanus)记述从圣本笃到他自己那个时代的卡西诺山修道院所有修道院院长的事迹,但是重点是他成就卓著的前任德西德琉斯的事迹。毫无疑问,奥德里修斯还希望通过这部著作来表达对在其漫长生涯中皇帝、公爵、王子等人给修道院的许多馈赠和优惠条件的感激之情。正如我们已经非常熟悉的那样,其结果是在卡西诺山修道院诞生了最好的著作,事实上,它也是整个中世纪最好的编年史之一,在拉丁语的使用以及中世纪艺术史的丰富材料方面是无可匹敌的。利奥·马西卡努斯还为奥德修斯写了《圣梅纳蒂斯传》(*Life of St. Menatis*)。1107 年至 1111 年任卡西诺山修道院院长的博学的塞尼的布鲁诺(Bruno of Segni),除了 69 篇布道和 155 部说教作品之外,还为修道院贡献了几卷关于《圣经》的评论。①在修道院院长吉拉德(Girard,1111—1123 年在位)的命令下,卡西诺的教士圭多积极抄写了修士阿尔伯蒂克的《想象力》(*Vision*),这是一部明显先于但丁的《神曲》而作的著作。修道院院长奥德里修斯二世、塞尼奥利克图斯(Senio-rectus)、红衣主教雷纳德(Raynald)和维尔巴德(Wibald)都曾经雇用彼得鲁斯·迪亚克努斯抄写手稿,后者被称为"卡西诺山修道院文献编年史中最后一位卓著的人物"。他是一位非同寻常的成果卓著的作家。他的许多著作从本质上来说是圣徒传记或者是宗教仪式用书,但是他也写了许多关于古典时代主题的作品:一部《罗马史》、一部《国王、执政官、独裁者和皇帝记》或者《自诺亚以来的特洛伊战争史》(*Catalogue of the Kings, Consuls, Dictators and Emperorsors or the History of the Trojan Race from Noah*),甚至自然科学也引起了他的兴趣,他在这个领域里的著作有:《宝石》(*Of Precious Stones*),该书献给康拉德三世,还有一本《天文学》,这本书是他根据古代作家的著作编辑而成的。他还写了一本有关作家指南的著作,其书名为《注释之书》(*Liber notarum*)。但是,在其所有的著作中,最重要的是《卡西诺山修道院利奥·马西卡努斯编年史续》(*Continuation of Leo Marsicanus' Chronicle of the Monastery of Monte Cassino*),它是在枢机主教-修道院院长雷纳德的命令下

①　Petrus Diaconus, *Chronica monasterii Casinensis* (ed. cit.), p.777.

而编写的,此外还有《卡西诺山修道院著名人物传》(*Book of Famous Men of the Monastery of Monte Cassino*)以及他编纂的卡西诺文献《登记簿》。

　　彼得鲁斯的著作如此之多且内容如此之广,可以解释为什么12世纪卡西诺山修道院抄写的古代或者当代著作相对较少的原因。该图书馆总共拥有40部这一时期的类似抄本,其标题更能说明这一时期彼得鲁斯所记载的卡西诺山修道院文化中有趣而重要的内容。因此,如果我们不将《圣经》和圣奥古斯丁、大格里高利的著作计算在内的话,几乎没有其他著作能够比《查士丁尼法典》、格兰西的《教会法》和彼得·阿伯拉德的《是和不是》(*Sic et non*)对12世纪的文化生活产生更大的影响。到12世纪上半叶,卡西诺山修道院至少拥有这些著作中的头两部,这使我们有理由相信尽管该修道院已经不再在思想界居于领导地位,但它始终还在某种程度上追踪着时代的潮流。而且,这些新增的藏书,加上新的抄本包括《教会法》《经典提要》(*Epitome of Canons*)和《伦巴德人法》一起,可以有趣地证明,这些大的修道院,和帝国、教皇及主教庭一样,在越来越多地重视法律,无论是罗马法、教会法还是地方法律,这样做不仅仅是保护他们的财产权利,而且还用来确定和维持他们的基督教会特权。除了这一事实之外,如果我们还记得卡西诺山修道院的院长曾经是一个大诸侯,司职甚至刑事案件的审理,聘用辩护律师维护修道院的权利,任命修道院领地上的地方法官,那么他寻求建立一个强有力的法律图书馆的实用主义动机就可见一斑。

　　另一方面,整个12世纪,仅仅有一本神学方面的著作《圣经和教父著作资料汇编》被列出来。"新神学"在修道院出现得如此之晚,令人颇感意外,因为神学著作早在12世纪的第二个十年就已经从法国传到了意大利。[①]古老的本笃教规从来也没有在经院哲学的历史上发挥重要的作用,12世纪卡西诺山修道院的神学兴趣尤其显得保守,他们依然倾向于阅读更古老的作家的著作。然而,更近一点的作家,比如塞尼的布鲁诺和彼得·达米阿尼,并没有被完全忽略,修士们甚至拥有一本吉贝尔·德拉普雷(Gilbert de la

183

---

① C. H, Haskins, *Studies in Mediaeval Culture*, p.174.

Porrée)的《圣保罗书信重要语汇索引》(*Concordance of the Epistles of St. Paul*)抄本。除了彼得的著作之外,没有新的科学著作被列出来,但是对历史的持续的兴趣,无论是总体史还是地方史,可以从一些著作被重新抄写这一点上看出来,这些著作包括比德和利奥·马西卡努斯的著作,以及一个佚名作者的《耶路撒冷的重新发现史》(*History of the Recovery of Jerusalem*)。

在 12 世纪修道院的著作中,出现了一本《希腊语词汇表》(*Greek Lexicon*),但是这并不能证明希腊研究引起了修士们的关注,尽管它可以表明他们对所拥有的仅有的几本希腊抄本内容的好奇心在增强。但是,修道院里关于古罗马的藏书非常丰富,这可以证明他们对古罗马文献的持续的兴趣,这些抄本包括卢坎的《内战记》、斯塔提乌斯 12 卷本的《西拜德》(*Thebaid*)、西塞罗的《腓利比克之辩》、西庇阿的《梦想》等。我们还应该提到彼得鲁斯·迪亚克努斯的抄本,包括西塞罗的《同义语》(*Synonyma*)、索利努斯的《论世界的奇迹》(*On the Marvels of the World*)以及他的《维特鲁维乌斯〈论建筑〉概要》(*Summary of Vitruvius on Architecture*)。

在新的工具书和有关《圣经》的抄本中,有三本特别值得一提,那就是精美的《日课经》,它与德西里亚人缮写室中抄工费罗抄写的最精美的《圣经》抄本以及同一位修士在修道院院长狄奥迪努斯在位期间(1167 年)写的《出埃及记》相媲美。

在充斥于 13 世纪的教皇和霍亨斯陶芬为争夺最高统治权的斗争中,卡西诺山修道院被卷入了侍奉二主的两难境地。尽管修道院是帝国的领地,但从一开始大部分修士就不折不扣地支持教皇,结果修道院受到了严厉的惩罚。1224 年,卡西诺山修道院遭到了弗里德里克二世军队的劫掠;1239 年,修士们被驱逐出去;曼弗雷德和康拉德将它作为一个城堡。因此,我们没有理由不相信修道院院长伯纳德·埃吉勒留斯(Bernard Ayglerius,1269—1282 年在位)将安茹查理征服(Charles of Anjou's conquest)时期的修道院称作是"小偷的巢穴"(den of thieves)的说法。[1]

此外,在半个世纪的时间里,卡西诺山修道院的环境对于抄写

---

[1] A. Caravita, *I codici e le arti a Montecassino*, I, 318.

手稿来说依然不错，在这一时期里，登记簿上显示修道院图书馆增加了大约 135 卷图书可以证明这一点。修道院在 1215 年经历了一次改革，新的修道院院长斯蒂芬一世（Stephen I，1215—1227 年在位）对于书写的热爱不亚于对美德的崇尚。①直到 1239 年修道院的修士被完全驱逐出去，修道院学校的出色之处与其说是因为它吸引了西西里大贵族的子弟们，不如说是它有能力引导人们"通过圣格里高利、圣杰罗姆和奥古斯丁的著作而对拉丁语感兴趣，覆盖了语法、逻辑和修辞学的古典之路"，有如此杰出的校友如圣格尔马诺（San Germano）的理查德和阿奎诺的托马斯。②尤其在修士伊拉斯谟的指导下，神学研究走向了繁荣，③伊拉斯谟是"卡西诺学校最杰出的神学家"，因其在神学研究领域中的声望如此之高，在大约 1240 年，他被那不勒斯大学聘为神学系主任。而且，在法国人征服以后，修道院的规矩被中世纪最伟大的修道院院长之一伯纳德·埃吉勒留斯有效地恢复了。④他本人是一个神学家，他与圣多米尼克（St. Dominic）的追随者们关系密切，而圣多米尼克是托马斯·阿奎那的一个朋友和通信者，因此，该修道院收藏的 13 世纪的手稿可以显示出其对经院哲学的浓厚兴趣，这一点并不令人感到吃惊。值得注意的是，该修道院的藏书中所具有的法律著作，与其说是反映该修道院为收回他们被扣押的财产所作的法律准备，还不如说是反映了修道院当时对于法律学科的浓厚兴趣。

当然，学术的每一个分支都没有被院方忽略。自然科学方面出色的代表著作有主教西奥博尔德用诗意的语言创作的《动物寓言集》（*Bestiary*）、伊拉斯谟的《论光的性能》（*On the Properties of Light*）。医学方面的代表人物有塞拉皮翁（Serapion）和皮亚琴察的

①　"Vir non minus studii quam honestatis amator." On Abbot Stephen，see *Ryccardi de S. Germano chronica priora adiectis eiusdem Ryccardi chronicis posterioribus*，ed. A. Gaudenzi，p.89.

②　Guillaume de Tocco，Saint *Thomas d'Aquin*，*sa vie*，*ed*. Pègues and Maguart，p.29.

③　M. Grabmann，*Mittelalterliches Geistesleben*，p.251.

④　Dom M. Inguanez，"Chronologia degli Abati Cassinesi del secolo XIII，"*Casinensia*，II(1930)，435.

威廉,逻辑学方面的代表人物有彼得鲁斯·西斯巴努斯(Petrus Hispanus)。对于古典学的关注依然继续着。塔西佗的著作被阅读,[1]阿普列乌斯的《变形记》出现了一个新的抄本,斯塔提乌斯的《西拜德》的第二本抄本被列出来,波埃修斯的《哲学的慰藉》第一次出现。基督教拉丁文的诗歌出现在普罗斯珀和彼得·里加(Peter Riga)的作品中。

　　考察 14 世纪图书馆的命运可以结束我们的故事。这一时期,意大利的艺术和文学出现了繁荣,但是卡西诺山修道院却很少分享这种时代的繁荣。薄伽丘记载了他如何发现图书馆依然是开放的,草木穿过窗户而生长,书籍和椅子高高地堆放,上面都是灰尘,近代的观点认为,这一故事是一个道歉式的捏造,以向其偷窃塔西佗和瓦罗著作的行为而表示道歉,无论我们接受哪种观点,其他的证据都没有试图证明在这个世纪里图书馆遭受了很多的磨难,无论是从其修士本身,还是来访者的角度。修道院曾经两次被洗劫,一次是被匈牙利卢多维克的士兵,一次是雅各布·迪·皮格纳托罗(Jacopo di Pignatoro)的土匪。在 1367 年 2 月 17 日的教皇训谕中,教皇乌尔班五世对于修道院被攻击以及图书馆被劫掠这一该受天谴的行为表示痛惜,10 年以后,格里高利十一世也猛烈抨击了那些试图并且不惧怕抢走修道院图书的做法。[2]进而在 1349 年 9 月 9 日,卡西诺山修道院发生了一次大地震,[3]11 世纪由德西德琉斯修建起来的大建筑完全被摧毁,图书馆和其他的财物、抄本一起在某一段时间里,一定已经处于危险之中。

　　尽管有许多不利的因素,修士们依然在抄写或者获得书籍,因为今天的卡西诺山修道院拥有超过 100 卷 14 世纪的抄本。[4]很显然,这些抄本的大部分都是为修道院献身修道的人学习三学科(文法、逻辑和修辞)和四门高级学科(算术、音乐、几何、天文)以及神学和哲学所用。在 14 世纪末修道院所享有的和平间歇期——感谢

186

---

　　① 关于 13 世纪蒙特卡西诺修道院对塔西佗的兴趣,参见 E. A. Lowe, "The Unique Manuscript of Tacitus' Histories," *Casinensia*, I(1929), 270。

　　② Minozzi, *op. cit.*, p.40。

　　③ Caravita, *op. cit.*, II, 136-137。

　　④ 关于该修道院 14 世纪手稿的书单,参见 *ibid.*, pp.367 ff., and Minozzi, *op. cit.*, pp.78 ff。

## 中世纪的图书馆

教皇乌尔班五世、教皇格里高利九世和修道院院长彼得·德·塔尔塔里(Peter de Tartaris，1374—1395 年在位)的努力——语法学习和研究一定是非常盛行的，因为在这一时期卡西诺山修道院的抄本中，有 6 本语法作品位列其中。自然科学在这一时期包括物理和形而上学以及其相关学科医学，同样也引起了修士们的关注。亚里士多德的"自然科学著作"第一次出现在修道院的图书馆中，尽管他头上的光环以及他给人们带来的深刻启示早已经被人们所认可。雷蒙德·勒尔的《论理性的灵魂》(De anima rationali)也被修士们阅读，还有盖伦的一篇关于医学的论文。数学著作的代表作是 13 本欧几里得的《几何原本》(Elements)，法律研究像从前一样流行，古典学研究也没有被忽视。在 14 世纪上半叶，教皇的书吏、罗马圣玛利亚和殉道者(Santa Maria Rotonda)的咏礼司铎乔凡尼·卡夫里尼德·赛罗尼(Giovanni Cavellinide Cerroni)提及在修道院还发现了李维的《论第一次布匿战争》和 6 本塔利的《论共和国》，他申明这一情况是完全属实的。[①]具有重要意义的是，古希腊文献重新受到人们的关注，这可以从人文主义学者诸如彼特拉克和薄伽丘的身上得到证实，出现了 24 本荷马的《伊利亚特》(Iliad with Scholiasts)。现在我们也不能忽略卡西诺山修道院的 379 号抄本，它出自法国北部的一个抄工之手，因为在南部意大利，法文手稿是不多的。除了诗歌《巴拉姆和约萨法特》(Barlaam and Josaphat)之外，它还包括 13 世纪最优美的法文道德诗，富有魅力的《花语》(Symbolism of Flowers)和《圣母玛利亚的奇迹》(Miracle of the Virgin)，由宽西的戈蒂埃(Gaultier de Coincy)从博韦的文森特(Vincent of Beauvais)的拉丁文版本翻译成古老的法文。

很明显，卡西诺山修道院的院长除了履行其他职责以外，他们本身还是图书馆馆长。他们不仅鼓励创作，委托抄工抄写手稿，而且还要管理收藏图书的图书馆建筑，代表修道院接受作为礼物的书籍。而且，其他的修士们不能拥有任何私人财产，但是修道院院长可以并且确实拥有自己的书籍，并拥有他认为合适的处置它们的权力。关于作页边注的习俗，我们要感激修道院图书馆为我们

---

① Cited by Minozzi, *op. cit.*, I, 73, n.4.

提供的珍贵信息。57 号抄本里面有西奥博尔德下令抄写的书单，390 号抄本里则有一份不完全的图书馆目录。书单中出自一位 13 世纪书吏之手的一个条目表明，卡西诺山修道院对外借书的做法至少开始于这一时期。

　　自从查士丁尼征服南意大利半岛以后，南意大利就是一个两种不同文化和两种不同语言混合的地方。尽管拜占庭帝国很快就失去了对意大利中部和北部的控制，但它对南部意大利的控制却一直持续到 11 世纪诺曼征服时期。在这里，通过希腊市民和军事官员以及希腊修士的努力，希腊化被强加在早期拉丁文化当中。在 9 世纪，那不勒斯的公爵塞尔吉乌斯一世（Sergius I）能够将希腊文翻译成拉丁文，也能将拉丁文翻译成希腊文。①他一定是一个饱学之人，他的家族传统已经历经几代朝着这个方向发展。在 942 年，那不勒斯的大长老利奥（Archpresbyter Leo）被约翰公爵和马里努斯公爵派往君士坦丁堡作大使。很明显，他被外派还有一个重要的任务，就是去搜集希腊著作，因为他回来的时候，带回来了《伪卡利斯提尼斯》（*Pseudo-Callisthenes*）、古老的亚历山大的传奇故事，还有赫格西普斯（Hegesippus）和雅典法官狄奥尼修斯的著作。后来，利奥将亚历山大的故事翻译成了拉丁文，他的手稿现在还在班贝格的主教座堂图书馆里。②在约翰公爵之后关于那不勒斯宫廷的书籍情况，我们没有其他的信息。此后意大利图书馆的历史仅仅属于南部的希腊修道院，这种状况一直持续到 11 世纪诺曼人的统治在那里建立为止。

　　到 12 世纪的时候，诺曼人统治的意大利和西西里与法国人在知识文化方面展开了激烈的竞争。在这里，拉丁思想、法国人的思想、希腊人的思想和阿拉伯人的思想交汇在一起。遗憾的是，我们对诺曼人统治的意大利的知识文化史知道得很多，③关于其图书馆却几乎没有积极的信息。但是，罗吉尔二世（Roger II，1130—1145

188

---

　　①　*Vita Athanasii in MGH*，*Scriptores rerum Langobardicarum et Italicarum*，p.441.

　　②　O. Hartwig，"Die Uebersetzungsliteratur Unteritaliens in der normannisch-stauffis-chen Epoche，" *Centralblatt für Bibliothekswesen*，III（1886），164.

　　③　C. H. Haskins，*Studies in the History of Medieval Science*，p.190.

年在位)在这一时期在西欧接受了比其他的诸侯通常能接受的多得多的教育,①他一定拥有一个一定规模的图书馆。从罗吉尔二世到弗里德里克二世,西西里的国王无一例外各个因其智慧和教养而受到赞誉。然而,甚至关于弗里德里克二世图书馆我们都一无所知。不仅如此,关于科学、哲学、当代文学和法律明显很少,或者根本就没有古典学著作,它们一定都是拉丁文、希腊文、希伯来文、意大利语和法语的著作。一本托勒密的《天文学大成》抄本被拜占庭皇帝作为礼物带到了西西里,我们知道,拜占庭宫廷和帕勒莫宫廷都对天文学和占星学深感兴趣。较早的关于炼金术的抄本提到了曼努埃尔(Manuel)皇帝,所以看上去很可能它们是在他统治的时候被带到了西西里。皇帝弗里德里克二世一封广为人知的信提到了他的图书馆里的古代知识宝藏。②这些珍贵收藏品的命运我们无从知晓。在 1248 年 2 月,弗里德里克二世的王冠、珍宝和他的一些书被劫掠到了帕尔马。在这些手稿中有他自己的《论狩猎的艺术》(De arte venandi)抄本。这些藏书的最主要部分可能在 1268 年成了安茹查理的战利品。一些希腊文著作正如我们所看到的那样,可能构成了梵蒂冈希腊文藏书的核心部分。安茹查理和他之前的弗里德里克二世及曼弗雷德一样,供养了一批抄工、画工和装订工,等等,而且,和他们一样,他的兴趣也集中在科学尤其是医学上。他的图书管理员的名字可以被找到,但是他的许多书籍的名字我们却无从知晓。③

---

① E. Caspar, *Rogar II und die Gründung der normannisch-sicilianischen Monarchie*,p.38.

② C. B. Jourdain, *Influence d'Aristote et de ses interprètes sur la découverte du nouveau monde*, p.156. 关于弗里德里克二世,参见 H. Niese, "Zur Geschichte des geistigen Lebens am Hofe Kaiser Friedrichs II," *Historische Zeitschrift*, CVIII(1912), 473 ff。

③ O. Hartwig, *op. cit.*, pp.186-188; L. Thorndike, *A History of Magic and Experimental Science*, II, 757, n.1.

# 第六章　中世纪德国的图书馆

中世纪德国有 1 000 多家修道院,许多修道院至少拥有几本书。这些修道院的图书馆大部分都衰落下去了,在三个世纪的时间里,圣埃默拉姆失去了一多半的藏书,布劳博伊伦失去了大约四分之三的藏书。①德国第一批大的修道院——富尔达、赖歇瑙、圣高尔、科维的光环随着加洛林文艺复兴的衰微而消失了,但是对教育和学术的兴趣在萨克森和萨利安王朝时期(919—1125 年)并没有衰微,只是新书很少,而且几乎没有原创的书籍。在大部分时间里,修士们仅对他们图书馆里已有的书籍很熟悉。这一衰落的原因不能够仅仅用贫穷来解释。②修道院已经不再是知识文化的中心,仅有少数是例外,比如维杜金德(Widukind)主持下的科维、瘸子赫尔曼(Hermann the Lame)主持下的赖歇瑙和奥拉的埃克哈德四世(Ekkehard IV of Aura)主持下的圣高尔,它们作为文化中心的地位不断地被主教学校所取代。

德国修道院从与意大利重新生效的合约中并没有获得多少好处。③富尔达的修士将多少种书寄到了罗马很难说清楚,但是我们 可以推断,它们应该是产权凭证或者教会法方面的书籍,而不是文献资料。

---

① For a brief summary, see G. Kohfeldt, "Zur Gescichte der Büchersammlungen und des Bücherbesitzes in Deutschland," *Zeitschrift für Kulturgeschichte*, VII(1900), 325-388.

② For the Klosterpolitik of Henry II and Conrad II, by which enormous tracts of land were taken from the monasteries, see my *Feudal Germany*, pp.62-72.

③ 在意大利,非宗教人士为世俗人士办的学校从来就没有停止过,在那里,为了宗教和世俗的价值,教俗知识都被传授,而这和灵魂的拯救无关(H. O. Taylor, *The Medieval Mind*, I, 249 f.)。

## 中世纪的图书馆

尽管我们缺少一个图书馆的书目,但是在科维①居住过的曾有著作的作者提供的内部证据可以表明,科维并没有像赖歇瑙和圣高尔那样懒散和对学术不感兴趣。萨克森王朝时期的德国在中世纪盛期充满了十足的活力。仅仅是在919年匈牙利人大举入侵之前,②修道院院长博沃(Bovo,900—916年在位)在波埃修斯的《哲学的慰藉》、马克罗比乌斯的《西庇阿的梦想》(*Somnium Scipionis*)以及瑟修斯(Sercius)的《评论维吉尔》(*Commentary on Vergil*)的基础上,撰写了一篇关于计量学方面的文章。因此,他引用的这些著作一定在该图书馆里。他因通晓希腊文化而闻名,当康拉德一世访问该修道院的时候,他因为能够讲解一篇希腊文的作品而引起了轰动,这可能发生在913年。③在奥托大帝统治时期(936—973年),科维已经走上了大规模的复兴之路。④第一个萨克森历史学家维杜金德大约在968年写作,除了萨鲁斯特、李维、卢坎和约瑟夫斯之外,很显然他还知晓比德、助祭保罗、约丹尼斯、图尔城的主教格里高利和爱因哈德。⑤亨利二世(1002—1024年在位)将尤特罗比乌斯和韦格提乌斯(Vegetius)贝内文托字体的著作送给了科维,这很显然是他第三次去意大利获得的。另一个和意大利有关的书籍是11世纪卡西诺山修道院拥有的维杜金德的《萨克森人史》(*Rerum gestarum Saxonicarum*),显然它是根据科维的作品而改编的。帕斯卡休斯•罗德贝如图斯(Paschasius Rotbertus)在9世纪所拥有的大量神学著作在匈牙利人入侵之后是否幸存下来,我们无从知晓。很大可能它们幸存下来了,因为大约在1075年的时候,不来梅的亚当(Adam of Bremen)引用了博沃的《关于他的时代的大事记》(*De sui temporis actis*)、他的《圣利姆波特传》(*Vita*

① F. Behrend, "Corvey im Spiegel seiner Büchersammlungen," *Zeitschrift für Bücherfreunde*, N. F., XV(1923), 11 ff.; P. Lehmann, "Corveyer Studien," *Abhandlungen der bayerischen Akademie der Wissenschaften*(Phil.-hist. KL.), XXX(1919), Abh. 5; W. Weinberger, "Beiträge zur Handschriften II," *Sitzungsberichte der Akademie der Wissenschaften zu Wien*, 1909; K. Loeffler, "Die Bibliotheken von Korvei," *Zeitschrift für Bücherfreunde*, N. F., X(1918-1919), 136 ff.

② *Monumena Corbeiensia*, ed. P. Jaffé, I, 35.

③ W. Wattenbach, *Deutschlands Geschichtsquellen*, I, 255.

④ *Vita Meinwerci* xlix; *MGH*, *Scriptores*, XI, 40.

⑤ J. E. Sandys, *A History of Classical Scholarship*, I, 505.

S. *Rimberti*）和古老的《科维编年史》（*Annals of Corvey*）。

在 11 世纪后半叶，科维的书籍曾几次被提及。在 1085 年，康 192
斯坦茨的伯恩哈德的《教会法》（*Liber canonum*）被收藏在那里，尽
管其手稿可能是在希尔德斯海姆抄写的。在这一时期里，科维拥
护希尔绍（克吕尼）的修道院改革，因此很可能获得了大量宣传家
的文献，①修道院院长马克沃德（Markward）在 1086 年派了一个名
叫温多尔夫（Windolf）的修士去梅泽堡附近的佩高（Pegau）进行改
革，"这些书里面已经添加了许多必要的内容：对唱歌集和弥撒圣
歌、袖珍弥撒书、教规和《诗篇》，它们一直流传至今。"②

在 12 世纪最初的 25 年时间里，奥拉的埃克哈德完成了著名的
《世界史》（*Chroicon universale*），并且送给了科维一部抄本。③埃克
哈德还劝说他的朋友多伊茨的鲁珀特（Rupert of Deutz）将他的《关
于小先知书的评论》（*Commery on the Minor Prophets*）捐给修道
院。④修道院院长维巴尔德（Wibald，1146—1158 年在位）鼓励学者
们访问科维。在给一位通信者的信中，他这样写道："不仅要阅读
我们自己的书，而且我们还可以阅读我们所有的单页和残本书。
我希望我们可以彼此平和地、安静地、悠闲地享受这种快乐。因为
在生活中，还有比这更快乐的事情吗？"⑤维巴尔德对古典学很感兴
趣，他请求达瑟尔的雷纳尔德（Reinald of Dassel）从希尔德斯海姆
的图书馆借一些西塞罗的著作给自己。在回信中，雷纳尔德机智
地写道：

> 尽管你希望拥有塔利的书，但是我知道你是一个基督徒，
> 而不是一个西塞罗书籍的热爱者。你去敌营，不是作为逃兵，
> 而是作为一个间谍。因此，我应该寄给你一些我这里有的塔利
> 的书籍：《论农业法》（*De lege agrarian*）、《腓利比克之辩》
> （*Philippics*）和《信札》，但是，我们的习俗是，没有让我们满意

①　See my *Feudal Germany*，pp.119-122.
②　Lehmann，*op. cit.*，p.16.
③　*Epistola ad Erkembertum Corbeiensem abbatem*，in *MGH*，*Scriptores*，VI，10.
④　A. Hauck，*Kirchengeschichte Deutschlands*，IV，419.
⑤　Loeffler，*op. cit.*，p.151.

的担保,我们的书不能借给任何人。因此,请寄给我们奥鲁斯·格利乌斯的《阿提卡之夜》(*Noctes Atticae*)和奥利金的《论赞美诗》(*On the Canticles*)。[1]

193　　对此,维巴尔德答复道,西塞罗的著作仅仅是文化休闲性的。在没有奥鲁斯·格利乌斯著作的前提下,他给维巴尔德寄去了奥利金关于战术方面的著作。和德国许多其他古老的修道院一样,科维在 13、14 和 15 世纪淡出了人们的视线。在文艺复兴后期,它突然又随着 1509 年发现了塔西佗的《编年史》头六卷而凸显了其杰出的地位。[2]

　　在拉巴努斯·莫鲁斯时期,富尔达[3]的光芒覆盖了整个德国,但是,到了 9 世纪末,这种光芒就褪去了,从那以后,关于它的图书馆信息我们知之甚少。[4]在 12 世纪,有一份简短的书单,上面列了85 本日常的教会文献,但是没有一本古典著作。这个图书馆一定是处于几乎闲置的状态,它在几代人的时间里被忽视,直到 15 世纪,猎取手稿者才又发现了它的宝藏。[5]修道院院长约翰·冯·墨兰(Johann von Merlan)在 1415 年带了相当可观数量的书到了康斯坦茨会议,这些书很显然没有再被带回来。后来,1525 年的农民战争进一步毁坏了这些藏书。

　　在 10 世纪,富尔达绝没有像 9 世纪那样有那么多的抄本幸存194 下来,而且大部分是宗教仪式用书。在班贝格,有带有微型画的哥

---

① 　*Monumenta Corbeiensia*,I,326.

② 　Sandys,*op. cit.*,I,663.

③ 　P. Lehmann,"Fuldaer Studien," *Sitzungsberichte der bayerischen Akademie der Wissenschaften*(Phil-hist.Kl.),1925,Abh. 3;1927,Abh. 2.这些文章中包含有关于富尔达图书馆最新的材料。F. Falk,in "Beiträge zur Rekonstruktion der alten Bibliotheca fuldensis und Bibliotheca laureshamensis" and "Der fuldaer Handschriten-Katalog aus dem 16. Jahrhundert," ed. C. Scherer,*Beihefte zum Zentralblatt für Bibliothekswesen*,XXVI(1902),有关于富尔达修道院的建立及其图书馆发展历史的最概括性的描述。

④ 　Cf. M. Manitius,*Neues Archiv der Gesellschaft für ältere deutsche Geschichtskunde*,XXXVI(1911),755 ff.

⑤ 　K. Loeffler," Die fuldaer Klosterbibliothek," *Zeitschrift für Bücherfreunde*,N. F.,X(1918),194-202.富尔达的书现在四处都有。一些最珍贵的书现在在博得雷安的劳德里安藏书中,其他的在大英博物馆的哈利父子收藏的文稿中;Cf. P. Lehmann,*Forschungen und Fortschritte*,April 20,1930,p.166.

廷根《中世纪教会礼仪》（*Sacramentarium*），它就像德国最重要的哥廷根抄本中的微型画一样。在卡尔斯鲁厄，有《卜尼法斯书信》；在卡塞尔，有多纳图斯的手稿。在罗马，有一本《中世纪教会礼仪》和两本《富尔达的本笃派殉道者》（*Martyrologium Benedictinum Fuldense*）抄本；自 12 世纪以后，在维切利，有一本有趣的《中世纪教会礼仪》，它是修道院院长厄卡博尔德（Erkambald，997—1011 年在位）借给伍兹堡的海因里希主教的。在其他图书馆里还有少数几本 11 世纪的祈祷书。关于古典著作，卡塞尔有一本西塞罗的《论取材》和波埃修斯的《论差异和划分》（*De differentiis et de divisione*）、12 世纪的富尔达抄本和一本 13 世纪的西塞罗的《论义务》残篇，这个不完整的抄本使用精美的小写字母抄写。根据大多数作者的描述，16 世纪（大约 1561 年）[1]富尔达的图书目录是一个真正的中世纪的图书目录，里面有少量几本后期的著作。

封建时代赖歇瑙图书馆的历史[2]比富尔达图书馆的历史更体面一些，但是它也没有什么值得一提的东西。赖歇瑙位于一条直达通往罗马的最经常的旅游朝圣路线上，很可能那里并不缺少修士，即便如此，那里也没有留下任何纪念物。[3]在 10 世纪，在缮写室里有一个装帧小组，但是他们只是做宗教祈祷书的装帧工作。在 1006 年，当时伊默（Immo）任修道院院长，至少部分图书馆被大火烧毁了。但是很显然很快就进行了修复工作，因为在修道院院长伯恩（Bern，1000—1048 年在位）任职期间，"许多精美的图书"被制作出来。他本人还写了三本音乐和歌唱艺术方面的著作，还有一本《圣乌德里克传》（*Vita Oudalrici*）。他从圣高尔借了西塞罗的《腓利比克之辩》和关于他的《论题篇》（*Topica*）的评论，主动提出借给对方西塞罗的《修辞学》（*Rhetorica*）和《维克多利努斯的评论》

---

① Published by C. Sherer in Falk, *op. cit.*, pp.89-112.在第四章里已经简要探讨了这个问题，关于该问题更多的注释可以参见 M. Manitius, "Zu Johannes Scottus und zur Bibliothek Fuldas," *Neues Archiv der deutschen Geschichtskunde*，XXXIV（1908-1909），759-762。

② A. Holder, *Die reichenauer Handschriften*；K. Beyerle（ed.），*Die Kultur der Abtei Reichenau*；W. Brambach, *Die Handschriften der grossherzoglich badischen Hof-und Landes-bibliothek in Karlsruhe*，I, 18-19；K. Loeffler, *Deutsche Klosterbiliotheken*，pp.105-117。

③ Wattenbach, *op. cit.*, I, 286。

（*Commentary of Victorinus*）。赫尔曼·康特拉克图斯（Hermann
195　Contractus，卒于 1054 年）的学术著作表明，赖歇瑙在 11 世纪一定
拥有一个藏书丰富的图书馆，但是唯一的一份书单是埃贡（Egon）
的书单，它是花了很多钱装订起来的礼拜仪式用书书单。对于以
后的历史，我们仅有支离破碎的信息。很明显，这里没有好的图书
管理员。在 12 世纪，圣奥古斯丁的两本书被借给了圣高尔，在 13
世纪，它与康斯坦茨之间有书籍交换。奥古斯丁手稿的空白页上
记载了该书的借出情况，这表明该图书馆的管理非常松懈。空白
页上是这样记载的：

> 这本书归奥吉亚的童贞女圣玛利亚所有，借给了康斯坦茨
> 圣奥古斯丁修会的修士们，还有 6 本其他的书，分别是：
> 1 本弥撒用书
> 1 本完整的《旧约》
> 1 本奥利金关于《出埃及记》《创世记》和《利未记》的评论
> 1 本拉巴努斯对《耶利米书》的评论
> 1 本杰罗姆对《马太福音》的评论
> 1 本包含普通弥撒圣歌的书。

据我们所知，这些书再也没有被还回来。

在封建时代，圣高尔①古老的爱尔兰建筑的历史比德国其他古
代本笃修道院都有更为详细的记载，尽管我们不再有 9 世纪珍贵
的图书目录。②然而，它的历史很不幸。在 924 年，巴伐利亚和斯瓦
比亚遭到了匈牙利人的侵袭。修道院院长恩格尔贝特（Engelbert）
通过将它转移到赖歇瑙而挽救了该图书馆，当危险过去的时候，赖

---

①　F. Weidmann, *Geschichte der Bibliothek von St. Gallen*；J. M. Clark, *The Abbey
of St. Gall as a Center of Literature and Art*.

②　在 1840 年，在 *Serapeum* 上发表了一篇德国学者拉斯伯格（Lassberg）当时拥有
的一份 9 世纪图书馆目录的抄本。它第一次被发表出来，人们猜测它既是康斯坦茨也是
圣高尔主教座堂图书馆的图书目录。从那时开始，布拉斯（Blass）就指出，它不可能来自
这两个地方中的任何一个地方（尽管 Manitius 依然认为它是康斯坦茨的图书目录），甚至
也不是赖歇瑙的目录。然而，这份目录的特征将它同圣高尔和康斯坦茨联系起来了。这
份目录真正的意义在于，它表明，斯塔提乌斯的《森林志》（*Silvae*）于 9 世纪的时候在这个
地方已经为人所知，波基奥在 15 世纪在这个地方重新发现了这位作者。

歇瑙归还了相同数量的书卷,但是有相当大的可能性没有归还相同的书籍。据推测,赖歇瑙自己保留了更有价值的手稿。①另一个不幸来自大火。在 937 年的 4 月 25 日,一个愤怒的学生放火烧了图书馆,许多书籍都被烧毁了。②皇帝奥托二世(973—983 年在位)是一个有教养之人,他曾经从圣高尔借了几本书,后来历史学家埃克哈德四世要求他将书归还,他就把书还回去了。③圣高尔在其他地方也发挥了它的影响:它的院长诺特克尔(Notker)在 972 年当上了列日的主教,两位埃克哈德兄弟从圣高尔去了美因茨。在阿尔萨斯与维森堡之间有更多的交往,与斯特拉斯堡之间也有更多的交往,尤其是在主教厄琛博尔德(Erchenbald,965—991 年在位)任职期间。厄琛博尔德主教接受过学术训练,他写过散文,非常关注图书馆的发展,并让人抄写过很多书。④这一时期在促进图书馆发展的过程中,最活跃的是修道院院长伯克哈德(Burkhard,1001—1022 年在位)。在他任职期间,有许多书包括《圣经》和亚里士多德的一些著作被翻译成了德文。也是由于他的缘故,图书馆获得了贺拉斯、卢西恩、萨鲁斯特、奥维德、尤维纳利斯的著作,以及波埃修斯的《论西塞罗的〈论题篇〉》、哈尔伯施塔特的海默的《评〈以赛亚书〉》,还有一些非常优质的礼拜仪式用书。

　　在 1072 年修道院院长诺伯特(Norbert)去世和主教授职权之争爆发以后,圣高尔在文化上衰落了。主教授职权之争的双方都想得到修道院的职位,都想控制修道院的土地,因此使修道院的同仁陷入贫穷的状态。有价值的图书馆数量日趋减少;它或被偷窃,或被弃如敝屣,最终被挤放到阁楼上。⑤反映这一令人悲伤的衰败态势的迹象可能会在仍保存在圣高尔的拉丁文《圣经》的福音书中发现。⑥这一大约公元后 500 年的袖珍羊皮纸《圣经》福音书,是用

---

①　Ekkehard IV *Casus S. Galli* 3.

②　这可能有错。Pius Kolb 认为,储藏室被烧了,但是书籍幸免于难。T. von Arx (*Geschichte des Cantons St. Gallen*,I,217)赞同这一观点。

③　Wattenbach,*op. cit.*,I,258.

④　*Ibid.*,pp.398-399.

⑤　W. Wattenbach,*Das Schriftwesen im Mittelalter*,p.493.

⑥　*The Oldest Manuscript of the Vulgate Gospels*,C. H. Turner 破译和编辑,附有序言和附录(牛津,1931)。

半安瑟尔字体写的,它不仅非常清晰可读,而且有着复杂的历史。它比圣高尔还要古老,就像 4 世纪用大写字母写的维吉尔著作一样。①我们不知道,它和其他的珍贵书籍材料是怎样到达圣高尔的,也不知道它们是什么时候到的圣高尔。一些富有改革精神的图书管理员对其管理的图书封面的兴趣超过了对内容的兴趣,他们计划重新装订书籍,遗憾的是,他们使用了一些古代最古老和最有价值的纪念物作为书籍前后的衬页。但是到了 18 世纪末,另一个图书管理员"注意到了他管理的许多抄本都有同一种古代风格的起保护作用的衬页⋯⋯他将它们分开,然后又按照其在一卷书中原来的顺序重新排序,这本书现在的图书目录编号是圣高尔 1395"。即便这样,珍贵的维吉尔的著作也仅仅是一些残篇。特劳伯在卡林西亚发现了两页,在那里它们被一直保留着,很可能重新装订之后,在圣高尔散放书籍的其他地方还发现了其他的残页。

13、14 和 15 世纪是圣高尔的黑暗时期。修道院院长鲁莫·冯·拉姆斯坦因(Rumo von Ramstein,1274—1281 年在位)甚至目不识丁。②13 世纪唯一两个对学术有一点兴趣的修道院院长是乌利希六世(Ulrich VI,1204—1220 年在位)和康拉德·冯·比桑(Conrad von Bussang,1226—1239 年在位),在他们任职期间,西塞罗的《论演说家》、奥维德的著作和一本对贺拉斯的《诗艺》评论被抄写。修道院得到的其他书籍主要是《圣经》和礼拜仪式用书。现在依然还是圣高尔最精美的抄本之一——它是 13 世纪的抄本——既不是在那里写的,也不是在中世纪获得的,它是《尼布龙根之歌》(Nibelungenlied)最好的三个文本之一,里面有沃尔夫拉姆·冯·艾申巴赫(Wolfram von Eschenbach)的《帕西法尔》(Parzival)和其他早期的德国诗歌。它曾经属于著名的瑞士历史学家楚迪(Tschudi),是在 1768 年的时候和其他抄本一起被带到圣高尔的。楚迪是怎样得到这个珍贵的抄本的,我们无从知晓。③

---

① See Sandys, *op. cit.*, I, 635; for facsimile see E. M. Thompson, *An Introduction to Greek and Latin Palaeography*, p.185.

② Von Arx, *op. cit.*, I, 471.

③ G. Scherer(ed.), *Verzeichnis der Handschriften der Stadtbibliothek von St. Gallen* (Halle,1875); H. Brauer, *Die Bücherei von St. Gallen und das althochdeutsche Schrifttum* (Halle,1926).

泰根塞的巴伐利亚修道院建于 756 年,它在加洛林时期或者在 9 世纪并不突出。①在 10 世纪早期,修道院的许多土地被世俗化, 其房屋也被匈牙利人烧毁了。然而该修道院还是勇敢地继续办了 下去。维戈(Wigo,卒于 980 年)的《书信》②表明,有的时候修士们 甚至缺衣少食。在这种情况下,自然不会有几本书。但是,维戈借 阅了这些书。修道院的繁荣随着奥托(Ottos)而到来。在 982 年, 来自雷根斯堡圣埃默拉姆修道院的戈兹伯特(Gozbert)开始复兴学 术,并为图书馆搜罗书籍。③斯塔提乌斯、佩尔西乌斯、贺拉斯、西塞 罗的《信札》、波埃修斯和普里西安的著作都被阅读和抄写。④在沃 尔夫冈(Wolfgang)任职期间,语法和神学研究繁荣起来,沃尔夫冈 在 994 年任雷根斯堡主教时去世。在接下来的世纪里,有两位杰 出的学者奥斯洛赫(Othloh)和弗娄蒙德(Froumundus),前者是一 个潜修者,后者是一个古典学爱好者。⑤我们发现弗娄蒙德一次是 为贺拉斯的抄本而写作,另一次是为斯塔提乌斯的抄本,很显然都 是为了订正或者完成他自己关于尤维纳利斯和佩尔西乌斯的抄 本。⑥他手里的几本抄本上都有中世纪抄本开端使用的"开始"(*incipits*)字样。弗娄蒙德后来成为修道院的一名老师,而且是修道院 最初的一批重要作者和诗人之一。

泰根塞尤其以收藏民间传说和歌曲而闻名。在图书馆里有一 本欧内斯特伯爵的德语小册子,其中有许多片段选自《罗特利布》 (*Ruotlieb*)。从弗娄蒙德(Froumund。Froumundus 和 Froumund 为 同一人名的不同拼写方法,为不引起歧义,均译为弗娄蒙德——译 者注)开始,缮写室成为正规商业贸易的中心,它的羊皮纸和墨水 品质上乘,所以国王和主教们经常命令抄工在那里抄写书籍。稍 后的修道院院长艾林格(Ellinger,1019—1056 年在位)是一个熟练

*198*

---

① *Loeffler*, *Deutsche Klosterbibliotheken*, p.183.
② Migne, *Pat. Lat.*, CXXXVII, cols. 9-16.
③ G. Becker, *Catalogi bibliothecarum antique*, No.39；Hauck, *op. cit.*, III, 380.
④ 波埃修斯的《哲学的慰藉》由弗娄蒙德在科隆抄写；普里西安著作的注释在福伊 希特旺根(Feuchtwangen)和圣潘塔雷昂(St. Pantaleon)被抄写(Wattenbach, *Deutschlands Geschichtsquellen*, I, 403)。
⑤ Taylor, *op. cit.*, I, 312-323.
⑥ *Epp.* ix, xi and xiii；Migne, *Pat. Lat.*, CXLI, col.1288.

的抄工和画工。另一个著名的抄工是奥斯洛赫,他这样描述自己:

> 当我还是一个孩子的时候,我就在那里拼命地抄写,以至于我后来几乎失明……然后在我到了圣埃默拉姆修道院当了一名修士以后,我很快就被劝导……用如此多的时间来抄写,除了节假日之外,我很少休息,因为节假日不能工作。①

修道院院长塞弗里埃德(Seifried,1046—1068 年在位)写信给主教乌特勒支的威廉,告知不能完成他要求抄写的那些书,因为抄 199 工要抄写亨利三世命令他们抄写的书。②弗里德里克一世还有一些祈祷书在泰根塞被抄写。③

在 11 和 12 世纪,泰根塞的古典学兴趣最能说明德国的知识史。在这个领域里出色的有修道院院长戈德哈德(Godehard,1001—1002 年在位)和艾伯哈德(Eberhard,1002—1004 年在位);贝林格(Beringar,1004—1012 年在位)在图书馆里放置了许多书;最后是埃林格,他是弗娄蒙德的学生,是本尼迪克伯恩(Benedikt-beuern)的改革者,也是一位著名的艺术家。他对许多《圣经》和普林尼的《自然史》作了装帧。在修道院院长艾伯哈德二世(1068—1091 年在位)任职期间,一位叫雷金弗里埃德(Reginfried)的修士来到修道院,并带来了许多重要的书籍。④

在 12 世纪中叶,泰根塞几乎被亨利四世征为王家采邑,但是被修道院院长塞弗里埃德给拒绝了,塞弗里埃德宣称"受奴役的"修士们不能继续抄写,学术也将因此被摧毁。他进行了抗议,在修道院里学习比任何时候都变得更重要。他召集了有技艺的修士比如画家、作家、雕刻家、金匠和玻璃染色匠。因此,在整个 12 世纪,当德国其他的修道院过于贫穷或者过于世俗化的时候,泰根塞却达到了它文化发展的顶峰。许多根本不想当修士的人都来到这里学习。在修道院院长鲁珀特(Rupert,1154—1186 年在位)任职期间,经院

---

① S. R. Maitland, *The Dark Ages*, pp. 418-419.
② Wattenbach, *Deutschlands Geschichtsquellen*, II, 2, and n. 2.
③ Becker, *op. cit.*, No. 91.
④ *Ibid.*, No. 57.

哲学家韦恩赫三世（Wernher III）管理学校，鼓励研究古典学。他抱怨当时缺少拉丁学者，他们抄写了像卡西诺山修道院阿尔伯里克（Alberic）这样的作家风格的著作而不是抄写古代作家的著作。他写了《节律法则》（*Regula rhythmimachiae*），这本书在其他的修道院广为人知，因为贝克尔写信给泰根塞索求这本书。①另一封信则表明，在这一时期，图书贸易相当活跃。②

诗歌在这一时期的泰根塞似乎比在其他修道院更为流行。韦恩赫（Wernher）或者他的一个学生，具有相当的创作能力，写了《反基督之路》（*Ludus de antichristo*）。泰根塞一个名叫美特鲁斯（Metellus）的修士模仿维吉尔、贺拉斯、波埃修斯和普鲁登休斯，创作了《来自罗马七丘之一的抒情诗》（*Odae Quirinales*）和《来自罗马七丘之一的维吉尔的牧歌》（*Bucolica Quirinalis*）。③奥维德被作为研究对象，并且被当作偶像，在 12 世纪，人们为修道院图书馆写了关于他的几乎所有作品的介绍和评论。

在 15 世纪以前，泰根塞图书馆没有图书目录流传下来，但是在该修道院编辑的一些著作中，④有许多书籍的参考文献提及了这一方面的内容。尽管该修道院在 13 世纪早期依然保持繁荣，但是它在繁荣的程度和活力上已经不如从前。最终在马克瓦尔德（Markward，1287—1324 年在位）任职期间，该修道院仅剩下 6 个修士。

在萨利安时代，古老的洛尔施修道院陷入非常贫困的境地，它于 1340 年变成了普雷蒙特雷修会（Premonstratensian）所在地。但是在 10 世纪以后，它就已经在历史上不再发挥任何作用。⑤这个图书馆有三份图书目录留存下来，现在都保留在梵蒂冈，最后的一份目录是不完整的。⑥其他的两份目录看上去是 10 世纪的，尽管其中的一个可能是 9 世纪的。总而言之，这个拥有丰富藏书的图书馆

————————

① Becker, *op. cit.*, No.92.

② *Ibid.*, No.93.

③ 奎里纳斯（Quirinus）是特根塞的赞助者之一（Sandys, *op. cit.*, I, 636）。

④ Listed by T. Schmeller, "Ueber Büchercataloge des XV. Und früheren Jahrhunderts," *Serapeum*, September 15, 1841, p.267.

⑤ F. Falk, *Geschichte des ehemaligen Klosters Lorsch*(Mainz, 1866).

⑥ Becker, *op. cit.*, Nos. 37 and 38; T. Gottlieb, *Ueber mittelalterliche Bibliotheken*, Nos. 108 and 109.

表明,除了惯常的神学著作以外,一系列的手册尤其是关于语法和计算的手册,还有一份重要的古典作家的名单都在其中,尽管这份名单里没有特伦斯、奥维德和萨鲁斯特的名字。洛尔施离穆尔巴赫不远,我们可以非常稳妥地说,大部分著作的抄本,在两个修道院里都可以找到。①

在加洛林时代,萨尔茨堡在主教阿尔诺任职期间就已经成为它那个地区主要的文化中心,但是在 10 世纪末期,雷根斯堡的圣埃默拉姆修道院成为巴伐利亚的文化中心,就像 12 世纪的弗赖辛一样。在 975 年到 1000 年间,修道院院长罗姆沃尔德(Romwold)努力增加图书馆的藏书,并将其作为唤醒修士们精神的一种方式。②在幸存下来的图书目录中,多达 513 本著作被列出来,③但是这个藏书地并不著名。在 994 年,一个名叫沃尔特(Walter)的修士将 121 本手稿作为礼物这件事值得一提。④图书馆中重要的手稿奥里斯抄本(Codex Aureus)已经破旧了,但是在罗姆沃尔德(Romwold)任职期间,它被精心地保存起来。⑤在 1163 年以后,在圣埃默拉姆修道院有一个 15 本书的备忘录,唯一有趣的一个条目是《向条顿人(德国人)的布道》(*Sermones ad populum teutonice*)。⑥

我们关于 10 世纪帕绍唯一的信息是一份 903 年的包括 56 本著作在内的书单。⑦其中的许多书都是拉丁文古典著作,它是迟来的加洛林文艺复兴持续存在的证据。

赫斯菲尔德修道院是由勒尔于 770 年建立起来的,如果其档案没有遭到意外损毁,赫斯菲尔德有可能留下更多可写的内容:兰伯

---

① H. Bloch, "Ein karolingischer Bibliothekskatalog aus Kloster Murbach," *Strassburger Festschrift z. LXVI. Versammlung deutscher Philologen und Schulmänner* (Strassburg, 1901), p.279.

② Aside from the catalogue of his time, we have other evidence in the Preface to his *Homilies* printed in *Neues Archiv*, X, 398: "Nos … intus et foris omnia necessaria nostri monasterii vestro rogatu reparare studemus, maxime in librorum cultibus, quorum doctrina poene constat omnis mundus."

③ Becker, *op. cit.*, No.42.

④ *Ibid.*, No.44.

⑤ H. Janistschek, *Geschichte der deutschen Malerei*, p.44; Hauck, *op. cit.*, III, 377.

⑥ Becker, *op. cit.*, No.102.

⑦ *Ibid.*, No.23.

特(Lambert，1056 年)使用的古代《编年史》和他自己的较大部头的《赫斯菲尔德的历史》随着这个图书馆都一起消失了。①我们所知道的便是修道院院长戈兹伯特(970—984 年在位)建成了一个"丰富的图书馆"。

作为为数不多的德国本笃修道院图书馆能够长期留存的是靠近巴伐利亚的弗赖辛的维恩斯蒂凡(Weihenstephan)。一份 11 世纪的图书目录②表明了当时新近获得藏书的盛况,比如彼得·达米阿尼的著作和中世纪拉丁语冒险故事阿波罗尼乌斯(Apollonius)的《提尔国王的历史》(*Historia regis Tyri*)。在古典作家中,有奥维德的《变形记》和佩尔西乌斯的两个抄本。

最后一个依然需要我们关注的古老的加洛林修道院是本尼迪克伯恩(Benedictbeuren),它是由法兰克王后吉塞拉于 8 世纪建立的,她给了这个图书馆 13 本书。在大约 1250 年,我们发现了一份图书目录,显示该图书馆有一定的规模,但是没有很多值得一提的著作,在此之前很长时间,该图书馆都几乎不为人所知。③

中世纪盛期新修道院的增加令人印象深刻,两个最好的修道院之一是克吕尼,它在 11 世纪的时候发展最好;另一个是西多会,它在 12 世纪中叶发展到顶峰。

克吕尼修道院热衷于教会改革,但是对教育或者古典文学却关注较少,他们甚至对当时新兴的经院神学也不感兴趣。另一方面,他们确实是生产了许多重要的祈祷书。德国克吕尼修道院的基地在黑森地区的希尔绍,它的分支机构是邻近的圣布拉希恩(St. Blasien)、哥廷根附近的另一个圣布拉希恩、阿尔萨斯境内施莱特斯塔特(Schlettstadt)的圣菲德斯(St. Fides)和布劳博伊伦。④和较早的本笃修会不同,这两个修道院是相互独立的机构,克吕尼与之联系密切。因此,它们之间有很多书籍交换,较古老的修道院送给新

———————————

① 这一灾难发生在 17 世纪后期;参见 O. Holder-Egger's edition of Lambert of Hersfeld，p.xiii。

② Becker，*op. cit.*，No.73.大部分手稿现在在慕尼黑。

③ G. F. Klemm，*Zur Geschichte der Sammlungen für Wissenschaft und Kunst in Deutschland*，pp.22-23. Becker(*op. cit.*，No.144)注意到了它,但是没有把它印出来。

④ 关于 Hirsauer 运动中法国的影响,参见作者的 *Feudal Germany*，p.119。

建修道院书籍,以希望建立一个图书馆。①希尔绍擅长彩饰图书,在修道院院长威廉(卒于 1091 年)任职期间,也是其黄金时期,他自夸说对 12 本《最佳作家》(*scripores optimi*)作了精美的装帧。

这些图书馆的重要性几乎不足为道。1296 年的圣菲德斯目录列出了 103 本著作,它是典型的修道院图书馆。②圣布拉希恩与之相似,但是规模更大一些。③在霍德海姆(Hordheim)附近的圣布拉希恩有另外两份图书目录,但是非常零散。最重要的图书目录是 1085 年至 1101 年之间的布劳博伊伦的目录,其藏书的核心内容来自赫索吉亚(Hirsaugia)。它拥有非同寻常数量的古典作家的著作,除此之外,几乎全部是教父著作和前加洛林时代的著作。在古典作家中,有西塞罗的《论友谊》和《论老年》、马克罗比乌斯、萨鲁斯特、斯塔提乌斯和荷马的著作,毫无疑问都是拉丁文版本。中世纪的世俗文学作品代表作有一本《特洛伊的历史》(*Trojana historia*),当然还有普里西安和多纳图斯的著作。最后一个条目有点儿偏离主题,它们是装订在一起的《施舍者约翰传》(*Life of John the Almoner*)、《国王奥斯瓦尔德传》(*Vita Oswaldi regis*)和圣高尔修士写的《查理大帝的事迹》(*Gesta of Charlemange*)。

帕绍教区的克洛斯特新堡(Klosterneuburg)在 1037 年被提供给了世俗唱诗班的成员,但是,由于生活条件极端恶劣,在 1137 年,它被转给了当地人。在转接过程中,公爵利奥波德四世(Leopold IV)提到了一本《圣经》和在帕绍购买的一本弥撒经书的赠送仪式。还有一个日期为 12 世纪下半叶的克洛斯特新堡目录,里面有 16 个条目,但是其中没有值得一提的著作。在 1263 年,我们发现了第一个图书管理员,他是胡诺尔德巴赫(Hunoldsburch)的阿尔伯特·萨科索(Albert Saxo),他承担的工作是重新整理书籍。在这一时期,图书馆的藏书规模扩大了许多。④

在西多会中,学者从来没有占据过重要的地位(弗赖辛的鄂图是其中最好的学者),图书馆的价值从来也没有得到明显的体现。

---

① J. Marx, *Geschichte der Erzstifts Trier*, IV, 554.

② J. Gény and G. C. Knod, *Die Stadtbibliothek zu Schlettstadt*.

③ Loeffler, *Deutscher Klosterbibliotheken*, pp.216-217.

④ Becker, *op. cit.*, Nos. 130, 177, 179, 189.

如果其中有杰罗姆、奥古斯丁、格里高利和近代学者圣贝尔纳的著作的话，那么它就堪称丰富了。12 世纪茨韦特尔（Zwettl）和海利根克罗伊茨（Heiligenkreuz）的图书馆被后来的利林费尔德（Lilienfeld）和霍亨弗特（Hohenfurt）图书馆所复制。正如贝迪（Beddie）教授所写的那样："在 12 世纪西多会修道院所有的图书目录中，这一财富是值得一提的。"①它们并不带有古典主义或者中世纪哲学的性质。德国两个最好的修道院阿尔特泽勒（Altzelle）和普福尔特（Pforte）在图书馆方面没有什么特别值得一提的地方。②威斯特伐里亚的马林费尔德（Marienfeld）图书馆于 1185 年建立，作为一个分修道院，它仅有有限的几本必备书籍。由于幸存下来的有 75 本抄本的目录没有提及任何 1185 年以后的作家，它很显然是修道院建立时的目录。这一现成的藏书可能在其他新建的西多会里多次被抄写。204一份二手资料记载了 13 世纪少数额外增加的著作，比较重要的有阿拉努斯·德·英苏利斯（Alanus de Insulis，卒于 1203 年）和雨果·皮萨努斯（Hugo Pisanus，卒于 1210 年）的《导论》（Derivationes）。马林费尔德图书馆并不出名，但是它编辑目录的方式却是引人注目的。③

　　关于格尔夫派（Guelf）的公爵们最喜欢的修道院瓦因加仑（Weingaren）图书馆的起源及其消失，没有任何历史记载。④修道院院长库诺斯·冯·瓦尔德伯格（Kunos von Waldberg，1109—1132 年在位）在那里抄写了奥古斯丁的《〈约翰福音〉评论》（Commentary on John），在大约 1170 年，《格尔夫编年史》（Chronicon de Guelfis）作为《瓦因加仑修道院大事记》（Annals Weingartenses Guelfici）在温加滕被续写，被认为是修道院院长韦恩赫（1181—1188 年在位）抄写的一个抄本幸存下来，它看上去表明，档案管理员和图书管理员是一个人。但是，即使在书籍方面比较缺乏，温加滕在 12 世纪和 13 世纪却是一个擅长装帧图书的学校，而且，它很可能是在装帧图

　　① 　J. S. Beddie, "Libraries in the Twelfth Century," *Anniversary Essays ... Charles Homer Haskins*(Boston and New York, 1929), p.22.

　　② 　L. Schmidt, *Neues Archiv für sächsische Geschichte*, XVIII(1897), 210.

　　③ 　H. Degering, "Der Katalog der Bibliothek des Klosters Marienfeld," *Beiträge zum Bibliotheks-und Buchwesen*, *Paul Schwenke zum 20 März 1913 gewidmet*, pp.53-64.

　　④ 　What follows is derived chiefly from K. Loeffler, "Die Handschriften des Klosters Weingarten," *Beihefte zum Zentralblatt für Bibliothekswesen*, XLI(1912), 1-10.

书艺术方面最出色的修道院中心。①直到 14 世纪，尤其是 15 世纪，对书籍的需求并没有促进温加滕的发展，即使到了那个时候，他们的抄本在微型画方面依然比其他的抄本都更出色。在 1433 年，一个不知名的修士抄写了《效仿基督》(*Imitatio Christi*)；修道院院长艾伯哈德·福里丹克(Eberhard Fridank)抄写了圣托马斯·阿奎那的《神学大全》和《灵丹妙药》(*Catholicon*)。在 1500 年以前，温加滕拥有 843 本图书。②这些书中仅有 25 本是 12 世纪的，所有的书都写于温加滕。这个修道院看上去和其他的修道院联系很少。作者都非常具有典型性——安布罗斯、奥古斯丁、比德、杰罗姆、格里高利、伊西多尔、克里索斯托，此外还有六本经典、布道书和安斯卡的《自传》(*Vitae*)以及威利布罗德(Willibrord)的著作。进一步的分析发现，这里有 51 本《圣经》；115 篇评论；83 本布道方面的著作；60 本教义学；110 本礼拜仪式书；53 本历史著作；78 本法律著作，包括《萨克森之镜》(*Schwabenspiegel*)；65 本神学著作，大部分是 15 世纪的；115 本文学作品杂集，包括自然科学、医学、词典和德国诗歌著作。最后——这些著作全都写于 15 世纪，在德国刚刚发端的人文主义思潮的影响下——我们发现了亚里士多德、西塞罗、欧几里得、尤维纳利斯、萨鲁斯特、塞内加、特伦斯和维吉尔的著作。

在 8 世纪结束之前，德国人沿着多瑙河而下扩张到恩斯。在这个过程中，修道院经常是殖民的一个方式。圣弗洛里安-北-林茨(St. Florian-bei-Linz)这些修道院被建立起来，在遭到阿瓦尔人的破坏时，他们只需支付边境岗哨罚金。在查理曼打败他们并且巴伐利亚的奥斯特马克(Ostmark)于 803 年建立以后，其安全有了保障，圣弗洛里安被重新建立起来。但是一个世纪以后，在 900 年的时候，洛尔施同样又遭到了马扎尔人的破坏，在 955 年，马扎尔人被奥托(Otto)打败，东部边境才又获得了安全的保障。圣弗洛里

---

① See Meta Harssen，"The Countess Judith of Flanders and the Library of Weingarten Abbey，" *Papers of the Bibliographical Society of America*，XXIV(1930)，1-13.

② Cf. K. Loeffler，"Stuttgarter handschriftliche Kataloge der weingartner Klosterbibliothek，" *Zeitschrift für Bibliotheksesen*，XXVII(1910)，141-158.

安拥有的少数几本书可能在这些入侵中都散佚了。最古老的抄本[①]保存了下来，尽管是 9 世纪的，但它不可能是源于这里的，它一定是属于 955 年之后修士们重建的修道院的第三图书馆的核心部分。10 世纪留下来的只是很少且没有价值的一些著作残篇。但是在 11 世纪，圣弗洛里安的图书馆藏书增加了。在它拥有的藏书中，有一本阿尔昆的精美的成文语法；有为学生们写的数学公理书籍；卢坎的附有许多注释的《法尔萨利亚》(*Pharsalia*)；《罗特利布》；一本《生物学》(*Physiologus*)或者动物学方面的书籍；希伯来字母、希腊字母和古挪威语字母；有许多附有注释的波埃修斯的《哲学的慰藉》抄本；《旧约》和《新约》；评注；教父著作节选；兰弗朗克的《反贝伦加尔》(*Contra Berngarium*)；奥古斯丁的《独语录》；亚琛唱诗班领班的正规章程以及阿马拉留斯(Amalarius)的著作。在 12 世纪的著作中，有 35 卷幸存了下来，其中许多都是《圣经》。在 13 世纪，有 37 卷书幸存下来。

克雷斯蒙斯特(Kresmünster)和圣波尔坦(St. Polten)甚至更加落后。前者最早的书单是 1012 年的。[②]关于这一时期圣波尔坦的图书馆情况，我们一无所知。直到中世纪的最后几个世纪，中欧的东部边界，从奥地利、匈牙利、波希米亚到波兰，都没有在文化上达到很高的水平。所有的证据表明，直到中世纪后期，在德国的殖民地和非殖民地的任何一个修道院里都没有很多书籍。[③]

现在我们来看洛林修道院的情况。我们发现这里 10 世纪的读写活动非常活跃，没有其他的地区比它受萨克森文艺复兴的影响更大。[④]在修道院中，戈尔泽(Gorze)领先于普鲁姆，普鲁姆在加洛林时代是非常杰出的。这个地区修道院的改革在《戈尔泽的约翰传》(*Vita Johannis Gorziensis*)中有所记载。[⑤]但是遗憾的是，这部著作仅记录了一段中间就突然中断了，是否还有更多的内容被写下

① Cf. A. Czerny, *Die Bibliothek des Chorherrnstiftes St. Florian*, pp.3-6.

② Gottlieb, *op. cit.*, No.102.

③ M. Kintner, "Die Bibliothek des Stiftes Raigern," *Archiv für Bibliographie*, I (1926), 204.

④ 参见作者的文章, in *Isis*, XII(1929), 189 ff., on "The Inroduction of Arabic Science into Lorraine".

⑤ *MGH*, *Scriptores*, IV, 337-377.

来，我们不得而知。在 978 年，作者曾经中断了他的写作，在主教梅斯的迪特里希（Dietrich）和乌特勒支的福克马尔（Folkmar）的劝告下，他才继续写下去，但是他是否最终完成了这部著作值得怀疑，因为他在 984 年以前就去世了。①

戈尔泽藏书的流失是图书馆历史上一件令人惋惜的事件。这个有影响力的修道院最先被破坏，然后在 16 世纪的宗教战争中被还俗，图书馆的遗迹几乎消失殆尽。②幸运的是，那里有一份 11 世纪的图书目录幸存下来。③其藏书非常丰富，并且其古典作家数量是令人震撼的。我们在这里发现了亚里士多德的《范畴篇》和波埃修斯的评论在一个抄本里（*Cathegoriae et commentum Boetii in uno codice*）；有四本李维的著作；有维特鲁维乌斯、尤维纳利斯、佩尔西乌斯、昆图斯·库尔修斯的著作和柏拉图的《蒂迈欧篇》以及特伦斯、卢坎、马克罗比乌斯、斯泰西厄斯、贺拉斯的著作。当然，还有维吉尔的著作。遗憾的是，我们没有找到戈尔泽的约翰在伊斯兰教占主导地位时期的西班牙带回来的那些阿拉伯手稿。

另一个最重要的洛塔林图书馆是特里尔的圣马克西敏图书馆，它的图书目录是 11 世纪或者 12 世纪的。④其中的 150 个条目形成了一个典型的老式神学藏书的范式，里面没有任何加洛林时代之后写就的著作。和许多图书馆不同的是，它从中世纪后期甚至近代早期的破坏中幸存了下来。一本独特的抄本是维克博尔德（Wicbold）的《查理曼所使用的〈摩西五经〉的问题》（*Quaestiones in Pentateuchum ad usum Caroli Magni*）。更重要的是圣埃弗-莱斯-图勒（St. Evre-les-Toul）的藏书，内容多达 270 卷，时间属于 1018 年以前。⑤其中古典作家包括塞杜利乌斯、普鲁登提乌斯、奥利金、鲁费努斯、阿拉托、斯马拉格杜斯（Smaragdus）、维吉尔、贺拉斯、斯塔提乌斯、奥维德、伊索、普里西安、波尔菲力、马提安努斯·卡佩拉、

---

① Wattenbach, *Deutschlands Geschichtsquellen*, I, 370.

② 今天仅有 5 本抄本明确是曾经属于戈尔泽修道院的。参见 F. des Robert, *Deux codex mss de l'abbaye de Gorze*（Nancy, 1884）。

③ *Revue Bénédictine*, XXII(1905)，1-14.

④ Becker, *op. cit.*, No.76.

⑤ R. Fawtier, *Mémoires de la société d'archéologie de Lorraine*, 4th ser. XI(1911)，126-156; Becker, *op. cit.*, No.68; Gottlieb, *op. cit.*, No.406.

萨鲁斯特、马克罗比乌斯，此外还有欧几里得的《几何原本》和帕拉迪乌斯关于农业学的著作。

我们已经考察了中世纪德国最重要的图书馆的历史，我们没有必要再去关注其他的图书馆，这会显得很乏味，因为它们的藏书既不丰富，也不重要。在中世纪，每一个修道院的生活都极其相似。教会礼拜需要弥撒和礼拜仪式用书；修道院学校需要反映当时习俗的课本；此外，《圣经》、教父著作、一些布道书、殉道者行传和修道院教规规定了每个图书馆主要的内容。古典著作、文选、语法和辞典在课本中比一般性阅读材料更经常地被使用。

中世纪德国的主教座堂图书馆更加重要。美因茨主教座堂图书馆是由卜尼法斯于 747 年建立的，他的大主教一职后来由他最喜欢的门徒勒尔接替。美因茨的情况隐约地反映了这些伟大的学者们的知识和文学兴趣，其图书馆仅用于祈祷和教育两个主要的目的。在美因茨也有抄写活动，但是我们区分不出它的缮写室里抄写的著作和科隆缮写室里抄写的著作。[①]当拉巴努斯·莫鲁斯从富尔达到了美因茨，他发现那里的藏书状况极其糟糕，但是他在那里依然发现了卢克莱修的著作抄本，很可能就是现存在莱顿的抄本。[②]

建筑精美的科隆图书馆是加洛林时代的大主教们建立起来的，后来它成为德国主要的知识文化中心。大主教布鲁诺（953—965年在位）是奥托一世的弟弟，是所谓的"萨克森文艺复兴"的领导者。他的传记作家记载道：他走到哪里，他的书就被带到哪里。他接受了七艺的训练；他阅读历史、诗歌、修辞、哲学、神学和医学著作；他还懂一些希腊语。[③]但是很显然，他得益于他的前任们——希尔德博尔德、维利伯特（Willibert）和赫尔曼的藏书。依然在中心教堂图书馆（Dombibliothek）的 208 本古老的抄本中，没有一本明确是属于他的，尽管其中的一本（No.143）是在大主教埃博加尔（Ebergar，984—999 年在位）任职期间下令抄写的。另一本（No.113）是在大主教赫伯特（Herbert，999—1022 年在位）任职期间写的。很明

<sub>208</sub>

---

① F. Falk, *Die ehemalige Dombibliothek zu Mainz*, pp.1-12, 310.

② Sandys, *op. cit.*, I, 631.

③ Ruotger *Vita Brunonis* i. 4-6；R. Lane Poole, *Illustrations of Medieval Thought*, pp.74-76.

显，在科隆，图书的历史依然在延续。

两个古老的法兰克尼亚主教区施派尔和沃姆斯是萨利安皇帝最喜欢的主教座堂所在地，事实上，亨利四世时就已经开始修建了现在的教堂建筑，但是，它们在知识文化方面都没有取得重要的地位。二者之中，施派尔拥有更多更重要的藏书。①

209 在洛塔林有三个主教辖区——梅斯、图勒和凡尔登——头两个在萨克森文艺复兴之后的 10 世纪和 11 世纪在文字和科学方面很有名，就像戈尔泽一样。在这些环境舒适的中心里，聚集了博学的修士和教士，有时还会有来自英格兰、爱尔兰、苏格兰或者卡拉布里亚来的修士或者教士。②书籍在这里可以找到——尤其是在梅斯和图勒，这些地方的藏书比凡尔登要多。主教弗赖辛的亚伯拉罕（957—994 年在位）收藏了从这些城市获得的书籍，③他的继任者主教戈特沙尔克也同样如此。主教梅斯的迪特里希（965—984 年在位）略懂一点希腊语，在 970 年，他陪同奥托一世去了南部意大利。④

在 11 世纪，主教布鲁诺和利奥九世先后使得图勒成为充满活力的知识文化中心，其图书馆在 1084 年以前编辑的一份图书目录有 270 个条目。⑤尽管它比大多数图书馆都大，而且有更多的古典作家著作，但是，它是一个典型的主教座堂图书馆。特里尔图书馆虽稍逊于图勒图书馆，但也是典型的主教座堂图书馆，除了一本书之外，其古老的藏书在 9 世纪都被诺曼人给毁掉了。那里没有发现古典著作。⑥

但是遗憾的是，关于凡尔登主教座堂图书馆的情况，我们知之甚少。在 916 年或者 917 年，那里发生了一场大火，烧毁了教堂和大部分书籍。在 11 世纪，圣维托（St. Vito）的主祭威廉购买并转抄了一些抄本。⑦

---

① P. Lehmann, "Die mittelalterliche Dombibliothek zu Speyer," *Sitzungsberichte der bayerischen Akademie der Wissenschaften*（1934），p. 4；L. Grünewald, "Die Bücher und MSS des alten Speierer Domstiftes von 650-1803," *Mitteilungen der historischen Vereins der Pfalz*，L（1932），1-64.

② *Vita Gerardi ep. Tull xix*，in *MGH*，*Scriptores*，IV，695.

③ Wattenbach, *Deutschlands Geschichtsquellen*，I，405.

④ Fr. Koehler, *Neues Archiv*，VII，78.

⑤ Becker, *op. cit.*，No.68.

⑥ Cf. Wattenbach, *Deutschlands Geschichtsquellen*，I，365-366.

⑦ A. Ebert, *Histoire générale de la literature du moyen âge*，III，241.

斯特拉斯堡图书馆的第一个赞助人是主教厄琛巴尔德（965— *210*
991 年在位），他在其他图书馆也让人抄写了一些手稿。[①]但是，主教
韦赫纳（1002—1027 年在位）做出了更大的贡献，他开始修建现在的教
堂。他用他的办公室、他的财富，并利用出行的机会，为他的主教辖区
搜集了大量有价值的书籍，建成了一个图书馆。当他陪同皇帝到意大
利的时候，他不仅购买了神学方面的书籍，而且还有古典和科学方面的
著作。[②]其中最著名的是昆体良的著作，一本科隆手稿的抄本，现存
大英博物馆（Harl. 2664），这个抄本抄写自班贝格版本，"在 1372
年，这个抄本是斯特拉斯堡修道院宿舍里链锁着的图书之一，后来
还有西塞罗的哲学著作被收藏进佛罗伦萨的美第奇图书馆，我们
在那里依然还能看到它。"[③]

多明我会于 1224 年在斯特拉斯堡成立，他们最关注的事情是
建立图书馆，以完成传教任务。从 13 世纪到 15 世纪，女修道院有
许多杰出的学者和布道者，留存下来的书籍使我们可以相信，她们
拥有丰富的藏书。在 1288 年和地方行政官争吵了一次之后，他们
威胁说要离开这个城市，并让图书管理员将书籍和圣杯卖掉，卖了
200 马克。在 1420 年，修道院院长皮埃尔·德·格根巴赫（Pierre
de Gengenbach）将 100 多本书遗赠给了修道院。遗憾的是，我们没
有关于它们的图书目录。[④]

奥格斯堡的图书馆很小，而且也没有出色之处。它所拥有的藏
书主要有赖于主教埃默里希（Emmerich，1063—1077 年在位）。[⑤]
在 9 世纪末 10 世纪初，康斯坦茨早期所具有的重要地位归功于其
主教萨洛默三世（891—920 年在位），萨洛默三世是一个有修养的
人，他还是圣高尔修道院的院长。[⑥]这个图书馆里最重要的一本书

---

① Wattenbach, *op. cit.*, I, 398-399.

② C. Schmidt, "Livres et bibliothèques à Strasbourg," *Annales de l'est*, VII(1893),
542-544.

③ Sandys, *op. cit.*, I, 656-657; facsimile on p.215.

④ Schmidt, *op. cit.*, p.558.

⑤ Becker, *op. cit.*, No.52; Wattenbach, *Deutschlands Geschichtsquellen*, II, 57;
and his *Schriftwesen*(3d ed.), p.587.

⑥ E. N. Johnson, *Secular Activities of the German Episcopate*(919-1024), pp.
19-21; and more fully, U. Zeller, *Bischof Salomo III von Konstanz*, *Abt von St. Gallen*,
pp.56-79.

211 是西塞罗的《论友谊》，可能是从圣高尔获得的，它现存柏林。①另一本重要的抄本是《术语汇编》（*Mater verborum*），或者是萨洛莫（Salomo）的《词汇表》，现存圣高尔修道院。②

帕绍、雷根斯堡、萨尔茨堡和弗赖辛的巴伐利亚主教区尽管是卜尼法斯建立的，但是却是主教萨尔茨堡的阿尔诺最先引进了读写文化。他让人抄写了许多书，从而奠定了萨尔茨堡图书馆的基础，而且，这里引进了阿尔昆的学生维托（Witto）作老师。在他之后，在阿德尔拉姆（Adalram，821—836 年在位）和利厄弗莱姆（Liuphram，836—859 年在位）任主教时期，加洛林文艺复兴的影响依然尚存，阿德尔拉姆和利厄弗莱姆进一步丰富了这个图书馆。③

在大主教弗雷德里克（Frederick，958—991 年在位）任职期间，圣彼得的修士们和教士们分开，将一半的图书馆留在圣鲁普雷希特（St. Rupprecht）图书馆。④在 11 世纪之前，关于该主教图书馆，我们没有任何明确的信息，圣彼得修道院的图书目录是 12 世纪的。⑤在当时，它是一个最新的图书目录，因为在它的 226 个条目中，彼得·阿贝拉德的《圣经和教父著作资料汇编》（*Sententiae Petri Abailadi*）和《伯纳德致尤金教皇》（*Bernhardus and Eugenium papam*）都被列在其中。总而言之，这是一个学术性非常强的图书馆，里面有相当多的古典著作、科学、民法著作，等等。在 1167 年发生了一场大火，它烧毁了整个城市，在这场大火之后，大主教艾伯哈德二世（1200—1246 年在位）重新恢复了这个主教座堂图书馆。

关于雷根斯堡和帕绍主教座堂图书馆的情况，在加洛林时代之后就少有记载了，尽管《雷根斯堡年代记》（*Regensburger Annals*）和几位主教的《传记》（*Vitae*）显示出了其对历史的兴趣。很可能雷根斯堡主教座堂除了基本的祈祷书之外没有图书馆，而是使用圣埃默拉姆图书馆，圣埃默拉姆的主教是其修道院院长。⑥帕绍教区图

212

---

① C. H. Besson, "The Lost MS of Cicero's *De amicitia*," *Classical Philology*, XXI (1926), 120-131.

② K. Stählin, *Geschichte Württembergs*, I, 405.

③ Wattenbach, *Deutschlands Geschichtsquellen*, I, 292.

④ K. Foltz, *Geschichte der salzburger Bibliotheken*, p.20.

⑤ Becker, *op. cit.*, No.115.

⑥ Wattenbach, *op. cit.*, I., 289.

书馆的历史甚至更模糊不清，尽管我们知道它在 904 年获得了主教马达尔温（Madalwin）相当可观的藏书。[①]

在封建时代，弗赖辛是极为重要的巴伐利亚主教区。从加洛林时代开始，它比德国这个地区其他的主教座堂图书馆更为出色，它的图书收藏显示出了一定的持续性。许多 9 世纪和 10 世纪的抄本，证明了这里刻苦研究的风气。主教西托（Hitto，810—835 年在位）让人抄写了许多手稿；主教安诺（Anno，854—875 年在位）至少抄写了一卷；主教沃尔多（884—906 年在位）是非常有教养的康斯坦茨的萨洛默三世的兄弟，而且与他非常相像。[②]但是，弗赖辛的发展受萨克森文艺复兴的影响比加洛林文艺复兴的影响大得多。主教亚伯拉罕（957—994 年在位）让人在梅斯和图勒抄写了许多书，而且弗赖辛和法国之间密切的文化联系就开始于那个时代，当弗赖辛的鄂图在巴黎获得他令人吃惊的教育之后，弗赖辛也在 12 世纪达到了其文化上的高峰。[③]

在希尔德斯海姆（Hildesheim）和班贝格主教座堂图书馆里，萨克森和萨利安时代的知识文化活动达到了最高的水平。前者是萨克森文艺复兴灿烂之光，后者代表了 11 世纪最高的水平。当查理大帝征服萨克森的时候，他绝不会想到，在几乎不到一个世纪的时间里，这里的诸侯能担负起他建立起来的帝国的统治重任，或者说主教座堂和修道院学校会成为全德国最重要的学校。其中，在奥托一世时代恢复与意大利的联系是一个主要的因素，至少他那个时代的 24 个主教都随他出征过意大利，其中的 7 人是萨克森人。汉堡-不来梅的阿德尔盖格（Adalgag）在意大利待了四年的时间（961—965 年）；希尔德斯海姆的奥特文（Otwin）和马格德堡的吉塞勒（Giseler）在意大利待了 2 年；帕德博恩的迈恩沃克（Meinwerk of Paderborn）在意大利几乎待了一年的时间。在奥托的继任者统治时期，吉塞勒、帕德博恩的迈恩沃克、奥斯纳布鲁克的冈瑟（Gunther of Osnabrück）和希尔德斯海姆的伯恩瓦尔德（Bernward）同样 213

---

① Wattenbach, *op. cit.*, I., p.291.

② *Ibid.*, pp.288-289.

③ See Introduction to A. Hofmeister's edition(Leipzig, 1912).

都非常活跃。①尤其在希尔德斯海姆和帕德博恩,因与意大利的联系而产生了读写文化发展的动力。奥托一世将奥特文从赖歇瑙召回来领导马格德堡的圣莫里茨(St. Moritz),后来又被带到希尔德斯海姆。他从意大利带回来如此多的书籍,以至于我们可以说他建立了主教座堂图书馆。②

奥特文在希尔德斯海姆主持的工作后来由四个著名的继任者——主教贝恩瓦尔德(Bernward,993—1022年在位)、主教戈德哈德(1022—1038年在位)、主教阿泽林(Azelin,1044—1054年在位)和主教赫奇洛(Hezilo,1054—1079年在位)继续承担。具有王室血统的贝恩瓦尔德是中世纪德国历史上最具魅力的人物之一,他是一个建筑家、艺术家、学者和藏书者。对他怀有挚爱之情的传记作家告诉我们"他不仅精读了修道院里的藏书,而且还有其他各地的图书,他以此建成了一个拥有出色的神学家和哲学家抄本的图书馆"。③

幸运的是,桑格马尔留给修道院的55本书籍④还在那里保留着,因为在1013年,贝恩瓦尔德在主教座堂里建立的珍贵的图书馆被大火烧毁了。⑤皇帝亨利二世最初打算重建这个教堂,他是在希尔德斯海姆接受的教育,他立即采取措施拯救图书。在这一点上,他得到了贝恩瓦尔德的继任者主教戈德哈德积极的支持。"在他还年轻的时候",他的传记作家写道,"戈德哈德已经收藏了大量的神学和哲学著作。"他还是一个专业抄工,亲手抄写,甚至自己准备羊皮纸。⑥他的一封信是索求"一本贺拉斯的书和塔利的《信札》"⑦。法国的文化影响随着主教赫奇洛而进入希尔德斯海姆,但

214

---

① Johnson, *op. cit.*, pp.142-143, 200.

② *Translatio S. Epiphanii* ii, in *MGH*, *Scriptores*, IV, 249; Hauck, *op.cit.*, III, 328; Wattenbach, *op.cit.*, I, 346; Taylor, *op. cit.*, I, 312.

③ *Vita Bernwardi vi*.西德尔斯海姆主教座堂学校在萨克森时代的影响值得被重视. Cf. A. Hofmeister, *Historische Vierteljahrschrift*, XXVI(1931), 22.

④ Wattenbach, *Deutschlands Geschichtsquellen*, I, 347.

⑤ *Annals Hildesheimenses*, anno 1013; S. Hirsch, *Jahrbücher des deutschen Reichs unter Heinrich II*, p.406.

⑥ Wolferhii *Vita Godehardi* v. in *MGH*, *Scriptores*, XI, 172.

⑦ Migne, *Pat. Lat.*, CXLI, col. 1229; A. Bertram, *Geschichte des Bistums Hildesheim*, I, 90. For the cult of St. Nicholas at Hildesheim at this time and the origin of the St. Nicholasmiracle play, see G. R. Coffman in *Manly Anniversary Studies in Language and Literature*(Chicago, 1923), pp.269 ff.

是修道院依然保留着与意大利的文化联系。在 1072 年,希尔德斯海姆的布鲁诺成为维罗纳的主教。①在亨利四世统治时期,持久的战争中止了希尔德斯海姆的学术发展,这种情况和德国其他地方一样。但是,在 12 世纪,这个主教教区在具有自由思想的主教布鲁诺(1153—1179 年在位)和博尔诺(1190—1194 年在位)任职期间又变得非常幸运而重新获得了发展,前者留下了 60 本书,其中有一些医学著作;②后者给图书馆留下了一些《圣经》抄本,还有西塞罗、奥鲁斯·格利乌斯和奥利金的著作,1150 年,科维修道院曾经索要这些著作。

戈德哈德因其贡献而在死后不久被封为圣人,并且导致了一个新的修道院即圣戈德哈德修道院的建立,这个修道院与主教座堂紧紧连在一起。它的第一任修道院院长弗雷德里克来自富尔达,他带来了一些书籍。③其他的书籍来自科维修道院,其中有雷吉诺的《编年史》和一些古典著作。在 13 世纪,我们发现了一个德国诗人贝特霍尔德(Berthold)为主教作高级监管员。他创作了中世纪德国的诗歌,题目是《鹤》(Crane)。在萨克森的其他图书馆没有能够与希尔德斯海姆竞争的,但是有几个图书馆值得关注。帕德博恩在主教迈恩沃克(1009—1036 年在位)任职期间获得了一定显赫的地位。他没有高深的学问,但却是一个实干家。这个图书馆在 1006 年被大火烧毁了,这恰好发生在他就职后不久,④但是,他使得主教座堂学校成为德国最早的学校之一,而且在学校里,古典学没有受到忽视。⑤

梅泽堡的主教辖区是奥托一世在 958 年建立的,他主要是为了 215 纪念他的父亲亨利一世于 933 年打败马扎尔人而建立了这个主教辖区。在 981 年,它被废弃,但是在奥托三世的时候又被恢复。在 11 世纪主教蒂特马尔(Thietmar,1009—1019 年在位)之前,它的图书馆并没有被大规模地建立起来。在主教辖区被废之前,主教吉塞勒

---

① *Annal. Altah*,anno 1072.

② H. A. Luntzell,*Geschichte der Diözese und Stadt Hildesheim*,II,53. On the medical books see K. Sudhoff,*Archiv für Geschichte der Medizin*,IX(1916),348.

③ Becker,*op. cit.*,No.85.

④ *Vita Meinwerci* vii.

⑤ *Ibid.* clx.

已经搜集了一些礼拜仪式书籍,蒂特马尔又进一步增加了藏书。但是,像帕德博恩一样,梅泽堡的学校比它的图书馆名气要大得多。①

关于梅泽堡图书馆,我们除了知道大主教瓦尔萨杜斯(Walthardus)搜集了"大量的书籍"("sacerdotal apparatus"),而且其中的大部分一定都是祈祷书,除此之外,我们对它一无所知。同样的研究表明,哈尔伯施塔特(Halberstadt)也如此,它的图书馆在 1179 年被烧毁。②

有丰富的文献资料认为,11 世纪的历史学家不来梅的亚当在一定程度上有可能重建了不来梅图书馆,尽管其命运坎坷。在该主教区建立之后不久,诺曼人烧毁了这个城镇和圣安斯卡的主教座堂图书馆。③在大主教利本提乌斯一世(Libentius I, 988—1013 年在位)任职期间,有一位伯爵夫人艾玛(Emma)赠予给教会一些法衣和祈祷书。④在 1041 年,不来梅又完全被大火吞噬了,其图书馆不得不重建。在大主教阿达尔伯特(Adalbert, 1045—1072 年在位)和利马(Liemar, 1072—1101 年在位)任职期间,图书馆迅速地被重建。阿达尔伯特使得不来梅成为他那个时代欧洲北部最重要的文化中心。文人学士、艺术家、音乐家和各地的各种各样的旅行者都纷纷光顾他的宅第。⑤

216　　　中世纪德国最有价值的主教座堂图书馆是班贝格图书馆,它是 1007 年由亨利二世建立的。⑥和希尔德斯海姆及帕德博恩一样,它的修道院及其主教座堂图书馆紧密地联系在一起。该城市的意大利抄本非常珍贵,其抄本的核心内容是由非同寻常的王室学者皇帝奥托三世的藏书构成,后来这些藏书由亨利二世继承。这些意

---

① A. Schmekel, *Historisch-topographische Beschreibung des Hochstiftes Merseburg*, p.57.

② A. Diestelkamp, "Geschichte der Halberstädter Dombibliothek im Mittelalter," *Sachsen und Anhalt Jahrbuch*, III(1927), 177-225.

③ *Vita Anskari* xvi.

④ Adam of Bremen *Gesta Hammaburgensis ecclesiae ponificum* ii. 68.

⑤ 参见作者的 *Feudal Germany*, p.131。

⑥ Becker, *op. cit.*, No.80; Gottlieb, *op. cit.*, Nos. 12-19; H. Bresslau, "Bamberger Studien," *Neues Archiv der Gesellschaft für ältere deutsche Geschichtskunde*, XXI (1896), 139-196; and two articles in *Zentralblatt für Bibliothekswesen*, XXIV(1907)- H. Fischer, "Die Bibliothek in Bamberg und ihre Handschriten"(pp. 364 ff.), and K. Schottenloher, "Bamberger Privatbibliotheken"(pp. 417 ff.).

大利书籍出处多种多样且非常有趣。有一组 12 本来自皮亚琴察。另一本重要的抄本来自卡西诺山修道院，时间是 10 世纪。其他的来自南部意大利，一本 8 世纪的卡西奥多罗斯的著作抄本，一本《西尔维斯特传》(Vita Silvestri) 和一本保罗斯·迪亚克努斯的著作抄本，是混合使用贝内文托和意大利—加洛林小写体而写成。还有一个抄本是在 998—1018 年间米兰主教阿努尔夫二世 (Arnulf II) 任职期间抄写的。第二组班贝格藏书，是奥托三世收藏、由亨利二世送给主教座堂的，源自加洛林。它们曾经属于约翰尼斯·斯科特斯，从他这里传给了吉尔伯特，后又传给奥托三世。亨利二世捐赠的部分藏书源自意大利，它们是德国于 1022 年远征的胜利果实，吉塞布雷希特 (Giesebrecht) 和瓦伦丁·罗斯 (Valentin Rose) 曾经认为，它们是由奥托三世的卡拉布里亚的希腊语教师约翰·菲拉加索斯 (John Philagathos) 获得的，但是哈特维格 (Hartwig) 认为，事实并非如此。[1]那不勒斯的利奥关于他出使君士坦丁堡以及他发现的伪卡利斯提尼斯 (Pseudo-Callisthenes) 即亚历山大大帝传奇故事的记载，在班贝格图书馆的一卷中被发现，毫无疑问它也是来源于意大利，时间不晚于 11 世纪。它可以直接追溯到约翰公爵赞助下的那不勒斯的读写活动，约翰公爵在 928 年继承了他父亲马里努斯 (Marinus) 那不勒斯公爵的爵位。也许班贝格的其他图书也有相同的起源地，但是在这一联系被严肃地论证之前，我们应该更认真地对此作出考证。[2]班贝格的奥托主教给了他自己教区和邻近地区他建立起来的修道院和教堂许多珍品和抄本。[3]在他第一次和第二次去波美拉尼亚传道的间歇期 (1125 年和 1128 年)，他送给了他在斯拉夫人中间建立起来的众多教堂相似的礼物。

　　关于班贝格主教座堂图书馆，我们在此无需赘述，但是圣米歇尔图书馆一定要被提及。在 1112 年和 1122 年之间，罗吉尔鲁斯 (Ruotgerus) 编辑了该图书馆的图书目录，共有 242 个条目，很显然

　　① F. von Giesebrecht, *Geschichte der deutschen Kaiserzeit* (5th ed.)，I, 670，701，858.

　　② F. O. Hartwig, "Die Übersetzungsliteratur Unteritaliens," *Zentralblatt für Bibliothekswesen*，III(1886)，165.

　　③ A. Hofmeister, *Die prüfeninger Vita des Bischofs Otto von Bamberg* ("Denkmäler der pommerschen Geschichte," I, 20.).

他是一个学识渊博的修士。①这里的藏书中,神学著作相对较少,而比大多数修道院图书馆多了世俗的著作,这可以帮助我们理解为什么班贝格在 11 世纪和 12 世纪成为德国最重要的知识文化中心。和许多其他的图书馆不同,在中世纪后期,班贝格的两个图书馆都没有衰落,通过购买和接受礼物的途径,其获得的图书依然在增加。班贝格附近塞乌斯塔特(Theuerstadt)的圣甘高尔夫(St. Gangolf)学校的教师雨果·冯·特里姆伯格(Hugo von Trimberg, 1260—1309 年)在很长时间里,都将其私人藏书借给他的学生使用。有趣的是,他几乎所有的书籍都是世俗文献。

低地国家的主教辖区和修道院都受到了加洛林文艺复兴的影响,②在 9 世纪诺曼人入侵中遭到了严重的破坏,所有的修道院被毁,书籍被毁或者散佚了。东部地区比佛兰德尔西部被破坏的程度要小一些。因此,在列日和乌特勒支的主教辖区以及洛布斯(Lobbes)和斯塔洛格(Satvelot)修道院比图尔内、圣伯廷、③圣阿芒(St. Amand)及法国佛兰德尔其他修道院更早开启了复兴的进程。

218　在 10 世纪,低地国家成为洛林公爵领地的一部分,直到 12 世纪它们才作为独立的国家而获得发展。这一点很重要,因为洛林是萨克森文艺复兴的中心,所以它很早就接触到佛兰德尔和荷兰教区学校和修道院学校。奥托尼亚复兴的推动者大主教科隆的布鲁诺在乌特勒支师从一位爱尔兰老师学习了希腊语。④当威塞克斯的伯爵哈罗德在 1066 年建立沃尔瑟姆(Waltham)小修道院的时候,他称阿德拉德(Adelard)是他的学校的老师,阿德拉德接受了"学术训练"。⑤这些证据,尽管看上去不充分,但是却表明了乌特勒支在 10 世纪和 11 世纪是一个重要的教育中心,那里一定有很多书籍,尽管乌特勒支主教座堂图书馆的藏书目录不为人所知。

---

① Becker, *op. cit.*, No.80; Wattenbach, *Deutschlands Geschichtsquellen*, II, 165, n.2.

② H. Pirenne, *Histoire de Belgique*, I, 29-30.

③ Cf. A. Woltmann, *Geschichte der Malerei*, I, 270, and T. O. Westwood, *Facsimiles of the Miniatures and Ornaments of Anglo-Saxon and Irish Manuscripts*, pp.104-107 and Pl. 38.

④ G. Kurth, *Notger de Liège*, p.253.

⑤ *Histoire littéraire de la France*, VIII, 677-679.

　　但是低地国家最重要的学术中心是列日。[1]尽管其古老的爱尔兰学术传统已经消失了,但是,在科隆的布鲁诺影响下,这里却显示了德国以外最出色的学术成就,拉丁文的古典著作和 10 世纪新的知识都在这里被教授。皇帝亨利二世曾提及他渴望列日的科学和希尔德斯海姆的训练为他最喜爱的班贝格所用。[2]在列日,通过怪异的维罗纳的拉瑟,人们依然能够感觉到意大利的影响,维罗纳的拉瑟曾经统治那个教区一段时间。在 968 年,主教埃弗拉查(Everarchar,959—971 年在位)从卡拉布里亚给他家乡的学校老师寄去了鼓舞人心的书信和诗歌。[3]当主教诺特格(Notger)出行的时候,在路途不远的情况下,他的学生们都会为他捆好书籍随其出行。因此,我们不能质疑列日主教座堂图书馆的重要性,[4]尽管其目录不为人所知。

　　幸运的是,我们对列日的圣劳伦斯修道院不仅可以作出如此的判断,而且在这里还有 11 世纪[5]和 12 世纪的图书目录。[6]11 世纪的目录内容不多,12 世纪的目录尽管涉及当时各种学科,但是并不引人注目。

　　低地国家三个最重要的修道院图书馆有:那慕尔(Namur)附近的让布卢;距列日东南几里远的斯塔沃格或斯塔布罗,它是在加洛林基础上建立起来的少有的几个没有衰落的修道院之一;桑布尔河畔的洛布斯在后来的埃诺省境内,它也起源于 7 世纪。我们没有让布卢的图书目录,但是从其他的证据中,可以了解到它一定有丰富的图书馆资源。在 1048 年修道院院长奥尔博特(Olbert)在36 年任期之后去世前,留给了图书馆 100 本教会书籍和 50 本世俗书籍。他的学生西格伯特称他是另一个托勒密·费勒戴尔弗斯(Ptolemy Philadelphus)。让布卢的西格伯特(1030—1112 年)许多

① Pirenne, *op. cit.*, I, 145-148; G. Kurth, *op. cit.*, chap. xiv.
② Wolfher *Vita Godehardi* xxxvii; Bertram, *op. cit.*, I. 314.
③ *MGH*, *Scriptores*, VII, 201.
④ The *Vita Notgeri* vi stresses gifts of books among his benefactions.
⑤ Becker, *op. cit.*, No.60.
⑥ J. Gessler, "La Bibliothèque de S. Laurent à Liège au XIIᵉ siècle," *Bulletin de la société des bibliophiles liègeois*, XII(1927), 91 ff.

博学的著作能为我们提供更多结论性的证据。①

关于斯塔沃格图书馆,我们所知甚少,尽管它的修道院历史为人们所熟知。②11世纪的书法家戈德雷努斯(Goderannus)抄写了一本约瑟夫斯的著作,并且在1087年以前花了四年的时间帮助另一位修士抄写了两卷《圣经》。结尾处如下:

> 这些是两卷抄本,它们几乎是在4年的时间里连续慢慢地抄写出来的。整个的制作过程即抄写、装帧、装订的过程,两卷抄本都是在同一年制作的……这就是主化身之年1097年,亨利四世统治的第五个纪年,他靠基督徒军队猛烈地反击了异教徒。③

它暗指的是第一次十字军东征。没有正式的图书目录留存下来,但是在另一本《圣经》的一页上记载:在1105年,一个偶然的事件保留下了一份书单,它现存大英博物馆。④该书单里有283本书,装订成152卷。⑤

中世纪低地国家藏书最为丰富的图书馆,而且也是我们最了解的图书馆是洛布斯图书馆。⑥这个修道院的教育和文化都保持着古老的传统。在9世纪,它受到了诺曼人入侵和世俗修道院院长的侵扰,其发展受到了影响,到了10世纪上半叶,在修道院院长理查

---

① For Sigbert's sources consult Bethmann's Introduction to *MGH*, *Scriptores*, VI, 275 f.

② Yernaux, "Les Premiers siècles de l'abbaye de Stavelot-Malmèdy(648-1020)," *Bulletin de la société d'art et d'histoire de Liège*, XIX(1910), 261-438; F. Baix, *Etude sur l'abbay et principauté de Stavelot-Malmèdy*(Paris, 1924); J. Halkin and C. G. Roland, *Recueil des chartes de l'abbaye de Stavelot-Malmèdy*(Brussels, 1909, 1930).

③ *Bulletin du biliophile belge*, IV, 166. Cf. Wattenbach, *Das Schriftswesen im Mittelalter*, p.304.

④ Add. MSS, 28106—28107.

⑤ 这份书单被印刷了许多次,最近的一次是 J. Gessler, *Revue d'histoire ecclésiastique*, XXIX(1933), 89-96。

⑥ Gottlieb, *op.cit.*, pp.280-283; H. Omont, *Revue des bibliothèques*, I(1891), 1 ff.; J. Warichez, *L' Abbaye de Lobbes* (Louvain, 1909), pp.270-276; J. Gessler, "Les Bibliothèques de Lobbes et de Stavelot," *Revue d'histoire ecclésiastique*, XXIX (1933), 83-86.

留斯（Richarius，920—945 年在位）任职期间，对知识文化的兴趣才开始复兴。该修道院受到了萨克森国王特别是奥托三世和他的有教养的母亲西奥法诺（Theophano）皇后的支持。它的图书馆一定非同寻常。英格兰国王阿瑟尔斯坦在其他反对丹麦的同盟中，将他的妹妹艾德斯（Edyth）嫁给了奥托一世。作为交换的礼物，德国国王寄给阿瑟尔斯坦 3 本珍贵的手稿，现在它们依然被保存在大英博物馆里。①传统认为，这些书来自洛布斯。

从蒙斯（Mons）档案中的一份会议记录中，我们知道，这个图书馆有一份丢失的目录是由修道院院长福尔昆（Folcuin，965—990 年在位）在 972 年到 990 年间的某个时间段里编辑整理出来的，除了礼拜仪式用书之外，它列出了 53 本书。在那个时代它可以说是一个相当可观的图书馆，在 983 年，穆杰昂代尔（Moutier-en-Der）仅有 23 本图书。②毫无疑问，这里的藏书很大程度上要归功于福尔昆的热情，福尔昆是一位学者，一位伟大的老师，是佛兰德（Flemish）最早也是最好的历史学家之一。他的政策被他的学生和继任者修道院院长赫里格（Heriger，990—1007 年在位）所继承，赫里格在 989 年随奥托三世去意大利，尽管没有著述表明这件事情所带来的影响，但他一定带回来一些书。赫里格的作品非常多，而且显示出了他对古典学广泛而系统的知识。洛布斯第二份图书目录是由修道院院长休（Hugh）在 1049 年编辑整理的，它是在 1890 年由奥蒙（Omont）在一份福尔金蒂乌斯著作抄本的最后 8 页被发现的，现存 221 大英博物馆。③其中列出的总书目是 147 本。大部分著作是神学著作，有中世纪的科学和古典文学，但是不具有代表性。历史方面有约瑟夫斯、尤特罗比乌斯、约丹尼斯、图尔城的格里高利、比德、雷吉诺、利乌特普兰德的著作和卡西奥多罗斯的《历史三部曲》（Tri-partite History）；拉巴努斯·莫鲁斯的教会法；查士丁尼法典中的民法以及《萨利克法典》。这里的藏书中有一本好的抄本是加洛林

---

① *Claud. B. v.*, Tiber. A. ii, Galba, A xviii; Gottlieb, *op. cit.*, pp.279-280.

② Warichez, *op. cit.*, p.270.

③ Omont, *op. cit.*, I, 4 f.; D. Casley, *A Catalgue of the Manuscripts of the King's Library*, No. xiv.

《圣经》,①它之所以幸存下来,是因为在 1541 年图书馆被毁之时,它在塔兰托(Trent)。②但是我们从福尔金蒂乌斯抄本的前后扉页上的一个注释中得知,在 12 世纪,这个图书馆的一部分被大火烧毁了,而他列举的一些抄本幸存了下来。书单内容很简单,它包括两本《圣经》和 8 篇圣奥古斯丁的文章。③甚至到了 14 世纪初,洛布斯似乎还被抢夺走了一些书。④

---

① Warichez, *op. cit.*, pp.304 f.
② 关于这场大火的时间有一些争论。戈特利布认为它发生于 1541 年(*op. cit.*, p.280, n. 3)。T. Vos 在他的 *Lobbes, son abbaye et son chapitre*, I, 171 中,认为这场大火发生于 1546 年。
③ Gottlieb, *op. cit.*, p.280.
④ Cf. the continuation of Reier's *De gestis abbatum S. Laurentii* in *MGH*, *Scriptores*, XX, 608.

# 第七章  中世纪法国的图书馆

在法国，加洛林文艺复兴被内战和诺曼人的入侵打断了。我们可以通过 9 世纪末和 10 世纪初幸存下来的修道院编年史的稀少数量上看到这一双重破坏的程度。成书于塞纳河流域修道院的所有编年史都湮灭了，圣里基耶的所有手稿也都散佚了，圣德尼、圣杰曼德佩区（St. Germain-des-Près）、圣杰曼-奥塞尔（St. Germain-l'Auxerrois）或者巴黎的圣热纳维耶夫（Ste Geneviève）的抄本也不见了。在这些血雨腥风的年代里，在奥尔良、布卢瓦、都尔、培里格、里摩、波尔多、图鲁兹、奥文尼和维瓦赖的所有省，几乎没有丝毫关于图书的线索幸存下来。加斯科尼的教会史在 150 年的时间里几乎就是一片空白。六个主教辖区里唯一保留下来的文献是一本宪章。

大量的图书馆都在动荡中灰飞烟灭了。843 年的《南特编年史》记载了"许多珍贵的书籍"被诺曼人毁坏。①12 世纪的诺曼历史学家奥德里克·维塔利斯（Ordericus Vitalis）对这些损失深感痛惜：

> 古代的著作，还有教会和修道院的藏书都在丹麦人入侵时期随着对诺曼底的破坏而毁坏了……然而，一些被我们的前辈从蛮族人手中小心抢救出来的书，却由于其继任者该受谴责的疏忽而消失了，这真是令人感到羞耻……随着这些书的流失，从前人们的一些活动也就湮没了……强盗们烧毁了努瓦永、鲁昂和许多其他的城市、城镇和乡村，毁坏了修道院……使这个国家的许多地方变成荒芜一片……许多不能保护自己的修士

---

① *Chronicon Namnetense* vii. 21（ed. R. Merler［Paris，1896］）。

们逃到了国外,并尽可能将书带到了国外……但是,大部分抄本依然在这个时代的风暴中被毁掉了,不可避免地丢失了。①

223　　北欧人对文化破坏的程度可以从圣查达(St. Ceadda)一本精致的爱尔兰抄本的命运中反映出来。这本抄本被爱尔兰入侵者获得,其时间不详,很明显它又被带到了西班牙——至少,数世纪以后它在马德里出现了。这本抄本现在在斯德哥尔摩。一本查尔西蒂乌斯翻译的柏拉图的《蒂迈欧篇》手稿现在瓦朗谢纳,在扉页上写着这样的话:"被买下的柏拉图比卖他的海盗更伟大。"("Emptus Plato fuit major vendente pyrata.")②在北欧人入侵期间,为了安全起见图尔奈的圣马丁修道院将其最珍贵的藏书送到了桑斯附近的费里埃。大约在 200 年以后,库特莱(Courtrai)的一个巡游修士告诉圣马丁修道院的院长,他在费里埃看到了属于他的修道院的书籍。但是很长时间之后,修道院院长才从费里埃所在地兰斯议会的一个工作人员那得知这些长时间漂泊在外的抄本将回归故里。

尽管整体上遭到了破坏,但是一些学术成果和书籍还是幸存了下来。到了 10 世纪,法国东北部在学术研究方面已经成为法国最重要的地区。③在那里,加洛林文艺复兴依然保持着活力,而这样的局面在其他地区都已经不复存在了。在奥塞尔、兰斯和巴黎这三个重要的地方,文艺复兴的精神依然存留着。其中的一个原因是这些地方没有受到北欧人的劫掠,尽管兰斯和巴黎不止一次陷入过危险的境地。但是,一个更重要的原因是,在这些地方,从阿尔昆开始的教育和学术一直从老师到学生而延续了下来,从来没有间断过。事实上,从加洛林文艺复兴到巴黎大学的兴起,中世纪时期法国的思想传承从来没有被打断。勃艮第也同样如此,在那里,圣杰曼—奥塞尔学校在周围一片漆黑的文化荒芜氛围中就是一支蜡烛。在法国西部、佛兰德尔以及图尔奈附近的圣阿芒学校和阿拉斯附近的圣瓦斯特学校也依然传承着法国的思想。

---

① *Historia ecclesiastica* VI. Ix and x.
② W. Wattebach, *Das Schriftwesen im Mittelalter* (3d ed.), pp.545-546.
③ H. F. Reuter, *Geschichte der religiösen Aufklärung im Mittelalter* (Berlin, 1877), I, 181.

　　法国学术的复兴和文化生活的再生开始于欧塞尔，其发起人是海里克（Heiric），他曾经师从费里埃的卢普斯，后来又在拉昂求学。"这种综合"，正如赖斯特纳（Laistner）所写的那样，"是非常重要的，因为它意味着与卢普斯不同的第二种传统帮助塑造了海里克的思想——在拉昂的爱尔兰修士的思想。"[①]在欧塞尔，圣阿芒的胡克巴德（Hucbald）[②]和雷米（Remi）都是海里克的学生。后者在兰斯的教学标志着那里自由学术的开端，并在一个世纪以后的格伯特（Gerbert，972—997 年）时代达到了高峰。在 900 年以后，雷米移居到了巴黎，他的到来标志着巴黎学术的复兴。[③]他在这里最伟大的学生是奥多（Odo），奥多是克吕尼未来的修道院院长。

　　克吕尼的奥多在 879 年出生于一个显赫家庭，他所接受的教育是为了宫廷生活和军事服役做准备的。他的父亲虽然是一位在俗人士，却是一个有教养的人，根据奥多的记载，其父亲经常阅读查士丁尼的著作。在 19 岁的时候，奥多放弃了世俗生活，成为图尔城圣马丁修道院的一名修士，后来在巴黎师从雷米。在 909 年，他进入了勃艮第巴尔马（鲍姆）修道院，当时的修道院院长是博尔诺（Berno），本笃修会复兴的发起人，并带到了该修道院 100 本书。不久以后，阿基坦的威廉在 910 年建立了克吕尼修道院，奥多到那里担任修道院院长（926—942 年在位）。克吕尼图书馆第一次被明确提及，[④]是大约 945 年马约鲁斯抵达后即被修道院院长埃马尔任命为图书管理员的那一次。[⑤]他带来了两本《圣经》，其中一本是用大写字母抄写的古老抄本。在 965 年和 994 年间，作为修道院院长，马约鲁斯让他的修士们抄写了许多手稿，从而使得图书馆的藏书数量大增。我们知道，其中的一位修士赫尔曼抄写了拉巴努斯·莫鲁斯的《〈耶利米书〉评论》；另一位修士维尔纳（Werner）抄

---

①　M. L. W. Laistner, *Thought and Letters in Western Europe*, A. D. 500-900, p.211.

②　L. van der Essen, "Hucbald de Saint-Amand（ca. 840-930）", *Revue d'histoire ecclésiastique*, XIX（1923）, 333-351 and 522-552.

③　*Histoire littéraire de la France*, VI, 99 f.; J. B. Hauréau, *Histoire de la philosophie scholastique*（Paris, 1872）, I, 199 f.

④　A. Ebert, *Histoire générale de la littérature du moyen âge en occident*, III, 521.

⑤　Migne, *Pat. Lat.*, CXXXVII, col.751.

写了奥古斯丁的著作;第三位修士抄写了安布罗斯的《〈路加福音〉评论》。

克吕尼因为对富有人文思想的学术漠不关心而受到了一些学 225 者尖锐的批评,这些学者指出,在 12 世纪中叶以前缺少可以作为证据的图书目录。①但是,来自另一处材料的信息表明,克吕尼并不像人们从前认为的那样对那一类学术漠不关心。这可以从《法尔法的纪律》(Discipline of Farfa)②中看出来,它是修道院院长奥迪罗(Odilo,994—1048 年在位)的著作。③法尔法修道院是克吕尼在阿尔卑斯山之外的第一个分支。同一件事情往往在两地同时发生,就像基督教大斋期(Lent)期间人们阅读完全一致的 64 本书一样。它的藏书被分为《圣经》、注释书、神学著作和基督教教父的著作、苦行僧和圣人的文献以及历史著作。最后一个目录尤其有趣。人们想可能会有奥罗修斯、优西比厄斯、约瑟夫斯和比德,但是令人吃惊的是我们在这里发现了圣奥迪罗推荐人们阅读李维的著作。④1215 年的一份大斋期书单列出了 117 本书。修道院院长伊沃(Ivo,1257—1275 年在位)让修士们抄写了 52 本手稿,在 14 世纪和 15 世纪还有记载零星提及相似的书目增加的情况。

克吕尼的第一份图书目录编于 12 世纪中叶。其中列出了 570本著作,但是几个条目是合订卷。额外的 52 本书的书单大部分是《圣经》和弥撒经书,此外还有亚里士多德的《动物志》(De animali- bus)和普拉特利乌斯(Platearius)的《论植物的药用功能》(De virtu-

---

① F. J. Raby, *History of Christian Latin Poetry*, p.313; A. Hessel, "Odo von Cluny and das französische Kulturproblem im früheren Mittelalter," *Historische Zeitschrift*, CXXVIII(1923), 1-25.

② Migne, *Pat. Lat.*, CL, cols. 1193-1300. Dom Albers has given a new text of this in his *Consuetudines monasticae* (Stutgart and Vienna, 1900), which has been attentively studied by Dom Schuster, "L' Abbaye de Farfa et sa restauration au XIᵉ siècle," *Revue bénédictine*, XXIV(1907), 17-35, 374-402, and by Dom Wilmart, "Le Convent et la bibliothèque de Cluny vers le milieu du XIᵉ siècle," *Revue Mabillon*, XI(1921), 89-124.

③ Dom O. Ringholz, "Oilon von Cluny," *Studien und Mittheilungen aus den Benediktiner und Cistercienser Orden*, V(1884); P. Jardet, *Saint Odilon, abbé de Cluny* (Lyons, 1898).

④ 克吕尼图书馆有三本李维著作的抄本。Dom Wilmart, *op. cit.*, p.115 推测说,在克吕尼发现的古典著作是克吕尼的奥多(Odo of Cluny)来的时候带的著作中的部分。李维手稿中的一部现在可能在国家图书馆,但是西塞罗的著作是奥多藏书中唯一幸存下来的。Cf. A. C. Clark, *Descent of Manuscripts* (Oxford, 1918), p.18.

*tibus herbarum*），它们可能是修道院院长伊沃任职期间编写的。但是，这些简单的可怜的书单并不能真实地描述如此伟大的修道院图书馆资源。德莱尔断言，编撰于 13 世纪中叶的一份已经丢失的目录中一定是已经包括了大约 1 800 本著作。[1]

226

这一时期值得一提的是为尊者彼得（Peter the Venerable，1122—1157 年）所作的《古兰经》译本，他希望批驳伊斯兰教徒的错误。在西班牙，他说：

> 我让人熟悉阿拉伯语，通过祈祷劝说他们去翻译《古兰经》；我使一个萨拉森人加入这些基督徒的圈子中；这些基督徒是雷廷斯的罗伯特（Robert of Retines）、达尔马提亚人赫尔曼（Herman the Dalmatian）和托勒多的彼得；萨拉森人被称为伊斯兰教徒。他们已经查阅了这个蛮族图书馆，并且翻译了大量的拉丁语版本。[2]

在 11 世纪，图书馆的规则已经被制定出来，图书由主事书吏（armarius）负责管理，其地位仅次于修道院院长。他负责管理修道院所有的藏书及其抄写工作。侍从人员负责提供抄写所需要的羊皮纸。在大斋期的第二日，所有在上一年借出去的书籍都要归还并且接受检查。如果任何修士归还了一本还没有阅读的书，他一定会受到惩罚。[3]在休（Hugh）从 1049 年至 1109 年漫长的任职期间，图书馆的规则被进一步制定出来并不断地得到完善。任何一本书都不能没有抵押而被外借，为了避免损失，宗教仪式用书和有价值的著作被锁在一起。

抄写书籍是克吕尼最重要的活动之一。这项工作是如此地重要，以至于书吏可以因此而免于履行一部分宗教义务。他们在修道院的一个小回廊里工作，但是，为了弄干笔迹或者软化墨块，他们可以进入厨房。12 世纪一些抄工的名字被保存了下来。阿尔伯

---

① L. Delisle, *Le Cabinet des manuscrits de la Bibliothèque nationale*, II, 458-486.

② J. A. Clerval, *Les Ecoles de Chartres au moyen âge*(Paris, 1895), p.189.

③ Migne, *Pat. Lat.* CXLIX, col.748.

特、奥皮佐(Opizo)和杜兰努斯(Durannus)以抄写的准确性而闻名。①1119 年的一个记录提到了特里尔的阿尔贝是"那些抄写书籍或者制作书籍的抄工中最好的一位"。在修道院院长庞斯(Pons)要求并且负担费用的前提下,以及在主事书吏彼得的支持下,阿尔贝和另一个修士一起精心抄写了一本《圣经》,其间他们进行了两次修改。修士杜兰努斯抄写宗教礼拜仪式用书,作为他努力的回报,修道院院长休在他的周年纪念日举行了两次宴会。

227　　在 12 世纪以前,克吕尼和其他的修道院保持着相互间的交流。尊者彼得写信给大查尔特勒(Grande Chartreuse)修道院副院长吉果(Guigo)说,他已经将他要的格里高利·纳齐安增和约翰·克里索斯托的《传记》抄本寄给了他,还包括安布罗斯论西马库斯的《抗辩》(Relatio),但是他不会寄给他希拉里对《诗篇》的评论,因为他发现该抄本里有错误。普罗斯珀的《普罗斯珀反卡西亚书》(Prosper contra Cassianum)没有在克吕尼,但是他会向阿基坦(Aquitaine)写信索要这本书,作为回报,他让吉多给阿基坦寄去了奥古斯丁的《信札》。②

　　早在 936 年,教皇利奥七世就宣称弗勒里是所有修道院中最重要的。③它的图书馆藏书从 10 世纪初开始就是如此丰富,以至于任何时候格伯特如果想看到珍贵的书卷,就只能到弗勒里。④遗憾的是,我们对于这个图书馆早期的历史一无所知。它一定是建立于加洛林时代,但是没有证据能够证明这一点。

　　10 世纪的两份目录被归于弗勒里,但是这一点并不确定。⑤第一份目录列出的是关于《圣经》、布道书、弥撒书、圣职人员论及个人幸福生活的一卷书,还有一卷是论及祭服的象征意义。法律方

---

① *Histoire littéraire de la France*,IX,113.

② Martin Marrier,*Bibliotheca Cluniacensis*,col.653. 1915 年在梅肯(Macon)印刷的这个版本,是珍贵的 1614 年对开本的复制品,里面有 17 世纪的学者安德列·杜谢恩(Andre Duchesne)的注释,是关于克吕尼历史的珍贵资料。

③ 这个修道院被正式地称为卢瓦尔河畔圣伯努瓦(St. Benoit-sur-Loire),因为在蒙特卡西诺于 589 年被毁以后,它在 653 年获得了圣本笃的遗骨,因此而得名。

④ C. Cuissard-Gaucheron,*Inventaire des manuscrits de la bibliothèque d'Orléans, Fonds de Fleury*(Orléans,1885),p.xiii.

⑤ Listed by Becker as *incognita*(Nos. 29 and 45),but assigned by Cuissard-Gaucheron and Gottlieb to Fleury.

面的代表作是阿非利加会议的教令集和《里普阿尔人法典》。还有一卷是关于算术的著作和一本《生物论》（*Physiologus*）。古典作家包括维吉尔、特伦斯、阿拉托和伊索，中世纪的作者有大格里高利、塞维利亚的伊西多尔、奥古斯丁、普鲁登修斯和比德。从这份包含103本书的书单中，很难看出来一个图书馆能够像弗勒里图书馆在当时那样有名。事实上，圣梅达尔（St. Médard）和圣昆汀（St. Quentin）的传记以及兰伯特（Lambert）的《耶稣受难记》（*Passion*）的存在，可以充分地说明，这份目录最初来自列日教区而非奥尔良。[①]在第二份目录中，我们发现了西塞罗的《论修辞学》（*De rhe-torica*）、柏拉图的《蒂迈欧篇》、波尔菲利、普里西安、维吉尔、特伦斯、贺拉斯、萨鲁斯特、尤维纳利斯、阿拉托、加图、多纳图斯、伊索、马克罗比乌斯、波埃修斯对《亚里士多德〈范畴篇〉导论》的评论、亚里士多德的《解释篇》（*Peri Hermenias*）、比德、佩尔西乌斯、一本天文学著作、一本关于星盘的著作、一本关于音乐的著作、法兰克国王的王室法规、阿拉里克的《祈祷书》和《新律》（*Novellae*）。对于第二份目录的起源问题，似乎有两种可能的观点能够支持它起源于弗勒里的说法。首先，萨鲁斯特的《历史》被提及，而我们知道《历史》的部分内容正是在弗勒里。[②]而且，其中提及的一些作者——普鲁登提乌斯、维吉尔、贺拉斯、尤维纳利斯和佩尔西乌斯——都被阿博引用过。[③]但是，有几种观点都反对这一起源说。

E. K. 兰德教授已经确认了 Codex Leidensis Vossianus Latinus Q 86 是 9 世纪下半叶弗勒里的抄本。[④]这卷书并不完整，但是里面包含了阿拉托对《使徒行传》的评论、奥古斯丁教团教士使用的普罗斯珀的讽刺诗、塞杜利乌斯的两首赞美诗、加图的对句、阿维安（Avian）的《动物寓言集》以及《拉丁诗歌选集》（*Anthologia Latina*）

---

[①]　这一观点在俄亥俄州立大学哈里特·普拉特·拉丁（Harriet Pratt Latin）博士的一封私人信件中受到了作者的关注。

[②]　E. Hauler, "Ein neues Palimpsestfragment zu Sallusts Historien," *Wiener Studien*, VII (1886), 315-330; *idem*, "Das orleaner Palimpsestfragment zu Sallusts Historien," *Ibid.*, IX (1887), 25-30.

[③]　Cf. C. Pfister, *Le Règne de Robert le Pieux*, p.33.

[④]　"A *Vade Mecum* of Liberal Culture in a Manuscript of Fleury," *Philological Quarterly*, I (1922), 258-278, esp. 270.

和马提雅尔、阿维图斯(Avitus)和塞维利亚的伊西多尔论语法的著作章节。如果如兰德所确信的这个抄本与德莱尔出版的 12 世纪克吕尼目录①中的 No.256 相符的话,那么它还包括了尤文库斯和德尔图良的著作。现在,如果我们将 9 世纪弗勒里的这份书单和 10 世纪或 11 世纪弗勒里的书单相比较的话,可以发现这份书单充其量只是其中的一部分,因为它没有提到塞杜利乌斯、马提雅尔、尤文库斯或者德尔图良。与其相反的一份鉴定结果认为它属于 11 世纪的戈尔泽或者图勒,因为,除了关于星盘的著作和《特洛伊的毁灭》(*Excidium Troie*)之外,该目录中列出的每一卷书都可以在 11 世纪戈尔泽的图书目录中找到。②如果论星盘的著述与可能由赫尔曼·康特拉克图斯(Hermann Contractus)写的那篇文章相一致的话,这份目录就不可能早于 1048 年。因此,这两份内容不多的目录都不应该被简单地认为归弗勒里所有。事实上,除了阿博引用的书卷和在沃斯抄本(Voss Codex)发现的那些书卷之外,关于弗勒里图书馆的特殊信息只能零散地搜集到。

但是,即使我们不能重构弗勒里图书馆藏书,但我们还可以追溯一些对法国和英格兰其他修道院产生影响的信息。在 10 世纪中叶以前,弗勒里是北欧学术复兴的中心。在大约 950 年,弗勒里修道院的院长伍尔法德(Wulfard)和两个修士一起去重建沙特尔的圣皮尔修道院的精神和文化生活。③一个名叫博尔诺的修士离开弗勒里去普鲁姆教书,后来担任赖歇瑙的修道院院长。④另一个修士贝尔纳·德·科姆鲍恩(Bernard de Comborn)成功地成为索利尼亚克(Solignac)和博略(Beaulieu)的修道院院长,最终成为卡奥尔(Cahors)的主教。当埃德加国王开始在英格兰复兴修道院制度的时候,他求助了弗勒里而不是克吕尼,阿博去了英格兰帮助他。

---

① Delisle, *op. cit.*, II, 458-481.

② D. J. Morin, "Le Catalogue des manuscrits de l'abbaye de Gorze au XI<sup>e</sup> siècle," *Revue bénédictine*, XXII(1905), 1-14.

③ Clerval, *op. cit.*, p.18.

④ J. P. Pariac, *Histoire de Saint Abbon, abbé de Fleury-sur-Loire et martyr à La Réole en 1004* (Paris, 1874), p.139.

229

阿博出生于大约 950 年,他在奥尔良的迪奥多尔夫一个世纪以前在弗勒里建立的修道院学校里学习过语法、算术和辩证法。[1]为了完成学业,他去了巴黎,后来又去了兰斯,并在格伯特的教导下学习了天文学。但是很显然,他发现了自己的不足,因为他在回奥尔良的路上秘密地和那里的宗教领袖学习了音乐知识,他依然缺乏修辞学和几何学的知识。返回弗勒里以后,他担任学校的校长,并且在他被征召到英格兰任拉姆齐修道院院长之后,他的职位交由君士坦丁继任。[2]弗勒里和英格兰之间的关系本来已经很密切了,[3]他这次出任拉姆齐修道院院长又进一步加强了两地的关系。英国修士和丹麦修士纷纷都来弗勒里接受指导。 230

弗勒里图书馆看上去得到了历任修道院院长持续的关注,书吏们不停地抄写新旧文本。阿博为缺乏书籍而感到苦恼,他要求每一位学者前来的时候都要带两本抄本。当马卡里乌斯(Macarius)通过改革而将弗勒里变成克吕尼的一个小修道院的时候,它的第一个举动就是向依赖于弗勒里的所有修道院每年征税来维持和扩大中心图书馆,[4]中心图书馆坐落在一个特殊的塔楼上,很可能是一座防火建筑。[5]弗勒里的抄本传遍了高卢,[6]甚至还传到了英格兰被抄写,[7]有时因逾期滞留而超过了租借期,正如阿博的一封信带着抱怨的语气告诉我们的那样。甚至当阿博返回弗勒里的时候,坎特伯雷的修士们寄给了他一本《圣邓斯坦传》。他好像在去改革拉雷奥尔(斯夸尔斯)的时候带着这本书。在他去世以后,这本手稿依然留在了斯夸尔斯,没有被归还给坎特伯雷。[8]

---

[1] F. M. Carey, "De Scriptura Floriacensis," *Harvard Studies in Classical Philology*, XXXIV(1923), 194.

[2] F. M. Warren, "Constantine of Fleury, 985-1014 A. D.," *Transactions*, *Conneticut Academy of Arts and Sciences*, V(1909), 287.

[3] Germanus, abbot of Ramsey during Abbo's stay, had been a monk of Fleury.

[4] Becker, *op. cit.*, No.84.

[5] Cuissard-Gaucheron, *op. cit.*, p.xv.

[6] The library of the medical school at Montpellier had a copy of the life of Abbo written by Aimon.

[7] W. Stubbs, *Memorials of St. Dunstan* ("Rolls Series," No.63), pp.376, 409, 410; L. Delisle, Anciens "sacramentaires," *Mémoires de l'institut national de France*, XXXII, 215.

[8] Stubbs, *op. cit.*, p.xxvii.

## 中世纪的图书馆

在 9 世纪迪奥多尔夫任奥尔良主教的时候,那里的文化生活辉煌无比,可是在他之后却很少听到有关那里的消息。它的图书馆怎么样?它被忽视了还是衰败了?或者是邻近的修道院像弗勒里和旺多姆的圣三一修道院获得了它的一些财产?我们无从知晓。现在圣三一修道院是卢瓦尔河谷中部地区唯一的另外拥有一个重要图书馆的修道院,尽管它不能和弗勒里图书馆相提并论。它的修道院院长杰弗罗伊(Geoffroy)不仅让他人抄写书籍,而且自己也亲自抄写。①但是,我们关于这个图书馆知之甚少,只知道 1156 年修道院院长罗伯特规定独立的小修道院应该为图书馆的维护支付费用。②

关于多尔(Dol)图书馆我们知道得就更少了,在一首 12 世纪写给多尔大主教热拉努斯·洛迪尼斯(Gerarus Laudunis)的诗中,多尔大主教巴尔德里克(Balderic)赞扬这个修道院是一个和平的地方,在那里我们能够找到"书籍和手稿以及适用于学生的所有东西"。③但是他并没有说明这些书籍和手稿的名称。

我们有一份 12 世纪昂热的圣奥宾修道院的图书目录,里面有 142 个条目。其中有 23 本圣奥古斯丁的著作,包括他的《忏悔录》和一本《音乐》(*Musica*)。有 6 卷安布罗斯的著作,8 卷杰罗姆的著作,6 卷大格里高利的著作,还有拉巴努斯·莫鲁斯、比德、塞维利亚的伊西多尔、奥利金、约瑟夫斯的著作,伊沃的书信,波埃修斯、卡西安的著作,以及《诺曼人的事迹》(*Gesta Normannorum*)和《法兰克人史》(*Gesta Francorum*)。④

沙特尔的圣皮尔图书馆如果不是源于弗勒里的伍尔法德(Wulfald)的话,那么它的发展也要归功于他,因为伍尔法德在大约 935 年应主教雷根弗雷德(Ragenfred)的要求而去了沙特尔。遗憾的是,我们对于该图书馆的了解仅限于 11 世纪的一份目录和少数富有趣味的细节。我们知道,在 10 世纪,在修道院里有一个抄工学校。他们的抄本很少幸存下来,从中我们可以得出结论认为,当

① L. Compain, "Etude sur Geoffroy de Vendôme," *Bibliothèque de l'école des hautes études*,LXXXVI(1891),75-85.

② Clerval, *op. cit.*,p.303.

③ Migne, *Pat. Lat.*,CLXVI,col.1199.

④ Delisle, *Cabinet des manuscrits*,II,485-487.

226

时的藏书大部分是教父著作。这一印象可以从幸存下来的目录中得到证明。①这份目录中有卡西奥多罗斯、塞维利亚的伊西多尔、图尔城的格里高利、拉巴努斯·莫里斯的著作；波埃修斯的算术；关于里普阿尔人、法兰克人和撒克逊法律方面的书籍；弗洛鲁斯的罗马史；少数古典作家——尤维纳利斯、奥维德、维吉尔和斯塔提乌斯的著作。该图书馆看上去得到了很好的管理。早在 10 世纪，这个修道院就有自己的图书管理员，其职责除了一般的管理之外，还包括在每一卷书中写上诅咒之语，以防止任何人毁坏它。在 12 世纪，它的藏书规模继续扩大。在某些情况下，新书会被赠送给修道院，比如一位教师西贡（Sigon）捐赠了一本《使徒行传》抄本。抄写或者购买依然是增加书籍更常规的方式。购买新书的方式各种各样：在一部 11 世纪的抄本中，有一个注释说明了圣皮尔的修士被安排从一位伦巴德的修士那里购买这本书。②艾维斯维尔的奥多（Odo of Ievesville）和他的继任者富尔彻（Fulcher）拨专款除了用来购买新书，而且还用于旧书的修复，免得它们被虫蛀和腐烂。富尔彻将所有的抄本都放在一个特殊的房间里保管。

　　勃艮第是北部法国唯一的一个在 9 世纪逃过了北欧人劫掠的省份。在这里，第戎市受到了其城墙非同寻常的保护，其他修道院的书籍也流入这里得以保存。在 10 世纪，圣贝尼涅（St. Bénigne）的学校和图书馆变得非常有名，它的发展要归功于修道院院长威廉（990—1031 年在位）的努力，威廉是克吕尼的马约鲁斯从意大利请到法国的，他是来自卢切迪奥（Lucedio）小修道院的伦巴德人，但是在帕维亚和维切利学习，这里的图书馆古老且著名。修道院图书馆的发展事业几乎立即就受到了威廉的重视。他给每一位修士一支钢笔，让他们中的一些人包括罗迪努斯（Rodinus）和泰乌德拉杜斯（Teudradus）抄写手稿。这一时期有 16 部抄本幸存了下来。抄工和画工都来自意大利。③一些书卷好像是从其他修道院带过来

_232_

---

① L. Merlet，"Catalogue des livres de l'abbaye de St. Père de Chartres," *Bibliothèque de l'école des chartes*，2d ser.，V，265 ff.

② E. Boutaric，"Vincent de Beauvais et la connaissance de l'antiquité classique," *Revue des questions historiques*，XVII(1875)，16.

③ C. Oursel, *La Bibliothèque de l'abbaye de Saint-Bénigne*，*et ses plus anciens manu-scrits*(Dijon，1924)，p.115.

的。其中有一本伊西多尔的著作，还有圣贝尼涅的《年代记》。当虔诚者罗伯特于1005年攻击第戎的时候，威廉表现出了对图书馆极大的关注。在他把他的修士们安置在邻近小修道院以后，他将图书馆连同遗物和装饰物都移进了圣文森特小教堂。威廉的继任者哈利纳尔德（Halinard）继续发展图书馆，他订购了许多书籍，其中的一些现在依然保存在国家图书馆和第戎图书馆。

233　　圣贝尼涅修道院看上去与其他的修道院图书馆有经常性的联系。我们知道费康从这里借过书，但是不知道借的是哪些书。我们还知道哈利纳尔德将普鲁登修斯和贺拉斯的著作借给了朗格勒的修士以交换一本维克多利努斯的逻辑学著作。事实上，圣贝尼涅与其他修道院的联系可能比我们能追溯到的要广得多。威廉改革诺曼底修道院的活动将他带到了费康、鲁昂的圣乌恩（St. Ouen）和圣米歇尔山。①他还被邀请去帮助改革圣杰曼德佩区以及梅斯和图勒主教区。有可能所有的这些修道院都从圣贝尼涅图书馆借书。遗憾的是，关于这一时期它的历史我们知之甚少。它的图书收藏量很大，而且在持续地增加，这一点可以从12世纪中叶时的一个规定看出来，这份规定要求每一个庄园的收入要拿出来一部分用作购买书籍和羊皮纸。②

公元1000年，法国的主教座堂图书馆开始脱颖而出，如同主教座堂学校胜过了修道院的学校一样。在兰斯，格伯特即后来的教皇希尔维斯特二世（Sylvester II），是阿贝拉德（Abelard）之前最出色的知识分子，也是最伟大的老师。在他这里，加洛林时代的学术传统达到了顶峰，收藏书籍是他最大的热情所在。③他的图书馆藏书是如此全面，以至于在他离开博比奥之后，根据他自己的自述，他需要借的书只不过是3卷。④图书馆的藏书内容可以从他自己著作的参考书目中被重构出来。可以看出格伯特拥有许多古典著作第一手资料。但是，他不能读希腊文，他所引用的毕达哥拉斯的著

---

① C. Pfister, *Etudes sur le règne de Robert le Pieux*, pp.6, 308-312.

② Oursel, *op. cit.*, p.118.

③ Cf. J. P. E. Havet's introduction to his edition of *Lettres de Gerbert*.

④ R. S. Allen, "Gerbert, Pope Sylvester II," *English Historical Review*, VII (1892), 635.

作、柏拉图的《蒂迈欧篇》以及夏尔西蒂乌斯对此的评论和波埃修斯的著作都是二手的。他让蒙捷昂代尔的阿多索（Adso of Montier-en-Der）给他抄写恺撒的《高卢战记》，寄到罗马以换取苏托尼厄斯和西马库斯的著作。他对西塞罗的高度评价和他希望得到修改后的普林尼的抄本是众所周知的。他看上去搜集过医学著作，他从西班牙边界基洛纳（Girona）主教邦菲斯（Bonfils）索要一本西班牙人约瑟夫（Joseph the Spaniard）或者称智者约瑟夫所写的关于数的乘除法方面的著述。①我们还知道，他从巴塞罗那的卢皮图斯（Lupitus）索要一卷天文学方面的书，从雷纳德（Rainard）索要波埃修斯所著的天文学方面的著作。②

对兰斯图书馆的任何讨论都不可避免地只是一系列支离破碎的记录。我们从辛克马尔的著作中可以了解到，他的兴趣主要在教父文献和教会法方面，我们能说出来他使用的是什么书籍。这些书籍都可能在主教座堂图书馆找到。但是，其中的许多书一定是他自己的，因为在下一个世纪里，有 19 本由他签名的著作还尚存。③戈特利布搜集到了关于该图书馆的零散的资料，包括一份 15 世纪的书单。比如，有一本 8 世纪的芝诺（Zeno）的手稿，这是我们所知芝诺最早的作品。从 9 世纪开始，出现了福图纳图斯、伊西多尔、塞杜利乌斯、圣奥古斯丁关于《诗篇》的评论、多纳图斯、助祭保罗的《伦巴德人史》《罗马教皇列传》（Gesta pontificum Romanorum）和一篇对奥罗修斯的评论著述。10 世纪的抄本有福尔金提乌斯的评论、《萨利克法典》（Lex Salica）、弗洛伦蒂努斯（Florentinus）和希拉里的《耶稣受难记》、虔诚者路易主持的会议记录、几篇关于语法的论文、安塞吉斯编撰的查理大帝和虔诚者路易时代的法令汇编、爱因哈德的《查理大帝传》（Vita Karoli）、秃头查理的加冕礼、查理大帝的遗嘱、辛克马尔的《论教会治理》（De villa Noviliaco）以及他的《信札》、万达尔伯特（Wandalbert）的《圣戈尔传》（Life of St. Goar）《圣巴兹尔传》《圣格尔格尼乌斯传》和《托勒多的尤金传》。从 12 世纪开始，有奥古斯的布道书、大格里高利的布道书、沃姆斯的布

234

---

① He had previously requested this of Gerald of Aurillac.
② Cf. Garrod, *Classical Quarterly*, 1909, p.56.
③ C. V. Noorden, *Hincmar*, p.392.

尔查尔(Burchar)的《教皇训谕》。但是,这些抄本并不是同一时期都在圣雷米。而且,格伯特私人图书馆的命运究竟如何我们无从知晓。格伯特去世以后,他的藏书是送给了圣雷米? 还是其图书馆解体了? 这些问题我们依然不能解答。但是可以肯定的是,他的藏书没有任何一本在近代面世。

235　　11 世纪法国藏书最多的主教座堂在沙特尔。它不可避免地要和富尔伯特(Fulbert)的名字联系在一起,[①]富尔伯特是格伯特最出色的学生,他在 1007 年至 1036 年间担任沙特尔的主教。在 987 年至 992 年间,他曾经离开兰斯的学校,进入了沙特尔的学校,从他到达那里的那一天开始,他就是教师和校长。他发现沙特尔的图书馆藏书非常有限:4 本奥古斯丁的小册子抄本,几本杰罗姆的手稿,普罗斯珀的几卷书,马摩尔蒂乌斯·克劳迪厄斯·卡西奥多罗斯、拉巴努斯·莫鲁斯、马提安努斯·卡佩拉和波埃修斯的著作。仅有 4 本辩证法方面的抄本——没有波尔菲利和柏拉图的著作,也没有亚里士多德的著作。其他的三学科(指文法、逻辑和修辞学三门科目——译者注)著作甚至更少——只有普里西安的语法著作和维克多利努斯(Victorinus)对西塞罗修辞学的评论。没有关于算术、几何或者音乐方面的文章,没有医学著作,事实上,9 世纪和 10 世纪的有关记载并没有提到任何文学作品。[②]

随着富尔伯特的到来,一切都改变了。一些记载保留了他添加的书籍,语法方面的作家有:多纳图斯;修辞学和辩证法方面的作家及其著作包括:波尔菲利、亚里士多德的《范畴篇》、富尔伯特的诗歌、波埃修斯的小册子、两篇简短的著述《论修辞》(*De rhetoricae cognatione*)和《修辞位置的区别》(*Locorum rhetoricorum distinctio*);逻辑学方面:特弥修斯(Themistius)和西塞罗的著作。所有这些都装订在一卷里,作为学者的哲学指南。算数方面的代表人物是波埃修斯,他的著作是这一领域的代表作,还有更近一些的作者比如格伯特、乌特勒支的阿德尔伯尔德(Adelbold)、列日的瓦佐(Wazo)和阿尔昆的文章和著作;还有比德、阿博和小德尼(Denys le Petit)的著

---

① Cf. H. Johnson, "Fulbert, Bishop of Chartres," *Church Quarterly Review*, CII (1929), 48.

② Clerval, *op. cit.*, pp.26-28.

作。古典著作没有典型的代表，我们仅仅知道里彻（Richer）在兰斯抄写了萨鲁斯特的著作，李维的著作也被人们阅读。富尔伯特本人引用了瓦勒里乌斯·马克西穆斯、维吉尔、奥维德、贺拉斯、特伦斯、斯塔提乌斯和塞尔维乌斯的著作。尽管富尔伯特认为柏拉图比古代的其他思想家更重要，但是我们不能确定夏尔西蒂乌斯拉丁文版本的柏拉图的《蒂迈欧篇》在沙特尔。在富尔伯特的领导下，很显然这里开始了针对法律著作的收藏工作。他有查理曼的《牧师会法规》（*Capitularies*）概要以及他自己的手册《书信和诗歌》236（*De forma fidelitatis*），手册是应阿基坦的威廉要求而制作的，它是整个中世纪封建法的一个权威。在教会法方面，富尔伯特有一本伪伊西多尔的著作抄本和一本教会法，这可能是由他的一个学生让布卢的奥尔波特与沃姆斯的伯查德联合搜集整理的。

在富尔伯特时代，沙特尔的影响非常广泛。我们发现富尔伯特将普里西安和多纳图斯的抄本寄给希尔德盖尔（Hildegaire），并任命希尔德盖尔为普瓦提埃的圣希拉里的财务主管。他还寄了一本普里西安的著作给匈牙利芬克尔切恩（Funfkirchen）主教博尼伯特（Bonibert），并且从意大利引进书籍。但是，富尔伯特最伟大的文化贡献是通过沙特尔学校体现出来的，这个学校吸引了来自法国各地的学生：奥尔良、图尔城、巴黎、普瓦捷、南特、桑利斯、博韦、鲁昂、第戎、让布卢，此外，还包括列日和科隆。

在富尔伯特去世以后，这个图书馆继续发展，并在很大程度上依靠捐赠维持。他的继任者蒂埃里（Thierry）留了大量图书给主教座堂，正如 11 世纪下半叶最初的 25 年里咏礼司铎之一布列塔尼人阿瑟林（Ascelin the Breton）所做的那样。沙特尔的主教伊沃（1089—1115 年在位）留下了一些镶金且装订精美的礼拜仪式用书，可能包括他那本有名的教会法藏书。给图书馆最大的捐赠似乎是发生在 12 世纪。在 1144 年，达尔马西亚人赫尔曼从图卢兹寄出了一本托勒密的《平面天体图》（*Planisphere*）抄本，该书由他的学生布尔日的鲁道夫（Radulph）从阿拉伯文翻译成了拉丁文。①在 1150 年，校长蒂埃里留下了大约 50 卷书，包括罗马法：《制度》

---

①　这本书在 11 世纪初由阿布尔卡西姆（Abulcasim）从希腊文翻译成阿拉伯文。

《法律汇编》和《新律》，还有巴思的阿德拉德（Adelard of Bath）的地理学著作，以及蒂埃里自己关于七艺的百科全书《艺术文本指南》（*Heptateuchon*）。这是他教授三学科和四学科（三学科由文法、逻辑和修辞学组成；四学科由算术、几何、天文和音乐组成——译者注）最重要的著作指南。①沙特尔收到的最有趣的书籍来自索尔兹伯里的约翰，他去世于 1180 年。这些抄本的大部分到 18 世纪的时候就已经散佚了。约翰是 12 世纪最伟大的人文主义者，他认识阿贝拉德，尽管他们可能不是朋友。从文化上来说，他是后期巴黎大学的创立者之一，即使不是真正意义上的。②约翰遗赠的图书目录③仅仅能代表他的知识财富的一小部分，因为毫无疑问，当他担任大主教西奥博尔德（Theobald）秘书的时候，他有机会进入坎特伯雷的图书馆，而且他还曾经在罗马逗留了很长时间。

237

    看上去索尔兹伯里的约翰很可能利用他在阿普里亚的机会获得了一些希腊知识，而且他肯定搜集到了一些希腊书籍，当时，卡塔尼亚的大助祭亨里克斯·亚里士提帕斯（Henricus Aristippus）正在那里翻译希腊作家的作品。后来我们发现，约翰写信给他的老朋友里夏尔主教（Richard L'Evêque），即后来的阿夫朗什主教，答应愿意为他手里的亚里士多德的一些著作抄本支付任何必要的费用。

    沙特尔已经成为一个我们称之为文艺复兴运动的大本营，在总体上热衷于柏拉图哲学和古代文献，并且已经具有了一些文艺复兴的典型倾向。事实上，这一运动注定在一个世纪以后消失，因为当时学者们的思想已经由研究诗人和历史学家转向了由亚里士多德的科学和哲学著作而引发的更严肃的研究。④

---

    ① J. S. Beddie, "Libraries in the Twelfth Century," *Anniversary Essays in Mediaeval History*, *by Students of C. H. Haskins*(Boston and New York, 1929), p.4.

    ② R. Lane-Poole, "Masters of the Schools at Paris and Chartres in John of Salisbury's Time," *English Historical Review*, XXXV, 321-342.

    ③ Listed in the *Cartulaire de Notre-Dame de Chartres*, ed. E. de Lépinos and L. Merlet, III, 202; A. C. Krey, "John of Salisbury's Knowledge of the Classics," *Transactions*, *Wisconsin Academy of Sciences*, *Arts and Letters*, XVI, Part II(1909-1910), 948-987.

    ④ C. C. J. Webb, *John of Salisbury*(London, 1932), pp.6, 157.

　　沙特尔获得的其他重要礼物包括迪安·萨洛蒙（Dean Salomon）捐赠的 30 卷书和贝尔纳捐赠的 24 卷书。早在 13 世纪，校长彼得·德·鲁瓦西（Peter de Roissey）捐赠了他的私人图书馆藏书，除了盖乌斯、索利努斯和阿波利纳里斯（Apollinaris）的著作之外——这些书从本质上来说都是教会著作。一个叫戈蒂埃（Gautier）的人捐赠了奥古斯丁的《信札》，塞拉努斯（Serannus）留下了《上帝之城》和杰罗姆的一篇文章。得益于校长君士坦丁的遗赠，法律图书大大地增加，其中包括一本精美的《教皇训谕》手稿、5 卷本的全部《法律大全》（corpus juris）和《古老的教皇训谕》。教师赛库萨的约翰（John of Secusa）留下了赛库萨的亨利的《金色沙洲》（Somme dorée）。礼拜仪式用书和教会著作作为捐赠的礼物是很平常的。

　　到 12 世纪末的时候，沙特尔拥有的图书馆是欧洲大陆上藏书最为驳杂纷呈的场所之一。其最具特色的体现源自阿拉伯的天文学和占星术方面。除了托勒密的《平面天体图》之外，还有他的《教规》（Canons）和《表格》（Tables）、《功用论》（De utilitatibus）及《论星盘测量》（De mensura astrolabii）。后两部著作和《平面天体图》均由布鲁日的鲁道夫翻译。还有一本《查理斯米安表格》（Charismian Tables）抄本，是由巴思的阿德拉德翻译的。被提及的另外两部天文学著作是塞维利亚的约翰和阿本·埃佐尔（Aben Eizor）翻译的阿尔卡贝齐（Alkabizi）的著作。因此，沙特尔很显然是阿拉伯文化传入欧洲的途径之一。它还是 12 世纪柏拉图哲学研究的主要中心，以贝尔纳、蒂埃里、西尔维斯特、吉尔贝·德拉普雷（Gilbert de la porée）为代表。吉尔贝·德拉普雷试图再现亚里士多德的观点，并成功地对柏拉图的理论进行了系统的阐释。最终，沙特尔的学校成为人文主义的一个中心。因此，图书馆中的古典部分藏书所占比例很大，尽管它们在 10 世纪的时候还不曾存在。显然，在学校中的教学内容中，也有一定数量的希腊知识。吉尔伯贝·德拉普雷①编辑了普罗克鲁斯（Proclus）的《评柏拉图》简介，收到了一卷名为《希腊文词汇解释》（Explanation of Certain Greek Words）的书籍。沙

238

---

　　① Praised in his obituary as "Libros armarii diligenter emendatos pluribus melioravit" (Cartulaire de Notre-Dame de Chartres，III，67）.

特尔的伊沃在他布道的过程中翻译了几个希腊文词汇,引用了盲者迪戴莫斯(Didymus the Blind)有关圣灵队列的一段内容。沙特尔的一个学者引用了苏格拉底、赫拉克利特、埃皮克提图和普鲁塔克的著作。其他人借用了柏拉图的词汇。然而,这些或许可以在夏尔西蒂乌斯翻译的《蒂迈欧篇》中看到。与此同时,可以在沙特尔的一些抄本中找到方言。约丹努斯·范托斯姆斯(Jordanus Fantosmus)创作了一首关于亨利二世战争的法语诗歌,斯蒂芬·阿里内拉(Stephan Alinerra)是教授法语和拉丁语的老师。

诺曼底图书馆的肇始同圣贝尼涅的威廉发起的修道院改革运动有关,正如我们已经看到的那样,圣贝尼涅的威廉在 1001 年被理查德一世公爵征召对古代的墨洛温费康修道院进行重建,该修道院是在北欧人入侵时被毁掉的。但是重建工作似乎没有立见成效。"在纽斯特里亚(诺曼底)最初的 6 名公爵的统治下",奥德利库斯·维塔利斯(Ordericus Vitalis)写道:"诺曼底几乎没有人从事文科的学习,没有有学问之人,直到掌管万事万物的上帝将兰弗朗克(Lanfranc)派到诺曼底来",①他在那里将贝克修道院发展成公爵领地最重要的学术中心。

兰弗朗克在大约 1000 年的时候出生于帕维亚,具有贵族血统,他最初学习罗马法,但是后来又转向了神学,这使得他认为有必要去法国。因为被图尔城的贝伦加尔名气所吸引,他在其门下学习了一季的时间。但是,后来他发现贝伦加尔的教导中有异教思想,因此离开了他,穿越勃艮第和法国的其他省份去旅行。最终他在阿夫朗什定居下来,并在那里开办了一所学校,从前他在意大利时的学生追随他来到这里。兰弗朗克的思想再次发生了转变,他决定抛弃世俗生活,做一名修士。因此,他在 1041 年或者 1042 年去了仅仅在几年前建立起来的贝克修道院。兰弗朗克为贝克引进了教育和文化方面的新思想,神学和教会法则在学校中受到重视。在那里最初的一代学者中包括了当时一些最著名的教士。②兰弗朗克依然还对民法保持着兴趣。"在接下来的世纪中,诺曼底修

239

---

① *Historia ecclesiastica* IV. vi.

② A. Porée, "L'Ecole du Bec," *Revue de philosophie*, XV(1909),628-629.

道院《法律汇编》和《制度》的出现，表明了兰弗朗克的影响。"①通过他的努力，有50卷或者更多卷图书的图书馆在贝克被建立起来，②它由一个图书管理员负责，兰弗朗克给了这位管理员以最细致入微的职业培训。③该图书馆没有图书目录能够留存下来，但是我们从不同的材料中可以梳理出其中的一些内容。教父著作肯定存在。兰弗朗克本人就引用了奥古斯丁、安布罗斯、杰罗姆和大格里高利的著作；班贝格的威廉祝贺他放弃了辩证法转而投身于上帝。④此外，那里一定还有其他高质量的古典著作藏书，但我们很难重建贝克图书馆的这部分内容。我们知道，在12世纪初，贝克除了有塞内加、奥维德、苏托尼厄斯、昆体良和马提安努斯·卡佩拉的著作以外，还有一部几乎完整的西塞罗的著作。⑤但是，这一藏书是否是兰弗朗克在贝克期间增加的，我们还不能确定。真实的情况是，奥德利库斯·维塔利斯说贝克的修士将它们运用到纯文学和经文中。⑥那个时候在他们热情寻找古代医生论文的过程中，他们发现了希波克拉底的《格言警句》和盖伦的一篇文章。⑦但是我们无法确定贝克拥有的古典作家的著作是否是在12世纪以前搜集到的。事实上，正如龙戈马尔（Longuemare）所指出的那样，兰弗朗克在模糊引用西塞罗的《论题篇》和维吉尔的诗歌时，可能只是使用了二手资料。⑧

240

　　但是，无论兰弗朗克的内容广博的图书馆有什么不足，他对现

---

① A. J. Macdonald, *Lanfranc*(Oxford, 1926)，p.11.

② J. de Crozals, *Lanfranc*, *archevêque de Cantorbéry*, *sa vie*, *son enseignement*, *sa politique*(Paris, 1877)，p.67.

③ E. Longuemare, *L'Eglise et la conquête de l'Angleterre*(Paris：Champion，1902)，p.55.

④ Longuemare believes that the now lost works of Ambrose were to be found at Bec.

⑤ A. Porée, "L'Ecole du Bec et Saint Anselm," *Revue de philosophie*, XV(1914)，628；P. Duhem, "La Scolastique latine et la physique d'Aristote," *Revue de philosophie*, XV(1909)，163.

⑥ Cf. Léon Maitre, *Les Ecoles épiscopales et monastiques en occident avant les universités*(2d ed.)，p.81.

⑦ L. C. F. Petit-Radel, *Recherches sur les bibliothèques anciennes et modernes*, pp.88-89.

⑧ 兰弗朗克很显然不懂希腊语，尽管看上去这一时期在诺曼底希腊语已经为人们所了解。兰弗朗克看上去也不知道亚里士多德，但是他好像通过夏尔西蒂乌斯知道柏拉图的《蒂迈欧篇》。

有文献应具有的精确性近乎严苛的要求就足以弥补这些不足了。他监督抄写工作,甚至为了进行对比,他从邻近的修道院借了一些手稿的抄本。他还修改了祈祷书和神学著作。卡西安的《对话》(Collationes)抄本中记载了这样一个传说:"我,兰弗朗克改正了它。"他对精确抄写的关注带来了贝克书吏学校的发展。①

几乎是从一开始,贝克图书馆就成为诺曼底最有影响的图书馆,这在很大程度上要归功于兰弗朗克。他的学生们后来在英格 241 兰的坎特伯雷、罗切斯特、伊利、圣阿尔班修道院和法国的鲁昂、朱米埃日、圣埃弗罗尔、圣米歇尔山和沙特尔以及意大利的托莱萨都获得了重要职位。他鼓励在诺曼底任何地方的学术活动,这一点可以从他给圣米歇尔山的抄本礼物中看出来。但是兰弗朗克并不是唯一为贝克的卓越发展作出贡献的人。他在坎特伯雷的继任者安瑟伦在大约 1060 年的时候还是贝克的一个修士。在他最初在那里的 3 年时间里,除了学习哲学以外,他也勤勉地校正了一些文本。作为一名老师,他的影响仅次于兰弗朗克,因为后来在坎特伯雷、拉昂和卡昂等地均有他的学生。

12 世纪是贝克图书馆繁荣发展的时期。巴约主教菲利普·德哈考特(Philip d'Harcourt)送给了修士们 100 多本抄本,这几乎使得那里的藏书增加了一倍。从这一作为礼物的抄本目录中,②可以很清楚地看出贝克的修士们获得了种类繁多的图书。除了拉丁教父之外,还有许多古典时期的作家——恺撒、西塞罗、苏托尼厄斯、塞内加、昆体良、弗龙蒂努斯、萨鲁斯特、庞波尼乌斯·梅拉(Pomponius Mela)、维格提乌斯、帕拉迪乌斯论农业的著作、老普林尼和小普林尼、格兰西和查士丁尼。然而,很明显,这些古代的作者仅仅是那些关心实用、历史、科学、哲学和修辞学的人,唯一的诗人是克劳迪安。③当代的作家同样也在其中:利雪主教弗雷卡尔夫(Freculf)和亨丁顿的亨利的历史著作;巴思的阿德拉德和拉普雷的吉贝尔的哲学著作;还有沙特尔的伊沃和克莱尔沃的贝尔纳的书信。贝克

---

① Cf. Porrée, *op. cit.*, p.627.
② Becker, *op. cit.*, No.86; Migne, *Pat. Lat.*, Cl, cols. 771-782.
③ Cf. J. S. Tatloc, "Geoffrey and King Arthur in Normannicus Draco," *Modern Philology*, XXXI(1933), 8, n.8.

另一份 12 世纪的图书目录①也流传了下来,除了其中上述著作之外,还有奥维德的著作,但是不包括他的《罗马岁时记》。这里出现了新的历史和编年史,还有兰弗朗克、安瑟伦、沙特尔的富尔伯特、贝伦加尔、图尔城的格里高利、吉贝尔·克雷斯平(Gilbert Crespin)和勒芒的伊尔德贝(Hildebert of Le Mans)的著作。

242

在诺曼修道院图书馆中,仅次于贝克的就是费康。关于这个图书馆,有一份包含 58 个条目的图书目录,时间是 11 世纪上半叶,它可能记载了该图书馆的内容,根据其记载,该图书馆是由圣贝尼涅的威廉建立的。②里面没有古典作家的著作,而仅仅是更平常的教会作者的著作。到 12 世纪的时候,这个图书馆的藏书已经增加到了 150 卷。③除了十分常见的宗教文献之外,还有古典著作如《埃涅阿斯纪》、亚里士多德的《题旨》、约瑟夫斯的全部著作和普里西安的两篇语法文章。中世纪方面,有代表性的是波埃修斯的《哲学的慰藉》和他的《论三位一体》两个抄本、大格里高利的《对话录》、卡西奥多罗斯、阿马拉利乌斯(Amalarius)、沙特尔的伊沃、彼得·伦巴德的《圣经和教父著作资料汇编》两个抄本、彼得·科米斯特(Peter Comestor)的《历史》和安瑟伦的著作。还有一卷书的题目是《希伯来语问题》(*Questions in Hebrew*),另一卷是医学著作。

在诺曼图书馆中居第三位的是圣埃弗罗尔图书馆。这个修道院是于 1050 年在墨洛温修道院的废墟上建立起来的,主要是归朱米埃日的一个修士马通维尔的蒂埃里(Thierry of Mathonville)所管理。该修道院院长本人就是一个书吏,他奠定了这个图书馆的基础。图书馆不时地收到捐赠的图书,藏书规模因此不断扩大。布勒特伊的威廉(William of Bréteuil)捐了一本福音书抄本,封面镶嵌着金、银和宝石;格伦特梅斯尼尔的罗伯特(Robert of Grentemesnil)给

---

① Becker, *op. cit.*, No.127.

② C. de Beaurepaire, "Anciens inventaires du trésor de l'abbaye de Fécamp," *Bibliothèque de l'école des chartes*, 4th ser., V(1859), 158, n.1; T. Gottlieb, *Ueber mittel-alterliche Bibliotheken*, No.289.

③ The list is published by L. Delisle, "Remarks on the Life, Character, Work and Times of Ordericus Vitalis," in Ordericus Vitalis, *The Ecclesiastical History of England and Normandy*, trans. T. Forrester(London, 1856), IV, xv-xviii; Gottlieb, *op. cit.* No.290.

## 中世纪的图书馆

修士们提供了一本大开本的带有插图的《诗篇》，它是艾玛皇后从英格兰寄给鲁昂大主教罗伯特的。在 12 世纪中叶，该图书馆编制了一本包括 150 个书名的图书目录。[①]这些书大部分是宗教书籍，此外，奥德利库斯·维塔利斯最初的手稿被保留了下来。沙特尔的伊沃的《信札》、瓦林·德·塞茨(Warin de Seez)的《圣经和教父著作资料汇编》、比德的《英格兰史》、梅鲁拉的威廉的《训诫》(*Homilies*)、格雷先·波埃修斯的《哲学的慰藉》和希波克拉底的《传记》也包括其中。除了约瑟夫斯的著作之外，里面没有其他的古典文献。但是，我们知道朱米埃日的沃尔特(Walter)制作了一本塞内加的《书信集》抄本。或许，我们要感谢它的第一任院长，正是因为他，圣埃弗罗尔的书史学校才得以发展起来，该书史学校非常有名，它的人员被派到法国其他的修道院当书写老师。蒂埃里的继任者奥斯本(Osbern)学识渊博，他在雕刻和金属加工方面具有天赋。他亲手制作上光蜡板，并要求每一个修士都要完成指派给他的任务。[②]在 13 世纪，一位优秀书法家(calligrapher)的工作受到了修道院院长的赞扬，他非常忙碌地抄写书稿，以至于没有时间做弥撒，也无暇休息。[③]

朱米埃日和圣旺德利耶图书馆的重要性要略逊一筹。关于朱米埃日，我们知道，在兰弗朗克时期，因其装裱细致精美而著名。[④]其最具有进步性的修道院院长是亚历山大，他在 1213 年去世，他在世期间编制了一份图书目录。[⑤]关于圣旺德利耶图书馆的信息，大部分包含在 8 世纪和 9 世纪的三份早期的目录中。根据 1335 年和 1481 年的两份财产清单，我们还知道，该图书馆在 14 世纪和 15 世纪有大约 200 卷藏书，但是，这两份清单没有被保存下来。[⑥]

对中世纪图书馆的学生来说，最令人感兴趣的是诺曼修道院和

---

① Delisle，*op. cit.*，IV，xi-xiv.

② Ordericus Vitalis，*op. cit.*，I，3，7.奥德里克(Ordericus)本人在其他的地方曾经说过，他在冬天使用蜡板，如果严寒的天气不允许在羊皮纸上用墨水写字的话，他就用尖笔在蜡板上写字。

③ L. Delisle，"Le Clergé normand au XIII<sup>e</sup> siècle," *Bibliothèque de l'école des chartes*，2d ser.，VIII(1846-1847)，495.

④ Longuemare，*op. cit.*，59.

⑤ J. Lebarq，*De Alexandro Gemmeticensi，cum appendice de bibliotheca Gemmeticensi*(Lille，1888).

⑥ Gottlieb，*op. cit.*，p.326.

238

英格兰修道院之间的密切联系。这很自然，因为贝克最伟大的两位学者相继成为了坎特伯雷的大主教。但是，还存在其他方面的联系。英格兰修道院和圣奥文、朱米埃日、圣旺德利耶、费康、圣埃弗罗尔和圣米歇尔山修道院之间的图书交换也被记载下来。奥格（Auge）的圣巴尔贝（Sainte-Barbe）修道院中有一个属于英国人的小隐修院，在那里图书被抄写并被寄到诺曼底。①

　　埃夫勒的主教座堂图书馆里有一本 12 世纪的维吉尔抄本的残篇。②其他的书卷可能在埃夫勒的市政图书馆里。鲁昂的主教座堂图书馆居于最重要的地位。这座教堂在 12 世纪之前没有正式的目录。但是，阿贝·朗格卢瓦（Abbe Langlois）已经指出，在这份目录中列出的许多抄本都是较早的版本，而且他认为，从鲁昂早期主教们所引用的古典文献中可以看出，主教座堂在墨洛温时代就已经存在了。③第一份尚存的图书目录是在大主教高夫里杜斯（Gaufridus，1111—1128 年在位）任职期间编辑的。在列出的 58 份抄本中，超过三分之一是古典著作——荷马、贺拉斯、奥维德的《变形记》和《爱情三论》、西塞罗、阿拉托、尤维纳利斯、维吉尔、多纳图斯、波埃修斯、特伦斯，还有一本《腊叶集》和一本《心算术》(liber de abaco)。第二份目录涵盖的时间是 1165 年至 1183 年，共有 23 个条目，其中包括普林尼的《自然史》、维特鲁维乌斯、塞维利亚的伊西多尔的《词源》、奥古斯丁的《上帝之城》，有 8 个文本都是使用金和珍贵的石头装饰的。第三份目录是 12 世纪的，共有 97 本抄本，其中大部分是神学著作，但是也包括了卡西奥多罗斯的《动物志》(De anima)、波埃修斯的《论音乐》(De music)、斯马拉格杜夫（Smaragdus）、鲁克瑟伊的弗雷图尔夫（Fretulf of Luxeuil）、斯塔提乌斯、马西安和普里西安的著作。④在 1200 年，教堂的内部突发大火，但是幸运的是，图书馆没有被完全烧毁。

　　在 13 世纪，诺曼底的图书馆走向了衰落。鲁昂大主教奥多·

---

①　L. Delisle, *Sir Keneim Digby et les anciens rapports des bibliothèques francaises avec la Grande Bretagne* (Paris, 1892), pp.6-7.

②　L. Delisle, *Le Cabinet des manuscrits*, II, 363.

③　"Mémoire sur les bibliothèques des archevêques et du chapitre de Rouen," *Précis analytique des travaux de l'académie de Rouen pendant l'année 1851-1852*, pp.477-478.

④　Becker, *op. cit.*, Nos. 82, 104, 106.

里戈（Odo Rigaud，1248—1269 年在位）对教区内图书馆的发展状况格外关注，很快他就发现了图书馆里缺少祈祷书，甚至修道院图书馆都没有修道院的教规。当时的图书状况也很糟糕。他因此提出让一个人来专门负责管理藏书，并且更加重视外借图书的管理，他在修道院里任命了抄工。瑟堡（Cherbourg）修道院是他发现的唯一的有相当多图书可以供学习的地方。①

在法国东北部和法国的佛兰德尔，有一组修道院。其中的一些修道院，比如科尔比和圣里基耶，在加洛林时代就已经成为文化中心，其他的是一些新的修道院。圣里基耶修道院的格伯特（Gerbert）和戈文（Gervin）是兰斯的热尔贝的学生，阿格尔拉姆（Angelram）和奥尔波特在沙特尔接受过富尔伯特的训练——这些事例是中世纪这两位伟大的教会人士重要性和辐射性影响的证明。

我们有三份科尔比的早期目录。最早的一份是 11 世纪的，现仅存一些残篇。②在目录中列出的 60 本书中，有 50 本是神学著作。帕斯卡修斯·拉特柏图斯（Paschasius Ratbertus）的《论主的肉体和血》（*De copore et sanguine Domini*）很可能是原稿。非神学著作大部分都是法律方面的，但是也有一本《历史三部曲》（但不知是不是卡西奥多罗斯的那本）、欧几里得和弗龙蒂努斯关于地理学的著作和弗拉库斯（Flaccus）的《论土地》（*De agris*），但是其中没有任何可以称得上是文字优美的作品。第二份更完整一些的目录可能是 12 世纪的。③这份目录一共有 313 卷书，其中 92 篇为世俗文章。古典作家及著作包括：西塞罗、加图、亚里士多德的《范畴篇》、恺撒的《高卢战记》、普林尼的《历史》、福卡斯关于语法的著作，普里西安、佩尔西乌斯、尤维纳利斯、塞内加、斯塔提乌斯、李维、卢克莱修、特伦斯以及维吉尔的《田园诗》《农事诗》和《埃涅阿斯纪》部分内容。中世纪的作家和作品有代表性的是图尔城的格里高利和一本《法兰克人史》。第三份目录德莱尔标出的时间大约是 1220 年。④这份

----

① Delisle, "Le Clergé normand au XIIIᵉ siècle," *op. cit.*, pp.491-494.

② Delisle, *Cabinet des manuscrits*, II, 427; Becker, *op. cit.*, No.55.

③ Delisle, *op. cit.*, II, 428; Becker, *op. cit.*, No.79.

④ Delisle, *op. cit.*, II, 106, 432; Becker, *op. cit.*, No.136.关于这个目录的起源存在争论。在 1841 年，枢机主教迈（Cardinal Mai）认为它是科维的，但是德莱尔（Delisle）的观点更有分量。

目录中列出了 342 卷书,其中 107 卷是世俗方面的主题。法律和历史方面,很有分量的代表人物和代表作有奥罗修斯、图尔城的格里高利、亚历山大里亚的克莱门特、一本《哥特史》(有可能是约丹尼斯的《哥特史》)、约瑟夫斯的《古代史》和《犹太战争》、爱因哈德的《查理大帝传》《科尔比修道院院长的事迹》(*Gesta abbatum Corbiensium*)、《罗马法》(*Lex Romana*)和格雷先的《教皇训谕》。除了第二份目录中列出的古典作家以外,还有马克罗比乌斯、卢坎、马尔提雅尔、奥维德的《罗马岁时记》、塞内加的《信札》以及柏拉图的《蒂迈欧篇》(夏尔西蒂乌斯译本)。

在 1137 年,大火烧毁了修道院建筑,但是没有提及书稿的遭遇。[1]从亚历山大三世的一封书信中可以很清楚地看到,科尔比是 12 世纪下半叶一个重要的文化中心。这封信中提及了修复书籍和购买新书的事情。为了这些目的,图书管理员每年会从修道院的官员那里得到一定的报酬,还会从克莱尔菲(Clairfai)和布兰勒雷斯(Branleres)的修士那里得到收益。科尔比修道院规定,借出一本书的时候,需要使用另一本书作抵押。通过这样的方式,有的时候会得到一些他们并不需要的书籍,正如苏格兰人约翰(John the Scot)的《论自然的区分》(*Periphrision*)一本抄本的记号法所标明的那样,这本书是拉昂的圣文森特修士们抵押的,因为这本书里面有异端的内容,所以必须被焚毁,或者把它归还给圣文森特。科尔比的修士们在书籍的流通过程中经常遇到麻烦。在 1259 年的两封写给鲁昂大主教的信中,他们抱怨圣埃卢瓦(St. Eloi)的修士们借了一卷编年史,可能是《科尔比修道院院长传》,但是他们忘记把书还回来了。到 1300 年的时候,他们已经失去了自身文化上的活力。修士们对抄写著作兴趣不再,图书馆不得不依赖于获得的礼物和购买职业抄工抄写的抄本。在 14 世纪,图书馆最大的赞助人是埃蒂安·德·孔蒂(Estienne de Conty),他大约在 1413 年去世。埃蒂安是教会法博士,他给图书馆捐献了很多教会法方面的书卷。

正如我们在上一章中看到的那样,9 世纪的圣里基耶图书馆是一个有趣的藏书中心。它那里的 256 卷藏书大部分是从奥利金到

---

① *Gallia Christiana*,X,1265.

比德期间的教父著作、教会法、弥撒用书和使徒行传抄本，这些书装帧精美，封面上镶嵌着宝石。但是，除了这些宗教著作之外，还有如下世俗作家的著作：约瑟夫斯、小普林尼、斐洛、索佐门、苏格拉底和约丹尼斯。修士们还有《罗马法》的抄本和《萨利克法典》以及关于语法方面的著述。①对于 10 世纪上半叶安杰拉姆（Angelram）当上修道院院长之前这个图书馆得到了什么关注，我们只能进行猜测。安杰拉姆是一位值得赞赏的守护者，他将旧的书卷修复再装订，购买新书并且抄写手稿。他的继任者戈文购买了 36 本图书，从而使得图书馆的藏书规模进一步扩大，这 36 本藏书除了一卷包括《历史三部曲》的抄本外，都是教父著作，这本《历史三部曲》可能是卡西奥多罗斯的著作。②戈文选择的抄本似乎是反映了他内心对古典学的抵触，而毫无疑问他在兰斯追随热尔贝学习的时候，是曾经热爱古典学的。但是，既然"所有古代的诗人除了给我们朗诵满足的激情或者向我们展示如何满足我们的激情之外再无其他目的"，他于是将自己从感到扼杀灵魂的阅读中解脱出来，全身心地投入到教父著作中。

在 1131 年 8 月，圣里基耶被大火烧毁。我们知道的唯一幸免于难的手稿是哈利伍尔夫（Hariulf）的《编年史》和查理曼给修士们的一本《福音书》抄本。即使这个图书馆如果日后被重建了的话，也一定不重要，因为在 17 世纪下半叶之前，没有任何资料再提及它。17 世纪下半叶，圣莫尔（St. Maur）修道院的本笃修士绕行这些修道院，试图为《圣本笃会圣徒行传》（Acta sanctorum ordinis S. Benedicti）搜集到资料。③

几乎可以肯定的是，瓦朗谢讷的圣阿芒修道院建于 9 世纪，④这可能要归功于胡克巴德（Hucbald），他除了教学之外，还亲自抄

---

① Hariulf, *Chronique de l'abbaye de Saint Riquier*, pub. par F. Lot, p.87.

② 洛特（Lot）认为，这份书单是戈文（Gervin）自己做的。Cf. E. Boutaric, "Vincent de Becauvais," *Revue des questions historiques*, XVII(1875), 18, n.6.

③ Cf. E. de Broglie, *Mabillon et la société et l'abaye de Saint Germain-des-Près* (Paris, 1888), I, 277. 关于圣里基耶图书馆，参见 F. Gregorovius, *History of the City of Rome in the Middle Ages*(London, 1903), III, 141; Becker, *op. cit.*, No.1.

④ 我们知道 4 位 9 世纪的图书捐赠者。Cf. L. Delisle's review of J. Mangeart, *Catalogue descriptif et raisonné de la bibliothèque de Valenciennes*, in the *Journal des savants*, 1860, pp.377-382.

写了许多书籍,其中的 18 本被保存了下来。①但是尚存最早的图书目录是 12 世纪的。②

很明显其藏书涉及很多不同的内容。除了通常的教父著作和礼拜仪式文献之外,还有许多古典作家的作品——西塞罗的《论友谊》《论老年生活》和《论乐园》(*De paradoxis*)、特伦斯、马克罗比乌斯和波尔菲利的《亚里士多德〈范畴篇〉绪论》。医学藏书值得一提。有两卷书值得关注,一卷是由卡西诺山修道院的君士坦丁从阿拉伯文翻译过来的,一卷是从阿拉伯文翻译过来的《临终圣餐》(*Viaticum*)。还有两卷也值得一提,它们分别是克里奥帕特拉(Cleopatra)的《论诸行动》(*De genetiis*)和马斯西昂(Muscion)的《论妇科》(*De pessariis*)。后者很明显是公元 2 世纪的医生索拉努斯(Soranus)的作品,它是在 19 世纪以前所写的关于避孕法最深刻、最科学的文章。③赫尔伯里克(Helperic)关于太阳和月亮运行的两卷书也值得一提。只有一本法律书《法律之花》(*Flores Legum*)。有两本抄本对于语言学者来说很重要,一本是神学家格里高利·纳齐安曾的作品,附有 9 世纪使用当地语言写作的《圣女厄拉丽之歌》(*Cantique de Sainte Eulalie*)和《路德维格的叙事短诗》(*Lud-wigslied*)(881),第二本抄本包括《诗篇》的四个不同语言的抄本——法语、拉丁语、希伯来语和希腊语。

多亏不知名的目录学家,他们精心地将书籍捐赠者的名字都记录了下来,使我们能够知道图书馆是如何以修士们自己捐赠的礼物为基础发展起来的。但是,大部分书卷是该修道院书吏自己的著作。后期的目录我们不知道,但是圣阿芒很可能在 12 世纪和 13 世纪期间得到了其他的藏书。在法国大革命期间,圣阿芒图书馆的大部分图书都流入到了瓦朗谢纳的部门档案馆中;因为在 13 世纪以后,修士们很少对外开放图书,它们被很好地保存了下来。通过研究有该图书馆编号的瓦朗谢纳抄本,我们至少可能部分地复

　①　Delisle, *Cabinet des manuscits*, I, 313.

　②　*Ibid*, II, 449 ff.

　③　N. E. Himes, "Soranus on Birth Control," *New England Journal of Medicine*, CCV(1931), 490-491.

原圣阿芒图书馆。①

尽管圣伯丁修道院早在 9 世纪就有图书馆，②但是我们已知最早的书单是在 1081 年和 1095 年间编辑出来的，这项工作可能是在约翰的领导下进行的，他从 1081 年开始担任修道院院长，并因其著作而闻名。③这份最早的图书目录没有列出宗教书籍。在 12 世纪，一份内容更广泛的图书目录被编辑出来。④里面记载了 305 本抄本，但是，由于一些可能是合订本，修士们实际拥有的图书也许比这个数量要多。除了通常的教父著作以外，还有许多中世纪评注家的作品。有《查理大帝传》，还有许多古典作家——波埃修斯、卡西奥多罗斯、夏尔西蒂乌斯对柏拉图的评论、3 本尤维纳利斯的《诗艺》、3 本奥维德的著作、普里西安、萨鲁斯特、特伦斯、维吉尔的《田园诗》和 4 本其他的没有署名的著作。中世纪时期的世俗作者比较少——仅有福图纳图斯的诗和法兰克人、伦巴德人及英国人的《事迹》(Gesta)。还有一卷《萨利克法典》，以及弗龙蒂努斯关于地理学的著作和 6 卷医学著作。

11 世纪让布卢图书馆的建立要归功于修道院院长奥尔波特（卒于 1048 年），他是沙特尔的富尔伯特的学生。⑤根据《让布卢修道院院长的事迹》(Gesta abbatum Gemblacensium) 的记载：

他寻求各种方式来建立一个完整的图书馆，他还写了一本旧约和新约的历史。他搜集了 100 多卷宗教书籍和 50 卷世俗内容的书籍。事实上，单单一个人凭有限的手段能搜集这么多

---

① The Catalogue général des manuscrits，tome XX，Poitiers et Valeniennes（Paris，1894），并没有努力探究这些书的来源。一些记录很诱惑人，尤其是 No.411，De varietatibus carminum Boetii，一份 9 世纪的手稿，在另一份抄本中，它被认归于费里埃的卢普斯（No.337 at Metz）。这本书的年代似乎能够证明其结论的正确性。而且，卢普斯的信表明，他对拉丁文的古典计量器非常感兴趣，尽管几乎他所有的诗作都流失了，但是卢普斯写给圣维格伯特(St. Wigbert)的一首赞美诗被保留了下来。

② Folcuin，Gesta abbatum S. Bertini；cf. MGH，Scriptores，XIII，615. 根据 Petit-Radel(op. cit.，p.59)，查理曼颁发了一个允许打猎的特许状，规定所有猎获的动物的皮都要送给圣伯丁(St. Bertin)用来装订图书。

③ MGH，Scriptores，XIII，642.

④ Beck，op. cit.，No.77.

⑤ Cf. H. Delahaye，"Guibert, abbé de Florennes et de Gembloux," Revue des questions historques，LXVI(1889)，18.

图书是很了不起的事情。[1]

但是他受到了西格伯特的援助,西格伯特从前是博韦的圣文森　*250*
特的一位教师,以懂希伯来语并且能校对《圣经》希伯来语版本而著
称。西格伯特在让布卢任教过一段时间,很显然他在那里有机会接
触到中世纪的作者包括弗雷德加(Fredegar)、弗洛多德(Flodoard)、艾
蒙(Aimon)、爱因哈德、拉乌尔·格莱贝尔(Raoul Glaber)和彼得·达
米亚尼(Peter Damiani)。到 12 世纪末吉贝尔担任修道院院长的时
候,他除了发现了大量的宗教藏书之外,还发现了异教诗人奥维德、
维吉尔和贺拉斯以及基督教诗人普鲁登提乌斯的作品。在他的领导
下,让布卢作为文化中心产生了更大的影响。我们发现,他与科隆、
美因茨、特雷维兹、第戎和马尔莫蒂埃的学者均有通信往来。吉贝尔
去过希尔德加德(St. Hildegarde)、圣贝尼涅和马尔莫蒂埃,他发现
这些地方是书籍的天堂。在他返回让布卢的时候,他从马尔莫蒂
埃带回了圣詹姆斯和圣马丁神迹的抄本、一本关于查理曼西班牙
战争的记述、罗兰的"殉道传"以及圣马丁本人的《以弗所之七圣
童》(*Seven Sleepers*)。但是,在让布卢建立一个图书馆的努力看上
去没有取得很好的结果。在 1136 年,修道院奇迹般地从大火中幸
免于难。在 1156 年,修道院和整个村庄都毁于大火。在 1185 年,
重建起来的修道院又再一次被毁,在这次大火灾中,吉贝尔所有的
书籍都未能幸免。[2]

关于 12 世纪以前阿拉斯的圣瓦斯特图书馆的历史,我们知之甚
少。德·埃里克特(D'Hericourt)认为,它的修士们很早就从事学术
活动,世俗的和宗教的著作在这个图书馆里都得到了保存。[3]但是,
第一份图书目录标注的时间是 11 世纪,当时修道院院长西沃尔德
(Seiwold)花了很多的金钱和努力搜集了 33 本抄本。[4]这些藏书非常
有趣,因为除了有通常的教父著作和圣徒传之外,还有卡西奥多罗斯
的《论拼写法》、一本医学著作和一本名为《论婚姻誓言》(*De*

---

[1]　*MGH*, *Scriptores*, VIII, 540.
[2]　*Ibid.*, pp.513-564.
[3]　*Bulletin du bibliophile belge*, VI(1850), 209.
[4]　Becker, *op. cit.*, No.58.

*professione coniugatorium*)的著作。在 12 世纪,圣瓦斯特的藏书和许多其他修道院图书馆的藏书一样,大幅度地增加了。修道院院长约翰和戈德斯卡尔克(Godescalc)增加了那个时代作者的著作,比如吉尔贝·德拉普瓦捷(Gilbert de la Porre)、圣维克多的休和彼得·伦巴德(Peter Lombard)。①从这一时期包含有 167 本抄本的一份书单中,我们可以很明显地看到有大量世俗的文献。②但是从整个书单来看,有 145 个抄本是宗教书籍,只有安瑟伦代表了当代的思想。在这一时期里,一所职业抄写和微型画画家学校发展起来,这使得其他的修道院包括西多修道院以及它自己都从中受益良多。③

我们有一份 12 世纪安尚的圣索塞乌尔(St. Sauceur of Anchin)修道院的图书目录,④它包括了 127 个条目,其中大部分都是古典作家的著作。如果这是一份完整的目录的话,那么我们可以说,在佛兰德尔所有的修道院图书馆中,安尚修道院的图书馆拥有的宗教著作最少。它还以拥有众多抄本的副本而值得一提。一份 11 世纪列日的圣劳伦斯图书目录包括 41 个条目,超过半数的藏书都是神学著作。⑤一份 13 世纪早期马尔谢讷(Marchiennes)的图书目录包括 118 个条目,实际上它们全部是宗教著作。⑥

整个法国东北部最丰富的主教图书馆是博韦图书馆,它的建立要归功于主教香槟的罗吉尔一世(Roger I of Champagne,998—1022 年在位)。我们可以从文森特的《反射镜》(*Speculum*)中了解它所拥有的财富。⑦罗塞利努斯(Roscellinus)是 12 世纪该图书馆的捐书者之一。⑧由于《反射镜》是在文森特与王室法庭有亲密接触之前完成的,因此它很可能依靠的是博韦图书馆的资源,而不是巴黎

251

---

① Maitre,*op. cit.*,p.104.

② Becker,*op. cit.*,No.125.

③ *Histoire litteraire de la France*,IX,97-98.

④ Becker,*op. cit.*,No.121.

⑤ *Ibid.*,No.60.一份 13 世纪的图书目录被出版,载 *Jahrbücher des Vereins von Altertumsfreunden im Rheinlande*,L(1871),229-231.

⑥ Delisle,*Cabinet des manuscrits*,II,511-513.

⑦ H. Omont,"Recherches sur la bibliohèque de l'église cathédrale de Beauvais," *Mémoires de l'académie des inscriptions et belle-lettres*,XI(1914);Boutaric,*op. cit.*,pp.5-57.

⑧ Gottlieb,*op. cit.*,No.968.

图书馆的资料。诗人特鲁瓦的克雷蒂安（Chrétien of Troyes）使用了这个图书馆，并且在他的《克里杰斯》（*Cligès*）第18—26节中对此有所提及。一份12世纪屈西（Cuissy）修道院的目录仅仅列出了22本神学著作抄本。[①]拉昂的圣文森特在12世纪有一个修道院院长阿达尔贝隆（Adalberon），根据诺让的吉贝尔（Guibert of Nogent）的记载，他非常热爱书籍。[②]他的继任者塞弗罗伊（Seifroi）让人把手稿都重新进行了装订。

在巴黎，有许多拥有图书馆的修道院。大约1200年圣莫尔-莱斯-福斯（St. Maur-les-Fosses）的目录包含有40本内容广泛的抄本。[③]在13世纪最初的几年里，圣马丁-德尚（St. Martin-des-Champs）拥有一个包括大约200本抄本的图书馆，这些抄本或来自捐赠的礼物，或者是在修道院里抄写的。有几个图书管理员、捐赠者和抄工的名字都由德莱尔列出来了。[④]这些藏书几乎没有特殊的主题。

尽管圣德尼图书馆在整个中世纪都受到赞扬，但是它的图书目录没有保存下来。该图书馆因其希腊藏书而闻名，[⑤]两位名叫威廉的修士在12世纪对此作出了重要的贡献。一个名叫加普的威廉（William of Gap）在12世纪被派到君士坦丁堡去搜寻希腊文书籍。他带回来了《圣迪奥尼西赞歌》（*Praeconium sancti Dionysii*）希腊文本和哲学家《塞坎达斯传》（*Life of Secundus*），并在归途开始翻译此书。另一个威廉将耶路撒冷的牧首米歇尔所写关于圣德尼的颂词翻译成了拉丁文。圣德尼的希腊文化水平看上去声名远扬。萨拉森人约翰写信给修道院院长，请他帮助订正他翻译的圣德尼的著作，并且向其索求他曾经和加普的威廉提及过的希腊文书籍。博瑟姆的赫伯特被流放到法国一段时间，他曾经使用过圣德尼图书馆，后来获得了《保罗书信》希腊本前言的译本。

圣日杰曼德佩区至少已经有了一个图书馆的雏形，但后来被入侵的北欧人给毁掉了。但是当修道院被重建以后，关于这一时期

---

① Becker, *op. cit.*, No.118.
② G. Bourgin(ed.), *Guibert de Nogent, histoire de sa vie*(1053-1124), p.139.
③ Becker, *op. cit.*, No.134.
④ *Cabinet des manuscrits*, II, 235-239.
⑤ Delisle, *Journal des savants*, 1900, pp.5 ff.

该图书馆的任何信息都没有流传下来,逝者名册也不能说明该修道院的捐书者情况。①德莱尔在一本书的封皮发现了一份目录的残篇。它完全是宗教方面的内容,而且仅仅能够用来证明一个图书馆确实在这个修道院存在过。②

圣热纳维耶夫修道院早在 1173 年就拥有了一个图书馆,当时的修道院院长奥多留下来两本弥撒经书。一部写于 13 世纪加兰的约翰(John of Garland)的《神迹》(Miracula)手稿提及了一些圣母传说,"是在巴黎圣热纳维耶夫图书馆的一本书里发现的"。③既然加兰的约翰不是一个普通的咏礼司铎,我们猜测,由于他生活在圣热纳维耶夫教区,那么图书馆的优势可能会惠及到他。《圣经》文献藏书似乎是通过修道院成员留下来的遗物和来自他方(指坎特伯雷——译者注)的奥古斯丁修道院赠予的礼物。比如,有一本大《圣经》来自坎特伯雷。④法律方面有代表性的著作是《教皇训谕》《法学阶梯》和一本《典籍章目》(Capitula canonum)。在历史方面,有《英国人的事迹》(Gesta Anglorum)和《法兰克王腓力的事迹》(Gesta Philippi regis Francorum)。除了塞内加的《书信》之外,似乎很少有古典著作包括在内。还有《希伯来人名释》(Interpretationes hebraicorum nominum)和苏格拉底的手稿也在其中。中世纪的作家中,有阿布维尔的约翰(John of Abbeville)、沙特尔的彼得、修道院院长斯蒂芬、克雷莫纳的普雷珀西蒂努斯(Praepositinus)、圣贝尔纳和一个修道院副院长威廉。⑤

圣维克多的修士们对他们的图书馆给予了高度的评价,这可以从捐赠者的名字都被细心地记入到了逝者名册中而得到判断。事实上,这大约是我们可以重现这个图书馆的唯一途径。《旧约》和《新约》的抄本都带有注释,它们是有记载的最早的礼物。⑥附近许

---

① A. Franklin, *Les anciennes bibliothèques de Paris*, I, 108.

② Delisle, *Cabinet des manuscrits*, II, 196, 515.

③ L. J. Paetow, *Two Mediaeval Satires on the University of Paris*, p.115.

④ Delisle, *Sir Kenelm Digby*, p.7.

⑤ Delisle, *Cabinet des manuscrits*, II, 514-515.

⑥ These were gifts of Ibizo, physician to Louis VI the Fat, and Theobald, archdeacon of Paris in the twelfth century. Donors of Bibles in the thirteenth century were Adam of Moustériale, Peter of Paris, Robert of Deuil, and Blanche of Castile.

多教区的主教将书籍作为礼物捐赠给图书馆：阿弗朗什的阿卡杜斯（Acardus）捐了一本主教祭典用书，利雪的阿努尔夫（Arnulf）留下了几卷书，其中包括 6 本法律方面的抄本，巴黎的斯蒂芬遗赠了书籍，在 13 世纪，普瓦提埃的彼得捐了 20 卷。这一时期其他的捐赠者有圣佩尔苏维泽莱的斯蒂芬（Stephen of St. Pierresous-Vezelay）、博韦的吉拉德和阿纳尼的阿德努尔夫（Adenulph of Anagni），还有另一位捐赠者留下来一些书供修士们和贫穷的学者来使用。还有一些修士比如彼得·德·蒙多维拉（Peter de Mondovilla）和圭多，他们在缮写室里工作，这个图书馆在他们的努力下进一步增加了藏书量。图书是特殊保护的对象，有一笔钱被作为预算用来校订和修复书籍。修道院的规章规定，应该定期编制财产清单，还制定了管理图书的规章，内容包括借书要有充足的担保作抵押，修道院里的书吏们要抄写新的手稿。

254

　　巴黎圣母院的藏书经历了缓慢增加的过程。早在 991 年，巴黎主教吉尔伯特（Gilbert）留给主教座堂一本《圣经》。①其他的主教留下了《圣经》和礼拜仪式用书。西奥巴德（Theobald）留下了一本《殉道者的故事》（Passionale）和一本《马蒂内鲁斯》（Martinellus）；②萨利的奥多（Odo of Sully）捐了一本大圣餐台上使用的弥撒用书和一本唱诗使用的《诗篇》；巴塞罗缪捐了 3 卷弥撒用书和一本《主教祭典用书》（ordinarium episcopale）；斯蒂芬·唐皮耶（Stephen Tempier）捐了 14 本礼拜仪式著作。最大的一笔捐献来自耶雷斯（Yères）的女修道院院长，她捐献了近 20 卷书。③

　　彼得·伦巴德所有的书在他于 1160 年去世后都送给了圣母院的主教座堂学校。④这些藏书主要是带有注释的《圣经》抄本，一本他自己的《圣经和教父著作资料汇编》抄本和一本格雷先的《教皇训谕》抄本。在 1177 年，吉拉尔德斯·坎布伦西斯（Giraldus Cambrensis）想去法国，就是因为在巴黎搜集起来的图书里有精美的《成

---

　　①　*Gallia Christiana*，VII，42.

　　②　B. E. C. Guérard（ed.），*Cartulaire de l'église de Notre-Dame de Paris*，IV，7.

　　③　Other donors of liturgical manuscripts were Albert, Bardedaurus, Peter of Lagny, Simon de Bucy, Girard.

　　④　Franklin, *op. cit.*，I，5.

语集》(Sententiae)之缘故。

整个图书馆似乎在 13 世纪的最初 10 年就已经建立起来。[①]富
兰克林得出结论认为,在巴黎圣母院有两个图书馆,一个是教会图
255　书馆,一个是给学生使用的图书馆。这一解释可以说明坎特伯雷
大主教斯蒂芬·兰顿(Stephan Langton)和茹瓦尼的彼得(Peter of
Joigny)的遗产捐赠的去向问题,他们都将书留给了贫穷的学生使
用。由 13 世纪的校长列出的几份财产清单流传了下来,然而它们
只是部分的清单。一份似乎仅仅列出了带有注解的《圣经》经卷,
第二份目录是坎特伯雷的斯蒂芬留下的图书清单。除了一本《罪
罚大全》(Summa de vitii)、一本学术史和彼得·伦巴德的《圣经和
教父著作资料汇编》原文之外,全部都是《圣经》。一份相似的目录
是在 1296 年编制而成的,当时圣奥麦尔的彼得(Peter of St. Omer)
接受了 G.肖孔(G. Chaucon)和基贝维尔的斯蒂芬(Stephen of Guib-
ervilla)捐赠的书籍。第四份书单是茹瓦尼的彼得遗赠的书籍。
1215 年在教堂和校长之间签订的一份协议中,规定了后者必须要
负责订正、重新装订和保管除了附属小教堂之外的主教座堂中所
有藏书。尽管对那些损坏书籍或者打破装订线的人有严厉的惩罚
措施。但是,这个图书馆和现代图书馆一样,似乎受到了因读者对
图书极大的热爱而带来的戕害。

索邦图书馆的建立源于索邦的罗伯特的慷慨,他于 1257 年在
巴黎为学习神学的贫穷学生建立了一个修道院。那个时候书籍很
少,并且超出了许多学生的财力承受能力,所以他们只能依赖老师
口授的内容。[②]罗伯特担任索邦修道院的管理人员,一直到 1274 年
去世,[③]他设法要满足学生的需求。根据他的遗嘱,他将财产留给
了学神学的老师和学生,其中包括他的私人藏书,大部分是《圣经》
和教父著作。[④]学生们和全体老师纷纷仿效他的做法,到 13 世纪末
该图书馆的藏书增加到了 1 000 卷。[⑤]

---

①　Cf. *ibid*., p.6.

②　Cf. A. Franklin, *Les anciennes bibliothèques de Paris*, I, p.227.

③　*Chartularium universitatis Parisiensis*(Paris, 1889), I, 443, No.402.

④　1338 年索邦的目录列出了图书捐赠者的名字;cf. Delisle, *Cabinet des manuscrits*,
III, 9-72.

⑤　A. Franklin, *La Sorbonne*(Paris, 1875), p.24.

　　罗伯特的朋友们也非常慷慨地向他的图书馆捐赠礼物。罗伯特·德·杜阿科(Robert de Duaco)在 1258 年将自己所有的宗教书籍都捐了出来。罗伯特的另一位朋友阿贝维尔的热拉尔(Gerard of Abbeville)在 1271 年捐出了几乎 300 卷图书。[①]他曾经是巴黎神学院最重要的成员之一。[②]根据他的遗嘱,他不仅将其神学和哲学著作留给了索邦的修士,而且还让所有在巴黎学习的学者们使用。[③]这些书由索邦修道院的管理人员认真地负责保管。为了安全保管他的哲学书籍,他将他的柜子和三个篮子交给了索邦修道院。他所有的神学著作和教会法书籍都被永久地捆在一起。他的医学和哲学著作可以在必要的时候卖出去抵债。

　　兰斯的热拉尔(Gérard of Rheims)在 1282 年担任巴黎的教授和牧师,[④]他捐给索邦 30 卷图书,包括神学著作、布道书、西塞罗、波埃修斯和柏拉图的著作。里摩日的彼得是 13 世纪的一位哲学家,他给这个修道院留下了 120 多卷藏书,其中包括布道书和医学、天文学著作。阿贝维尔的斯蒂芬在 14 世纪上半叶捐出了至少 40 卷图书。还有爱尔兰的托马斯,我们对他了解得较少,但是他一直被索邦修士视作他们著名的成员之一,他编撰了一本《权威的拉丁文引文辑》(Manipulum florum)和 3 本小册子,并将这些书和许多其他的图书一起留给了该修道院。[⑤]除了捐赠之外,该图书馆还通过购买新书来增加藏书量,购书的钱一是来自购书专用款,二是卖副本所得的款项。抄工们通常也抄写抄本,图书馆还通过交换和用于抵债的抵押品进一步获得书籍。

　　在 1289 年,索邦修道院图书馆正式建立起来。[⑥]它被分成两个部分,参考书和最有价值的抄本都被链起来。然后有一个包括复制品和很少被使用图书的小的流通图书馆。在学院小教堂里的书

256

257

---

　　① Delisle, *Cabinet des manuscrits*, II, 148, n.7.

　　② *Histoire littéraire de la France*, XXI, 478; L. S. Le Nain de Tillemont, *Vie de Saint Louis, roi de France*(Paris, 1847-1851), VI, 228.

　　③ It is interesting to note that he provided for secular masters of theology, since the regulars had sufficient books.

　　④ *Histoire littéraire*, XXI, 311.

　　⑤ *Ibid.*, XXX, 399.

　　⑥ Franklin, *Les anciennes bibliothèques de Paris*, I, 227.

籍被认为是该图书馆第一部分的部分内容。每年都会在修道院成员的第一次会议上选出一个图书管理员。在 1321 年,图书馆的规章制度被制定出来。它禁止任何不穿礼服、不戴帽子的人进入图书馆,禁止任何人在书页上做记号或者撕下书页,禁止任何人在不使用图书的时候把书打开,禁止任何人把图书带走。在图书馆里必须要保持安静。图书馆的钥匙必须由其成员保管,不能外借。如果任何人要离开这个城市的话,他要把钥匙交回图书馆。任何外人都可以在这里的成员介绍下使用该图书馆,但是他的仆人必须留在外面。[①]有一项规章,可能是较早制定的,禁止除了导师和博士之外的任何人查阅违禁书籍,他们只能在需要的时候这样做,而不允许因为好奇这样做。[②]当陌生人借书的时候,通常需要抵押和这本书价值相等的物品。为了方便借书,每一本书的价值都在它进馆的时候被做了评估,其价格在书里和目录中都标识出来。一些书被指定给一些特殊的学生使用,比如那些来自亚眠或者来自佛兰德尔的学生。

　　分别在 1289 年、1290 年、1321 年和 1338 年,索邦修道院编制了四份图书目录,并且都印刷了出来。[③]到第四份图书目录被编制出来时,共有 1 722 卷图书被列出来。其中,大约 300 卷被借了出去或者丢失了,336 卷在大图书馆里被锁了起来,剩下的 1 086 卷在小图书馆里。这份图书目录被分为 59 类。大部分抄本是神学著作,但是也有一些古典作家的著作——塞内加、西塞罗、波埃修斯、苏格拉底、柏拉图、瓦列里乌斯(Valerius)、索利努斯、卡西奥多罗斯和普林尼,此外还有医学和法律著作和使用本地语言写作的书籍。值得一提的是,许多古典著作以及使用本地语言写作的著作、医学著作和法律著作,它们都在大图书馆被铁链锁着,以方便所有的学生和老师使用。

　　圣路易是法国第一个意识到书籍的价值和重要性的国王。他

258

① O. Gérard, *Nos adieux à la vieille Sorbonne* (Paris, 1893), p.60.

② *Histoire littéraire*, XIX, 298.

③ Delisle, *Cabinet des manuscrits*, II, 180-181;III, 9-72;Franklin, *op. cit.*, I, 304-306.

似乎是从东方的伊斯兰教①抄本收藏中获得了一些启发。因此,当回到巴黎的时候,他在圣礼拜堂(Sainte Chapelle)留置了一个舒适的地方,并在那里存放了奥古斯丁、杰罗姆、格里高利和其他博士们的著作。他更倾向于让人来抄写手稿而不是去购买书籍,因为很多好书的数量可以通过这样的途径而增加。他在闲暇时间使用该图书馆来学习,也将其向那些希望在这里工作的人开放。当他在图书馆里发现有人在理解拉丁文段落有困难的时候,他会将这些段落给他们翻译成法文。根据他的遗嘱,这些书籍被分散存放在方济各会、科德利埃修道院和西多会。②

在 12 至 13 世纪,除了索邦和路易九世图书馆有少量宗教音乐和文学作品藏书的信息之外,关于巴黎图书馆的藏书性质基本上很少有新的内容更新。在阿伯拉尔活跃的时期,我们应该关注一下巴黎的图书贸易情况。他的极高知名度和众多追随者造成了大量需求书籍的局面,这对于职业的书吏来说是一个天赐良机。事实上,我们完全可以相信,巴黎的商业图书贸易开始于阿伯拉尔时代。③他的不共戴天的敌人圣贝尔纳(St. Bernard)写道:"他的书籍拥有翅膀。在城镇和城堡里面都能发现它们……它们穿越了阿尔卑斯山脉。"④阿伯拉尔本人则吹嘘说,在罗马教廷都有人阅读他的著作。

在莫城(Meaux)教区,有两个图书馆值得我们关注。第一个是勒拜(Rebais)图书馆,它是由圣乌恩在墨洛温王朝时代建立起来的。它有两份图书目录保存了下来。⑤较早的一份目录是 12 世纪 259 的,它包括 158 个条目,其中超过 125 本图书是宗教书籍。通过人们在勒拜所选择阅读的圣徒传,很明显地说明了这个修道院起源于爱尔兰。其余的书卷主要包括:2 卷医学著作、帕斯卡西乌斯·拉柏图斯(Paschasius Rabertus)的著作、2 卷塞杜利乌斯的著作、2

---

① 这一惊人的事实是由他的传记作家伯利欧的杰弗里(Geoffrey of Beaulieu)讲述的。Geoffrey of Beaulieu, *Vita S. Ludovici*, xiii.

② Tilemont, *op. cit.*, IV, 48.

③ See Reuter, *op. cit.*, I, 249.

④ St. Bernard, *Ep.* Clxxxviii(1140).

⑤ Becker, *op. cit.*, Nos. 132 and 133.

卷历史著作《英国人的事迹》(*Gesta Anglorum*)和《法兰克人史》、西塞罗的《论老年生活》和《论友谊》、特伦斯和波埃修斯的著作。另一份目录有 39 部抄本,类别明显是很零散的,其中有斯马拉格杜斯、普里西安、多纳图斯、维吉尔、加图、波尔菲利、普鲁登提乌斯和亚里士多德的著作。

当纳博那的威瑟(Withier of Narbonne)将他的财产捐给修道院的时候,普罗万的圣殿骑士团获得了他的藏书。①普罗万的一些修士为香槟的亨利伯爵抄写了一本瓦勒利努斯·马克西穆斯的著作,亨利比许多神职人员都精通文科,他在闲暇时间就阅读原文古典著作或者与基督教会有关的拉丁文著作。

根据 15 世纪末一位叫约翰·德·科里(John de Cirey)的修道院院长列出的目录,第戎的公共图书馆拥有 312 部西多修道院抄本。他的目录记录了 1 200 本抄本和印刷书籍,但是印刷出来的书籍数量并不多。②克莱尔沃(Clairvaux)最早的图书目录是在 1472年被编辑出来的,它被保存在特鲁瓦公共图书馆的抄本中。书籍根据字母顺序被分成 24 组,每一组包括 80 到 100 卷书。③12 世纪的抄本几乎全是神学著作,只有少量的历史著作、一些教科书和少数几本古典著作。法律、医学和哲学著作几乎完全没有。④在藏书中,最引人瞩目的抄本是《诗篇》,它来自路易六世之子亨利的礼物。⑤在 1351 年,雅克·德·昂德科尔(Jacques d'Andelcourt)给克莱尔沃留下了大量的藏书。⑥

260　　　有一个可能编于 10 世纪的图书目录残篇属于朗格勒主教座堂。⑦它仅列举了 9 卷书,包括查理曼和虔诚者路易的《法令汇编》

---

①　F. Bourquelot, "Notice sur le cartulaire des templiers de Provins," *Bibliothèque de l'école des chartes*, 4th ser., IV(1858), 180.

②　Printed in *Catalogue général des mauscrits des bibliothèques publiques de France*, V, 339-452.

③　Gottlieb, *op. cit.*, No.276. Described by D'Arbois de Jubainville, *Etudes sur l'état intérieur des abbayes cisterciennes*(Paris, 1858), p.75.

④　C. H. Haskins, *The Renaissance of the Twelfth Century* (Cambridge, 1927), p.45.

⑤　*Histoire littéraire*, IX, 141-142.

⑥　Gottlieb, *op. cit.*, No.977.

⑦　Thus Gottlieb, *ibid.*, No.311, Becker, *op. cit.*, No.131, attributed this list to Clairmont as of the twelfth century.

（*Capitularies*）、《里普阿尔法兰克人法典》、一本《法兰克人史》和维吉尔、优迪西乌斯、普里西安和奥罗修斯的著作。巴苏尔-奥布河畔巴尔区（Barsur-Aube）附近的拉东维利耶尔（Radonvillier）修道院有一个图书馆，根据 1238 年的一份图书目录判断，里面的藏书包括礼拜仪式用书。[①]第戎附近的拜兹（Beze）修道院有一份 12 世纪的书单，里面有 25 卷书。其中包括约瑟夫斯和奥罗修斯的著作，还有一部《耶路撒冷的历史》、阿雷佐的圭多（Guido of Arezzo）论音乐的著作、一本弥撒圣歌集和两本轮唱赞美诗集。藏书中其余的书卷，除了被查士丁尼标为"历史"的著作可能是法律著作，其余的都是传记和释经作品。[②]

当我们将法国南部和北部进行比较的时候，会对那里书籍和知识的贫乏感到震惊。但是也有少数的例外，尤其是里摩日的圣马尔蒂亚尔图书馆。至于加斯科尼，就算那里不是处于蛮荒状态的话，也是非常落后的，在将近 200 年的时间里，那里既没有编年史，也没有任何文献资料。从总体上来说，南部在文化方面非常地沉寂。在两个世纪的时间里，那里没有出现过神学家、历史学家和任何其他领域的学者。拉丁语的使用出现了衰落。也恰恰是在法国南部，我们发现了第一本用方言写的文献。[③]

里昂大主教区重要的图书馆是修道院图书馆。尽管里昂的主教座堂图书馆在墨洛温王朝和加洛林王朝时期就已经非常重要，但是它的辉煌在 875 年维埃纳的奥多去世之后就消失了，里昂成为保存优秀传统的地方，而不是在 10 世纪和接下来的世纪中活跃传播学术的地方。[④]但是，里昂的学校依然占有重要的地位，克吕尼的修道院院长马约鲁斯早年曾经在那里学习。

关于波尔多大主教区的情况，我们几乎没有可靠的资料。有一个简短的关于昂古莱姆主教座堂图书馆的记载。昂古莱姆的热拉尔（1101—1135 年）送给了主教座堂 100 卷书籍，但是我们仅有 17

① Gottlieb, *op. cit.*, No.383.
② Becker, *op. cit.*, No.78.
③ A. Molinier, *Les Sources de l'histoire de France*, V, lxxiv-lxxv.
④ Cf. J. Henri Pignot, *Histoire de l'ordre de Cluny depuis la fondation de l'abbaye jusqu' à la nort de Pierre le Vénérable*(Paris, 1868), I, 243.

卷的部分书单,其中除了尤利乌斯·恺撒的一本历史著作之外,似乎其余全部是神学著作。①

我们有一份梅勒扎伊斯(Maillezais)修道院的图书目录,时间是12世纪末,包括了94卷神学著作。②

在布尔日大主教区,最重要的图书馆是里摩日的圣马尔蒂亚尔(St. Martial)图书馆。作为无可争议的封建时代的法国最值得赞扬的图书馆之一——在它辉煌的时代,其重要地位仅次于克吕尼。我们不清楚它的起源,尽管那里看上去在9世纪的时候就很可能有一些藏书。③最早提及它的材料来自夏巴纳的阿代马尔(Adémar of Chabannes,988—1034年),他是该修道院的第一个编年史家。④他记载了查理三世(Charles the Simple,898—929年在位)从罗伯特国王的小教堂那里送给了修道院一些书卷。其中有一本金银镶嵌的《福音书》、两本关于神圣历史的著作和一本《计算》(compotus)。⑤这个图书馆很可能是在10世纪末和11世纪初才真正开始发展,因为在这个时候,人们第一次发现了在圣马尔蒂亚尔有一群活跃抄工的有力证据——证明一个图书馆正在形成的确凿证据。我们明确了解的最早的抄工是助祭阿代尔伯特(Deacon Adalbert),他在1009年去世。⑥有可能正是他训练了夏巴纳的阿代马尔,并给他的修道院留了一本使用金色字母写作的《圣马尔蒂亚尔传》,根据图书管理员贝尔纳·埃蒂尔(Bernard Itier)的记录,他还留下了"许多其他的书籍"。这些"其他的书籍"之一可能至今尚存,它们被保存在国家图书馆(MS 1121)。在结尾有一句话说它是修士亚当("Adamarus monachus")和修士丹尼尔("Danielus monachus")的

262

---

① Becker, *op. cit.*, No.83.

② Delisle, *op. cit.*, II, 506-508.

③ 圣马提雅尔现存的一些手稿就是这一时期的(Delisle, *Cabinet des manuscripts*, I, 388, 397, n.2)。当然,总是有这种可能,即这个修道院是在后来获得的这些书籍。

④ Delisle(*op. cit.*, I, 388-395)列出了圣马提雅尔的捐者、图书管理员和书吏的一份名单,最遗憾的是,它是按照字母而不是按照时间的先后顺序编排的。它最主要的价值在于它提及了现存国家图书馆手稿的注释。此外,它漏掉了几个重要的参考文献和所有的日期,这一点同样令人感到遗憾。

⑤ The actual character of this *compotus* is debatable. Delisle, *op. cit.*, I, 391, argues for a Spanish origin, which is not improbable.

⑥ 他抄写和签名的一本手稿是 MS 1969 fonds latin; cf. H. Duplès-Agier, *Les Chroniques de Saint-Martial de Limoges*(Paris, 1874), p.6.

著作。丹尼尔是谁？我们并不知道，但是，既然这部手稿是 11 世纪早期的著作，亚当（"Adamarus"）非常有可能就是夏巴纳的阿代马尔。近 11 世纪末的时候，一个叫约斯弗雷德斯（Josfredus）的人为了上帝和圣马尔蒂亚尔的荣耀抄写了一部长篇布道集。除此之外，我们对这个人一无所知。大约在同一时期，一个名为贝尔纳的教士抄写了一本手稿。在阿代马尔任修道院院长期间（1064—1114 年在位）（不要将这个人和夏巴纳的阿代马尔混淆），一个叫彼得的修士在阿雷乌斯（Arleius）的指导下，抄写了格里高利的《道德论》（Moralia）。在 12 世纪上半叶，威廉·博阿雷利（William Boarelli）为圣马尔蒂亚尔的荣耀而抄写了一本"埃格西普斯"（"Egesippus"）[1]。修道院院长对图书馆感兴趣的第一个明确证据来自 12 世纪中叶，当时彼得·德·巴尔（Peter de Barri，1161—1174 年）让人为图书馆抄书，其中既有古典著作，也有世俗著作。

最早的两份图书目录是在 13 世纪的时候由图书管理员戈塞利努斯（Gaucelinus）编辑的。[2]第一份目录包括 138 个条目，第二份包括大约 50 个条目。它们看上去像是增补性的书单。但是，这两份目录是否将所有的藏书都列出来了？这是不大可能的，戈塞利努斯的继任者贝尔纳·埃蒂尔提到这个图书馆的藏书时，认为其总藏书是 450 卷。[3]多亏有了贝尔纳的编年史，我们可以对 13 世纪最初的 25 年图书馆的发展和管理有一个清晰的了解。他的详细的目录是在 1220 年和 1225 年编辑出来的。第四份目录，可能是在贝尔纳的继任者斯蒂芬·德·萨尔维安（Stephan de Salveniec）在位时编辑的，这份目录应该比贝尔纳的目录内容更广泛，在结尾也提及该图书馆有 450 卷书。但在用方言写的 14 世纪的编年史和用有错误的拉丁文写的 15 世纪的编年史中，没有提到过这个图书馆。圣马尔蒂亚尔的辉煌在 13 世纪末的时候就结束了，到 1535 年修道院世俗化时，它就衰落了。

在圣马尔蒂亚尔尚存的抄本中，有人记载了关于修士们使用这

---

① Duplès-Agier, op. cit., p.335, n.4.

② Delisle, op. cit., I, 395 认为这些图书目录是属于 12 世纪末的。

③ Charles de Lasteyrie du Saillant, L'Abbaye de Saint-Martial de Limoges (Paris, 1901), p.338.

个图书馆时的一些有趣的信息。每个修士被要求每年至少阅读一本书。在四旬斋前的星期日（Quinquagesima）前的星期一完成12课之后，一名新修士要读四旬斋的规定。然后图书管理员站起来，读修士们的名字，以及之前的一年分配给他们的书籍。当叫到每一个修士名字的时候，他要将他的书放在图书管理员前面铺放的地毯上。如果他还没有完成阅读，就要请求原谅。随后这些书会被重新发放，由图书管理员助理记下每一个修士和他拿到的书的名字。毫无疑问，这些书被认为有助于读者的精神健康，有助于培养读者的宗教精神。①

关于穆瓦萨克（Moissac）修道院的藏书情况，并没有流传下来的完整目录，而仅有德莱尔提供的两份不完整的目录，一份是11世纪的，一份是12世纪的。根据较早的一份目录，书柜里一共有40本书。这个书单记载的仅是书柜外的书籍。12世纪的目录包括26卷书，几乎全部是教父著作抄本。

我们有一份12世纪的卡奴尔格的（洛齐埃）圣马丁的图书目录，其中包括31个条目，大部分是神学著作，但是有《查理大帝传》的一个抄本。关于12世纪布尔日的圣叙尔皮斯（St. Sulpice）的图书目录，仅有一些残篇幸存下来，记录下来的条目全部是神学内容。一份11世纪的贝里地区梅塞（Massay）的圣马丁图书目录含有92个条目，除了教父著作外，还有恺撒的历史、加图和荷马的著作、3卷《狄奥多西法典》、一卷医学著作。一份11世纪贝里地区圣吉尔达斯（St. Gildas）的图书目录包括113个条目。有意思的是条目中有一大卷医学著作，2卷音乐著作，但是都没有名字。还有《法兰克人史》和《英国人的事迹》、尤利乌斯·恺撒的"事迹"和《萨利克法典》《狄奥多西法典》以及普里西安和波埃修斯的著作。②

尽管9世纪的时候在勒皮（Le Puy）的主教座堂就存在一个各类藏书中心，它的第一份目录却是11世纪的。然而它列出的48本抄本不能代表整个图书馆的藏书规模，因为其中不包括神学和

264

---

① Duplès-Agier, *op. cit.*, lxvi.

② C. Kohler, "Inventaire de la bibliothèque de Saint-Gildas en Berry," *Bibliothèque de l'école des chartes*, XLVII(1886), 101-105.

法律著作。①我们有一份 1162 年的在纳博那地区贝齐埃尔的圣阿芙罗狄修斯（St. Aphrodisius）修道院的图书目录，其中包括 39 个条目，大部分都是神学著作。但是，也有一本天文学著作《论自然的艺术》（De arte physice）、一本有关解毒剂的著作、奥维德的《爱情书简》（Epistularum amatoriarum）、普里西安、马克罗比乌斯、尤维纳利斯和加图的著作。1276 年圣蓬德托米埃（St. Pons de Thomières）的图书目录是一份引人注目的文献。它列出了 323 卷著作，而且非常精心地将其作了分类处理。语法类一栏有 80 卷书，14 卷逻辑学著作，5 卷修辞学著作，2 卷天文学著作，还有 12 卷医学著作。

　　大查尔特勒修道院图书馆是维埃纳大主教区唯一有图书目录的图书馆，它是这一时期法国最丰富的图书馆之一。和西多会相比，加尔都西会的修士从来不吸收不会读书的新信徒。新来者的小房间里几乎很少被配备上书吏应有的设备。抄写是这个修道院里最重要的活动之一，羊皮纸因此比银子还受重视。内韦尔伯爵居依（Guy）如其最初所计划的那样，提供了羊皮而不是银花瓶。②修道院副院长吉果（Guigo）在他起草的教规中强调抄写的必要性，并亲手抄写了圣杰罗姆的著作。③修士们积极地寻找他们的藏书中没有的书籍，只要有可能就补全藏书的缺失。在 1313 年，雷蒙德·勒尔在他的遗嘱中写道，如果他自己的著作有了抄本，要送给巴黎的大查尔特勒修道院。它们在图书馆里都要被铁链锁在一起，这样所有的人想用的话，都可以使用这些抄本，书籍也没有被偷走的危险。④

　　马赛古老的圣维克多修道院图书馆尽管名声大噪，但是并不出彩。⑤还有四个其他的图书馆同样微不足道，它们的图书目录幸存了下来，它们是：奥登（约 1023 年）、尼姆（约 1218 年）、布尔日的圣斯蒂

265

---

① Delisle, *Cabinet des manuscrits*, II, 443-445.

② Petit-Radel, *op. cit.*, p.113.

③ *Histoire littéraire*, IX, 119, 141.

④ L. Delisle, "Les Testaments d'Arnaud de Villeneuve et Raimond Lulle," *Journal des savants*, 1896, pp.4-5.

⑤ J. A. B. Montreuil, *L'ancienne bibliothèque de l'abbaye St. Victor* (Marseilles, 1854), prints a catalogue, A. D. 1195-1198, which includes several of the Latin classics.

芬(1265 年)和德莱尔圣母院(Notre Dame de Lyre)(12 世纪)。[①]

　　早在 12 世纪的时候,很少一些世俗人士就拥有特定主题的图书馆。里亚拉克的热拉尔(Gerald of Rialac)在那一时期给圣马提亚尔留下了法律藏书。一位 12 世纪弗莱芒的女士图尔内遗赠给她的儿子雅克敏(Jakemin)一本法文版的《教皇训谕》,给她的女儿凯特琳(Katerine)《圣母书》(*Book of Our Lady*)。她给其他人留下了一本法文版《诗篇》、一本关于星象的著作和一本关于教父的著作以及《天鹅骑士》(*Chevalier du Cygne*)。[②]在 13 世纪,有一份有趣的图书目录可能属于亚眠校长里夏尔·德·福尔尼维尔(Richard de Fournival)。他安排了一个"花园",按主题分成不同的区域摆放桌子陈列手稿。内容最多的部分是哲学著作,但是医学、民法和教会法以及神学著作也都能在这个系列的藏书中找到。他的著作《藏书癖》(*Biblionomia*)中将这个花园描述成书籍的保护地,被认为是 13 世纪文化追求最完整的景观。尽管有一些人怀疑里夏尔描述的这个图书馆是否真实存在,但是一些尚存的抄本被认为和这里提及的书籍是相吻合的。[③]

　　和这些私人图书馆相关的一个有趣的现象是,一些修士们看上去很贫困,但是他们拥有私人藏书。比如,贝尔纳·埃蒂尔似乎拥有自己的图书馆,并将其藏书留给了巴黎的圣维克多。校长和主教们理所当然地拥有他们自己的图书馆。因此,我们发现了 12 世纪巴约主教菲利普德哈考特、沙特尔的校长蒂埃里和沙特尔的校长彼得·德·罗西(Peter de Roisse)都制作了精美的礼物(handsome gifts,此处精美的礼物,多指精美的抄本——译者注)。

266

---

　　① Gottlieb, *op. cit.*, Nos. 962, 340, 264, 323.

　　② C. Jourdain, "Mémoire sur l'éducation des femmes au moyen âge," *Mémoires de l'institut national de France*: *Académie des inscriptions et belles-lettres*, XXVIII, Part I (1874), 112.

　　③ Delisle, *Cabinet des manuscrits*, II, 519-520; E. K. Rand, "The Classics in the Thirteenth Century," *Speculum*, III(1929), 262.

# 第八章 诺曼和安茹王朝 时期英格兰的图书馆

尽管约克郡的吟唱者休（Hugh）说威廉对诺森伯兰的征服对宪章和档案记录（records）来说是毁灭性的打击，但是诺曼征服英格兰实际上仅毁坏了少数几本书籍。[①]我们对英国图书馆的讨论还是从坎特伯雷谈起。它拥有两个当时最大的藏书中心[②]——基督教堂小修道院和圣奥古斯丁修道院——这个城市现在甚至更为辉煌。那里的大主教兰弗朗克是帕维亚的律师、贝克（Bec）的修士、征服者威廉的朋友和顾问、修院主义的改革者，是文化复兴的主要倡导者。马姆斯伯里的威廉认为，如果没有这场知识觉醒的话，所有其他的改革都是徒劳的和无益的。[③]

马姆斯伯里的威廉说："在诺曼人到来之前，人们对文学和宗教的热情已经冷淡了许多年。"丹麦人入侵几乎毁掉了知识和赋予修道院理想以生命和意义的精神。修道院院长伊利的里奥夫辛（Leofsin of Ely，1029—1045年在位）几乎是绝无仅有的重视知识的一个例子，而其他地方的情况则证实了诺曼人对英国学术的轻视。当地一位非常显赫的教会人士沃尔夫斯坦（Wulfstan）因为轻视教育而受到被罢黜的威胁，尽管这位圣洁的撒克逊人曾经在伊夫舍姆和彼得伯勒受过教育，在他成为伍斯特的主教之前，他已经担任小隐修院的教师和副院长职务。沃尔夫斯坦公开承认，他既不懂也不希望了解"诗人虚构的作品和辩证家啰嗦的三段论"。这

---

① *Historians of the Church of York*, ed. J. Raine("Rolls Series," No.71), II, 98.

② M. R. James, *The Ancient Libraries of Canterbury and Dover*, p. xix; *Church Quarterly Review*, LXII, 43-73.

③ R. Graham, *English Ecclesiastical Studies*, p.180.

就是英国人,他们对文学丝毫不感兴趣。在马姆斯伯里,诺曼人修道院院长戈弗雷(Godfrey,1081—1105 年在位)发现,修士们"仅仅会结结巴巴地说本土语言",当时的一位历史学家说,巴思的修士们"愚笨又缺乏教养"。

作为政治上一项主要的权宜之计,在任何地方只要存在可能性,威廉就会安排诺曼教长掌管英国的机构,这一做法使得教士的文化水平得到了明显的提高。这一变化之快,可以从一个事实反映出来,即在 1075 年在伦敦市政通过的法令上签名的 21 位修道院院长中,有 13 个是英国人,当威廉·鲁弗斯(William Rufus)于 1087 年登上王位以后,仅有 3 人依然是修道院院长![1]在这些早期的诺曼人修道院院长中,值得一提的有来自卡昂的兰弗朗克的亲戚圣阿尔班的保罗(Paul of St. Albans)和马姆斯伯里的戈弗雷。这一第二"征服"(指文化征服——译者注)的其他主要领导人来自本笃改革的主要中心贝克、圣米歇尔山、塞里西(Cerisy)、圣旺德利耶和费康。

以兰弗朗克为例,可以看出这些诺曼教会人士将英国修道院的宗教生活和学术成就发展到一个很高的水平。我们可以列出几个数字,来说明 1066 年到 1135 年间修道院机构的高速增长:"除了许多英国人的修道院之外,还新建了 3 个修道院主教座堂(monastic cathedrals)、13 个重要的女修院、11 个修道院、17 个克吕尼小修道院以及有 60 个小房间的法国修道院被建立起来,并为大量的法国修士和修道院院长提供住宿。"[2]在 1180 年之前,克吕尼隐修院、奥斯汀教团、白衣隐修院、英国吉尔伯特隐修院、白衣教团和加尔都西会都建立起来了。其中,白衣隐修院在 24 年间就建立了 50 个隐修会,[3]直到 12 世纪末,这一潮流才衰退下去。到了 1200 年,至少有 430 个新的隐修会建立起来,而在此之前仅有 130 个。

兰弗朗克来到坎特伯雷以后,他以克吕尼的习俗为基础,为英格兰本笃会的改革和管理起草了章程,在章程中,圣本笃原来的章程中规定的每日更多时间的体力劳动被学习所取替。这是真正的

---

① A. J. MacDonald, *Lanfranc*, p.143.
② Graham, *op. cit.*, p.166.
③ E. Savage, *Old English Libraries*, pp.47-48.

"历史之花"（Flores historiarum）生长的土壤。兰弗朗克的《章程》（Constitutions）逐渐被全英格兰的本笃会所采纳。1277 年的一个总章程明确要求修士们"根据他们的能力来学习、抄写、校正、装裱、装订书籍，而不是在田地里劳作"。这成为修道生活的一个正式组成部分。在贝克，兰弗朗克致力于制作精准的教父著作抄本，亲自修改抄本。他到了英格兰后继续从事这一工作。他还带来了书籍，颁布了详细的规定，规范基督教堂借书、阅读的行为。

坎特伯雷很早就已经有了书籍，其中有圣奥古斯丁、塔苏斯的西奥多（Theodore of Tarsus）和阿非利加的哈德里安（Hadrian of African）的著作。但是 1067 年的一场大火肆虐整个城市，并烧毁了主教座堂和大部分修道院建筑，正如埃德马尔（Edmar）所说，它烧毁了许多"神圣的和世俗的"书籍。在 1070 年，兰弗朗克推倒残垣断壁并开始重建教堂和修道院。教堂历时 7 年建成，此后又持续了一段时间对其加以完善。①构建一个图书馆的组织架构一定是他最关心的事情之一，这与他在贝克和卡昂的工作是一致的。尽管他本人不再学习世俗文献，但是他还没有完全丧失对世俗文献的兴趣。兰弗朗克最重要的贡献体现在其著名的《章程》上，这是在英格兰第一次对借书给教士和将特殊的时间用来学习作出了特殊的规定。他的圣规肯定在坎特伯雷得到了严格的执行。关于给教士们分发书籍，他作了如下规定：在斋期的第一周，图书管理员将他管理的所有图书放在会议厅的一个毯子上，每一个修士都要把他上一年分到的书放在上面。当所有的书都收集起来以后，图书管理员要对这些书进行检查。任何修士如果没有完成"分配给 270 他的阅读任务"的话，要俯伏在地上，请求原谅。随后，图书管理员再给每一个修士发放新书。②从 1130—1134 年埃德马尔制定的古老的修道院计划中，我们可以发现，兰弗朗克还没有建立或者辟出一个专门的地方作图书馆。有可能最初的时候，图书被保留在西回廊靠墙的橱柜里。

我们没有任何办法了解兰弗朗克时代这个图书馆的规模和内

① H. Withers, *The Cathedral Church of Canterbury*, pp.2-3.
② M. Beazeley, "History of the Chapter Library of Canterbury Cathedral," *Trasactions of the Bibliographical Society*, VIII(1907), 117-118.

容,因为我们已知最早的图书目录是 12 世纪后期的。在这份目录中,兰弗朗克被认为仅捐赠了 5 卷书,但是詹姆斯博士认为现存的书卷表明,兰弗朗克贡献的图书及其重要性要远比我们想象的大得多。比如,11 世纪后期一份三一学院抄本在其结尾有一个明确的声明,这份声明可能是兰弗朗克亲手写的,说他将从贝克带回来书籍捐给基督教堂。这本书卷中一半的地方使用的字母和一般的意大利字母一样,具有典型性的"刺孔"字母("prickly"letter)形制。但是我们还知道,正是兰弗朗克用大陆罗马字母代替了漂亮的爱尔兰-撒克逊风格的(Hiberno-Saxon)书写体。此外,还有大量源于基督教堂的书籍属于此类性质,并进一步由特殊的紫色标题和首字母区别开来。因此,现在的证据似乎可以证明,兰弗朗克促进了书写体的革新。在英格兰,只有在圣奥古斯丁修道院和一所罗切斯特修道院,才出现过相似的字体(script),而且这两个修道院与基督教堂都建立了密切的联系。在诺曼底和从前在卡昂的圣斯蒂芬修道院的一部抄本里也发现了这种书写方式,这可以进一步支持詹姆斯博士的假设。使用这种兰弗朗克体(Lanfrancian script)写就的抄本还相当多——主要是四位博士的著作、标准的评注、伊西多尔、比德、赫西基奥斯(Hesychius)对《利未记》的评注、安吉洛姆斯(Angelomus)对《列王纪》的评注、海默(Haymo)对《以赛亚书》的评注、约瑟夫斯、奥尔德海姆、波埃修斯和索利努斯的著作抄本。因此,似乎我们不可能怀疑兰弗朗克将这些著作收藏在了基督教堂的图书馆里。

271　　　安瑟伦一定是继续了兰弗朗克的工作,他努力增加该图书馆的藏书,遗憾的是,关于他的著作没有保存下来,甚至没有一本他捐赠的书籍保存下来。但是,对于贝克特(Becket)担任主教时期,我们至少有一份残缺不全的目录,里面列举了大约 200 卷书籍。索尔兹伯里的约翰的《长短诗》(Entheticus)能够被确定出版时间是因为它是贝克特大主教有生之年最新的命名之作,但是没有任何贝克特所写或者关于贝克特的著作。这份目录写在 12 世纪末波埃修斯著作抄本的 3 页上,以前在坎特伯雷,现在保存在剑桥大学图书馆,其中列出的书籍从前应该属于基督教堂,因为其中的许多都在后来 14 世纪的目录中再次出现。显而易见这份书单只是一个残篇,其中仅仅包括了语法、修辞、音乐、诗歌、逻辑、天文学和几何学的著作。

在该目录列出的全部书籍(223)中,许多都是副本,这表明它们是教材。假设在整个图书馆中,神学著作超过所有其他的著作,其比例甚至达到了 2 比 1,我们一定要相信全部的藏书达到了 600卷或者 700 卷,在这一时期这是一个很值得尊敬的藏书量了。这份书单以大量的拉丁文著作而闻名。正如詹姆斯博士所说,这份目录包括:

> ……非常充足的拉丁文献、文科和 12 世纪人们所理解的科学文献。这份书单有证据表明人们在基督教堂学习古典文化的兴趣,这可能带来了古代学术的早期复兴,古典文化在所有的修道院里都受到了高度重视。很可能是由于索尔兹伯里的约翰的影响,使得许多古典著作被提及,而这种影响在后期目录中贝克特的著作和托马斯的书单中更加显而易见。

坎特伯雷还有第二个图书馆,即圣奥古斯丁修道院墙外的图书馆,这个图书馆在某些方面可以与基督教堂图书馆相媲美,甚至超过了基督教堂图书馆。如果说,两个修道院为了声望而进行了多年争斗的话,最终的胜利取决于这座非凡的主教座堂,无论是在教会尊严及学术地位方面的荣耀,都依旧熠熠生辉,而且与第一座英国修道院相关,这是清楚无误的。这个本笃修道院是由奥古斯丁所建,在 10 世纪的时候再次被奉献给圣彼得、圣保罗和圣奥古斯丁,它从最开始就是英格兰南部一个“文化和宗教启迪的中心”。① 272
圣奥古斯丁修道院图书馆一直到 15 世纪末还在继续发展,当时唯一尚存的目录被编辑出来,它拥有超过 1 800 卷图书,这个数字相当于基督教堂图书馆图书的数量。

想要系统地追溯圣奥古斯丁修道院图书馆的发展脉络是不可能的,因为唯一和它有关的文献直到很晚才出现。这是一个很小

---

① Thomas of Elmham, *Historia monasterii S. Augustini Cantuariensis*, ed. C. Hardwick("Rolls Series," No.8), p.iii.

的对开本,从其内部证据可以推断,它完成于 1491 年和 1497 年之间。它是由詹姆斯博士在他的《坎特伯雷和多佛的古代图书馆》中第一次出版的,共包括三个部分:12 页包含未完成的一书架书和借书登记册,14 页残缺不全的按字母顺序所作的索引以及 130 页的正式目录。这本书是按照主题分 16 个标题写作的:《圣经》和其他宗教著作、自然历史、哲学、音乐、几何学、天文学、医学、逻辑、语法、诗歌、法文和英文著作、炼金术、各种杂书和教会法著作。它没有提及民法,尽管曾经在这个图书馆里的少数几本民法书依然尚存,14 世纪威廉·索恩的《编年史》也记载了作为礼物的《民法大全》(*Corpus iuris civilis*)两个抄本。詹姆斯博士认为,这份目录没有任何被毁坏的迹象,所以它应是一份尚未完成的目录。他因此认为,大约有 70 卷民法书丢失了,而且还有我们已经知道的其他种类的尚存书卷曾经属于该修道院,但是在这份目录中均没有被列出来,因此整个图书馆大约有 1 900 卷书。这份目录前面的记录证明,不到一半的书在图书馆、修道院回廊、教堂的祭衣室,或者借给了修士个人,但是很显然这份目录是不完整的,它是在英格兰发现的非常少的同类目录之一。目录编辑者是按照一个统一的体系来编排的目录,或者是在一个总标题下列出书目,或者是在一卷书 273 的第一篇论文标题、书籍捐赠者名字、书籍内容目录、第二页的头几个词和一个编号的下面列出书目。但是,比每一卷书的描述和鉴定更值得注意的是交互参照体系,它显示了该图书馆每一本著作的抄本数量。由一个修道院院长托马斯捐赠的书籍似乎被永久单独保存,这个托马斯可能是托马斯·芬登(Thomas Findon,1283—1309 年在位)或者托马斯·庞辛(Thomas Poncyn,1334—1343 年在位)。

在这份目录存在的时间里,可能还有一个单独的图书馆建筑,这可以从那一时期藏书的规模和英国人总体的实践反映出来。没有明确的信息比如图书馆的地点和外观图等流传下来。根据 14世纪修道院的习俗,由唱诗班赞礼员和他的助手负责保管书籍。① 两个人都在书柜附近的回廊里有指定的工作地点,附近有小的个

---

① J. W. Clark, *The Care of Books*, p.99.

人学习室。毫无疑问，当人们有疑问的时候，他们要给予解答，同时他们要看管书籍。结合目录前面的记录来看，这表明了书籍除了在图书馆以外，还被保存在修道院回廊和教堂的祭衣室里。

尽管缺少早期的记载，但是我们可以肯定在圣奥古斯丁修道院有持续的读写兴趣和学术活动。第一个诺曼人修道院院长是从前圣米歇尔山的修士，他曾经是兰弗朗克的学生，而且在来到这个修道院以后的一段时间里，他和其从前的老师还保持着密切的联系。这里生产相当数量的书籍，并且人们阅读这些书籍，这可以从詹姆斯博士所确信的该修道院里存在一种有特色的字体——一种好看的、纤细的圆形小写体——这一点上得到证实。无疑在这一时期的几部抄本中都有这种字体，据说这种字体和圣奥古斯丁修道院抄本的字母有密切的联系，但是，这些字母的数量没有"兰弗朗克体"那么多。

早在 1144 年，卢修斯二世（Lucius II）颁布了教宗训谕，要求从坎特伯雷城下面三口井的租金中预留 3 马克。在谈及 1167 年的那场毁灭性的大火时，威廉·索恩①说"许多古代的抄本消失了"，他可能指的是宪章和其他文献，尽管后来他使用"codicelli"指代书籍。但是无论他要表达的是什么意思，这个图书馆和该修道院的其他部分肯定都在这场大火中遭受了灭顶之灾。尽管如此，还有少量的早期著作幸免于难，但是很显然艾尔姆海姆（Elmham）的托马斯所提及的格里高利的著作原本都没有幸存下来。②在他那个时候，除了《圣经》《诗篇》和《圣米尔德里德的文本》（*Text of St. Mildred*）之外，这些奠基者的其他书籍都被摆放在教堂的大圣坛上。詹姆斯博士还提及了少数几本其他的这份目录之外的早期著作。其中一本是在圣体节（Corpus Christi）上使用的抄本，他认为这个抄本可能就是《圣米尔德里德的文本》，或者是艾尔姆海姆书单中的另一本《福音书》。其他早期的著作是 10 世纪的作品。阿瑟尔斯坦提供了伊西多尔著作的一个抄本（now Cotton Domitian A. I.），阿瑟尔斯坦的身份已经在第四章里讨论了。没有任何其他捐赠的时间可以被界定为早于 12 世纪以前，少数几本早期抄本依然尚

274

---

① *Chronica*，col.1763.

② T. Gottlib, *Ueber mittelalterliche Bibliotheken*，p.402，n.2.

存,但是我们已经无法确认其捐赠者的具体身份,其中有利兰(Leland)提及过的菲利普斯对约伯的评论和著名的诗集《剑桥歌曲集》(*Carmina Cantabrigiensia*),后面将对此进行探讨。

在 13 世纪以后,捐赠行为日益增多,捐赠者包括修道院院长、副院长以及许多修士。其中一个最有趣的捐赠者是"伦敦的约翰"。在他捐出的 80 本书中,仅有 3 本是神学著作,23 本是数学和天文学著作,还有 23 本是医学著作。他有希腊语法著作和彼得·德·马哈恩库里亚(Peter de Maharncuria)所著的《论磁性》(*Treatise on the Magnet*),还有培根的一些著作。约翰图书馆已初步具有 14 世纪初的特征了,而且如果他和培根本人没有联系的话,那么至少也可能熟悉培根的一些文章。另外一个捐赠者是《良心上的懊悔》(*Ayenbite of Inwyt*)的作者米歇尔·德·诺斯盖特(Michael de Northgate),他是 14 世纪圣奥古斯丁修道院的修士。

275 他这本著作的语言比其内容更加有趣,它是用肯特方言写的,而且是从一本法文选辑翻译过来。① 这本著作现存大英博物馆,存放在标识为英国米歇尔·德·诺斯盖特之书(*Liber in anglice Michael de Northgate*)的目录之下,有作者的亲笔签名,是我们拥有的这本著作唯一的抄本。米歇尔还向该图书馆捐赠了 20 本其他的著作,其中有亚里士多德的《动物志》和培根的《歌剧》(*Opera*),此外还有天文学、外科学和炼金术方面的著作。

最出色的藏书者是托马斯·阿诺德修士,他将主要兴趣都放在了"通俗文学"上。他拥有如下的藏书,全都是用法文写的:《艾蒙四子传》(*Quatre fils Aymon*)、《沃里克的盖伊》(*Guy of Warwick*)、《伊波梅东》(*Ypomedon*),还有其他的一些作品都在一卷书里:《国王荷鲁斯》(*Book of King Herlus*)、《威廉·勒马奇》(*Book of William le March*)、《兰斯洛特》(*Launcelot*)、《圣杯》(*Graal*)以及一些没有书名的法文书籍。历史同样也吸引着他,他所抄写的雷纳夫·西格登(Ranulph Higden)的著作依然尚存,里面有一张托马斯·阿诺德的画像以及他的资助者圣凯瑟琳的画像。在他的藏书中,还有科罗纳的圭多(Guido of Colonna)的《特洛伊战

---

① *Cambridge History of English Literature*,I,395.

争史》和马里亚努斯·斯科特斯(Marianus Scotus)的《编年史》。

最大的礼物来自托马斯修道院院长,他的藏书是单独保存的。尽管有四位修道院院长的名字都叫托马斯,但这部分超过 100 卷的藏书似乎应该属于第一个托马斯,即托马斯·芬登(1283—1309年在位)。还有一些少量的图书捐赠也值得一提。修道院院长尼古拉斯·索恩(Nicholas Thorn,1272—1283 年在位)捐出了 12 卷书,除了一本在巴黎修订的《圣经》以外,其他书都很一般。克莱尔的威廉(William of Clare)的藏书内容则集中在数学、天文学和自然哲学方面。沃尔特·德·圣乔治奥(Walter de S. Georgio)也捐出了 10 卷医学方面的书籍。在托马斯·斯普罗特(Thomas Sprott)捐出的 8 卷图书中,有两卷是 13 世纪的编年史,其中之一现保存在科顿抄本中。14 世纪的编年史家艾尔姆海姆的托马斯似乎没有向自己的修道院捐赠他的《编年史》,也可能是因为这部《编年史》根本就没有完成,但是剑桥三一学院的一本 15 世纪的抄本曾经出现在该修道院里。

我们下面来看一下这个图书馆里藏书的内容。大部分藏书自然是《圣经》和宗教著作,还有大量的教会法书籍。有一批非常可敬的"编年史家"的藏书,艾尔姆海姆轻蔑地称他们为传记作家和历史学家,这其中包括吉尔达斯、弗雷库尔夫(Freculph)、萨鲁斯特、达雷斯、科罗纳的圭多、亨丁顿的亨利、斯普罗特、马里亚努斯·斯科特斯、瓦勒里乌斯·马克西穆斯、尤特利奥皮乌斯(Eutriopius)、奥罗修斯、约瑟夫斯、比德的著作,有克努特(Canute)的《事迹》(Gesta),有英国人的历史、罗马人的历史、伦巴德人的历史、诺曼人的历史方面的著作以及蒂尔伯里的格维斯(Gervase of Tilbury)和巴里的杰拉德(Gerald of Barry)的著作。至于古典作家、后期的诗人和语法家,该修道院拥有波埃修斯、塞内加、西塞罗、马克罗比乌斯、维特鲁维乌斯、维基乌斯、瓦勒里乌斯·马克西穆斯、许多普里西安的著作抄本、多纳图斯、斯塔提乌斯、尤维纳利斯、克劳狄、卢坎、贺拉斯、奥维德、佩尔西乌斯、普鲁登提乌斯、塞杜利乌斯、维吉尔、特伦斯(仅有一个抄本)、加图、《蒂迈欧篇》以及许多亚里士多德的著作,这些著作像往常一样都是拉丁文版本。此外,许多复制本的存在表明,这些书一定是作为教科书来使用的,就如同

276

在基督教堂那样。

这份藏书目录最大的特色,也是修道院图书馆与主教座堂图书馆之间主要的不同之处在于,其科学方面的书籍占据主导地位。医学著作的数量同样是可观的,这些著作展示了人们对天文学、数学和炼金术方面的兴趣。所有的藏书在目录中都以特殊的标题出现,而在基督教堂当中,仅有算数方面的著作才被特别归类。在圣奥古斯丁修道院图书馆里,书单上号码在1080—1175之间的主要是科学著作,格罗斯泰特和培根的著作数量众多,这和其在主教座堂里的缺失形成鲜明的对比。事实是,这个修道院图书馆的藏书并没有形成正式的目录,所以我们所掌握的信息只到15世纪末;但是在1330年以前,书单上有格罗斯泰特和培根的著作。一直到15世纪后期的图书捐赠中,或者在1508年的《书目》(*Defectus librorum*)中,在基督教堂图书馆中还没有科学方面的书籍。另一方面,在圣奥古斯丁修道院,有伦敦的约翰、诺斯盖特的米歇尔和其他一些人作为礼物捐赠的藏书,这表明,至少在14世纪,人们就已经对科学产生了显著的兴趣。

277　　我们还要提及另一类藏书,即那些使用非拉丁语写作的著作:一本希伯来语《诗篇》,标明是"出自格洛斯特公爵之手";两本希腊文著作:一本是附有拉丁文翻译的希腊文《诗篇》,一本是培根的《希腊语法》。只有一本英文书——《创世记》——出现在目录当中,而事实上这个图书馆里不止这一本英文书。尽管《剑桥歌曲集》是用拉丁文写的,但是也由于其性质而被归为本地语言类著作。该手稿现存牛津大学图书馆,是一本杂集,而且只有通过相互参照才能在目录中找到它,其他人一般只是标明书架号码来引用此书。它有可能是在修道院中以那些游学的学者手稿为蓝本抄写的。[①]托马斯·阿诺德列出的法语书籍并没有覆盖该图书馆全部的法语藏书。其他的还有《布列吞人的历史》(*Historia Britonum*)、一卷传奇故事,几本沃里克的盖伊的《事迹》以及与此相似的著作。还有三本《林肯布道集》(*Tractatus domini Lincoln*)[可能是格罗斯泰特的《爱之城堡》(*Château d'amour*),一首赞美圣母玛利亚及其儿子的

---

① F. A. Wright and T. A. Sinclair, *A History of Later Latin Literature*, p.282.

诗歌,它起初是用罗曼语写成,后来又被翻译成拉丁语和英语]的抄本。

当利兰(Leland)在这个修道院看到几乎"不可相信的古代"著作和其他抄本的时候,他非常吃惊和高兴。[①]

作为基督教堂的姊妹建筑,多佛的圣马丁隐修院是在 1139 年由大主教西奥博尔德建立的,它在 14 世纪末的时候拥有一个图书馆,藏书达 450 卷。我们的信息来自一份 1389 年的目录,该目录由约翰·怀特菲尔德(John Whytefeld)所编辑,约翰·怀特菲尔德一定是当时的赞礼员,因为在前言中,他提及了这位馆员通常担任图书管理员。这份目录作为独立的一卷保存完好,现存牛津大学博德利图书馆,是中世纪保存最好的图书目录之一。它包括三个部分,头两个部分都有详尽的前言,曾经由詹姆斯博士出版并且翻译。第一部分是书单,其中不仅列出了书的编号和每一卷中第一本书的标题,而且精选出来一页的头几句话、页数和该卷书中的文章总数。第二部分重复书架上的书籍目录,但是添加了书架上每卷书所有著作的名称,附有每本著作的头几句话和页码。第三部分是以字母顺序进行排列的附录,詹姆斯博士没有将这部分内容出版出来,因为这里没有任何新的信息。

这些藏书的内容主要包括《圣经》、神学著作、布道、民法和教会法、逻辑学、哲学、修辞、医学、编年史、传奇故事、诗歌和语法。除了常用的医学著作之外,很显然里面还有科学和数学方面的著作。该图书馆里有丰富的古典作家的著作,这些古典作家包括:维吉蒂乌斯、特伦斯、亚里士多德、柏拉图、萨鲁斯特、西塞罗、尤维纳利斯、卢坎、加图、多纳图斯、普里西安、卡西奥多罗斯、马提安努斯·卡佩拉、波埃修斯、克劳狄和普鲁登提乌斯。有非常多的法语著作,包括《查理国王传奇》(*Le Romonse du roy Charles*)、《阿提斯传奇》(*Le Romonse de Athys*)、《玫瑰传奇》(*Le Romonse de la rose*),还有一些自然性质的书籍,一本带有法语注释的加图的著作。在这份目录的第一部分里,有一本《希腊语介词语法》(*Preposiciones Grece*),这本书并没有开卷语,也没有在第二部分中出现,

---

① J. Hunter, *English Monastic Libraries*, pp.11-12.

还有一本《希伯来语和希腊语字母》(*Alphabetum Hebreicorum et Grecorum*)。目录中没有列出任何英语书籍,仅有一本爱尔兰语《诗篇》,现存圣约翰大学,但这本《诗篇》不是在目录中出现的,而是出现在约翰·怀特菲尔德著作的注释中,注释是用凯尔特人的拉丁文小写体写成的。多佛的《圣邓斯坦传》现存大英博物馆,也有基督教堂的编号,写于 12 世纪。另一本现存的多佛抄本是一本精美的两卷本《圣经》,在基督圣体学院(Corpus Christi College)图书馆里,但是,关于该图书馆的位置,没有任何可靠的信息,或者是否它是一个独立的建筑,我们都无从知晓。

罗切斯特主教座堂是坎特伯雷最小的主教辖区,它几乎和基督教堂一样古老。贡杜尔夫(Gundulph)将这里的世俗法规换成了本笃教规,他是第二任诺曼主教,曾经是本笃修道院的修士,后来担任兰弗朗克在坎特伯雷的管家。[1]在 1077 年,贡杜尔夫得到了他的朋友和上级领导兰弗朗克的建议和物质帮助,重建教堂,该教堂在他继任的时候还几乎是一片废墟。但是,这个图书馆历史真正的开端,不是在贡杜尔夫任职期间,而是在第四任诺曼主教厄努尔夫(Ernulph,1114—1124 年在位)任职期间。在安瑟伦时期,厄努尔夫已经是坎特伯雷隐修院的副院长,他修建了兰弗朗克教堂的东部部分,后来他在成为罗切斯特主教之前,担任彼得伯勒修道院的院长。[2]坎特伯雷和罗切斯特之间在整个中世纪都保持着密切的联系,许多主教和罗切斯特小修道院的院长都曾是从前基督教堂的修士。

厄努尔夫最伟大的贡献不在于他在其前任的基础之上修建的罗切斯特主教座堂,而是在于名为《罗切斯特教堂文告》(*Textus Roffensis*)的非常宝贵的文献。这部文献是用拉丁语和盎格鲁-撒克逊体写成,包括了英格兰早期的法律和早期的教皇、国王和主教一览表。[3]这部手稿现在依然在罗切斯特图书馆的分馆中。这份目录最初是由 R.P.科茨(R. P. Coates)全文出版的,[4]它之所以闻名,

---

[1]　W. St. John Hope, "The Architectural History of the Cathedral Church and Monastery of St. Andrew at Rochester," *Archaeologica Cantiana*, XXIII(1898), 198.

[2]　W. Dugdale, *Monasticon Anglicanum*(1817), I. 155.

[3]　A. A. Arnold, "Preliminary Account of 'Notes on the Textus Roffensis, by Dr. F. Liebermann,'" *Archaeologica Cantiana*, XXIII(1898), 96 ff.

[4]　*Ibid.*, VI, 120-128.

并不是因为其内容,而是因为它出现得较早,而且是学术复兴过程中诺曼修士影响力的一个见证。但是,目录里几乎没有古典著作,而古典著作构成了 1202 年书单相当重要的一部分。

　　罗切斯特图书馆里的第二份目录编辑于 1202 年,①保存在大英博物馆古老的王室手稿中,在奥古斯丁的《论基督宗教的教导》(De doctrina Christiana)抄本的前四页里。该目录中一共辑录了大约 280 卷藏书,自最早的目录编撰以来的 75 年时间里,藏书的数量尤其是古典作家著作的数量显著增加了。目录第一页写道:"主降生第一千二百零二年。以下为本图书馆书目";接下来的一行写道:"圣安德鲁图书馆"(Librarium Beati Andreae)。头 5 个编目是按照作者编排的,有四位拉丁博士,还有比德,后面是"公共图书馆"(Commune librarium)。接下来是圣歌领唱员橱柜里的另外一批书(Aliud librarium in archa cantoris);教师哈蒙的藏书(Librarium magistri Hamonis);之后是下面一段话:"曾为本教堂赞礼员的亚历山大如此安排书籍并如此写下"(Sic ordinavit libros et sic scripsit Alexander huius ecclesie quondam cantor)。最后,有 6 卷书是属于萨福克(Suffolk)独立于罗切斯特的小院沃顿的负责人罗伯特。第二份目录和第一份目录一样内容丰富,而且增加了贺拉斯、维吉尔、萨鲁斯特、佩尔西乌斯、斯塔提乌斯、卢坎、苏托尼厄斯、奥维德、亚里士多德、加图和塞内加、西塞罗(仅有《论义务》)、克劳狄、波埃修斯、普鲁登提乌斯、索利努斯、马克罗比乌斯以及提尔的阿波罗尼乌斯。普里西安还有其他语法家的名字也出现在其中,还有修辞学、哲学、辩证法和算术著作。历史著作方面,有奥罗修斯、约丹尼斯、比德、约瑟夫斯、一部耶路撒冷的历史、《布列吞人的历史》《法兰克人编年史》(Cronica Francorum)和马姆斯伯里的威廉的著作。修士们还有一本《洪斯佛的历史》(Historia de runcievallo)、一本《中世纪欧洲地图》(Mappa mundi)以及牛津学生杰弗里·德·文叟夫(Geoffrey de Vinesauf)所著的《新诗艺》(Nova Poetria)。在皇家藏书中的一本罗切斯特手稿中,还有一份书单,其中的书要么是由亚历山大抄写的,要么是由他通过其他的方式给

280

_____

① Printed by W. B. Rye in *ibid.*, III, 54-61.

图书馆的。这份书单里包括如下作者的书：塞内加、波埃修斯和柏拉图（毫无疑问仅有《蒂迈欧篇》），这些书全部都装订在一卷里；还有《圣经》中的几卷书；圣徒传和其他的一些宗教主题的书籍。[1]该图书馆里其他的书籍大都是关于教会法、神学、圣徒传之类的内容。在 6 卷属于沃顿的著作中，最值得一提的是索尔兹伯里的约翰所著的《伦理和政治哲学》(Polycraticus)。

罗切斯特现存书籍中，许多都有"罗切斯特修道院回廊的书"(de claustro Roffensi)的字样。在对小隐修院的建筑所作的详细描述中，霍普(Hope)[2]记载道，从前有一扇双拱门引导人们走向小礼拜室下面回廊的一个小小的隐蔽处，他认为这个隐蔽处曾经是书房。但是，在编辑目录时，这个书房还没有出现。我们从标题"在唱诗班中"，知道其中一些书的存放地点，毫无疑问在修道院的回廊中有一些为其他人准备的书柜。看上去从未出现一个独立的图书馆建筑。

罗切斯特大约有 80 本时间跨度是 9—15 世纪的书籍保存在皇家图书馆中，其中大约一半都可以从目录中辨认出来。一些书中包含有备忘录，表明这些书曾经被典当，而且典当的钱款数也有记载，比如，奥古斯丁的《论三位一体》(De trinitate publicae)在 1468 年和另外 3 本书以 30 先令一起抵押给了西斯塔·德·吉尔福德(Cista de Guilford)，在 1469 年，这些书再一次以 28 先令被抵押出去。在科顿(Cottonia)手稿中，还有一份捐赠者的清单幸存下来，其中包括赖伊(Rye)在他的目录中出版的部分书籍。[3]这些书几乎全部都是《圣经》和礼拜仪式用书。修道院院长赫利亚斯(Helias)有马姆斯伯里的威廉的《圣经的历史》，它曾经属于忏悔者爱德华的妹妹戈达(Goda)，现存大英博物馆，这本曾经非常辉煌的著作在很久以前就不再是精装版了。

关于罗切斯特后期的学术史，我们只能进行推断。国王约翰曾于 1214 年围攻罗切斯特城堡，使得该图书馆遭到了破坏，其受损

---

① G. F. Warner and J. P. Gilson, *Catalogue of Western Manuscripts in the Old Royal and King's Collections*, I, 308.

② *Archaeologica Cantiana*, XXIV, 33-34.

③ *Ibid.*, III, 54-61.

程度比上一个世纪里的两次大火所造成的破坏还要严重。①当时的主教吉尔伯特·德·格兰维尔（Gilbert de Glanville）在 1202 年该目录被编撰的时候，捐书给修士们，同时还捐了一个管风琴和一个新的修道院回廊。这个修道院出现了两位历史学家，埃德蒙德·德·哈登海姆（Edmund de Hadenham）和迪恩的威廉（Willliam of Dene），前者的著作覆盖的时间是 614—1307 年，后者的著作则记录了 1324—1350 年间的历史，但是他们没有在获取书籍方面下功夫。在主教和修道院院长中，有几位被称为学者和学术的赞助者。修道院院长奥斯伯恩（Osbern，约 1190 年）在教堂管理人的位置上，就曾抄写了许多书籍，其中包括一部伟大的《诗篇》，它被锁在唱经楼里。迪恩的威廉说，在 1352 年成为主教的约翰·德·谢佩（John de Sheppey）在"科学和文学等方面都非常出色"。主教约 282翰·兰顿（John Langdon，卒于 1434 年）因其渊博的学识尤其是在历史和古代文化方面的学识而备受人们赞扬，他撰写了《英格兰编年史》。约翰·洛是从圣阿萨夫修道院（St. Asaph's）调到罗切斯特教区的，他是"一个文学爱好者，他保存了几本教父的著作抄本，从而使它们没有流失"。修道院院长威廉·弗莱塞尔（William Frysell）是一个出色的文学鉴赏家。埃德蒙德·哈特菲尔德（Edmund Hatfield）是一个修士，亨利七世的母亲命令他翻译《圣乌尔苏拉传》（*Lyf of St. Ursula*）中的一首诗，这首诗在 1500 年前不久由温凯恩·德·沃德（Wynkyn de Worde）使用黑色字母印刷出来。

圣阿尔班大修道院并没有保留自己的图书馆记录，我们因此无法准确地判断它的藏书内容及其性质。但是有一些其他的信息可以使我们确信，它配得上一个学术中心的声名，在这所出色的学校里，有一位杰出的历史学家，那就是广为人知的马修·帕里斯（Matthew Paris）。圣阿尔班修道院不仅是皇家的建筑，而且作为一个著名的圣地，许多朝圣者都来此地朝圣。它的修道院院长是在国会中任职的领主，享有主教管辖权。这个修道院坐落于华特灵大街（Watling Street），距离伦敦 1 天的路程，所以经常会有一些尊贵的客人包括王室成员来造访。事实上，后来这里专门给皇后

---

① Dugdale, *op. cit.*, I, 156-158.

预留出一个房间,她也是这里唯一一位被接待的女性。在这样的背景下,圣阿尔班大修道院的历史颇不平静,它的财富和声望引起人们的觊觎,它试图保有其封建特权的做法则经常导致法律纠纷和暴力冲突,它的统治者卷入政治冲突对宗教生活起到了破坏的作用。在保持了两个世纪的作为"全英格兰宗教学校"①的杰出地位之后,这个修道院遭遇了不幸。在 14 世纪,持续的改革措施曾经一度又使得它在一定程度上恢复了往日的繁盛局面,但是到 15 世纪末,该修道院无论在道德生活还是在财政状况方面,都达到了其历史的最低点。

从 1077 年第一任诺曼人的修道院院长卡昂的保罗(他是兰弗朗克的亲戚)开始,到 1465 年去世的约翰·惠萨姆斯特德(John Whethamstede)为止,圣阿尔班大修道院几乎所有的修道院院长都是有学识的人,并且都是爱书之人。《圣阿尔班修道院院长的事迹》(*Gesta abbatum monasterii S. Albani*)抄本现在科顿藏书中,里面有一系列修道院院长的微型画像,其中大部分画像中的人物都是处于学习的状态。②

修道院院长保罗从兰弗朗克那里借了许多书,他建立起一个缮写室并雇用书吏抄书,他很可能是从诺曼底雇用抄工。这里很快就形成了独特的圣阿尔班字体。③缮写室主要是由哈特菲尔德庄园的什一税支撑,由一个诺曼贵族给付,由莱德伯恩(Redburn)的什一税补充。④修道院院长保罗捐赠了 28 本精美的书籍,全部都是礼拜仪式用书。在已用于维持修道院缮写室的费用总数上,他的继任者理查德又增加了 2/3 的什一税,这些什一税来自几乎所有属于修道院的特权教堂。⑤在他之后,修道院院长杰弗里将施赈员给予的生活费转换成了住宿费,以使得他们的工作得以继续。这个杰弗里受命管理圣阿尔班的学校,但是,他在路上耽搁了太长的时间,当他到达以后,发现此地已被占用。在此地再一次空留出来之

① V. H. Galbraith, *The Abbey of St. Albans*, p.4.
② Savage, *op. cit.*, p.49 and n.4.
③ T. D. Hardy, *Materials for the History of Great Britain and Ireland*, III, cxxiii.
④ *Gesta abbatum monasterii Sancti Albani a Thoma Walsingham compilata*, ed. H. T. Riley("Rolls Series," No.28), I. 57.
⑤ C. Jenkins, *The Monastic Chronicler*, p.25.

前，他在邓斯特布尔(Dunstable)保有一所学校，并在那里创作了一部神迹剧，也是关于圣凯瑟琳生活的早已为人所熟知的神迹剧之一。在这场剧上演的当天晚上，他的房子着了一场大火，烧毁了他从该修道院为他的唱诗班成员借来的书籍。他不知道该如何弥补亏欠上帝和圣阿尔班的这场损失，编年史家写道："他把自己奉献给上帝，"他成为了一名修士，并最终当上了修道院院长。①他让他的侄子和继任者拉尔夫·古比昂(Ralph Gubiun，1146—1151年在位)也担任抄工，后者赢得了"圣阿尔班教堂自由改革者"的称号。他曾经拒绝尼古拉斯·布雷克斯皮尔(Nicholas Breakspeare)进入修道院的要求，而布雷克斯皮尔的父亲晚年作了修士以后，非常希望他的儿子能够进入这所修道院。因为这个年轻人考试不合格，拉尔夫拒绝让他进入修道院，失望的尼古拉斯离开了英国，但在随后的年月里，毫无疑问他从这位修道院院长那里获得了很多帮助。无论如何，尼古拉斯一生都热爱他父亲的修道院，以至于当他成为教皇哈德里安四世(Hadrian IV)的时候，他尽其所能地给予这所修道院以任何帮助，包括豁免其教会管辖权。编年史家自豪地说，在英格兰，没有任何一家其他的修道院享有圣阿尔班这样的特权。②

正是在拉尔夫的继任者西蒙修道院院长任职期间(1167—1183年)，该修道院的文献史才真正开始。编年史家称其有"文学素养，品行好"。他勤勤恳恳地工作，将"诚实和热爱文学"之人吸引到该修道院来。但是，比抄写手稿更重要的是，西蒙修道院院长在他自己的私人房间里，一直雇用2—3个优秀的抄工。这一做法标志着史官办公室的产生，这一观点被人们广泛认同。③

西蒙的继任者塞拉的约翰(John of Cella，1195—1214年在位)是一个学识渊博的人，他曾在巴黎接受教育。④他给这个修道院里增加了《〈圣经〉释义》(Historia scholastica)⑤。这本著作抄本现存

284

---

① *Gesta abbatum*，I，73.

② *Ibid.*，p.128.

③ Hardy，*op. cit.*，xxxvi；*Cambridge History of English Literature*，I，198.

④ J. A. Froude，*Short Studies in Great Subjects*，III，26.

⑤ 12世纪由Petrus Comestor使用中世纪拉丁文撰写，有时又被称为《中世纪通俗圣经》("Medieval Popular Bible")，其材料主要取自《圣经》，此外还有古典学者和教父的著作。

在古老的皇家藏书中,其中还包括一本由格罗斯泰特从希腊文翻译过来的《十二族长遗训》(*Testament of the Twelve Patriarchs*),马修·帕里斯认为它是无价之宝,因为这样的翻译非常稀少。在后来的修道院院长中,罗伯特(1260—1291 年在位)给这个修道院捐赠了几本教会法书籍、一卷包含塞内加著作的书籍,还有一些他自己亲笔写的布道书。

在林肯郡(Lindum Colonia)还是一个军团要塞的时候,它就占有着重要的地位,但是直到大约 1075 年以前,它都没有成为主教辖区所在地,1075 年议会法颁布,规定主教应该将他们的辖区置于有城墙的城镇里,费康的雷米吉乌斯(Remigius of Fecamp)才将他的住所从多尔切斯特(Dorchester)搬到了林肯郡。

285　　　亨丁顿的亨利在大约 1145 年撰文写道,雷米吉乌斯挑选有学识、有声望之人来作他新的教堂咏礼司铎。大臣负责管理图书,我们的第一个真正的图书馆记录记载的是大约 1150 年大臣哈默(Hamo)时代的藏书。这份记录本身是写于约 1200 年,可能是抄自更古老的一份清单。①这份书单中记载有 95 本藏书,其中主要是神学著作,但是也包括了维吉尔、维吉蒂乌斯、普里西安、一本《中世纪欧洲地图》、亚里士多德和索利努斯的著作。②还有相当一部分教会法书籍。也许最有趣的一本书是《希腊谚语书》(*Librum pro-verbiorum Grecorum inutilem*),尽管它不是用真正意义上的希腊文写的。遗憾的是,这本书没有留存下来,但是它被一个爱尔兰人卡特鲁尔夫(Catrulf)在一份写给查理大帝的书信中所引用,塞杜利乌斯·斯科特斯在他的《选集》(*Florilegium*)中也引用了这本书,还有《约克短文》(*York Tracts*)的佚名作者也引用过此书。

大约在 1220 年,该图书馆又增加了一堆书,这从哈默藏书的一卷布道书的卷尾列出的书单中体现出来。在这些书中,有 4 本是威廉·德·阿瓦鲁内(William d'Avalune)的礼物,他可能是圣休

---

① Printed in R. M. Woolley, *Catalogue of the Manuscripts of Lincoln Cathedral Chapter Library*, pp. v-ix.

② 关于 12 世纪和 13 世纪英格兰的古典著作,参见 E. F. Jacob, "Some Aspects of Classical Influence in Medieval England," *Vortraege der Bibliothek Warburg* (1930-1931), pp. 1-27。

（St. Hugh）的亲戚；12 本是普通的书籍，其他相似图书的捐赠是偶尔记载下来的。威尔士人杰拉尔德（Gerald the Welshman）捐赠的书籍值得一提，因为其中包括《爱尔兰地貌》（*Topographica Hibernica*）、《圣雷米传》（*Vita Sancti Remigii*）和《教堂中的珍宝》（*Gemma ecclesiastica*），在 1199 年，他将《教堂中的珍宝》的一个抄本送给了英诺森三世。①

　　在林肯郡的杰出主教中，可夸耀的圣人、枢机主教和校长是主教罗伯特·格罗斯泰特（1235—1253 年在位），他对他那个时代以及随后的宗教、国家和文化生活都产生了很大的影响。②他做出了非常大的成就，我们在这里只能简单地探讨他对学术事业的贡献。在 13 世纪，他引领了短暂的希腊学术的复兴，独自或与他人合作将如下的希腊文翻译成拉丁文：《伊格内修斯的书信》（*Epistles of Ignatius*）、《阿塞纳斯传奇》（*Romance of Asenath*）和《十二使徒传》。剑桥依然还有精美的格罗斯泰特所使用的 10 世纪抄本，里面附有一个 13 世纪英国人所做的注释；70 篇苏达斯（Suidas）的历史著作摘要；还有一些雅典最高法院法官狄俄尼索斯（Dionysius the Areopagite）的著作。据说当时在圣阿尔班的希腊人尼古拉斯协助了他的工作。③

　　很明显，格罗斯泰特没有古典希腊著作，除了苏达斯的著作之外，他也没有拜占庭的著作。但是值得一提的是，他是 13 世纪整个西欧唯一一个拥有希腊知识的人。他其余的手稿大部分是伪作的，但是，它们确实反映出他对基督教起源的兴趣，这一点直到很晚才被人们发现。因为在 13 世纪，拉丁人（指第四次东征的十字军——译者注）对君士坦丁堡的占领，便于输入希腊手稿，格罗斯泰特遂派他的执事长巴辛斯托克的约翰（archdeacon John of Basingstoke）直接到雅典去搜罗手稿。

　　尽管人们认为格罗斯泰特"非常精通"希伯来语，但是我们并不知晓他是否拥有任何希伯来语著作，④我们仅有一些间接证据。

---

　　①　*Vita S. Hugonis*，ed. J. F. Dimock（"Rolls Series," No. 37），p. 186 and n. I.

　　②　F. L. Stevenson，*Robert Grosseteste*，p. 1.

　　③　Mattew Paris，*Chronica majora*，ed. H. R. Luard（"Rolls Series," No. 57），IV，232（A. D. 1242）.

　　④　*Cambridge Modern History*，I，590.

## 中世纪的图书馆

在位于林肯郡主教辖区内的拉姆齐修道院,一个小的学者团体拥有希伯来语《旧约》,其中的修道院院长格里高利有一本希腊语和希伯来语双语的《诗篇》。在 13 世纪下半叶,有一场希伯来语《旧约》的翻译运动,这只在英国的修道院里留下了痕迹。可以肯定的是,它一定是受格罗斯泰特或者培根的影响,培根是格罗斯泰特的学生。科西(Costessey)的亨利写了一篇《诗篇》的评论(大约在 1336 年),在字里行间有拉丁文译文。①格罗斯泰特将他的抄本留给了牛津的方济各会修士,他们将这些抄本慢慢地传布,一些抄本到了达勒姆,因此也可能远及德伯利(De Bury)。

作为牛津大学校长,格罗斯泰特对多明我会修士和方济各会修士皆持欢迎态度,前者在 1220 年来到英特兰,后者在 1224 年到来。他的伟大的朋友亚当·马什(Adam Marsh)是方济各会的修士,成为牛津方济各会的第一位讲师,后来继任为校长,为这所著名学院奠定了基础。三位杰出学者罗杰·培根、邓斯·司各脱和奥卡姆的威廉都出自该学院。这个英国的小兄弟会的声誉是如此之高,以至于吸引了爱尔兰、法国和德国的教师前来应聘。②正是格罗斯泰特对亚当的影响,才使得他将其图书馆馈赠给牛津的小方济各会。格罗斯泰特曾经致函福克斯通的约翰(John of Foxtone),表示愿意以任何价格购买福克斯通的约翰要卖的图书馆,从中我们可以看到约翰图书馆的形成情况。③

这位伟大的学者型主教的工作对教规和他的主教座堂图书馆并没有产生重要的影响,或者,也许有影响,但是我们找不到证据。直到 15 世纪最初的 25 年里,"新的"图书馆才在 1419—1426 年间被建立起来,可惜的是大部分建筑在 1609 年的大火里被毁了。里面的藏书都被捆扎在一起,正如大约在当时所编辑的目录中指出的那样:"图书馆里链着的新书"(de nove sub serures cathenati)。三个幸存下来的讲台的样式表明,捆书的链子是和桌上的一根木条连在一起的。④但是,并非所有书籍都得到了这样仔细的保护,因为

---

① *Cambridge Modern History*,I,p.590.
② Stevenson,*op. cit.*,p.75.
③ *Ep.* cxx.
④ B. H. Steeter,*The Chained Library*,p.21.

在 15 世纪的图书目录中（大约 1450 年），许多哈默时代的书都已经散佚了。当时的图书总数只有 109，但是在两个多世纪以前，大约有 100 多卷书。在 1437 年主教威廉·阿尼维克（William Alnewich）访问期间，教堂主礼牧师约翰·麦克沃斯（Dean John Macworth）告诉他，教堂里的普通书籍本来应该在图书馆里，但是被教士们带出去了，更多的书被教堂管理员锁了起来，因为害怕这些书遭遇相同的命运。①因此，这个图书馆的藏书很有可能要比目录中的数量更多，依然在教堂里大量尚存的抄本似乎也可以证明这一点。

15 世纪的目录是一份非常简单的书单，里面没有任何分类，其内容几乎毫无例外都是神学和教会法。在利兰造访时，又添加了书籍。其中一定有《桑顿传奇》（*Thornton Romances*），这是一本包括如下 4 部用英文写的骑士传奇韵律诗杂集：《珀西瓦尔》（*Perceval*）、《伊萨姆布拉斯》（*Isumbras*）、《艾格勒莫》（*Eglamour*）和《德格雷凡特》（*Degrevant*）。②利兰提及了 11 部林肯郡的抄本，并在经过核实后认为，其中 6 部是属于皇家图书馆新增加的抄本，4 部都是神学著作，现存大英博物馆。利兰提及的《圣休传》（*Magna vita*）已经不存在了。现在的图书馆包含了大约 200 部抄本，但是其中的大部分都是宗教改革之后的抄本。有一些手稿来自林肯郡、坎特伯雷的方济各会和伦敦的加尔默罗修会，还有的来自其他的宗教机构。现在图书馆里最珍贵的是《自由大宪章》抄本。

和林肯郡一样，赫里福德主教座堂也属于"古老的建筑"，而且一直到 12 世纪的前 25 年它才在诺曼法规的基础之上被重新组建起来。连续几任修道院院长都学识渊博，从这一点我们几乎不能否认它从 11 世纪下半叶开始在教堂里就有藏书，但是关于这个图书馆早期的历史我们依然知之甚少。我们了解的第一个图书馆的房间建在修道院回廊之上，有一个螺旋楼梯通往这个房间，它应该建于 1412

① H. Bradshaw and C. Wordsworth, *Linclon Cathedral Statutes*, III, 367.

② The four romances, named from the compiler of the collection, Robert Thornton of Yorkshire(fl. 1440), were edited by J. O. Halliwell and printed in 1844 as Vol. XXX of the "Camden Society Publications".

年之后,因为这个修道院回廊是在 1412 年才建起来。①但是我们有证据表明在此之前这里就有藏书。在 1369 年,主教查尔顿(Charleton)留下了一些书,这些书在教堂里面是用锁链链在一起的。在赫里福德还有两个 14 世纪的大木箱子,可能就是用来装书的。

尽管缺少明确的证据,但是像赫里福德所拥有的这样有学问的主教们肯定会为他们的教士提供书籍,并在提供书籍的过程中发挥非常积极的作用。洛塔林主教罗伯特·洛辛加(Robert Losinga),以"最精通各种文学艺术"著称;②贝修恩的罗伯特(Robert of Bethune)于 1131 年任主教,他选择的教士都是有学问和有能力之人。罗伯特·福利奥特(Robert Foliot)是著名的吉尔贝的亲戚,像同一家族的第三任主教休一样,他也赠送给他的教堂"土地与书等许多恩惠"。罗伯特·福利奥特的继任者威廉·德·维尔(William de Vere)是一个诺曼人,他不仅使得他的"教廷"(court)享有几乎王室般的荣耀,而且还拥有沃尔特·马普(Walter Map)和吉拉尔德斯·坎布伦西斯(Giraldus Cambrensis)使之添光增彩,他们是当时赫里福德的教士。他的《教堂之境》(*Speculum ecclesiae*)被送给了追随他的教士们。在 13 世纪末,阿伦·德·克雷平戈(Alen de Creppinge)捐赠了 6 卷本的教会法书籍,其中包括一本《霍斯迪恩西斯》(*Hostiensis*),并明确规定,任何书都不可以从主教座堂被带走。③特里夫南特(Trefnant)主教的财产清单是在他 1404 年去世以后整理出来的,他的藏书主要是民法和教会法方面的书籍,这正是他那个时代的特色,他仅有两本古典作家的著作,这两位古典作家是瓦勒里乌斯·马克西穆斯和昆体良。④

我们还找到一些关于图书外借的有趣信息。1319 年 11 月 4 日阿维农的亚当·德·奥利顿(Adam de Orleton)登记簿中的一封信表明,他从劳伦斯·布鲁顿(Lawrance Bruton)那里借了阿奎那的《神学大全》和《成语集》、一本《〈圣经〉释义》、亚里士多德、西塞罗的著作和一本几何学著作。藏书所有者的叔叔哈里斯(Hayles)修道院院长以

289

---

① Streeter, *op. cit.*, p.80.
② A. T. Bannister, *The Cathedral Church of Hereford*, p.28.
③ Cf. Bannister, *op. cit.*, p.187, and n.2.
④ *Proceedings of the Canterbury and York Society*, XX, vi.

及劳伦斯本人规定,该主教要将这些书还给英格兰的劳伦斯或者为这些书付一笔合适的费用。①在 14 世纪下半叶,特里莱克(Trilleck)主教从温洛克(Wenlock)的小修道院那里借了《圣米尔布鲁加传》(*Life of St. Milbruga*),前提条件是,当修道院需要,他就要按时还书,否则会被处以罚没财产的惩罚;在 1412 年,教堂赞礼员理查德以同样的条件借了 6 本书,包括一本《彼得论盐》(*Petrus de Salinis*)和一本《霍斯迪恩西斯》。②

M. R.詹姆斯博士③辨认出图书馆现存的 220 多部抄本中,有 114 部是属于教堂古老的藏本,其他的 60 部没有注明出处,一些可能是赫里福德的藏书,只有 48 本明确是属于其他图书馆的。在这些书中,16 本来自塞伦塞斯特(Cirencester)修道院,一般都带有注释,表明了当地发生的一些事件,以及这些书写作的时间和作者。一些书来自赫里福德修道院的教堂;一些来自伊尔切斯特、格洛斯特、牛津、布里和弗拉克斯利。还有一卷书写于爱尔兰的科纳尔。没有直接的证据说明这么多"域外书籍"到达赫里福德的具体方式;但是詹姆斯博士推测,一些书可能是后来通过威尔士人约翰先生的遗嘱而获得的,他去世于 1555 年,并将其全部的"神圣著作"捐赠给了赫里福德。④

在教堂的藏书中,有 50 多本是 12 世纪的,大约一半书的时间甚至更早。唯一的一本世俗著作是西塞罗的《修辞学》。一本 13 世纪的杂集包括一些奥维德的诗文和一本尤维纳利斯的《选集》(*Florilegium*)、卢坎、贺拉斯的《信札》(*Epistulae*)以及奥维德的《哀怨集》(*Tristia*)。还有一本关于《变形记》的评论、一本《以西塞罗为证》(*Testamentum Ciceronis*)、两本词典、一篇数学方面的文章以及几本半历史性质的著作。几乎全部的著作都是拉丁文,只有极少数例外。有两本盎格鲁-撒克逊文的文献,在后期英文抄本中,有一本威克利夫的《圣经》、一篇理查德·海姆伯勒(Richard

----

① F. A. Gasquet, *The Old English Bible*, p.37, n.1.

② Bannister, *op. cit.*, p.188.

③ In his Introduction to A. T. Bannister's *Descriptive Catalogue of the Manuscripts in the Hereford Cathedral Library*.

④ Bannister, *ibid.*, p.147.

Hampole)的文章和《中世纪英国宗教文献》(*Speculum Christiani*)。只有三本著作、部分《圣经》和布道书中出现了法文。有许多古代的书籍封皮留存了下来,其中有一些非常漂亮。在一些书中,标出了一个价格或者两个差别非常大的价格。

伍斯特在很早的时候就有藏书,一些最古老的英格兰手稿在那里被保存了下来。[①]沃尔夫斯坦(Wulfstan)是伍斯特最有活力的撒克逊主教之一,他重建了教堂,但是在 1041 年丹麦人洗劫该城的时候,几乎摧毁了这个教堂。在接下来的世纪中,它几次又被大火毁坏,但在 1218 年又被重建了起来,并且装饰得更加庄重。从 12 世纪起,在修道院的回廊东墙有许多壁橱。[②]有一个 12 世纪的书房还尚存,即教堂南面过道上方的一间小房,图书馆的前厅。在 14 世纪末,当时南面过道的拱顶被修建起来,在老图书馆 6 级台阶之上又建了一个新的房间。从修道院院长莫尔(Moore,1518—1535 年在位)的账簿来看,官方档案和教堂用书都在壁橱中保存着,而且至少从 1372 年以来,修道院回廊就是小修道院的缮写室,普通的用来阅读和抄写的书籍可能都保存在这里。尽管伍斯特的缮写室不像其他地方的缮写室那样那么有名,但是这里的抄写工作并没有被完全忽视。在 1464 年,主教卡朋特(Carpenter,1444—1476 年在位)又建立了一个新的教堂图书馆,它与圣托曼小教堂(chapel or charnel house of St. Thoman)有联系。J. W.克拉克在他的《书籍的保护》中,记载了关于礼物最有趣的规定。

再来看这个图书馆的藏书内容,其留存至今的中世纪手稿比例仅次于达勒姆,从而被詹姆斯博士列为藏书量位居第二位。[③]在伍斯特图书馆中,还有 275 卷 11—16 世纪的藏书,其中 66 卷被确认在英国其他图书馆,而伍斯特很少有来自其他图书馆的藏书。其中的大部分是 14 世纪的抄本。神学著作构成了图书馆藏书的主题,除此之外,还有大量的教会法和民法著作,包括格兰希尔(Glancil)、阿佐、布拉克顿(Bracton)和一本瓦卡利乌斯(Vacarius)的著作

---

① J. K. Floyer and S. G. Hamiltom, *Catalogue of Manuscripts in the Chapter Library of Worcester*, p.ix.

② Clark, *op. cit.*, p.84.

③ In his Introduction to Bannister's *Catalogue*, p.11.

抄本。其次是医学著作，多数都是阿拉伯学校的早期拉丁文译本，包括一本 13 世纪的哈里（阿里·伊本·阿巴斯）（Ali ibn-el-Abbas）的《加冕礼之书》（Liber regalis）抄本，它是由安提柯的斯蒂芬（Stephen of Antich）在 1127 年翻译的。医学的主要发展要归功于主教梅杰（Mauger，1200—1214 年在位）的影响，他曾经是国王理查德的医生。有大量亚里士多德著作的译本：《伦理学》《形而上学》《题旨》《分析篇》和《物理学》，还有 13 世纪亚里士多德著作的阿拉伯语-拉丁语译本，至少其中的译本《论灵魂》（De anima）是并排附有阿拉伯语和拉丁语的。

拉丁文古典著作只占该图书馆藏书的一小部分。整个图书馆藏书最"具有文学色彩"的只有一卷，而且不完整，里面所附古老的索引表明它最初的内容包括——克劳迪安、斯塔提乌斯的《阿喀琉斯纪》（Achilleis）和加图的《对联》（Distichs）、《教义》（Doctrinale）、《希腊文化》（Gressimus）、《为特洛伊哭泣》（Pergama flere）、《亚历山大公爵的事迹》（Gesta ducis Alexandri）、贺拉斯、尤维纳利斯、佩尔西乌斯、"卡图拉"（Cartula）、"乌尔巴努斯"（Urbanus）和卢坎的著作。其中还有大量语法方面的书籍，主要有：普里西安和阿尔弗里克的著作以及培根的《论语法》（Tractatus de grammatica）和一本威廉·德·蒙特（William de Monte）搜集的语法著作集，威廉·德·蒙特是吉拉尔德斯·坎布伦西斯的老师。此外，还有几本辞典和一些神话著作。所以，当时人们也一定对世俗学术研究有所关注。毫无疑问，许多教材是通过曾经在牛津格洛斯特大厅学习的学生进入该图书馆的。

有几个抄本值得我们格外关注。C. H.特纳教授编辑了一组早期的抄本，他认为这些古代抄本要比英格兰任何其他抄本都更有价值，除了达勒姆的抄本例外；他说："它们几乎是丹麦人入侵之前唯一从英格兰教堂幸存下来的学术证据，阿尔弗雷德国王也曾经谈论过此事。"[①]在此之后，最重要的是 12 世纪的瓦卡利乌斯（Vacarius）关于查士丁尼的《评论》，被认为是英格兰关于此著述唯一的

293

---

　　① 　Quoted by J. M. Wilson, "Worcester Cathedral Library," *Library*, 4ᵗʰ ser., II (1922), 257.

藏本。这个瓦卡利乌斯大约在 1149 年曾在牛津讲授罗马法,后来被斯蒂芬停止了讲座活动,我们能够找到的其所有著作都被毁了。《伍斯特对唱圣歌》(*Antipnonale monasticum Wigorniense*)大约在 1218 年编撰完成,其价值无可替代,因为它是目前所知唯一的一本完整的英国本笃会的应答祈祷书。英语祈祷书甚至在第一任诺曼人主教巴约的桑普森(Sampson of Bayeux)之后就保留在伍斯特。被人给予极大关注的是《白皮书》(*Liber albus*),这是修道院院长 1301—1446 年的书信集,开头三部分由教士 J. M.威尔逊(伦敦 1920 年)编辑,正如他所言,这本书信集生动反映了 14 世纪伟大的本笃修道院的生活。除了拉丁文之外,该图书馆几乎没有其他语言的著作:有 2 到 3 本关于《诗篇》的注解,两本汉普勒的理查德·罗尔(Richard Rolle of Hampole)的小册子和一本威克利夫的《新约》英文译本,法语只有片段。在其他图书馆的伍斯特藏书中,有几本英文著作,其中一本是主教沃尔费里斯(Wereferth)给阿尔弗雷德大帝的《教牧守则》译本的原版,还有一本法语和拉丁语杂集、一本帕拉迪乌斯的著作、一本索利努斯的著作、埃希库斯(Aethicus)和一本普里西安的著作。伍斯特的《世界史》(*Chronicon*)的当代佛罗伦萨抄本在剑桥的基督圣体学院。

让我们把视线从林迪斯法恩转到达勒姆的切斯特-勒-斯特利特(Chester-le-Street),在 10 世纪末,圣卡斯伯特(St. Cuthbert)教堂在那里占据了最重要的地位。它的主教不仅仅是该教区的领导者,而且是贵族领地的领主,几乎领有达勒姆城堡王室领地,该城堡建立在一块坚固无比的岩石上面,数百年来,这座要塞——修道院抵御了来自苏格兰边境的无数次的侵略。在第二任诺曼主教威廉·德·圣卡里莱夫(William de St. Carileph,1081—1096 年在位)在任期间,韦尔茅斯和伽罗修士代替了世俗的教士。达勒姆是最好的能够说明本笃学术兴趣的地方了,它的图书馆在内容和古典作家图书所占的比重上都是中世纪最值得一提的。除此之外,藏书之地,尤其是个人学习的特殊的条例是如此重要,以至于它们甚至先于其书籍本身更值得我们给予关注。

我们关于达勒姆的藏书地点、学习时间和书籍摆放的详细规
定,部分是通过一部非同寻常的有趣的《达勒姆的仪式》(*Rites of*

*Durham*）而获得的。①它向我们详细展示了图书馆建筑、设备以及修士们日常的生活情况。在修道院回廊的一段描述中，如下的一段文字是非常经典的（Sec. XLI）：

　　在修道院的北边，从教堂大门一侧的墙角到宿舍大门一侧的墙角，一直延伸到修道院内部庭院的一角，（整个墙体）自上而下都以精致的釉砖（或彩色玻璃）装饰。每个窗户里面都有一个靠背长凳或分隔式阅读间，每位年长的修士独自拥有一个单间。他们吃过午饭就躲到修道院的这个角落，整个下午都在自己的阅读间里读书，直到傍晚时分。这是他们每天的必修课。他们的阅读间都以镶板装饰，非常封闭，只有正前方有一些开口以便让光线从镶板装饰的大门的方向照进来。在每个阅读间里都有一张小桌子供修士放置书本。每个阅读间的大小不过从一扇窗户的一角到另一角的距离，阅读间与教堂墙壁之间立着一些巨大的书柜，里面摆满各种书籍，其中包括由教会博士和其他世俗作者所著的古书，以及各种其他圣人的著作。每个人除在自己的阅读间研读之外，还可以在这里挑选自己喜欢的其他书籍。

　　达勒姆图书馆的近期历史表明，它有 5 个藏书的地方。②第一个诺曼图书馆是在大厅上一层的东部回廊建立的。③关于这个藏书间的早期历史，我们知之甚少。人们普遍认为它是修道院院长威辛顿（Wessington，1416—1446 年在位）工作的地方，因为他花了90 英镑修葺了 2 个窗户，修复了房顶、椅子、门和书籍。④这个地方的藏书似乎逐渐被转移了，正如 1416 年的目录所表明的那样。第 *295*二个重要的藏书地点是库房，它在 1391 年的目录中被称为"cancel-laria"（意为"处所"）。这里有许多书，被分为两类：一类是"公共书

---

　　①　Definitive text edited by J. T. Fowler and printed in 1903（for 1902）as Vol. CVII of the "Publications of the Surtees Society".

　　②　Introduction and a chapter on "Some Later Durham Bibliophiles" by J. Meade Falkner, in H. D. Hughes, *A History of Durham Cathedral Library*（Durham，1925）.

　　③　*Rites*，p.31.

　　④　*Historiae Dunelmensis scriptores tres*，ed. J. Raine（"Pulications of the Surtees Society," IX），p. cclxxiii.

籍",所有的修士都可以借阅,另一类是使用受限的非常有价值的藏书,它们被安全地放在"里面的图书室里"。在通往医务室的过道里摆放着书籍,供餐厅的读者阅读,但是这些书是从金库里拿过来的,并没有形成一个永久的藏书空间。最后一个藏书的地方是在库房门口附近的西回廊。

达勒姆有两份主要的目录,①里面记载有 500 多卷藏书,其中大约 360 卷依然在该图书馆里。第一份清单(12 世纪的)有捐赠者的名字,但是没有分类,除了英语书籍之外,大部分是医学著作,以及在餐厅里被阅读的那些书。达勒姆和惠特比一样,在人文著作方面非常丰富。这里有《荷马史诗》——甚至有拉丁文译本——这一时期在英国图书馆里。②还有一本夏尔西蒂乌斯的《蒂迈欧篇》译本。有代表性的拉丁文作家包括:特伦斯、萨鲁斯特、西塞罗、维吉尔、奥维德、卢坎、尤维纳利斯、贺拉斯、加图、昆体良、斯塔提乌斯、佩尔西乌斯、塞内加、马克罗比乌斯、索利努斯、克劳狄、西多尼厄斯、普里西安、维克托利努斯,还有一些其他的修辞学著述和多纳图斯以及雷米吉乌斯的评论。除此之外,这里有《伊索寓言》和其他 3 卷寓言书(*Esopus et alii tres libri de fabulis*)、达里斯和蓬佩尤斯·特洛古斯(Pompeius Trogus)的著作,有《法兰克人的事迹》(*Gesta Francorum*)、《诺曼人的事迹》(*Gesta Normannorum*)、一本《英国人的历史》(*Historia Anglorum*)和《盎格鲁-撒克逊编年史》(*Cronica duo Anglica*)。数学方面,有两本算术、两本占星术著作和一本几何学著作。医学著作数量很多,大约有 20 本属于教师赫里柏图斯·梅迪卡斯(Magister Herebertus medicus)给圣库斯伯特的藏书之列。名为"瓜里尼的书籍"(Libri Guarini)的藏书非常有趣,其中一半是古典著作或者世俗作家的著作,这些作者包括——特伦斯、贺拉斯、尤维纳利斯、维吉尔、奥维德、普里西安、多纳图斯、波埃修斯、马提安努斯,还有一本修辞学著作——所有的著作不到 20 卷。

---

① *Catalogi veteres librorum ecclesiae cathedralis Dunelm.*, ed. J. Raine, with Introduction by B. Botfield("Publications of the Surtees Society," VII).

② Rheinisches Museum, VIII, 59.其他的在惠特比。

296

# 第八章 诺曼和安茹王朝时期英格兰的图书馆

阿尔昆曾用诗文庆祝过的约克主教座堂著名的图书馆从丹麦人的入侵中幸存了下来,但是它却在 1069 年的大火中被烧毁了。后来由第一任诺曼人大主教巴约的托马斯重建,但是在斯蒂芬统治时期(1137 年),在苏格兰边境战争期间,教堂建筑又一次被烧毁。托马斯在他的新教堂里放了很多书,但是这个图书馆再也没有达到从前的规模,尽管新的学校使得该教堂成为一个学术中心。①大约在 1415 年,教堂又建立了一个图书馆。②然而在宗教改革之前,大部分藏书似乎就已经散佚了。在 1500 年之后不久编制出来的一份清单仅提及了《圣经》。③教堂图书馆的一份目录列举了大约 100 本手稿,但是其中的大部分手稿很明显是在近代获得的。④

这个图书馆早期的内容主要来源于与该主教座堂相关的一些人物的遗嘱和财产清单。⑤在该教堂获得的遗赠中,民法和教会法书籍尤其是后者非常值得一提。在 14 世纪末的时候,克利夫兰的大助祭威廉·德·菲力比(William de Feriby)给该图书馆留下了 20 马克和属于威廉·德·梅尔顿(William de Melton)的全部书籍;⑥在 1396 年,约克郡的一名教士沃尔特·德·布鲁日(Walter de Brugge)留下了"一本中世纪英语讽刺叙事诗《农夫皮尔斯》(*Pers Plewman*)"、一本《灵丹妙药》(*Catholicon*)和一些其他的书籍。⑦里士满的大助祭斯蒂芬·勒斯克洛普(Stephen le Scrope)留下了几本教会法书籍,这些书后来被收藏在圣彼得修道院图书馆。在约克郡居住的教士威廉·加沃德(William Cawod)⑧留下了一些教会法和民法书籍,还有一些其他的无名书籍。⑨教士托马斯·格林伍德

---

① Hunter, *op. cit.*, p.29.

② A. Clutton-Brock, *The Cathedral Church of York*, p.17.

③ Dugdale, *op. cit.*, VI, 1202-1212.

④ Printed in the *Appendix to the Report of the Commissioners on Public Records*, 1837, pp.286-287.

⑤ Gottlieb, *op. cit.*, p.176, quotes Botfield on the existence of four old catalogues among the manuscripts of the dean and chapter, but I have not been able to discover them in print.

⑥ *Testamenta Eboracensia*, ed, J. Raine("Publications of the Surtees Society," IV), I, 105.

⑦ *Ibid.*, p.209.

⑧ *Ibid.*, p.389.

⑨ *Ibid.*, p.395.

297 的遗嘱和财产清单(1421 年)显示,他拥有 18 或者 20 卷书籍,主要是法学方面的内容。①1423 年,大主教亨利·鲍伊特(Henry Bowet)离世时留下了 33 本书,主要是《圣经》、神学著作和教会法书籍,这些藏书价值 33 英镑。②几年以后,律师罗伯特·雷根希尔(Robert Ragenhill)将其如下藏书赠给了教堂:莱拉的尼古拉斯的著作和一些关于《法律汇编》(Digest)和《药典》(Codex)的评论。③在1432 年,财务主管罗伯特·沃尔夫登(Robert Wolveden)分配给这个图书馆一些神学著作,前提条件是该图书馆没有这些著作的抄本;他还有一本带有注释的加图的著作。④教会法庭的另一位官员罗伯特·阿尔尼(Robert Alne)提供了一些教会法书籍和一本阿佐的著作,他还将自己抄写的彼特拉克的《论两种命运的补救》(De remediis utriusque fortunae)留在了剑桥。更值得一提的藏书来自威廉·达菲尔德(William Duffield),他给了他两个朋友一本伊西多尔的著作和一本《灵丹妙药》,这两本书最终都被收藏在这个教堂里;⑤他还有比德、加图的著作以及一些医学和教会法书籍,有一本《〈圣经〉释义》,几本奥古斯丁的著作,此外还有一本《编年史》(Polychronicon)抄本。⑥

约克圣玛丽修道院的圣本笃大修道院是在诺曼征服之后不久建立起来的,利兰说它拥有如下作者的著作及藏书:拉尔夫·德·迪塞托(Ralph de Diceto)、一本关于天体观测仪的著作、特里维特(Trivet)对《上帝之城》(De civitate)的评论和塞内加论悲剧、艾伯塔斯·穆萨库斯(Albertus Musacus)、西拉修斯(Hilasius)的《论大力神》(De Hercule)和两本格罗斯泰特的著作。⑦

最重要和最有趣的是奥古斯丁修士在约克的图书馆,它不仅拥

---

① *Testamenta Eboracensia*, ed. J. Raine ("Publications of the Surtees Society," XLV),III,62.

② *Historians of the Church of York*,III,14-16.

③ *Testamenta Eboracensia*,III,90.

④ *Ibid.*,p.92.

⑤ *Ibid.*,p.127.

⑥ *Ibid.*,p.33.

⑦ Dugdale, *op. cit.*,III,543.

有多达 646 卷的最大量藏书,而且这些藏书内容丰富多样。图书目录①是在 1372 年被编制出来的,它是根据图书的内容编排的,而且还为以后添置图书预留出了空间。除了常规的女修道院图书馆之外,还有两组图书:约翰·厄尔戈姆(John Erghome)数量众多且内容丰富的藏书,占了该图书馆总藏书近三分之一,还有约翰·布克沃德(John Bukwode)捐赠的书籍,很明显这些书籍主要是 15 世纪的,虽然它们不是特别重要,但是在目录中也被单独列出来。在全部藏书中,流传下来的不超过 4 卷。厄尔戈姆的书籍在目录中被按类别列出来,包括大量特别的藏书,尽管他自己的著作并没有表现出他具有高深的学问。在他的著作中,有一本《诗篇》、一本希腊文的颂歌和迈蒙尼德的著作。还有其他的书籍被列在《民族史》(*Historiae gentium*)名下,其中包括的作者和藏书如下:吉尔达斯、《亚瑟王传奇》、恺撒、萨鲁斯特、卢坎、索利努斯、弗洛鲁斯、吉拉尔德斯、蒙默斯郡的杰弗雷、莫林的预言、迪克提斯和《编年史》。他还有弗洛拉的乔吉姆(Joachim of Flora)的著作和一些关于魔法的书籍。在"算术、音乐、几何和方法论"的题头下,几乎全部是他的藏书。

我们在这里还要谈及英格兰北部几个其他的修道院图书馆。惠特比在丹麦人入侵时期被毁,在诺曼征服之后不久又被威廉·德·珀西(William de Percy)重新建立起来。大约 1180 年,它有一个包括 74 卷书的图书馆,②其中除了神学著作之外,还有 15 卷古典著作和其他早期作者的著作,包括阿维努斯、波埃修斯、西塞罗的《论老年生活》和《论友谊》、尤维纳利斯、伊西多尔、佩尔西乌斯、柏拉图的著作《蒂迈欧篇》、普鲁登提乌斯、斯塔提乌斯、《牧歌》和一本《荷马史诗》——最后一本毫无疑问是拉丁文译本。

里沃(Rievaulx)的西多会修道院(大约建于 1130 年)是一个学术中心,其修道院院长埃雷德著有《论斯坦达德战役》(*Relatio de standardo*)。在 14 世纪,这里有一个相当大的图书馆,里面的大部分藏书都具有中世纪的特色,但是也有一些世俗的作家如塞内加、

---

① Edited by M. R. James, in *Fasciculus Johanni Willis Clark dicatus*(Cambridge, 1909).

② Becker, *Catalogi bibliothecarum antiqui*, No.109.

加图、查士丁尼的著作，以及一本修辞学著作和波尔菲利论亚里士多德的著作。①

在莫城有一个西多会修道院（大约建于 1150 年），在 1396 年时它有 350 卷图书，②其中有普里西安、帕皮亚（Papias）和修格西奥（Hugucio）的著作和《修辞的艺术》（*Ars rhetorica*）、马克罗比乌斯、多纳图斯、塞内加、柏拉图的《论诸神的本质》（*De naturis rerum*）和《伊比斯》（*Ibis*）。历史学方面，有布鲁图的著作和"许多其他的英格兰编年史"、《特洛伊战争》（*Bellum Trojanum*）、《马丁编年史》（*Cronica Martini*）、亨丁顿的亨利、萨鲁斯特（两个抄本）、苏托尼厄斯和瓦勒里乌斯·马克西穆斯的著作。除此之外，还有格罗斯泰特的《原罪手册》（*Manuel de Pechiez*）和《十二使徒传》；托马斯·阿奎那论亚里士多德的《物理学》《形而上学》和《伦理学》。

在圣保罗的中世纪图书馆中，几乎没有留下什么历史遗迹。我们只知道三卷尚存的抄本：主教座堂图书馆中阿维森纳的一篇论文、迪赛托的拉尔夫的《编年史》，现存兰贝斯；一本《圣母玛利亚的奇迹》（*Miracles of the Virgin*），现存阿伯丁。③征服者威廉的大臣毛里休斯（Mauritius）建立了诺曼主教座堂，但是它在 1666 年的大火中被烧毁了。④此后不久，出现了大学者吉尔贝，他是里昂的一名教士和纳维尔学校的校长。在他之后，是更著名的吉尔伯特·福利奥特（Gilbert Foliot），他是托马斯·贝克特的对抗者和竞争对手，以其博学多识而闻名。理查德·菲茨-尼尔（Richard Fitz-Neal）著有《关于财政大臣的对话》（*Dialogus de scaccario*），他使用其两个庄园中的什一税来资助该教会学校的发展。

迪赛托的拉尔夫所著的《编年简史》（*Abbreviationes chronicorum*）中最早提及了这个教会图书馆的藏书。他提到了 47 个资料来

---

① E. Edwards, *Memoirs of Libraries*，I，333-341. On Ailred see F. M. Powicke, *Ailred of Rievaulx and His Biographer Walter Daniel*（Manchester，1922）.

② Thomas of Burton, *Chronica monasterii de Melsa*，ed. E. A. Bond（"Rolls Series，" No.43），III，lxxxiii ff.

③ W. S. Simpson, *St. Paul's Cathedral Library*（London，1893），pp. xv，66.

④ W. M. Sinclair, *Memorials of St. Paul's Cathedral*（London，1909），p.16.

源——古典著作、教父著作和医学著作——都是他使用过的。①根据其编辑的观点,他事实上引用了其中的一些著作。但是,遗憾的是,我们无从知道他引用的这些著作是否在圣保罗修道院里;毫无疑问他是在巴黎查阅的这些著作,他曾经在那里学习,但同样非常可能的情况是,这些书在教堂图书馆里。很明显,他并没有自己的私人图书馆,因为他捐赠给总教区的藏书主要包括说教作品、殉教史和一些类似性质的书籍,还有他自己的一本编年史。在他任主礼牧师期间,教堂里的一个管理人员同时还负责图书装订工作。②我们能找到的该图书馆的第一份目录是 1245 年的一份图书清单,③其中几乎所有的著作都是教会书籍。第二份清单是 1295 年编辑的,这一年里,主礼牧师拉尔夫·鲍多克(Ralph Baldock)即后来的伦敦主教访问了圣保罗修道院。这份清单中提及的著作有《圣经》和一本托马斯·阿奎那著作的评论。④他在 1313 年去世前,遗赠给教堂 15 卷著作,其中主要都是神学著作。⑤在他之前,伦敦主教理查德·德·格雷夫森德(Richard de Gravesend)给该教堂留下了大约 100 卷书籍,其价值超过 116 英镑,主要是神学著作和教会法以及民法著作。⑥在这份图书清单中,价格最高的书籍是阿维森纳的一本著作,价值 5 英镑,价格最低的是一本《大自然之书》(Liber naturalis),价值 3 先令。

威斯特敏斯特的圣彼得修道院可以追溯到 8 世纪,随后在丹麦人入侵的过程中被损毁,后来被忏悔者爱德华重新修建,以后的国王又进一步将其修缮。尽管中世纪的图书目录(如果有的话)和图书馆的大部分都已经不存在了,但是,从 1266 年韦尔(Ware)任修道院院长期间开始的《习俗》(Customary)那里,⑦我们还是可以了

———————————

　① Ralph de Diceto, *Opera historica*, ed. W. Stubbs ("Rolls Series," No. 68), I, 20-24.

　② Savage, *op. cit.*, p.120.

　③ W. S. Simpson, "Two Inventories of the Cathedral Church of St. Paul, 1245 and 1402," *Archaeologia*, L(1887), 496-497.

　④ Gottlieb, *op. cit.*, No.487; Savage, *op. cit.*, pp.119-120.

　⑤ *Ninth Report of the Historical Manuscripts Commission* (1883), p.46.

　⑥ Edwards, *op. cit.*, I, 373.

　⑦ J. A. Robinson and M. R. James, *The Manuscripts of Westminster Abbey* (Cambridge, England, 1909), pp.1-2.

解到,通常来说,教堂赞礼员负责管理图书和缮写室,教堂唱诗班的副主唱协助他管理教堂书籍,教堂的圣具保管者协助他提供和修缮弥撒经书和圣坛。这里和达勒姆一样,在教堂墙边修道院回廊的北部过道有"装上壁板的壁橱(almeries of wainscot)"藏书,在拱门的对面有一些小单间,至少部分小单间会在某些时候安装上玻璃。修道院院长韦尔的《习俗》表明,这些小单间至少在 13 世纪

**301** 下半叶还在使用。为初学修士制订的一条教规中规定,当完成分配给自己的任务之后,他们可以看一看过去修士们抄写的书籍,但是他们不可以写,也不能拥有单间。①初学修士老师的壁橱附近放着油灯,指明这些修士的书是和"公共图书"分开来摆放的。②和坎特伯雷一样,这里也有一个固定的时间来归还所借的全部书籍,然后再重新分配这些书籍。兰弗朗克的学生吉尔伯特·克里斯宾(Gilbert Crispin)在大约 1085 年的时候担任修道院院长,③很显然,主要是由于他的缘故,兰弗朗克的《制度》被采纳。吉尔伯特是一个学识渊博之人,他写了几本书,其中最有名的是《与一个犹太人的争论》(*Disputation with a Jew*),这本书献给了安瑟伦;但是他的《赫卢恩传》(*Life of Herluin*)(赫卢恩是贝克的第一任修道院院长)是其最重要的著作,也是我们了解这个大修道院主要的资料来源。

圣彼得修道院古老的藏书都散佚了,但是我们还能搜集到关于它的一些信息。在 1376 年,西蒙·兰厄姆(Simon Langham)在阿维农去世,他生前捐给该修道院 7 箱书——总共 116 卷。这些书主要是神学著作,还有一本词典、一本波埃修斯的著作、阿奎那论《物理学》和《伦理学》,以及一些教会法著作。如果找不到一份明确的图书订购单的话,就很难确定威斯特敏斯特的抄本是否尚存,因为这里的书都没有编号。在大英博物馆里,有一些契据登记簿和其他的文献、一本《诗篇》、奇切斯特的杰维斯(Gervase of Chichester)的著作、杰罗姆的《名人传》(*De viris illustribus*)、英诺森的《论对世

---

① J. W. Clark, "On Ancient Libraries: Westminster Abbey," *Proceedings of the Cambridge Antiquarian Society*, IX(1899), 47-48.

② Gasquet, *op. cit.*, p.12.

③ J. A. Robinson, *Gilbert Crispim*, *Abbott of Westminster*, p.20.

界的轻视》(*De contemptu mundi*)、林肯的《论伤害》(*De veneno*)、
格雷先的著作以及一些其他的书籍；在兰贝斯，有埃吉迪乌斯
(Egidius)的《论统治原则》(*De regimine principum*)；在剑桥，唯一
已知的抄本是塞伦塞斯特的理查德的《历史之境》(*Speculum histo-
riale*)，与之一起的还有达勒姆的西蒙和一到两个其他人的著作；
在曼彻斯特，有威斯特敏斯特的马修的《历史之花》；在都柏林的三
一学院，有少数几本书，包括福莱特论威斯特敏斯特的建立。

302

　　彼得伯勒著名的本笃修道院不仅是盎格鲁-撒克逊历史编纂学
的最后据点，而且也是"新学术"的中心。关于这个图书馆有几份
资料留存下来。①几任修道院院长留下了藏书的记录，总共有大约
220 卷书，其中多数都是祈祷仪式用书。有两份图书目录被保留下
来，其中一份目录中有大约 70 个条目，属于 12 世纪，另一份是 14
世纪的目录。还有一份利兰的简短的图书清单，以及从前属于修
道院的尚存书卷。其中最有价值的是第二份目录，里面记载着 346
卷书，大约 1 700 个标题。这份目录有可能是为了私人使用的目的
而被编制出来的，因为构成普通的修道院图书馆的大量著作都散
佚了，尽管许多这样的书籍出现在修道院院长遗赠的图书目录中。
古典作家的名字非常醒目地出现在这份藏书目录中，通常都是一
式两份。奥维德、维吉尔和贺拉斯看上去是非常受喜爱的拉丁诗
人，但是也有佩尔西乌斯、马提雅尔的作品和关于斯塔提乌斯的注
释。塞内加的悲剧作品以及他许多其他的著作都在这里，还有加
图和马克罗比乌斯的几个著作抄本。这里还有许多西塞罗的作
品，包括《喀提林的阴谋》和《为马尔塞鲁辩护》。萨鲁斯特的名字
出现了不止一次，其他的历史学家还包括：瓦勒里乌斯·马克西穆
斯、达雷斯·菲力基乌斯(Dares Phrygius)和提尔的阿波罗尼乌斯。
有几本《事迹》(*Gesta*)，有 3 本或者 4 本《查理大帝传》抄本，一本
《布列吞人的历史》和一本《塔塔尔人的历史》(*Historia Tartaro-
rum*)。这里有亚里士多德的经典著作，有柏拉图的《蒂迈欧篇》和
《苏格拉底的神》(*De deo Socratis*)。法语著作特别多，其中几本都

---

　　①　All included by M. R. James in *Lists of Manuscripts Formerly in Peterborough
Abbey Library*(Oxford，1926).

是骑士传奇,主要有:《居伊·德·伯戈因》(*Guy de Burgoyne*)、《爱或到来》(*Amours ou estis venus*)、《特里斯特姆》(*Tristrem*)、《阿米斯和爱米伦》(*Amys et Amilion*)、《漂亮的山谷》(*De bello Vallis Runcie cum aliis*),等等。还有拉丁语和法语的《关于文雅举止的诗句》(*Versus de urbanitate*)及一本英语著作《照料》(*Housbondrie*)。还有少量彼得伯勒的著作幸存下来,其中最著名的是《盎格鲁撒克逊编年史》,现存牛津大学博德利图书馆。其他的著作还有《亨利二世的事迹》(*Gesta Henrici II*),是由本笃修道院院长捐赠的,一本伍斯特的弗罗伦斯的著作、比德的著作以及该修道院的一些后期编年史。

303 　　拉姆齐修道院建于969年,它和许多其他的修道院一起参与了诺曼征服之后的文化和宗教复兴运动。其发展稍显滞后,可能是因为斯蒂芬统治时期该修道院所遭受的破坏,当时,它被当成臭名昭著的杰弗里·德·曼德维尔(Geoffrey de Mandeville)的指挥部。赫伯特·洛辛加是诺曼人统治早期的修道院院长,他曾经在诺曼底的费康修道院受过教育。[1]他的书信强有力地证明了他对研究和教学工作的热情。他提及了特伦斯、塞内加、奥维德、亚里士多德,并且让他人从海外给他抄写苏托尼厄斯的著作,因为在英格兰找不到这本书。赫伯特经常让人给他寄约瑟夫斯著作的费坎普抄本,但是通常都会被告知该抄本已变成了残篇,他然后又会非常高兴地得知抄本又被重新修复的消息。他曾经多次说过,只知道书的名字并不代表你了解了这本书,谈论书籍和从书籍中学习知识是两码事。拉姆齐图书馆最重要的文献是一份14世纪的目录,这份目录最初是不完整的,尽管如此,里面依然列出了600多卷藏书,这还不包括宗教仪式用书。最惊人之处是这里面有许多希伯来语的书籍。生活在13世纪下半叶的修道院院长格里高利被认为从爱德华一世统治下亨丁顿和斯坦福被查禁的犹太会堂中购买了许多希伯来语书籍。[2]毫无疑问,在那个时代的英格兰修道院里,

---

① E. M. Goulburn and H. Symonds, *The Life and Letters of Bishop Herbert Losinga* (London, 1878), p.9.

② *Chronicon abbatiae Ramseseiensis*, ed., W. D. Macray("Rolls Series," No.83), p.xlii, n.1.

拉姆齐拥有最好的希伯来语书籍——一本《希伯来圣经》和《诗篇》等。格罗斯泰特可能是这里学习希伯来语的少数学生之一，因为该修道院就在他那个教区里。

雷丁修道院（Abbey of Reading）作为一个克吕尼修道院建于1121 年，但是到 13 世纪的时候，它采纳了英国本笃教规。在 13 世纪，它拥有大约 228 卷藏书。目录①按照藏书的地点或者这些书籍的来源者列出了大部分图书。一些书来自"布鲁德盖尔"[Brudegal(ia)]，另一些来自海德修道院长的小礼拜堂，但是最有趣的一组书来自拉尔夫，其中有《牧歌》和《农事诗》（Georgics）、贺拉斯的两卷书和一本尤维纳利斯的著作。在这份目录的后面是一个书单，里面的 130 卷书都被收藏在独立的莱姆斯特修院。大约 60 卷雷丁的抄本稿被保留下来，其中有著名的"苏美尔人来了"（Sumer is icumen in），它是大约在 1226 年被抄写的，非常精美，现存大英博物馆。在15 世纪末，一个希腊的书吏乔安尼斯·塞托波罗斯（Joannes Seto-poulos）在雷丁修道院，他翻译了几本希腊文的著作：其中的两本在基督圣体学院和牛津，一本在新学院（New College）。②

阿宾顿（Abington）是 7 世纪建立的一个本笃修道院，在 12 世纪的时候，它有一个著名的修道院院长法里西乌斯（Faricius，1100—1117 年在位）——一个来自托斯卡纳的意大利人，他既是一个内科医生，也是一位"在文学上极其有造诣之人"。③在他建立的缮写室里，他们雇用抄工为修道院抄写书籍，包括许多医学著作。该修道院的《习俗》规定了保护书籍的办法，书籍由教堂唱诗班赞礼员负责管理。在赞礼员缺席期间，就由唱诗班副指挥负责管理，如果他"粗心大意，不负责任"，那么钥匙将会被交给修道院院长或者副院长。④图书管理员没有权利卖书或者将图书抵押，但是可以

304

---

① S. Barfield(*English Historical Review*，III，117-123)将这份目录归为 15 世纪，这很显然是错误的；cf. M. R. James，*Abbeys*(London，1926)，p.83.关于这个藏书最近的一篇文章，参见 J. R. L. "Some Notes on the Library of Reading Abbey,"*Bodleian Quarter-ly Record*，VIII(1936)，47-54。

② Savage，*op. cit.*，p.64.

③ *Chronicon monasterii de Abingdon*，ed. J. Stevenson("Rolls Series," No.2)，II，44；Graham，*op. cit.*，p.46.

④ Gasquet，*op. cit.*，p.19.

外借——很明显可以借给修道院以外的人——但要有较高价值的抵押物。阿宾顿的书籍幸存下来的不多,但是詹姆斯①记载了《盎格鲁-撒克逊编年史》,现存于大英博物馆,一本 12 世纪的《伍斯特的弗洛伦斯》,在兰贝斯,还有一本精美的 14 世纪修道院编年史抄本,在剑桥的三一学院。

埃文河上的伊夫舍姆修道院(Evesham Abbey)大约建于 700 年,正如修道院院长艾尔沃德(Aelward,大约 1035 年)捐赠的宗教和语法著作所表明的那样,至少在 11 世纪 30 年代,它就已经成为一个学术中心。②尽管这个图书馆没有图书目录流传下来,但是我们通过该图书馆收到的礼物记录可以看出藏书内容广泛。关于修道院院长沃尔特,编年史记载"他制作了许多书"。③沃尔特是一个诺曼人,于 1077 年开始做修道院院长,毫无疑问受兰弗朗克的影响很大,而且他本人也是一个爱书之人,所以他为这个修道院提供了更多的书籍。修道院院长伍斯特的约翰捐赠了语法、逻辑学、物理学、神学、民法和教会法以及其他方面的书籍。修道院院长约翰·德·马卡尔(John de Marcle)捐赠了 6 本法律著作,圣具保管员布里约翰·德·布里梅斯格雷斯(John de Brymesgrace)捐了 14 卷书。更值得一提的藏书之一是 1392 年修道院院长赫里福德的尼古拉斯捐赠的,一共 96 卷,还有一幅世界地图,其中有《汉普顿的贝维斯》(*Bevis of Hampton*)和《亚瑟王之死》(*Mort d'Arthur*)。

这个图书馆最有趣的捐赠者也是我们了解最全面的捐赠者是修道院院长托马斯·德·马尔伯格(Thomas de Marleberge,卒于 1236 年),他是一位学者,也是该修道院的编年史家。他曾经在巴黎、罗马和博洛尼亚学习,在博洛尼亚大学学习的 6 个月时间里,他每天听法学讲座。据说他在成为一名修士之前,曾经在牛津和埃克塞特举行民法和教会法讲座。他在进入这个修道院的时候带来了大量的书籍,主要有:法学著作、医学著作、伊西多尔的著作、西塞罗(《论友谊》《论老年生活》)、卢坎、尤维纳利斯和许多其他作者的著作;布道书、神学著作还有许多关于《语法学》(*ars gram-*

---

① James, *Abbeys*, p.41.
② *Chronicon abbatiae de Evesham*, ed. W. Macray("Rolls Series," No.29), p.xxii n.
③ *Ibid.*, p.97.

*matical*)的著作。作为修道院院长，他让人抄写了许多著作，主要是宗教仪式用书和《圣经》的部分章节。[①]

在伊夫舍姆修道院，缮写室的工作受到特别的重视。在马尔伯格（Marleberge）时期就规定，修道院院长应该接受什一税，用来购买羊皮纸并且付报酬给书吏，教堂赞礼员每年从汉普顿庄园领取 5 先令，从斯托克和奥尔斯特得到 10 先令 8 便士，用于提供墨水，彩饰图书的颜料、装订材料或者任何其他需要的东西。[②]

马姆斯伯里曾经产生两位著名学者——奥尔德海姆和威廉，所以还必须提及这里。但是，我们没有确切的信息。我们确实知道，在征服者威廉时期，奥尔德海姆图书馆还保存着，对于历史学家威廉来说，他感觉到他也有相同的责任在修道院院长戈弗雷的指导下帮助建立一个新的图书馆，戈弗雷是一个来自朱米埃日的诺曼人。当威廉进入修道院学习逻辑学、物理、哲学尤其是历史的时候，修道院院长戈弗雷的改革就已经开始了。[③]根据他自己的记述，我们了解到，他后来自费搜集了"一些其他民族的历史"，因为他发现该图书馆缺少这方面的书籍。他的著作显示出，作者对古典作家和基督教作家都非常熟悉，暗示了他有一个非常丰富的图书馆。在这笔特殊财富中，至少包括一本李维已经散失的《十年》(*Decades*)，威廉在对比格罗斯特·罗伯特和尤里乌斯·恺撒的时候曾提及过它。[④]马姆斯伯里的藏书很少留存下来。即使在利兰时代，也几乎没有几本书留下来，因为他只提及了 24 本书，而大部分都是神学著作。

最近的一位学者分析了格拉斯顿伯里（Glastonbury）修道院文献史的重要性：

……我们可以认可如下的事实：(1)格拉斯顿伯里修道院与爱尔兰、盎格鲁-撒克逊和诺曼人保持着文化上的联系，因为

①　*Chronicon abbatiae de Evesham*, ed. W. Macray("Rolls Series," No.29), pp. xxi, 267-268.

②　*Ibid.*, pp.208-210.

③　K. Norgae, *England under the Angevin Kings*, I, 85.

④　William of Malmesbury, *Gesta regum Anglorum*, tr. J. A. Giles, p.505.

它们首先都是在英国的地界里,其次都在盎格鲁-撒克逊的地盘里,这种联系以爱尔兰和威尔士的修士来访为媒介,也以文献的传入为渠道;(2)格拉斯顿伯里的修士们后来在教俗两界均获得了重要的地位,从而使得修道院与其他的文化中心长久地保持了联系,而且通过国王和贵族的资助,使得这个修道院不仅成为一个藏书中心,而且发展为一个文献资料传播最重要的地方;(3)格拉斯顿伯里与 12 世纪文化生活的特殊联系使得该修道院成为盎格鲁-诺曼人文化生活的中心,通过 6 个世纪的密切联系,学者们聚在这里收藏和保存书籍,并形成富有英国多元民族特色的文化。①

307　　圣邓斯坦建立的图书馆在 1184 年大火前已经发展到了相当的规模,这场大火烧毁了整个修道院。在大火之后,第一个记载这里藏书的是一份根据修道院院长托马斯的命令在大约 1210 年抄写的图书清单。但是,清单上的这些书并不令人感兴趣。在不到 40 年的时间里,这个修道院有大约 500 本藏书,装订成 34 卷,1247—1248 年的图书目录显示了这一点。②

这份目录最特别的是它简短的注释,它记述了开始编辑这个目录时的 264 卷书籍的状况。"贵族"(Boni)在 104 个条目中被使用,"可读的"(legibiles)在 50 个条目中被使用,"古老的但是可读的"(vestusti sed legibiles)在 29 个条目中被使用;有 24 个"古老的"(vestusti),8 个"最古的"(vetustissimi),11 个"古老的和无用的"(vestusti et inutiles)和 12 个"无用的"(inutiles)。

这些书要么根据内容要么根据作者的姓名而进行分类。从内容上来说,这些藏书并不十分重要。利兰提及了一本"梅尔奇努斯(Melchinus)的书,它排在梅里努斯(Melinus)的书之前"("Liber Melchini, qui fuit ante Merlinum")、马姆斯伯里的威廉的《近代史》(*Historia novella*)、《优迪克语法书》(*Grammatica Eutychii*),里面有耶稣面前的圣人画像,所有这些书都被认为是邓斯坦自己的藏

①　C. H. Slover, "Glastonbury Abbey and the Fusing of English Literary Culture," *Speculum*, X(1935), 160.

②　T. W. Williams, *Somerset Mediaeval Libraries*(Bristol, 1897), pp.52 ff.

书；他还列举了一本奥罗修斯用盎格鲁-撒克逊语写作的著作，一本英语-拉丁语词典和其他的著作——一共有大约 40 卷书。另一个册子本形式的抄本（Codex），据说是圣邓斯坦的，包括拉丁文和希腊文《圣经》中一些章节的节选，写于他那个时代的上一个世纪的威尔士，是古代英国教堂学术研究的一个罕见的例证，也是"已知的威尔士主教的著作"。①

在韦尔斯（Wells）似乎有时间久远的藏书，因为在 1060 年，主教都杜克（Duduc）将"许多书"捐给了教堂，②在记载中还提到了其他的礼物。图尔城的约翰是一位技艺高超的内科医生，在威廉·鲁夫斯统治时期，他作为主教来到了巴斯和韦尔斯，一直生活到1122 年去世。他为巴思修道院搜集了许多书籍，可能也为教堂搜集了许多书籍。③在早期这些书可能散失了；到 13 世纪末的时候，它们已经被收集在教堂十字形北翼的东部侧廊，在那里有一扇门直接通向唱诗班。除了图书馆以外，这个教堂还有一所学校，在1240 年以后，该学校的校长开始举行神学讲座，这也是其一般职责的一部分。④

埃克塞特主教座堂图书馆是在它的主教利奥弗里克（Leofric）1072 年遗赠物的基础之上建立起来的。在这里英语书籍居多数，埃克塞特图书馆里有关盎格鲁-撒克逊诗集的《埃克塞特卷》都留存了下来，这一点我们已经在前面提及过。⑤

莱斯特（Leicester）修道院建于 1143 年，它是为圣奥古斯丁修会的修士们而建，并且是一个规模很大又很富足的修道院，到 15世纪末的时候，它还是英国藏书较多的修道院之一。图书馆建立的方式和时间无从知晓，但是很可能的情况是，其图书目录是抄自

308

---

① James, *Abbeys*, p.26.

② William, *op. cit.*, p.113.

③ William of Malmesbury, *De gestis pontificum Anglorum*, ed. N. Hamilton（"Rolls Series," No.52）, p.195.

④ Savage, *op. cit.*, p.121.

⑤ Chap. iv, above. See also J. W. Clark, "On the Work Done to the Library of Exeter Cathedral in 1412 and 1413," *Proceedings of the Cambridge Antiquarian Society*, X (1904), 294 ff.

309　较早的一个目录。这份目录①的时间可以追溯到 1492—1496 年，里面大约有 1 000 多卷藏书。除了复制品、礼拜仪式用书、租金账簿和其他内容混杂的文献之外，总共大约有 450 卷藏书留存下来——这是最令人尊敬的藏书。其中天文学和医学著作居多，其次是古典诗歌和历史著作。有点奇怪的现象是，这里没有亚里士多德的著作，或者是一些特殊著作的名称可能被忽略了。

---

①　Printed in John Nichols' *The History of the County of Leicester*，I，Part II，Appen.，pp.101-108；corrections by M. V. Clarke，*English Historical Review*，XLV，103-107.

# 第九章　拜占庭的图书馆[①]

拜占庭的历史始于公元 330 年君士坦丁堡的建立,结束于 1453 年君士坦丁堡被土耳其人攻陷。从文化上来说,这 11 个世纪的历史可以分为三个阶段:前三个世纪代表希腊—罗马古典文化精神的复兴;接下来的两个世纪一直到大约 850 年,是转折和混乱的世纪;而最后的 500 年在某种程度上是复兴的年代,虽然它不能够完全和意大利的文艺复兴相媲美。

重构拜占庭的文献文化面临极大的困难,因为许多抄本已经被毁掉了,而对于残留下来的抄本,我们所知的信息也很有限。对于图书馆来说,尤其如此,尽管许多私人和公共图书馆的目录已经出版了出来。[②]但是,许多书目是令人失望的,因为它们只是包含教父学、仪式上的和价值可疑的教育方面的著作。

可能研究图书馆的历史学家不需要关注拜占庭文献的价值。但无论如何,我们必须要强调在古老的拜占庭发现的大部分图书 *311* 都是宗教性质的书籍,“正教的专制”和“古人的权威”窒息了创造精神。在此引用一位著名的英国历史学家的一段话:

---

① 本章由 S. K. Padover 撰写。

② 关于拜占庭图书馆目录的一般情况,参见 K. Krumbacher, *Geschichte der byzantinischen Litteratur* (2d, ed.; Munich, 1897), pp. 509-515; L. Delisle, *Le Cabinet des manuscrits de la Bibliothèque nationale* (Paris, 1868-1881), especially Vol. III; K. Boysen, "Ein Catalog der griechischen Manuscripten der Bibliothek von Fontainebleau," *Philologus*, XLI(1882), 753-755; C. Müller, *Fragmenta historicorum Graecorum* (Paris, 1841-1870), V, 96 ff.; S. E. Miller, *Catalogue des manuscrits grecs de la bibliothèque de l'Escurial* (Paris, 1848); H. Omont, *Catalogue des manuscrits grecs de Fontainebleau sous Francois I et Henri II* (Paris, 1889). For a general account see Joan Hussey, *Church and Learning in the Byzantine Empire* (London, 1937).

　　拜占庭世界产生了许多学识渊博的人，或者具有敏锐才智的人，比如福蒂乌斯（Photius）、波塞洛斯（Psellos）和尤斯塔西厄斯（Eustathios）……但是从来没有产生过具有原创精神的天才，这是尽人皆知的。它在科学领域没有导致任何新的发现，它的哲学没有任何新颖的与众不同的理论体系或者对宇宙的解释。年复一年，换过无数的笔，用过无数的墨，但是，却没有文献著作在世界被人们记住。对于人类来说，拜占庭的文献是没有活力的，它没有留下一本名垂千古的书能给后代以指点和启迪。①

　　拜占庭文化的价值不在于它自身的贡献，而在于它对希腊甚至罗马思想和文献的保存。如果没有拜占庭抄工忠实而辛苦地抄写，许多希腊罗马古典著作就可能湮灭了。②因此，了解拜占庭图书馆就具有重要的历史意义。因为我们必须要记住，当西欧经历"黑暗的时代"时，拜占庭拥有一个辉煌的文明，包括壮观的王宫、图书馆和学校，在学校里，古典文化被教授、被效仿。

　　君士坦丁堡的帝国图书馆的前身是戴克里先在尼科米底亚（Nicomedia）卓越的宫廷图书馆。在公元 303 年之前，当戴克里先实行对基督徒迫害政策的时候，主教亚历山大里亚的西奥纳斯（Theonas，约 282—300 年在位）给帝国的牧师卢西恩写了一封长长的信谈及他的职责，其中一段是关于图书馆管理的：

　　　　因此，他应该知道皇帝所拥有的全部书籍；他应该经常翻动这些书，按照目录的顺序整齐地摆放好它们；而且，如果他必须要放一些新书，或者要让人抄写旧书的话，他应该非常仔细地挑选抄写最精确的抄工；如果做不到这一点的话，他应该任命博学的人来做纠错的工作，并付给其应得的报酬。他还应

---

　　① J. B. Bury, *A History of the Eastern Roman Empire*（London, 1912），p.448.

　　② 尽管如此，一些古典作家尤其是盖伦的著作，在阿拉伯人的文献而不是拜占庭文献中得以保存；参见 M. Meyerhof and J. Schacht, "Galen über die medizinischen Namen. Arabisch und Deutsch," *Abhandlungen der preussischen Akademie der Wissenschaften*（Phil.-hist. Kl.），1931, pp.1-43。

该根据需求将所有的手稿都保存好,应该装帧好这些书,应使
用有用的装饰方法,而不要带有迷信观念过于奢华;因此,他
不应该将所有的手稿都写在紫色的羊皮纸上,如果不是皇帝特 *312*
殊要求的话,也不应该使用金色的字母来抄写。不过,以最恭
顺的态度,他应该做任何可以讨好恺撒的事情。因为他能够并
且应该以最谦虚的心,建议皇帝应该阅读或者听别人阅读适合
他的身份和荣耀的那些书,对他有益而不仅仅是为了愉悦。他
本人应该完全熟悉那些书,并以合适的方式指出其重要性,以及
提出证据,能够证明哪些人赞赏这些书,以推荐它们,并说明其
不单单是他自己的一家之言。①

当君士坦丁将首都迁到博斯普鲁斯的时候,他或者是他的儿子
康斯坦提乌斯(Constantius)在王宫的门廊里建了一个图书馆,收藏
了几乎 7 000 册图书,其中许多是基督教书籍。在东方留存下来的
古典著作比西方多,②“新的罗马”没有表现出对图书馆的漠不关
心,而对图书馆漠不关心曾是阿米阿努斯·马塞利努斯强烈抱怨
过的。③君士坦丁对挽救其图书馆中的拉丁文著作更感兴趣,远超
其对希腊文的法律或者历史学方面著作的重视。我们应该记住,
在 6 世纪以前,拉丁文依然是东欧的官方语言。④

查士丁尼皇帝极大地丰富了君士坦丁堡的图书馆藏书,他勤奋
地搜集了基督徒和异教徒的书籍。在公元 372 年,皇帝瓦伦斯
(*God. Theodos.* 14,9,2)下令雇用 4 个希腊抄工和 3 个拉丁抄工
来抄写手稿,并且修复损坏的手稿。皇帝经常将抄写工整、装帧精
美的书籍送给教会和外国王公。君士坦丁大帝本人下令由“非常
有水平的书法艺术家……在准备好的、清晰又便于使用的羊皮纸 *313*

---

① Text in L. D'Achery, *Spicilegium*(ed. 1723), III, 297, translated in *Ante-Nicene Fathers*, VI, 158-161.正式的信函使用的是拉丁文,根据一些人的观点,它是从希腊文翻译过来的。
② 这一点是真实的,尤其是平信徒还有历史学家中平信徒的数量。
③ Ammianus Marcellinus XIV. Vi. 18.
④ 但是,在讲希腊语的民族中,拉丁语几乎不重要;参见 A. Budinsky, *Die Ausbreitung der lateinischen Sprache*(Berlin, 1881), p.236; L. Hahn, "Zum Sprachenkampf im römischen Reich bis auf die Zeit Justinians," *Philologus*, X (1907), Supplement, pp.677-718.

上为新教会抄写 50 卷神圣的著作"。①政府只雇用博学的作家和古文献研究者在图书馆工作,并且从国家财政中付给他们薪水。②到 5 世纪的时候,君士坦丁堡的图书馆据估计有 120 000 册图书,这肯定是欧洲规模最大的藏书了。这个大图书馆在 477 年的巴西拉休斯(Basilacius)起义中,被大火吞噬了。很显然,大火烧毁了全部的 120 000 册图书,包括镌刻在 12 尺长的蛇皮卷上并使用金色字母抄写的《荷马史诗》。但是,在整个君士坦丁堡,一定还有许多书籍散落各处,因为该图书馆好像又由皇帝齐诺恢复了,并且其发挥的功效一点都没有减少。有一种没有得到确认的说法,是说伊索里亚人利奥(Leo the Isaurian)在 8 世纪烧了这个图书馆,但这是不可信的。无论如何,一直到 1276 年,该图书馆还被人们提及。③

在 5 世纪,有一点毫无疑问,有许多叙利亚的城市在地震中被摧毁,大量的书籍也被毁了。大火也是一个威胁图书的经常性因素,尤其是在君士坦丁堡,不满的人民经常以纵火的方式"转向直接的政治行动"。幸运的是,书籍收藏不仅限于首都。5 世纪马其顿斯托比(Stobi)的约翰的著作表明,他既拥有自己的私人世俗希腊著作藏书,也可以去行省的公共图书馆。在这一时期,君士坦丁堡还有一所大学,估计还有一个图书馆,有 50 名希腊教授和 13 名拉丁教授。皇帝狄奥多西二世(Theodosius II,408—450 年在位)本人就是一个杰出的学者和狂热的图书收集者。他懂希腊文和拉丁文,亲自抄写并装帧抄本,使用他自己发明的台灯工作到很晚。④

314　　　在君士坦丁堡,正好在——或至少在 6 世纪——有少数私人藏书,但是有一些藏书家,他们钟爱精美的装帧和书法艺术。不管其内容如何,这些书卷都被装帧得精美绝伦,尤其是使用紫色、金色和银色,用雕刻的象牙和镶有宝石的封面装订在一起。这些宝物被封存在柜子里,展出的时候,仅仅是向来访者显示其主人的富有。⑤但

---

① Eusebius *De vita Const*. iv. 36.

② V. Gardthausen, *Griechische Palaeographie*(Leipzig, 1879), pp.309-310.

③ On the library see A. H. L. Heeren, *Geschichte der classischen Litteratur im Mittelalter*(Götingen, 1797-1801), I, 41-42; W. Wattenbach, *Das Schritwesen im Mittellter*, pp.599-560.

④ Migne, *Patrologia Graeca*, LXVII, col.785.

⑤ W. G. Holmes, *The Age of Justinian and Theodora*(London, 1905-1907), I, 118.

是,圣索菲亚附近一个家族宅邸中的族长图书馆是一个特例。①我们有关于 7 世纪早期君士坦丁堡一个私人图书馆的记载,大约在 620 年,希拉克的亚拿尼亚(Ananias of Shirak,600—650 年)离开亚美尼亚去拜占庭的首都学习,其老师是一个名叫推基古(Tychicus)的人。亚拿尼亚记载道:

> 我和他在一起生活了 8 年,阅读了很多也学习了很多还没有翻译成我们自己语言的著作。因为他有一个巨大的图书馆,有秘密的书籍、开放的书籍,教会方面和世俗的书籍,科学著作和历史著作,医学著作和编年史著作。但是我没必要详细列出它们,因为在他那里书籍众多,在翻译这些书的过程中,他获得了圣灵的恩典。②

但是,对于一个淳朴的乡下人来说,50 卷或者 100 卷看上去就是一个“巨大的图书馆”了,所以这个记载应该被谨慎对待。

在 617 年波斯人占领亚历山大里亚期间,“许多图书馆都消失了,还有一些肯定是逃过了一劫而没有被毁坏。”③恩那顿(Ennaton)大修道院就因为距离首都遥远而幸免于难。亚历山大里亚的公共图书馆早就消失了,但是在埃及有一些私人图书馆和许多修道院图书馆,尽管修道院图书馆除了神学著作和礼拜仪式著作之外其他的书籍很少。关于这些图书馆唯一的扩展信息来源于约翰・莫斯楚斯(John Moschus)的《精神牧场》(*Pratum spirituale*)。

315

---

① 这个图书馆在 780 年被烧毁了,但是后来又得到了重建。Cf. Buerlier, “Sur l'organisation des archives et de la bibliothèque du patriarchat de Constantinople,” *Bulletin de la société des antiq. de la France*(1895), p.92; H. Steinacker, Regierungswesen(“Wiener Studien,” XXIV [1902]), p.307.皇帝查士丁尼有一个习惯,那就是在教会保存每一个他所通过的新的法律抄本;Cf. Caresmar, in *Semanario erudito*, XXVIII, 55 ff.看上去,圣索菲亚教堂是拜占庭的宗教和文化中心;这里不仅保存了圣器和记载,而且还有书籍。有一大批官员因此和教会联系在一起,其中的一个官员 Choeroboscus 是语法学家,是主教座堂图书馆的管理员;Cf. A. Higard, “... Georgi Choerobosci scholia,”*Grammatici Graeci*, Part IV, Vol.II(Leipzig, 1894)。

② F. C. Conybeare, “Ananias of Shirak(A. D. 600-650), His Autobiography,” *Byzaninische Zeitschrift*, VI(1897), 573.

③ A. J. Butler, *The Arab Conquest of Egypt*(Oxford, 1902), pp.74, 115.

莫斯楚斯是一个叙利亚人,在 6 世纪末,他与其学生也是朋友索夫洛尼厄斯(Sophronius)一起定居在埃及。他们两个人花了很多时间在西拜德的各个修道院,后者最终成为一名修士。在著作中,有大量的篇幅表述他们和学生科斯马斯(Cosmas)之间亲密的友谊,科斯马斯"在亚历山大里亚拥有最好的私人图书馆,并且他的书向所有的读者自由外借"。[①]从米提利尼的扎卡赖亚斯(Zacharias of Mitylene)的《叙利亚编年史》(*Syriac Chronicle*)中,我们知道,亚历山大里亚的图书贸易也有着非常重要的地位,装帧手稿的艺术得到了持续的发展并且达到了完美的境地。

现在我们来看拜占庭历史的第二个阶段或者说是"黑暗"的时期,它包括反偶像崇拜皇帝统治的百年历史。在 727 年,伊苏里亚人利奥颁布了一个法令反对偶像崇拜,因此开始了圣像破坏的时代,这一运动一直持续到 843 年。利奥本人对学术并不感兴趣。[②]他取缔了帝国的大学或者学术机构,这些大学或者学术机构的学者都是平信徒而不是教士,并且都是从"帝国最显贵的人中"选拔出来的。[③]据说这个图书馆有大约 36 000 卷图书。历史学家佐纳拉斯(Zonaras)使得下面的这个说法又延续了下来,说利奥因为不能够说服这个学术机构里搞偶像崇拜的教授们,所以非常愤怒,他烧毁了该建筑及其图书馆,以及 12 个固执的教师。甚至连吉本都接受了这个不可信的说法。[④]然而,正如历史批判主义所证实的那样,整个故事是一个纯粹的谎言,它是由反偶像崇拜的皇帝的对手们捏造出来的。

或许我们在这里应该来看一下关于著名的修道院改革家和神学辩论家思高的西奥多(Theodore of Studium)的情况。他在君士坦丁堡接受了良好的教育,在君士坦丁堡很容易能够找到各种书籍。和他的叔叔修道院院长柏拉图一样,他是一位书籍爱好者并花了很多时间抄写手稿。他为思高的修道院制定了严格的抄写制

316

---

① A. J. Butler, *The Arab Conquest of Egypt* (Oxford, 1902), p.99.

② J. E. Sandys, *A History of Classical Scholarship*, I, 391.

③ C. Zervos, *Un Philosophe néoplatonicien du XI^e siècle*; *Michel Psellos* (Paris, 1920), p.106.

④ On the whole subject see Heeren, *op. cit.*, I, 103-105; also A. Gardner, *Theodore of Studium, His Life and Times* (London, 1905), pp.18-20.

度,该修道院对其他的修道院尤其是在阿索斯山上的那些修道院产生了影响。①他对于工作质量差或者敷衍了事做法的一些惩罚措施稀奇古怪:不能够保护好他的抄本和原初的整洁,不能够准确地标出停顿处和读音符号的,不能够保有行数和空间的修士,都要受到 130 次俯伏的惩罚。如果他游离了原文,那么惩罚将是被逐出社团 3 天;如果他不认真阅读原文,他将被迫仅以面包和水维持 3 天的生活;如果他由于脾气暴躁而折断了笔尖,那么他将受到俯伏 30 次的惩罚来弥补过失。希腊修道院生活在全盛时代在研究和学术方面的工作制度通过西奥多的倡议及典范行为的表现,与 17 世纪的本笃教规几乎没有什么不同了。

在 9 世纪,破坏圣像运动没有像之前那样对书籍造成那么大的破坏了,因为亚美尼亚人利奥在 813 年当上了皇帝,他倾向于强迫并且命令一批博学的人在图书馆里寻找证据来反对圣像崇拜。②接下来是一个更加具有文化氛围的时期,这在很大程度上要归功于恺撒·巴尔达斯(Caesar Bardas,卒于 866 年)的努力,他恢复了君士坦丁堡的大学。他学习过法律、数学和哲学,在与数学家利奥不断通信的过程中,他爱上了文学和科学,利奥非常有名,以至于哈里发马蒙(Al-Mamun)曾经邀请他去巴格达。巴尔达斯是一个有名的知名学者圈子的核心,这个圈子里除了利奥(现在是帖撒罗尼迦的大主教)之外,还有教长福蒂乌斯和斯拉夫传道者基里洛斯(Kyrillos),③基里洛斯后来是圣索菲亚主教座堂图书馆的负责人。④这些人教授并且传播古典文化和思想,古典文化后来成为希腊文化得以发展的一个源泉。

在 867 年,巴兹尔一世(Basil I,867—886 年在位)开始了一个 317 新的朝代,这个朝代实际上在整个 10 世纪统治拜占庭。该王朝里许多王公都是学术的赞助者,甚至他们本人也著书立说,为之后的

---

①　西奥多同样因为传播新的书写形式而值得我们记住,这种新的书写形式是一种优雅的希腊小写字母,到了 9 世纪中叶的时候,这种新的小写字母已经取代了安瑟尔字母。参见 Gardner, *op. cit.*, pp.230-233。

②　C. W. F. Walch, *Historie der Ketzereien*(Leipzig, 1762-1785), X, 670.

③　R. Byron and D. T. Rice, *Birth of Western Painting*(New York, 1931), p.90.

④　F. Fuchs, *Die höheren Schulen von Konstantinopel im Mittelalter*(Leipzig and Berlin, 1926), pp.20-21.

## 中世纪的图书馆

学术复兴奠定了基础。巴兹尔继续执行其前辈们重视文化的传统。虽然他本人并非一位学者,但是他却认识到了学术研究的重要性。福蒂乌斯作为皇家子弟的宫廷教师住在宫廷中,他使得宫廷产生了浓厚的学术氛围。但是,我们必须要记住,整个学术研究的重心是神学,世俗的文学作品仅仅在宗教辩论中被使用。无论如何,这一对世俗文学有限的兴趣使得古典著作在私人和修道院图书馆中得以保存,这些修道院图书馆均在阿索斯山和帕特摩斯以及莱斯博斯岛上。毫无疑问,9世纪伟大的学者是福蒂乌斯,他的《书海》(*Myriobiblion*)或者《图书馆》(*Bibliotheca*)是中世纪对目录学最重要的贡献。他的家既是学术沙龙又是读书室,在这里,对文学和学术感兴趣的人定期地聚在一起,大声朗读各种作品,包括异教徒的和基督徒的作品、神学著作和世俗著作。福蒂乌斯是一个兴趣广泛的读者,也是一个有识别力的文学批评家,尽管他的《图书馆》中没有诗歌作品,而仅仅是散文。

这部著作的起源是很奇特的。福蒂乌斯被作为外交使臣派往东方。他在那里收到了一封来自其兄弟塔拉修斯(Tarasius)的信,向他要东方人所读的主要书籍的一个大致的概要。当时福蒂乌斯可能在萨马拉(Samarra),因此他开始作这一记载。他给其兄弟塔拉修斯写了一封信,内容如下:

> 在我们驻叙利亚大使的任命得到大使馆的同意和皇帝的批准以后,你让我们提供你不在期间被阅读和被讨论的著作纲要。你是想要一些东西,来安慰因为我们痛苦分别而给你带来的孤寂,与此同时,了解一下你在我们那里没有读过的著作的信息,尽管是模糊不清的和不完整的。我们认为,他们的著作的准确数字是279册。因此,我们将你的要求当作一项神圣的义务,我们雇用了一个秘书,记下我们所能记起的所有的图书概要。无疑,我们还不够迅速高效以满足你迫切而强烈的要求,但是,我们也已经比预期快多了。图书概要将按照我们回忆的顺序来安排。可以肯定的是,如果一个人喜欢的话,要描述一个历史事件并不是一件困难的事情,在各个标题下处理不同的主题也不是一件困难的事情。但是,因为我们不能通过这

318

310

样的方式获得任何信息，我们已经不加区别地按照它们出现在我们面前的顺序记录了下来。如果在你研究这些著作的过程中，任何概要显得残缺不全或者不够精确的话，不要感到吃惊。阅读每一本著作、抓住其中的要点、记住它们并且记录下它们，不是一件容易的事情；但是，当著作的数量非常多的时候，细读它们要花大量的时间，要精确地记住它们就是一件非常困难的事情。至于我们在阅读中遇到的一些老生常谈的问题，它们很难在你阅读时逃过你的眼睛，我们就没有过多地注意它们，并且有意识地没有仔细考察它们。在鉴定这些概要是否会比你预期起更大的作用这方面，你会比我们做得更好。可以肯定的是，这样的记载会帮助你重新记起你曾经读过的东西，能更容易发现你想要的东西，进而更容易地获得你还没有读过的东西。①

这些记载大部分来说是真实的，多少有修辞上的虚构，学历史的学生在很大程度上要感谢福蒂乌斯，因为他提及的书籍中大约80本已不复存在。但是，遗憾的是，他并没有说他从哪里获得的这些书籍，可能因为这样做不明智吧。其中的一些可能是来自非正统渠道，比如，我们知道哈里发蒙在巴格达的学术机构有一个令人羡慕的藏有希腊手稿、阿拉伯手稿和波斯手稿的图书馆。②我们随意摘出一段文字，可以说明福蒂乌斯的目录学方法：

阅读萨拉曼尼斯·赫里米亚斯·索佐门（Salamanes Hermeias Sozomen）的《教会史》，有 9 本书。献给皇帝小狄奥多西，它始于克里斯普斯和他的父亲君士坦丁，一直到小狄奥多西在位时期。索佐门曾经是君士坦丁堡的一个辩护者，他的风

---

① J. H. Freese, "The Library of Photius," *Translations of Christian Literature*, Ser. I: "Greek Texts"(London and New York, 1920), I, 15-16. Cf. Lester Condit, "Bibliography in Its Prenatal Existence," *Library Quarterly*, VI(1937), 568-572; A. A. Vasiliev, *History of the Byzantine Empire*(Madison, Wis., 1928), I, 359-360; K. Krumbacher, *op. cit.*, pp.515-522, and Bibliography, pp.522-524.

② G. Sarton, *Introduction to the History of Science*, I, 557-558.

格比苏格拉底好得多,①在一些细节上他们俩都有所不同。

阅读5本书中的亚历山大里亚的主教西里尔(Cyril)的著述《反对涅斯托里亵渎神明》(*Against the Blasphemies of Nestorius*)。在这些著作中,他保留了自己特有的风格和不同寻常的遣词造句法。但是,和他写给赫里米亚斯的信以及他的著作《论精神崇拜》(*On Adoration in the Spirit*)相比,他在这里的表达清晰得多。语言华美翔实,与其轻视韵律的散文诗特殊格式相一致。

319

阅读8本书中的亚历山大里亚的阿基里斯·塔蒂乌斯所著《克洛托芬和勒西佩比远征记》(*Adventures of Clotophon and Leucippeby*)。这是一本令人吃惊的著作,包括一些不相宜的爱情片段。措辞和结构还是非常好的,风格很特别,演讲的人物在任何地方出现都显得恰如其分。这一时期的写作风格是警句,清晰而令人愉快,令人耳目一新。但是其淫秽的语言和情感的不纯洁损害了他的判断,不够严肃,使得故事读起来令人生厌。除了人物的名字和他的可憎的不体面,这个故事在方法上和赫利奥多罗斯的《埃塞俄比亚人的故事》(*Aethiopica of Heliodorus*)极为相似。

当然,大部分著作都是神学著作,其余的是语法、修辞、历史、哲学、科学和虚构的作品。希腊教父控制着福蒂乌斯的图书馆——他仅提到两个拉丁人格里高利和卡西安。历史学家的代表有:希罗多德、科泰西亚斯(Ctesias)、泰奥邦波斯(Theopompus)、哈利卡纳苏斯的狄奥尼修斯(Dionysius of Halicarnassus)、阿庇安、弗拉维·约瑟夫斯、阿里安、普鲁塔克、狄奥多罗斯、迪奥·卡西乌斯、赫罗迪安(Herodian)和普罗科比厄斯。除了莱克格斯(Lycurgus)之外,几乎所有的10位阿提卡雄辩家都被提及了,福蒂乌斯说,他还没有读过莱克格斯的演讲作品。最为重要的是,他提到了现在已经失传的但是却很有名的那些著作,包括门农(Memnon)、科农(Conon)、阿里安和狄奥多罗斯·西库鲁斯(Diodorus Siculus)的著

---

① 这当然是5世纪的历史学家,而不是那个哲学家。

作。吉本这样评价博学的福蒂乌斯："除了诗歌之外,没有艺术或者科学著作对于这位博学的学者来说是陌生的,他思想深刻,不知疲倦地阅读,富于雄辩。"

福蒂乌斯带给学术的动力在接下来的世纪里继续保持着。他的门徒阿雷萨斯(Arethas)在大约 900 年的时候担任凯撒里亚的大主教。在福蒂乌斯之后,他可能拥有那个时代最大的私人图书馆,里面收藏有神学著作和古典作家的著作。他的许多书卷都留存了下来,散存在佛罗伦萨、罗马、巴黎、牛津、伦敦和莫斯科。[①]有一些著作上有关于图书交易的注释。在 888 年,阿雷萨斯购买了欧几里得的著作,现存牛津大学博德利图书馆,他为此付了 4 诺米斯玛塔(nomismata),换算成现在的货币就是大约 60 美元;对于另外一位为他抄书的抄工,他付了 13 诺米斯玛塔。[②]

古典文学的一个资助者是康斯坦丁·波菲罗根尼图斯(Constantine Porphyrogenitus),[③]他于 911 年登上王位,在 959 年去世。他本人既是一个作家,也是一个学者。他在王宫中建立了一个图书馆。他还为首都建立了四所主要的学校——哲学、修辞、几何和天文学的学校。当时的历史学家记载道:

> 因为他懂得修辞学和哲学,所以才做这些,修辞学和哲学知识是统治这个国家不可或缺的;他本人对学生倾注了莫大的心血;他使得他们成为他每日的伙伴,通过财政支持和友好的建议而鼓励他们……这些学校培养了有教养的人,他任命他们做法官、参议员和行省官员。[④]

学校的改革必然意味着图书馆的进步。尽管当时的历史学家没有明确地提及这件事,但是他们零零散散的言论表明,康斯坦丁收藏了许多书籍。这一时期主要的文学活动是抄写古典著作,而

---

① 关于阿雷萨斯有大量的文献。关于参考文献,参见 Krumbacher, *op. it.*, pp. 524-525; A. Harnack, "Der Erzbischof Arethas von Cäsarea, seine, Studien und seine Bibliothek," *Texte und Untersuchungen*, I(1883), 35-36; Gardthausen, *op. cit.*, I, 127。

② Bury, *op. cit.*, pp.447-448。

③ Krumbacher, *op. cit.*, pp.59-69。

④ Quoted in Heeren, *op. cit.*, I, 182-190。

不是原创性的发明。皇帝本人对历史感兴趣，他从古代的历史学家那里作摘录，其中的两部是《论使节》（De legationibus）和《论美德》（De virtutibus），都以不完整的方式保留了下来。这一时期还有语言研究和词典编制的复兴，尤其是苏达斯和赫西基奥（Hesychius）的词典以及《大词源学》（Etymologium magnum）。

康斯坦丁建立的学校延续了很长时间，对宫廷的文化生活产生了影响，但是，在他去世以后，文化生活就明显衰落了，尤其是在巴兹尔二世（976—1025 年在位）统治时期。迈克尔·普赛罗斯（Michael Psellos）伤心地评论了巴兹尔二世对学术的鄙视：

> ……他对有学问的人从来就不在意，对于这些人，我是说这些学者，他完全持轻蔑的态度。我非常吃惊的是，当皇帝如此轻视读写文化的时候，却是哲学家和演说家非常活跃的时期。我发现了解决我的困惑的唯一的办法，一个最精确和最真实的解决办法，如果我可以这样说的话，那就是当时的人不为了某些其他的目的而从事文学活动，而是为文学本身而从事这样的工作。大部分人都没有考虑如何提升精神生活品位，他们认为写作的主要目的是为了个人的利益，或者说他们仅仅为了这个而写作；如果没有达到这个目的的话，他们会毫不迟疑地将其扔掉。①

巴兹尔二世的继任者康斯坦丁八世（1025—1028 年在位）和罗曼纳斯三世（Romanus III，1028—1034 年在位）统治时期，学术被继续忽视，或者，充其量仅仅是在表面上被重视。普赛罗斯抱怨说："人们只停留在表面上，而从来没有深入到哲学深处。"②但是当康斯坦丁九世（Constantine IX Monomachos）在 1402 年登上王位的时候，一个复兴的时代开始了。在 3 年的时间里，他恢复了君士坦丁堡的大学，建立了一所法律学校，其校长终身任职，必须懂拉丁

321

---

① Psellos Chronog. xxix；cf. C. N. Sathas, Documents inédits relatifs à l'histoire de la Grèce au moyen âge, IV, 18.

② Quoted in E. Renauld, Etude de la langue et du style de Michel Psellos（Paris，1920），p.408.

文，地位相当于国家首相。在这所学校里，学生可以免费接受教育，它有其自己的图书馆，有独立的管理者。

这一时期全部的精神生活（其内容不仅限于神学）着重于对人们希腊古典文化知识兴趣十分细致的培养。比如，米歇尔·普赛罗斯在 12 岁的时候，就知道《伊利亚特》，在 25 岁的时候，他涉猎了修辞、哲学、几何、音乐、法律、天文学、医学、物理和柏拉图主义这些所有已知的学科。在稍晚的时期里，安娜·康妮娜（Anna Comnena）精通古典著作。一位那个时代的人抱怨说，对于自命不凡的知识分子来说，在他们手里公开展示柏拉图的著作，这已经成为了一种风尚。

这一研习古典著作的风尚，促进了图书贸易的活跃和许多新的抄本的出现。大量手稿的抄写工作是在散落帝国各地的修道院里完成的。尽管如此，在 12 世纪，还是有许多人抱怨说，学术和图书馆主要是富人的事情。可以非常肯定的是，科穆宁王朝的许多成员是学者和图书爱好者，①但是，大学和教会学校也有许多珍贵的书籍，大教长建立了一个庞大的图书馆，里面藏有法律、修辞、哲学和神学著作。因此，当时人们一定很容易能够找到书籍，并且书籍还得到了广泛的传播，因为当时的文献里有大量引用古典著作的情况。柴泽斯（Tzetzes，约 1110—1180 年）的鸿篇《说理诗》是一本不折不扣的古代作家的著作选集。其中诗歌方面的作家有：荷马、赫西俄德、品达、 322 悲剧作家阿里斯托芬、西奥克里特斯（Theocritus）、阿波罗尼·罗迪攸斯（Apollonius Rhodius）、吕科普龙（Lycophron）、尼坎德（Nicander）、狄奥尼修斯·佩里基特斯（Dionysius Periegetes）、欧庇安（Oppian）、俄尔普卡和昆图斯·斯迈尔内乌斯；在散文方面的代表作家有：普罗科比厄斯、莱西亚斯、德摩斯梯尼、埃斯奇纳斯、柏拉图和亚里士多德。柴泽斯引用的作家总共有 400 多位。吉本评论道："人们在享受或忽视我们现成的财富的时候，我们一定羡慕那些还能够细读西奥波普斯（Theopompus）的历史、希佩里德斯（Hyperides）的演讲、米南德的喜剧、阿尔凯厄斯（Alcaeus）和萨福的

---

① G. Bucker, *Anna Comnena* (Oxford, 1929), pp.180-184.

颂歌的人。"①科学也没有被忽视。拜占庭宫廷在科学方面的兴趣，可以从帝国图书馆丰富的图书目录中反映出来，这个图书目录列举了几本稀有的神秘学的著作，其中的一些可能传到了意大利。②

在行省也有图书馆，在那里，书籍被认真地抄写和保存，在修道院尤其是如此。帕撒罗尼迦的大主教尤斯塔修斯（Eustathius，约1175—1192年在位）是一个大学者，他做了很多工作以促成其教区的学术氛围。"为什么你要成为无知的人？"有一次他批评一个修士说："你要让修道院图书馆停留在你自己的精神层面吗？因为你自己不学无术，难道你也要让图书馆空无精神吗？让它装满财富，以后的人也会像你一样，即使没有让它装满书籍，至少也要对书籍充满友好的态度。"③

尤斯塔修斯的学生迈克尔·阿科米那图斯（Michael Acominatus）在大约1175年的时候担任雅典的大主教，同样他也做了很多促进学术的工作。雅典从前是如此地辉煌，现在却是一片荒凉的废墟，在其门廊的废墟上到处是羊群。那里的人们不能够理解新教长关于古典文化的演讲。在孤寂中，这位大主教就用他从君士坦丁堡带来的书籍抚慰自己，他将这些书放在帕特农神庙祭坛附近的两个箱子里。这个图书馆是当时雅典最大的图书馆，藏有荷马、亚里士多德、欧几里得、修昔底德和盖伦的手稿。④

至于行省图书馆，可能最大的，至少我们了解最多的，是帕特摩斯图书馆。在1088年，亚力克西斯·康奈诺斯（Alexis Comnenus）将帕特摩斯修道院托付给了克里斯托杜勒斯（Christodulus）。尽管这个

323

---

① Gibbon-Bury, *Decline and Fall of the Roman Empire*, VI, 106.

② C. H. Haskins, *Studies in the History of Mediaeval Science*(Cambridge, 1924), *passim*.在这一时期，拜占庭和西方尤其是南部意大利之间有一些文化上的交流。比如，当君士坦丁堡的威尼斯区在12世纪初被毁的时候，一个懂希腊语和拉丁语的诗人贝加莫的摩西（Moses of Bergamo）失去的不仅仅是他的钱，还有"他全部的希腊手稿，这些手稿用了很长的时间，一共是花了3镑金的价格搜集到一起的"(C. H. Haskins, "Moses of Bergamo," *Byzantinische Zeitschrift*, XXIII [1914], 134-135)。奥特朗托附近圣尼古拉斯蒂的希腊修道院建立于11世纪末，那里有许多希腊书籍，包括阿里斯托芬、亚里士多德等人的著作；参见 H. Omont, "La bibliothèque de Saint-Nicolas di Casole," *Revue des études grecques*, III(1890), 389-391。

③ Eustathius *De emendanda vita monastica* cxxviii; cf. Sandys, *op. cit.*, I, 420-422.

④ Sandys, *op. cit.*, I, 422.

图书馆经常受到敌人和苛刻官员的祸害，它依然持续地保持繁荣，所以在 12 世纪的时候，它已经拥有了大约 150 名修士。幸运的是，在修道院的档案里，一份不寻常的财产清单被保留了下来，它有趣地反映了当时的读写状况，顺带也揭示了克里斯托杜勒斯的性格，[①]因为他是一位伟大的书籍爱好者。这位修道院院长在给修士们的教导中建议："如果他能在书写艺术方面非常聪明，他就可以在修道院院长的允许下发挥自己的才能。"修士们遵循了这个教导，由此抄写出来的手稿就放在修道院里，成为珍贵的收藏。

帕特摩斯修道院的建立者同样也是拉特洛斯（Latros）圣保罗修道院的院长，他在那里继续收藏书籍。圣克里斯托杜勒斯的图书价值如此之大，以至于当突厥人于 1079 年威胁拉特洛斯的时候，他首先想到的就是他的藏书，他仓促地将这些书整理在一起并把它们带到了帕特摩斯——他的新的隐居地。在这位圣人生活的晚期，突厥人再次威胁了这个虔诚的修道院，圣克里斯托杜勒斯就又一次整理好他心爱的书籍，带着它们逃到了一个更远的修道院。在临终前的病床上，他将其图书馆藏书遗赠给了帕特摩斯。为了确保他的遗愿能够被执行，他草拟了一份目录，将它给了他最忠诚的门徒之一，并告诫门徒要求他要将他所有的抄本都送给新的修道院，如果他的警告被违反的话，那么就会遭到永远的天谴。他不允许甚至任何一卷书被转让出去。"如果有任何人想要以斯蒂洛斯修道院或者拉特罗斯修道院之名借助于神圣的大教长对我的任何书提出要求时，他的要求都应该被拒绝，他会因此招来 318 个教父和我本人的诅咒。"

圣克里斯托杜勒斯在帕特摩斯的继任者继承了他精心保护书籍并充实图书馆的传统，一些修士将他们的私人藏书遗赠给修道院，还有一些修士为修道院的图书馆抄写手稿。在 12 世纪，来自帝国各地的人——罗德岛、希俄斯岛和克里特岛——希望自己能够获得永久的拯救，将书作为礼物寄给帕特摩斯。其中的一个捐赠

324

---

① On Christodule see J. Sakkelion (ed.), *De vita Christoduli* (3d ed. by K. Boine; Athens, 1884), pp.109-133; F. Miklosich and J. Müller, *Acta et diplomata Graeca* (Vienna, 1890), VI, 21-90. 我们这里讨论的这份目录是 1201 年的；第二份目录是 1355 年的；第三份是 1832 年的；Cf. Krumbacher, *op. cit.*, p.508。

者,在一本书的首页题词中,列举了他为了抄写而购买的纸张数量。因此,到 13 世纪初以前,帕特摩斯已经拥有了一个相当可观的图书馆。其图书目录中有 267 本羊皮纸抄本和 63 本纸质图书——总共有 330 卷。但是,尽管这个数字令人赞叹,但它不是最主要的。因为有许多是相同文本的复制品,而且除了十多本以外,其他的手稿都是宗教方面的著作。该目录中列举了两卷语法书,2 卷医学著作,2 卷编年史和一本词典。更有价值的是《巴拉姆和约萨法特》、亚里士多德的《范畴篇》、约瑟夫斯的著作和尤斯塔修斯(Eustathius)对他的《古代史》(Antiquities)的评论。1382 年的图书目录列出了 300 卷图书,大体内容都是一样的。在近代,帕特摩斯图书馆有 750 卷手稿,其中大部分是新近的手稿。①

接下来,阿索斯山修道院的图书收藏值得一提。尽管突厥人在 1820 年毁坏了许多有价值的抄本,其图书馆占有一个大塔楼的三层,在 19 世纪末还有大约 10 000 册作品。但是,这些抄本中大部分是最近的手稿。在比较古老一点的作品中,大部分同样是宗教方面的。阿索斯山修道院图书馆目录只提到了少数几个拜占庭的历史学家,但是其他的世俗作者却是相当多的:福蒂乌斯、普赛罗斯、菲利斯(Philes)的著作,智者利奥(Leo the Wise)的寓言和预言,米歇尔·格莱卡斯(Michael Glycas)的书信,约瑟夫斯的《历史》和著名的托勒密的地理学著作抄本。②

拜占庭帝国所有的文化中心都有图书馆。③耶路撒冷也同样如此,在那里,有一个古代的基督教图书馆,其历史需要我们仔细地

----

① 在古代手稿中的一些注释表明,帕特摩斯依然延续了当时将书外借给其他修道院的做法。大部分手稿都是礼拜仪式用书。Cf. C. Diehl, "Le Trésor et la bibliothèque de Patmos au commencement du 13ᵉ siècle," *Byzantinische Zeitschrift*, I(1892), 488-525.

② B. Murphy, "The Greek Monasteries of Mount Athos," *Catholic World*, XXXIII (1881), 163-175; W. Wagner, *Carmina Graeca medii aevi*, pp.242-247; for catalogues see A. Boltz, *Die Bibliotheken der Klöster des Athos*(Bonn, 1881); H. von Rickenbach, *Ein Besuch auf dem Berge Athos*(Würzburg, 1881); S. P. Lambros, *Catalogue of the Greek Manuscripts of Mount Athos*(Cambridge, 1895).

③ 与希腊教会紧密相连的是科普特教会,尽管后来它们又分开了,它们的修道院就有自己的图书馆;See J. B. Chabot, "La Bibliothèque du convent de S. Michel au Fayoum," *Journal des savants*, 1912, pp.179 ff。

通过散存的碎片来分析。①

　　最古老的书卷是所谓的 862 年的《乌斯潘斯基诗篇》(*Psalterium Uspenskyanum*),这本书卷提供了关于耶路撒冷存在大主教图书馆的最早的证据。抄本的作者西奥多是圣墓教堂的执事,该教会还有一所书写学校。既然一个书写学校不可能没有书,那么我们可以推断,圣墓教堂图书馆的藏书和大教长的藏书是可以相提并论的。②

　　耶路撒冷图书馆的目录在 19 世纪被出版,③它列出了大约 645 卷抄本,其中的一些属于 9 世纪。仅有 3 本较古老的残篇使用的是安瑟尔字体,其他的都是小写字母,包括一本 9 世纪的《圣经》,6 本 10 世纪的抄本,24 本 11 世纪的抄本,10 本 12 世纪的抄本,8 本 13 世纪的抄本,20 本 14 世纪的抄本,11 本 5 世纪的抄本,29 本 16 世纪的抄本。少数的几本古典抄本具有价值。最重要的是 34 本再生羊皮纸卷对开本,包括欧里庇得斯的著作残篇,它最初属于约旦附近的圣约翰修道院,是由蒂申多夫(Tischendorf)带到耶路撒冷的。这个欧里庇得斯文本可能是属于 10 世纪的。其他的古典著 326 作包括亚里士多德的《逻辑学》(*Opera quaedam logica*)、一本 16 世纪的《讽刺短诗选集》(*Anthologia epigrammatum*),作者是马克西姆斯·普兰努德斯(Maximus Planudes)。④

　　从总体上来说,拜占庭帝国的图书收藏尤其是古典藏书,是基督教王国最大和最有价值的。遗憾的是,这些藏书没有很好地留存下来,当时西欧在知识和学术方面远远落后于东方,这使得它的文化在中世纪受到了最大的破坏。众所周知,第四次十字军东征因为威尼斯人而改变了攻击目标。他们没有进攻耶路撒冷并从萨拉森人手中夺回这处圣地,而是围攻并且洗劫了君士坦丁堡。在

---

① R. P. Blake, *Catalogue des manuscrits géorgiens de la bibliothèque patriarcale grecque à Jérusalem* (Paris, 1924), first published in *Revue de l'orient chrétien*, XXIII (1922-1923), 345-413, and XXIV (1924), 190-210.

② Gardthausen, *op. cit.*, p.259.

③ Listed in Krumbacher, *op. cit.*, pp.510-511.

④ 普兰努德斯是一个著名的翻译家;Cf. Krumbacher, *op. cit.*, pp.543-545, and bibliography, pp.545-546; J. Dräseke, "Zur byzantinischen Schnellschreibekunst," *Byzantinische Zeitschrift*, XX(1911), 140-146。

围攻的过程中,君士坦丁堡被三次焚烧。第二次大火,是 1203 年 8 月一些佛兰德士兵故意所为,大火持续了 2 天。根据维尔阿杜安(Villehardouin)和尼斯塔斯(Nicetas)的记载,"金碧辉煌的宫殿里面充满了古代艺术品和古典著作抄本,宫殿被毁。"8 个月之后,在 1204 年 4 月 13 日,君士坦丁堡最终被十字军毁灭,残暴无知的"法兰克"暴徒手执披挂着钢笔、墨水瓶和纸张的长矛穿过街道,以显示对这个"抄工和学者"的国家的蔑视。希腊历史学家尼斯塔斯目睹了这一切,难过地说人们很难想象任何事情比"愚昧和完全无知的野蛮人"更可怕。①

关于 1204 年第四次十字军毁坏的书籍数量虽然没有记载,但是这个数字一定是巨大的。在法兰克人占领期间,毁灭文化的汪达尔主义持续盛行。事实上,土耳其人在 1453 年占领君士坦丁堡的时候,他们并没有大量毁坏图书。②引用一句名著中的话:"恰恰是基督徒蛮人而不是异教徒,毁掉了古典著作,再也无法恢复。"③

327

一些希腊手稿流落到了西方,并且最终对文艺复兴起到了推动作用。我们知道,甚至在 1204 年之前,许多希腊手稿就传到了意大利,在 1185 年,诺曼人占领了帖撒罗尼迦,将许多书卖给了意大利人,意大利人买到了成船的抄本。13 世纪亚该亚的大臣维罗利的利奥纳多(Leonardo of Veroli)不仅在他的图书馆里拥有一本"希腊书籍"和一本"编年史",而且还在那不勒斯的皇家图书馆让两个书吏抄写希腊文著作,让一个法国教士和两个意大利人仔细地修改。因此,很显然一些法兰克人懂希腊文,有记载说一个大主教甚至翻译了亚里士多德的著作。④在 13 世纪,许多当时的抄本是可以识别的。希腊文抄本和希腊文学思想向西流传,在那里其中的一些手稿被翻译成了拉丁文或者古法文,⑤与此同时,古代法国骑士

---

① Cited in Gibbon-Bury, *op. cit.*, VI, 409.

② "十字军对君士坦丁堡的洗劫",普罗沃斯特·蒙塔古·詹姆斯(Provost Montague James)说,"在毁灭艺术和文学著作方面,比 1453 年土耳其人攻占君士坦丁堡造成的破坏大得多;"Quoted by H. R. Willoughby in *Press Impressions*(Chicago:University of Chicago Press),VI, 2.

③ Heeren, *op. cit.*, I, 270-272.

④ W. Miller, *Latins in the Levant*(New York, 1908),pp.153-154.

⑤ *Journal des savants*, 1899, pp.108 ff., 539 ff.; 1910, p.40.

的浪漫史传向东方。①希腊人第一次表现出了对古典拉丁文学的兴趣。马克西穆斯·普兰努德斯(约 1260—1310 年)是一个精通拉丁文的修士,他将下列作品翻译成了希腊文:恺撒的《高卢战记》(*De bello Gallico*)、西塞罗的《西庇阿的梦想》(*Somnium Scipionis*)、奥维德的《变形记》以及波埃修斯的《哲学的慰藉》。②

再回到拜占庭。在君士坦丁堡被十字军占领以后,宫廷迁到了尼西亚,尼西亚因此成为希腊文明的中心。在 13 世纪下半叶,根据塞浦路斯的乔治的说法,尼西亚被认为是"拥有许多学者的雅典"。尼西亚的第一个统治者西奥多·拉斯卡里斯(Theodore Lascaris,1204—1232 年在位)邀请希腊学者到他的宫廷里。他的继任者约翰三世(1222—1254 年在位)除了军事活动之外,还在他的城市建立了图书馆。西奥多二世(1254—1258 年在位)和他的父亲约翰三世一样,是尼斯福鲁斯·布莱米德斯(Nicephorus Blemmydes)的门徒,他不仅致力于建立图书馆,而且还收藏书籍,传播书籍,他甚至允许读者将书带回家中。这一对文化活动的兴趣要归功于布赖米德斯,君主派他到各个行省去买书,或者如果买不到的话,就将珍贵稀有的手稿抄写下来。③

在 1261 年,拜占庭人在迈克尔·巴列奥略(Michael Paleologus)的率领下重新征服了君士坦丁堡,在接下来两个世纪的时间里,书籍再也没有遭到任何的暴力破坏。④尽管君士坦丁堡不再是文化的中心,但这里依然有希腊传统的延续。米歇尔恢复了贝拉克奈(Blachernae)王宫一翼的图书馆。今天欧洲各地散存的众多抄本从其装帧和设计图案上可以看出是来自君士坦丁堡。在巴黎国家图书馆里,有一个抄工抄写了 1276 年的神学著作藏书,他写道:"这本书是在令人敬畏的和最虔诚的西奥多的命令下抄写的。"最近,芝加哥大学出版社出版了洛克菲勒-麦考密克版《圣经》摹本,这是最新发现的一个抄本,里面有 98 幅引人注目的插图,很显然它是

328

---

①　J. B. Bury, *Romances of Chivalry on Greek Soil* (Oxford, 1911).

②　Sandys, *op. cit.*, I, 428.

③　A. A. Vsiliev, *op. cit.*, II, 241-244; cf. Alice Gardner, *The Lascarids of Nicaea*, chap. xiv.

④　E. Schuyler, *Turkestan* [New York, 1877], II, 97-98.

来自巴列奥略图书馆。

　　这时还出现了新型的图书馆:图书收藏和帝国各地的修道院学校紧紧地联系在一起。①我们从约瑟夫·布莱恩尼厄斯(Joseph Bryennios)留给圣索菲亚教堂的书单中可以看出,古典文化依然被教授,他向希腊学生和意大利学生传授语法、修辞和哲学。在他的图书馆里,我们发现了关于韵律学和度量学的课本,还有亚里士多德、托勒密和数学家加拉萨的尼科马克斯(Nicomachos of Garasa)的著作。②

329　　拜占庭文明终结于 1453 年,当时奥斯曼土耳其人最终攻陷了君士坦丁堡。由于征服者认为"异教徒"著作对他们来说一点用处都没有,这个时候手稿对于西方人来说具有重要的商业价值,他们愿意出钱来买这些手稿,穆斯林就将成车的书籍卖出去,尤其是卖给意大利人。在接下来的几十年里,贫困潦倒的希腊家庭拍卖他们的图书馆,就像米歇尔·坎塔库泽诺斯(Michael Cantacuzenos)在 1578 年所做的那样。苏丹索利曼二世(Sultan Solyman II)将一小部分藏书给了希腊大使迭戈·德·门多萨(Diego de Mendoza)。希腊修士们买了一些抄本,并在他们的修道院里保存它们。③

　　从前属于拜占庭现在属于土耳其的各行省依然保留了大量的希腊手稿,其中的许多手稿如今可以在包括现代罗马尼亚的土地上找到。在 16 世纪末,瓦拉几亚的优西米乌斯(Euthymius)让君士坦丁堡大教长米勒修斯·皮加斯(Meletius Pigas)给他寄一本希腊文《福音书》和一本东方教会法纲要。④在接下来的世纪里,我们在摩尔多瓦的王子巴兹尔·拉普(Basil Lapu)王宫里,发现了一个希腊图书馆。其他的"罗马尼亚"贵族,比如康斯坦丁·坎塔库泽

---

　　① Fuchs,*op. cit.*,pp.59-60. 塞尔维亚女皇伊丽莎白的王朝和拜占庭的王室家族有密切的联系,她在 14 世纪拥有一个希腊图书馆;参见 L. Poltis,"Griechische Handschriften der serbischen Kaiserin Elisabeth,"*Byzantinoslavica*,II(1930),288-304。

　　② Fuchs,*op. cit.*,p.74。

　　③ Krumbacher,*op. cit.*,p.506 and note.关于 15 世纪的图书馆,参见 S. P. Lambros,"Das Testament des Neilos Damilas," in *Byzantinische Zeitschrift*,IV(1895),585-587;E. Legrand,"Testament de Nil Damilas,"*Revue des études grecques*,IV(1891),178-181。

　　④ Bishop Melchizedek, in *Annales de l'académie roumaine*,III,28;see also XX,203,and XXXVII,85。

诺斯和康斯坦丁·布兰科维纽（Constantin Brancoveanu），他们不仅收藏希腊图书，而且还是希腊文化的赞助者。[①]被保存下来的大部分希腊文抄本散存在全欧洲，它们被收藏在意大利、法国、奥地利、德国、英格兰、西班牙和俄罗斯的图书馆里。

---

① S. Dragomir，"Nouvelles notes sur les retations entre roumains et grecs，" *Bulletin de l'institut pour l'étude de l'Europe sud-orientale*，VIII(1921).

# 第十章　南部意大利希腊
# 修道院的图书馆<sup>①</sup>

　　尽管早在 10 世纪以前就有希腊人从东部移民到意大利,但是在 10 世纪以前,还是没有任何的证据表明意大利南部有希腊修道院的存在。毫无疑问,有许多希腊人在 7 世纪为了躲避波斯人、阿拉伯人和斯拉夫人的入侵而来到南部意大利,因为甚至皇帝康斯坦斯二世都认为东方已经失去了,而来到叙拉古度过了他有生之年中的最后五年(663—668 年)。在 8 世纪和 9 世纪,在拜占庭发生的破坏圣像运动赶走了许多修士,南部意大利再次成为这些修士的避难地,这里同样也成为从西西里被萨拉森人驱逐出来的意大利定居者的避难地。但是,意大利同样遭到了萨拉森人的入侵,因此,在 9 世纪,来自西西里的难民被迫深入到内陆地区,并进而远走到北方,以避免这些敌人的进攻。<sup>②</sup>这些希腊移民对文化的传播是中世纪意大利发展的一个重要因素,但是这一点并没有得到应有的重视。

　　这些难民中最早的那些人可能是不会读写的隐修者,他们住在山洞里,或者作为行乞者在乡村周围游荡,比如伊莱亚斯·朱尼尔(Elias Junior),他认为文学是有罪的。曾经有一个传说,当他和一个也叫丹尼尔的人外出时,丹尼尔曾经写了一本精美的《诗篇》,伊莱亚斯·朱尼尔在路上命令他将这本书扔到沼泽地里,丹尼尔就把书扔了,但是,在他们俩走了 6 英里以后,丹尼尔又被允许返回

---

① 本章由 Isabella Stone 撰写。

② K. Lake,"The Greek Monasteries in South Italy,"*Journal of Theological Studies*,IV,352;P. Batiffol,*L'Abbaye de Rossano*,pp.5-6.

去,把那本书捡回来,幸运的是,他发现那本书还完好无损。①然而,渐渐地,当修道院制度发展到修道士阶段(cenobite stage)的时候,文化获得了再发展,缮写室也逐渐建立起来。这个阶段最杰出的代表也是 10 世纪最伟大的人物之一是罗萨诺的尼洛斯(Nilus of Rossano),他的《传记》(Vita)是反映南部意大利修道院历史最主要的资料来源。②

在尼洛斯年轻的时候,关于巫术方面的书籍在罗萨诺很流行,但是,他的兴趣却更多地集中在更为严肃的文学方面。他首先去了塞尼莫附近的梅尔库里安山(Mount Mercurion),在那里有一组修道院;在 950 到 958 年间,他返回到罗萨诺,建立了圣阿德里安修道院;在 976 年,他去了加普亚和卡西诺山修道院并在那里受到了热情的接待,后来又被送到瓦里卢西奥(Vallelucio)独立的修道院,在这里待了几年后,考虑到本笃修士苦行的程度不够,他选择了离开,到加埃塔建立了一个修道院。最终在 1002 年,他在戈洛塔菲拉塔(Grottaferrata)建立了圣玛利亚修道院,它被当做国家历史纪念物而保存下来,依然使用希腊的仪式。③那里拥有尼洛斯时代的马赛克装饰,还有可能是他亲手抄写的抄本。④在梅尔库里安,尼洛斯以其对文献的了解和作为一个书吏的技巧而闻名。他所讨论的文献主要是与基督教会有关或者是《圣经》方面的书籍,他所抄写的书也主要是同类性质的。但是,世俗方面的书籍一定也能够在那里找到,因为修道院院长普罗克洛斯(Proclus)就是一位"已经使他的灵魂变成了神圣和世俗书籍的财富"的人。通常情况下,尼洛斯每天从黎明开始写 3 个小时,每天都要密密麻麻写满四页纸。如果纸张像戈洛塔菲拉塔手稿的纸张那样大,一个非常娴熟的抄工也要用 3 个小时抄满四张对折的纸。⑤尼洛斯既没有椅子,

---

① *Acta sanctorum* XXXVII. 497 D.

② G. L. Schlumberger, *L'Epopée byzantine*, II, 288; Migne, *Pat. Graec.*, CXX, col. 20.

③ H. F. Tozer, "The Greek-speaking Population of Southern Italy," *Journal of Hellenic Studies*, X(1889), 11-42.

④ Schlumberger, *op. cit.*, I, 581; II, 287-289, with illustrations; A. Rocchi, *La Badia di Grottaferrata*(2d ed.; Rome, 1904).

⑤ Lake, *op. cit.*, IV, 520.

332 也没有墨水池，而是"发明了一种代替后者的给木头上蜡的方法"。这意味着什么我们还不是非常清楚，但它并不是指在蜡板上写字，瓦滕巴赫（Wattenbach）就是做了这样的误解。一个叫斯蒂芬的修士在罗萨诺买了羊皮纸。在尼洛斯的修道院里，修士们阅读《圣经》以及巴兹尔、阿萨内斯（Athanasius）、克里索斯姆和思高的西奥多的神学著作。有的时候，他们能记住格里高利·那齐安曾的布道书。尼洛斯对阅读的段落进行评论，然后大家进行讨论。[1]他对迟钝的人更加严格。他给那些不能清醒地阅读《圣经》的人预备了一条腿的凳子，以使他们能够保持清醒。他成功地使得"野蛮人变成了神学家，使牧人变成了老师"[2]。

　　可能尼洛斯建立了一所与众不同的书写学校，因为在他的影响下所抄写的抄本与当时的拜占庭抄本有所不同。二者的装帧和字母都体现了 10 世纪和 11 世纪贝内文托风格鲜明的特征。[3]巴蒂福尔（Batiffol）使用了"希腊-伦巴德"（Graeco-Lombardic）这一术语来形容这一风格。其总体的风格是在发黄的、几乎没有横格的羊皮纸上杂乱的、密密麻麻的书写，并带有粗糙的、奇形怪状的装饰。另一种书写风格也可以追溯到尼洛斯，这种风格叫草书体（tachygraphic）。[4]他在 965 年所抄写的三本这样的抄本现在依然保存在戈洛塔菲拉塔，它们是这种风格最古老的范本。

　　从现有的记载中，我们无法推断出在早期意大利南部有多少拜占庭修道院。莱克（Lake）[5]试探性地提出了包括 13 个修道院在内的名单，并且认为在 1071 年诺曼征服以前没有其他的修道院。在 1071 年之后，修道院数量大增，但是我们依然没有很多证据能够提供一个准确的数字。四个最大的修道院是卡索莱（Casole）的圣尼古拉斯修道院、罗萨诺的圣玛利修道院、卡伯恩（Carbone）的圣伊莱

333 亚斯修道院和斯蒂洛（Stilo）的圣约翰修道院——后者在诺曼王国分裂后的每一个小王国即阿普利亚、希拉（Sila）、巴西利卡塔和卡

① 　Schlumberger，*op. cit.*，I，466 f.

② 　Migne，*Pat. Graec.* CXX，col.141.

③ 　Batiffol，*op. cit.*，pp.85-90.

④ 　S. Gassisi，"Il Manoscritti autografi di S. Nilo iuniore," *Oriens Christianus*，IV（1904），342-353.

⑤ 　Lake，*op. cit.*，IV，529.

拉布里亚里都存在。

卡索莱的圣尼古拉斯修道院建立于 1099 年。它的第三任修道院院长尼古拉斯(1153—1190 年在位)建立了图书馆,并不惜一切成本地从希腊各地搜集图书。修士们大部分来自东方,他们学习希腊文献,修道院为他们提供免费住处,所有想学习希腊文的人都免交学费。[①]在它的周围有一些修道院分院,分布于瓦斯特(Vaste)、波利卡斯特罗、特卢拉佐( Trulazzo )、阿雷萨诺(Alessano)、卡斯特罗和米尼尔尼诺(Minernino)等地,这些分院的修士们从圣尼古拉斯修道院借书。[②]甚至布林迪西(Brindisi)也从这里借书。很显然,该修道院是整个阿普利亚最大的希腊文化中心。遗憾的是,在 1480 年对其历史作的汇编却丢失了,但是尼古拉斯本人于 1174 年写的《东正教教规》( Typicon )一直在都灵保留到 1904 年发生大火之前。除了年代记和规章制度之外,这卷书中还有边注,记载了 70 笔该图书馆向外借书的记录,借书者的名字也在其中。[③]被借的书大多是宗教方面的书籍,但是还有一笔借出去的书中包括一本词典、一本雕刻艺术的书籍、一本解梦书,一本亚里士多德的著作,甚至还有一本阿里斯托芬的著作!很显然,修士们并没有像我们有时所想象的那样严格地被局限于教化方面的书籍。《东正教教规》还包括一些缮写室的规则,这些规则是以思高缮写室的规则为例而制订的。

大约在 1460 年,枢机主教贝萨里翁迁至罗马,后来到了威尼斯,圣尼古拉斯修道院最丰富的财产因此得以在拜占庭起源地的另一个地方为子孙后代保存下来。在《东正教教规》中提及的阿里斯托芬很可能就是现在在马尔恰那图书馆的那个阿里斯托芬。还有少数一些其他的卡索莱手稿在罗马、巴黎和马德里。贝萨里翁留下的那些抄本可能由于拉丁人的粗心而没有得到完好保存,或者是在 1480 年之后不久由于土耳其人的入侵而被损坏了。[④]

圣尼古拉斯修道院对于阿普利亚的重要性,就如同罗萨诺的圣

---

①　Batiffol, *op. cit.*, p.29.

②　C. Diehl, *Mélanges de l'école francais de Rome*, VI, 173-188.

③　H. Omont, *Revue des études grecques*, III, 389-391.

④　C. Diehl, *L'Art byzantin*, pp.170-180, and his articles cited in note 2 above.

玛利修道院对于希拉的重要性一样——希拉是整个地区希腊文化
*334* 的中心。圣尼古拉斯修道院是由诺曼人的代理人巴塞洛缪建立
的，其最初的书籍都来自拜占庭。巴塞洛缪去那里取书，他被阿历
克修斯（Alexius）和艾林（Irene）奉为座上宾，他们满足了他的所有
要求。①后来他从圣玛利修道院带了12个修士和那里的一半书籍，
在梅西纳（Messina）建立了圣萨尔瓦多（St. Salvator）修道院，这很
可能是在1129年以前。在《东正教教规》中，修道院院长之一卢克
（Luke，1129年）谈及他为了搜集最好的书籍所做的努力——这些
最好的书籍不仅包括克里索斯托、巴兹尔和格里高利的著作，还有
历史著作和其他种类的文献。

另一个修道院也叫圣萨尔瓦多，它就坐落在位于博达内罗
（Bordanaro）的梅西纳的外围。在1908年地震之前，其建筑的一些
遗迹还依稀可见，因为它没有像那么多西西里修道院那样被萨拉
森人毁掉。而且它非常幸运地接受了一位非常富有并且博学的希
腊人斯科拉留斯（Scholarius）（或萨巴斯）遗赠的藏书，②斯科拉留
斯曾经是罗吉尔的宫廷牧师，他从希腊带来了许多财富。这位藏
书家大约生活在1050—1130年，他在遗嘱中强调，任何人都不得
将这些书从这个修道院拿走，然后一一列举了这些书卷名称。③

该藏书在当时的西方一定是最丰富的图书收藏之一，它毫无疑
问包括一些世俗方面的著作。关于后面的藏书内容信息可能是来
自卡塔尼亚的亚里西普斯，他在1156年的时候享有盛名。他提到
了两个西西里的图书馆，一个在锡拉库扎（Syracuse），一个叫"阿格
里克"（Argolic）。第二个几乎肯定就是赛巴斯藏书，他说该藏书中
有丰富的希腊著作，比如赫罗（Hero）的《力学》（*Mechanics*）、欧几里
*335* 得的《光学》（*Optics*）、亚里士多德、亚拿萨格拉（Anaxagoras）、特米
修斯（Themistius）、普鲁塔克和哲学家的著作。④亚里西普斯还说这
个图书馆是唯一的希腊著作的藏书处，这些希腊著作在其他地方

---

① Batiffol, *op. cit.*, pp.6 ff.

② There is avaluable biography with exhaustive discussion of his library by Father Lo Parco, in *Atti della reale academia di archeologia, lettere, e belle arti di Napoli*, I(1910), 207-286.

③ R. Pirro, *Sicilia sacra*(Panormi, 1733)，II, 1004.

④ Lo Parco, *op. cit.*, p.238.

无处可觅。很可能他在那里找到了《斐多篇》（Paedo）和柏拉图的《美诺篇》（Meno）以及他正在翻译的戴奥真尼斯·拉尔修（Diogenes Laertius）的作品。另一个在同一个图书馆查阅的翻译者可能是梅西纳的巴塞洛缪，他生活在13世纪，翻译了亚里士多德的《论原则》（De principiis），这本书在12世纪并不为人所知。既然在亚里西普斯翻译《斐多篇》和《美诺篇》之前，人们所知道的关于柏拉图的全部著作就是《蒂迈欧篇》，那么我们可以说，萨巴斯的图书馆在使得西方了解柏拉图和亚里士多德这一点上做出了重大的贡献。在随后的年代里，该图书馆里的藏书情况如何？在15世纪康斯坦丁·拉斯加里斯（Constantine Lascaris）访问这个图书馆之前，这里的古典著作已经散佚了，但是一些宗教方面的著作在1449年被带到了另一个梅西纳修道院。非常幸运的是，它们逃过了1908年的劫难。

位于巴斯利卡塔（Basilicata）的卡伯恩的圣伊莱亚斯修道院与罗萨诺的圣玛利修道院联系密切。它由阿曼图姆的卢克（Luke of Armentum）建立，阿曼图姆的卢克在993年去世。①该修道院于1174年被烧毁，后又在蒙泰基亚罗（Montechiaro）被重建；但是在1432年它又被烧毁，被移到了现存遗址的地方。在这里该修道院获得了财富和权力，拥有大量的领地并行使封建领主的特权，复活了希腊文化，并且使得希腊文化得到了广泛传播。②从它与罗萨诺的联系来看，它一定获得了创作精美抄本的巨大动力。但是这些抄本即使没有逃过大火，它们也会被修道院院长们偷走了，这些合法的强盗亵渎了他们的职责，监守自盗。这种衰落的趋势一直持续到1809年，当法国人封锁了这个修道院时，该修道院仅有3名修士。

关于其他主要修道院的藏书，我们几乎一无所知，但是，毫无疑问，所有修道院图书馆的普遍情况相差无几。至少以下情况是确凿无疑的：南部意大利的这些希腊修道院并不是孤立的，也不完 *336*

---

①　G. Robinson, "History and Cartulary of the Greek Monastery of St. Elias and St. Anastasius of Carbone," *Orientalia Christiana*, XI(1928), 271-348.

②　一份1171年的档案记载道，卡伯恩给了巴利圣西蒙修道院的教士、修道院长乌尔索（Urso）希腊文的礼拜仪式用书，以此换取一间房子。

全是外国的机构,它们参与到了整个乡村的生活当中,对城市和乡村的人们均产生了宗教和文化上的影响。除此之外,它们在萨拉森人入侵的过程中,还成为民众的避难所,并且为惊慌失措的民众挑选领头人。在此后知识的复兴过程中,北方在这里找到了第一批希腊老师和第一批希腊书籍。意大利的这些拜占庭修道院对文艺复兴所产生的影响可能永远也不会得到正确的评价,但是毫无疑问,这种影响是巨大的。

　　1879 年在罗萨诺发现了一个《福音书》抄本,它用银色的安瑟尔字体写在紫色的羊皮纸上,并且装帧精美,因为这一发现,人们开始注意到南部意大利的图书馆。对这一书卷的起源和后期历史的考察引发了学者的研究,这些研究导致了关于拜占庭文化在西方繁荣的这段被人们遗忘的历史时期的重大发现。从各方面来说,这个罗萨诺抄本①都是非同寻常的。仅有三本其他的抄本和两个用银色字体的紫色再生羊皮纸书卷的残篇为人们所知,②所有的抄本全部是 6 世纪的。它是 8 世纪以前唯一的包含有描写耶稣基督生活的《福音书》抄本。非常奇怪的是,这些小画像是粘贴在书卷当中,而不是直接画在书上,这些画与文本可能来自不同的地方。事实上,从风格上来说,它们属于小亚,③其字体和紫色羊皮纸都表明,它们来源于查士丁尼帝国的缮写室。因此,我们可以推断,这个抄本是查士丁尼皇帝在大将贝利撒留征服意大利之后送给了罗萨诺的主教的。还有一种观点认为,它是亚历克修斯·康奈诺斯(Alexius Comnenus)在巴塞洛缪任修道院院长期间送给圣玛利修道院的书卷之一。目前,这个 18 世纪装订的抄本中包含 188 页,内容仅有《马太福音》和《马可福音》的一部分,最初,它毫无疑问包括全部的四福音书。这部著作现在是意大利的国家历史文物,在罗萨诺大主教的档案中保存着。在 1906 年戈洛塔菲拉塔

337

---

①　O. von Gebhardt and A. von Harnack, *Die Evangelien …. Codex graecus purpureus Rossanensis* (Leipzig, 1880); A. Haseloff, *Codex purpureus Rossanensis* (Berlin, 1898), with reproductions of the minatures; A. Munoz, *Il Codice purpureo di Rossano e il frammeno Sinopense* (Rome, 1907), with colored plates.

②　P. Batiffol, *Mélanges d'archéologie et d'histoire*, V(1885), 358-376.

③　O. M. Dalton, *East Christian Art*, p.312.

展出的时候，它是由卡宾枪手护卫的。[1]

可以与这个《圣经》抄本相媲美的是已知最古老的希腊世俗文本（纸草残篇除外），它同样是在南部意大利发现的。[2]这是一本再生羊皮纸书卷，上面有三栏斯特拉波用安瑟尔字体书写的文字，所标明的时间是 5 世纪末 6 世纪初，是根据《旧约》改写的。它很可能来自戈洛塔菲拉塔的藏书，在那里发现了来自南部意大利的相似的文本残篇。它最初的起源地依然可能是君士坦丁堡，因为在查士丁尼时代，斯特拉波的著作最早开始被引用是根据斯蒂芬纳斯（Stephanus）的词典而来。

[1]　N. Douglas, *Old Calabria*，p.114.

[2]　Munoz, *op. cit.*; and A. Wolf, in *Sitzungsberichte*，*Heidelberg Akademie der Wissenschaften*（Phil.-hist. Kl.），I(1928-1929).

# 第十一章　犹 太 图 书 馆①

　　中世纪生活的许多方面时常令现代人感到困惑,其中,没有什么比犹太人的文化活动更令人难以理解的。很少有学者对这一问题有清晰的认识:许多人只是盲目的种族仇恨,其他人只能通过他们的眼泪而窥见一斑,一切都笼罩在迷雾之中。一方面,犹太社团是被夸张地描述成顽固抵制任何形式社会同化的一个追逐私利的、极富侵扰性的域外少数族群;另一方面,它又被升华为一个英雄的团体,在一个无知、迷信和野蛮的世界里,拥有聪明才智、忠诚和理想主义的英雄的团体。事实上,中世纪的犹太人仅仅是中世纪的欧洲人,他们与其说是因为自身具有的闪米特遗传特征,不如说是因为一整套不利的社会压力,促使他们不仅要保留自己的传统,而且还十分珍爱自己反基督教的宗教联系。

　　在人们梦想着进行宗教改革很久以前,犹太人的宗教就从许多方面对书写持一种新教徒的态度。它没有真正的教士阶层,它的会堂主要是一个教学、教化、祈祷和公共管理的机构,而不仅仅是
一个举行圣事的圣殿。而且,每一位家长,即每一个男性成员,都具有明确的领导者的特征。因为这些原因,一个犹太社团必须要拥有广泛的阅读能力,并且拥有一定的书籍。

　　但是犹太人的读写能力与后来的新教徒不同,他们使用的不是当地的语言,甚至也不使用当时国际上的学术语言拉丁语,而是使

---

　　① 本章由 S. K. Padover 撰写。关于犹太图书馆的零散材料在各种研究中被发现。这个领域中的先驱者是 M. Steinschneider;参见他的" Vorlesungen über die Kunde hebräischer Handschriften,"*Zentralblatt für Bibliothekswesen*, Beiheft XIX(1897), 以及他的"Allgemeine Einleitung in die jüdische Literatur des Mittelalters,"*Jewish Quarterly Review*, XVI and XVII(1904-1905), *passim*(这一包含有大量引用的文献资料的期刊,将被称为"*JQR*")。

用希伯来语。这一特殊性对于犹太文化产生了两个明显的结果。首先,好学的犹太人比其同时代的基督徒要更多地依靠非常少的传统资料,结果以一种令人窒息的经院哲学抑制了一切知识上的进步。但是,与此同时,犹太人通过与阿拉伯语非常相似的希伯来语,可以找到基督徒完全不了解的大量哲学和科学文献。当时机来临的时候,犹太学者不仅自己获得了巨大的文化上的发展,而且对整个西欧的文化史作出了永恒而持久的贡献。①

在我们对犹太人这一独特性的了解中,我们不能忽略了它还反映了生活于其中的人们的文化秉性。如果居主导地位的非犹太人的文化是宗教的和虔诚的,那么犹太人的著作也是神学的和注释性的。这种情况出现在 12 世纪的北欧和拜占庭。②但是,在任何有创造性文化活动的地方,犹太人同样也表现出了独创性。因此,在同一时期阿拉伯人统治下的西班牙,犹太人是科学家、哲学家和诗人;而在德国和英格兰,他们与其基督徒邻居一样,被淹没在了毫无生气的神学争论中。

犹太图书馆自然总是收藏《圣经》的地方。这一著作在整个犹太历史中,一直被人们孜孜不倦地研习,并且被他们以最虔诚的态度保存下来。③已知最古老的《圣经》片段那什羊皮纸卷(Nash Papyrus),包含了希伯来语的"十诫",可以追溯到耶稣之后的公元 1 世纪。④其 340 他的希伯来语纸草文本比那什羊皮纸卷要晚 6 或 7 个世纪。⑤

在犹太人所有的迁徙中,《圣经》一直都伴随着他们。事实上,《圣经》要比大部头的、笨重的《塔木德》好携带得多,后人对《塔木德》不断地进行评注,又对评注进行评注,使得它成了一部名副其实的法典。最孤立的犹太社团拥有《圣经》,但是并不总是拥有拉比文献。在阿拉伯半岛南部也门的犹太人在第一圣殿被毁之前在

---

① M. Steinschneider, *Die hebräischen Uebersetzungen des Mittelalters und die Juden als Dolmetscher* (Berlin, 1893).

② A. Andréadès, "The Jews in the Byzantine Empire," *Economic History*, III, (1934)1-23.

③ L. Blau, *Studien zum althebräischen Buchwesen* (Budapest, 1902).

④ F. C. Burkitt, "The Hebrew Papyrus of the Ten Commandments," *JQR*, XV (1903), 392-408; XVI(1904), 359-361.

⑤ A. Cowley, "Hebrew and Aramaic Papyri," *JQR*, XVI(1904), 1-8.

那里居住了 42 年,他们在那里建立了一个王国,保留着希伯来语和《圣经》律法,但是很显然他们没有《塔木德》。正是从他们那里,穆罕默德获得了其关于《圣经》和先知(包括耶稣)的知识,他将这些知识融入了《古兰经》中。①根据图德拉的本雅明记载,在 12 世纪,同样是这些也门犹太人还了解迈蒙尼德使用阿拉伯语写的关于《密西拿》的评论及其哲学著作《迷途指津》。②与外界隔绝的波斯犹太人同样如此,他们可能是巴比伦之囚的后代。一个现代犹太人游历了德黑兰、撒马尔罕和布哈拉,寻找古代希伯来语手稿,他获得了关于天文学、纯文学(很有可能是波斯人的)、《圣经》、词典和语法、民间文学、犹太神秘哲学、祈祷书、迈蒙尼德和医学方面的著作。③

在中世纪,犹太人在伊斯兰各大文化中心都非常地活跃。巴格达、开罗和科尔多瓦都有杰出的犹太人,他们丰富了穆斯林的哲学和科学。与其阿拉伯同胞一样,他们鼓励学者并收藏书籍建立图书馆。穆斯林一般来说对待犹太人是比较公正和宽容的,先知本人就要求要公正地对待他们。结果,犹太人和阿拉伯人自由地融合在一起,并且相互交流思想。阿拉伯语和希伯来语是如此地相似,以至于许多阿拉伯著作以希伯来语字母音译的时候,受过教育的犹太人就都能够读懂,因此被以希伯来文献而保存了下来。在 13 世纪,一个托尔托萨(Tortosa)犹太人舍姆托夫·本·伊萨克(Shemtov ben Isak)居住在普罗旺斯,在他翻译的扎哈维(Zahrawi)的伟大著作的前言中,他说,他已经从事将阿拉伯语著作翻译成希伯来语这项工作长达 20 年的时间,其他的犹太人同样也从事这样的翻译工作。④犹太学者也采用阿拉伯名字,因此很难分清希伯来语和阿拉伯语。他们写关于医学、天文学和哲学方面的著作,大部

---

① A. Geiger, *Was hat Mohammed aus dem Judenthum aufgenommen*(Bonn, 1833); J. Gastfreund, *Mohammed nach Talmud und Midrasch*(Vienna, 1875); H. Hirschfeld, *Jüdische Elemente im Koran*(Berlin, 1878).

② A. Neubauer, "The Literature of the Jews in Yemen," *JQR*, III(1891), 604-622.

③ E. N. Adler, "The Persian Jews: Their Books and Their Ritual: I, Their Books," *JQR*, X(1898), 584-601.

④ M. Steinschneider, "An Introduction to the Arabic Literature of the Jews," *JQR*, XII(1900), 481-501; M. Schwab, "Manuscrits hébreux de la bibliothèque mazarine," *Revue des études juives*, XI(1885), 158-159.

分是来源于希腊古典著作。事实上，希波克拉底①、盖伦和托勒密的一些著作，只有通过希伯来语的资料才为人们所知，因为阿拉伯人引进了古希腊人的著作，而犹太人又将阿拉伯语著作翻译成了拉丁文。

犹太人对书籍有一种敬畏之心。他们从来不丢弃或者出卖旧的书稿，尤其是那些宗教方面的书稿，而是将其存放在藏经洞里，或者封存放置，或者是存放在犹太会堂里。藏经洞的形式依据各地不同的文化传统而有所不同。在一些地方，它是一个封闭的洞穴，上面有一个像烟囱一样的出口，通过这个出口，那些无用的书籍被扔下去，任其自然腐烂掉。在另一些地方，它是储藏室，其中的书籍都被列出书目。在后一种情况下，已经与一定的基督教机构的图书馆非常接近了。大约 40 年以前（作者写作本书之前的 40 年，即大约 1899 年——译者注），来自开罗藏经阁的许多"最有价值抄本中的无价之宝"②被带到剑桥大学图书馆，并且在那里被编辑出目录。其中的一些书籍可以追溯到 8 世纪，其他的要早 3 到 4 个世纪。这些书大部分是《圣经》或者《塔木德》，并且包含着这些书从前的拥有者的名字。③埃及藏经阁中的藏书大多数是宗教方面的书籍。一份现在法兰克福图书馆的目录显示，在其中的 200 本书中，仅有 19 本是医学和小说方面的世俗书籍。④一份开罗 12 世纪的售书目录显示了同样的比例，其中列举了 77 本精装书籍，大部分是礼拜仪式用书，但是还有一些是关于语法、医学和算术方面的书籍。⑤

有文化的犹太人，特别是医生，移居到了非犹太人社会，通过支持学者和收藏书籍来模仿他们的穆斯林同僚。他们中的一个名

342

---

① L. Modona, "Deux inventaires d'anciens livres hébreux," *Revue des études juives*, XX(1890), 117-135.

② I. Abrahams, "An Eighth-Century Genizah Document," *JQR*, XVII (1905), 426-430; S. Schechter, "Genizah Specimens," *ibid.*, X(1898), 197-206, etc.; R. Gottheil, "Some Hebrew Manuscripts in Cairo,"(1905), *ibid.*, XVII(1905), 609-655.

③ E. J. Worman, "Two Book-Lists from the Cambridge Genizah Fragments," *JQR*, XX(1907), 450-463.

④ S. Poznaski, "Ein altes jüdisch-arabisches Bücher-Verzeichnis," *JQR*, XV(1903), 76-78.

⑤ E. N. Adler and I. Broydé, "An Ancient Bookseeler's Catologue," *JQR*, XIII (1901), 52-62, 550-551.

叫雅库布·本·尤素福·本·吉利斯(Yakub ben Yusuf ben Killis)的人,是一个名副其实的米西那斯(罗马一贵族名,富有而慷慨的赞助人——译者注)。在巴格达进行了不诚实的商业活动之后,他逃到了开罗,在那里因其为哈里发服务而获得高升(979 年),他建造了一座豪华的宫殿,不仅款待作家,而且还雇用许多书吏抄写法律、医学和科学方面的书籍。文人们体验了他异乎寻常的生活方式,因为他非常慷慨,学者、抄工和装订工一共每个月要花费他高达 1 000 金第纳尔的庞大的数目。①

开罗的另一个藏书家是医生以法莲(Ephraim),②他生活在 11 世纪下半叶,他是著名的阿拉伯医生阿里·伊本·勒德万(Ali ibn Ridwan)的学生。

他高度重视购置和增加书籍,因此他拥有大量的医学和其他方面的著作。他不断地雇用书吏,并供给他们生活必需品。其中有穆罕默德·本·赛义德·哈加林(Mohammed ben Said al-Hagarin),即为人们所知的伊本·米尔萨卡(Ibn Milsaka)。我发现了他亲手为以法莲抄写的一整套书籍。我的父亲告诉我,曾经有一次,有一个男子从伊拉克来到埃及买书并且带走它们。这件事情发生在埃米尔古尤什(al-Guyush)的儿子阿夫达尔(Afdal)时期。当阿夫达尔听说了这件事情之后,他要求这些书必须要留在埃及,不能将它们带到国外。他因此给以法莲寄去了那个伊拉克男子许诺付给他的那笔钱,那些书被运到了阿夫达尔的图书馆,他将其尊贵的名字写在了上面。因此我看到了许多医学和其他方面的书籍,上面既有以法莲的名字,也有阿夫达尔的名字。以法莲留下了 20 000 册图书、大量的现金和不动产。③

343

---

① A. Grohmann, "Bibliotheken und Bibliophilen im islamischen Orient," *Festschrift der Nationalbibliothek in Wien*(Vienna, 1926), pp.437-438.

② M. Steinschneider, *Die arabische Literatur der Juden* (Frankfort, 1902), pp.175-176.

③ Quoted from Ibn Abi Usaibi's history of Greek and Arabic physicians, in M. Meyerhof, "Ueber einige Privatbibliotheken im fatimidischen Aegypten," *Rivista degli studi orientali*, XII(1929-1930), 287-288.

在 1223 年,已故巴勒斯坦医生亚伯拉罕·本·希勒尔的图书馆被拍卖,书籍的名字和买家的名字都被记载了下来。除了《圣经》之外,该图书馆还有迈蒙尼德、盖伦、阿威罗伊、希波克拉底的著作,以及关于占星术和羊所患疾病的著作。①藏书更丰富的图书馆是利奥·莫斯科尼(Leo Mosconi)的图书馆,他是 14 世纪早期马略卡岛(Majorca)的犹太医生。除了是一位知名的医生之外,他还是一位学者,他编撰了伊本·以斯拉(Ibn Ezra)对《摩西五经》所作的评注。在他去世以后,他的遗孀穆娜(Muna)列出了一份他们所有个人动产的清单,包括医学工具和书籍,它们都被拍卖了。公证人将每一本拍卖的书都做了记号,列出了书名、价钱和购买者的名字。卖这些书共得 147 里弗(livres)19 苏(sous)。在莫斯科尼的图书馆里,世俗书籍和神学书籍的数目差不多一样多。在非宗教学的学者中,有亚里士多德(关于物理、伦理和形而上学的著作)、阿威罗伊、盖伦、迈蒙尼德、托勒密(希伯来语和阿拉伯语的《天文学集成》)、希波克拉底、阿维森纳、亚伯拉罕·伊本·以斯拉和撒母耳·伊本·提本。还有关于天文学、解剖学、气象学、医学、物理学、音乐、逻辑学、伦理学和语法方面的著作。文学方面有少数的爱情故事,尤其是著名的《巴拉姆和约萨法特》。②

其他犹太医生的图书馆显示了和莫斯科尼的图书馆相同的内容。因此,一位 14 世纪末住在法国的犹太医生大卫·德·埃斯特拉(David d'Estella)的藏书中包括了亚里士多德、盖伦、阿威罗伊和迈蒙尼德的书籍,他还有关于语法、发烧、物理学、治疗学和动物学方面的著作。③

北欧犹太人没有在地中海地区生活的犹太人在文化上活跃。在中世纪早期的德国,没有关于犹太书籍爱好者或者收藏者的记

344

---

① The catalogue is given by Worman, *op. cit.*, XX, 460-463; cf. J. Mann, *The Jews in Egypt and in Palestine under the Fatimid Caliphs*(Oxford, 1922), II, 327 n.; W. Bacher, "La Bibliothèque d'un médicin juif," *Revue des études juives*, XL(1900), 55-61.

② I. Lévi, "L' Invertaire du mobilier et de la biliothèque d'un medicin juif de Majorque au XIVᵉ siècle," *Revue des études juives*, XXXIX(1899), 242-260.

③ D. Kaufmann, "Une Liste d'anciens livres hébreux conservés dans un manuscrit de Paris," *Revue des études juives*, XIII(1886), 300-304.

载。①至于法国北部,犹太人在那里从事《塔木德》研究。其中最著名的是评注家特尔瓦的所罗门·本·以撒,也就是为人们所熟知的拉希(卒于 1104 年),以及他的学生泰姆(Reb Tam)。尽管他们非常博学,但是他们看上去并没有受到"12 世纪文艺复兴"的很大影响,南部犹太人参与了这场运动。比如,在西班牙,迈蒙尼德是一位有影响的亚里士多德哲学的传播者,摩西·伊本·以斯拉(Moses ibn Ezra)和犹大·哈列维(Jehuda Halevi)写出了非常优美的诗歌,基姆齐斯(Kimchis)创立了希伯来语法,阿尔法西把律法编成了法典,伊本·提本参与了在欧洲复兴希腊文化的运动。②

在英格兰,犹太人并不完全是停滞不前的。其中的一些犹太人翻译世俗著作,少数犹太人编撰科学书籍,所有的犹太人对知识都非常感兴趣。埃尔查南先生(Reb Elchanan),即人们熟知的犹太人德奥达图斯·伊皮斯科普斯(Deodatus Episcopus Judaeorum,卒于 1184 年)写了关于天文学方面的著述;布里斯托尔的撒母耳·纳克达(Samuel Nakda)在 1194 年编辑了一本希伯来语语法书;牛津的本笃将许多科学著作从拉丁文或者法文翻译成了希伯来语。在本笃的译著中,有巴思的阿德拉德(Adelard of Bath)的《自然世界百科全书》(Quaestiones naturals),包括了叔侄之间关于自然史的对话。本笃的翻译既不是完全按照原文翻译,也不精准,比如在提到亚里士多德时,他仅仅称其为"阿拉伯的智者",而省却了其真实的名字。③

英国犹太人对书籍和知识的态度,在亚伯拉罕·伊本·以斯拉的《论敬畏的基础和〈托拉〉的秘密》(Yesod Moreh)中有所反映。他温和地指责那些将主要兴趣放在法律知识、先知、词典编纂学和语法方面的人。他一点都不赞成后者。亚伯拉罕承认,"学习科学方面的知识可以成为一个圣人,这是真的,但是他不应该将他所有的时间都用在阅读最古老的语法学家的著作上"。他总结道,"语法研究是没有价值的。"亚伯拉罕强烈希望人们去学习的是《塔木

345

---

① L. Zunz, *Zur Geschichte und Literatur*(Berlin, 1845), pp.210-211.

② J. Jacobs, *The Jews of Angevin England*(London, 1893), pp.401-406.

③ *Ibid.*, pp.196-198.

德》，认为它包括了人们必须具备的所有智慧。他还写道：

> 唯独他知道现象原理及其表象、辩证法的艺术，通过辩证
> 法，公理得以建立，而公理是理性的守护者，他根据从天文学、
> 几何学和计算比例中得出的精确推理而学习了天文学，我认
> 为，只有他在了解灵魂的神秘性方面达到了任何可能的高度。

《塔木德》或者其他方面的书籍，总是很少而且很昂贵。①犹太
人经常穷得买不起祈祷书，犹太会堂里的赞礼员不得不大声朗诵
祈祷文。引用一位犹太学者的话，这"增加了中世纪犹太人与生俱
来的对书籍的敬畏感"。②

尽管由于宗教的原因，犹太艺术家被禁止画人物像，也被禁止
作几何图形装饰，但是，许多希伯来语的抄本还是被精美地装帧。
尽管书籍甚至是没有装帧的书籍都被禁止定价，但是犹太人依然
传播了他们的抄本。伊本·提本教导他的儿子出借书籍的美德，
告诫他"在书离开你的房子之前，要做一份协议备忘录"。③12 世纪
的《虔诚者之书》同样明确："如果 A 有两个儿子，如果其中的一个
不愿意把书借给别人，而另外的一个愿意这样做，那么，这位父亲
将会毫不犹豫地将他所有的书留给他的第二个儿子，尽管他不是
长子。"

但是犹太图书馆也总是会遭到破坏。犹太书籍被分散到各地、
被没收或者被毁坏掉。在 1391 年，流散的犹太人的书籍被送给了
海德堡图书馆，海德堡图书馆又把这些书卖掉了。在德国和卡斯
提尔的犹太社团遭洗劫的时候，希伯来书籍和其他的犹太人财产
一起都未能幸免于难。在里斯本，犹太人的手抄本被没收，并被分

---

① 在 1150 年，一本《摩西五经》的抄本价值 3 马克，而一个希伯来语老师的年薪只
有 10 马克。在 1220 年，一本《托拉》可以卖 60 马克；在 1272 年，一本《以赛亚书》价值 3
盎司黄金；在 1301 年，在塞维利亚，一本医学年鉴价值 6 金基尔德；在 1302 年，一本《摩
西五经》可以卖 18 里弗尔；在 1384 年，迈蒙尼德的《迷途指津》可以卖 9 达克特；在 1427
年，在勃兰登堡，一本 3 栏对开本的《希伯来圣经》可以卖 33 基尔德；在 1441 年，佛罗伦萨
的马内蒂花了 21 基尔德买了一本 13 世纪的《希伯来圣经》；在 1454 年，在阿尔及尔的一次
拍卖会上，《利未记》和《申命记》被卖了 4 枚金币（参见 Zunz, *op. cit.*, pp.211-213）。

② I. Abrahams, *Jewish Life in the Middle Ages*(New York, 1896), p.352.

③ Abrahams, *op. cit.*, p.353.

## 中世纪的图书馆

给了基督教图书馆。在 1440 年,在萨伏依,犹太人受到维森泽修士(Fra Vicenze)的恐吓,将他们的书都藏在了一口井里。其他地方的犹太人被迫将他们的手抄本卖掉,用卖得的钱来作为赎金。①

---

① Zunz, *op. cit.*, pp.230-231.

# 第十二章　穆斯林图书馆[①]

在穆罕默德(卒于632年)时代以前,阿拉伯人没有值得关注的书面文献作品,传说、诗歌和唯一的史学形式宗谱学被代代口口相传,即使在今天,阿拉伯的民间文学依然主要保持着这样的特色。穆罕默德既不能读书,也不会写字,《古兰经》是在他去世一年以后被整理成书的。尽管阿拉伯文学都是用阿拉伯语和阿拉伯字母完成的,但是许多阿拉伯文学一定都源于古老的波斯文化,而"阿拉伯科学"则是从希腊人和印度人那里发展而来。因此,穆斯林图书馆的历史必须从7世纪阿拉伯征服波斯帝国和埃及以后对波斯文学和希腊科学的接受开始讲起。

公元前330年到公元225年这段时间,是希腊罗马文化倒退或者停滞的时期,彼时帕提亚人在东方占主导地位,而帕提亚人的文明发展程度远远低于波斯人。这一时期发生的最大变化是古老的波斯语言的消失,与其相伴随的是古波斯文学作品的湮灭和一种新的语言的广泛流行,这种新的语言是巴列维语(Pahlavi),它是雅利安语和闪米特语的混合体,闪米特语和阿拉米语又非常接近。这种语言仅有14个字母。关于古波斯文献,除了一些宗教著作之

---

① 本章由 S. K. Padover 撰写。Much the best, and in some ways the only comprehensive, account of Muslim libraries is that by Mrs. Ruth Stellhorn Mackensen found in the *American Journal of Semitic Languages and Literatures*, LI, LII, LIII, and LIV (1935-1937).其中的7篇论文涵盖了整个倭马亚王朝。同一个作者写的 "Four Great Libraries of Medieval Baghdad," in *Library Quarterly*, II(1932), 279-299, 涉及了阿拔斯王朝的历史。没有任何关于穆斯林埃及和穆斯林西班牙时期图书馆的记载。S. Khuda Bukksh 的文章 "The Islamic Libraries," *Nineteenth Century*, LII(1902), 125-139, 仅作了一个大致的描述。这一章的目的,是为读者提供关于穆斯林图书馆的范围、性质和内容,这些图书馆是12世纪和13世纪深刻影响西欧文化的文化宝库,而这种影响主要是通过西西里和西班牙而产生的。

外,其余的作品几乎都没有保留下来,而这些宗教著作也很快除了教士之外没人能释读了。因此,在帕提亚人统治下,没有文献作品流传下来。

公元226年,帕提亚王朝被萨珊人推翻,萨珊王朝是古代波斯的最后一个王朝,它带来了一种糅合基督教、希腊和叙利亚因素的波斯文化的复兴。这种新波斯文化在6世纪诺西万国王(Noshirvan,531—579年在位)或者科斯洛大帝(Chosroes the Great)统治时期达到了顶峰,他是查士丁尼大帝难以对付的同时代人。他英雄般的统治使得波斯文献得以复兴——而且,更为重要的是——他将希腊哲学和科学引进了波斯,尽管没有希腊文学。我们可以说,中世纪东方图书馆的历史从这一时期开始了。

阿拉伯人对最后的波斯帝国的统治于公元641年开始,阿拉伯人的统治直接将阿拉伯文化和最后的波斯文化联系在一起,而且很快就被征服者全盘接纳。但是,在5世纪和6世纪,波斯文化已经深受希腊文化的影响,所以实际上它是一种希腊-波斯文化,它最终战胜了阿拉伯文化。将希腊思想引入东方的中介者是叙利亚人。在安提柯、贝利图斯(Berytus)尤其是埃德萨(Edessa)的学校中,希腊哲学和科学的主要著作被翻译成叙利亚语,但是叙利亚人对希腊文学、语法和修辞不感兴趣。叙利亚人是聂斯托利派基督徒,因此,即使没有被东罗马帝国即拜占庭帝国认为是异端,但为了在帝国内强制推行宗教统一政策,他们也被当作分裂教会者而受到政府的迫害。在487年,埃德萨的学校被皇帝齐诺关闭,被驱逐的教师在中世纪波斯帝国的中心尼西比得到了庇护。

349　　在拜占庭帝国,信奉东正教的政府继续加强对学校的控制,雅典的学校成为唯一可以自由追求知识的地方。在公元529年,查士丁尼大帝关闭了雅典的学校,希腊精神和希腊的学术日渐消失了。当时那里的7名教师被驱逐,他们在诺西万的宫廷中找到了避难所,诺西万是波斯最后一个本土王朝萨珊王朝的最伟大的统治者。①在6世纪中期,波斯因此成为希腊哲学和科学的汇聚地,而

---

　　① 这7名教师的名字如下:Damascius, Simplicius, Eudalius, Periscianus, Hermias, Diogenes, and Isidorus。

在欧洲,希腊哲学和科学几近消失殆尽。①数百名翻译者,其中大部分是希腊化的叙利亚人,被雇用将希腊文著作翻译成波斯语。因此,当阿拉伯人征服波斯的时候,他们一方面继承了当地的波斯文学和科学,另一方面,波斯-希腊的哲学和科学又因被翻译成阿拉伯语而很快被阿拉伯人融汇吸收了。②因此,当阿拉伯人在他们所征服的地区安全地定居下来并逐渐接受了当地的文明以后,他们的图书馆充满了波斯文学和希腊哲学、科学著作,唯一的阿拉伯因素证据是这些著作的语言和字体。

　　然而,征服者达到这一思想境界需要近 200 年缓慢的教育过程。阿拉伯人已经在阿拉伯半岛生活了几个世纪——可能甚至几千年,除了在领土的边界地区以外,其他地方的阿拉伯人都与外面的世界隔绝,他们没有读写能力,因此对书籍和知识一无所知。对于大多数人来说,书写是一种充满魔力的符号,阅读是巫术的表演。这样的与生俱来的偏见并不能在一天之内就被消除掉。③但 350 是,当波斯文化和希腊文化从泰西封(Ctesiphon)传播到尼西比的时候,受其影响,这种有害的排外主义和无知的传统渐渐地被打破了。

　　第一个对非阿拉伯文化表现出极大兴趣的穆斯林统治者是巴格达的哈里发马蒙(Al-Mamun,813—833 年在位),他在其身边聚集了一大批叙利亚翻译者和抄工,他们将阿拉伯人在衰落的波斯帝国发现的希腊文-叙利亚语-波斯语著作翻译成阿拉伯语。其中最伟大的一个翻译者是阿尤布·鲁哈维(Ayyub al-Ruhawi,约 760—835 年),又称埃德萨的约伯(Job of Edessa),他是聂斯托利派叙利亚人。他是一个多产的作家,但是他的著作仅有两部流传了下来——一部是关于狂犬病的,另一部是哲学和自然科学的百科全

---

① 但是希腊的医学还是幸存了下来。

② 关于这一进程,参见 W. Kusch, "Zur Geschichte der Syrier-Arabischen Ueberset-zungsliteratur," *Orientalia*, VI(1937), 68-82。伟大的法国学者 Ernest Renan 是第一个发现了这一阿拉伯文献重要性的学者。

③ 关于早期的阿拉伯人这一对书写和阅读的不信任,参见 S. Margoliouth, *Lectures on Arabic Historians*(Calcutta, 1930), pp.42-47。还可参见 F. Krenkow, "The Use of Writing for the Perservation of Ancient Arabic Poetry," *A Volume of Oriental Studies Presented to E. G. Browne*(Cambridge, 1922), pp.261 ff.

书，书名是《宝藏之书》(*The Books of Treasures*)。①另一位希腊文著作的改编者和翻译者是侯奈因·伊本·伊斯哈格(Hunayn ibn Ishaq，809—877 年)，他的儿子和侄子也追随他从事这项工作。他翻译了希波克拉底和盖伦的著作，我们可以说，阿拉伯人的医学史也是从他这里开始的。在他之后，有拉齐(al-Razi)，即欧洲人所说的拉齐兹(Rhazes)。他是一个阿拉伯化的波斯人，是穆斯林世界最伟大的医生，他写了 200 多部医学著作。遗憾的是，阿拉伯语译本的原始的希腊文本散佚了，直到 1204 年后希腊文本才在许多情况下被重新恢复，当时君士坦丁堡被十字军控制。②对基督教王国最伟大的首都的洗劫，导致了大量抄本流散了，其中许多都是在多年以后才在西方被慢慢地发现。

混合着希腊、波斯和印度元素的阿拉伯科学在 400 年的时间里，继续繁荣并且扩展到了整个穆斯林世界，伊斯兰教的私人和学校的图书馆里装满了这些书籍，以新的阿拉伯语形式出现的古老的波斯语文献得到了传播。正如穆斯林科学史上留下名字的主要是那些阿拉伯化的叙利亚人和犹太人一样，阿拉伯文学史上留下名字的也主要是那些阿拉伯化的波斯人，此外，正如拉丁文学无论从题材还是形式，都从希腊文学那里借鉴了许多元素一样，阿拉伯文学也效仿了古老的波斯文学。

在 11 和 12 世纪，当穆斯林世界的文化发展到顶峰的时候，富有创造力的作家和博学的学者受到了人们的赞赏和尊敬，当时不仅有大量的图书馆，图书贸易也非常繁荣。在 11 世纪，当一位杰出的神学家旅行到波斯的时候，每一个村庄里所有的人都蜂拥着一睹其尊容，商人和工匠沿着他的足迹出售商品，人们送给他糖果和上好的衣服，并且将鲜花献给他。③

黄金时期的巴格达有许多图书馆。即使在哈里发马蒙之前，在他的父亲哈伦-拉希德(Harun al-Rashid)统治的时候，阿拉伯历史

---

① 这部百科全书式的阿拉伯语版本已经丢失了，但是叙利亚语版本由 A. Mingana 编辑和翻译("Woodbrooke Scientific Publications,"I [Cambridge, 1935])。关于书评，参见 *Isis*, XXV(1936), 141-144。

② A. H. L. Heeren, *Geschichte der claasischen Literatur im Mittelalter*, I, 152-156.

③ A. Mez, *Die Renaissance des Islams*(Heidelberg, 1922), pp.163-164.

学家奥马尔·瓦齐迪（Omar al-Waqidi，736—811 年）拥有 120 个骆驼驮载的书籍。①马蒙的"智慧宫"在 813 年之后不久建立起来；维齐尔阿达希尔（Adashir，卒于 1024 年）于大约 991 年建立了"知识之家"；尼扎米亚（Nizamiyah）伊斯兰学校或者学院建立于 1064 年；穆斯坦西利亚赫（Mustansiriyah）伊斯兰学校建立于 1233 年，这一年正好是巴格达被蒙古人灭亡前第 25 年。②这些机构都是大的藏书中心，并且具有半公开化的性质。从纳迪姆（al-Nadim）大约于 987 年编辑的一份《群书类述》（*Fihrist*）③中，我们了解到还有许多私人图书馆，而纳迪姆本人是一位书商的儿子。从他列出的书目、作者和图书贸易情况的性质和内容来看，他本人可能也是一位书商。学者拜曲尼（al-Baiquni，1033）有如此多的书籍，以至于需要 63 个大篮子和 2 个大箱子来运载。另一位著名的藏书者是哈迪塞 352（Haditha）的穆罕默德·本·侯赛因，他是《群书类述》作者的朋友。他收藏的抄本是如此地罕见珍贵，以至于它们都被上了锁来珍藏。

巴格达总共有 36 个图书馆。最后的一个图书馆是最后一个维齐尔伊本·阿尔卡米（Ibn al-Alkami）的图书馆，他拥有 10 000 册图书。这个图书馆在 1258 年蒙古人洗劫巴格达时被毁了，当时所有其他的图书馆也都遭到了破坏。巴格达还有 100 多个书商（book-dealers），他们在售货亭或者集市上做生意，他们也是文具商，主要卖纸张、墨水、钢笔，等等。他们中的一些人也是出版商（publishers），雇用一批专业的抄工在缮写室里工作。④但是，我们一定要对一些记述审慎对待。认为的黎波里图书馆曾经藏有 3 000 000 册图书——其中 5 000 册《古兰经》，80 000 本对《古兰经》的评论——而且有 180 名抄工，这是很荒唐的。⑤当第一次十字军东征洗劫的黎

① Margoliouth, *op. cit.*, 192；A. Grohmann, "Bibliotheken und Bibliophilen im islamischen Orient," *Festschrift der Nationalbibliothek in Wien*（Vienna, 1926），p.439.

② O. Pinto, "The Libraries of the Arabs during the Time of the Abassids," *Islamic Culture*，III（1929），223-224.

③ Ed. G. Flügel（Leipzig, 1871-1872）. R. A. Nicholson, *A Literary History of the Arabs*（Cambridge, 1930），pp.361-364.

④ A. von Kremer, *Culturgeschichte des Orients unter den Chalifen*（Vienna, 1877），II, 483.

⑤ 这个故事最早是一位穆斯林作家讲的，他于 1404 年去世。参见 Pinto, *op. cit.*, pp.235-236。

波里的时候,当时那里大约有人口 20 000,这些人主要从事玻璃制造业和造纸业,的黎波里有一个非常好的清真寺,有许多集市和4—6 层高的房子。①毫无疑问,十字军毁坏了这个图书馆和的黎波里几乎其他所有的一切,而我们有理由相信该图书馆的毁坏是由一个修士煽动的,因为他看到了如此多的《古兰经》,所以他命令要把它们全部烧掉。②

进一步向东,在波斯,有许多私人和公共图书馆。在每一个地方,哈里发和地方总督都鼓励学术,布哈拉的萨曼王朝(Samanids)、叙利亚的哈马丹尼王朝(Hamdanids)和设拉子(Shirza)的白益王朝(Buyyids or Buwaihids)都是如此。比如在布哈拉,著名的医生和哲学家阿布·阿里·伊本·西纳(Abu Ali ibn Sina),即人们熟知的阿维森纳(980—1037 年),被苏丹努赫·伊本-曼苏尔(Nuh ibn-Mansur)召到宫廷中来。当时他 18 岁,他在宫廷中看到的皇家藏书使其震惊。他写道:

353

> 我在那里看到许多房间里都装满了书籍,它们一排一排地摆放在盒子里。一个房间里都是阿拉伯哲学和诗歌的著作;另一个房间里都是法学方面的著作,每一个房间里的书都是一个特定学科方面的书籍。我考察了古代希腊作家的图书目录,并且寻找我想要的书籍。我在这部分藏书中看到的作者几乎很少有人认识他们,而且我自己也从未听说过他们的名字。③

这位年轻的学者充分利用了这个皇家图书馆,所以当不久以后该图书馆被烧毁的时候,他被控是纵火者,他这样做是为了使他自己成为唯一的一位智慧的收藏者。④

苏丹努赫·伊本-曼苏尔还邀请了杰出的学者伊本·阿巴德(Ibn Abbad,938—995 年),这是第一个被称为"先生"(Sahib)的维

---

① R. Röhricht, *Geschichtedes Königreichs Jerusalem*(Innsbruck, 1898), p.78.

② *Damascus Chronicle of the Crusades*(London, 1932), p.89; J. S. Beddie, "Books in the East during the Crusades," *Speculum*, VIII(1933), 240.

③ Nicholson, *op. cit.*, pp.265-266.

④ E. G. Brown, *Literary History of Persia*(London, 1909), II, 107.

齐尔来作他的顾问。据说阿巴德拒绝了这一邀请,理由是他需要400头骆驼运载其书籍。①伊本·阿巴德的书籍目录共有10栏。他对哲学、科学和技术都感兴趣,而且对学者非常慷慨。据说,"他给出100到500迪拉姆(dirhems)的金钱和一件衣服,但是他很少给1000迪拉姆"。②在拉埃(Rai or Rayy)城,维齐尔伊本·阿米德(Ibn al-Amid,卒于971年)不仅是一个出色的学者和天才的发明者,而且他还是一个热情的书籍爱好者。在965年,流浪的宗派主义者闯进了阿米德的家,抢劫了家具和他的其他财产。阿米德的图书管理员伊本·密斯凯维(Ibn Miskawaih)写道:

> 他非常难过,因为他爱书胜过爱其他的任何东西。他有许多书,包括科学、哲学和文学的所有分支学科的书籍,其数量要由100多头骆驼来运载。当他看见我的时候,他问我关于他的书籍的事情,当我告诉他他的书籍安然无恙,没有任何人的手触摸到它们的时候,他立刻眼睛放光,并且说:你是一个幸运的孩子,所有其他的东西都可以被偷走,但是书籍不能被偷走。我看见他神采奕奕并且说:明天把这些书搬到某某地方,这点我照他说的去做了。他的其他财产被抢劫一空,但是其书籍却幸免于难。③

波斯的每一个重要的城市都有图书馆。④在尼沙布尔、伊斯法罕、迦兹尼、巴士拉、设拉子、莫夫和摩苏尔都有图书收藏。在摩苏尔,诗人伊本·哈曼丹(Ibn Hamdan,卒于935年)建立了一个学园,在那里收藏了所有学科的书籍。它对所有的学者开放,对于那些贫穷的学者来说,他给他们提供免费纸张。巴士拉以其语法学家而闻名,⑤那里有一个图书馆,它是由侍臣阿胡德·道拉赫(Ahud el-Daulah,卒于982年)建立的,在那里读书或者抄写的人

① Bukhsh, *op. cit.*, p.132.
② Mez, *op. cit.*, p.95.
③ *Ibid.*, p.166.
④ See E. Herzfeld, "Einige Bücherschätze in Persien," *Ephemerides orientales* (Leipzig, 1926), No.28, pp.1-8.
⑤ *Cambridge Medieval History* (New York, 1923), IV, 291.

都会得到生活津贴。①在伊斯法罕，有个大地主于 885 年建立了一个图书馆，据说他花了 300 000 迪拉姆买书。②伊本·希班（Ibn Hibban，卒于 965 年）是尼沙布尔的法官（qadi），他遗赠给该城市一座房子，带有"图书馆和供外国学生学习的地方，并提供给他们维持生活的费用"，但是书籍不能外借。③

在波斯的图书馆中，可能最好的要数设拉子和莫夫图书馆。设拉子的图书馆是由白益王朝的王子阿杜德·道拉（Adud ad-Daula，卒于 982 年）在他的宫殿的基础上建立起来的。这个图书馆有许多科学方面的著作，由一个主任（wakil）、一个图书管理员（haxin）和一个监督人（mskrif）管理。书籍被陈列在一个长长的、拱形的厅里，在各个地方都有大量的房间。靠墙的是书柜，高 6 英尺，宽 3 码，由精雕细刻的木头做成，书柜有自上而下关闭的门，每一种知识门类的书籍陈列在单独的书柜里，并附有图书目录。④

在莫夫，当 13 世纪蒙古人入侵的时候，有不少于 10 个图书馆，其中两个在清真寺，其余的在大学里。著名的地理学家雅库特·哈马维（Yakut al-Hamawi，1178—1229 年）在莫夫生活了 3 年，他对那里的图书馆慷慨借书给他表示大为赞赏。雅库特说，"我的房子里从来没少于 200 本或者更多的书，它们都是我借来的，尽管它们价值 200 第纳尔，但是我从来都没有抵押过任何东西。"⑤直到蒙古人将他赶出莫夫的时候，雅库特"还在以极大的热情贪婪地"在各个图书馆里浏览书籍。⑥

355　　　　我在那里待了 3 年的时间，发现那里除了人民染上了一种

---

①　Pinto, *op. cit.*, pp.224-225.

②　S. Khuda Bukhsh, "The Renaissance of Islam," *Islamic Culture*, IV（1930），295.

③　*Ibid.*, p.297; Grohmann, *op. cit.*, p.441.

④　Von Kremer, *op. cit.*, II, 483-484; Grohmann, *op. cit.*, pp.436-437; Pinto, *op. cit.*, p.228.

⑤　Pinto, *op. cit.*, p.215.

⑥　Browne, *op. cit.*, II, 431-432. 我们还要提到波斯另一个著名的图书馆，即 Hulwan 的图书馆，一位当代的诗人使用诗意的语言将它描述为"智慧的宝藏，聚会和喧哗的地方，是受教育者、精英、外国人和本土人的中心"。（Grohmann, *op. cit.*, p.439）

"麦地那虫"（一种疾病）以外，一切都好。他们为此非常痛苦，每一年里几乎没有人不得这种疾病。难道它不是由于塔塔尔人的到来及其造成的破坏带来的吗……我肯定到死都不离开这个地方，因为这里的人民慷慨、善良和友好，还因为这里有大量基础性的书籍。我离开的时候，那里有 10 个捐赠的图书馆以及类似的机构，里面有大量的图书，我都没有见过。其中有两个图书馆在清真寺，一个叫阿齐祖加（Al-'Azizuja），是由一个名叫阿齐兹·阿德丁·阿布·巴索尔（Aziz ad Din Abu Basor）的人捐赠的，他是阿兹赞加尼的自由民，或者伊本·阿布·巴克尔的自由民。他是苏丹桑贾尔（Sanjar）的一个酿造师（或者卖啤酒者）。在其职业生涯之初，他在莫夫的市场上卖过水果和花卉，然后他成了苏丹的一名男管家，并且深受苏丹的器重。在这个图书馆里有 12 000 卷书（"卷"这个词在这里非常重要，它表示的是"用皮［skin］装帧起来的书籍"）。另一个图书馆叫卡米利亚（Kamiliya），我不知道它因为谁而得名。

在阿布·萨义德·穆罕默德·伊本·曼苏尔（abu Sa'd Muhammad ibn Mansur）具有大学性质的清真寺里，有会计员沙拉夫·穆尔克（Sharaf al-Mulk）的图书馆。这个会计员死于 494 年（伊斯兰教纪元，即公元 1115 年——译者注）；他是一个哈纳菲派（Hanafite）教徒。

还有尼萨姆·穆尔克·哈桑·伊本·伊沙克（Nitham al-Mulk al-Hasan ibn Ishaq）在他的清真寺里建立的图书馆，两个图书馆（属于萨玛尼学院），另一个图书馆在阿米杜伊亚（Amiduia）大学。一个图书馆属于马杰德·穆尔克（Majd al-Mulk），他是那里（莫夫）后期的维齐尔之一。卡图尼亚（公主）图书馆在清真寺-学院，达米如加（Damirûja）图书馆在他的（达米尔德）修道院里（或者小教堂里）。①

---

① Yakut, *Geography*, IV, 509, I. 9. 作者感谢加利福尼亚大学的威廉·波普尔教授帮助正确地翻译这段文字。

## 中世纪的图书馆

　　东方伟大的穆斯林文明最终被入侵的蒙古人和塔塔尔人于1258年摧毁了，当时旭烈兀洗劫了巴格达。一位当时的作家在谈及蒙古人时写道："他们来了，他们使这里的人们离开家园，他们烧杀劫掠，他们获胜了，并最终离去。"成吉思汗和旭烈兀都没有考虑过人类的生活或者文化制度。他们把马拴在清真寺里；他们烧毁图书馆；他们用珍贵的抄本作燃料；他们彻底摧毁其征服的城市及其土地上的人民。他们在洗劫布哈拉的时候，有30 000名老百姓被屠杀。在所有的蒙古人中，只有帖木儿对他们所征服的人民的文化怀有某种敬意。他搜罗了许多书籍，并且在他的首都撒马尔罕建立了一个大图书馆。[①]

　　北非，或者更确切地说是埃及，是伊斯兰教第二个重要的中心，开罗和东方的巴格达发挥着相同的作用。人们经常说，当阿拉伯人于642年征服亚历山大里亚的时候，亚历山大里亚有400座剧院、4 000个公共浴池，有600 000人口，其中200 000被认为是罗马人，70 000是犹太人，但是这种说法是无法得到验证的。同样，认为穆斯林毁掉了图书馆，并且使用抄本在4 000座公共浴池里烧火，这也是虚假的。根据协议，亚历山大里亚投降了，其教堂和建筑物因此幸免于难。关于阿拉伯人的汪达尔主义的谎言第一次出现在12世纪，也就是汪达尔主义出现的6个世纪以后。[②]事实上，即使是在阿拉伯人已经征服了亚历山大里亚以后，尽管有基督教教师的反对，但是该城依然是北非研究希腊哲学、医学和数学的中心。阿拉伯人将大学都赦免了，只有在哈里发欧麦尔二世（Omar II）统治时期，大学被迁到了安提柯（718—720年），从那以后，它的影响传到了巴格达和波斯。[③]北非的阿拉伯人在开罗发展了他们自

---

　　① Bwowne, *op. cit.*, II, 12.

　　② S. Lane-Poole, *A History of Egypt in the Middle Ages* (New York, 1901), p.12.

　　③ M. Meyerhof, " Das Schicksal der Schule von Alexandrien unter arabischer Herrschaft," *Forschungen und Fortscritte*, VI, No.26 (September 10, 1930), 334; and his "Von Alexanderien nach Baghdad, ein Beitrag zur Geschichte des philosophischen und medizinischen Unterrichts bei den Arabern" in *Abhadlungen der preussischen Akademie der Wissenschaften* (Phil.-hist. Kl.), 1930.

己的文化,和亚历山大里亚相比,他们更倾向于开罗。①

　　开罗的第一个图书馆由法蒂玛王朝的哈里发阿齐兹(Al-Aziz,975—996 年在位)于 988 年建立,这个图书馆与其学园紧密相联,在他的学园里有 35 个学生受捐助。②这个学校图书馆可能有 100 000 卷(一些人说是 600 000 卷)捆装书,其中有 2 400 本用金、银装帧的《古兰经》,它们被放在图书馆上面单独的房间里。其他的书籍——关于法学、语法、修辞、历史、传记文学、天文学和化学——保存在墙体周围大的书柜里,每一个大的书柜都分成小的架子,每一个架子都有柜门,并且配上锁。在每一部分的门上,都钉着一个书单,上面列出了里面装的所有书籍,还有关于每一种知识分支脱漏的说明。③

　　该藏书的大部分进入了 1004 年哈里发哈基姆(Al-Hakim)建立的"科学馆"或者"智慧宫",这里获得了大量珍贵的书籍,传说其数量达到了 1 600 000 本。 *357*

　　　　在回历 395 年(公元 1004 年)6 月的第 8 天,所谓的"智慧宫"开放。学生们回到宿舍。书籍被从有驻军的城堡(法蒂玛王朝哈里发的住所)的图书馆拿来,公众被允许进入。任何人都可以抄写其想要的书,任何人都可以阅读全部书籍。学者们研习《古兰经》、天文学、语法、词典编纂和医学。而且,这个建筑里面有地毯,所有的门和走廊都有窗帘,管理者、服务人员、搬运工和其他的仆人被安排来管理这个会所。那些书被带出哈里发哈基姆的图书馆……,所有科学和文学方面的图书和精美的书法艺术书籍,其他的国王从来都没有将它们聚在一起。哈基姆允许任何想来查阅书籍的人进来,无论其地位高低。④

　　哈基姆派出代理人去许多地方为他的这个机构购买书籍——这是一个集图书馆、学术研究和礼堂于一体的机构。和其他的穆

----

① Meyerhof, *Rivista degli studi orientali*, Ⅻ(1929-1930),289.
② Pinto, *op. cit.*, p.225.
③ Grohmann, *op. cit.*, p.432.
④ Al-Maqrizi, quoted in Pinto, *op. cit.*, pp.227-228.

## 中世纪的图书馆

斯林学术机构一样，在这里，贫穷的学生可以免费使用墨水、墨水池、芦苇笔和纸张。哈基姆的智慧宫的年度预算超过 200 第纳尔这样一个庞大的数字。详细的支出①如下：

第 纳 尔

| | |
|---|---:|
| 阿巴达尼席子 | 10 |
| 书吏使用的纸张 | 90 |
| 图书管理员的薪水 | 48 |
| 水费 | 12 |
| 服务人员的薪水 | 15 |
| 纸、墨水和笔 | 12 |
| 窗帘的修理费 | 1 |
| 撕坏的或者损坏的书籍的修补费 | 12 |
| 冬天使用的毡毯 | 5 |
| 冬天使用的地毯 | 4 |

在 1068 年，大约是在这所智慧宫开放 69 年以后，维齐尔阿布-法拉吉（Abu-l-Faraj）从中拿走了 25 头骆驼驮载的书籍，以 100 000 第纳尔将其卖掉，卖书所得支付给他的士兵作为军饷。几个月以后，土耳其的士兵打败了哈里发的军队，侵入了王宫，对这个图书馆进行了大肆劫掠。这些暴徒撕掉了那些书籍的精美封皮，用它们做鞋子。他们把手稿一页一页地要么成堆地堆在沙子上，要么在阿布亚尔（Abyar）附近的一个地方把它们焚烧掉，阿布亚尔之后在很长一段时间里被称为"书籍之山"。②在这次浩劫之后，法蒂玛王子又开始以极大的热情搜集书籍，在一个世纪以后的 1171 年，萨拉丁进入埃及，他在王宫中建立了一个藏书达 120 000 卷的图书馆。他将这些书籍赠予了他博学的大臣卡迪·法迪尔（Al-Qadi al-Fâdil）。③

除了哈基姆的智慧宫以外，开罗至少还拥有 4 个大的私人图书

---

① Pinto, *op. cit.*, pp. 232-233.
② Lane-Poole, *op. cit.*, p. 149.
③ *Ibid.*, p. 193.

馆。其中两个为犹太人所有，①第三个是一个阿拉伯王子的，第四个是一个开罗医生的。关于开罗私人图书馆的信息，主要来自伊本·阿里·尤赛迪亚（Ibn Ali Usaidia）所写的希腊和阿拉伯医生的历史合集中。②我们从中了解到，11 世纪法蒂玛王朝的王子穆哈穆德·伊本·法蒂克（Muhmud ad-Daula ibn Fatik）是一个非常敬畏古典科学的人。他师从当时最著名的老师学习过医学、数学和哲学，而且他本人成为了一名老师和一名作家。"他著述颇丰"，伊本·阿里·尤赛比亚记载道，"我发现了许多他亲手抄写的古代人的著作。"穆哈穆德·伊本·法蒂克收藏了"不计其数的书籍"，伊本·尤赛迪亚发现，其中许多书上都有斑点，"好像是被水淹过"。对于这些书籍奇怪的面貌，一位开罗的逻辑学家萨迪德·艾丁（Shaikh Sadid ad-Din）作了如下的解释：

> 王子法蒂克急切地想掌握科学知识，他拥有一个图书馆。他一从马上下来，就投身书海之中，谁也不能使他离开它们。他除了阅读、写作之外，其他的什么事情都不做，很显然，阅读和写作对他来说是最重要的事情。现在，他娶了一个妻子，他的妻子是一位贵族妇女，也是出身于一个统治者的家族。当他死的时候，她和她的奴隶们去了图书馆，她从内心深处对这些书籍充满怨恨，因为这些书使得她的丈夫将注意力从她身上转移了。然后，她开始为她的丈夫唱哀歌，并且一边唱，一边将这些书都扔到了房子里的一大盆水中。③然后，这些书被从水里取出来，但是与此同时，大部分书已经浸到了水中。这就是法蒂克的许多书籍呈现如此样子的原因。④

359

---

①　犹太人的这两个图书馆已经在前面有所提及了，它们是 Yakub ben Killis 和医生 Ephraim 的。Pinto 博士（*op. cit.*, p.216）曾经说，既然"在开罗有世界上最令人惊叹的公共图书馆之一，个人就觉着没有必要拥有他们自己的藏书了"，这种说法是错误的。

②　*Uyun al-anba'fi tabaqat al-atibba*, ed. By A. Müller（Cairo, 1882, and Königsberg, 1884）；extracts in L. Lecterc, *Histoire de la médicine arabe*（Paris, 1876），I, 583-587.

③　开罗的每一个大的房子里都有 1 000 本书可以轻易被浸入其中的如此大的水盆；参见 A. Gabriel, *Les Fouilles d'al-Foustat*（Paris, 1921），Pl, XII。

④　转引自 M. Meyerhof, "Ueber einige Privatbibliotheken im fatimidischen Aegypten," *Rivista degli studi orientali*，XII（1929-1930），286-290。

**中世纪的图书馆**

开罗的第四个图书馆是诗人-医生穆阿里夫（Al-Muarrif）的，他在 1139 年写了一篇关于亚里士多德的评论。这里再次引用伊本·尤赛迪亚的记载：

> 获得书籍并阅读它们对他来说具有非同寻常的意义。逻辑学家萨迪德·艾丁告诉我，在他的［穆阿里夫的］房子里，有一个大厅用来装书，书都摆放在书柜里，穆阿里夫大部分时间都在那里阅读和抄写。我说：他最让人叹为观止的是他拥有成千上万本关于各种学科的书籍，但没有一本书的后面写着精彩的语句或者是关于特殊书籍内容的短评。我看到了许多属于穆阿里夫的医学和科学方面的书籍，上面都有他的名字，而且每一本上面都有精美的评注以及有用的解释。①

当阿拉伯人于 711 年征服西班牙的时候，他们所面对的并不是与其同质的根深蒂固的文化。先于阿拉伯人来到这里的西哥特人文化发展程度并不高。拜占庭文化的影响主要局限在南部；天主教的影响局限于拉丁语上面；犹太人有他们自己的学术，他们主要讲希伯来语和阿拉米语。②因此，穆斯林将科尔多瓦作为他们的首都，拥有一个不受限制的地盘来发展他们自己的文化。③

西班牙-阿拉伯文明复制了叙利亚和埃及的穆斯林文化活动模式。与巴格达和开罗一样，在科尔多瓦，哈里发依然是学者和赞助人。和在近东及北非一样，在西班牙，阿拉伯人引进了新的作物品种，使得农业有了新的发展，他们扩大了灌溉系统，创办了工厂，兴建了新的城市，使得这片土地呈现出一片繁荣景象。科尔多瓦可能继君士坦丁堡之后成为欧洲最大的城市，拥有 200 000 套房子、600 座清真寺和 900 个公共浴池。街道上都铺上了石头，房子里都

360

---

① 转引自 Meyerhof, *ibid.*, pp.288-289。

② R. Altamira, *A History of Spanish Civilization*, tr. By P. Volkov（London, 1930），pp.45，47.

③ 关于阿拉伯图书馆和学校的最好的入门参考资料是 J. Riberay y Tarragó, *Disertaciones y opusculos*（Madrid，1928），尤其是他的"Bibliofilos y bibliotecas en la España musulmana，"I，181-228，which was separately printed in Cordova（3d ed.；1925）；also H. Derenbourgh, *Les Manuscrits arabes de l'Escurial*（Paris，1929）。

接上了输水管道,夜晚大街上有灯光照明。哈里发的宫廷有 21 扇大门,四周有 1 293 根大理石柱和镀有金色字母的碧玉,有数百盏银灯照明。对于基督徒来说,科尔多瓦是一个令人惊叹的大城市,它吸引了众多来自西班牙北部、法国、意大利甚至德国的惊诧不已的旅行者。①

西班牙-阿拉伯文化的学校和科学同样闻名于全世界。和其他的伊斯兰中心一样,阿拉伯人研习希腊的科学,写有创造性的著作,鼓励知识,建设学校,兴建大学。在学校里,课程除了宗教之外,还包括语法和诗歌、历史和法律、哲学和自然科学。甚至妇女也接受教育。文学和科学的语言是阿拉伯语,但是流行的诗歌被吟游诗人以一种夹杂着拉丁文的民间语言吟唱。所谓的"莫扎勒布"即西班牙的基督徒已经变得阿拉伯化了,他们忽视拉丁文,推崇阿拉伯文学,他们中的一些人将拉丁文著作翻译成阿拉伯语。9世纪的基督徒传教士科尔多瓦的圣阿尔瓦罗(San Alvaro)伤心地抱怨道:

> 我的许多同教者阅读阿拉伯语的诗歌和故事,研究伊斯兰教神学家和哲学家的著作,并不是为了反驳它们,而是为了学习更优雅、更准确地使用阿拉伯语来表达自己。唉! 所有因为其天赋而变得有名的年轻的基督徒只知道阿拉伯人的语言和文学,以极大的热情和巨大的代价从图书馆阅读和研究阿拉伯著作,并且到处宣扬他们的文学是值得尊敬的。唉,悲哀啊。基督徒不识自己的语言。②

阿拉伯人统治下的西班牙有多达 7 个图书馆,都建立在重要的城市里。最大的图书馆——毫无疑问也是当时世界上最大的图书馆——是由哈里发哈基姆二世(卒于 976 年)在科尔多瓦建立的。哈基姆以博学而闻名于世,尽管阿拉伯史料关于这一点的记载并 361

---

① Altamira, *op. cit.*, pp.49-51; M. Casiri, *Biblioteca arabico-hispana escurialensis* (Madrid, 1760-1770), II, 151.

② Americo Castro, *Lengua, enseñanza y literature* (Madrid, 1924), p.135.

非无可指摘。一位穆斯林的历史学家写道：

> 在哈基姆的图书馆里一本哈里发没有读过的书都找不到，无论其内容是什么，扉页上都写上作者的名、姓和教名；他所属的部落；他出生和去世的日期。①

无论这一记载是否属实，哈基姆并不仅仅局限于自己阅读，而是在科尔多瓦聚集了著名的人士，大规模地搜集各种图书，这一点是毫无疑问的。他在穆斯林世界所有的图书市场都有代理人。哈基姆非常慷慨，乐善好施，他不仅资助贫穷的学者和学生（他自掏腰包为科尔多瓦 27 所免费学校的教师支付薪水），而且曾经为阿布·法拉吉（Abu al-Faraj）的著作《雅歌》（*Book of Songs*）②的第一版支付了 1 000 第纳尔。历史学家伊本·阿巴尔（Ibn al-Abar）记载道："哈基姆是最慷慨的开明之人，他以最宽厚的态度对待所有来到他宫廷的那些人。"③

这个图书馆最终的藏书量从 400 000 卷到 600 000 卷，其中的一些有可能是由哈里发本人作的目录和注解。这里再次引用伊本·阿巴尔的记载：

> 太监塔利德（Talid）是贝尼·梅尔万（Beni Merwan）宫廷图书馆兼科学书籍存放室的主管。他告诉我说，只列出书籍的目录共 44 卷，每卷 20 页，上面只有书籍名称及其简介。④

图书管理员、书吏和装订员被安置在梅尔万宫廷的缮写室里，那里是收藏图书的地方。

科尔多瓦还有西班牙最大的图书市场。在集市上，书稿和其他商品一样被买卖，那时候和现在一样，富人购买图书是为了摆设。

---

① Ibn al-Abar, quoted by al-Makkari, *The History of the Mohammedan Dynasties in Spain*, tr. By P. de Gayangos(London, 1843), II, 170.

② Al-Makkari, *op. cit.*, p.168; Nicholson, *op. cit.*, p.419.

③ Ibn al-Abar, quoted in al-Makkari, *op. cit.*, pp.168-169.

④ Ibn al-Abar 是唯一关于此问题的材料来源，有必要提醒读者，他是在 1210 年写作的，这一年是在哈基姆时代之后的 2¼ 世纪。

一位 10 世纪的学者记载道：

> 当我访问科尔多瓦的时候，我经常去浏览图书市场，以寻找我长久以来需要的书籍。最终我找到了样本，文字非常精美，我很高兴，开始出价，但通常的情况是，拍卖商会开出一个更高的价钱，直到最终远远超过这本书实际的价值。然后，我要求拍卖商告诉我出如此高价钱的竞买者。他将我引荐给一位穿着讲究的绅士面前，当我称呼他为博士，并告诉他如果他确实需要的话，我可以把这本书留给他的时候，因为再提高这本书的价钱已经没有意义了，他回答说：我既不是一个学者，我也不知道这本书写的是什么，但是为了使自己与这个城市里其他的贵族有所区别，我正在建一个图书馆，正好有一个空的地方适合这本书。因为这本书字体精美，并且装帧吸引人，它使我很喜欢。我根本就不在乎价格，因为上帝眷顾我，使我收入颇丰。①

阿布·穆特里夫（Abu al-Mutrif，卒于 1011 年）是科尔多瓦的一位法官，他拥有一座漂亮的图书馆，藏有大量珍贵的书籍和书法精品。他雇了 6 个抄工，他们连续地工作，并购买了大量的图书。该法官从来都没有借出去一本抄本，而只是将抄本作为礼物。在穆特里夫去世之后，他的图书馆在清真寺被拍卖出去，整个过程持续了一整年的时间，卖了 40 000 第纳尔。②

所有的这些图书馆，无论是私人的还是公共的，最终的结局都是悲剧性的。在穆斯林内战和摩尔人与基督徒之间的冲突中，书籍和其他的财产遭受了同样的命运。一位阿拉伯历史学家记载道："一些书被带到了塞维利亚，一些书被带到了格拉纳达，一些书被带到了阿尔梅拉（Almeira）和其他的行省城市。我本人在这个城市里（托勒多）就看见了许多从这次劫难中幸存下来的书籍。"③

---

①　Quoted in Grohmann, *op. cit.*, pp.441-442.

②　W. Gottschalk, "Die Bibliotheken der Araber im Zeitalter der Abassiden," *Zentralblatt für Bibliothekswesen*, XLVII(1930), 1-6; Grohmann, *op. cit.*, p.440-441.

③　Quoted in Bukhsh, *Nineteenth Century*, LII, 129-131.

吉本说："阿拉伯的学术发展持续了大约 500 年的时间……与最黑暗和发展最缓慢的欧洲文化处于同一时期。"[①]我们不赞成历史学家对中世纪西方文明持极其轻蔑的态度这一点,但是科学确实在许多世纪里比中世纪学术中的任何其他学科都落后,这一点是确凿无疑的。西方科学的复兴源于阿拉伯科学知识对西欧民族国家的影响以及穆斯林的科学著作被快速地从阿拉伯文翻译成拉丁文,拉丁文是那个时代学术研究中使用最广泛的语言。

363　　西方科学的诞生,可能是穆斯林图书馆历史上最光辉的一章,因为它一定是最后的重要的一章。为了理解这个问题,我们有必要记住西班牙是在 711 年被穆斯林化的摩尔人征服,并且归为科尔多瓦的哈里发统治,西西里从 831 年到 1090 年是一个穆斯林行省,这个最接近意大利南部的大岛,使得"靴子的脚趾"受穆斯林的影响最深。因此,我们必须记住,穆斯林的科学——起源于希腊、波斯或者印度教——正是通过南意大利和西班牙深入到了西欧。

第一个通道是南部意大利。萨勒诺(Salerno)的医学学校的开端似乎与拜占庭的影响相距甚远,而是在 10 世纪通过沙比太·本-亚伯拉罕·本-约尔(Shabbethai ben-Abraham ben-Joel)受到了阿拉伯医学的影响,沙比太·本-亚伯拉罕·本-约尔是南意大利奥特兰托(Otranto)的一个犹太人,在 925 年,他被萨拉森海盗俘虏,并被带到了帕勒莫,他在那里学习了阿拉伯语,并且"研究了希腊人、阿拉伯人、巴比伦人和印度人所有的学科知识"。我们必须记住,当时的南部意大利是在拜占庭的占领之下,西西里岛已经被穆斯林于 9 世纪征服。因此,希腊和阿拉伯的文化在萨勒诺、奥特兰托和卡西诺山修道院相遇。在 950 年,洛林戈尔泽修道院的约翰从卡拉布里亚将亚里士多德的《范畴篇》和波尔菲利的《序言》的复本带到了德国。

同样是这个戈尔泽修道院的约翰,还充当了将阿拉伯科学向阿尔卑斯山以北传播的最早的中介人和向欧洲传播的最早的代理人。在 953 年,德国皇帝奥托大帝派戈尔泽修道院的约翰作为外交使臣访问科尔多瓦的哈里发阿卜杜拉赫曼三世(Abd-er-Rahman

---

① *Decline and Fall of the Roman Empire*, ed. Bury, VI, 28.

III)，在那里约翰偶然碰见了杰出的西班牙犹太学者伊本·沙普鲁特(Ibn Shaprut)，后者高度赞扬哈里发。约翰在那里待了近 3 年的时间，并在那里学习了阿拉伯语。当他于 956 年回到德国的时候，他带回了一马车的书籍。我们不知道这些书确切的内容，但是富有建设性的证据表明，其中的一些一定是具有科学性质的书籍，因为 11 世纪出现了对科学尤其是数学的极大的兴趣，这种兴趣从洛林的学校一直沿着莱茵河扩展到了佛兰德尔。[①]我们有理由相信，至少在洛塔林和佛兰德人的学校里，已经表现出了对阿拉伯科学的些许兴趣，因为，当丹麦国王科努特(Knut)征服英格兰的时候(1000—1035 年)，他不信任当地的盎格鲁-撒克逊主教，而是引进了洛塔林和佛兰德人的教士来作主教，其中的 5 人懂得一些阿拉伯科学。其中最著名的是赫尔福德的主教罗伯特·德·洛辛加(Robert de Losinga)，赫尔福德在 12 世纪后期是英格兰阿拉伯研究的一个活跃的中心。同样在 12 世纪，一位法国修道院院长诺让的吉贝尔，他去世于 1124 年，写作了一本很有价值的非凡的阿拉伯天文学著作。[②]

最早将阿拉伯的科学著作翻译成拉丁文的西方译者[③]康斯坦提努斯·阿菲利卡努斯(Constantinus Africanus)是出生于迦太基的一个基督徒，长期以来都是一个穆斯林臣民。他大约在 1056 年在东方旅游，成为卡西诺山修道院的一名修士，并且于 1087 年在那里去世。他的翻译深深地影响了南部意大利的科学研究。历史学家奥斯蒂亚的利奥(Leo of Ostia)称他为"东方和西方的文化专家"。萨勒诺坚持希腊医学的传统，卡西诺山修道院的医学教学则是建立在阿拉伯医学的基础之上的。

传播阿拉伯科学的中心是托勒多，基督徒于 1085 年使这个地

364

---

 ① J. W. Thompson, "The Introduction of Arabic Science into Lorraine in the Tenth Century," *Isis*, XII(1929), 184-194.

 ② *Ibid.*, p.191 and n.33.

 ③ 关于这一题材的文献很多。参见 Wüstenfeld, Steinschneider, and August Müller 的著作，这些著作在下列著作中都有所提及：H. Suter, *Die Araber als Vermittler der Wissenschaft und deren Uebergang vom Orient zum Occident*(Leipzig, 1897); C. H. Haskins, *Studies in the History of Medieval Science* (Cambridge, 1924); Lynn Thorndike, *A History of Magic and Experimental Science*(New York, 1923), II, Book IV。

方得到了复苏，这成为中世纪科学史上的一个里程碑。引用维克多·罗斯（Victor Rose）的话："托勒多是基督徒和穆斯林进行学术交流的一个天然处所。"在这个科学教育的中心——让我们用已故教授哈斯金斯的话来对这一看法进行完美的阐释——

> （在托勒多）将会发现大量的阿拉伯书籍和许多掌握两种语言的教师，在这些莫扎勒布即阿拉伯化的基督徒和犹太定居者的帮助下，那里兴起了翻译阿拉伯-拉丁文科学著作的正规学校，并吸引了来自四面八方渴求知识的人们。[①]

我们必须高度评价大主教托勒多的雷蒙德（1125—1151 年在位）在这场运动中所起到的推动作用。

这些最早的翻译者和他们中的大部分人都是英国人，这一点很重要。这一运动的确切日期我们无法知道，但是，巴思的阿德拉德的天文学一览表标注的日期是 1126 年。我们还要提及另外 4 个英国人：赫里福德郡的罗吉尔（Roger of Hereford）、莫利的丹尼尔（Daniel of Morley）、萨雷舍尔的阿尔弗雷德（Alfred of Sareshel）和亚历山大·内库阿姆（Alexander Nequam）。阿尔弗雷德是巴思的修士，他是国王亨利一世的一个侄子，是这些研究中的先驱者。他没有过与世隔绝的生活，相反，他去东方进行了广泛的游历，并在那里学习了阿拉伯语。他的《自然世界百科全书》（*Quaestiones naturales*）可以说开启了一场知识革命。罗吉尔是赫尔福德的一个咏礼司铎，在其他的天文学著作中，他在 1178 年为赫尔福德子午线编制出了一套图表。但是，我们不应该忘记，莫尔文的瓦尔歇（Walcher of Malvern）在 1092 年已经根据日蚀现象指出了英格兰和意大利时间的不同。当时的赫尔福德是英格兰第一个研究科学的地方。莫利的丹尼尔大约于 1170 年离开英格兰去巴黎学习，但是他发现那里教会法的研究占据着主导地位，[②]所以他去了托勒多，在那里他和另一位翻译者克雷莫纳的杰拉德（Gerard of Cremona）一起工作，我们

---

① Haskins, *op. cit.*, p.52.
② R. W. Hunt, "English Learning in the Late Twelfth Century," *Transactions of the Royal Historical Society*, 4ᵗʰ ser., XIX(1936), 24.

很快就会谈及这个人。他带了许多抄本回到了英格兰,用亨特(Hunt)的话来说:

> ……他在去北安普顿的路上,在途中,他听到了他感兴趣的学科得到了研究,当时他遇到了诺里奇的主教,该主教要他将托勒多教学的情况加以说明。他在他的《哲学》(*Philosophia*)中给出了说明,其中一部分是宇宙学,一部分是天文学。它的兴趣主要在于使用新的翻译文本,他勇敢地捍卫对新翻译文本的使用……

萨雷舍尔的阿尔弗雷德是一个更重要的人物,但是遗憾的是,我们除了知道他是一个去海外学习的英国人之外,关于他的生平我们知之甚少。①很可能的情况是,他回到了英格兰。他翻译的亚里士多德的《论神奇的植物》(*De vegetalibus*)献给了赫尔福德的罗吉尔,他翻译的《论心脏与血液循环》(*De motu cordis*)献给了亚历山大·内库阿姆。《论心脏与血液循环》主要是生物学方面的内容,在某种程度上具有独立的价值。根据哈斯金斯的说法,"它表明了亚里士多德引用的大量材料,而我们在任何其他的同时代的拉丁作者那里都看不到这些材料"。②阿尔弗雷德的朋友亚历山大·内库阿姆的科学著作,是在他做了修士以后才写作的,他开始是带着传授道德说教的目的写作的,所以他的科学也就当然成为了附属品。但是他的著作由于下述原因值得我们重视:在"新亚里士多德"的翻译和它的传播及被吸收的过程中,有一个很长的时间滞后的过程。正如近期研究所表明的那样,在这个过程中最重要的人物是博物学家,尤其是萨勒诺的医生们。亚历山大不仅是西方第一个既能将亚里士多德的著作从希腊语翻译成拉丁语,从阿拉伯语翻译成拉丁语的人,而且他还至少认识萨莱尼坦(Salernitan)医生中的一个,因为在《论事物的本性》中,有的章节直

366

---

① C. Baeumker, "Die Stellung des Alfred von Sareshel," *Sitzungsberichte d. bayerischen Akademie der Wissenschaften*(Phil.-hist. KI.), 1913, Abt. 9.

② Haskins, *op. cit.*, p.129.

接是从对卡拉布里亚的乌尔索的《格言警句》的评论开始的。①

　　尽管托勒多一直是翻译工作的主要中心,但是我们发现,在巴塞罗那、潘普洛纳、塞哥维亚和法国南部的贝济埃、纳博那和图卢兹也有人从事翻译工作。两个最伟大的翻译者——至少从数量上来说——是意大利人克雷莫纳的杰拉德和蒂沃利的柏拉图。前者去世于 1187 年,并且大部分时间都是在托勒多度过的,当他 73 岁去世的时候,他已经至少将 71 部科学著作从阿拉伯语翻译成了拉丁语。蒂沃利的柏拉图几乎同样是多产的。他在他译著的前言中,对西方天文学作了尖刻的指责:

367
　　　　拉丁人……在天文学方面没有一个作者。对于书来说,他们只有愚蠢的想法、梦想和闲话。这就是蒂沃利的柏拉图感动我的原因,他通过利用未知的语言财富,用我们最缺乏的词汇来丰富我们的语言。

　　到 1200 年的时候,除了光学、物理学和透视法方面的著作以外——整个希腊医学的完整汇编——希波克拉底和盖伦的著作——都能找到拉丁文的译本,在阿维森纳的《医学大全》(Canon of Medicine)中,还有关于阿拉伯医学研究的一个详尽的综述,也有拉丁文的译本。正如中世纪早期不得不去消化理解普林尼的《自然史》、塞内加的《自然问题》(Natural Questions)和其他古代罗马作家的著作中所包含的科学知识一样,所以中世纪后期也不得不去消化理解新希腊-阿拉伯知识。当然,虽然错漏百出,但是仍然可以说,到 13 世纪,西欧已经继承了四大文化遗产——希腊,希腊化东方、拜占庭和阿拉伯文化。②

　　到这时为止,"新"科学已经迷住了当时的两个君主:皇帝弗里德里克二世和卡斯提国王阿方索十世(卒于 1284 年)。③皇帝出色的被

---

　　① A. Birkenmaier, "Le Role joué par les médicines et les naturalistes dans la réception d'Aristote au XII$^e$ et XIII$^e$ siècles," *Extrait de la Pologne au VI$^e$ Congrès international des sciences hist.*(Oslo, 1928)(printed Warsaw, 1930), p.5. Cf. Hunt, *op. cit.*, p.25, n.2.

　　② Sibyl D. Wingate, *The Medieval Latin Version of the Aristotelian Scientiic Corpus*, with Special Reference to the Biological Works(London, 1931).

　　③ See Haskins, *op. cit.*, *passim*; E. Kantorowicz, *Frederick the Second*, 1194-1250, tr. E. D. Lorimer(London, 1931), *passim*.

保护人和翻译家是米歇尔·斯科特（Michael Scot），他长期在西班牙学习，皇帝弗里德里克二世将他召到西西里帕勒莫的宫廷中。[①]米歇尔·斯科特大约于 1200 年出生在苏格兰或者爱尔兰——爱尔兰更有可能——在牛津和巴黎学习之后，也可能是在帕尔多瓦和佛罗伦萨，他定居在托勒多，他在那里从事将阿拉伯科学著作翻译成拉丁文的工作。在帕勒莫的时候，他为皇帝翻译了阿拉伯的医学著作。他最著名的著作是《占相书》（*Liber phisionomie*），其中包含了大量的医学和生理学知识。

在西班牙的卡斯提，比弗里德里克二世更年轻的同时代人阿方索十世，是另一位科学的倡导者。正如人们经常写的那样，因为他对学术的热情，所以他以博学者而不是明智者而著称。他从其阿拉伯导师那里继承了对学术的热爱。幸运的是，他不是一个极端分子（狂热信徒）。下面这句著名的话就是针对他而说的：“如果有人问我关于创世的问题，我就有一些给上帝的进一步改进的建议。”他创立了萨拉曼卡大学，开始了最早的西班牙历史的写作，制订了该王国最早的法典。他对科学最大的贡献是《阿方索计算表》（Alfonsine Tables），它是一系列的天文学计算，是他邀请到他的宫廷来的阿拉伯天文学家的著作，它在欧洲被使用，直到 15 世纪末，它才被雷奥蒙塔努斯（Reiomontanus）制作的扩展和改进了的计算表所取代。[②]

总而言之，在 13 世纪中叶以前，阿拉伯图书馆最有价值的材料已经被欧洲的学者以翻译的形式获取了，正如我们业已看到的那样。在 13 世纪，阿拉伯文化几乎被蒙古人的入侵给毁灭了，直到 15 世纪奥斯曼土耳其的兴起才恢复过来。在西方，伊斯兰教获得了更长的生存时间。1492 年，摩尔人从西班牙被驱逐以后，无数的阿拉伯书籍紧随其后被毁掉，幸存下来的书籍在非斯（Fez）或者突尼斯的图书馆找到了落脚点。在 1536 年突尼斯被皇帝查理四世

368

---

① C. H. Haskins, "Michael Scot in Spain," *Homenaje a Bonilla y San Martin*, *publicado por la facultad de filosofia y lettras de la Universidad Central* (Madrid, 1930), II, 129-134.

② 关于 13 世纪希腊科学的其他翻译，参见 *Journal des savants*, *March*, 1880, pp.149-150。

劫掠的过程中,所有阿拉伯语的书籍都被焚烧了。西班牙的阿拉伯抄本被洗劫得如此彻底,以至于当腓力二世建立埃斯克利亚尔建筑群(Escorial)的时候,在这个王国里已经找不到任何阿拉伯语的抄本了。幸运的是,他们夺取了摩洛哥战舰,在里面有相当多的阿拉伯书籍和抄本,这减少了皇家图书馆的尴尬。但是,在1674年6月,埃斯克利亚尔建筑群发生了大火,8 000册阿拉伯图书被付之一炬。一个世纪以后,当米歇尔·卡西里(Michael Casiri)开始在埃斯克利亚尔编辑图书目录的时候,他仅发现了1 824本抄本——这些凄凉的幸存者,或许,曾经是科尔多瓦大图书馆的藏书。

# 第三部分 中世纪的结束和意大利文艺复兴

我遍寻安宁,无处可寻见,只除向隅读书。

托马斯·肯皮斯(Thomas A. Kempis)

没有书籍的修道院就犹如无资源(财富)的城市、无士兵的要塞、无食物的桌子、无炊具的厨房、无草木的花园、无花的草地、无叶的树。

巴兹尔加尔都西会的雅各·鲁伯(JAKOB LOUBER)

摘自 L. SIEBER, *Infromatorum bibliothe carii Carthusiensis* (Basil, 1888)

# 前　　言

本书的第三部分考察中世纪晚期即 14 和 15 世纪图书馆的历史。这一时期,政治环境、物质水平和时代的精神都发生了急剧的、深刻的变化,而这些新的变化在图书馆的历史发展中均有所反映。

欧洲比以前少了教会的思想,尽管历史并不要求一定要减少宗教的影响。事实上,在某些方面甚至它比以前更加宗教化。在社会结构与精神方面也少了许多封建化的色彩。在英国、法国和西班牙,兴起了强大的君主专制,意大利建立了独裁政治,商业和贸易都得到了发展,这些因素促进了资产阶级的诞生,这一切深刻地改变了欧洲。教育从教士的控制下部分地解放了出来,从而加大了世俗化发展的步伐。尽管长时间以来,拉丁语都是学术性语言,但是它已不再是文献作品中使用的唯一的语言。为满足世俗社会的需要,出现了包括诗歌和散文在内本国语言的文学作品。13 世纪在大学周围出现了商业书籍贸易,而且随着 14 和 15 世纪大学的增多,以及市民阶层文化程度的提高,在印刷术产生之前,越来越多的书籍走出修道院,进入书店。修道院不再能够满足新的形势和人们新的兴趣,而且,事实上,它们也没有努力地与时俱进。相反,它们陷入怠惰和昏睡中,空虚地依赖于已有的财产,对新时代的新思想不感兴趣。只有少数几位学者比如格森、特里特米乌斯(Trithemius)和加甘(Gaguin),他们努力地忠实于伟大的传统,反对修道院的腐化,这是荒野中的呐喊。我们将在后面的章节里举出有关中世纪晚期修道士不学无术的例子。最终,修道院及其图书馆注定要因为违背时代的精神而毁灭和瓦解,这是不可逆转的事实,无论人们会觉着这有多么地无情和没有意义。

在修道院衰落的同时,出版印刷机构作为一种新兴事物被发明出来,它以人们从未企及的以及在修道院的缮写室里从来都不可能达到的规模生产书籍。政治历史学家将诸如 1453 年土耳其人攻陷君士坦丁堡、1492 年美洲的发现以及 1494 年法国对意大利的入侵等历史大事件看作是中世纪终结的"关键性"事件,是欧洲历史走向近代的转折点,但是对于学习文化史的学生来说,没有什么事件是如此重要并蕴含着深刻的历史意义。正如维克多·雨果所说:"哥特风格的夕阳沉沦在美因茨巨大的印刷机背后。"(Le soleil gothique se couche derrière la gigantesque presse de Mayence.)手抄书稿的时代随着印刷术的发明终结了,但是它却曾经在历时4 500 年的历史中辉煌地占据着主导的地位。

# 第十三章　14 和 15 世纪的英国图书馆

　　我们发现,14 和 15 世纪的英格兰在中世纪晚期和欧洲大陆国家一样发生了巨大的变化。修道院衰落了,在修会组织中,仅有圣方济各修会和多明我修会在文化上还保持着警觉的状态。比这些修会进步得多的是基督教会,他们兴办的学校和图书馆一直到中世纪末期都保持着活力。在英格兰中世纪这最后的两个世纪中,我们发现了具有启蒙思想的贵族对书籍和知识表现出了浓厚的兴趣,并且成为了书籍的收藏者。其中最杰出的是国王亨利五世最小的弟弟格洛斯特公爵汉弗莱(Humphrey)。在 15 世纪最后的几十年里,文艺复兴最终扩展到英格兰。

　　最伟大的主教座堂图书馆是坎特伯雷的基督教堂,它也是英格兰大主教所在地。在 14 世纪中叶以前,正如伊斯特里的修道院院长亨利(Prior Henry of Estry,1285—1331 年在位)的目录所显示的那样,这个图书馆已经拥有 698 卷藏书,几乎包括 3 000 本独立的著作。①写于 14 世纪的非常精美的 20 页的财产清单,共 3 栏,里面包括了该图书馆的目录。图书目录头一次被分为两部分,称为"范例"(Demonstrationes);第二部分又被继续分类,称为"分类"(Distinctiones),其中的序号并不规范。这样的分类表明了图书摆放的顺序。较早的条目似乎代表古老的图书馆,这些内容我们已经在前面的章节中有所讨论,其他的藏书都是根据捐赠者(或者可能的话,在一些情况下,是根据该书从前的拥有者)来编排的,大致

---

　　① Printed in full in E. Edwards, *Memoirs of Libraries* (London,1859),I,122-125. See also M. Beazeley,"History of the Chapter of Library Canterbury Cathedral," *Transactions of the Bibliographical Society*,VIII(1907),117 ff.

是按照时间先后的顺序，最后一位是修道院院长罗伯特·温切尔西（Robert Winchelsea，1294—1313 年在位）。

这个图书馆里的神学著作——大部分是 11 世纪和 12 世纪的，是用"兰弗朗克字体"写的——只有很少的一部分是珍贵文本，其中有一本康沃尔的执事赫卡里乌斯（Hucarius）的《布道集》，这本书只在其他的一个地方即蒂奇菲尔德的普雷蒙特雷（Premonstratensian）修会出现过。还有一本 12 世纪的爱任纽手稿。英语图书依然是我们在前面已经提及过的那样，属于盎格鲁-撒克逊时代的图书。

修道院回廊中的藏书是修士们业余时间可以利用的书籍，因此它构成了一个实际的图书馆。这里有《圣经》和其他的宗教书籍；有艾德莫（Eadmer）的《历史》、弗雷库尔夫斯（Freculphus）和约瑟夫斯的著作；有圣托马斯的《神迹》（Miracles）和他的《信札》；科学方面，有普林尼、拉巴努斯·莫鲁斯和波埃修斯的著作；有议会的裁决和教会法典；有伊西多尔的《词源》；有赫格西奥（Hugucio）和帕皮亚斯（Papias）的词典。世俗作家及其著作包括：苏托尼厄斯、西多尼厄斯、索利努斯、维特鲁维乌斯、维格提乌斯、吉拉尔杜斯·卡姆布伦西斯、马克罗比乌斯、弗里吉亚的达雷斯、塞内加、李维、《雅典之夜》（Noctes Atticae）、昆体良、索尔兹伯里的约翰的《伦理政治生活》（Polycraticon）和《元逻辑》（Metalogicon）以及亚里士多德和帕拉迪乌斯的著作。这里还有大量的医学著作和许多民法、教会法和罗马法书籍。

圣托马斯将藏书都捐给了教堂，这些藏书非常重要。[①]尽管有带注释的《圣经》、布道书和神学著作抄本，但是这里却没有奥古斯丁和杰罗姆的著作。法学著作构成了其藏书很大的比例，但是藏书最多的是贵族的拉丁文古典著作：李维（2 卷）、奥鲁斯·格利乌斯、昆图斯·科提乌斯、维吉蒂乌斯·索利努斯、瓦勒里乌斯·马克西穆斯、达雷斯·弗里吉亚、普里西安、多纳图斯、马提安努斯·卡佩拉、昆体良、塞内加和马提雅尔的著作——所有这些都在一个图书馆里，共 70 卷。

---

① J. C. Robertson, *Materials for the History of Thomas Becket* (London，1875-1885)，I，87.

这个图书馆从整体上来说,尤其是它后期添加的著作,表明了这一时期学术兴趣的总体趋势。经院哲学著作依然占据最多数,但是教会法和罗马法著作已经有了非常重要的地位。同时,在这一时期,还看不到格罗斯泰特和培根在 13 世纪下半叶发起的希腊和希伯来文化复兴的迹象,没有一本希腊语或者希伯来语的著作。这里有内容广泛的阅读材料,包括优秀的科学著作、一些通俗文学、历史、医学著作,还有大量关于贝克特(Becket)的著作以及由他创作的作品——18 个独立的标题,包括传记、书信和神迹。埃斯特里的修道院院长在完成他的目录四年之后就去世了(1331 年)。他将其拥有 80 卷书的私人图书馆留给了该修道院,这 80 卷书中包括神学、民法和教会法书籍——在神学著作中,有一本布拉克顿(Bracton)的著作和一卷英国法令、宗教礼拜仪式用书和与基督教堂有关的登记簿。

关于这个图书馆的另一文献不是图书目录,而是在定期检查中发现所丢图书的一份书单,该书单是 1337 年 3 月 12 日在圣格里高利日编辑整理的。最有趣的是这个书单可以证明如下的事实:在基督教堂,和在其他的大修道院一样,书籍可以借给社团以外的成员,甚至可以借给在俗人士。在借出的图书记录中,有 17 本是为非教会人士所有,其中最引人注目的是国王爱德华二世,他拥有圣托马斯的《神迹》和圣托马斯和圣安瑟伦的《传记》(Vitae)。在其他的书籍中,除了 3 本之外,全部都是民法著作,大部分都借给了拥有"教师"头衔儿的人,可能还借给了大学里的学生。

14 世纪是英国的大学快速发展的时期,在牛津建立了坎特伯雷大学。按照这里的传统,修道院图书馆的藏书应该提供给新建大学来使用,它也遵循了这一传统。利兰说他曾经在那里看见了康沃尔的执事赫卡里乌斯的《布道集》,此后坎特伯雷的财产清单列出了牛津和这个修道院的藏书。最长的书单中列出了 292 卷书,其中许多都与埃斯特里的目录相吻合,甚至圣托马斯留下的一些书籍也在其中。

15 世纪是修道院和大学建立独立图书馆建筑的兴盛时期。在此之前,坎特伯雷的藏书很明显被存放在了教堂和修道院的箱子里。在 15 世纪初,大主教亨利·奇切利(Henry Chichele, 1414—

1443 年在位)在基督教堂和修道院的小礼拜堂之上建立了一个图书室。因为随着纸张的引进,图书大量增加,建立图书室对于管理大量增加的图书显得非常必要,但是更可能的情况是,在兰弗朗克的主教座堂被拆毁和修道院回廊被略微改动之后,这成为坎特伯雷重建计划的一部分。作为图书的捐赠者和图书馆的建立者,奇切利的捐赠行为在其 1432 年的讣告中被提及:"他特别建了一个新的图书馆,并且在图书馆里放满了各科目难得的书籍。"[1]1444—1449 年的财产登记,标题是"图书馆的费用支出",记载了用于图书馆窗户和修道院学习方面的开销:

> 支付一名伦敦装玻璃工人为同一个图书馆装玻璃的工钱(lxvjs., viijd.)
>
> 在勒戈洛列特(Le Gloriet)同样的支出(lxvjs., viijd.)[2]

在 15 世纪,与该图书馆有联系的最后一个伟大的名字是修道院院长威廉·塞利昂(William Sellyng,1472—1494 年在位),他为该图书馆装饰了漂亮的天花板,为图书馆提供书籍,尤其是对那些"致力于学术研究的人,他以极大的兴趣和慈善行为培养这些人"。[3]为了方便学者们,他还将南侧的回廊都安上了玻璃,建起了一些"新的我们称之为小单间的框架模式结构"。我们关注塞利昂院长还有其他原因。在牛津学习期间,他进行了一次赴意大利的旅行。在那里他开始致力于古典学研究,同样也如饥似渴地学习新知识。他被描述为是"一位精通神学和世俗的文字语言,在拉丁文和希腊文方面受到过良好训练的人"。[4]他的藏品据说数量庞大而且都极为珍贵,在他去世后仍然保留在他的寓所里面直至 1538 年一场火灾发生,除了借出去的一些书外,这场大火烧毁了他所有的藏品。其中有巴兹尔、以赛亚的著作,据推测为希腊文本。塞利

377

---

① Beazeley, *op. cit.*, p.135.
② *Ibid.*, p.138.
③ H. Wharton, *Anglia sacra*(London,1691), I, 145.
④ F. S. Merryweather, *Serapeum*, XII, 115.

昂是第一个将大量希腊文书籍引进英格兰的人。①

接下来我们来看圣阿尔班并重新开始探讨它的图书馆的历史。我们发现在这一时期,在西蒙院长之后的第一个男修道院院长并非一个活跃的图书收藏家。而理查德·德·瓦林福德(Richard de Wallingford,1326—1335 年在位)在院长任上的时候做得更加糟糕。②他并不满足于用四本书(特伦斯、维吉尔、昆体良、杰罗姆)来向著名的藏书家理查德·德伯利行贿以进一步提升修道院在王室心目中的地位,而且他后来还以 50 英镑的价钱卖给他 32 本书。如果有什么事情可以使他的罪行更加十恶不赦,那就是他将他的一半收益都投入到了厨房和教会的餐厅中了。③但是僧侣们却不会忘记他们所失去的那些贵重的书籍。其中这些书籍中的大多数在德伯利去世后被新任院长索要回来。④这任新院长名叫迈克尔·德·门特莫尔(Michael de Mentmore),是一位牛津学者和大修道院的校长。他为了给这些学者提供更多的研究时间,将主持弥撒的时间由 9 点改为了 6 点。他还送给了修道院价值 100 英镑的书籍,其中的大多数都与他的研究领域有关,⑤很显然他这种做法只是想展示他的不寻常的承诺,而他不在意这些书对学者们是否有用。⑥

迈克尔的继任者是托马斯·德·拉梅尔(Thomas de la Mare),他是英格兰 14 世纪一位非凡的修道院院长,因为他改革了修道院的风纪和管理制度。他任职期限长达近 30 年的时间(1370—1396 年),这是一段比较安稳的时期,至少在修道院附近出现了围墙。期间在沃尔辛厄姆(Walsingham)的托马斯——当时的教堂圣歌的领唱者和藏经楼的主持人⑦——的引导下,历史写作得以复兴。德拉梅尔在追求知识方面倾注了极大的热情,作为本笃会主教座堂

378

---

① E. A. Savage, *Old English Libraries*(Chicago,1912),p.64;see also the *Dictionary of National Biography*.

② Savage, *op. cit.*, p.50.

③ *Gesta abbatum monasterii Sancti Albani a Thoma Walsingham compilata*, ed. H. T. Riley("Rolls Series," No.28),II,200.

④ V. H. Galbraith, *The Abbey of St. Albans*(Oxford,1911),p.29.

⑤ *Gesta abbatum*, II. 363.

⑥ F. A. Gasquet, *The Old English Bible*(London,1897),pp.12-13.

⑦ Galbraith, *op. cit.*, p.29.

的负责人,他要求每一个修道院院长和副院长对于牛津大学中大量的学生和房舍面积保持在一定的比例之内。[1]很明显,圣阿尔班对这所大学有着特别的兴趣,所以他及其继任者赠送给格洛斯特大教堂一个附属礼拜堂、一个图书馆和石料重建这所修道院。在内部他自掏腰包扩建了修道院院长的学习室,提供了各种各样的书籍,同样还给公共图书馆也提供了相同数量的书籍。[2]

但是在这一时期圣阿尔班的统治者中,最伟大的图书爱好者是约翰·维萨姆斯泰德(John Whethamstede),他曾经担任过两任修道院院长(1420—1440 和 1452—1464 年)。他一共写过 87 本书。事实上,他因为全身心地投入到研究工作当中,以及为汉弗莱公爵和大修道院购置图书的原因而忽略修士们的其他小事,因而遭到了修士们的投诉。[3]在 1430 年,他让诗人利德盖特(Lydgate)将其所著《圣阿尔班传》(*Life of St Alban*)从拉丁文翻译成英文。很显然,那时在伯利(Bury)一个修士的报酬只需要 100 先令(100s),这项工作包括翻译、写作和彩饰插图。他所抄写的其他书籍价格,从带注解的加图的 6 英镑 13 先令到邓斯·司各脱(Duns Scotus)的 20 先令之间波动。[4]在他担任第二任修道院院长期间,他投资超过 150 英镑建造了一个图书馆,但是这不包括镶嵌玻璃、照明和配备桌椅的费用。这个图书馆位于疗养院内。[5]就我们所知,这些书迄今为止还保存在箱子中、壁橱里,或者就压在教堂和修道院或者院长的研究室里面。一个 12 世纪的修道院院长——西蒙在科顿的手稿插图中,就坐在装满图书的箱子前面。[6]

维萨姆斯泰德自己创作并为图书馆抄写的藏书主要包括:名为《谷仓》(*Granarium*)的 5 卷本神学文集;通俗知识性的《酒宴》(*Propinarium*);两卷本的诗集;一本关于格言俗语的书。他主要描述了自己那个时代的大事,例如杰克·卡德(Jack Cade)的起义

---

① Galbraith, *op. cit.*, p.17.

② *Gesta abbatum*, II, 392, 393.

③ W. Dugdale, *Monasticon anglicanum*, II, 205.

④ J. Amundesham, *Annales monasterii S. Albani*("Rolls Series," No.28), II, 268 and notes.

⑤ *Ibid.*, p.258.

⑥ Cf. Fig. 138 in J. W. Clark, *The Care of Books*(2d ed.; Cambridge, 1902).

379  和在玫瑰战争期间发生在修道院附近的圣阿尔班战争。他还写过
回忆录、书信和政治片简。在他的散文和诗文中,应用了大量的古
典典故,①他的意大利之旅使得他几乎不可避免地受到了人文主义
运动的影响。

极其遗憾的是,除了一些我们已经得到的散乱的信息之外,我
们所了解的由圣阿尔班那个时代的阅读材料组成的书籍是极为有
限的。很明显在这个大修道院最后的一段时间里,图书馆的条件
极为优越。正如利兰所说的那样,当他去访问罗马并在维鲁兰
(Verulam)逗留的时候,他去了圣阿尔班,在那里"有一个叫金斯伯
里(Kingsbery)的学者型的修士"给他展示了"这个伟大修道院的手
稿珍品"。②但是短短的时间内,这些书就消失不见了。那些他提到
过的他曾经在旅程中看到过的书很少,而且除了马修·帕里斯精
美的复本之外,这些书都无足轻重。③看起来奇怪的是,这个英格兰
最大的修道院图书馆之一没有登记册被编制或者留存下来。

我们所拥有的最接近目录的材料就是对图书馆 12 个窗户附近
的人物肖像用韵文所作的解释说明,这可能是回廊被封闭的一部
分。施洛塞(Schlosser)④认为这是 13 世纪的,而且可能是在赫特
福德的约翰任职期间,他扩建了修道院。在"以下所有韵文,是刻
在前面提到的修道院图书室的窗子上的"的标题下,用五个普遍性
的分支学科来命名,作者对每一类别都是以韵文方式来描述的。⑤
这篇韵文看起来毫无疑问是由一个叫鲁弗斯的人写的,他在四行
诗中把自己描述为"小博士"。⑥

380  从这份目录中提及的一些书来看,我们能了解有关该图书馆的
一些特征。我们知道那里有大量的有关历史方面的藏书。除此之
外,一些古典作家也被提及。了解是否有希腊作家仍然使用希腊

---

① Dugdale, *op. cit.*, II, 205.

② Gasquet, *op. cit.*, pp.22-23. n.1.

③ *Collectanea*, IV, 163.

④ J. von Schlosser, "Beiträge zur Kunstgeschichte aus den Schriftquellen des frühen Mittelalters," *Sitzungsberichte der Akademie der Wissenschaften* (Vienna) (Phil.-hist. Cl.), CCXXIII, Part II(1891), 149.

⑤ Dugdale, *op. cit.*, I, 183-184.

⑥ Schlosser, *op. cit.*, p.152.

文写作是一件有趣的事情。13 世纪在圣阿尔班担任过执事的巴辛斯托克(Basingstoke)的约翰带给英格兰一批珍贵的希腊文书籍,在他返回大修道院后,他给一些僧侣教授希腊语。①在 1200 年,"希腊的尼古拉斯"担任圣阿尔班修道院院长的秘书。他是否真的把图书带到英格兰并不为人所知,然而,他看来好像是在格罗斯泰斯特的希腊语研究工作中担任了他的助手。②

我们必须还要简要地提及一下圣阿尔班的语法学校。它是由修道院创设和维持的,并且又完全彻底地分离出来,并首次在 1100 年被提到。它有一个世俗的校长,而且学者开始领取报酬。在 13 世纪,居住在附近的贵族领主们的子弟都在修道院内寄宿和学习。在 13 世纪晚期,贫苦学生可以免费寄宿,接受免费教育。这个学校主要给俗世子弟提供教育,并持续兴旺至 1539 年。

早在 13 世纪,索尔兹伯里主教座堂迁往新塞勒姆(Sarum),但是显然理查德·勒波尔(Richard Le Poore)大主教的建筑计划中没有提供专门的房屋作为图书馆。这个主教座堂的收藏历史一直是模糊不清的,直至 15 世纪,当时的记录提及了建立独立图书室的事情。③在 1444—1445 年间,在威廉·艾斯库(William Ayscough)的任期内,在东边的回廊上面设计建造了一个图书馆。几乎与此同时,这些执事中的一个也捐赠了一些图书,在这种情况下它们自然就成为新图书馆的一部分。④这个图书室于 18 世纪又得到了修复。

目前在索尔兹伯里的图书馆有从公元 9 世纪直至 14 世纪的大约 200 册抄本。⑤最早的是大约 970 年的带有稀奇古怪插图的高卢诗篇(Gallican Psalter),另外一部《诗篇》中高卢文和希伯来文并列,

381

---

① F. S. Merryweather, *Bibliomania in the Middle Ages*, p.267.

② Savage, *op. cit.*, p.219.

③ J. W. Clark, *The Care of Books*, p.121.

④ Savage, *op. cit.*, p.118.

⑤ There is a catalogue of the Salisbury cathedral library listed in *the Catalogue of the Harleian Manuscripts*(1808), I, 408. No date is given, although several of the other manuscripts in the list belong to the seventeenth century; and they are all described as being in "recentimanu." The catalogue is not mentioned by Gottlieb, Becker, or Edwards, although it was included in 1697 in Bernard's *Catalogi librorum manuscriptorum Angliae et Hiberniae*, II, Part I, 23-26(reference from E. G. Vogel, *Literatur europäischer Bibliotheken* [Leipzig, 1840], p.430).

卷数相同,也带有插图。还有一份 12 世纪的蒙茅斯(Monmouth)的杰佛里(Geoffrey)和乔叟翻译自波埃修斯的手稿。一个 14 世纪的副本《塞勒姆仪式》(*Use of Sarum*)(也称 *Use of Salisbury*,是指索尔兹伯里教堂发展起来的拉丁礼拜仪式,自 11 世纪末开始使用,一直到英国宗教改革时期。——译者注)以及其他一些礼拜仪式用书都在这些藏书当中,以及一本《制度》副本。这里还有大约20 本属于 15 世纪早期的印刷版图书。①

中世纪晚期达勒姆图书馆的历史主要是因为开始于 1391 年、延续至 1395 年并直至 1416 年完成的目录而为人所知。这里的书籍被收藏在不同的地方。当威廉·德·阿佩尔比(William De Appelby)担任图书馆馆长的时候,这些藏书的第一部分记录,将《圣经》类和神学类的图书有系统地分类,然后在单独的题头下再细分为:波埃修斯、西塞罗、西多尼厄斯、昆体良、各种诗集、哲学和逻辑学、医学和语法学。西塞罗的著作包括《菲利比克之辩》,除此之外,还有《论友谊》《论老年》《论法律》和带有修辞性色彩的著述在早期的目录中都被提及。有瓦勒里乌斯·马克西穆斯、帕拉狄乌斯;那些诗人如阿格利乌斯、克劳狄安、尤维纳利斯、特伦斯、维吉尔、马克罗比乌斯、普里西安和奥维德一起出现。亚里士多德是目录中最具代表性的首席哲学家,目录中提及了他大量的著作。语法书籍中有一部多纳图斯的《英语语法》(*Anglice*)和一部《戈里亚什启示录》(*Apocalypsis Goliae*)。僧侣们可以自由选择阅读这些书籍。在图书馆内部,有可能被锁在库房里的是一小批较有价值的图书。在382 1391 年,那里有大约 60 卷有关民法和教会法的书籍。图书馆内部的最后一件藏品是一个《诗篇》的长长的书单,其附有的四条注释已经散佚了。

下面我们还要谈到两份送到牛津达勒姆学院的书单,它们中的一些最晚大约是 1409 年的,但是因为它们可能大多数是插入其中的,正如注释所显示的那样,它们都来自修道院东侧回廊专门存放主教座堂最有价值抄本的库房里。其中的大部分藏书是《圣经》和神学著作。随后的一份书单是公共图书馆最新获取的书籍,它们

---

① E. Foord, *Winchester and Salisbury*(London, 1925), p.170.

取代了送往牛津的那些书籍，但是这些书中没有任何一本受到特殊关注。在 1395 年，威廉继续添加新书以完善他的目录。这些书中的大部分都被注明为"图书馆藏书"，其他一些则被注明为"克劳斯藏书"（"in claustro"），往往没有注明它们的所属地。像专门存放主教座堂最有价值抄本的库房中的藏书目录一样，这里的藏书按照作者或者按照科目来进行一般的分类。在"多样性书籍"栏目下有几本关于塞内加的，多余的副本则出现在"自然类书籍"栏目下面。在 1416 年，新的图书管理员约翰·吉斯鲍恩（John Gyshborn）检查了 1391 年为专门存放主教座堂最有价值抄本的库房藏书编定的目录，他额外为丢失的书籍编辑了旁注，加注了借阅者的名字以及诸如"没什么用"（modicum valet）和"无价值"（nullius valoris）的批注。①

从前在达勒姆最为著名的抄本是《林迪斯法恩福音书》（Lind-isfarne Gospels），据信它是圣库斯伯特（St. Cuthbert）自己的抄本，它现在收藏在大英博物馆里。大量珍贵的手稿珍品以抄本的形式收藏在图书馆中作为福音书的副本，并被标注在 1391 年"出自比德之手"（de manu Bedae）的目录中。17 或者是 18 世纪早期的《卡西奥多罗斯论赞美诗》（Cassiodorus super psalterium）也被标注有同样的记号，但是这两份抄本并非同样的笔迹。所以二者其一甚至两个都有可能是赝品。达勒姆的大量书籍都是装裱古朴华美的图书，其精美不仅仅体现在其首字母和设计上，还体现在大量精美的微型画中。达勒姆的藏经楼成为一个重要的艺术作坊。②

除了拉丁文书籍以外，用其他文字撰写的书籍极少。没有希伯来语书籍，仅有的两本希腊文抄本是 15 世纪晚期的，这两本都是君士坦丁堡的埃马纽埃尔（Emmanuel）于 1472 年为约克郡的乔治·内维尔（George Neville）所写。英文书籍和少量的法文著作被提及。在不断发展的图书馆中，个人的赠品发挥了重要的作用。威

383

---

① Botfield took these notes to refer to the condition of the book at the time rather than to its original or literary value. Cf. his Introduction to *Catalogi veteres librorum ecclesiae cathedralis Dunelm.*, p. xiii.

② H. D. Hughes, *A History of Durham Cathedral Library* (Durham, 1925), pp. 14-15.

廉・德・圣卡里莱夫（William de St. Carilef）和休・帕德西（Hugh
Pudsey）两位主教为慈善而捐助的书籍占据了多数：前者捐赠 39 卷，
不包括礼仪性的书籍；后者捐了 72 卷。帕德西主教（卒于 1195 年）
比他的前任有着更多一些的文学品味，因为他的藏品包括一本西塞
罗的著作、一本普里西安的著作、两本修辞学著作和克劳迪厄斯的
一本著作。卡里莱夫对他的研究工作投入了十足的兴趣，并且似
乎亲自指导他的修士们抄写书籍。托马斯・兰利主教（Thomas
Langley，卒于 1437 年）赠送给图书馆里拉（Lyra）的评论集和其他
一些书籍，包括一本字典。在 15 世纪晚些时候，修道院院长约
翰・奥克兰（Auckland）将一份可能是 10 世纪的苏托尼厄斯的著作
抄本赠送给了图书馆。①

达勒姆的人文主义倾向和传统在一个人的身上得到了充分的
体现，他就是最为著名的主教之一伯利的理查德・昂格威尔
（Richard Aungerville），通常这些书都归属于他。他是爱德华三世
的导师，拥有采邑和俸禄，担任韦尔斯学院的教务长、皇室的财务
官、掌玺官和罗马教会的使节，在他生命的最后 12 年（1333—1345
年），他担任了达勒姆的主教。尽管他首先是一位学问的资助者，其
次才是一位大学者，我们发现，他在达勒姆"恰恰被认为是英格兰文
艺复兴开端一百年前众所周知的杰出的有关《圣经》、诗歌和古代哲
学方面的专家"。②《对书籍的热爱》一书中署有理查德的名字，形象
地表达了这里的人们从来不曾停止的对书籍和知识的喜爱。③

384　　这本著作重要的不在于它由谁而写，而是因为它是 14 世纪藏
书中的"代表性作品"。表明德伯利对书籍和学术的兴趣无可争辩
的证据是他的图书馆以及他的合作者的学者团队，但是我们对他
的书所知依然甚少。他为他的书籍精心编制的目录已经丢失了，
仅仅有一至两卷是由于藏品异乎寻常的尺寸的原因而保留下来。
穆里穆斯的亚当（Adam of Murimuth）指出，事实上，当他外出的时

---

① H.D.Hughes，*A History of Durham Cathedral Library*（Durham，1925），p.14.
② Richard Aungerville de Bury：*Fragments of His Register and Other Documents*
（"Publications of the Surtees Society," CXIX），p.xxxiii.
③ 从一开始，关于《对书籍的热爱》一书的原创作者究竟是谁就存在争论。

候,几乎五驾马车都不够运输他那些珍贵的书籍。①威廉·德·查布尔(William de Chambre)断言,德伯利的书比英格兰其他所有主教的书加在一起都要多。除了那些在他的庄园里分散保存的书卷之外,无论他在哪里,他都会在其卧室里面放置很多书,以至于房间里几乎毫无落脚之地。②

　　在德伯利的莫逆之交中,有理查德·菲茨-拉尔夫(Richard Fitz-Ralph),他曾任里奇菲尔德的修道院院长,后又担任了阿玛(Armagh)的大主教,他是一位文本评论专家;有托马斯·布拉德瓦尔丁(Thomas Bradwardin),他担任过坎特伯雷大主教;有瓦尔特·布雷利(Walter Burely),他作为亚里士多德的崇拜者,曾担任过布莱克王子的导师,曾经写过 30 篇关于亚里士多德著作的论文;有理查德·德·凯尔文顿(Richard de Kylwyngton),他担任过圣保罗的修道院院长;有理查德·本沃斯(Richard Benworth)校长,他后来担任过伦敦大主教;有沃尔特·赛格瑞(Walter Segrave),他担任过奇切斯特修道院的院长;有约翰·毛狄特(John Maudit),他是默顿学院的研究者;有多明我会的罗伯特·霍尔科特,他的评论非常出色。德伯利习惯于晚饭后在餐桌上读书,并和在场的人一起辩论。他必须要感谢这些交流,因为这使他与学识渊博之人有了接触。

　　他不仅仅在英格兰而且在国外也有很多搜集图书的机会。包括八章内容的《对书籍的热爱》正是得益于他多年积累的经验和方法。③穆里穆斯的亚当声明他搜集到"数目无限的书"(librorum numerum infinitum),这可以从德伯利的话中得到证明:

　　　　我们对书籍特别是那些古书充满渴望,对于一些人来说,用有意思的书比用金钱获得我们的青睐是更轻而易举的事情。当时许多著名修道院的壁橱对公众开放,因而这些书就由我们来控制和管理。一些是礼物,但是另一些却需要购买,而一些可以借给我们使用一个季节。

---

　　① *Continuatio chronicarum*, ed. E. M. Thompson("Rolls Series," No.93), pp.171, 175 and note.
　　② *Historiae Dunelmensis Scriptores tres*, ed. J. Raine(London, 1839), p.130.
　　③ Ed. E. C. Thomas(London, 1888), pp.197-206.

德伯利指出,当他有机会获得图书的时候,他会以这种"公道没有遭受损害"的方式争取给那些带给他乐趣的人以恩惠。但是,这最后一条规定却与他从圣阿尔班修道院院长手中接受了 4 卷珍贵的书籍并不吻合,因为他有权力拘禁被他驱逐出教会的人作为对圣阿尔班修道院院长这一赠予的回报。[①]此后,修道院才会以 50 枚银币卖给他 30 本书。编年史家认为这是典型的"暗箱交易"。

作为爱德华三世的使者,在欧洲大陆游历期间,他发现经常会有机会参观图书馆并获得书籍。在谈到巴黎的时候,他认为"这是世界的乐园",那里有让人欣喜的图书馆和图书市场。通过对托钵僧的支持,他的藏书也慢慢地增多起来,他所参观的图书馆无论是在哪里,他都能发现"最大的智慧财富"。此外,他还结交了那些在英国、法国、德国和意大利等地为满足他的兴趣而勤勉服务的各地书商,知道他们并非以榨取钱财为目的。他同样也从学校校长和"男女两性和各个阶层"的私人手中获取图书。

在这里讨论《对书籍的热爱》这本书的所有细节是不可能的,但是我们可以简单提及该书涉猎的一些主题,其中包括书籍的重要性、书籍的影响、人们所考虑的书籍方面的开销、他们的敌人、古代作者相对于现代作者的优越感、德伯利获取它们的机会,他自己喜爱自由主义胜过法律、知识、语法和诗人的重要性、写作新书和修补旧书的价值、对待图书的恰当方式、他的书籍借给学生的方式、劝诫学者以祈祷的方式回报他。大部分内容都不具有独创性。他关于书籍的益处的说教大多来自卡西奥多罗斯、尊者彼得、盖尔森(Gerson)和其他中世纪作者。[②]《对书籍的热爱》一书之所以重要,因为它丰富充实的词汇和引人关注的体系以及弥漫于全书中的个人基调,使它成为向人文主义变迁的标志。[③]

在工艺部分,该书涉及了习得、保护和借阅规范等等诸如此类内容,掺杂有自传体和回忆录、个人参考书、抱怨他同时代的人缺乏勤奋好学的精神以及筹建大学的计划和方案。虽然他经常表现出迂腐和学究气,但他的真诚和热情却是显而易见的。他规定,借

---

① *Register*，p. xv.
② De Ghellinck, *op. cit*，XVIII. 297-298.
③ *Ibid*.，XIX，196-197.

阅图书仅仅在抵押非常有价值的物品情况下才可以，并且借阅和抵押均有认真的记录，这是以索邦神学院图书馆的借阅规则为参考而制定的，他非常欣赏索邦神学院的图书馆。

不管现代作家如何断言，人们从来都没有意识到他会计划把他的图书馆留给牛津的达勒姆大学，但没有证据表明，那些书曾经到过那里。事实上，根据穆里穆斯的亚当的说法，他死于身无分文和债务缠身之中，由此断定，这些书极有可能被他的管理者出售了。

在 1358 年的伦敦圣保罗教堂，有一件极为有趣的遗赠，是按照一位教士兼学校校长①威廉·德·拉文斯通（William de Ravenstone）的遗嘱，由施济图书馆继承的。库存清单列举了 84 部著作并提到了其他的书籍。在古典和后古典作家中，有阿维阿努斯、西奥多罗斯、马克西米安、克劳狄安、卢坎、尤维纳利斯（两本抄本）、佩尔西乌斯（两本复本）、斯塔提乌斯、贺拉斯（《讽刺诗集》和《诗艺》）、《田园诗》和《变形记》、加图的对句、亚里士多德、多纳图斯、普里西安、赫格西奥的著作和一些吟唱书。

早在 15 世纪，由沃尔特·希林顿（Walter Shirynton）即兰卡斯特②公爵领地的大臣和主教座堂的牧师出资的圣保罗主教座堂图书馆被建在东边的回廊之上。在他于 1458 年去世以后，一份包含有 171 卷图书的清单被按主题列出来。③这份图书清单中仅仅有 7 位古典作家的作品、6 本语法书、8 本历史书，还有 21 本教会法著作。其中包括塞内加的《信札》和《自然形态的灵魂》（*De naturalibus quaestionibus*）、西塞罗的《修辞学》《田园诗》、苏托尼厄斯、约瑟夫斯、拉尔夫·迪赛托（Ralph Diceto）和少量历史著作。在医学著作中，有已经被提及的阿维森纳、希波克拉底和盖伦的著作。其余的都是神学著作，主要有《灵丹妙药》、伊西多尔和少量其他常见的参考书——《圣经》以及诸如此类的图书。在埃涅阿斯·西尔维乌斯（Aeneas Sylvius）的一封信中，他好奇地间接提及了他在 1435 年去

---

①　The will and inventory are printed in *Modern Philology* for February，1932，pp.257-274，in an article by Edith Rickert，discussing the probability of Chaucer's having been a pupil at this school.

②　W. Dugdale，*The History of St. Paul's Cathedral in London*（london，1818），p.134.

③　*Ibid.*，pp.60-67.

英格兰旅行时在圣保罗教堂的圣器室里看到了修昔底德的著作抄本。①据他的陈述,这本书可以追溯到 9 世纪,很显然这本书是拉丁文版本,因为他附加说明了"翻译者没有被明确提及"(translatoris nullum nomen inveni)。

在不到 30 年的时间里,有超过三分之二的图书突然消失了。在约翰·格林斯通(John Grimstone)去世后的 1476 年开列的一份清单中,圣器室中仅陈列了 52 卷藏书,而且几乎全部为神学著作②。

388　在 1327 年,埃克塞特的图书馆编制了一份藏书清单。这一时期,主教座堂有一个约 230 卷单册著作的图书馆,这还不包括礼拜仪式用书。它们主要是民法、教会法和神学著作。这些书一部分是按作者分类的,一部分以学科分类,但是相当一部分还是按照捐赠者进行了分类。③主教约翰·格兰迪森(John Grandison,1328—1369 年)是一位藏书爱好者,他为这个主教座堂提供了两本与基督教会有关的著作,但是他的内容广博的图书馆分布在整个教区的其他教堂中。④尽管没有其他证据显示他是一位希伯来学者,但是他有希伯来语的《摩西五经》,这本书现在保存在威斯特敏斯特修道院里面的教堂图书馆中。⑤他不仅仅是一位书籍收藏者,同时还是一位研究者,因为在博德利,他修正和标注过的笔迹能被鉴定出出现在很多埃克塞特的手稿上。在圣三一学院一个关于图尔城的格里高利的抄本中,这位主教在一个批注上提请读者注意,这本书是罕见的真品,但是作者的拉丁文很糟糕。⑥

在 1412 年之前,人们认为设立一个专门的书房是有必要的。这项工作开始于那一年的五月,并花费了 40 周的时间才得以完成。我们所看到的开支清单包括木材、工资和维护图书的费用。⑦

---

① M. Creighton, *A History of the Papacy*, III, p.53 and note.

② Duggdale, *op. cit.*, p.68.

③ This and the catalogue of 1506 are printed by G. Oliver in *Lives of the Bishops of Exeter* (Exeter, 1861), pp.301 ff.

④ Savage, *op. cit.*, pp.111-112.

⑤ J. A. Robinson and M. R. James, *The Manuscripts of Westminster Abbey* (Cambridge, England, 1909), p.63.

⑥ J. W. Clark, "On Two Pieces of Furniture in Exeter Cathedral Formerly Used for the Protection of Books," *Proceedings of the Cambridge Antiquarian Society*, X(1902), 313.

⑦ *Ibid.*, pp.301 ff. Also J. W. Clark, "On the Work Done to the Library of Exeter Cathedral in 1412 and 1413," *ibid.*, pp.294-306.

第十三章　14 和 15 世纪的英国图书馆

正如我们从 1506 年目录所知的那样，图书馆建在东边的回廊之上。最有趣的是花费在修复图书的资金账目超过了 18 英镑。这些花销不但包括支付仿羊皮纸、羊皮、小牛皮、红皮、红蓝线、糨糊、墨水、金属线和针等，而且还包括抢修做这项工作的威廉·海福德（William Hayford）的房屋，给他的一捆木柴以及搭床铺的稻草。为了捆扎图书馆里的藏书，开始买了 80 根铁链，后来又购买了 40 根，并用重达 105 磅的 9 根铁棒固定它们。在教堂里面，除了那些礼拜仪式用书捆扎起来提供给人们使用以外，还有两箱子同样用途的书被捆在每一个唱诗席通道尽头的柱子上。在一个这样的箱子里，有一块木板曾经是一本书的封面，它还仍然牢牢地固定在这个箱子里面。①

在 15 世纪的头 25 年里，巴布威斯（Bubwith）的尼古拉斯主教于 1424 年捐赠了 1 000 马克的遗产在韦尔斯的东回廊修建了一座新图书馆，可能在 15 世纪还装修了讲台系统。但是现存小隔间式的箱子和铁链都是后来添置的。②

只有关于这些藏书的零散的参考文献以及少数的书卷留存下来。在利兰看过的 46 本书中，最为有趣的是译成拉丁文诗歌的但丁著作（*Dantes trālatus in carmen Latinum*），这是一本无论是原版还是译本在英国都极为少见的书。威廉姆斯③暗示这可能是马提欧·龙托（Matteo Ronto）的版本，他是奥利维塔（Oliveta）的僧侣，卒于 1443 年。但是帕赫特·汤因比（Paget Toynbee）确信它是塞拉瓦莱（Serravalle）1416 年的散文译本，因为它被分成的行数与原稿互为对应。④一本《泰伦提乌斯名言》（*Terentius pulcherrimus*）也被提及过，这是该图书馆里唯一有记载的古典作家，尽管毫无疑问还有其他的人。

在切斯特富裕的圣沃伯格（S. Werburg）修道院没有目录留存下来，但是我们可以从伦纳夫·希格登（Ranulf Higden）在 14 世纪中叶写的（冗长）大部头的《编年史》中关于这个图书馆的特点和大

① Illustrated in Clark's article "On Two Pieces of Furniture ...," *ibid.*, p.309.
② B. H. Streeter, *The Chained Library* (London, 1935), pp.273-279.
③ T. W. Williams, *Somerset Medieval Libraries* (Bristol, 1897), p.116, n.5.
④ Paget Toynbee, *Dante in English Literature* (London, 1990), pp. xviii, 29-30.

383

小面积估算出来。在一个段落中他提及了他使用的 40 部著作,他的文稿显示还有许多其他的书籍他从没有提及。

梅尔萨(Melsa)的西多会修道院《编年史》完成于 1437 年,其结尾附录了这个修道院的所有物品清单,其中包括了这个图书馆的图书目录。这部《编年史》的编辑 E. A.邦德作了如下记载:

> 除了神学著作外,它包含有很少量的书籍。我们能找到的古典作家及著作仅仅有萨鲁斯特、西塞罗的《论老年》、马克罗比乌斯、马提雅尔、苏托尼厄斯和尤特罗比乌斯。这里只有极其少量的法律藏书。医学方面的作者只有雷西斯(Rhases)、普拉特乌斯(Platearius)和犹太人以撒。娱乐文学只有《圣徒传》(*Lives Of The Saints*)、《埃米斯和阿米隆的传说》(*Amys and Amilon*)、特平(Turpin)的《查理大帝传》和《特洛伊战争》。这里也有少量历史学著作,包括约瑟夫斯的著作等。[①]

390

12 世纪末牛津大学在圣玛利主教座堂已经有了一个图书馆的核心部分,这里的书大多经常用锁链捆扎起来,不是经常被需求的那些书被锁在书柜里面,这里的书可以被借给任何学生,前提是要保证这些书能够安全地被归还。[②]这所大学图书馆真正的创立者是伍斯特的主教托马斯·科巴姆(Thomas Cobham),他在巴黎研究艺术、在牛津研究教会法、在剑桥研究神学。[③]1327 年他将自己的藏书和 350 马克捐赠给这所大学来建立图书馆。由于他去世时债务缠身,他的藏书被抛售,后来被亚当·德·布罗姆(Adam de Brome)赎回,它们被移交给他自己新创办的奥利尔(Oriel)学院而不是大学图书馆。10 年以后,一伙暴怒的学生冲进奥利尔学院强行将这些书带走,并将它们放到已经存放在圣玛利教堂的已有藏书当中,在它的东北角新建了一个面积达 900 平方尺的图书室,这

---

① Thomas of Bruton, *Chronica monasterii de Melsa*, ed. E. A. Bond("Rolls Series", No.43), III, Ixxxiii. The catalogue is printed in the Appendix.

② *Quarterly Review*, CLXXIII, 322-324, a review of W. D. Macray's *Annals of the Bodleian*.

③ H. Anstey(ed.), *Munimenta academica*("Rolls Series,"No.50), I, li.

个大学图书馆一直存留到 1446 年。

这个新图书馆的管理规章制定于 1367 年。[1]书被放置在能照进阳光的房间里,这个房间在礼拜堂的上面专门用作这个特殊用途,用链子锁着以便学者们可以在恰当的时间免费使用它们。价值 40 英镑或者更多的书被卖出去,以给管理书籍的牧师提供年薪。到了 1412 年制定了更为完善的规章制度。一个牧师被正式选举出来管理图书馆,因为该图书馆现在的规模已经发展得非常大,"管理不善会引发大灾难"。他发誓要最大限度地对校长和会众中的领导人负责,在同一天,教区执事放弃了他们拥有图书馆门钥匙的权力。如果发现他忠于职守,他将会被续聘。如果他本人希望放弃,就需要公示一个月。他的薪水为 100 先令。这个标准可以享用面包和啤酒,此外 6 先令 8 便士被用来奖励大学生们,他的薪水两年支付一次,"以期使他没有钱也不会粗心大意。"除此之外,每一个受益的毕业生都会因为感激而必须献给他一件礼袍。在推选会上,他必须要发誓认真遵守他宣读的图书馆办公室的规章制度。

有关使用图书的详细规定被制定出来。为了避免因为读者众多而损坏图书,并使学生们避免大群参观者的打扰,只有毕业生和研究神学已达 8 年的神职人员才会被允许在图书馆阅读。后者和走读生有特权在图书馆中阅读,并且被要求在校长面前作出承诺:正确地使用这些图书,不许擦涂、弄出污渍或者造成其他破损。本科生们在没有获得学位之前,必须在图书馆里穿上特殊服装。

图书馆开放的时间是从上午 9 点到 11 点和下午 1 点到 4 点,星期天和其他的学校庆祝日除外;除了正常开放日之外,在其他所有时间里,图书馆都是关闭的,除了有特殊的来访者或者校长想要参观之外。主要的捐赠者名字会被大家记住,那些因此被特殊记住的人包括:亨利四世、亨利王子、托马斯、约翰和汉弗莱;坎特伯雷大主教托马斯·阿伦德尔、林肯郡主教菲利普·里普恩通(Philip Repyntone)、马奇伯爵埃德蒙德和教师理查德·考特尼(Richard

391

---

[1]　H. Anstey(ed.), *Munimenta academica* ("Rolls Series," No. 50) I, li, pp. 226-228.

Courtenay）。一块写有书名和捐赠者名字的"大而醒目的告示牌"悬挂在图书馆里。图书馆在接收新礼物3天之内，要展示给大家看，在15天之内，就将新书捆扎起来，其钥匙保存在一个配有四把锁的箱子里，一起存放的还有书单。

　　图书馆规模的扩大使得有必要增加一个新房间。最慷慨的捐赠来自格洛斯特公爵汉弗莱。大学已经向他求助（结果怎样没有记载），希望利用他的影响帮助他们保护亨利五世留下来的那些书。在1435年，汉弗莱提供书籍和钱，大学为此非常感谢他。在1439年，他捐赠了129卷书，其价值超过了1 000英镑。大约在1441年，汉弗莱捐赠的另两份礼物被提及，一份是7卷书，另一份是9卷书，在1444年，来自他的捐赠中最大的一笔包括134卷书。来使用这些书的人如此之多，以至于古老的图书馆显得狭小了许多。人们给公爵提了一个建议，可以将新神学院辟出一个房间装这些书籍。在他去世的前一年，汉弗莱出现在公众面前，公开承诺要将他剩下的拉丁文书籍全部捐献给这所大学，还给这所大学捐赠了100英镑。但是没有证据表明，该大学收到了这笔钱或者这些书。

　　最引人注目的是，所有的礼物都是捐给大学，而不是捐给任何一个独立的学院。大学为此反复表达了谢意。为了公爵和他妻子埃利亚诺（Eleanor）心灵的安宁，大学制定了特别的规章制度来保护这些书籍。汉弗莱的名字被镌刻在该大学捐赠者的名单中，为了表示感激和对他捐赠行为的赞赏，在他去世10天之内，该大学为他举行了特别的葬礼仪式。尽管今天被称为博德利"内心深处的圣地"的房子在1488年还没有修好，但是在格洛斯特去世40年之后，它被命名为"汉弗莱公爵图书馆"，以表达对捐赠者的感激。

　　遗憾的是，这个图书馆本身并没有幸存下来。有证据表明，在1550年图书馆最终解散和被毁之前，图书有被偷窃的现象，在1550年，爱德华六世授权专员改革大学。这些专员参观了这个图书馆，毁坏了所有可能与罗马天主教会有关的带插图或者红色字母的书籍，其他的书被损毁或者被偷走。尽管我们没有直接的证据表明这些专员使用了什么手段毁坏这些书，但是我们非常有理由相信，当代记载中提及的关于书籍被烧毁、被卖给做封面的装订工人或者卖给裁缝等现象，在这里都有可能出现过。无论如何，该大学在 1555/6 年 1 月 25 日的会议上颁布："副教务长、学监、教授、圣体学院院长以及赖特（Wright）教授，这些受尊重的人被选出，负责以大学本身的名义出售公共图书馆里的书籍"。①因为当书被挪走了以后不再需要书架，究竟有多少书被毁，并没有一致的看法。麦克雷（Macray）认为，格洛斯特一共赠给这个图书馆 600 多卷书。维克斯（Vickers）尽管说汉弗莱公爵的私人图书馆和他给牛津的书籍总数至少有 500 本，但是他并没有试图精确地估算出书籍捐赠的总数，而且对于 500 本的估算他也没有给出可靠的根据。H. H. E.克拉斯特（H. H. E. Craster）在最近关于该问题的一个注释中说："我们无法肯定汉弗莱捐赠抄本的数量超过 281 本，其中只有 7 卷有标题。主要有两次捐赠，一次是 1439 年 11 月，另一次是 1443—1444 年的 2 月。"②以上是我们能够从现存史料中得出的最大的数据。这些庞大数量的藏书中，几乎没有留下任何痕迹。仅有 3 本格洛斯特的书可以在大学的图书馆里找到，还有少数其他的书能够在大英博物馆、牛津大学、英国的私人图书馆和巴黎的国立图书馆找到。

从牛津建立第一批学院开始，很显然就已经有图书馆了。大学里的学院图书馆是最早建立起来的图书馆。1280 年起草、1292 年补充的图书管理条例是该所大学尚存最早的图书管理条例。尽管巴列尔（Balliol）学院比大学古老，但是它的图书馆是后建的，1336 年主教格雷夫森德（Gravesend）提供了一些书籍。50 年以后，该图书馆得到了数目可观的收入，用来供给大量贫穷的学者并购买书籍。③一位教会的文职人员沃尔特·德·莫顿（Walter de Merton）于 1263 年建立了他的学院，主要是提供神学教育，培养神学家，只有少量的学生学习民法或者教会法。关于这所学院拥有的图书以及图书使用条例非常详细的信息被保存了下来。④图书馆建筑于

---

① D. Macray, *Annals of the Bobleian*, p.13.

② *Bodleian Quarterly Record*, III, 45.

③ Savage, *op. cit.*, p.146.

④ F. M. Powicke(ed.), *The Medieval Books of Merton College* (Oxford, 1931); H. W. Garrod, "Library Regulations of a Medieval College," *The Library*, 4th ser., VIII (1927), 312-331.

1375 年开始动工,三年之后完成。该图书馆主要保存的是标准参考书,它们被用铁链锁在那里,而大部分书籍都保存在学院库房中的箱子里面,作为外借的藏书。除了大主教佩克汉姆(Peckham)于 1286 年的训谕中指示将赫格西奥、帕皮亚斯的著作和《布列吞大全》(*Summa Britonis*)要锁在"一个可看见的地方",莫顿最早提及把书锁起来的记载似乎是在 1354 年,出现了修补图书和购买补给品的记载。如果每一部著作仅有一本抄本的话,那么《图书馆里的书》(*libri in libraria*)——至少在理论上——是最好的,或者是唯一的一个抄本。其他的书籍主要是教材,都在社团成员间分配,他们需要用物品作抵押。最初负责管理图书的官员是大学里的财务主管,他根据院长或者副院长的指示,再分配这些书卷。大约在 14 世纪中叶,副院长将财务主管替换为图书管理员。

这种在大学社团成员中分配书籍的办法被称为"选择"(electio)①,非常明显它是从早期修道院实践中发展而来的做法。这一办法还在其他大学里实行,比如在奥利尔,每年的 11 月份举行一次选择会,在新学院同样如此,在三一学院和剑桥是每两年举行一次。莫顿不定期地重新分配书籍,而且间隔时间很长,在这一点上它与其他学校不同——这种情况不可避免地会导致图书管理混乱和丢失的情况发生。②从 1483 年到 1519 年,我们发现了 21 次选择的记录。记录被认真地保留着,而且很明显人们认识到了它的重要性。选择会由副院长主持,有的时候院长也出席。神学著作选择会在院长办公室举行;哲学书籍选择会在大厅里举行。1274 年的创办人章程将学员分成神学和医学学员两类,尽管在 1284 年医学学生也被承认,4 到 5 个学生经院长同意可以学习法律。制定分配图书的任务由副院长负责,所以每一个学生可以不间断地使用他获得学位必需的书籍,尽管几乎没有人关注任何个人的兴趣。但是,学员可以自己选择一些书籍。每个学生可以获得 8—40 卷书,除此之外,普通的外借书籍看上去是给其他一些人的,这些书主要是法律和哲学书籍,属于院长所有,但是可以外借。

---

① Powicke, *op. cit.*, p.13.这个词有三重意思,表示重新分配之前的检查、实际的分配和个人转让的书。

② Garrod, *op. cit.*, p.326.在 1528 年,一个学员就丢失了分给他的 28 本书。

莫顿图书馆非常大,有 1 264 卷藏书,其中在 1519 年的时候,有 450 到 500 卷是外借书籍。①许多书都是作为礼物进入这个图书馆的,其中最著名的是奇切斯特主教威廉·瑞德(William Rede),他在 1382 年去世前捐给大学 370 部抄本。最早的哲学图书目录是大约 1330 年编订的,它有 85 个条目,包括语法和数学书目。哲学著作主要是亚里士多德的著作和评论亚里士多德的著作——一般是从阿拉伯语翻译过来的较古老的译本、威廉·穆尔贝克(William Moerbeke)译自希腊语的抄本、阿威罗伊和阿奎那的著作,被莫顿学者视为典范。1360 年的神学目录有 250 部抄本,其中的 24 本还保存在图书馆里。阿奎那的著作依然占据主导地位,还有一些专业手册和《圣经和教父著作资料汇编》,但是除了圣奥古斯丁的著作之外基本上就没有其他的书籍了。这一时期,莫顿著名的哲学家和学者有托马斯·布雷德沃丁(Thomas Bradwardine),他是一位数学家、神学家和人文主义者。他和约翰·曼图伊特(John Manduit)、基尔明顿的理查德(Richard of Kilmington)、沃尔特·伯里(Walter Burley)、沃尔特·塞格瑞夫一起,是属于和理查德·德伯利有关的那个杰出的圈子中的成员。根据波维克(Powicke)博士的观点,可能部分是由于布雷德沃丁的缘故,14 世纪中叶以后进入莫顿图书馆的书籍内容更加广泛,而且带有人文主义色彩。这些书中有《马可·波罗》(*Marco Polo*),它是由理查德·维京(Richard Wyking)捐赠的。②

在 1385 年,莫顿收到了来自奇切斯特主教威廉·瑞德捐赠的重要礼物达 100 本书籍,威廉·瑞德同样也是新学院、埃克塞特、巴列尔、女王学院和奥利尔学院的图书捐赠人,他总共捐赠了 250 卷书,其中至少有 58 卷尚存。正是在这一时期,莫顿新图书馆开始建立。瑞德是一位图书爱好者和收藏者,他有着广泛的人文兴趣,尤其是在天文学方面。他是受比尔星顿(Bilsington)和福克斯通(Folkstone)领主桑德维奇的尼古拉斯(Nicholas of Sandwich)保护之人,尼古拉斯本人是一位书籍收藏者,他把许多书都留给了他

396

---

① Garrod, *op. cit.*, p.16.

② Powicke, *op. cit.*, p.128.这是牛津大学图书馆现存的唯一的抄本,而且很可能的情况是,在 14 世纪的英格兰它是非常稀缺的。

的朋友瑞德,后者包括 370 本书的图书馆一定是英格兰最大的私人图书馆之一。除了少数个人的礼物之外,他将书留给了牛津。不幸的是,捐赠给莫顿的礼单没有幸存下来,尽管有 47 卷书幸存了下来,除了 4 卷在博德利之外,其余的全部都在学院图书馆。在 15 世纪,图书馆藏书还在继续增加,尤其是通过捐赠的渠道。这一时期莫顿学者最伟大的活动在医学研究上,其中许多人是书籍爱好者,他们的图书馆表明,他们是"勤奋的、保守的绅士"。尤其有趣的是一个莫顿医生托马斯·布洛克瑟姆(Thomas Bloxham,卒于 1473 年)的藏书,他喜欢形而上学和神学。另一位著名的捐赠者瓦尔登·塞弗(Warden Sever)有一些重要的抄本,比如约翰·戈比(John Gobi)的《一个多明我修士和居伊的斯比里特之间的争论》(*Dispute between a Dominican friar and the Spirit of Guy*)、罗马的吉勒斯(Giles of Rome)的一本著作和彼特拉克的《论隐居生活》(*De vita solitaria*)。瓦尔登·菲茨詹姆斯(Warden Fitzjames)是罗切斯特、奇切斯特和伦敦的主教,他是一位书籍爱好者,是廷代尔的对手,他精心搜集了雷蒙德·勒尔(Raymond Lull)和从前为一个法国主教所拥有的一本塞内加的著作。菲茨詹姆斯记下了他购书的日期和地点,还有他自己写的一些带有插图的手稿。在 1490 年,一位著名的医生和天文学家刘易斯·查尔顿(Lewis Caerlyon)将他的天文历表给了学院,但是它和 1498 年托马斯·伍德沃尔德(Thomas Woodward)捐赠的一本邓斯·司各脱印刷抄本一起丢失了——这是第一本有记载的印刷书籍。15 世纪的神学和哲学著作反映了司各脱派(Scotist)复兴的迹象。当 1550 年专员们在牛津会面的时候,莫顿似乎比其他大学院遭受的损失要少。在它实际拥有的近 1 300 本手稿中,有 320 本幸存了下来。

我们再简要提及一下牛津其他的学院。奥利尔(Oriel)仅次于莫顿,它由爱德华二世的档案室工作人员和施赈人员亚当·德·布罗姆于 1324 年建立,在 1325—1326 年受到了国王的资助,接受了爱德华三世的新规,爱德华三世也被认为是它的正式的创建者。在 1375 年,奥利尔学院有一个近 100 本藏书的图书馆,这些书主要是神学和哲学著作,还有一些罗马法、欧几里得、亚里士多德、马克罗比乌斯的著作和《蒂迈欧篇》——这些藏书是这一时期学术图书馆的真正代表。①奥利尔的第一个图书馆一直到大约 1444 年才建立起来,当时图书都是保存在大箱子里。女王学院由女王菲利帕的牧师建立于 1340—1341 年,受到了英国女王持续的资助,它在 1368 年从天文学家西蒙·德·布雷登(Simon de Bredon)那里接受了一些书籍,在 1388—1389 年有一个专用藏书的房间。新学院建立于 1380 年,从它的建立者威科姆的威廉(William of Wykeham)那里接受了大约 240 卷书,其中大部分是神学著作,其他的是教会法、民法和哲学著作。它从一位匿名的捐赠人那里收到了 37 卷医学著作和 5 本书,都锁在图书馆里。从主教里德(Rede)那里,新学院获得了 100 本书,其中 57 本是神学著作。学院的第一批建筑中有一个用于藏书的房间。牛津其他的学院里可以发现相似的发展情况,尽管许多细节都难以重现了。

　　早在 15 世纪末之前,藏书就已经开始流失了——被偷、损坏、破烂不堪、抵押、未赎回、变卖或者被赠送出去。在宗教机构压制的威胁下,学生的数量逐渐减少,在爱德华六世时期,牛津毕业生平均数仅有 33 人。专员于 1550 年来到大学;尽管并不是所有学院的命运都和汉弗莱公爵图书馆一样富有悲剧色彩,但是破坏和强夺的现象还是经常发生。威廉·格雷(William Gray)从意大利返回之后给巴列尔的 200 本书大部分都破损了,其中有彼特拉克的书信、波基奥、阿莱廷诺和瓜里诺的演说词;一本《蒂迈欧篇》的新译本及《哲学和古典学论文选》(*Euthyphron*);拉克坦修的著作;毕达哥拉斯的《黄金诗》(*Golden Verses*);还有一些至今不为人所知的西塞罗和昆体良的著作;许多塞内加的著作。其中的一些是到达英格兰的第一批抄本。许多抄本都反映了意大利人文主义精神,它们对英格兰的新学术作出了重要的贡献。

　　在剑桥②,图书馆通常比牛津建立得要晚,但是情况却非常相似,因此,我们在这里只需要简单讨论一下这些图书馆就可以了。

　　① Savage, *op. cit.*, p.146. The Oriel catalogue is edited by C. L. Shadwell in the Oxford Historical Society's *Collectanea*, 1ˢᵗ ser.(1885), pp.66-70.

　　② J. B. Mullinger, *The University of Cambridge from the Earliest Times to the Injunction of 1535* (Cambridge, 1873), pp.322 ff.

## 中世纪的图书馆

直到 15 世纪的头 25 年里,才有了一个一般意义上的大学图书馆。①如果该图书馆有创立者的话,他可能是一个叫约翰·克劳彻(John Croucher)的人,他给该图书馆提供了乔叟翻译的《慰藉》(*De consolation*)抄本。在 1424 年,国王大厅的看守人理查德·霍尔姆(Richard Holme)给该图书馆提供了 16 卷书,还有其他的一些礼物。到大约 1440 年的时候,该图书馆有 122 本书:69 本是神学著作,17 本是自然哲学和道德哲学著作,23 本教会法著作,还有少数的医学、语法和逻辑学著作。到 1473 年的时候,有了一份图书目录,②该图书目录中有 330 卷书。其中,除了一般的经院哲学著作之外,还有编年史、卢坎的著作、《变形记》、克劳迪亚努斯的著作、彼特拉克的著作和一些医学著作。这份目录是由行政官员拉尔夫·松格(Ralph Songe)和理查德·科克海姆(Richard Cokerham)草拟的,它显示出这些书是根据学科进行分类的,分别被摆放在房间北面 8 排和房间南面的 9 张椅子上。这个图书馆大约于 1470 年修完,它取代了那些建于 1438 年和 1457 年之间建在教会法学校之上的房间。在目录被编辑完之后不久,大学的校长、当时的林肯郡主教、后来的约克郡大主教托马斯·罗瑟海姆(Thomas Rotherham)提供了大约 200 卷书,从而使得其藏书量大大增加。他建立了一个图书馆,占据了校园东边的整个第一层楼,他自己的书就存放在这里。后来,这个房间变成了一个私人图书馆,南边上层的房间依然作为普通图书馆来使用。在 1529 年,当时主教滕斯代尔(Tunstall)提供了一些希腊语书籍,但是当时的藏书量已经日趋减少了。在几年的时间里,因为学生数量的减少和收入随之降低,一些书因为"无用"而被卖了出去。在 1547 年的时候,有人建议应该将大图书馆变成一所钦定神学教授开设的学校,因为"在当时的状况下,它对任何人都没有用,"事实上全部的藏书都已经没有了,专员们依然还在工作。1573 年的一份目录显示该图书馆仅有 177 卷书,但是令人难过的是,这些书都受到了严重的损坏,毫无疑问,同

399

---

① Savage, *op. cit.*, p.155.
② Henry Bradshaw, "Two Lists of Books in the University Library, 1473 and 1424," *Communication of the Cambridge Antiquarian Society*, II(1864), 239-247.

汉弗莱公爵的书一样毁于相同一批人的毒手。

剑桥大学最古老的学院彼得学院建于 1284 年，由伊利（Ely）主教休·鲍尔舍姆（Hugh Balsham）创立，它拥有剑桥最早的图书馆。其创立者提供了许多图书。1344 年的管理条例由他的继任者西蒙·蒙塔丘特（Simon Montacuto）起草，在莫顿学院条例之后进一步被修改，其中包括严格的图书管理条例。在 1418 年，一份图书目录①被编辑出来，彼得学院有 380 卷书，仅有牛津的新学院藏书超过这个图书馆。其中神学著作最多，有哲学、形而上学、教会法和民法著作、语法、诗歌，有 23 卷医学、天文学、算术、音乐、几何和修辞学著作，这是份内容相当广泛的书单。亚里士多德、柏拉图、西塞罗、奥维德、卢坎、斯塔提乌斯、萨鲁斯特、昆体良、塞内加、维吉尔的名字和彼特拉克的《书信集》都出现在这份书单中。此后，各种作为礼物的书籍被记录下来：在 1472 年，约翰·马歇尔博士给图书馆提供了大批书卷，其中的一些被锁在图书馆里比较隔离的地方（*libraria secretiori*），其余的书锁在图书馆里比较开放的地方（*libraria apertiori*），在这里书很容易找到，尽管不能外借。在 10 年的时间里，彼得学院的院长约翰·沃克沃思（John Workworth）又给图书馆添加了 55 卷抄本。早在 15 世纪，图书都被保存在大厅里，但是到 1431 年的时候，需要一个新的图书馆，这项工程随即启动，1450 年为 6 个新箱子买了锁头和钥匙。②

彭布鲁克（Pembroke）学院建于 1346 年，它从第一任院长威廉·斯代班德（William Styband）那里接受了 10 本书。在 14 世纪和 15 世纪，不同的捐赠者共捐赠了 140 卷书。③这些书被按照其来 *400* 到图书馆的日期摆放，反映了多明我会和方济各会之间以及阿奎那与邓斯·司各脱的追随者之间的争论。除了亚里士多德以外，还有两位古典作家——奥维德和塞内加的著作也出现在这个图书馆中。有一个图书馆建于 1452 年。

---

①　M. R. James, *A Descriptive Catalogue of the Manuscripts in the Library of Peterhouse*(Cambridge, England, 1899).

②　Savage, *op. cit.*, pp.162-164.

③　G. E. Corrie, "A List of Books Presented to Pembroke College by Different Donors during the XIV and XV Centuries," *Communications of the Cambridge Antiquarian Society*, II(1864), 11 ff.

三一学院(Trinity Hall)的建立者诺维奇的威廉·贝特曼(William Bateman of Norwich)主教给该学院提供了 70 卷民法和教会法以及神学著作(1350 年),他建立的机构是"服务于宗教与科学典籍以及剑桥市和剑桥大学",他的书也是按照他的想法保存的。①亨利六世计划在国王学院和伊顿学院建立 5 个图书馆,在 1445 年,他派理查德·切斯特(Richard Chester)去国外搜集图书。到 1452 年的时候,国王学院有大约 175 本书,包括一些古典文献——亚里士多德、柏拉图、西塞罗、塞内加、萨鲁斯特、奥维德、恺撒、普鲁塔克的著作——还有一卷波基奥·布拉乔利尼的书。现在唯一尚存的书卷属于汉弗莱公爵,很可能这两所大学收到一些格洛斯特去世以后承诺给牛津的书。1475 年圣凯瑟琳学院的一份图书目录里列了 104 卷书,其中的 85 卷是由其建立者罗伯特·伍德拉克博士(Dr. Robert Wodelarke)捐赠的。②其中包括柏拉图、亚里士多德、西塞罗、彼特拉克和薄伽丘的著作。女王学院建立于 1448 年,它在 25 年的时间里有大约 224 卷书,1472 年的一份图书目录反映了这一信息。③这些书根据主题摆放了 14 排。几乎所有的藏书都是神学和哲学著作(包括了 14 世纪的英国作家布拉德沃尔丁和霍尔科特)以及民法和教会法著作。在剑桥和在牛津一样,克伦威尔的专员的到来标志着中世纪的结束和中世纪图书馆的逐渐消失。

401　　从 13 世纪以后,我们有一些零星的关于私人藏书者和图书搜集者的信息,其中最显眼的是英国的国王们。在爱德华二世统治时期(他曾经从坎特伯雷主教座堂图书馆借了一本书,而且没有归还),④主教斯塔普尔顿(Stapledon)的《国库存货清单》(*Exchequer Inventory*)提及了一些皇家拥有的书籍:"一本用红皮革捆绑的书《论统治者的权力》(*De regimine regum*),"一本"关于圣殿骑士行为准则的小书,"一本"线装书《圣帕特里克传》(*De vita Sancti Patricii*),""一本线装的使用不为英国人所知的方言所写的书。"这

　　① Catalogue edited by G. E. Corrie, *Communications of the Cambridge Antiquarian Society*, III(1865), 73-78.
　　② Savage, *op. cit.*, p.162.
　　③ W. G. Searle, "Catalogue of the Library in Queens Collegein 1472," *Communications of the Cambridge Antiquarian Society*, II(1864), 165-181.
　　④ *Transactions of the Bibliographical Society*, VIII, 127.

份书单最后一个条目是托勒多大主教罗德里克·德·希梅内斯
(Roderick de Ximenez)的《编年史》，"用绿色的皮革捆绑在一起"。

爱德华三世尽管是在理查德·德伯利的监管下接受的教育，但
是他却是一个没有读写兴趣的人。半疯半醒的理查德二世在图书
馆的历史上也没有任何地位。直到 15 世纪初，英国的国王才又一
次成为学者。亨利四世热衷于参与文人社团的活动。他为老年的
高尔(Gower)和乔叟提供帮助，给霍克利夫(Hoccleve)发放一笔养
老金。他将法国的女诗人和历史学家克里斯蒂内德·比萨(Chris-
tinede Pisan)邀请到宫廷中。①他会讲法语，能够理解法语，就像法
语是他自己的母语一样。他的书信通常使用拉丁文，但是有时他
的私人信件也使用法语和西班牙语。②当他在巴黎流亡的时候，他
密切地关注了大学的教学并参加学习，被认为是神学和道德哲学
方面有能力的专家。正如我们可以预见的那样，他的告解神父都
是因其文化成就而被选择的。在牛津大学图书馆特殊的捐赠者名
单上，他的名字居第一位。他同意枢机主教伊斯顿(Easton)从国外
寄给他从前的诺维奇(Norwich)主教座堂 10 桶书，这些书享有免
税的特权。③在 1406 年 8 月，亨利四世访问巴德尼(Bardney)修道
院的时候，在处理完国事以后，他花了一些时间去图书馆，根据该
修道院的一位修士在《圣瓦尔德神迹》(*Miracles of St. Oswald*)空
白页上的记载，在那里，他"根据自己的意愿和喜好阅读了一些
书"。④他给他的儿子们提供了当时最好的教育：其长子即后来的亨
利五世，是一个有学识的国王；贝德福德公爵约翰，在法国购买了
查理五世的图书馆；其中最著名的是格洛斯特的汉弗莱，他是一位
藏书家，我们在前面已经对他有所提及。

亨利五世继承了他父亲爱好书籍和学问的兴趣。据说他从小
就"喜欢阅读古代的书籍以及一些富有悲剧色彩的故事"。⑤他"借
了编年史，学习古代历史，研究教令集，晚上在他的书房里读书自

*402*

① J. H. Wylie, *History of England under Henry the Fourth*, I, 200.
② *Ibid.*, II, 388-390.
③ Gasquet, *op. cit.*, p.35.
④ Wylie, *op. cit.*, III, 360.
⑤ *Ibid.*, p.333.

娱自乐"。在 1395 年,当时他年仅 9 岁,有人在伦敦花 4 先令给他买了包括 7 本语法书在内的一卷书。霍克利夫将他的埃吉蒂乌斯(Aegidius)著《论统治原则》(De regimine principum)献给了他;他激励利德盖特(Lydgate)创作了《圣母传》(Life of Our Lady)并翻译了科隆纳的吉多(Guido of Colonna)的《特洛伊》(Troy Book)。乔叟的一本尚存的《特洛伊罗斯》(Troilus)是为他创作的,写在上等皮纸上,上面有他作为威尔士王子的纹章。在 1419 年,他的宝库中又增加了 5 卷书:一本《圣经》、一本《编年史》、《圣母玛利亚童贞受孕》(De conceptione beatae Mariae)、一本神学概要和一本《论修身小册》(Libellus de emendatione vitae)的抄本。①第二年,这些书被转到新恩(Sheen)修道院,这个修道院是在皇家的支持之下于 1415 年建立起来的。对于卡尔特修道院(Charterhouse)的修士来说,主要从约克郡北雷丁格雷斯山(Mount Grace)的同会兄弟那里为他们买书,买书的费用从国库中支出。②

亨利喜欢"借"书的习惯在他去世后在威斯特摩兰伯爵夫人(Countess of Westmoreland)写给汉弗莱公爵的上诉状中有所反映,该上诉状要求他的弟弟也就是国王归还一卷《耶路撒冷编年史》,他借了这本书,但是一直没有返还。与此同时,坎特伯雷基督教会的会长要求新恩的修士们交出格里高利的一卷书,这本书根据亨利五世的遗嘱留给了卡尔特修道院,尽管在 10 年之前他去世时大主教阿伦德尔已经将它馈赠给了基督教堂。这本书是由国王从阿伦德尔的遗嘱执行者之一那里借出来的,国王将它留下来,并且后来随意将其作了处理。③

格洛斯特的公爵汉弗莱是亨利四世的小儿子,也是亨利五世的弟弟,是在印刷术发明之前最伟大的英国藏书家。④他的一生(大

---

① E. Edwards, *Libraries and Founders of Libraries*, p.146.

② J. H. Wylie, *The Reign of Henry the Fifth*, I, 216.

③ Gasquet, *op. cit.*, pp.7-8.

④ P. S. Allen, *The Age of Erasmus*, pp.121-123; *Bodleian Quarterly Rrecord*, I and III, *passim*; *Dictionary of National Biography*; W. D. Macray, *op. cit.*, pp.6-14; J. E. Sandys, *A History of Classical Scholarship*, II, 220-221; K. H. Vickers, *Humphrey, Duke of Gloucester*(London, 1970); J. H. Wylie, *The Reign of Henry the Fifth*, *passim*.

约 1390—1447 年)正赶上那个过渡时期,当时中世纪的文化模式
正在消退,新的文明正在出现。作为一位具有敏锐头脑的有教养
的人,他在英格兰国内外政治生活中都发挥了积极的作用,他的兴
趣从威尔士延伸到罗马。他最强大的支持来自英国城市中的中产
阶级,尤其是伦敦,他和伦敦的中产阶级一直保持着良好的关系,
因为他对当时处于动荡中的封建制度没有表现出一丝的同情,除
非情况对自己有利。这一与普通民众的密切关系、他的贪婪、他的
道德上的偏差、他的关于科学的论战、他强调政治运作而不是暴力
行为、他对学术有着极大的热情——所有这一切使得人们认为他是
早期文艺复兴时期的一位意大利王子,而不是百年战争期间的一
位英国贵族。事实上,许多历史学家怀疑他是被毒死的,是由他的
叔叔出色的大主教伯福特(Beaufort)设计的一场阴谋。

　　在他繁忙的一生中,汉弗莱领导了英国的学术活动。他不仅本
人成为一个热情的学者和收藏者,同时还成为英国和意大利学者
的慷慨的赞助者。我们很难确切地说是什么环境塑造了汉弗莱的
文学品味。从他的兴趣中,我们可以推断他是在巴利奥接受的教
育。他父亲和哥哥的文学爱好并没有超出中世纪的范畴。伯福特
将波基奥带到了英格兰,但是他自己看上去对古典学术并没有表
现出很大的兴趣,也没有证据表明波基奥曾经与汉弗莱见过面。 *404*
贝德福德是一个装帧精美的抄本和法语译本的收藏者,但是我们
必须从其他的方面去了解汉弗莱的古典兴趣之所在。

　　他可能通过与扎诺·卡斯蒂戈隆(Zano Castiglione)的交往而
了解了意大利文艺复兴的主流思想,扎诺·卡斯蒂戈隆是巴约主
教,一位移居国外的意大利人。扎诺因公事而到达了英格兰,在那
里与汉弗莱公爵相识。今天有一本幸存下来的西塞罗的《书信》,
是卡斯蒂戈隆给格洛斯特的礼物。在 1434 年,扎诺作为亨利六世
的代表参加了巴塞尔大会,他同时带着汉弗莱给他的使命,就是尽
可能多地购买书籍,尤其是那些瓜里诺和布鲁尼的书籍,关于这一
点我们只了解这些。在巴塞尔,扎诺遇见了米兰大主教弗朗西斯
科·皮科帕索(Francesco Picolpasso)。很可能通过这一联系,卡斯
蒂戈隆能够将布鲁尼翻译的亚里士多德的《伦理学》抄本寄给了公
爵。后者的兴趣立刻就被激发起来了,他写信给布鲁尼,要一本

《政治学》的译本。意大利人及时地完成了这项工作，并首先将它献给了公爵，但是此后不久，可能是希望能够得到更多的财政上的支持，他又将它献给了教皇尤金四世（Eugenius IV）。汉弗莱拥有这本书，尤金拥有献礼，但是利奥那多失去了从格洛斯特那里得到进一步赞助的机会。

　　另一个意大利人在后者的支持下接替了他。米兰的人文主义者皮耶罗·坎迪多·德琴布里奥（Piero Candido Decembrio）通过罗兰多·塔伦蒂（Rolando Talenti）间接引起了格洛斯特的注意，罗兰多·塔伦蒂是米兰的一位年轻的贵族，当时定居在巴约。坎迪多认为翻译柏拉图的《共和国》是一项与他的才能相符合的任务。他被委任这一任务，此外，坎迪多成为公爵在意大利的文学代理人。可能还值得一提的是，汉弗莱并没有不加区别地订购图书，而是寄去了他急需的书单，其中的一份书单提及了塞尔苏斯（Celsus）、普林尼的《自然史》、小普林尼的《颂词》（Panegyri）、阿普列乌斯和瓦罗。我们知道在 1442 年的 5 月，有一包书通过博罗梅（Borromei）商人被寄给了汉弗莱，其中有《共和国》译本。最终坎迪多因为他的报酬问题与格洛斯特发生了争吵，但争吵的结果如何我们却无从知晓。

　　通过扎诺，汉弗莱还与费勒佛（Filelfo）的一个学生拉波·达·卡斯蒂格莱恩科（Lapo da Castiglioncho）进行书信往来。拉波先给他各种译本以及他自己关于《学问与军事之预备》（Comparatio studiorum et rei militaris）的论文。然而，完全不受赞助左右的是威尼斯学者皮埃罗·德尔蒙特（Piero del Monte），他从 1434 年到 1439 年间是英格兰的教皇收税员，他献给了汉弗莱一篇道德文章。除了与国外的人文主义者保持书信往来以外，汉弗莱还将一些人带到了英格兰，包括文森特·克莱门特（Vincent Clement）、莫福内（Maufurney）等人。最后一位是《亨利五世传》（Vita Henrici Quinti）的作者，在他的赞助人的影响下，他于 1437 年加入了英国籍。

　　格洛斯特公爵并没有仅仅只是赞助外国的学者，有充足的证据表明，他还赞助了有学识的英国人，包括用方言和拉丁文写作的作者。因此他和圣阿尔班修道院的院长维萨姆斯泰德（Whethamsted）在文化和政治方面都有联系，修道院院长的《谷仓》抄本出现在公爵

405

398

给牛津的礼物中。在圣阿尔班的书卷中，不时会出现汉弗莱捐书的条目。他还赞助过卡普格雷夫（Capgrave），并可能激励了他写作《英国编年史》。尼古拉斯·厄普顿（Nicholas Upton）将他的《论军事研究》（*De studio militari*）献给了格洛斯特。他让利德盖特（Lydgate）将薄伽丘的《论名人的命运》（*De casibus*）从洛朗·德·普雷米耶尔费（Laurent de Premierfait）的法文版本翻译成英文。沃里克的伯爵送给汉弗莱一本《十日谈》（*Decameron*）法语版抄本。汉弗莱还让人为他将帕拉迪乌斯的《论农业》（*De re rustica*）翻译成英文，但是将其归功于利德盖特很明显是再也站不住脚的。

关于汉弗莱图书馆其他的情况都没有记载。可能的情况是，他在法国征战期间获得了一些书籍，他还获得了杰奎琳（Jacqueline）在艾诺（Hainault）的一些书籍。此外，贝德福德的藏书也构成了汉弗莱图书馆的一部分，但是我们缺少确切的信息，在贝德福德的晚年，修士们之间的关系并不融洽。汉弗莱的藏书比其他大多数的私人藏书得到了更详实的记载，因为如前所述，他已经将它们大部分都给了牛津。但是在他将书捐给牛津之后，其他的抄本命运如何，我们就只能猜测了。其中的一些可能落入了国王亨利六世之手，通过他，这些书最终可能流入了剑桥的图书馆里。那些被伯福特派（Beaufort faction）其他成员偷窃的书，在汉弗莱去世以后，毫无疑问所属权都发生了转移，所以今天我们不可能再弄清楚它们的身份。

亨利六世是剑桥的伊顿和国王学院的捐赠人，他是一位书籍爱好者，也是一位藏书者。在1426年，大主教伯福特从皇家图书馆借了一本《论性质》（*Egesippus*）和一本《论对教皇的敬重》（*Liber de observantia papae*），有记载表明，这些书被归还回来，然后又被相同的人借走。除此之外，关于亨利六世图书馆其他的情况我们已无从知晓。一本标注为《赫格西普斯论犹太战争》（*Hegesippus de bello Judaico*）的抄本依然还在皇家图书馆里，由于它很可能是出自一个11世纪的人之手，那么它可能就是被提及的书卷之一。①

我们要谈及的最后一位藏书家是爱德华四世，他可能是在布鲁日流放期间（1470—1471年）受到启发而成为书籍收藏者的，当时

---

① Edwards, *op. cit.*, p.147.

他是格鲁图兹的领主(Seigneur de la Gruthuyse)的客人,并且熟悉了后者精美的抄本。但是,当爱德华还是马奇(March)伯爵的时候,他至少就已经拥有一本精美的医学著作抄本和被错误地归属为是亚里士多德的《论秘密之秘密》(Liber de secretis secretorum),注释中部分带有罗吉尔·培根的评论。①在他返回英格兰试图重新复位之前,爱德华可能让人抄写了一些手稿,此后,在布鲁日,有许多精美的书在他的指导下被书写和装裱。其中最精美的一本抄本是由吉安·德·里斯(Jehan de Ries)写的部分《圣经的历史》(Bible historiale),该书写在439页羊皮纸上,有11幅精美的全页小型画像,还有将近70幅更小一点的画像。它是由爱德华在1479年买来的,当时至少还有其他的3部抄本——《恺撒的伟大历史》(La grand hystoire Cesar)、《恺撒之后的所有帝王》(Le Sommaire de tous les empereurs que regnerent apres Fulle Cesar)和一本瓦勒里乌斯·马克西姆斯著作的法语译本是为他而创作的。②他拥有的另一本著作是沃林(Waurin)的《编年史》的一部分,其中的第二部分包括28张微型画,一张是爱德华穿金衣坐在王座上,而作者身穿职员的服装,跪地向他呈上这本书。他的著作包括的主题大部分是为了"娱乐和教化"而不是严肃的学习。其中有《十日谈》《论著名人物的命运》(De casibus illustrium virorum)和《特洛伊历史汇编》(Recueil des histories de Troie)。沃德罗布(Wardrobe)1480年的记述提及了《富瓦的堡垒》(La Forteresse de Foy)、《圣经的历史》(Bible historiale)、佛罗莎特、约瑟夫斯、李维、《国王和诸侯的统治》(Government of Kings and Princes)(很可能是埃吉迪厄斯的法语版本)和一些礼拜仪式用书。③同样的记载还提及了一些其他的标题,它们都与皇家装订工皮尔斯·鲍德温(Piers Bauduyn)的名字联系在一起。其中有一本佛罗莎特的著作,装订花费了20先令,还有一本《圣经的历史》(现藏皇家图书馆,标号为"19 D. ii"),装帧花费了同样多的钱。扉页上的题词记载,它是由索尔斯伯里的伯爵威廉·德·蒙塔丘特(William de Montacute)于1356年普瓦提埃战役之后

---

① C. L. Scofield, *The Life and Reign of Edward the Fourth*,II,451-452.

② *Ibid.*,I,453.

③ *Ibid.*,pp.455-457.

花了 100 马克购买的。它曾经是作为战利品从法国国王约翰二世的行李里得到的。

当国王从伦敦到埃尔瑟姆王宫(Eltham Palace)的时候,他随身携带着他的书,一些放在"四十个不同的箱子里",另一些则装在他的四轮马车里。它们使用"华丽的深红色天鹅绒布捆扎,带有大量的丝带和流苏,有金银扣子,有附带国王纹章的扣环"。除了提到那些"我们应该送给温莎学院"的书籍外,爱德华四世在遗嘱中唯一提到书籍之处是他留给皇后的"我们的小礼拜堂"。他很可能有哈丁(Hardyng)和卡普格雷夫(Capgrave)的《编年史》,这些编年史是作者送给他的,还有一本未知作者的著作《贵族书》(*Boke of Noblesse*),由伍斯特的威廉校订,敦促他重开在法国的战争。至少其中的一本印刷书《布伦的戈弗雷史》(*History of Godfrey of Boulogne*)似乎是在他的图书馆里。爱德华对卡克斯顿(Caxton)的兴趣在威斯特敏斯特的印刷机安装之后就开始了。[1]这台印刷机印刷的第一部作品是《杰森的圣洁生活》(*Boke of the Hoole Lyfe of Jason*),它是呈献给威尔士王子的,"目的是让他开始阅读英语"。在 1479 年,爱德华下令支付卡克斯顿 20 英镑的报酬;在 1481 年,卡克斯顿翻译的《旧时代的薄纱》(*Book of Tulle of Old Age*)被呈献给了国王。

爱德华四世统治时期是宗教、法律和历史写作方面非常活跃的时期,有价值的法律和宪法著作也被约翰·福蒂斯丘(John Fortescue)先生和托马斯·利特尔顿(Thomas Lyttleton)先生编写出来。这也是一个英国学者热衷于出游到意大利的时期,其中著名的有:伊利主教威廉·格雷(William Gray),他对贝列尔学院的馈赠前面已经有所提及;约翰·舍伍德(John Shirwood);基督教堂的威廉·塞林(William Selling)。所有这些人都是早期英格兰文艺复兴和希腊学研究复兴时期的重要人物。

14 世纪的遗嘱也提及了小规模的图书收藏,主要是《圣经》、祈祷书、教令集、文摘、一部或者两部编年史以及传说,等等。60 位留有遗嘱者被记载在埃克塞特斯塔福德主教的登记簿中,其涉及的

[1]　C. L. Scofield, *The Life and Reign of Edward the Fourth*, II, pp.455-457.

年代是 1395—1419 年间,总共有 138 本书。除了教堂和礼拜仪式用书以外,学院院长、两位执事长、教士、教区首席神父、教区牧师和在俗人士平均每人都有一本书。[1]从 14 世纪末以后,私人图书馆无论从规模上还是藏书的种类上都有所增加。这一时期的乔叟,如果我们认真对待他在《贤妇传说》(*Legends of Good Women*)的记载的话,他拥有 60 本藏书——这个私人图书馆可以与当时牛津和剑桥大学的那些图书馆的藏书相媲美,无论他是否真的拥有这么多的藏书,他无疑是一位书籍爱好者,而且一定拥有他敬重的一些作者的书——但丁、薄伽丘、彼特拉克、维吉尔、塞内加、科隆纳的吉多、斯塔提乌斯和他最喜欢的诗人奥维德。

　　诺福克郡的帕斯顿家族(Paston family)很重视书籍,他们对图书的爱好可能是受了他们的朋友和赞助人约翰·法斯托尔夫爵士
**409**　(Sir John Fastolf)的影响,后者在凯斯特城堡(大约 1450)的图书馆可以被认为是那个时代富人图书馆的一个典型。[2]约翰爵士有 20本法语藏书,除了祈祷书之外,还包括《圣经》、李维的著作、"一本恺撒的著作"、英格兰和法国编年史、《制度》《礼仪书》(*Liber etiques*)、《玫瑰传奇》(*Romaunce de la rose*)、《骑士礼节》(*Usages de l'arte de chevalerie*)、《野蛮人》(*Brute*)(韵文)、《恶习与美德》(*Vice and Vertues*)、巴斯·格兰维尔(Barth Glanville)的《事物属性》(*Les Propretez des choses*)和少数其他的书籍。所有这些书似乎在他去世以后就流失了。帕斯顿家族的成员一定是接受了超出他们所属时代普通人的教育。他们读写俱佳,男子至少都懂得一点儿拉丁文。[3]这个家族中的一些成员还懂法语。至少有两代人的子弟在牛津或剑桥接受过大学教育。

　　帕斯顿家族成员的信件经常会提到箱子里保存的书籍。个人拥有藏书的情况偶尔也有所提及:比如,安妮·帕斯顿自己有一本利德盖特的《底比斯围城》(*Siege of Thebes*)抄本;沃尔特·帕斯顿(Walter Paston)有一本《七个圣人》(*The Book of the Seven Sages*);

---

①　Savage, *op. cit.*, p.177.
②　H. S. Bennett, *The Pastons and Their England*(Cambridge, 1922), p.111.
③　*Ibid.*, p.110.

约翰有一本《公爵和皇帝的会面》(*The Meeting of the Duke and the Emperor*)。①但是长兄约翰爵士是这个家庭中最主要的藏书者。这个家庭的牧师詹姆斯·格罗伊斯爵士(Sir James Gloys)去世的时候，他尽了一切努力拯救他的图书馆，但是他非常失望，在他获得牧师的藏书之前，它们已经被其他人据为己有。他雇用了专业的书吏和图书装裱者为他工作，这一点在一个叫威廉·埃贝沙姆(William Ebesham)的人的有趣记载中有所反映。在这个威廉为帕斯顿家族所抄写的图书中，有一本"篇幅很小的物理书"，价值 20 便士。还有一卷"希腊著作"，包括《骑士的加冕礼和职责》(*Coronation and the Duties of Knighthood*)、《论战争》(*Treatise on War*)、一篇《论智慧》(*On Wisdom*)的文章和《骑士守则》(*Rules of Chivalry*)。最后是霍克利夫(Hoccleve)的《论统治原则》(*De regimine principum*)。威廉让人抄写了全部的书籍，并且全部加以红字标题。这卷书现存大英博物馆。②

　　帕斯顿家族的藏书清单表明了该家族的文学品味。③在骑士传奇方面：有《亚瑟王之死》(*The Death of Arthur*)、《沃里克的盖伊》(*Guy of Warwick*)、《狮心王理查》(*Richard Coeur de Lion*)、《公爵和皇帝的会面》《七个圣人》《格雷纳骑士》(*The Grene Knight*)等。他们还拥有《伯德议会》(*Parliament of Bird*)、《特洛伊罗斯》和乔叟的《女士传奇》(*Legend of Ladies*)；《底比斯围城》和利德盖特的《玻璃圣殿》(*Temple of Glass*)；几首民谣；两本法语书；许多宗教和说教著作；一些编年史和一些纹章学著作；少数几本古典著作：《论老年》《论友谊》《论知识》(*De sapientia*)、《论爱的艺术》(*De arte amandi*)，还有一至两本其他的著作。在印刷的书籍中，他们有《棋艺》(*The Game and Play of Chess*)，是卡克斯顿在威斯特敏斯特印刷的第二个版本，但是不早于 1480 年。在书信中还提及了一些其他印刷的书籍。

　　意大利人文主义在英格兰的象征通过在学术中以及格洛斯特

───────────────

①　H. S. Bennett, *The Pastons and Their England*(Cambridge, 1922), p.112.

②　Ibid., p.113.

③　*Ibid.*, Appen, I, pp.262-263.

的汉弗莱公爵对搜集图书的佛罗伦萨式热情而得到了完全的体现，这一点已经得到了证明。但是他的兴趣属于拉丁文化复兴之列，希腊化引入英格兰还要等到下一代人。13世纪由格洛斯特发起并由罗吉尔·培根进一步促进的这场文艺复兴运动并没有继续发展起来，它因为先天不足以致于没有成功。14世纪的藏书者不懂拉丁语。没有理由认为理查德·德伯利丢失的图书目录里包含有任何希腊古典著作。14世纪对希腊语表现出任何兴趣的唯一的证据是当时的一部手稿，现存牛津大学博德利图书馆。其中的选文来自索福克勒斯、欧里庇得斯、迪奥克里塔、赫西俄德、品达，这是自塔苏斯的西奥多时代以来古典希腊诗歌在英格兰存在的最早的证据，但是没有任何证据表明，拥有这部手稿的威廉·维塞斯特（William Wyrcester）能够阅读它。

英格兰和早期意大利文艺复兴之间的联系证据很少。[①]德伯利于1330年在阿维农遇见了彼特拉克。乔叟在1372—1378年间三次访问意大利。在1395年，奥古斯丁修会会士英格兰的托马斯在佛罗伦萨讲学，并且在那里购买了"近代"作家的著作。但是在15世纪中叶以前，两个国家之间图书馆的交流已经变得经常化了——意大利人访问英格兰，英国人在意大利旅游，并在那里搜集书籍。来到英格兰的两个杰出的意大利人是波基奥·布拉乔利尼和埃涅阿斯·西尔维厄斯·皮克洛米尼（Aeneas Sylvius Piccolomini）。在意大利的英国人主要致力于在佛罗伦萨搜集图书和访问费拉拉的瓜里诺学校。安德鲁·霍利斯（Andrew Hollis）从维斯帕西亚诺·达·比奇（Vespasiano da Bicci）那里购买了如此多的图书，以至于他不得不从海路而不是陆路将它们寄回家，但它们最终的命运如何我们无从知晓。伊利的格雷主教（Bishop Grey of Ely）在意大利获得了200多卷手稿，其中的152卷现在依然在贝列尔学院图书馆

----

① 关于这方面的文献，主要参见 I. Bywater, *Four Centuries of Greek Learning in England*（Oxford, 1919）; L. D. Einstein, *The Italian Renaissance in England*（New York, 1902）; M. R. James, "Greek Manuscripts in England before the Renaissance," *Transactions of the Bibliographical Society*, VII（1927）, 337-353; T. M. Lindsay, "Englishmen and the Classical Renascence," *Cambridge History of English Literature*, III, 1-24; Sandys, *op. cit.*, II, 219-250; G. R. Stephen, *The Knowledge of Greek in England in the Middle Ages*（Philadelphia, 1933）.

(Balliol College Library)。韦尔斯学院院长冈瑟(Gunthorpe)将他从
意大利获得的书籍留给了耶稣学院,但是几乎没有几本幸存下来。
林肯学院院长弗莱明(Flemming)把他的书留给了林肯学院。这些
图书收藏者每个人都主要对拉丁文著作感兴趣,除了弗莱明之外,
所有的人都来自贝列尔学院,并且都是教会人士。伍斯特伯爵约
翰·蒂普托夫特(John Tiptoft)也是维斯帕西亚诺(Vespasiano)的
一个顾客;汉弗莱公爵在赞助支持人文主义发展方面几乎像一个
意大利贵族。但是所有这些早期的英国学者除了给后来的学生留
下来书籍以外,并没有取得很大的成就。直到出现像格罗辛(Gro-
cyn)、利纳克尔(Linacre)和拉蒂莫(Latimer)这批人开始,他们除了
搜集手稿之外,还教授希腊语,真正的学术热情才由此而被激发。

　　达勒姆的主教舍伍德(Shirwood)据说精通希腊文,但是很显然
在他的藏书中我们找不到希腊手稿。①他在 1475 年和 1500 年之间
在罗马购买书籍,其中的那些拉丁文著作成了牛津基督圣体
(Corpus Christi)图书馆的核心内容,目前还有 30 本尚存。西塞罗
是最受欢迎的,但是历史和诗歌也有非常好的代表作。在 1464—
1467 年,两个本笃会修士塞林的威廉·蒂利(William Tilley of Sell-
ing)和威廉·哈德雷(Williamn Hadley)也在意大利购买书籍。在
1469 年,塞林(原文如此——译者注)还在那里;在 1485—1486
年,他又第三次访问意大利,这一次是在利纳克尔的陪同下。他又
带了许多希腊文和拉丁文著作回到坎特伯雷,并且使坎特伯雷成
为文艺复兴时期第一个希腊文化中心。从 1472 年到 1494 年,他
担任基督学院的院长,他是最后一个与基督学院有联系的伟大的 *412*
人物——一位学者、一位书籍收藏者和有前途学生的赞助人。我们
不知道塞林的图书清单,但是,当代人怀着极大的敬意收藏他的藏
书。据说,他的藏书中包括西塞罗的《论共和》,但也可能这个消息
不准确。塞林可能是想要将他的书留给修道院图书馆,但是在他
去世很久以后,它们依然还在院长的住处,在 1537 年,皇家专员莱
顿(Layton)的随从喝醉了酒,引起了一场火灾,几乎没有几卷书幸

---

　　① P. S. Allen, "Bishop Shirwood of Durham and His Library," *English Historical
Review*, XXV(1910), 445-456.

存下来。现在仅有 5 卷书是属于塞林的藏书：一卷希腊文的《诗篇》、希伯来-拉丁文《诗篇》、欧里庇得斯、李维的著作和一本精美的《荷马史诗》——所有这些都在剑桥。这是自塔苏斯的西奥多时代以来的第一本《荷马史诗》。

与此同时，希腊人和意大利人一样，也在访问英格兰，一些人是出于外交的使命，其他人可能是进行人文主义活动。圣阿尔班的尼古拉斯前面已经被提及过了。曼纽尔·帕莱奥洛古斯（Manuel Paleologus）于 1400 年来到英格兰，克里索洛拉斯（Chrysoloras）是在1405—1406 年来的，斯巴达的谢洛尼莫斯（Hieronymus of Sparta）是在 1475 年来的；最后到来的人没有得到很好的接待，所以很快就离开了。从 1493 年到 1500 年，一个来自君士坦丁堡的希腊人约翰·塞尔波普罗斯（John Serbopoulos）在雷丁工作。由他抄写的两篇伊索克拉底的演说词现存牛津新学院，他抄写的其他希腊手稿现存牛津基督圣体学院。[1]从 1455 年到 1456 年，正好当人文主义者蒂普托夫特、霍利斯、格雷和韦恩福利特（Waynflete）都在摄政时期议会里的时候，四个在英格兰的希腊人得到了来自王室的资助。关于德米特里厄斯·帕莱奥洛古斯（Demetrius Paleologus）和曼纽尔·克里索洛拉斯（Manuel Chrysoloras）的情况我们知之甚少，约翰·阿伊罗普鲁斯（John Argyropoulus）肯定没有在英格兰长时间逗留，但是第四个人，即君士坦丁堡的曼纽尔从温彻斯特的韦恩福利特（Waynflete）主教那里获得了 10 马克资助，韦恩福利特主教正在创建牛津的莫德林学院（Magdalen College），我们知道他还资助了几个其他机构里的希腊研究工作。H. L.格雷（H. L. Gray）猜测，这些在英格兰的希腊人不是寻求慈善救济，而是寻求文化上的资助，尤其是曼纽尔可能是被韦恩福利特雇用在新学院里教授希腊文。[2]他应该是 15 世纪在英格兰教授希腊语的第一位老师，甚至早于塞林。此外，曼纽尔毫无疑问是这一时期这个国家里的第一位希腊书吏：现存英国图书馆里的 9 本或者 10 本抄本都和莱顿的德摩斯梯尼抄本一样出自同一个人之手，署名是君士坦丁堡的

413

---

① J. W. Bradley, *Dictionary of Miniaturists*, III, 224.

② H. L. Gray, "Greek Visitors to England in 1455-1456," *Anniversary Essays … Charles Homer Haskins*(Boston, 1929), pp.81-116.

曼纽尔。①德摩斯梯尼手稿是为尼维尔（Neville）而写的，尼维尔当时是约克郡的大主教和牛津的名誉校长；其他的抄本曾经属于格罗辛；还有一些可能是塞林的。格罗辛和塞林在 1456 年之后都在牛津，曼纽尔很可能是他们的老师。如果是这样的话，那么人文主义在 1447 年汉弗莱去世到 1486 年塞林最后从意大利返回来这段时间里并没有完全消失。

毫无疑问，我们已知的第一位在牛津教授希腊语的人是威廉·格罗辛（William Grocyn），他在 1519 年去世。他的遗嘱执行人利纳克尔（Linacre）于 1520 年列出了一份图书清单。②其中一共有 17 本手稿和 105 本印刷书籍。因此，很显然，他的活动已经超出了抄本时代的范畴。

---

① 其中有：The Leicester Gospels, Aristotle, and Plato at Durham; a Psalter at Trinity; a Suidas in the British Museum and one at Oxford。

② M. Burrows, "Linacre's Catalogue of Books Belonging to William Grocyn in 1520 ...," Oxford Historical Society, *Collectanea*, 2d ser., 1890，pp.317-380.

# 第十四章　14 和 15 世纪的
# 法国图书馆<sup>①</sup>

　　我们对 14 和 15 世纪法国图书馆的了解几乎完全只限于王室贵族藏书。许多主教座堂图书馆和修道院图书馆在百年战争中都被毁坏了。即使我们对它们有更多的了解,也很可能是负面的,因为当时全欧洲的修道院都处于腐朽衰败中,他们既对保护好书籍不感兴趣,也对增加书籍的数量不感兴趣。此外,正是文化上的审美情趣促使法国的国王、普通民众和佛兰德贵族去收藏图书。在 14 世纪,意大利文艺复兴开始影响到法国,书籍收藏者对获得装帧精美的书卷怀有极大的热情。

　　具有同样重要意义的是,在这一时期的藏书中有大量的本国语言著作。除了神学著作和科学著作以外,拉丁语作为书面语言越来越少了,甚至历史学著作都倾向于使用本国语言。因此,普瓦图的一位世俗人士针对位于勒伊城堡(Château de la Ferté)图书馆的 14 世纪早期的图书目录列出了 46 部著作,其中 5 部是拉丁文,其余的都是本国语言,内容多涉及教化或者骑士传奇。<sup>②</sup>这份目录中有两项内容非常有趣,其中之一告诉我们,一个叫梅西尔·让·德·佩吉尼(Mesire Jean de Pequigni)的人从图书馆借了一本"宝典"(livre de trésor)(很可能是布鲁内托·拉蒂尼的同名著作),但是没有归还。另一个条目记载了米德米塞勒·德拉费特(Midemisele de la Ferté)借了一本法语的《圣马丁传》和《秘密中的秘密》(*Secretum secretorum*),使用拉丁文标题,但是内容是法文的译本,它是在

---

　　① 本章由 Geneva Drinkwater 撰写。

　　② C. de Beaurepaire, "Bibliothèque du Château de la Ferté en Poitou au XIV<sup>e</sup> siècle," *Bibliothèque de l'école des chartes*, 3d ser., III(1852), 559-562.

1300 年之前由一个爱尔兰多明我会修士沃特福德的杰弗里翻译成本国语言的。①

　　对这些王室图书馆的考察可以从连续几任国王的大量藏书开始。美男子腓力（Philip the Fair，1285—1314 年在位）留下了十几本抄本，其中有《隐士小说》（*Roman du recluse*）、《反基督者的竞赛》（*Tournoiement de l'antichrist*）、《论失败》（*Traité des échecs*）和两部编年史。国家图书馆现在有一部阿拉伯卡里拉和迪姆奈（Kalilah and Dimna）故事的拉丁文译本，是由其作者雷蒙·德·贝济耶（Raimond de Béziers）于 1313 年献给腓力的。②在同一个图书馆里还有一本曾经属于腓力的《圣经》。③

　　路易十世（1314—1316 年在位）似乎有大约 35 卷书，实际上都是法语著作。④他的第二任妻子匈牙利的克莱门斯（Clemence）比她丈夫拥有更丰富的私人图书馆。他的藏书中包括弥撒圣歌集、关于历史遗迹、王室生活和圣路易的笔记，等等。在王后的图书馆里，有 18 卷拉丁文教会书籍和 21 卷法文书籍。这 21 卷的法文书籍中包括奥维德的道德寓言、十诫、《制度》《法典》《歌集》、一本《圣经》、《玫瑰传奇》（*Romance of the Rose*）和一本英文与法文的小书。⑤

　　国家图书馆里有一本圣德尼修道院的吉尔·德·蓬图瓦兹（Gilles de Pontoise）于 1317 年呈献给腓力五世（1314—1322 年在位）的法文版《圣德尼传》和法国国王历史的选辑。⑥我们还有一份他在 1316 年编制的他的部分图书的清单，这份清单以《书简作家评注》（*Epistolier glose*）开头，以皇后的礼物即关于"十诫"的一本书结尾。⑦

　　让娜·德·埃夫勒（Jeanne d'Evreux）是公正王查理（Charles 416

---

　　①　L. Thorndike, *A History of Magic and Experimental Science*(New York, 1924), II, 276.

　　②　M. Prou, *Manuel de paléographie*(Paris, 1924), p.222.

　　③　L. Delisle, *Recherches sur la librairie de Charles V*(Paris, 1907), I, 179.

　　④　T. Gottlieb, *Ueber mittelalterliche Bibliotheken*(Leipzig, 1890), Nos. 320, 321.

　　⑤　*Ibid.*, No.277.

　　⑥　L. Delisle, *Le Cabinet des manuscrits de la Bibliothèque impériale*(1868-1881), I, 12.

　　⑦　Gottlieb, *op. cit.*, No.375.

the Fair，1322—1328 年在位）于 1326 年迎娶的第三任妻子。没有任何关于她丈夫藏书的记载，但是她有一个图书馆①，藏有曾经属于匈牙利的克莱门斯的大部分法语书籍，这些书籍具有一定的重要性。几卷带有她盾形纹章的藏书都在查理四世的图书馆里。②她大部分的藏书是宗教方面的典籍，但是，《国王书》（Le Livre royal）抄本是由它的作者让·德·查文热（Jean de Chavenges）献给她的，现存尚蒂伊（Chantilly）博物馆里，③还有她的一小卷每日祈祷书，装帧非常精美。

腓力六世（1328—1350 年在位）似乎对文学方面没有丝毫兴趣，但是，他的两任妻子——勃艮第的让娜和纳瓦尔的布兰奇——都收藏书籍。让·杜·维格奈（Jean du Vignai）为勃艮第的让娜翻译了《圣经》中的使徒书信和福音书，还有博韦的文森特的《历史之镜》（Miroir historical），④她的抄本现在莱顿。纳瓦尔的布兰奇拥有一本《圣路易诗篇》（Psalter of St. Louis），它同样在莱顿。

国家图书馆大量的藏书开始于约翰二世（1350—1364 年在位）时期。当约翰二世还是诺曼底公爵（1332—1350 年）的时候，他拥有两卷非常精美的祈祷书、让·德·维涅（Jean de Vignay）给他的一本《道德化的西洋旗》（Echecs moralisés）译本、一本法文版关于圣经的书《道德剧》（Moralités），这本书是他花了 14 金弗罗林从巴黎的一个书商托马斯·莫伯日（Thomas Maubeuge）那里买来的。他从皮埃尔·德·埃萨尔特斯（Pierre des Essartes）那里借了一本《圣杯传奇》。⑤作为国王，他重视文化事业，对精美的图书表现出了特殊的兴趣。我们知道他的两个画工的名字——让·德·蒙马特（Jean de Montmartre）和让·苏珊娜（Jean Susanne）。他命令让·德·塞（Jean de Sy）将《圣经》翻译成法文。这项翻译工作没有完成，但是其中已完成的相当可观的部分可以在今天巴黎的国家图书馆见到。⑥国王约翰命令彼特拉克的朋友皮埃尔·伯苏里（Pierre

---

① Gottlieb, *op. cit.*, No.309.
② Delisle, *Recherches sur la librairie de Charles V*, I, 49.
③ *Ibid.*, p.323.
④ *Ibid.*, p.162.
⑤ *Ibid.*, p.327.
⑥ Fonds francais, 15, 397.

Bersuire)将李维的著作翻译成法语,这是李维著作的首部法语译本,这个版本的许多抄本出现在这一时期的图书目录中。

当国王约翰在 1356 年的普瓦提埃战役中被黑王子俘虏的时候,他随身携带着一本《圣经》,这本《圣经》被英国人据为己有,现藏于大英博物馆。①当他被囚禁在英格兰时,他让他的主礼牧师加斯(Gace)开始搜寻一本著作《消遣小说》(*Roman des oisseaux* 或者 *Roman de deduits*),这是已经被明确记载过写于英国本土的一本书。②约翰国王在英国的时候,还购买了一些书籍,这一点在他的账簿中有所记载。在 1359 年,他付钱给女装订工(La relieresse)玛格丽特,为一本法文《圣经》、一本祈祷书和一本《吉隆传奇》(*Roman de Guilon*)付钱给一个书籍装订者雅克(Jacques)。在 1359 年 12 月份和 1360 年 5 月份,英国书商卖给他如下的书:一本《列那狐传奇》(*Roman de Renard*)、一本《诗篇》、一本《加林·德·洛阿兰》(*Garin de Loharain*)和《反基督者的竞赛》(*Tournoiement de l'antichrist*)。③

值得一提的是,在图书馆发展的历史上,国王约翰的三个儿子也是同时代最杰出的图书收藏者,他们是:查理四世、贝里公爵约翰和勃艮第公爵勇敢者腓力。他的第一任妻子卢森堡的邦妮(Bonne of Luxemburg)同样是一位书籍爱好者。查理四世图书馆里的四本带有波希米亚纹章的抄本可能都是邦妮的藏书。其中之一是"非常精美的《日课经》,非常华丽,非常形象"④,还有一份古老的财产清单,表明《时序女神》(*Hours*)是为他的儿子腓力和约翰所作。约翰国王的女儿伊莎贝尔(Isabella)于 1360 年嫁给了帕维亚图书馆的创建者詹加莱亚佐·维斯康蒂。

查理五世(1364—1380 年在位)雇用了许多书吏。⑤亨利·德·特雷弗(Henry de Trevou)为国王和王子抄写了一部资料汇编、部分《法国编年史》和一部分《圣经》,由拉乌尔·德·普雷勒(Raoul de Presles)翻译过来。让·拉瓦南(Jean l'Avenant)是"国王

---

① British Museum, MS 19 D ii.
② W. F. Baillie-Grohman, "A French King's Hunting Book," *Fortnightly Review*, LXXXI(1904), 789-800.
③ Delisle, *op. cit.*, I, 331.
④ *Ibid.*, p.18.
⑤ A list is given in *ibid.*, pp.168 ff.

书籍的书写者"（scriptor librorum regis）。奥丹·德·卡尔瓦乃
（Odin de Carvanay）为国王并且首先为拉乌尔·德·奥尔良
（Raoulet d'Orleans）写作。让·勒布律德（Jean le Brudes）是一位宫
廷画家，他的作品可以在 1372 年另一位王室的贴身男仆让·德·
沃德塔尔（Jean de Vaudetar）献给国王的《圣经》中见到。这本抄本
现存海牙，这幅作品令当时最有名的书法家奥尔良的拉乌尔如此
激动，他在抄本中写道：

418

> 我一生中从没见过如此装饰的圣经故事。

我们在记载中发现了画工雷米艾特（Remiet）的名字。我们知
道，查理四世将在巴黎的一个房子给了让·勒努瓦（Jean le Noir）及
其女儿布尔戈（Bourgot），她曾经服侍过巴尔伯爵夫人、约翰二世
和查理。①在贝里公爵 1375 年的记载中，让·勒努瓦同样是国王和
公爵阁下的画工。

当代记载中各种各样的条目为我们提供了国王图书馆更多的
信息。我们发现了开支记录——比如，在 1377 年，57 法郎被用来
购买羊皮纸，第二年，购买羊皮纸花费 200 法郎。有许多条目是支
付巴黎商人装订材料的工钱、支付给工匠和木匠在卢浮宫干活的
工钱以及支付书籍装订工的工钱。

查理让人翻译了许多著作，我们知道有几位学者被雇用从事这
项工作。②让·戈兰（Jean Golein）为贝纳德·圭（Bernard Gui）制作
了几本著作的本国语言版本、为王子提供资讯的书籍、编年史、法国
国王的宗谱和其他一些书籍；德尼·弗莱查特（Denis Foulechat）、索
尔兹伯里的约翰的《论政府原理》（Policraticus）；西蒙·德·赫斯丁
开始了瓦勒里乌斯·马克西穆斯著作的翻译工作，但是只完成了其
中的第一部分。雅克·鲍尚（Jacques Bauchant）和让·科贝肯（Jean

---

① The document ordering this is pulished in Delisle, *Researches sur la librairie de Charles V*, I, p. 365. Delisle has published a volume of 14 facsimiles of books made for Charles V, *Facsimilé de livres copiés et enluminés pour le roi Charles V*（Nogent-le-Rotrov, 1903）.

② Delisle, *op. cit.*, I. 185.

Corbechon)以及圣礼拜堂的教士让·德乌丁(Jean Deudin)从事一样的工作,让·德乌丁因为翻译"一本名为彼特拉克"的书而得到了 200 法郎的报酬。普雷勒的拉乌尔在 1371 年被要求"为了王国和整个基督教民族的公益"(pour l'utilite publique du royaume et de toute la Chretienete)将《上帝之城》翻译成法文。尼古拉斯·奥雷姆(Nicolas Oresme)翻译了亚里士多德大部分重要的著作和《天堂与世界论》(Du ciel et du monde)。还有一些我们不知道名字的学者为查理五世翻译了一些其他的著作。除了让人翻译著作以外,查理还收藏了一些已经翻译好的著作,其中有塞内加写给卢西里乌斯的信,由一位意大利人翻译成法文。皮埃尔·博耶尔(Pierre Bohier)创作的《教皇列传》(Lives of the Popes)被献给了查理五世;让·德·卡代尔哈克(Jean de Cardailhac)、普雷勒的拉乌尔和比萨的克里斯汀都将自己的著作献给了国王。

　国王从贝里公爵、安茹公爵、奥尔良公爵夫人、哈考特伯爵和卡斯提国王那里接受了作为礼物的书籍。许多王室官员和教会人员都向国王的图书馆捐赠了礼物。我们可以从财产清单中,分清哪些是查理作为王太子时得到的抄本,哪些是他即位之后得到的抄本。他的一些书属于王室里的其他成员,财产清单经常提及这些书籍前拥有者的纹章。查理还有从前属于克莱门特六世和乌尔班五世的手稿。

　尽管查理五世图书馆的藏书通过接受礼物和没收等途径而增多,但是大部分图书是通过购买或者抄写而获得的。他在所有的王室领地住处都有书籍,当他外出旅行的时候,就用木箱子装着这些书籍。在 1368 年,他的图书馆就建在卢浮宫的猎鹰塔楼(Tour de la Fauconnerie),经雷蒙德·德·坦普尔(Raymond de Temple)改造。塔楼共有三层,墙上镶嵌着来自爱尔兰的木板,这些木料是由艾诺的塞内查尔(Senechal of Hainault)送给国王的,拱顶用的是柏木板。窗上有框架或者隔板。对于照明系统我们没有任何详细的资料,经常提到 30 个小的枝形吊灯和银色的灯,但是这些照明是用于卢浮宫的另一个塔上,而不是用于这个图书馆中。

　我们很幸运有许多查理五世和查理六世在位时期皇家图书馆

419

413

的财产清单,这些财产清单记载了图书信息。它们清晰地说明了这些书籍的大小、装订情况,告诉我们它们是否被锁起来,说明了这些书籍的来源、年代、卷数、使用的不同的墨水、字体、编号、装饰地点及其颜色。查理五世的许多藏书中还有他的亲笔签名。①在查理五世的藏书中发现的蓝、白、橘黄三色并不是他的藏书特色,它也不能表明这些书就是为他而制作的或者是在他统治时期而制作的。法国的纹章出现在许多书中,抄本中的微型画经常显示作者或者翻译者向国王献书的场面,但是这些微型画的出现也不能证明抄本就是原创的,因为它还经常出现在为其他人制作的抄本中,或者为了出售而制作的抄本中。

卢浮宫的第一个图书管理员是吉勒斯·马里特(Gilles Malet),他从1365年开始管理图书馆,一直到他1411年去世为止。比萨的克里斯汀(Christine of Pisan)对他的性格素描,向我们展示了一个真正的藏书者和值得信赖的王室管理员形象。在塞纳河畔苏瓦西(Soisy-sur-Seine)教堂的题词中,他被称为骑士、维勒佩克勒(Villepêcle)的领主、顾问、国王管家、蓬圣马克桑克的领主(chatelaine of Pont-Sainte-Maxence)、科贝尔子爵和苏瓦西的领主。②查理五世在1379年将马里特指定为他的遗嘱执行人,但是是查理六世给予了他更高的荣誉,甚至拜访了他在维勒佩克勒的宅邸。马里特对书籍有极大的兴趣,他编制了财产清单和借贷记录,甚至捐出了24本书。他的第一份图书清单作于1373年。③图书的归类只做到如下程度,即拉丁文的天文学和占星术著作被放在了一个房间里。图书清单被分为三章,每一章图书放在一个房间里。第一章有265卷,第二章有260卷,第三章有381卷,总共有910卷。(原文如此——译者注)图书馆后来得到的书籍都记录在补充的章节中。在1380年查理五世去世之后,让·布兰切特(Jean Blanchet)在勃艮第公爵的命令下编制了一份图书清单。它包括了自1373年以来获得的所有图书,而且在附注中解释了之前的图书清单中未提及的

---

① Delisle, *op. cit.*, I. p.3, gives a list.

② Pinard, "Notice sur une pierre de fondation trouvée dans l'église de Soisy-sur-Etioles," *Revue archéologique*, XIII, 565.

③ Gottlieb, *op. cit.*, No.359.

所有条目。在 1380 年的这份图书清单之后,该图书馆唯一添加的图书是吉耶纳公爵放在卢浮宫的 20 卷图书,吉勒斯·马里特已经 421 提到过这些书。①

另一个图书管理员是安托万·德·埃萨尔(Antoine des Essarts),他从 1411 年开始做这项工作,一直持续到 1412 年。加尼叶·德·圣永(Garnier de St. Yon)从 1412—1413 年间作图书管理员,在 1413 年,让·勒伯格(Jean le Begue)、托马斯·德奥努瓦(Thomas d'Aunoi)和让·德·拉克鲁瓦(Jean de la Croix)在让·莫林(Jean Maulin)任图书管理员之前制作了一份财产清单,加尼叶·德·圣永在 1418 年又回来了,在 1424 年帮助巴黎大学两个图书管理员评估查理六世去世之后的皇家藏书。贝德福德公爵买下了皇家图书馆,他依然让加尼叶·德·圣永管理图书直到 1429 年,当时这些书有可能从巴黎转到了鲁昂或者英格兰。

在安托万·德·埃萨尔就职之前编制的财产清单表明,1373 年的图书清单中列出的 188 卷书在 1411 年已经不存在了。②这份图书清单里有自查理五世时代以来的 726 本书,在查理六世时期增加了 190 本,还有 20 卷吉耶纳公爵的藏书都单独保存着——总共有 1 100 本。1413 年的图书清单仅包括 916 卷书。③在加尼叶·德·圣永退休和让·莫林上任之间短短的时间里,有 55 卷书从卢浮宫图书馆被转走,很可能是作为没有记录和没有归还的借贷品。

我们有查理五世借书给贝里公爵、博韦主教菲利普·德·梅契叶(Philippe de Mezieres)和西蒙·德·普雷勒(Simon de Presles)的记录,还有给他的家族成员、各个教堂和巴黎大学热尔韦·克雷蒂安(Gervais Chretien)的礼物记录。在特鲁瓦主教皮埃尔·德·维拉尔(Pierre de Villars)的请求下,查理五世送给特鲁瓦的多明我会一些珠宝和书籍,1371 年阿维农的格里高利十一世教皇训谕禁止让渡它们,这份训谕抄写在了每一卷书上。④尽管非常小心,但是 16 世纪这些书依然在一个无知的教士管理下散失了。其中的一些

---

① Gottlie, *op. cit.*, No. 360.

② Gottlieb, *op. cit.*, No. 361.

③ *Ibid.*, No. 362.

④ The bull is published in Delisle, *ibid.*, Appen, viii.

书在各种不同的地方被鉴别出来,比如,有 4 本在国家图书馆,有 2 本在图尔城的公共图书馆,有 1 本在克莱门特的耶稣会学院。

　　在那些从查理五世图书馆借书的人中,有他的弟弟安茹公爵,他有一次借了一本《启示录》(Apocalypse)抄本,不是为了阅读,也不是为了让人抄写,而是为了一个非同寻常的目的,正如 1380 年图书清单的页边注所表明的那样:"国王已经将它借给了 M. 德·安茹(M. d'Anjou)制作一幅漂亮的挂毯。"[①]从手稿中的微型画可以看出,画家让·勒布鲁日(Jean Le Bruges)画了许多漫画并在 1378 年被支付了报酬。尼古拉斯·巴塔伊(Nicholas Bataille)开始编织在 15 世纪中叶没有完成的挂毯。今天人们可以在昂热主教座堂看到它,该挂毯图案的原手稿现在国家图书馆。

　　安茹公爵路易在他的哥哥查理五世去世的时候,从皇家图书馆得到了 40 卷书。在 1381 年,他获得了 56 折(quires)佛罗莎特《编年史》的抄本,这些手稿是作者为英国国王准备的。他的儿子路易二世是一位藏书家和一位彩饰艺术自由资助人,他有 3 卷书在巴黎。[②]

　　贝里公爵约翰和他的哥哥查理五世一样喜爱精美的图书。他怀着极大的兴趣和耐心在伊埃夫尔河畔的默恩(Méhunsur-Yèvre)建立了一个藏书丰富的图书馆,尽管这个图书馆比国王的图书馆规模小,但是可能更加重要。普林尼和特伦斯的拉丁文著作抄本、奥维德和其他拉丁作家的法文抄本都在他的藏书中。维吉尔的著作明显不在查理五世的图书馆里,但是在贝里公爵的图书馆里有他的《牧歌》。从这方面来说,将这两位法国藏书家的图书馆和格洛斯特公爵汉弗莱在 1439 年和 1443 年给牛津大学的图书馆相比较是一件有趣的事情,在后者的图书馆中,拉丁文的散文作品,如果不是拉丁文诗歌的话,有相当不错的代表作。[③]贝里公爵有一本希腊著作,目录编辑者描述过它,但是没有得到确认。在中世纪的财产清单中它经常被这样评论:"它是希腊文,人们不会阅读它。"(Graecum est; non legitur)

---

① C. G. Crump and E. F. Jacob, *The Legacy of the Middle Ages*, p.138.
② J. W. Bradley, *Dictionary of Miniaturists*, I, 51.
③ A. A. Tilley, *The Literature of the French Renaissance*(Cambridge, 1885), p.140.

在公爵图书馆中,有许多《圣经》《诗篇》、祈祷书和同类著作。贝里公爵约翰拥有一部 10 卷本的《圣经》,是克莱门特七世的礼 *423* 物,罗马教廷今天有两卷他曾经给克莱门特七世的《圣经》。他的图书馆里的祈祷书,有一本曾经是国王约翰二世的,这本书是公爵从安茹的路易二世那里得到的,今天是尚蒂伊孔迪博物馆中重要的藏品。①一部两卷本的祈祷书,是查理六世给英国国王理查的,后来又由英国国王的继承人亨利四世给了他的叔叔贝里公爵,现存国家图书馆。其他的书是由查理六世直接给他的,也有伊莎贝尔皇后、吉耶纳的路易、奥尔良的路易、勇敢者腓力、无畏者约翰、米兰公爵以及其他许多人给他的。在新年他经常会得到作为礼物的书籍;一次,他的四个秘书分摊了献给公爵的一本书的费用。有许多著作和抄本都是由作者为了表示尊敬而献给他的。他雇用了当时最有水平的书吏和图书彩饰者,而且经常花巨资购买图书。②

贝里公爵约翰的慷慨程度不亚于他的朋友们。我们有一个令人印象深刻的获得其赠书的人员名单,他赠给布尔日的圣礼拜堂的礼物可组成一个相当可观的图书馆。因此,在其生前,他的一些书就已经散失了,他所拥有的大部分书在他去世的时候,由他的遗嘱执行人在巴黎卖出去为他还债了。他最精美的图书中有 41 卷都给了他的女继承人波旁女公爵,为了得到这些抄本,她宣称放弃继承权。阿马尼亚克获得了 4 本抄本,以抵消 390 里弗的债务。其他的书给了西西里的王后和都兰公爵,以后又给了查理七世。一本祈祷书被送给了公爵的珠宝保管者让·戈谢(Jean Gaucher)作为她服务的报酬。

德莱尔编制的贝里书单③包含 297 个条目,其中有 103 本他确定了其藏书地点:54 本在国家图书馆,7 本在博物馆,5 本在巴黎 *424* 的阿斯纳图书馆、尚蒂伊博物馆和布鲁塞尔皇家图书馆,其他的散放在布尔日、里昂的公共图书馆、苏瓦松神学院、日内瓦、都灵大

---

① For reproductions see Paul Durrieu, *Les tres-riches Heurs de Jean de France duc de Berry*(Paris, 1922).

② Bradley, *op. cit.*, I, 30,列出了一个受雇的书吏和图书彩饰者的名单。

③ *Recherches sur le librairie de Charles V*, II, 223-270. There are several inventories of the books. Gottlieb's No. 303 is the inventory of 1416.

学、都灵国家档案馆、梵蒂冈以及慕尼黑和圣彼得堡的皇家图书馆里。巴黎主要的书商之一雷诺尔德·杜·蒙泰（Reynauld du Montet）的名字经常出现在贝里公爵的记载中。①在《亚瑟之死》（*Le Morte Darthur*）中，托马斯·马洛里爵士（Sir Thomas Malory）使用了贝里公爵1405年从雷诺购买的一部抄本（Now B. N. Fr. 120）。据我们所知，雷诺还在英格兰出售骑士传奇类书籍，包括一本《特里斯坦》（*Tristan*）。②在这些书被带到巴黎出售之后，他帮助编辑了贝里公爵的图书清单并对其进行了评估。蒙泰在1415年还因公爵图书管理员维罗纳的皮埃特罗被控叛国罪而受到了牵连。③从审判的证词来看，他的罪名仅仅是因为将书卖给了英国人——比如诺维奇主教——为了这一目的而访问英格兰。

在国家图书馆的旧的封皮上发现的一张纸上包括了一个书商的图书清单，可能是来自路易十二时代。它列明了出售的96本书和每本书的抄本数。④另一份15世纪的图书目录，可能是来自图尔城的，开列了出售的238本手稿和29本印刷书籍。⑤这些书全部都是法语书，而且大部分都是骑士传奇、骑士书籍和圣徒生活史，但是也有少数几本拉丁文书籍：恺撒的评论、几篇西塞罗的文章、李维著作选、奥维德的《变形记》和《论爱的艺术》（*De arte amandi*）。令人失望的是，这份目录很简短，只是列出了图书标题，没有关于书籍撰写、装订或者价格的记载。

查理六世（1380—1422年在位）并没有对书籍表现出很大的兴趣。有少数的一些书由作者献给国王，也几乎没有皇家抄工和画工的工作记录。这个图书馆唯一值得一提的获赠书目是让·德·蒙泰居（Jean de Montaigu）和伊莎贝尔皇后的书籍。关于后者，没有一份独立的目录，但是可以从零星的记载中重建这份目录。我

---

① P. Delalain, *Etude sur le librairie parisien du XIII^e au XV^e siècle*(Paris, 1891), p.65. See also J. Guiffrey, *Inventaires de Jean duc de Berry*(Paris, 1894), I, cxlv ff.

② E. Vinaver, *Malory*(Oxford, 1929); review by W. A. Nitze, *Modern Philology*, XXVIII, 365.

③ A. de Champeaux and P. Gauchery, *Les Travaux d'art exécutés pour Jean de France, duc de Berry*(Paris, 1894), pp.126 ff.

④ L. Delisle, *Littérature latine et histoire du moyen âge*(Paris, 1890), p.111.

⑤ Gottlieb, *op. cit.*, No.408. This catalogue is published by Achille Chérau, *La Bibliothèque d'un marchand libraire du XV^e siècle*(Paris, 1868).

们知道他的宫廷中一位高贵的女性是做图书管理员工作的。勃艮第的公爵勇敢者腓力给伊莎贝尔一本《法国编年史》的抄本。比萨的克里斯汀提供了许多他自己的著作,这些书成为王后图书馆中相当可观的组成部分,并且很明显它们仅次于灵修书籍。克里斯蒂纳(Christine)给王后的一卷书现藏于大英博物馆(Harl. 4431)。她的账簿显示她从巴黎的商人那里购买了一本书,她付给抄工、画工和装订工很少的钱,还为装书而买了盒子和袋子。她给了她女儿蒙特福特伯爵夫人珍妮(Jeanne)一本祈祷书,给了另一个女儿一本《诗篇》的初级读本。她的 10 本宗教书和骑士传奇①在 1388 年和 1404 年间留给了皇家图书馆。

让·德·蒙泰居在查理五世和查理六世统治时期得到了很大的支持,他因不够忠诚而被判有罪,于 1409 年被砍头,此后他的财产被没收,他在马尔库西城堡的图书馆被迁到了卢浮宫。我们有 1410 年 1 月 7 日他的书转到了吉勒斯·马里特之手的记录,书籍转移工作是由吉耶纳公爵的一个秘书承担的,他得到了蒙泰居的土地。这又给国王图书馆增加了大约 20 卷藏书。②

可能在查理六世时代最杰出的学者是他的大臣让·德·蒙特勒伊(Jean de Montreuil)。他"很显然是第一个从意大利学习古典文化的法国人"。③作为驻罗马的大使,他在 1412 年会见了列奥纳多·布鲁尼,布鲁尼介绍他认识了尼科洛·尼科利,引见他参观了后者在佛罗伦萨的图书馆。他熟悉彼特拉克和克鲁齐奥·萨鲁塔蒂的拉丁文著作,因此而燃起了对古典著作的热情。当他在意大利的时候,他拯救了当时在法国不为人所知的拉丁文著作:瓦罗的《论农业》(*De re rustica*)、普劳图斯和李维的部分著作。他的一封信提及了一些从意大利获得的抄本,而且如果他的朋友愿意让人

426

---

① Valet de Viriville, "La Bibliothèque d'Isabeau de Bavière," *Bulletin du bibliophile*, 1858, pp. 663-687.

② L. Merlet, "Jean de Montaigu," *Bibliothèque de l'école des chartes*, 3d ser., III, 248-384.

③ J. E. Sandys, *A History of Classical Scholarship*, II, 167. See also Tilley, *op. cit.*, p. 141; G. Voigt, *Die Wiederbelebung des classischen Alterthums*, II, 344-349. The letters of Jean de Montreuil are published by Martène and Durand, *Veterum scriptorum et monumentorum amplissima collectio*(Paris, 1724-1733), II, 1311-1465.

抄写的话,他愿意提供这些抄本。①在另一封信中,他提到了他校正彼特拉克的抄本,很可能他同样还校正了他手中的其他古典著作抄本。②他在写给克莱芒热的尼古拉斯·德·克莱芒热(Nicolas de Clemanges)的一封信中,批评了一个叫安布罗斯的人,他喜欢奥维德胜过维吉尔。③

德莱尔对查理五世和查理六世的藏书进行了一个总体性的描述,④他还列出了 104 本抄本,这些抄本至今尚存,主要收藏在国家图书馆里。这个图书馆的藏书大多是历史和文学著作,主要是骑士传奇类的散文和诗歌。查理五世对天文学和占星术更感兴趣,他有许多相关方面著作的译本。在 1368 年,他从威尼斯征召托马斯·德·比萨(Thomas de Pisan)担任他的宫廷占星师。前面已经提及奥雷姆的尼古拉斯(Nicolas of Oresme)为查理翻译了亚里士多德的《伦理学》和其他著作,他冒着失去王室支持的危险在许多著作中强烈抨击占星术、巫术和魔法。他坚持认为,诸侯们应该鼓励占星师将兴趣仅仅集中在科学上——了解星相和天体的性质,而不应该去预知未来。⑤奥雷姆看上去为国王翻译了托勒密的《占星四书》(*Quadriparti*),并附有阿拉伯医生阿里·伊本·里欧安(Ali ibn Riouan)所作的注释。⑥

在 1424 年查理六世去世以后,卢浮宫图书馆的一份图书清单被编制出来,巴黎大学的三个图书管理员在加尼叶·德·圣永(Garnier de Saint Yon)的协助下对这些藏书的价值进行了评估。在 1425 年 6 月 22 日,法国摄政者贝德福德公爵明确地拥有 843 本抄本:"对上面指出和详述的所有的书都很满意,书的总价值达 2 323 利弗尔 4 索尔巴黎币。他从曾看管这些书的加尼叶·德·圣永那里得到这些书,付清了钱并免去了加尼叶的责任。"⑦在同一

427

---

① *Ep.* lxvi.

② *Ep.* xxxviii.

③ *Ep.* lviii.

④ *Recherches sur la librairie de Charles V*, II, 3-200.

⑤ C. Jourdain, "Nicolas Oresme et les astrologes de la cour de Charles V," *Revue des questions historiques*, XVIII(1875), 136-159.

⑥ R. Delachanel, "Note sur un manuscrit de la bibliothèque de Charles V," *Bibliothèque de l'école des chartes*, LXXI(1910), 33-38.

⑦ Delisle, *op. cit.*, I, 139.

天,加尼叶被安排管理图书,作为图书管理员一直到 1429 年 10 月。当时很显然图书被带到了英格兰,或者很可能被带到了公爵在鲁昂的城堡。他的 1433 年账簿记载了一笔贝德福德公爵居住的鲁昂城堡里图书馆木雕工艺的费用。查理六世图书馆估算价值是 2 323 里弗(livres),但是贝德福德公爵仅付了 1 200 法郎。①我们无法确切了解这个图书馆在 1429 年之后的历史,1429 年图书管理员加尼叶·德·圣永被解雇了。我们可以推测,贝德福德公爵非常喜欢这些书,对它们做了十分妥当的收藏,仅仅是在 1435 年他去世之后,这些书散失了。在 1427 年,贝德福德寄给他哥哥格洛斯特公爵汉弗莱一本伯苏里翻译的李维著作的译本。这个抄本和其他 5 本曾经属于格洛斯特公爵的抄本现存国家图书馆,2 本在大英博物馆,但是他的藏书大部分送给了牛津大学。

　　贝德福德公爵的名字和许多精美的抄本联系在一起:一本在 1871 年巴黎宾馆大火中被烧毁的祈祷书;国家图书馆中的《索尔兹伯里祈祷书》,上面有他第二任妻子卢森堡的杰奎琳(Jacqueline of Luxembourg)的纹章;大英博物馆中的《贝德福德时祷书》(*Bedford Hours*),这是他为他的第一任妻子勃艮第的安妮而作,安妮是无畏者让(Jean sans Peur)的继承人;另一本祈祷书,是给他妹妹勃艮第的玛格丽特的;一本《骑士制度》(*Custoiment de chevalerie*),饰有贝德福德的纹章。让·图尔捷(Jean Tourtier)在 1429 年的鲁昂为贝德福德公爵抄写了一本希波克拉底的著作译本;公爵的牧师让·佳洛佩斯(Jean Gallopes)将他自己编辑的散文格式的《灵魂的圣地》(*Pèlerinage de l'ame*)献给了公爵,抄本中的一幅微型画展示了作者将书呈献给贝德福德公爵的场景。一个牧师约翰·托马斯为贝德福德抄写了两本书;威廉·哈诺伊斯在贝德福德的命令下,抄写了《星象判断》(*Judgement of the Stars*)。

　　当勃艮第公爵领地在 1361 年归还给王室的时候,好人约翰(John the Good)将王位传给了他的儿子菲利普,菲利普不仅是勃艮第公国的建立者,而且还是勃艮第图书馆的建立者,勃艮第图书馆的藏书大部分都在布鲁塞尔保留着。主图书馆从大胆者腓力传给

---

① Delisle, *op. cit.*, I, p.138.

了无畏者约翰、好人腓力、大胆者查理,又传给了他的女儿,他的女儿嫁给了神圣罗马帝国的皇帝马克西米利安。在勃艮第公国瓦解的时候,路易十一世宣称公国为自己所有,将许多公爵领地的房屋用品都给了他的支持者。玛丽似乎拥有许多他父亲的财产,这些财产都让她的丈夫变卖了,因为她的丈夫永远需要钱。我们知道许多带有珠宝的装订物都被马克西米利安皇帝卖了,我们可以推测,公爵图书馆的许多书可能都是通过这种方式散失了。奥地利的玛丽在摄政期间一直致力于重建这个图书馆,在 1530 年,她将其私人收藏的手稿和印刷的材料都留给了勃艮第。她的继任者继续保护这个图书馆。1731 年的一场大火给这个图书馆、绘画和这个建筑物中的其他东西造成了很大的损失。在 1748 年布鲁塞尔被围攻之后,法国人掠走了许多手稿,其中的一些在 1769 年被归还;在 1794 年他们再次掠夺了这个图书馆;在 1815 年又被强迫归还他们掠夺走的书籍。

尽管早期的佛兰德尔和艾诺的伯爵以及布拉班特公爵都对文学颇感兴趣,但是认为大胆者腓力在成为那个公爵领地的统治者时在勃艮第发现了一批藏书这件事情还是值得怀疑的。有一份编制于 1322 年的贝休恩的罗伯特(Robert of Bethune)的图书清单,里面有 13 个标题。菲利普的妻子玛格丽特·德·马莱(Marguerite de Mâle)很可能继承了她身为佛兰德尔伯爵的父亲的抄本,但是我们没有多少证据能证明这一点。在她的嫁妆中提到了书籍,但是没有提到书的名字。在她 1405 年去世之后,关于她的财物的一份清单中提到了一些书,这些书毫无疑问是来自佛兰德尔,而且很显然是来自她的父亲。①在菲利普的藏书中,宗教方面的著作、说教作品和历史著作尤其丰富。他从巴黎的书商那里购买了许多书,但是图书的彩饰工作大部分都是在北部完成的,因为那里的书籍装裱工艺已经能够和意大利相媲美。

无畏者约翰从他的父亲和他的母亲玛格丽特·德·马莱那里继承了书籍,他的母亲留下了三个男性继承人:约翰、布拉班特公爵安托万和纳韦尔伯爵菲利普。她已经签署了一份《非共同财产》

---

① Gotlieb, *op. cit.*, No.329.

(*non communauté*)协议,以保护自己免受其丈夫的债主的威胁,而且否认了自己支持约翰的权利。我们不确定这会对图书馆产生什么样的影响。杜特勒篷(Doutrepont)根据这三份财产清单中的标题①认为,从他的第三份财产清单中,约翰得到了这个完好无损的或接近完好无损的图书馆。安托万所得的部分后来给了好人腓力,但是菲利普的财产命运如何我们无从知晓。约翰的图书清单中书目数量达到 248 本,对于一个在文化领域没有多少声望的人来说,这是一个很庞大的数目。他确实是为了他的子女的教育而搜罗到了一些古典著作,他其中的一个儿子阿格尼斯(Agnes)具有浓厚的文学兴趣,他拥有一些有意思的手稿。玛格丽特的婚姻给这个家庭带来了博学的贝德福德公爵;第三个女儿嫁给吉耶纳的路易,他业余时间喜欢珠宝和书籍。在他统治期间,其图书馆藏书的增加可以归功于他对其父亲传给他的书籍的尊重。可以肯定的是,有一些书的抄写,其中包括比萨的克里斯汀的 7 本著作,是从菲利普在位时期开始的,到约翰在位时期完成。洛朗·德·普雷米耶尔费(Laurent de Premierfait)翻译了《十日谈》(*Decameron*),购买了瓦勒里乌斯·马克西穆斯的著作译本和约瑟夫斯的著作译本。一本珍贵的李维的著作在记录中消失了:约翰可能在康斯坦茨会议期间将它送给了乌尔斯尼斯(Ursines)的枢机主教。但是,1420 年的图书清单中还有 3 本李维其他的著作保留着。他的遗孀玛格丽特·德·巴维尔(Marguerite de Baviere)1423 年或者 1424 年的图书清单②看上去内容很少。它很可能仅仅是她去世时在第戎的一份书单,它既不能代表勃艮第图书馆,也不能代表玛格丽特的学术兴趣。 430

　　好人腓力(1420—1467 年在位)使得这个图书馆成为他那个时代最丰富的图书馆之一,在他去世的时候,他留下了大约 875 卷藏书。关于他如何建立了这个图书馆,我们所知甚少。这些书可能是从其家族中的很多成员那里继承来的——作为礼物、通过联姻、效忠的方式或者通过领土的增加。约翰二世的一些书可能传给了他,其他的一些书可能来自皇家图书馆——通过查理五世、查理六

---

① G. Doutrepont, *Inventaire de la librairie de Philippe le Bon*.
② Gottlieb, *op. cit.*, No.327.

世或者查理六世的女儿米歇尔（Michelle）。还有一些抄本可能是来自他的第二任妻子纳韦尔的菲利普的遗孀。有两部抄本来自格鲁修斯（Gruthuyse）的勋爵布鲁日的路易。

除了捐献的书籍以外，还有一些明确的购买图书的记录。腓力雇用了许多作者、书法家和彩饰工作者为宫廷服务。布鲁塞尔的缮写室是由他建立起来的。[①]当时在第戎的一个囚犯安茹的雷内（Rene of Anjou）为一本书创作了微型画，他将这本书呈给了腓力公爵，这本书现在依然在布鲁塞尔图书馆。[②]

在第戎城堡里有一个图书馆塔楼（*tour de la librairie*），但是这些书似乎并不是在一个地方保存着，一些在第戎，一些在巴黎，少数在根特，一些在布鲁日和安特卫普。[③]也没有任何正规的用来管理这些书籍的规章制度。在勇敢者腓力统治时期，它们被交托给理查·勒康特（Richard le Comte），他同时受雇为首席理发师。有时宝物卫士（*gardes-joyaux*）被指任为图书管理员。在好人腓力统治时期，大卫·奥伯特（David Aubert）是第戎城堡的图书管理员。[④] 他是艺术家、翻译家、作家和历史学家，他盛赞其赞助人的图书馆是世界上最好的图书馆。

前两位公爵的配偶在图书馆的形成过程中起了协助的作用，但是伊萨贝拉似乎对她丈夫的读写活动并不感兴趣。关于腓力的爱好我们有非常有趣的证据。他从作者给他的抄本中选取了一些他希望精美抄写和装裱的抄本。他为抄本的翻译和较老的有错误抄本的修订提供了必要的经费，并且作者和学者都可以进入他的图书馆。该图书馆增加的图书表明，有许多那个年代的散文尤其是编年史被收藏进来。他从其父亲那里得到了大约 10 本古典著作抄本，他传给其儿子 40 本。[⑤]他对特洛伊的传说尤为喜爱，他有 17

*431*

---

① P. Namur, *Histoire des bibliothèques publiques de Bruxelles* (Brussels，1840-1842)，I，20，n.1.

② *Ibid.*，p.21.

③ C. and M. Elton, *The Great Book Collectors* (London，1893)，p.95.

④ J. Marchal, *Catalogue des manuscrits de la bibliothèque royale des ducs de Bour-gogne* (Brussels and Leipzig，1842)，I，lxxxi.

⑤ Namur, *op. cit.*，I，22-23，gives a list of important books of Philip the Good which remained in the library in his time.

卷有关这方面内容的法文和德文书籍。他很少有史诗、语言和神话故事方面的藏书,但是他确实有《百篇短篇小说》(Cent nouvelles)。他对神秘剧尤其感兴趣,他甚至还亲自参与了一部,他有两本《特洛伊的秘密》(Mystère de Troie)。克罗伊家族在腓力的支持下似乎收到了许多礼物,因为在公爵的建筑中,有八件物品上有克罗伊的名字。令人赞赏的是,古典著作的藏书在增加,尤其是塞内加、西塞罗、奥维德、尤维纳利斯和萨鲁斯特的著作——一些是拉丁文、一些是法文。还有一本英文版的伪加图著作。在大多数情况下,公爵们拥有拉丁文和法文两种版本的著作。在宫廷中再处理这些古典著作是非常流行的做法,许多作者翻新希腊罗马的故事使之更富有时代感,公爵的图书馆里盛满了这些书。

勃艮第图书馆一个令人兴致盎然的组成部分是关于东方的藏书,尤其是关于土耳其的藏书,其中反映了 14 世纪由好人腓力领导的十字军东征。这一时期的一幅微型画展现的是一个骑士的形象,画面中反映了当好人腓力从巴勒斯坦和叙利亚返回以后,有人向他献上一部《古兰经》的场景。[①]关于土耳其的文献收藏尤其重要,1467 年的图书清单有一个栏目都是关于这方面的著作。

大胆者查理(Charles the Bold, 1467—1477 年在位)是好人腓力唯一的儿子,他得到了他父亲不可分割的财产——一份领土和一座精美的图书馆。腓力有的时候会带他的儿子一起去搜罗各种书籍。在许多微型画中,都体现了查理和他的父亲一起接受作者呈献图书的场景。其中在艾诺(Hainault)编年史一本译本中的微型画非常精美,它在公爵的命令下作于 15 世纪。这幅微型画被献给了罗希尔·范德魏登(Roger van der Weyden)和范爱克兄弟(the van Eycks),但是很可能它晚于这些艺术家。查理比他的前任有更多的闲情逸致阅读这些书籍,但是他并没有表现出和他父亲一样的文化方面的兴趣和好奇心。他喜欢更严肃的作者。

路易十一世寄给他一本用意大利文写成的关于查理大帝和其他法兰克国王们的著作,还有一份礼物,是公爵对意大利人的习俗和天分所作的完美研究的评论。他有一些挂毯,呈现的是汉尼拔

---

① O. Cartellieri, *The Court of Burgundy* (London, 1929), p.134.

和亚历山大大帝的事迹以及特洛伊城毁灭的场景。他阅读了他能够找到的全部关于恺撒、庞培、汉尼拔和亚历山大大帝的著作。他有一本色诺芬的《居鲁士的教育》（*Cyropaedia*），是由他的秘书从波基奥的意大利文本翻译过来的。当查理在 1477 年在南锡被杀的时候，这本令人喜欢的书被瑞士人在他的行李中发现了。1833 年，这本书在巴黎出售，被比利时的王后买下，它现存布鲁塞尔。[①]他喜欢阅读古代的法文著作，但是也能读英文、拉丁文和佛兰德语著作。

查理的第三任妻子约克的玛格丽特（Margaret of York）带来了一些英语著作，并且预定了勃艮第最丰富的藏书中的手稿。让·德·莫恩（Jean de Meun）就是在玛格丽特的命令下，将波埃修斯的《哲学的慰藉》译成法文，该译文抄本现存耶拿大学。[②]我们不能肯定他的前两任妻子法国的凯瑟琳和波旁的伊莎贝尔给图书馆增加了任何图书。

433　　我们对这个图书馆最后的发展情况不能作出令人满意的估测。1467 年的图书清单当然也是不完整的，在大胆者查理去世之后的图书清单仅仅列出了他在第戎的藏书。[③]

布拉班特公爵安托万即人们熟知的"大巴塔尔·德·勃艮第"（Grand Batard de Bourgogne），是 15 世纪杰出的藏书家。他是一位实干家，有着辉煌的军事生涯，他还在罗什城堡建立了一座藏书丰富的图书馆。他有许多精美的彩饰抄本。关于他去世以后他的图书馆的去向问题没有任何记载，有很大可能是被出售了。因为今天尚存的许多他的抄本都写着如下的格言："无人接近"（Nul ne l'aproche），此外还有勃艮第的阿多尔夫（Adolph）的签名，我们可以认为他这个曾孙以某种方式获得了一部分藏书。超过 30 本的安托万抄本被鉴别出来，散落在欧洲的各图书馆中，其中包括恺撒著作的法文译本、纪尧姆·德·南日（Guillaume de Nangis）的法国国王编年史、比萨编年史的意大利文译本、许多古典历史的再版著作，比如《罗莫利奥或罗马人的事迹》（*Romoleon ou faits des romanes*）和一本《希腊妇女给特洛伊的丈夫的信》（*Epitre des dames de Grece a*

---

①　Elton, *op. cit.*, p.96.
②　Bradley, *op. cit.*, I, 82.
③　Gottlieb, *op. cit.*, No.287.

*leurs maris devant Troie*）。似乎有大量的历史著作或者半历史性质的著作，尽管他的图书馆里的这些藏书并不具有代表性。有一本流行的巴索罗缪斯·昂格利库斯（Bartholomaeus Anglicus）著作《恶习的镜子》（*Miroir des vices*）的译本，还有一本奥古斯丁的著作以及礼拜仪式用书。他还有一本精美的让·德·莫恩翻译的波埃修斯的著作抄本和一本精美的雅克·勒格兰特（Jacques le Grant）的《美德读本》（*Le Livre de bonnes moeurs*）——附有雅克·德·蒂尼翁维尔（Jacques de Tignonville）写的《哲学家们的道德故事》（*Dits moraux des philosophes*）。①第二卷书曾经在克罗伊的查理（Charles of Croy）的图书馆里，克罗伊的查理是一位博学之人，是 16 世纪和 17 世纪初伟大的藏书家。这本手稿还包括拉罗什富科（La Roche-foucauld）的签名。安托万的书可以通过如下的"无人触摸"（Nul ne s'y frotte）这句格言而得到鉴别，前面是一组字母组合"N I E"，后面是"ob. de Bourgne"。②这个往往被当作藏书票（ex libris）来使用，而且经常出现在精美的彩饰中。 434

关于 14 世纪和 15 世纪的法国私人图书馆，我们知道的情况很少。1302 年内勒的封建领主拉乌尔·德·克莱蒙（Raoul de Cler-mont）的图书和艺术品清单里有 16 本书，全部都是为他的教堂而设计的。③14 世纪早期一位在俗人士的图书馆目录，即普瓦图勒伊城堡的图书目录，在本章的开头已经提及过了。1313 年一份埃丹城堡（Château du Hesdin）的图书目录仅列出了十几卷书——包括一本《圣经》、圣徒生活传和骑士传奇。④在好人腓力统治时期，大学的建立者拉乌尔·德·普雷勒（Raoul de Presles）的遗孀有不少于 6 本藏书，但是没有一本值得一提。⑤有一份 1380 年科尔尼永城堡

---

① A. Boinet, "Un Bibliophile du XVᵉ siècle: le grand Bâtard de Bourgogne," *Bibliothèque de l'école des chartes*, LXVII（1906），254-269. See also Bradley, *op. cit.*, I, 50.

② P. Laver, "Dechiffrement de l'ex-libris du grand Bâtard de Bourgogne," *Bibliothèque de l'école des chartes*, LXXXIV（1923），299-305.

③ Gottlieb, *op. cit.*, No.386.

④ *Ibid.*, No.299.

⑤ *Ibid.*, No.310.不要将这个 Raoul de Presles 和为查理五世翻译过《上帝之城》的那位同名学者混淆。参见 L. Douet d'Arcq, "Inventaire de Jeanne de Presles," *Bibliothèque de l'écle des chartes*, XXXIX（1878），81-109。

(Château Cornillon)的图书清单和 1409 年德·苏里阁下(Monseigneur de Sully)的财产清单。①蒙庞西耶女伯爵、奥弗涅的王妃加布里埃尔·德拉图尔(Gabrielle de la Tour)在 1474 年有大约 200 份纸制和羊皮纸手稿。②雅克·德·霍尔斯(Jacques de Houchin)在 1480 年有一座拥有 347 卷书籍的图书馆。③15 世纪末两个小规模的私人图书馆的主人是安托万·德·舒尔斯(Antoine de Chourses)和他的妻子凯瑟琳·奎蒂维(Katharine Coetivy)以及艾尔斯的领主让·仲马(Jean Dumas),两个图书馆现在都在尚蒂利。前者有 41 卷书,其中仅有 1 卷是印刷的,其他的都是牛皮纸抄本,而且许多都被彩饰过。这些书涉猎许多学科,包括神学、罗马法、历史和诗歌。第二个图书馆有 12 本抄本,其书写和装裱都非常精美。大部

435 分书都是骑士传奇,但是也有一本《圣经》、一篇关于亚里士多德的著述、薄伽丘的著作和贝苏里(Bersuire)翻译的李维的著作。④

　　加利尼(Jaligny)的领主在 1413 年在波尼耶(Bomiez)拥有 87 卷藏书,内容包括宗教著述、法文的骑士传奇及历史著作、李维的著作以及奥维德的《变形记》。⑤1471—1472 年昂热城堡的一份图书清单列出了一些属于西西里国王勒内(Rene)的藏书,它以意大利文的一本但丁著作开头。⑥皮埃尔·卡多内尔(Pierre Cardonnel)是利雪教堂的昂热执事长和巴黎圣母院的教士,他于 1348 年去世的时候,在他巴黎的家里有大约 30 卷书。在这些书中,有一本祈祷书、一本《诗篇》、一本弥撒书和一两本其他的宗教著作,其他所有的书都是医学方面的书籍。⑦埃克斯的大主教尼古拉斯于 1443 年在阿维农拥有一座神学著作图书馆。⑧贝恩的贝尔纳是科米涅(Commignes)的私生子,是著名的富瓦家族的成员,在卡庞特拉教

---

　　①　Gottlieb, *op. cit.*, Nos. 278, 405.

　　②　*Ibid.*, No.298.

　　③　*Ibid.*, No.301.

　　④　Duc d' Aumale, "Notes sur deux petites bibliothèques francaises du XV[e] siècle," *Miscellanies of the Philobiblon Society*(London, 1862), pp.6-8.

　　⑤　Gottlieb, *op. cit.*, No.302.

　　⑥　*Ibid.*, Nos. 384, 385.

　　⑦　*Ibid.*, No.266. See also Chérau, *La Bibliothèque d'un médecin au commencement du XV[e] siècle*(Paris, 1864), and E. Bishop, *Litrugica historica*(Oxford, 1918), p.425.

　　⑧　*Ibid.*, No.339.

区蒙特城堡里过着隐居的生活。根据 1497 年的图书清单,他的图书馆里有 63 卷书,但是只有很少的拉丁文著作。这些书既有抄本,也有印刷的书籍,涉及各种不同的学科,尤其是神学和哲学。①

我们有许多这一时期法国教会的财产清单,从中可以发现他们的藏书几乎全部是祈祷用书。1307 年的一份阿维农附近的维勒纳夫的圣安德鲁修道院图书馆的图书目录表明,那里有 60 卷布道书、《圣经》评论以及类似的著作。②我们有 1307 年第戎的多明我会修道院的图书清单③和 1347 年及 1419 年亚眠主教座堂的图书清单④,这些图书清单表明,其中的大部分书籍是礼拜仪式用书和神学著作,但是也有一卷塞内加《论事物的本性》(De natura rerum) 抄本。我们有 1372 年圣欧文修道院图书馆的图书清单。⑤在图书馆一间长方形的房间里,有拱形的房顶,在房间的一端有窗户。书被存放在有三个书架的书橱中,每一个书架又分不同间隔来摆放书籍。"a porte sinistra, linea II, B, vi"表明的是,书在左边第二个书架上,是 B 架上的第六本。还有财产清单,包括 1372 年特鲁瓦附近蓬–圣玛丽(Pont-Sainte-Marie)助理牧师的书单、1379 年巴黎圣墓教堂的书单、1388 年赫维恩(Huveanne)修道院的书单和 1397 年圣彼得教堂的书单。⑥

在 14 世纪下半叶,罗沃的拉杜尔夫斯(Radulphus of Rovo)后来成了通格尔(Tongres)主教座堂的教士和科隆学院的教区牧师,他在罗马跟随君士坦丁堡的西蒙学习希腊语,西蒙是未来底比斯的大主教。拉杜尔夫斯在多次旅行的过程中,获得了许多抄本,他将这些抄本留给了列日的圣雅克(St. Jacques)修道院以及布雷达(Breda)和通格尔的教堂,最有名的是一本希腊文版本的《新约》,

436

---

① Gottlieb, *op. cit.*, No.257; Bishop, *op. cit.*, pp.431-433.

② *Ibid.*, No.415.

③ *Ibid.*, No.286.

④ *Ibid.*, Nos. 239, 240.

⑤ *Ibid.*, No.392; L. Delisle, "Du Charles V," *Bibliothèque de l'école des chartes*, 3d ser., I(1849), 227-230.

⑥ *Ibid.*, Nos. 308, 374, 300, 313.

伊拉斯谟曾经使用过它。①

到 14 世纪末的时候,巴黎圣母院教会图书馆受到了异乎寻常的关注。巴黎主教皮埃尔·德·奥格蒙特(Pierre d'Orgemont)是一位热情的藏书家,在大约 1384 年他送给该图书馆几本书,包括多卷本的圣经、一本关于医学的书、莱拉的尼古拉斯(Nicolas of Lyra)的布道书和一些教会法及民法书籍。主教杰拉德·德·蒙泰居(Gerard de Montaigu)在 1420 年去世,他去世前留下了一本精美的布道书,现存国家图书馆。教会图书馆通常锁着并被周密地看守,1429 年该图书馆订购了 8 个新的铁链。巴黎主教巴约的威廉·夏蒂埃(William Chartier of Bayeux)在 1472 年去世,他给巴黎圣母院留下了 13 本书,这些书被铁链锁在两个装饰有其纹章的桌子上。主教路易·德·博蒙特(Louis de Beaumont)在 1492 年给主教座堂留下了礼拜仪式藏书。②

437 利雪主教托马斯·贝森(Thoams Basin)在 1489 年给他的教堂留下了一本 12 世纪昆图斯·科提乌斯的手稿,这本手稿后来到了布鲁塞尔的皇家图书馆。③我们有 3 份 15 世纪巴约教会的图书清单,有一份 1440 年多尔教会的图书清单。④在 1405 年,腓力·德·梅契叶(Philip de Mezierès)将他的书留给了巴黎的塞莱斯坦修道院。⑤有一份 1461 年奥尔良圣保罗教会图书馆的图书清单,一份 1471—1472 年兰斯圣母院的图书清单和 1473 年阿尔勒圣切萨里(Saint-Cesaire)修道院的图书清单。⑥有 15 世纪大查特加尔都西会和克莱尔沃及查隆斯的西多会图书清单。⑦克莱尔沃修道院在 1351 年接受了大约 45 卷的藏书,是朗格勒的一位叫雅克·德·昂德科尔的教士的私人图书馆的部分藏书。另一位教士有一座拥有

---

① A. Roersch, *L'Humanisme belge à l'époque de la renaissance* (Brussels, 1910), p. 8; D. Ursmer Berlière, *Documents pontificaux concernant Raoul de Rivo* (Namur, 1908).

② A. Franklin, *Recherches sur la bibliothèque publique de l'église Nôtre Dame de Paris au XIII<sup>e</sup> siècle* (Paris, 1863), pp. 40-63.

③ Delisle, *Littérature latine et histoire du moyen âge*, p. 105.

④ Gottlieb, *op. cit.*, Nos. 252-254, 288.

⑤ A. Franklin, *Les anciennes bibliothèques de Paris* (Paris, 1867-1870), II, 91.

⑥ Gottlieb, *op. cit.*, Nos. 341, 312, 247.

⑦ *Ibid.*, Nos. 273, 276, 275.

145 卷书的图书馆。①

　　毫无疑问,许多图书馆在百年战争所造成的大范围的破坏中随着教堂和修道院一道消失了。②彼特拉克对这一时期法国的描述是众所周知的:"对这一切我很难辨认出什么来,我看到了一个极其富有的王国倾覆为灰烬,如果不是有城市或堡垒的城墙环绕着,那就几乎没有一所房子伫立了。"③

　　大学同样也有捐赠人。奥斯提亚的大主教让·弗拉克松(Jean Fraczon)在 1408 年捐给阿维农的圣尼古拉斯(St. Nicolas)900 卷书。④康布雷(Cambrai)主教是纳瓦尔大学的第二位创建者,并且在 1384 年的时候在那里任教,他在 1407 年去世前留下了自己的藏书。⑤1404 年塞茨(Seez)主教格里高利·朗格卢瓦(Gregory Langlois)的财产清单中包含了一份简短的书单,上面列出的既有塞茨大学小教堂的书,也有他自己的书。⑥欧坦大学由皮埃尔·伯特兰德 *438* 于 1341 年创建,它拥有 15 世纪末巴黎最大和组织最好的图书馆之一。⑦关于这个图书馆,我们有一份 1462 年的图书清单。⑧还有 1432 年马尔什学院(College de la Marche)的财产清单、1411 年霍乐茨学院(College de Cholets)的财产清单、1437 年福尔泰学院(College de Fortet)和特勒索里耶学院(College du Tresorier)的财产清单以及 14 世纪两所医学院的财产清单,所有的清单都是由戈特利布编制整理的。哈考特大学是在接近 14 世纪末建立的,它没有早期的图书馆书目,但是 1311 年的条例规定图书馆新书都要登记在一本簿子上。我们有几份 15 世纪这个图书馆获得的礼物清

---

　　① Gottlieb, *op. cit.*, No. 305; J. Carnaudet, "Bibliothèques de deux chanoines de Langres au XIVᵉ siècle," *Bulletin du bibliophile*, 1857, pp. 463-477.

　　② Cf. H. Denifle, *La Guerre de cent ans et la désolation des églises, monastère et hôpitaux en France* (Paris, 1899).

　　③ *Rerum senil. liber* x. ii.

　　④ J. H. Wylie, *History of England under Henry IV* (London, 1894-1898), III, 343.

　　⑤ *Ibid.*, p. 24.

　　⑥ Gottlieb, *op. cit.*, No. 346.

　　⑦ Franklin, *Les anciennes bibliothèques de Paris*, II, 70.

　　⑧ Gottlieb, *op. cit.*, No. 342.

单。①圣维克多修道院图书馆是巴黎面向学生开放的最大的图书馆之一。拉伯雷非常熟悉这里的藏书,他在《巨人传》(*Pantagruel*)中写了一篇著名的关于该图书馆目录的戏仿作品。②

最大的图书馆是索邦图书馆,它是在 13 世纪中叶大学出现之后不久建立起来的。理查德·德贝里在给一位书籍爱好者描述快乐的巴黎时,脑中想象的可能正是索邦:"在那令人愉悦的图书馆的散发着香气的藏室上,所有书卷的花园绿意葱茏。"("Ibi biliothecae jucundae super cellas aromatum redolentes, ibi virens viridarium universorum voluminum.")③那些在索邦和许多其他大学学习和教书的人的慷慨举动在 13 世纪中叶到 15 世纪末近 200 个捐赠者名单中得以显现。④图书捐赠者有时指定书籍的使用方式以及使用者,比如是给弗莱芒语或者英语学生使用。作者们捐赠他们的著作抄本;有的时候图书是以还贷的方式留给索邦的;许多手稿都是通过抄写或者购买的方式获得的。在 1483 年,大学使用一位修士的钱购买了图书,这位修士在年轻的时候曾经偷过该图书馆的书。

索邦图书馆最早的图书目录是由德莱尔在旧封皮的两张残缺的纸上发现的。⑤在 1289 年,这个图书馆被重新组建,分成了一个大的和一个小的图书馆。在大图书馆里,保存的是经常被使用的书,1321 年的管理章程要求这个图书馆拥有的每个学科最好的书籍都要妥帖地被保管。小图书馆的图书是用来制作副本的,这里的书籍很少被使用,但是可以外借。1290 年的一份图书目录包括了1 000 多个条目。⑥1338 年的图书目录列出了在 59 个不同的学科下的 1 722 卷书,⑦并分成 3 个部分——小图书馆、大图书馆和一个这些图书内容的比较。书单中有书的价格和捐赠者信息。

439

---

① Bouquet, "Collège d'Harcourt," *Revue des bibliothèques*, I(1891), 177-191.

② Gustave Branet, in *Catalogue de la bibliothèque de l'abbaye de Saint Victor et essai sur les bibliothèques imaginaries*(Paris, 1862), attempted to identify the books in Rabelais's parody catalogue.

③ *Philobiblon*, chap. viii.

④ Delisle, *Le Cabinet*, II, 142 ff.

⑤ *Ibid.*, I, 180.

⑥ Gottlieb, *op. cit.*, No.348.

⑦ *Ibid.*, Nos. 349-351; published in Delisle, *op. cit.*, III, 9-114.

很显然这里的书可以无限期地外借,但是需要用与这些书同等价值的物品来作抵押。索邦保留着巴黎向学生开放的修道院图书馆的图书目录。①图书管理员由社团成员选出,并且给他们配备几个助手。图书馆的钥匙在指定人的手里掌管着,但是在 1391 年的时候,其人数降为 20 人。②15 世纪的时候建立了一个新的图书馆,时间是 1481 年。我们发现了一些图书馆的管理条例,③以下是其中的几条:读者要锁门;在离开阅览室之前要将书归还原处;阅读完之后要将书合上;在阅读的时候要爱护图书。

在议会改革时期巴黎大学伟大的校长中——约翰·吉尔森(John Gerson,1363—1429 年)在 15 世纪法国图书历史上是不能被忽略的。作为一位神秘的基督教社会主义者和一位热心的教会 440 改革者,吉尔森将本国语言的使用引进到教育中,他尤其对儿童的教育感兴趣。他为儿童写了《普通人基础知识》(*L'A. B. C. des simple gens*)和一本小册子《论孩子的天真》(*De innoventia puerili*),在其中他痛骂通过坏书和淫秽图画腐蚀孩子的行为。在 1423 年,他还为塞莱斯坦修道院和加尔都西会修道院写了一本小书《小议作家之功绩》(*De laude scriptorum tractatus*),他博学而又富有热情地探讨了抄写工作的评价问题,认为抄写不是低三下四的工作,而是为上帝和人类事业作出的杰出服务。他还写了一本关于抄本中缩略语方面的简短而富有技巧的小册子《初学写作谋篇法则汇编》(*Quedam regale de modo titulandi seu apificandi pro novellis scriptoribus copulate*)。④他发明了使用字母和数字作段落索引的方法,这一方法一直持续到 1525 年。根据这一体系,我们可以找到数字 46,字母 Z,或者数字 87,字母 M,每一个字母代表大约 30 行文字。⑤

我们现在再来看看法国王室的藏书者,查理七世(1422—1461

---

① Delisle, *op. cit.*, II, 196.

② *Ibid.*, p.197.

③ Franklin, *Les anciennes bibliothèques de Paris*, I, 238, n. I, prints one and at p.244, gives a facsimile of another.

④ 两篇文章均由 John Spencer Smith 出版,第一篇出版于 1840 年的卡昂,第二篇出版于 1841 年的鲁昂。

⑤ P. S. Allen, *Proceedings of the British Academy*, XI(1924-1925), 350-352.

年在位)几乎没有给这个图书馆增加什么图书。我们知道有少数几本书被献给他,他雇用了编年史家、历史学家和翻译家。他的账簿显示了他用于买书和羊皮纸的费用支出。在 1428 年,他给奥尔良公爵寄去了一本法文版《圣经》,这本书被保留了很长时间,以至于在 1436 年的图书清单中还有这本书,后来它又被归还了回去。①在贝里公爵的遗嘱中,他将一本祈祷书留给了查理七世。

查理的女儿们拥有书籍,著名的有波旁公爵夫人让娜·德·弗朗斯(Jeanne de France)拥有一本薄伽丘著作译本、一本《耶稣传》(*Vita Christi*)、一本让·德·库西(Jean de Courcy)的编年史、比萨的克里斯汀的《三德书》(*Le Livre des trios vertus*)以及《亚历山大大帝传奇》(*Roman d'Alexandre le Grand*)。②尤兰德(Yoland)是查理七世的女儿和萨伏伊的阿马德奥(Amadeo of Savoy)的妻子,她有一座精美的图书馆,收藏有塞内加的《信札》(*Epistles*)、西塞罗的《图斯库勒论辩》(*Tusculan Disputations*)、瓦勒里乌斯·马克西穆斯、但丁、圣贝尔纳、波埃修斯的著作和《萨伏伊编年史》《漂亮的埃莱娜》(*La Belle Hélenè*)、《百篇短篇小说》(*Les Cents nouvelles*)和 4 本《圣经》以及许多弥撒用书。她的书装满了 3 个箱子。③

德莱尔提及了路易十一世(1461—1483 年在位)唯一的图书目录,在 1484 年的图书清单中仅有 33 本抄本,是由萨伏伊的夏洛特(Charlotte of Savoy)得到的,并为查理八世预留。这一时期最好的画家图尔城的让·富凯(Jean Fouquet)被雇用为国王的抄本画工,让·布尔迪肯(Jean Bourdichon)和让·毛贝特(Jean Maubert)也被雇用。路易十一世推荐毛贝特去卡昂大学当抄本画工。我们知道两位图书管理员的名字:一位是洛朗·帕尔米(Laurent Palmier),他在 1473 年获得 300 里弗薪水,一位是让·普罗沃斯特(Jean Provost),他在 1474 年从事这项工作。如下的一个故事经常被传讲,权威的依据是加布里埃尔·诺德(Gabriel Naude)说路易十一世希望从巴黎大学的医学院借一本阿拉伯医生雷塞斯(Rhases)的手

①　G. Du Fresne de Beaucourt, *Histoire de Charles VII* (Paris, 1891), VI, 401.
②　Paulin Paris, *Les Manuscrits francais de la bibliothèque du roi* (Paris, 1836), Nos. 6879, 6716, 6951, 7039, 7142.
③　A. Cim, *Le Livre* (Paris, 1923), V, 372.

稿，他被要求提供抵押品。①

路易十一世有四次机会来丰富皇家图书馆的藏书：1469 年枢机主教巴鲁埃的被捕；他的弟弟吉耶纳公爵查理之死；1477 年大胆查理被打败；1477 年阿马尼亚克的雅克被定罪。他没收了枢机主教的藏书，一度将它们放在了他的图书馆里，他得到了他弟弟的一些书，但是其他两个人的藏书他都没有得到。枢机主教巴鲁埃②是作为一个政治家而不是一个主教于 1469 年被投入了监狱。他在 1480 年被释放并前往罗马，在全力获得教皇的支持后，他在 1483 年成为阿尔巴诺（Albano）大主教。在路易十一世去世之后，他又作为教皇的使节回到法国，1485 年成为查理八世在罗马教廷的大使。在 1482 年，路易十一世恢复了巴鲁埃的一些世俗权利，当时 *442* 他重新获得了他的采邑，可能还有他的图书馆。当国王掌控巴鲁埃图书的时候，两本借来的书被归还给了主人；提供经费用于完成两本未完成的抄本。这些书受到了巴黎大学四个图书管理员之一的帕基耶·博诺姆（Pasquier Bonhonmme）的鉴定，最终，国王的大臣皮埃尔·德·奥里奥尔（Pierre d'Oriole）掌管了这些书。这些藏书大约有 100 卷，除了虔信派的著作、教会法和神学著作之外，还有几卷特伦斯、塞内加和薄伽丘的著作。③

路易十一世的弟弟吉耶纳公爵查理师从罗伯特·布隆德尔（Robert Blondel）学习法律，他有一个精选的小图书馆。内穆尔公爵雅克·德·阿玛纳克（Jacques d'Armagnac）从他的外祖父雅克·德·波旁那里继承了一些藏书，他的外祖父是匈牙利、耶路撒冷和西西里国王，他又从其父亲那里继承了其曾祖父贝里公爵约翰的一些手稿。让·富凯为他订购的书籍进行彩饰，而米歇尔·古奈特（Michel Gonnet）和雅各·蒂内金（Jacob Tineykin）是他的抄工。他的书可以从对其中的标题和微型画的注解中得到确认。许多书中还有他的族徽纹章和下面 12 个字母的组合：A、D、E、F、I、M、

---

① G. H. Putnam, *Books and Their Makers during the Middle Ages* (New York and London, 1896-1897), I, 136, 299; Elton, *op. cit.*, p.100; Cim, *op. cit.*, II, 319.

② Delisle, *Cabinet*, I, 79-84; H. Foregot, *Jean Balue*, *Cardinal d'Angers* (Paris, 1895); D. B. Wyndham Lewis, *King Spider* (New York, 1929), pp.399-416.

③ Gottlieb, *op. cit.*, No.249.

N、O、R、S、T 和 U,他的 50 多本抄本得到了确认,大部分是法文。我们不知道在他被非难之后他的书是如何处理的,但是它们没有被并入皇家图书馆。路易十一世的妻子玛格丽特·德·埃斯科斯(Marguerite d'Escosse)在 1444 年去世,她用法文对《约伯记》作了注解。他的第二任妻子萨伏伊的夏洛特于 1483 年去世,她拥有一个包括 100 本书的图书馆,在 1484 年,该图书馆的图书清单被编制出来。①此外,玛格丽特在路易十一世去世时得到了大约 30 卷书,她将这些书留在安布瓦斯送给了她的儿子查理八世。②

**443** 查理八世继承王位的时候拥有路易十一世的 30 本抄本以及曾经属于他母亲的上百卷书。在他统治期间,虽然历时短暂,这个图书馆仍然增加了相当数量的藏书,有的是查理购买的,有的是别人敬献给他的,有的是通过征服那不勒斯而获得的。在查理从他父亲那里继承的书籍中,4 本在国家图书馆,装饰有法国之盾和萨伏伊的族徽纹章。查理在几本法语抄本上都签了名,其他的书上有他的座右铭。在他订购的书中,罗伯特·加甘(Robert Gaguin)为查理将恺撒的评论翻译成了法文,罗伯特·加甘是路易十一世、查理八世和路易十二世的图书管理员。

在 1494 年战役之后,查理八世从那不勒斯掠夺了大量的财物,但是战利品并不包括那不勒斯阿拉贡的国王们的图书馆。③他从那不勒斯仅得到了几本希腊文和拉丁文抄本,国家图书馆中的那不勒斯藏书主要是由路易七世、大主教安布瓦斯和查理八世的藏书构成。查理邀请约翰·拉斯卡里斯(John Lascaris)和他一起回法国,约翰·拉斯卡里斯是已经受雇于洛伦佐·美第奇的希腊学者。拉斯卡里斯平均的薪水是 400 里弗,他为查理八世和路易十二世都作出了很大的贡献。他帮助路易十二世在布鲁瓦建立了图书馆,当布鲁瓦的图书馆转到枫丹白露的时候,拉斯卡里斯和布德(Bude)一起为法兰西斯一世做了相同的工作。由于要服务于宫廷,因此拉斯卡里斯几乎没有时间从事正常的教学工作,从他这里

---

① Gottlieb, *op. cit.*, No.270.
② *Ibid.*, No.322;Delisle, *Cabinet*, I, 77-78.
③ Delisle, *Cabinet*, I, 97.

受益并且使用其藏书的是布德。伊拉斯谟高度赞扬了拉斯卡里斯,①拉伯雷称他为"好朋友"(bon ami)。②

路易十二世在 1499 年即位之前,拥有他的祖父奥尔良的路易(1372—1407 年)奠基、他的父亲诗人奥尔良的查理(1391—1465年)建立的一个著名的图书馆。这位君主,被认为是法国图书馆历史上最后一位将法国皇家图书馆和奥尔良藏书整理到一起,又将米兰公爵图书馆和布鲁瓦的路易 150 卷藏书添加进来之人。

布鲁瓦图书馆最开始的藏书规模非常小,仅有 5 卷书,是由国王查理五世送给他的儿子路易一世,路易一世也是路易十二世的祖父。其中有两本《圣经》、一本弥撒祈祷书、《国王的统治》(Le Gouvernement des rois)和威尼斯人《马可·波罗游记》(Les Voyages du Venitien Marco Polo)。路易一世又给图书馆添加了如下的藏书:购自让·弗罗萨特的《国王的故事》(Le Dit royal);《法国编年史》(Les Chroniques de la France);两本骑士传奇故事《玫瑰传奇》(La Rose)和《兰斯洛特》(Lancelot);亚里士多德的著作;《伊索寓言》;《天堂与世界论》(Livre du ciel et du monde);《上帝之城》(Cité de Dieu);《象棋读本》(Livre d'échecs)和一些古典著作:苏托尼厄斯、李维、卢西恩、波埃修斯的著作。在 1397 年,路易一世命令建筑师在布鲁瓦城堡为他建设图书馆,并且派了一个代理人去英格兰购买图书。艾蒂安·勒安格文(Etienne l'Angevin)提供羊皮纸,管理图书,并且给为路易一世制作抄本的人支付薪水。我们没有这个图书馆的图书清单,甚至我们现在也不可能大致估算出它的规模,但是有可能它是很大的,因为在 1397 年的时候,图书装订者维利耶的吉约姆·德·维莱尔(Guillaume de Villiers)为它装订封皮并装饰了 62 本书。

法国公主为了给她父亲约翰二世获得赎金而嫁给了米兰公爵,她的女儿瓦伦丁·维斯康蒂(Valentine Visconti)作了路易的妻子。她很早熟,在很小的时候,她就学习拉丁文甚至希腊文,并且和维斯康蒂家族的其他成员一样对文学表现出了同样的兴趣。作为一

①　*The Epistles of Erasmus*, tr. F. M. Nichols, I, 440, 447, 449; III, 372.

②　*Gargantua*, I, 24.

个女孩子,她有 11 本书,这几乎和她祖父国王约翰时期法国的皇家图书馆的图书书目相当。作为嫁妆,她带到法国 18 卷书,包括 2 卷德文书籍和约翰·曼德维尔爵士(John Mandeville)的游记。①在她去世的时候,她至少有 26 卷书,可能还更多——因为我们没有完整的关于她这个图书馆的图书清单。

作为路易一世和瓦伦丁的儿子,以及后来成为法王路易十二的路易二世的父亲,查理将其从父亲那里得到的主要的著作都带到了布鲁瓦,并花了 440 里弗购买了曾经属于他母亲的一些书。他选的书有:法文版《圣经》、《威尔士人帕西法尔》(Parceval le Galois)、《玛丽三姐妹》(Le Livre des trios Maries)、《特洛伊的历史》(L'Histoire de Troye)、《女士的镜子》(Le Miroir des dames)以及《谦恭者吉隆》(Gironle Courtois)。②在阿金库尔战役之后,查理被掳,于 1415 年 10 月 25 日被送到了英格兰。他的被囚打断了图书馆发展的历程,但是他依然尽力保护他的藏书。在 1417 年,列出了一份关于珠宝、挂毯、家庭用品还有书籍的财产清单,要求仆人们负责保护这些物品。这份财产清单③是由查理的秘书 P. 勒努尔(P. Renoul)列出来的,共有 90 多个条目,开头是奥维德的《变形记》法文版,后面有《圣经》、一份索引、《诗篇》、祈祷书和其他的宗教学著作以及特伦斯、维吉尔、尤维纳利斯和亚里士多德的著作。在英国人于 1427 年到达布鲁瓦之前,查理写信给让·德·罗谢尔特(Jean de Rochechourt),指示他将家用物品搬到他在拉罗歇尔(La Rochelle)的家来安全保管。让在 1429 年 2 月 28 日将它们搬到那里,于 1436 年又把它们全部搬回布鲁瓦。

昂古莱姆伯爵约翰是奥尔良的查理的哥哥,他成为查理在英格兰的狱友,他在那里抄写了 9 卷书,其中包括《凯顿讲道》(Caton moralisé),一直到 1562 年,它还被锁在昂古莱姆主教座堂唱经楼里。他让人抄写了乔叟的《坎特伯雷故事集》,并且在其中做了注释。他的同伴欧德斯·德·富伊瓦(Eudes de Fouilloy)抄写了波埃修斯的著作和许多其他哲学及宗教学著作,并做了注释。约翰·杜克斯沃斯

445

---

① P. Champion, *La Librairie de Charles d'Orléans*(Paris, 1910), pp.lxix-lxx.
② *Ibid.*, p.lxxiii.
③ Gottlieb, *op. cit.*, No.259.

(John Duxworth)为他抄写了《圣安瑟伦沉思录》(*Meditations of Saint Anselm*)。他 1467 年的财产清单[①]里有 150 多卷书,其中大约 15 卷来自奥尔良的查理。它们传到了枫丹白露的弗朗西斯那里,现存国家图书馆。奥尔良的巴斯塔德也有藏书,其中许多看上去来自奥尔良的查理的图书馆。1468 年编制的他的图书馆的图书清单中有 53 卷羊皮纸和纸质图书,其中仅有 5 卷是拉丁文著作。[②]

在 1440 年,也就是他被俘 25 年以后,查理回到法国,随身带回来许多书,这些书来自卢浮宫图书馆,这个图书馆已经属于贝德福德公爵。1440 年的图书清单列出了 68 卷来自英格兰的图书,[③]但是在他到布鲁瓦之后的一个更详细的图书目录显示,他跨越英吉利海峡带回来 100 多卷书。[④]这份布鲁瓦的图书目录是我们所拥有的最后一份图书目录,[⑤]但是,查理一定添加了更多的书籍,在他 1465 年去世之前,关于这些我们没有任何记载。在他返回法国之后,查理将布鲁瓦城堡变成了一个图书馆中心,弗朗索瓦·维庸(Francois Villon)曾经一度是他宫廷里的诗人之一。曾经属于奥尔良的查理的妻子克里夫斯的玛丽的一份阿兰·夏蒂埃(Alain Chartier)抄本里面有 58 个签名,这些签名是他们在布鲁瓦收集到的文友的名单。除了在图书清单上列出的书卷之外,其他的书卷可以通过查理的纹章和签名鉴别出来。他通常不仅在他的书里写上他的名字,而且还会写上他如何获得这些书的一些信息,如下:

> 我,奥尔良公爵,在米兰从小兄弟修会那里购买了这本书,其作者为多那图斯。[⑥]

钱皮恩(Champion)根据他所拥有的所有图书记载,编制了一

---

① Gottlieb, *op. cit.*, No. 306. See also Delisle, *Cabinet*, I, 148 f.; Champion, *op. cit.*, Appen. II; Dupont-Ferrier, "Jean d' Orléans, comte d'Angoulême d'après sa bibliothèque," *Bibliothèque de la faculté des lettres de Paris*, III(1897), 39-92.

② *Ibid.*, No.250; Delisle, *Cabinet*, III, 194-195.

③ Champion, *op. cit.*, pp. xxv-xxix.

④ *Ibid.*, p. xxxiv.

⑤ Gottlieb, *op. cit.*, No.261.

⑥ Delisle, *Cabinet*, I, 114.

份综合的奥尔良的查理的图书馆目录。①他通过这种方式列出的书单超过 300 卷书,而在公爵生前编制的最后一份图书目录里仅有 188 卷书。其中神学著作的数量最多。但是,法律、医学和科学著作也有代表作。他有异常精美的古典著作藏书:包括多纳图斯、加图、西塞罗、塞内加、维吉尔、贺拉斯、尤维纳利斯、伊索、特伦斯、萨鲁斯特等人的著作。他有伯苏里翻译的李维和奥维德著作的法文译本,当然还有骑士传奇以及相当数量的诗歌方面的藏书。

查理去世以后,他的妻子玛丽·德·克里夫斯(Marie de Cleves)精心地保管着他的书准备给他的儿子使用。玛丽自己还有一些书。在她结婚的时候,她获得了许多历史著作、骑士传奇和一些诗歌。大约 25 卷书在她绍尼城堡的财物中被发现。国家图书馆有两部带有玛丽签名的手稿:《耶稣基督受难记》(*La Passion de Notre-Seigneur*)和《上帝的意图》(*Les Voies du Dieu*)。②

在 1499 年,当时奥尔良的公爵路易二世成为法国国王路易十二世,他开始有步骤地增加他在布鲁瓦图书馆的藏书。在他统治时期,各个国王的私人图书馆都成了法国图书馆的藏书。他非常明确地确定了一个原则,即任何一个国王所收藏的书籍,他的继任者都必须要忠实地保护好它们。我们有一份 1496 年奥尔良图书馆的图书清单,③但是没有路易十二世全部藏书的图书目录。在这一时期,他的图书馆新添加的书包括:赫林的罗伯特翻译的《罗马史》(*L'Histoire romaine*);歌曲集《天的影响》(*Influencia celi*);一本精美的意大利文祈祷书,里面有 28 幅大的和 60 幅小的微型画,这本意大利祈祷书后来转到了艾尔米塔什博物馆。安托万·塞拉尔德(Antoine Cerard)为路易十二世印刷书籍,还特别让人为路易十二世装饰书籍。但是,印刷书籍增加过程非常缓慢。在 1501 年,一位叫吉勒斯·哈内坎(Gilles Hannequin)的教士装订了 126 卷书,其中的一卷带有蓝丝绸,并装饰有漂亮的金色鸢尾花纹章图案,另一卷的装订显示了意大利艺术的特色,为路易装订的 6 本拉丁文

447

---

① Champion, *op. cit.*, pp.1-114.

② *Ibid.*, Appen. I.

③ Gottlieb, *op. cit.*, No.269.

抄本和 17 本法文抄本尤其精美,它们包括:一本关于王权的专著;雅各布斯·菲利普斯·西蒙内塔写给路易十二的一首诗;写给路易十二的一首田园诗;彼特拉克的《药方》(*Les Remèdes*)和《胜利》(*Les Triomphes*)(译于鲁昂);色诺芬、阿庇安、查士丁的著作;《埃涅阿斯纪》以及奥维德的《信札》译本;一篇关于国王在意大利胜利的论述。

有 15 本抄本,全部以其书法和彩饰而闻名,是呈献给布列塔尼的安妮的,或者是在她的命令下所完成的,这些抄本都得到了确认。布列塔尼的安妮的祈祷书以其 300 幅植物和昆虫画而著称于世,它的 49 幅大一点的微型画取材于《旧约》和《新约》以及其中的历法。安妮本人也出现在一幅画作中,布鲁瓦城堡出现在另一幅画作中。这本书使用广泛,在安妮生前它就被重新装订,它的装饰是由让·普瓦耶(Jean Poyet)和让·布尔迪雄(Jean Bourdichon)完成的。①安妮的书籍清单在 1498 年被整理出来。②

路易十二世通过继承关系获得了米兰公爵的头衔,因为他是瓦伦丁·维斯康蒂的孙子,也是詹加莱亚佐·维斯康蒂(Giangaleazzo Visconti)的曾孙。他于 1499 年进军帕维亚和米兰,夺得了比斯康蒂-斯福尔扎家族的帕维亚图书馆作为战利品。毫无疑问,他正是从帕维亚图书馆获得了几本彼特拉克的著作,它们现存国家图书馆。③路易还将布鲁日的路易、格鲁苏伊斯领主和荷兰统治者的一些书带到了布鲁瓦。关于他如何获得这个图书馆,我们没有任何文献记载,据说这个图书馆可以和他自己的图书馆以及勃艮第公爵的图书馆相媲美。格鲁苏伊斯书籍的纹章全被覆盖了,这使得我们对他们获得这些书的方式更加无法查证。布鲁日的路易的纹章被百合花图案(fleur-de-lis)的盾牌取代,标志"L. M."中的第二个字母变成了"A";但是如果找到了序号及其排列特点的踪迹,这能够揭示书籍所属情况,尤其是抄本本身的情况,我们就有可能在国家图书馆的抄本中确认出 150 卷曾经属于布鲁日的路易。

布鲁日的路易图书馆中最重要的抄本是学者让·德·柯蒂斯

① Delisle, *Cabinet*, III, 346-347.
② Gottlieb, *op. cit.*, No.246.
③ Delisle, *Cabinet*, I, 138.

(Jean de Courtecuisse)翻译的塞内加的著作译本,他想要翻译塞内加全部的著作。①另一本有同样价值的著作是英国编年史和古代历史,作者是让·德·瓦夫林(Jean de Wavrin)。这本不同寻常的编年史,始于英国历史的神话时代,至 1471 年亨利六世第二次出庭作证之后的爱德华四世返回英格兰为止。在大英博物馆的哈利父子搜集的手稿中,有一卷抄本肯定曾经一度是布鲁日的路易的藏书。这是一本装帧精美的抄本,写在比萨的克里斯汀著作的牛皮纸上。毫无疑问,布鲁日的路易鼓励制作精美的图书。因为他的赞助,精心抄写和精美装帧的拉丁文和法文抄本可以在尼德兰被买到,科拉德·曼西恩(Colard Mansion)被格鲁苏伊斯领主雇用;卡克斯顿(Caxton)当时是布鲁日的一个商人冒险家,有机会进入他的图书馆。②很可能是因为爱德华四世见过格鲁苏伊斯领主精美的图书馆,所以在 1470 年和 1480 年间,他在布鲁日和里尔(Lille)让人为他制作了许多精美的抄本。③

法兰西斯一世是路易十二世的侄子和继承人,他不仅继承了法国的皇家图书馆,这个图书馆后来又增加了奥尔良图书馆的藏书和路易十二世获得的一些书籍,而且他还继承了昂古莱姆伯爵的图书馆。这些收藏品是奥尔良的诗人查理的兄弟和他在英格兰的伙伴好人约翰时期开始的。它们由昂古莱姆的查理和他的妻子萨伏伊的路易保管,并且在他们那里图书不断地增加,后来传给了他们的儿子法兰西斯一世,再后来又转到了皇家图书馆。在 1534年,这些书又被转移到枫丹白露,在 1595 年亨利四世统治时期,又迁到了巴黎,在那里,它们构成了国家图书馆的核心部分。

我们再探讨一下阿维农的教皇图书馆来结束本章关于法国图书馆的探讨。可能卜尼法斯八世在意大利搜集的藏书并没有几本被带到了阿维农。约翰二十二世(1316—1334 年在位)是这个图书馆真正的建立者,因为我们知道他花了大量的钱购买书籍,并且订购了阿西西(Assisi)的图书清单。约翰的继承者本笃十二世在1334 年让人整理了这个图书馆的一份图书目录。他对收藏书籍非

---

① Paris, *op. cit.*, No.6850.
② Bradley, *op. cit.*, II, 70.
③ F. Madden, *Archeologia*, XXVI, 265-274.

449

常感兴趣,通过购买和让人抄写书籍给该图书馆增加了很多图书。他的继承人也如法炮制,这个图书馆迅速地发展起来。①乌尔班四世让人整理了该图书馆的三份图书目录——最后一份是 1369 年的,是阿维农已有图书目录中最完整的一个,在图书清单中有 2 102 个条目。克莱门特七世(1378—1394 年在位)在 1379—1380 年又让人重新整理了图书目录。他的这份目录和 1369 年的那份略有差异。

在"阿维农之囚"的后期,这个图书馆似乎被忽视了。关于购买图书和抄写手稿的情况,我们所能见到的记载越来越少,事实上,还有大量的书从图书馆消失了,这很可能发生在 1394 年克莱门特七世去世后那段混乱的时期里。这个图书馆规模的缩小在 1407 年的图书目录中表现得非常明显,这份目录仅有 1 582 个条目,但是一些差异可能还源于编制目录方法的不同。这份最后提及的目录现在马德里国家图书馆。它由枢机主教埃尔勒(Ehrle)发现②,最近由 P.加林多·罗密欧(P. Galindo Romeo)出版。③对这份目录的研究表明,本笃十三世是一位有相当文化品位的人,也是一个艺术的赞助者,他不惜一切代价让装订工、画工和微型画画家以精美的工艺装饰他的书。在目录的前言中,有大量关于图书保管和分类的信息。阿维农图书馆坐落于教皇驻地塔楼的最顶层,就在教皇自己的寓所上方。除了门和窗户以外,房间的四周放满了书橱。每一个书橱从纵向上被分为几部分,每一部分都由几个书架构成。

这些图书根据内容分为三大类——神学、民法和教会法以及科学和艺术类——第一类包括 1 177 卷书,第二类包括 277 卷书(227 卷教会法和 50 卷民法),第三类包括 128 卷书。这三类又进一步划分为文本、注释、评论、冒险类书籍(speculative books)和实用性书籍。目录记载了书籍在书架上的序号、作者和题目,但是没有描

①　According to G. Mollat, *Les Papes d'Avignon* (Paris, 1912), p.371, the papal right of spolium between 1343 and 1350 enriched the library of Avignon by 1,200 works.

②　"Un Catalogo fin qui sconosciuto della biblioteca papale d'Avignon," *Fasciculus Johanni Willis Clark dicatus* (Cambridge, 1909).

③　*La Biblioteca de Benedicto XIII* (Zaragosa, 1929). Reviewed by J. L. Cate in *Library Quarterly*, II(1932), 311-313.

述。书架目录前是一份简短的关于书籍分类的描述性书单,大多数情况下这可以被当作附录,在读者找书的时候会有很大的帮助,因为它明确说明了书籍在哪一个书架上、在哪一部位,这样特定主题和特定作者的书籍都很容易找到。

*451* 在 1408 年初,本笃十三世和格里高利十二世分别被阿维农和罗马的枢机主教团选为教皇。当时,本笃感觉到他得到了法国王室的支持,但是在 6 月 13 日他听说,他再也没有希望得到王室的援助了。

> 他以前做了所有的准备从阿维农离开。他个人的财产清单被列出来,作为一个富有的人和一个"精美图书的热心收藏者",他将庞大的教皇图书馆里的书籍打包,选择了超过 1 000 卷的书籍发往他在潘尼斯科拉的驻地。所以,当他发现他在这里受到威胁的时候,他和他的四位枢机主教立刻惊慌失措地逃进了一艘帆船里并拴上了门闩,在教堂的门上和他的王宫的门上留下了他的一份日后被出版的教谕,召集大家在 1408 年 11 月 1 日在佩皮尼昂举行一次大会。在安全地带航行了短暂的时间之后,他于 1408 年 7 月 2 日在他的家乡阿拉贡境内的埃尔恩登陆,在 7 月 15 日,他进入科利乌尔,在 23 日,他进入佩皮尼昂,选出了五名新的枢机主教,取代他在和法国冲突的过程中损失的那些枢机主教。①

在本笃十三世逃离阿维农之后,阿维农图书馆的命运如何,我们知之甚少。尽管没有确定性的证据,但是我们有理由认为,福肯(Faucon)在潘尼斯科拉印刷的来自国家图书馆的抄本目录②仅仅是同一时期的两卷之一。③现在这个图书馆仅有一小部分留存下来。许多被带到潘尼斯科拉的抄本已经丢失了,只有在极少数情况下,和阿维农图书馆的这部分抄本相关的一些信息才能被搜罗到。

---

① Wylie, *op. cit.*, III, 342.

② M. Faucon, *La Librairie des papes d'Avignon* (Paris, 1886),II, 43-151.

③ *Ibid.*, I, 60.

1424 年本笃去世,两个忠实于他的枢机主教决定任命一个继承人。他们选中了吉勒斯·德·穆诺斯(Gilles de Munos),吉勒斯·德·穆诺斯在犹豫了很长时间之后,使用克莱门特八世这一称号。在 1429 年,富瓦的枢机主教①受马丁五世之命去说服冒牌者放弃声明,作为回报,他得到了本笃十三世的饰品和书籍。1429 年 8 月 25 日整理了一份财产清单,但是很可惜它已经散佚了。这些书和枢机主教收藏的图书一起,是富瓦学院捐赠的一部分,富瓦 *452* 学院是他在图卢兹大学建立起来的。枢机主教将大学图书馆里的全部指南都留了下来。这些书按照学科摆放;有一份写在羊皮纸上的图书目录。这所大学里的每一个成员都要忠实地承诺保护这些书籍以使其免遭损坏。尽管这个图书馆在一段时间里管理非常好,但是后来还是由于疏忽而遭到了极大的破坏。在 1680 年,科尔伯特(Colbert)花了 582 里弗购买了这里的抄本。德莱尔在研究了国家图书馆中来自富瓦学院的抄本之后,确认了 59 本,有 15 本待确定,因为它们曾经在潘尼斯科拉图书馆存在过。②

关于留在阿维农的图书馆的确切情况,我们知道的信息非常少。已知的情况是,马丁五世于 1418 年订购了一些送回罗马的抄本。到 1594 年,留在阿维农的图书馆大约有 400 本抄本在保罗五世(1605—1621 年在位)时期被带到了罗马的博格塞宫(Palazzo Borghese)。这些书在这里于 1884 年被发现,在 1892 年被转送到了梵蒂冈。拉邦德(Labande)认为,现在的阿维农城市图书馆里还有几本 14 世纪教皇的抄本。③

① Delisle, *Cabinet*, I, 487-488.

② See *Ibid.*, I, pp.486-508, for a discussion of the fate of this portion of the library of Peniscola.

③ L. H. Labande, *Catalogue sommaire des manuscrits de la bibliothèque d'Avignon*; reviewed in *Bulletin historique*, 1894, pp.145-160.

# 第十五章　14 和 15 世纪的
# 德国图书馆[①]

　　到 13 世纪的时候,欧洲正在城市化进程当中,这使得文化活动的中心从修道院转移到城镇。新的宗教秩序与旧的有所不同,它更关注慈善而不是博学。[②]当时依然作为学术和教育中心的修道院随着城市的兴起相应地衰落了。[③]那些著名的修道院诸如圣高尔、科维和富尔达,除了其中少数的几个修士还懂得如何书写以外,其他都湮灭在了历史长河当中。

　　修道院的衰退持续了几乎两个世纪的时间。在修道院的小屋中,不仅几乎没有抄写或者创作新的作品,而且旧的书籍也被无视、七零八落甚至被毁掉了。然而,德国的修道院图书馆有几千个,[④]其藏书的数量和质量都是无可匹敌的。今天的慕尼黑有不少于 600 条关于中世纪德国图书馆的目录。[⑤]当意大利人文主义者来

寻找书籍的时候,他们在德国发现了真正的宝藏。根据波基奥的说法,那个国家是"一所被条顿蛮族囚禁起来的罗马古典学者的监狱"。

　　15 世纪的宗教会议对德国图书馆有两方面的影响:一方面,它普遍地激起了人们的学术兴趣;另一方面,许多代表有机会进入德国的修道院,他们要么购买要么偷窃那里的书籍。因此,在宗教改

---

　　① 本章由 S. K. Padover 撰写。

　　② Trithemius, *Vita Hrabani*, p.iii.

　　③ K. Dziatzko, *Entwickelung und gegenwärtiger Stand der wissenschaftlichen Bibliotheken Deutschlands, mit besonderer Berücksichtigung Preussens*(Leipzig, 1893), p.3.

　　④ K. Loeffler, *Deutsche Klosterbibliotheken*(Bonn and Leipzig, 1922), p.15.

　　⑤ J. A. Schmeller, "Ueber Bücherkataloge des XV. und früheren Jahrhundert," *Serapeum*, II(1841), 241-254.

革的前夕,两股文化潮流——教会的活动和世俗的人文主义学者的活动汇聚在一起。这两种活动需要分别来讨论。首先我们来看教会图书馆。

在中世纪晚期,德国图书馆的历史是如此丰富,值得我们对每一个有记录的书籍收藏来进行讨论。幸运的是,我们可以通过对一些具有代表性的机构进行研究,从而对当时的情况和时代的主要趋势有一个清晰的认识。在这些机构中,第一个是赖歇瑙图书馆,它是德国文艺复兴时代最古老的修道院之一。

当那些渴望书籍的人文主义者于1414年来到康斯坦茨的时候,他们很快就发现了赖歇瑙,并在那里找到罕见的古典文本,其中包括斯塔提乌斯的《诗草集》(*Silvae*)和西利乌斯·伊塔利库斯(Silius Italicus)的《石榴》(*Punica*)。我们不知道这一时期还有什么其他的书籍被带走,但是可以肯定的是,其中包括《教皇克莱门特集》(*Textus Clementinarum*)、《论王的权力》(*Tractatus de juribus regis*)、《黄金诏书》(*Bulla aurea*)、《封建采邑书》(*Liber Feodorum*)和许多文献。①

几年以后,被誉为"书籍、艺术和学者的热爱者"的大修道院院长弗里德里克二世(1427—1453年在位)发现了许多"典当的、借贷出去的和失散的"书籍,他花了600基尔德金币购买了50本《圣经》和教会典籍手抄本。②然后他派修士约翰·普福泽(John Pfuser)到维也纳去购买更多的书籍,并且将旧书装订。早在19世纪初,赖歇瑙已经是一个世俗化的城市了,尽管它所拥有的许多手抄本书籍都被幸运地保存在了卡尔斯鲁厄,但是其丰富的藏书还是散佚了不少。

富尔达修道院同赖歇瑙有相同的经历。在康斯坦茨会议期间, *455* 修道院院长将《菁华集》(*lectissima volumina*)寄给了爱书的代表们。这些书中可能有阿米阿努斯·马西利努斯的著作,这本书在1420年到了波基奥的手中,再也没有被还给修道院。关于这个图

---

① For the list, see A. T. Holder, *Die reichenauer Handschriften*, Ⅲ, Part Ⅱ (1906-1918), 20-32.

② Loeffler, *op. cit.*, p.112. The list, together with the prices, is given by Holder, *op. cit.*, Ⅲ, Part Ⅱ, 28-30.

书馆几乎没有什么直接可靠的信息，因为在 1561 年之前没有图书目录。在早些时候，在那里学习的乌尔利赫·冯·胡腾（Ulrich von Hutten）说，他发现过普林尼、索利努斯、昆体良和马塞勒斯·梅迪库斯（Marcellus Medicus）的编年史。另一位富尔达的学生是约翰·佛罗本（John Froben），他是巴塞尔的书商，他后来评价说，这个修道院比任何其他的图书馆藏书都多。约翰·西查特（John Sichart）、乔治·维策尔（George Witzel）以及后来的伟大的新教徒学者马提亚·弗拉齐乌斯·伊利里库斯（Matthias Flacius Illyricus）也作过相似的评价。[1]1561 年的图书目录有 794 个标题，包括了许多抄本和一些印刷的书籍。在 10 世纪和 16 世纪之间，看上去这个图书馆几乎没有增加图书。大部分著作是中世纪的著作，并且是神学著作。

15 世纪另一个遭受重大损失的图书馆是科维。在 1412 年，它将 28 卷抄本卖给阿米伦斯伯恩（Amelungsborn）的西多会修道院。这个图书馆其余的抄本不知道是以什么方式消失了，甚至连图书目录都没有保存下来。在三十年战争期间，科维多次被围攻，最终遭到劫掠。[2]

但是并不是所有古代的修道院都衰落了。在印刷术发明之后，泰根塞修道院扩大了它的图书馆，修道院院长康拉德五世（Conrad V，1461—1492 年在位）购买了 450 多卷书，为此他花了 1 100 镑海勒币。在 1484 年的图书目录中，有 1 103 本著作；10 年之后，又增加了 635 本。[3]这些书按照字母顺序排序，根据十个科目进行分类，其中五类属于古典著作和世俗作者的著作，这方面的藏书非常多。[4]

雷根斯堡圣艾默拉姆古老的本笃修道院同样也经历了一次复

---

① 伊利里库斯在 1556 年使用过富尔达图书馆；另一个学者弗朗茨·莫迪乌斯（Franz Modius）在 30 年之后在那里工作过，他留下了 14 卷书的记录，这 14 卷书都是当时这个修道院图书馆的藏书。参见 Loeffler, *op. cit.*, pp.135-136。

② Loeffler, *Deutsche Klosterbibliotheken*, pp.145-159.

③ *Ibid.*, p.186.

④ *Ibid.*, pp.186-191. T. Gottlieb, *Ueber mittelalterliche Bibliotheken*, No. 204; G. Becker, *Catalogi bibliothecarum antiqui*, No.309; V. Redlich, *Tegernsee und die deutsche Geistesgeschichte im XV. Jahrhundert*(Munich, 1931), chaps. ii, iii.

兴。在 10 世纪,它有 513 本书。到 1251 年的时候,这个图书馆已变得相当昂贵了,以至于这里的修士们因为欠债,将其典当了 500磅这样一笔很大的数目。在后面的几个世纪中,许多书看上去都已经丢失了,因为 1347 年的图书目录仅列出了 252 个标题。①这些书被摆放在 32 张桌子上,按照主题不同进行分类。其中《圣经》占了两张桌子,训诂学著作占了 3 张桌子,神学著作占了 9 张桌子,历史著作占了 1 张桌子,教会法著作占了 3 张桌子,法学家著作占了 1 张桌子,人文学科著作占了 4 张桌子。在 14 世纪,当另外的两份图书目录被编制完成的时候,又添加了相当数量的书籍。修道院院长赫尔曼·波茨林格(Hermann Potzlinger,卒于 1469 年)曾经一次送给了修道院不少于 110 本书。到 1500 年的时候,圣艾默拉姆有 420 本羊皮纸抄本和大约 80 本其他的书籍,其中既有手写的,也有印刷的。②

　　瑞士圣高尔修道院的历史在改革前的德国修道院图书馆发展的历史中或许是最为典型的。在 1314 年,这个图书馆得到了新生。一个世纪以后,在康斯坦茨会议期间,三位杰出的意大利人被圣高尔的盛名所吸引,参观这个修道院,研究这里的抄本。信任他 457们的主教亨利非常高兴地将他的珍贵藏书出示给这些学识渊博的绅士们:波基奥、琴乔(Cencio)和波利提亚诺(Politiano)。爱书的人士被他们所看到的景象震惊了。琴乔一眼就注意到《阿尔戈水手远航记》(*Argonauticon*)、8 本西塞罗的《演说词》(*Orations*)、拉克坦修的《论亚当和夏娃》(*De utroque homine*)和维特鲁维乌斯的《论建筑》。波基奥甚至禁不住诱惑做了不该做的事情。据说他偷了昆体良、德尔图良、阿斯科尼厄斯·佩蒂亚努斯(Asconius Pedianus)、西利乌斯·伊塔利库斯、马塞利努斯、马尼里乌斯·亚斯特洛诺姆斯(Manilius Astronomus)、卢西乌斯·塞普蒂米亚斯(Lucius Septimius)、瓦勒里乌斯·弗拉库斯(Valerius Flaccus)、优蒂奇乌斯(Eutychius)、普罗布斯(Probus)和其他人的著作。在缺少图书目录的情

---

　　①　Gottlieb, *op. cit.*, No.171.

　　②　Loeffler, *Deutsche Klosterbibliotheken*, pp.173-182; cf. Docen, "Anzeige der die ältere deutsche Geschichte betreffenden Handschriften der vormaligen Abtey S. Emmeram in Regensburg, "*Archiv der Gesellschaft für ältere deutsche Geschichtskunde*, I, 425-429; III, 341-351; VII, 113-117.

况下,我们不可能准确地说出来这些意大利人拿走了多少本书。圣高尔的《年代记》(*Annals*)只是简单地提及一个叫波基奥的人拿走了"许多其他的著名著作"。

1431 年的巴塞尔大会同样对圣高尔图书馆造成了破坏。主教们再次索要书籍,修道院院长没有办法拒绝他们。但是,许多珍贵的书籍依然被修道院院长保留了下来。在这些反复发生的损失之后,圣高尔决定保护剩下的书籍。修道院院长卡斯帕(Caspar,1442—1457 年在位)用三把锁保护图书馆的大门,他自己及其信任的两个助手掌管钥匙。他还下令除非有丰富的抵押品,否则任何书都不可以外借。当他本人需要借阅许多抄本的时候,他也要交抵押品。

在 15 世纪后半叶,圣高尔再次成为一个文化中心。修道院院长乌利希八世(Ulrich VIII,1463—1491 年在位)购买了许多新书,并且每年为图书馆留出 100 基尔德(gulden)作为图书专项资金。这位修道院院长建立了一所学校,学校里集中了历史学家、演说家、作家和书法家,它的名声传遍了全国。这所修道院的朋友们给修道院捐钱捐书,到 1500 年的时候,该图书馆对学者们开放。①

另一个古典藏书丰富的修道院图书馆是赫斯菲尔德(Hersfeld)。在 15 世纪的头 25 年里,波基奥同那里的修士们协商,希望获得塔西佗、阿格里古拉、弗龙蒂努斯、苏托尼厄斯、阿米阿努斯·马塞利努斯、李维和西塞罗的著作。他是否得到了这些书我们无从知晓,因为没有图书目录保存下来。特里特米乌斯(Trithemius)记载道,在 1513 年,富尔达的修道院院长掠夺了赫斯菲尔德图书馆。②

根据 1343 年编撰的一份图书目录,康斯坦茨的主教座堂图书馆拥有 192 卷抄本,内容包括三类——《圣经》、教会法和神学。③美因茨的加尔都西会拥有一个如此丰富的图书馆,以至于 1470 年编撰的一份图书目录整整写了 100 页。这份图书清单分为两大部分——一份是按照字母顺序编排的图书目录,另一份是书架清单。

458

---

① F. Weidmann, *Geschichte der Bibliothek von St. Gallen*(St. Gall, 1841), pp. 52-55,401-422, and *passim*.

② Leoffler, *Deutsche Klosterbibliotheken*, pp.165-167.

③ K. Loeffler, "Zur Provenienzfrage der weingartener Handschriften mit Itala-fragmenten," *Zentralblatt für Bibliothekswesen*, XXVII(1910), 435-441; cf. *Serapeum*, I (1840), 49-58, 81-85.

图书的具体分类和往常一样：《圣经》、教父著作、法律、自然科学、医学、艺术和布道书。①这些书被保存在塔楼上一个拱形的房间里。②

科隆的加尔都西会图书馆在 1451 年被烧毁了。③在特里尔，圣马克西敏修道院拥有 160 卷书，其中主要是教父著作，但是也有一本《医学》（medicina）、一本《音乐和几何学合集》（volumen de musica et geometria），还有许多其他平庸的书（multi alii libri modici valoris）。④在同一教区，还有不少于 2 000 卷的书被成功地抄写，虽然它们不是用于学术研究的目的。⑤鲁尔区的韦尔登修道院在 19 世纪解体的时候，拥有 11 000 卷书，其中许多都是古代的和稀有的手稿。⑥米歇尔斯堡的本笃修道院在三个世纪的时间里，藏书几乎增加了 3 倍，在 12 世纪它有 188 本著作，在 1483 年它已有 512 本著作。这些著作根据字母顺序摆放在 18 个书架上。⑦ 　459

---

①　H. Schreiber, "Quellen und Boebachtungen zur mittelalterlichen Katalogisierungspraxis besonders in deutschen Kartausen," *Zentralblatt für Bibliothekswesen*, XLIV (1927), 1-19.

②　F. Falk, "Die ehemalige Dombibliothek zu Mainz," *Beihefte zum Zentralblatt für Bibliothekswesen*, XVIII(1897), 76-78.

③　Loeffler, *Deutsche Klosterbibliotheken*, pp. 249-252, and his "Koelnische Bibliotheksgeschichte im Umriss," *Zeitschrift des deutschemn Vereins für Buchwesen und Schrifttum*, IV(1921), 37 ff.

④　在这些神学著作中，有 19 本奥古斯丁的著作，8 本杰罗姆的著作，2 本安布罗斯的著作，6 本格里高利的著作，11 本比德的著作；cf. Loeffler, *Deutsche Klosterbibliotheken*, pp.191-199。

⑤　此处的数字来自 1453 年的财产清单（C. and J. Marx, *Geschichte des Erzstifts Trier* [Trier, 1859], IV, 562）。On Trier see also J. Montebaur, "Studien zur Geschichte der Bibliothek der Abtei St. Eucharius—Mathias zu Trier," *Römische Quartalschrift*, Beiheft XXVI(1931); V. Redlich, "Zur Bibliotheks- und Geistesgeschichte der Trierer Abtei St. Mathias," *Studien und Mittheilungen zur Geschichte des benediktiner Ordens*, XLIX (1931), 448-464.

⑥　A. Schmidt, "Handschriften der Reichsabtei Werden," *Zentralblatt für Bibliothekswesen*, XXII (1905), 241-264; Loeffler, *Deutsche Klosterbibliotheken*, pp. 199-206; Martène and Durand, *Voyage de deux religieux Bénédictins* (Paris, 1724), p. 231; M. Ziegelbauer, *Historia rei literariae ordinis S. Benedicti*, I, 458, 512.

⑦　There is a great amount of literature on Bamberg; for bibliography see E. G. Vogel, *Literatur früherer und noch gestehender europäischer öffentlicher und Corporations-Bibliotheken*(Leipzig, 1840); Gottlieb, *op. cit.*, pp. 21-22; Loeffler, *Deutsche Klosterbibliotheken*, pp. 206-215; H. Bresslau, "Bamberger Studien," *Neues Archiv*, XXI(1896), 139 ff.; F. Leitschuh and H. Fischer, *Katalog der Handschriften der kgl. Bibliothek zu Bamberg*(1895-1908), I; A. Lahner, *Die ehemalige Benediktinerabtei Michelsberg*(Bamberg, 1889), pp.92 ff.

## 中世纪的图书馆

15世纪宗教和文化的发展带来了新的女修道院的发展。这一运动非常重要,因为这些女性中许多人都能读书写字,她们花很多时间阅读使用本土语言写作的虔信派的文学作品。女修道院的图书馆主要是教益性的"本土"语言文学作品,很可能是因为女性们既不懂拉丁文,也对经院哲学的作品不感兴趣,但是她们确实积累了数量惊人的藏书。纽伦堡富有的圣凯瑟琳女修道院有将近400卷抄本。这一相对较大规模的图书积累是由于修女们进入修道院的时候往往将她们的书籍也一块带进来的惯例造成的。一位修女图彻(Tucher)带进来的书超过了30卷。[①]

在奥地利,圣弗洛里安的本笃修道院拥有相当数量的藏书,大部分都是通过礼物的方式获得的。进来的初学者经常要带来经费购买书卷。一位名叫甘道克·冯·施塔尔亨贝格(Gundaker von Stahremberg)的人曾经给圣弗洛里安一座磨坊,其收益用来为该图书馆买书("daz er darumbe puoch chauf")。图书馆通过狂热的抄写进一步来增加书卷,抄写工作要么由修士、要么由专业的作者来进行。[②]

460　　维也纳附近伟大的克洛斯特纽堡(Klosterneuburg)修道院同样通过获得捐赠或者抄写的方式建立起一座庞大图书馆。在1330年,一位叫马丁的教师编制了这个图书馆的一份图书目录,列出了366卷抄本,其中大部分依然尚存。[③]这份目录包括四部分:教父著作、法律、医学和逻辑学著作。在最后一栏列出的是古典著作、算术、音乐和诗歌。[④]一个世纪以后,克洛斯特纽堡划出了一笔特殊的经费用来购置图书,这个修道院开始了一段活跃的文化生活时期。

在布拉格,至少有两个相当可观的图书馆——加洛林大学图书馆,这里的书籍大部分是世俗书籍,还有一个是圣托马斯的奥古斯丁修道院图书馆。1409年,奥古斯丁修道院图书馆的图书目录被编制出来,页边注明了每卷书的内容和来源。从这些注释中,我们

---

① A. Hauber, "Deutsche Handschriften in Frauenklöstern des späteren Mittelalters," *Zentralblatt für Bibliothekswesen*, XXXI(1914), 341-373.

② A. Czerny, *Die Bibliothethek des Chorherrnstiftes St. Florian*(Linz, 1874), pp.40 ff.

③ 这份目录直到1775年才发现。关于这份目录和其他的图书清单,参见 H. J. Zeibig, *Die Bibliothek des Stiftes Klosterneuburg* (Vienna, 1850), pp. 19-56; Gottlieb, *op. cit.*, pp.42-44。

④ See Zeibig, *op. cit.*, pp.3-11.

发现这个修道院通过购买和收取礼物的方式获得了 130 卷书。最杰出的捐赠者是布拉格大主教帕杜比茨（Pardubitz）的恩斯特（Ernst）、奥莫茨主教和查理四世的大臣纽马克特的约翰。在他的捐赠中，有一本李维的著作，一本塞内加的悲剧作品和两本但丁的手稿，这本书他可能是在意大利获得的。①

摩拉维亚的雷格恩（Raigern）的本笃修道院曾经拥有许多书，但是它的位置对于文化生活却是致命的。在 13 世纪，蒙古人将雷格恩夷为平地。在雷格恩恢复之前，它又成为胡司战争的牺牲品。因此它仅保留了几本抄本，在 15 世纪只有 235 本印刷书籍。②

除了这些修道院以外，在主教座堂和少数的教会图书馆里也发现了藏书。在 1027 年，斯特拉斯堡主教座堂有 50 卷书，在 1372 年仅有 91 卷，在 15 世纪末的时候就更少了。③在 1343 年，康斯坦茨的主教座堂有藏书大约 200 本。④在 1450 年，格涅兹诺仅有 35 卷；在 1051 年，施派尔仅有 14 卷，⑤尽管后来这些藏书受到了温普费林（Wimpfeling）的赞誉。⑥在 1297 年，吕贝克大约有 150 卷书。⑦在 1409 年，希尔德斯海姆主教座堂的司库记载："唱诗班有 20 本锁着的书"和许多其他的礼拜仪式用书。⑧1446 年，弗劳恩堡（Frauenburg）藏书大约有 160 卷，⑨但是在 15 世纪末这些藏书都被毁掉了。⑩

总的来说，这些主教座堂的藏书并不重要，但是教会的藏书甚至更少——在多数情况下，它们仅有少数几本神学著作。许多教会藏书都源于遗赠物，其中有但泽的圣玛丽的遗赠物（1413 年）、普

461

①　J. Neuwirth, "Die Bücherverzeichniss des prager Thomasklosters vor den Hussiten-kriegen," *Zentralblatt für Bibliothekswesen*, X, (1893), 153-179.

②　M. Kinter, "Die Bibliothek des Stiftes Rigern, *Archiv für Bibliographie, Buch- und Bibliothekswesen*, I (1926), 204-213. On the burning of Hussite books see E. H. Gillett, *The Life and Times of John Huss* (Boston, 1863), II, 14-15 and *passim*.

③　C. Schmidt, *Zur Geschichte der strassburger Bibliothek*, pp.6 f.

④　*Serapeum*, I (1840), 49.

⑤　Gottlieb, *op. cit.*, Nos. 65, 192.

⑥　*Serapeum*, XV (1854), 1.

⑦　Gottleb, *op. cit.*, No.83.

⑧　*Ibid.*, XXV (1864), 177.

⑨　*Ibid.*, No.46.

⑩　F. Hipler, *Zeitschrift für die Geschichte und Altertumskunde Ermlands*, V (1871), 347.

鲁士的斯塔加德的遗赠（1404 年）、吕贝克圣玛丽的遗赠（1468 年）①、布伦兹维克（1495 年）、施马卡尔登（1489 年）、沃特海姆（1458 年）、汉堡的圣凯瑟琳的遗赠物（1477 年）、圣雅各比（1400 年）②、哈默尔恩（1492 年）、埃尔宾（1477 年）、施来茨塔特（1452 年）和蔡茨的圣玛丽遗赠（1496 年）③。

任何关于教会图书馆的描述都必须要提及德国文艺复兴时期两位杰出的教会人士，他们是库萨的尼古拉斯（Nicholas of Cusa）和约翰·特里特米乌斯（John Trithemius）。前者曾经被称为"中世纪行将结束时最惊人的现象"。④他于 1401 年出生在摩泽尔的库萨，在代芬特尔接受罗马天主教虔诚派宗教团体的教育，⑤他还在海德堡和帕多瓦接受了教育。在这一背景下，尼古拉斯获得了神学和人文主义的思想，这使得他取得了杰出的成就并迅速得到认可。作为大主教奥尔西尼（Orsini）的秘书，这位年轻人参加巴塞尔大会达 8 年之久。然后，作为教皇的使节，他到过德国、荷兰、法国、英国和波希米亚。在 47 岁的时候，教皇尼古拉斯五世任命他为大主教；10 年之后，也就是 1458 年，他的朋友教皇庇护二世（Pius II）任命他为教皇国的总代理。大主教和教皇是朋友，他们都在 1464 年的 8 月份去世。

尼古拉斯是一位神学家、哲学家和科学家。"在他那个时代，没有人比他在数学方面的造诣更深"，他的一位同时代的人这样评价他。⑥他涉猎过希伯来语，⑦懂希腊语和拉丁语，是古典著作狂热的收藏者。他作为教皇的使节有机会到处游历，这使得他有机会

---

① E. Deecke, *Die öffentliche Bibliothek in Lübeck* (Lübeck, 1851), p.6.

② C. Petersen, *Geschichte der hamburger Stadtbibliothek* (Hamburg, 1838), pp.1-4.

③ See G. Kohfeldt, "Die Geschichte der Büchersammlungen und des Bücherbesitzes in Deutschland," *Zeitschrift für Kulturgeschichte*, VII(1900), 336-337.

④ W. Andreas, *Deutschland vor der Reformation* (Stuttgart and Berlin, 1934), p.37.

⑤ cf. J. Guiraud, *L'Eglise romaine et les origins de la Renaissance* (Paris, 1904), p.284.

⑥ John Andrea de Bussi, quoted in B. Botfield, *Prefaces to the First Edition of the Greek and Roman Classics and of the Sacred Scriptures* (London, 1861), p.77.

⑦ 我们并不能肯定库萨懂希伯来语，但是在他的图书馆里有几本希伯来语书籍（E. Vansteenberghe, *Le Cardinal Nicolas de Cues* [Paris, 1920], p.28, n.4）。

获得欧洲各个地方包括君士坦丁堡的抄本。他在科隆的主教座堂
图书馆发现并抄写了他认为是西塞罗的《论共和》手稿。但是，经
过与波基奥迫不及待的通信之后，他发现这是马克罗比乌斯写的
关于《西庇阿的梦想》(Somnium Scipionis)的评论。尼古拉斯后来
又宣布他的其他丰富的发现，不过，它们只不过是奥鲁斯·格利乌
斯和昆图斯·科提乌斯的"荒谬的残篇"。①

　　尼古拉斯发现的许多抄本被洛伦佐·德·美第奇(Lorenzo de
Medici)借去了，这些抄本最后都到了梵蒂冈，其他的流失到了蒙费
拉。②在艾格蒙特(Egmond)修道院，他抄写了摩西·迈蒙尼德的著
作，又把它送给了教皇。③他还有如下作家的译本和抄本：塞内加、
斯特拉波、柏拉图、亚里士多德、波里比阿、优西比厄斯，此外还有
特拉布宗(Trebizond)的乔治、费勒佛、特拉维萨里、瓜里诺和贝萨
里翁。这些书的大部分现存在罗马、布鲁塞尔或者伦敦。④

　　因为尼古拉斯图书馆里的藏书在他生前就被分送出去了，在他
去世后则分散各地，所以我们不可能知道其藏书的实际数量。库萨
图书馆图书目录的编制者 J.马克斯(J. Marx)⑤通过抄本的页边注而
确认了许多他的抄本。其中有 5 卷希伯来语著作，5 卷希腊语的教父
著作。库萨对伊斯兰教尤其感兴趣，他不仅拥有尊者彼得翻译的《古兰
经》版本，而且还有另外一本来自佩拉的多米尼加修道院的译本。⑥在
去世的前几天，尼古拉斯拟了一份遗嘱，将他的图书馆留给了库萨
医院，这个医院也是由他建立起来的。但是关于这些书没有任何图
书清单留存下来。库萨图书馆里的大部分图书在 1723—1724 年被
卖给了罗伯特·哈雷，现存大英博物馆的哈德里安藏书中。⑦

*464*

---

①　The correspondence is to be found in R. Sabbadini, *Guarino Veronese e gli archetipi
di Celso e Plauto* (Livorno, 1886), p.35. Sabbadini, *Le Scoperte dei codici latini e greci*, I,
110-111; Vansteenberghe, *op. cit.*, pp.18, n.2; 20, n.6.

②　See E. König, *Kardinal Giordano Orsini* (Freiburg, 1906), p.117.

③　Vansteenberghe, *op. cit.*, p.25.

④　*Ibid.*, p.22 and *passim*.

⑤　*Verzeichnis der Handschriften-Sammlung des hospitals zu Cues* (Trier, 1905).

⑥　H. Bett, *Nicholas of Cusa* (London, 1932), p.97.

⑦　Sabbadini, *Scoperte*, p.113. 关于库萨更多的材料，参见 F. X. Kraus, in *Serape-
um*, XXV, reprinted as *Die Handschriftensammlung des Cardinals Nicolaus von Cusa*
(Leipzig, 1864); K. Beyerle, in *Mitteilungen des Instituts für österreichische Geschishtsfors-
chung*, XXXIX(1922), 116-122; J. Klein, *Ueber eine Handschrift des Nicolaus von Cues
nebst ungedruckten Fragmenten ciceronischer Reden* (Berlin 1866), pp.3 ff。

## 中世纪的图书馆

库萨去世前两年的 1462 年，约翰·特里特米乌斯出生在与红衣大主教（指库萨——译者注）相同教区的一个贫寒的家庭。他在海德堡学习，师从著名的学者如达尔伯格（Dalberg）、凯尔特（Celtes）和卢西林（Reuchlin）。在他 20 多岁的时候，他当上了古老的斯蓬海姆（Sponheim）修道院院长，并在那里获得了盛名。[①]这个修道院建于 1124 年，在 13 世纪的时候就开始衰落了。后面的几任修道院院长，有一些已不可考，他们要么将书丢弃了，要么将书卖掉了，卖书所得被用来为自己购买奢侈品。在特里特米乌斯当选修道院院长之前几年，这个曾经藏书丰富的修道院图书馆仅有 40 本小书，其中的 30 本是印刷书籍。该修道院欠债 2 000 基尔德，它的土地和建筑都抵押了出去，连工具也没有了。只有 6 个修士留下来，而这 6 个修士没有经过任何专业培训，没有文化。年轻的特里特米乌斯是第 25 任修道院院长，他的这个职位并不令人艳羡。[②]

他一度以提升修道院的物质条件为目的而开始工作，而他主要的兴趣在书籍上。他本人是一位希腊语和希伯来语的学者，他与其同时代的大多数有学识的人和书商有书信往来。[③]他甚至计划在修道院里建立一个印刷厂。[④]

特里特米乌斯使用两种方法来获取书籍：他让他的修士们抄写借来的书籍；同时用他的朋友们给他的钱购买所需要的书籍。在 1496 年，他曾经有过一次令人激动的经历。在一个本笃修道院里，他作为一个新的速记发明者，[⑤]看见了一本使用提洛尼安（Tironian）速记法的古老抄本，这个抄本封面上满是灰尘，显然已被忽视已久。他发现这本抄本将会被修道院院长用来交换圣安瑟伦新印刷的著作，就赶紧跑到最近的一家书店，以低价买下了这些

---

① On the life of Trithemius see R. W. Seton-Watson, "The Abbot Trithemius," *Tudor Studies* (London, 1924), pp. 75 ff.; P. S. Allen, *The Age of Erasmus* (Oxford, 1917), pp. 76-77.

② See E. G. Vogel, "Die Bibliothek der Benedictinerabtei Sponheim," *Serapeum*, III (1842), 312 ff.

③ The first collection of Trithemius' letters was published by Brubachius at Hagenau in 1536.

④ Alle, *op. cit.*, pp. 261-262.

⑤ Trithemius, *Polygraphiae libri sex*, dedicated to Emperor Maximilian and published in Mainz or Basel about 1518, is the first work on cryptography and ciphers.

新印刷的书,随之用它们与修道院院长交换了那本载有提洛尼安速记法的古老抄本。因此,在修士们准备擦掉令人费解的文字以保存珍贵的羊皮纸的那一刻,最古老的提洛尼安速记法样本就这样保存了下来。①

在 25 年任修道院院长的生涯里,特里特米乌斯花了 1 500 到 2 000 基尔德购买书籍,累积起将近 2 000 卷的书籍,其中许多都是非常珍贵的。②在 1502 年,他编制了他珍爱的藏书的目录,这份目录是根据语言进行分类的。除了 100 卷希腊文抄本之外,还有希伯来语、拉丁语、迦勒底语、阿拉伯语、印度语、俄罗斯语、塔塔尔语、德语、法语、意大利语和波希米亚语书籍(既有印刷书籍,也有抄本)。③

现在来看世俗图书馆,我们发现,在这一时期,德国有许多诸侯和贵族都是书籍的收藏者。根据布里格的路德维格(Ludwig of Brieg)公爵 1360 年代的遗嘱,他有一个相当可观的私人图书馆。④弗斯滕伯格亲王(Prince Fürstenberg)于 15 世纪在多瑙艾辛根建了一个图书馆。在符腾堡,巴特伯爵艾伯哈德(Count Eberhard of Barte)很显然是第一位收藏德语书籍的人。⑤早在 1432 年,小教堂里有两个箱子装了 31 本德文书。⑥威廉·冯·奥廷根(Wilhelm von Oettingen,1425—1467 年)伯爵有 77 卷德语书;⑦另一份 15 世纪的图书目录也列出了德语书籍,表明高贵的卡岑埃尔恩伯根家族(Katzennelnbogen family)在达姆施塔特有一个私人图书馆。⑧在 1490 年,格哈德·冯·塞恩(Gerhard von Sayn)公爵将 128 本拉丁文书籍送给了马里恩施塔特修道院(Cloister Marienstadt)。⑨

466

---

①　Vogel, *op. cit.*, pp.312-328.

②　Seton-Watson, *op. cit.*, p.79.

③　C. and J. Marx, *op. cit.*, I, 442.

④　*Zeitschrift des Verein für Geschichte Schlesiens*, V(1863), 165.

⑤　C. F. Stälin, *Zur Geschichte der alten und neuen Büchersammlungen in Würtemberg* (Stuttgart and Tübingen, 1838), p.32.

⑥　*Serapeum*, XXI(1860), 299.

⑦　G. Grupp, "Eine gräfliche Bibliothek im 15. Jahrhundert," *Centralblatt für Bibliothekswesen*, IX(1892), 484-490.

⑧　*Archiv für hessische Geschichte*, VII(1853), 190.

⑨　Kohfeldt, *op. cit.*, p.342.

## 中世纪的图书馆

　　许多居于统治地位的诸侯对书籍都非常感兴趣。比如,在1430年,布伦斯维克的玛格丽特公爵夫人(Duchess Margaret of Brunswick)将"许多书"寄给她哥哥;克利夫的阿道夫公爵在1446年感谢他的侄子给他一本德语《圣经》,并且向他索要更多的书籍。①骑士们对书籍表现出了相同的兴趣。许多阿尔萨斯人是书籍收藏者,尤其是一个叫雅各·冯·弗莱肯施泰因(Jacob von Fleckenstein)的人,他收藏有历史著作。②赖谢茨豪森的雅各·普特里希(Jacob Putrich of Reichertshausen,卒于1496年)有164卷德语诗歌,他为此非常自豪。③埃尔斯白·冯·沃尔肯斯多夫(Elsbeth von Volkensdorf)有50本德语书籍。④

　　许多中世纪的图书目录显示,教会人士个人往往拥有自己的藏书。早在10世纪的时候,据说帕绍的主教有56本书。⑤后来教士的私人图书馆确实衰落了。⑥但是,在14世纪和15世纪,个人的藏书又有所增加。比如在14世纪,执事威廉·冯·哈森伯格(Wilhelm von Hasenburg)在布拉格留下了114卷书,这些书是由皇帝查理四世购买的。在1396年,大臣康拉德·冯·杰恩豪森(Conrad von Gelnhausen)留下了153本书;马西里乌斯·冯·林根(Marsilius von Inghen)有大约200本书。埃米里希的杰哈尔德(Gerhard of Emelisse)有35本书;沃姆斯的康拉德有59本;唱诗班赞礼员沃姆斯的克里努斯有47本;一位叫约翰·芒辛格的博士(Johann Muntzinger)有92卷书。在15世纪早期,乌尔姆的教区牧师内德哈特博士(Dr. Neidhart)留下了300卷书,这些书构成了公共图书馆的基础。⑦施派尔的教堂牧师尼古劳斯·马茨(Nicolaus Matz)给米歇尔施塔特教堂留下了117卷书。在1410年,沃姆斯主教马提

---

　　① K. Falkenstein, *Beschreibung der königlichen Bibliothek zu Dresden* (Dresden, 1839), p.7.

　　② C. G. A. Schmidt, *Zur Geschichte der ältesten Bibliotheken und der ersten Buchdrucker zu Strassburg* (Strassburg, 1882), p.32.

　　③ R. Duellius, *Excerptorum genealogicorum* (Leipzig, 1725), p.277.

　　④ Gottlieb, *op. cit.*, No.42.

　　⑤ *Serapeum*, XX(1859), 107.

　　⑥ Schmidt, *op. cit.*, p.28.

　　⑦ *Serapeum*, V(1844), 196.

亚(Matthias)送给海德堡大学 90 卷书。①格恩巴赫的修道院副院长彼得在 1420 年将自己所拥有 100 多本书的图书馆立契转让给了斯特拉斯堡的多明我会。②在 1450 年,教区牧师约翰尼斯·莫斯特捐赠给布拉格大学 40 卷书。在 1453 年,布伦的教区长约翰·波尔兹迈切尔博士(Dr. Johann Polczmacher)留下了 100 多本法律书籍。③在 1454 年,赖歇瑙修道院院长花 500 基尔德为康斯坦茨主教图书馆购买了 60 卷书。④

我们在这里也不要忽视受过教育的世俗人士的藏书。在 13 世纪末,班贝格的特里姆伯格的雨果(Hugo of Trimberg)有 200 本书,他希望这些书能够在他老年的时候充实他的精神生活。一位"书记员弗里德里希"(Fridericus notarius)在 1376 年立契转让 117 本书给阿德蒙特修道院。⑤在 1429 年,律师和教区长昆霍费尔(Kunhofer)博士将其 151 本书捐给了纽伦堡的城市议会。⑥在 1450 年,皇帝弗里德里克三世的在俗医生将他的 200 卷医学和数学书捐给了布拉格大学。⑦德累斯顿的内科医生保利科博士有至少 59 本书,其中 37 本是神学著作,22 本被描述为是艺术方面(*in artibus*)的书籍。⑧在 1456 年,市长海因里希·鲁本诺(Heinrich Rubenow)将他的全部书籍立契转让给了格赖夫斯瓦尔德大学,其价值超过 1 000 金基尔德。⑨雷根斯堡的圣艾默拉姆学校校长波埃茨林格(Poetzlinger,卒于 1469 年)给他的学校留下了 110 本书。

还有证据表明,一些工匠也拥有藏书。在 15 世纪,有技能的手工业者具有一定的优势。许多人都接受过学校教育,一些人还和教会人士以及学者们有联系。学生们在结束了游学之后,他们经

*468*

---

①　Wilken, *op. cit.*, p.18.

②　Schmidt, *op. cit.*, p. 22.

③　*Sitzungsberichte der wiener Akademie*, XIII(1854), 135.

④　*Anzeiger für Bibliographie*, Notiz, 1848-1849, p.52.

⑤　*Ibid.*, Notiz, 1878, p.133.

⑥　*Mittheilungen des Vereins für Geschichte der Staat Nürnberg*, VI(1886), 137-144.

⑦　F. K. G. Hirsching, *Versuch einer Beschreibung sehenswürdiger Bibliotheken Deutschlands*(Erlangen, 1786-1791), III, 229 f.

⑧　*Anzeiger für Bibliographie*, 1842, p.64.

⑨　Becker, *op. cit.*, No.293.

常会从事某一项贸易活动。这些受过教育的工匠有时创作诗歌或者记载他们的经历，就像杜勒（Durer）的父亲所做的那样。根据受过教育的改革家约翰尼斯·布施（Johannes Busch，卒于 1479 年）的说法，在乌特勒支地区，有 100 家修道院有德语藏书，他说，一些普通的平民百姓也会读这些书。①学徒和熟练工经常花时间"参加弥撒仪式、听布道，学习阅读好的书籍"。②但是，广大的平民百姓大部分是没有藏书的。

在这一时期，在德国有一个新的团体得到了发展，他们人数不多，但是却极具社会意义。这个团体包括专业学者，他们为书籍和图书馆的发展带来了新的含义。他们追求知识不仅仅是为了学习神学、法律或者医学的专业学习作准备，而且还为了学术本身的发展。而且，对于他们来说，书籍不仅仅是接受现成学术的工具，而且是研究的工具。他们认为，图书馆应该是一个包括最值得信赖并可接受的信息的庞大的文本库。所以，这些学者们迅速且完全地接受了印刷产品，因为它们又丰富、又廉价、又易读，而且随着时间的推移，这些印刷的书籍被非常精心地编纂。

469　　新发明带来的文化上的转型，非常明晰地在这一变革时期一些杰出的德国学者的私人图书馆那里得到了体现。少数保守的人士不喜欢印刷的书籍，拒绝使用它们，但是大多数学者大量地购买它们，以最快的速度抛弃了手稿，因为更纯粹更可靠的文本被印刷出来。尽管印刷术时代的图书馆历史不在我们讨论的范围内，但是我们必须提及它，来完成手稿时代书籍的历史叙述。

先是拒绝后又接受印刷书籍的一个突出的例子是纽伦堡舍德尔家族（Schedel family）的私人图书馆。赫尔曼·舍德尔（Hermann Schedel，1410—1485 年）在这个城市引进了人文主义，他在莱比锡作为人文学科的学生，在帕多瓦作为医学专业的学生就已经开始收藏书籍了。他在给勃兰登堡的选举人弗里德里希二世作医生的时候，继续收藏书籍。在 1453 年，他离开了凄凉的北方，从此以后

---

① See Zimmermann, *Zur Geschichte der deutschen Bürgerschule im Mittelalter* (Leipzig, 1878); K. Uhlirz, "Beiträge zur Geschichte des wiener Buchwesens 1326-1445," *Zentralblatt für Bibliothekswesen*, XIII (1896), 79 f.

② O. Willmann, *Didaktik als Bildungslehre* (Brunswick, 1882), I, 258.

将他的大部分时间都用来寻找书籍，主要是古典著作和意大利人的著作。在艾希施塔特，他抄写了彼特拉克、薄伽丘、费勒佛和埃涅阿斯·西尔维乌斯（Aeneas Silvius）的著作。在奥格斯堡，他担任城市医生，因此有机会接触西吉斯蒙德·格塞姆布罗特（Sigismund Gossembrot）极具声望的古典作家图书馆。①他还遇到了许多杰出的学者，他们给他寄书。在 57 岁的时候，他返回了纽伦堡，他在这里尽一切努力培养自己对古典学的兴趣。然而，必须指出的是，他这样一位具有"先进理念"的人，却不喜欢印刷书籍。他的图书馆里仅有 2 本印刷书籍。他的藏书在其去世后有部分散失了——到了修道院和他的朋友那里——但是其余的转到了他的表弟哈特曼（Hartmann）那里。

和他的表哥和赞助人一样，哈特曼·舍德尔（Hartmann Schedel，1440—1514 年）也是一位医生和人文主义者，但是他的兴趣更广泛。在意大利，他不仅学习了医学，而且还学习了希腊语、艺术和建筑学。他成了一位杰出的历史学家。他对印刷的书籍并不反感，并随便买了许多印刷书籍。事实上，在他的藏书中，最有价值的材料可能是出版者的声明和一份带有标价的交易图书目录，他精心地保存着这些材料。和大多数德国私人图书馆不同的是，这些藏品完好无损。在 1552 年，哈特曼的孙子梅尔基奥·舍德尔（Melchior Schedel）以 500 弗洛林的价格将大部分书卖给了大金融家约翰·雅各·福格尔，福格尔反过来又将他自己大量的藏书献给了巴伐利亚公爵阿尔布雷克特五世（1572 年）。所有的这些书籍今天都收藏在慕尼黑的国家图书馆（Hofbibliothek）。② 470

在接受印刷书籍这一点上，德国其他的学者将哈特曼·舍德尔和他的表哥相提并论。他们都大量地搜罗书籍，但是他们仅收藏未印刷的手稿或者具有非同寻常美感的或者古代的手稿。一些人为永久保存他们的藏书而做了一些工作。约翰尼斯·罗赫林（Johannes Reuchlin，1455—1522 年）将他的藏书留给了普福尔茨海姆（Pforzheim），今天，

---

① See P. Joachimsen, "Aus der Bibliothek Sigismund Gossembrots," *Zentralblatt für Bibliothekswesen*, XI(1894), 249-268, 297-307.

② R. Stauber, *Die schedelsche Bibliothek* (Freiburg, 1908).

这些藏书的大部分都在卡尔斯鲁厄。①维利巴尔德·皮克海默（Willibald Pirckheimer）②将其藏书留给了他的侄子和他的女儿。后者的那部分书先是卖给了阿伦德尔伯爵（Earl of Arundel），后又卖给了诺福克公爵（Duke of Norfolk），诺福克公爵将这些书送给了伦敦皇家协会，1840 年伦敦皇家协会又将这些抄本送给了大英博物馆，拍卖了印刷的书籍，其中的一些书年代晚至 1925 年。其他的学者在他们生前或通过赠送礼物或通过出售的方式将他们的书传播出去，或者在遗嘱中没有作任何分配，所以他们的继承人随意处置了它们。雅各·维姆普赫林（Jacob Wimpheling）、③康拉德·凯尔特、④乌尔里克·冯·胡腾⑤和伊拉斯谟⑥的私人图书馆就是如此的命运。

471 在宗教改革之前的德国，有许多公共图书馆。布伦瑞克在 1413 年就有这样的一座公共图书馆；亚琛在 1418 年有一座；但泽和汉堡在 1469 年各有一座。书通常都是存放在教堂或者修道院里。在 1477 年，在法兰克福，有一座图书馆"对普通的民众"开放。⑦在 1929 年，纽伦堡的市政图书馆庆祝了它的第 500 年馆庆。其他在 15 世纪有市政图书馆的城市包括吕贝克、汉诺威、莱比锡、艾尔福特、纳德林根和瑙姆堡，这些市政图书馆都在市政大厅里。除了法兰克福和纽伦堡以外，实际上的城市图书馆（就是美国人所

---

① See K. Schottenloher, "Johann Reuchlin und das humanistische Buchwesen," *Zeitschrift für die Geschichte des Oberrheins*, 1922, pp. 295 ff; K. Christ, "Die Bibliothek Reuchlins in Pforzheim," *Beihefte zum Zentralblatt für Bibliothekswesen*, II(1924).

② F. Homeyer, "Pirckheimer's Bibliothek," *Monatshefte für Bucherfreunde*, I (1925), 358; L. Baer, "Pirckheimer's Bibliothek," *Frankfurter Zeitung*, December 8, 1925.

③ J. Knepper, *Jacob Wimpfeling*(Freiburg, 1902).

④ F. von Bezold, "Konrad Celtis, ' der deutsche Erzhumanist,'" *Historische Zeitschrift*, XLIX(1883), 1-45, 193-228.

⑤ D. F. Strauss, *Ulrich von Hutten*(Leipzig, 1858-1860), II, 326.

⑥ The tradition that Erasmus' books are at Munich has been exploded in a carefully documented study by Dr. Fritz Husner in the *Gedenkschrift zum* 400. *Todestage des Erasmus*(Basel, 1936).

⑦ F. Falk, "Zur Geschichte der öffentlichen Büchersammlungen in Deutschland im 15. Jahrhundert," *Historisches Jahrbuch*, XVII (1896), 343-344; W. Ziesmer, "Zur Kenntnis des Bibliothekswesens Preussens im 15. Jahrhundert," *Festgabe zur vierhundertjährigen Jubelfeier der Staats- und Universitätsbibliothek zu Königsberg* (Königsberg, 1929), pp. 393-400.

说的"公共图书馆")还在汉堡、梅明根和雷根斯堡建立起来了。据说包岑在 1407 年就有一个公共图书馆。这些市政图书馆大部分的藏书，都源自市长或者市政议员们，包括法学著作。一个例外值得一提：汉堡有一座医学图书馆给该城市的医生们使用。在 1469 年，该城市图书馆有 40 卷书，159 个标题。①施莱特施塔特是阿尔萨斯的一个小城，在这一时期它因其一批学者而闻名，包括马丁·布塞尔（Martin Bucer）、彼得·斯科特（Peter Schott）、雅各·维姆普赫林（Jacob Wimpheling）这些一起在这里学习的学者，它也因其城市图书馆而闻名，这个城市图书馆大约建立于 1429 年，与教区教堂的拉丁学校有密切联系。在 16 世纪，施莱特施塔特的藏书因为有了人文主义者贝尔多斯·雷纳努斯（Beatus Rhenanus）的馈赠而有了进一步的增加。②

在人文主义者或多或少地追求世俗学术活动的时候，大学依然在很大的程度上具有神学的色彩，对"新"思想或者漠不关心或者充满敌意。但是在 15 世纪末的时候，即使大学也开始收藏非神学的印刷书籍。在宗教改革之前，德国有少数几所高级学术机构，所以我们有必要简短地对此进行叙述。

在建立于 1347 年的布拉格加洛林大学的图书馆里，我们发现了相当多的书籍。根据 15 世纪的一份图书目录，③该大学图书馆 472被分成四个部分，每一个部分都在不同的房间里。这本身就比较特别，因为在这一时期，很少有图书馆拥有一个以上的房间。这个大学图书馆不仅因其图书的存放而闻名，还因为其藏书的内容而闻名。因为在这里有相当多的古典著作和科学著作——130 多本医学著作、20 多本数学和天文学著作、大约 100 本古典著作以及至少相同数量的法理学著作。这些书一共约 350 本，其中非神学著作占全部藏书数量的大约 20%。

海德堡大学建立于 1386 年，建立者是鲁普莱希特一世（Ruprecht I），

①　Petersen, *op. cit.*, p.7; for the other libraries see Kohfeldt, *op. cit.*, pp.339-340.

②　On the early history of Schlettstadt's library see J. Gény and G. C. Knod, *Die Stadtbibliothek zu Schlettstadt*（Strassburg, 1889）; On the existing collection, P. Nercux and E. Dacier, *Les Richesses des bibliothèques procinciales de France*（Paris, 1932）.

③　J. Loserth, "Der älteste Katalog der prager Universitäts-Bibliothek," *Mittheilungen des Instituts für oesterreishische Geschichtsforschung*, XI［1890］, 301-318.

他的儿子路德维格三世（Ludwig III）提供了他的藏书,包括89本神学著作、12本法学著作、45本医学著作和6本哲学著作。这些著作构成了一个图书馆的核心内容,在两个世纪的时间里,它们是欧洲最重要的藏书。[1]

莱比锡图书馆建立于1409年,有它自己本身的藏书,尽管这里的学生可以使用奥古斯丁图书馆。[2]艾尔福特在1433年获得了相当可观的藏书,根据1485年的图书目录,它有800多本著作。[3]在15世纪,格赖夫斯瓦尔德大学[4]、巴塞尔大学[5]、因戈尔施塔特大学[6]、罗斯托克大学[7]、杜宾根大学[8]和慕尼黑大学[9]都有学术图书馆。

473　　日耳曼文化区最后一个伟大的图书馆是匈牙利国王马提亚斯·科尔维努斯（Mathias Corvinus）的图书馆。[10]这是一个非常复杂的问题,因为关于这个图书馆,有许多夸张的说法,说它的藏书超过了除了亚历山大里亚图书馆之外的任何一个图书馆。所以,有一种说法,说这个图书馆藏有50 000卷书。一位近年来的学者通过对欧洲大部分图书馆进行的仔细研究,得出结论认为,来源于科维（Corvian）的藏书不超过174卷。我们可以稳妥地认为,科维图书馆

① Wilken, *op. cit.*

② F. A. Ebert, *Geschichte und Beschreibung der königlichen Bibliothek zu Dresden* (Dresden, 1822).

③ H. O. Lange, "Ueber einen Katalog der erfurter Universitätsbibliothek aus dem 15. Jahrhundert," *Centralblatt für Bibliothekswesen*, II(1885), 277.

④ M. Perlbach, *Geschichte der Universitäts-Bibliothek Greifswald* (Greifswald, 1882), p.1.

⑤ A. Heusler, *Geschichte der öffentlichen Bibliothek der Universität Basel* (Basel, 1896).

⑥ Hirsching, *op. cit.*, I, 166.

⑦ O. G. Tychsen, *Geschichte der öffenliche Universitätsbibliothek ... Rostock* (Rostock, 1790), p.5.

⑧ H. L. Zoepf, "Zur Frühgeschichte der tübinger Universitätsbibliothek," *Zentralblatt für Bibliothekswesen*, LII(1935), 471 ff.

⑨ C. Rupprecht, "Die älteste Geschichte der Unviersitätsbibliothek München (1472-1500)," *Zentralblatt für Bibliothekswesen*, XXXII(1915), 21-28.

⑩ There is an incredibly large bibliography on the Corvinus library and its fate. The best summaries of its contents and history are given by A. de Hevesy, *La Bibliothèque du roi Matthias Corvin* (Paris, 1923), and G. Schütz, "Bibliotheca Corvina," *Library Quarterly*, IV(1934), 552-563.

的藏书从来也没有超过 1 000 卷,尽管对于这一时期来说藏书数量非常大。①

马提亚斯·洪亚迪(Matthias Hunyadi,1440—1490 年)别名科尔维努斯,他在 17 岁的时候被选为国王。在那个时候,这个国家无论是在文化还是贸易方面都深受意大利精神的影响。对于年轻的马提亚斯来说,尤其如此,他的老师们约翰·维泰兹(John Vitez)和乔治·萨诺克(George Sanocke)都是意大利化的人文主义者。尽管他是一位现役军人,但是,马提亚斯也非常热爱书籍,他是古典文化的崇拜者。他读了很多书,甚至在服军役期间,只花很少的时间睡眠。他主要的乐趣就是几乎接近狂热地收藏书籍。在 1476年,他娶了阿拉贡的费迪南德的小女儿比阿特丽丝(Beatrice),一位非常早熟的女孩,她在 10 岁的时候,就读过西塞罗的著作,可以流利地说拉丁文。这对夫妻有共同的兴趣爱好,他们都是热情的书籍、彩饰手稿、奖章、版画和艺术作品的收藏者。②

这对王室夫妇给布达(Buda)引进了大量的意大利建筑师、雕刻师、微型画画家、音乐家和学者。有 30 个抄工,其中的 4 个在佛罗伦萨被雇用定期抄写珍贵的手稿。他们的代理人被派往欧洲各地去为皇家收藏者购买书籍。微型画画家、彩饰手稿者和装订者以人们所知的全部的技巧装饰这些书籍。据说马提亚斯在他的图书馆上每年要花费 30 000 基尔德。所有的这些书籍——通过购买的、作为礼物得到的、抄写的和没收的——它们被精心地安置在坐落在可以俯瞰布达的一座小山上的,由红色大理石建成的皇家宫殿的翼楼里。这些书被存放在两间装饰精美的大房间里,一个房间里是拉丁文抄本,另一个房间里是希腊文和东方著作。

关于这个奢华的图书馆的图书性质,我们很少有精确的信息,该图书馆的藏书在国王去世以后就散失了。但是,很显然,神学、诗歌、军事科学、哲学和历史著作以及匈牙利民族文学著作是包括其中的。必须强调的是,艺术著作的装订和装饰比其内容更具有

①　W. Weinberger, "Die Bibliotheca Corvina," *Sitzungsberichte der wiener Akademie der Wissenschaften*(Phil.-hist. Kl.), CLIX(1908), 1-85.

②　On Beatrice see A. de Berzevicy, *Béatrice d'Aragon*, *reine de Hongrie*(Paris, 1911-1912).

价值。只有其中的一部分被发现。在 1501 年，比阿特丽丝皇后在返回那不勒斯的时候，随身带走了一些书。马提亚斯的继承人丢掉或者出售了一些珍贵的著作。土耳其人在莫哈奇（Mohacs）战役（1526 年）之后，洗劫了布达，将该图书馆的大部分都转移到了君士坦丁堡。在 1826 年，土耳其档案保管员展示了科尔维努斯家族 16 本 3 位匈牙利的藏书家的藏品；7 年以后，皇帝弗朗西斯·约瑟夫（Francis Joseph）在去苏伊士的路上，苏丹给他看了其中的 4 本（它们现存布达佩斯）。在巴格达的王宫可能还会有更多其他的书籍，但是这个建筑在 1917 年被烧毁了。最近，由于政治原因，意大利人向布达佩斯提供了 2 本科尔维努斯的书，奥地利人提供了 16 本。

再后来，有两个运动对德国图书馆造成了灾难性的影响——路德时期的农民战争[1]和一个世纪以后的三十年战争。[2]后者不在本书讨论的范围之内，但是农民战争对图书馆的影响在此需要提及。这是一次社会革命。对于图书馆的历史来说影响则极为重要，因为农民起来反抗教会和贵族，破坏他们的财产。在焚烧教堂和王宫的过程当中，书籍和手稿也未能幸免于难。农民们尤其要破坏那些成文的和印刷的著作——这有两个原因。第一，他们知道，他们的税、债务和义务都写在成文的文献和契约当中，这些文献和契约与书籍一样保存在相同的档案馆里。因此，反抗者的第一个行动就是毁掉这些文献。第二，他们痛苦地毁掉这些书籍，反对这种他们根本没有享受过的文化。[3]

数以百计的图书馆，主要是修道院图书馆被毁掉了。在图林根，不少于 70 家修道院被夷为平地。[4]在安豪森的奥古斯丁小修道

[1]　K. Schottenloher, "Schicksale von Büchern und Bibliotheken im Bauernkrieg," *Zeitschrift für Bücherfreunde*, XII(1908-1909), 396-408.

[2]　关于三十年战争期间图书馆被破坏的情况，参见 O. Walde, *Storhetstidens Litterära Krigsbyten en Kulturhistorisk-Bibliografisk Studie*（Uppsala and Stockholm, 1916）; R. Ehwald, "Geschichte der Grothaer Bibliothek," *Zentralblatt für Bibliothekswesen*, XVIII(1901), 434-463; F. Leitschuh, "Zur Geschichte des Bücherraubes der Schweden in Würzburg,"*Zentralblatt für Bibliothekswesen*, XIII(1896), 104-113。

[3]　F. von Bezold, *Geschichte der deutschen Reformation*(Berlin, 1890), p.479.

[4]　For a list, see R. Hermann, *Zeitschrift des Vereins für thüringische Geschichte und Altertumskunde*, VII(1871), 1-176.

院,农民们毁灭了修道院,撕毁了价值 300 佛罗林的书籍。①总共有
1 200 本书在这里消失了。类似的事情在其他许多地方都有发生。
在布赖斯高的弗赖堡附近的圣博拉奇恩(St. Blasien)也遭到了农民
起义的攻击,他们"掠夺、撕毁、焚烧"了这个图书馆。在施泰格瓦
尔德的埃布拉赫,价值 500 基尔德的书被烧毁。②在肯普滕,修道院
院长对他的臣民向法院提起诉讼,因为这些人"掠夺走了所有的登
记簿、信件、书籍和文件"。③在麦欣根,农民们冲进了修道院,毁坏
了 3 000 卷书籍;有一些书被成堆地焚烧,一些书被抛入了水里,还
有一些书被当作废纸卖掉。④莱因哈德布伦(Reinhardsbrunn)的修 　476
道院副院长记载道:农民"摔碎、切碎和撕毁了价值 3 000 基尔德的
整个图书馆,然后在修道院的院子里将这些碎片烧毁"。⑤在冈茨堡
附近的韦滕豪森也受到了农民起义的冲击,精美的图书馆被彻底
毁掉了。⑥在班贝格,农民们攻击了主教官邸。在这里,"他们掠夺、
撕毁书籍、登记簿、信件,尤其是财政办公室的文件……"⑦

　　至此我们可以结束德国图书馆的历史了,因为我们已经到了印
刷的时代。人们可能会评论说,农民起义对图书馆造成的破坏并
不是致命的,因为只要还有一个抄本在任何一个地方保留下来,印
刷机会将任何损失掉的书籍重新复制出来。

---

① C. Jaeger, "Markgraf Casimir und der Bauernkrieg in den südlichen Grenzämtern
des Fürstentums unterhalb des Gebirgs," *Mitteilungen des Vereins für Geschichte der Stadt
Nürnberg*, JX(1892), 111-112.

② J. Jaeger, *Die Zisterzienser-Abtei Ebrach zur Zeit der Reformation* (Erlangen,
1895), p.11.

③ F. L. Baumann, *Akten zur Geschichte des deutschen Bauernkriegs aus Oberschwaben*
(Freiburg, 1877), p.332.

④ Hartfelder, *op. cit.*, p.38.

⑤ J. H. Moeller, *Urkundliche Geschichte des Klosters Reinhardsbrunn als Amt und
Lustschloss*(Gotha, 1843), p.215.

⑥ Baumann, *op. cit.*, p.244.

⑦ G. E. Waldau, *Beitrag zur Geschichte des Bauernkriegs in Franken*, besonders im
*Bisthum Bamberg*(Nuremberg, 1790), p.24.

# 第十六章　中世纪晚期斯堪的纳维亚图书馆[①]

　　斯堪的纳维亚国家中世纪图书馆的历史有四百年。这些国家位于欧洲的北部边缘，因此其基督教文化的发展比较晚，几乎没有图书馆能够和大陆的图书馆相媲美。无论何种有关其图书馆的历史证据都是偶然出现的，只有相当少的文化书籍保留了下来。所有其他的有关阅读和图书馆的信息都隐藏在古老的文献中[②]，这些文献包括教会和修道院的记录和清单、遗嘱[③]以及现存卷宗的空白页记录。最终，我们还是发现了少数的目录。宗教改革对中世纪书籍产生了相当大的影响。奥利维利乌斯（Aurivillius）在瑞典开始了对中世纪图书馆的研究，但是他的研究成果并不全面。[④]最近，研究者丹麦的埃伦·乔根森（Ellen Jorgensen）、瑞典的安纳斯泰特（Annerstedt）、戈德尔（Godel）和科林（Collijn）、挪威的约翰逊和茫西（Munthe）、冰岛的奥尔莫和赫曼森通过对中世纪图书馆的研究，揭示了大量有趣的资料。[⑤]

　　书籍是随着基督教的传入才在斯堪的纳维亚国家出现的。在

---

①　本章由 Claude H. Christensen 撰写。

②　Many of these documents are published in *Scriptores rerum Danicarum*，ed. J. Langebek（Hafniae，1772-1878）；*Diplomatarium Svecanum*（Stockholm，1829- ）；*Diplomatarium Norvegicum*（Christiania，1849- ）；*Diplomatarium Islandicum*（Kaupmannahöfn，1857- ）．

③　*Testamenter fra Danmarks Middelalder indtil 1450*，ed. K. Erslev（Köbenhavn，1901），*passim*.

④　P. F. Aurivillius，*Dissertatio gradualis de bibliothecis medii aevi in Sviogathia*（Upsala，1782）.

⑤　C. J. Br[andt]，"Et Prästebibliothek i Slutningen af Middelaldren," *Dansk Kirketidende*，VI（1851），299-310. G. Carlsson，"Vårt största enskilda medeltidsbibliotek och dess ägare," *Nordisk tidskrift för bok- och biblioteksväsen*，V（1918），228-238，etc.

前基督教时代,文献主要是通过口耳相传的方式保存下来的,而且,除了冰岛以外,实际上所有的这些文献都因为基督教会对异教传统的敌视或者漠不关心而湮灭了。没有任何迹象表明,曾经用符号在木头或者石头上记载过文献,或者曾经有被称为"图书馆"的符号文字。①毫无疑问,早期的传教士将书籍带到这个国家。②在大的教堂里,很快就建立起了学校,到 12 世纪中叶的时候,我们有了第一份关于图书馆的证据。

　　书籍传入的渠道在很大程度上是由教士们与国外的联系以及斯堪的纳维亚的学生所去往学习的大陆国家的大学所决定的。在 12 世纪,斯堪的纳维亚的学生几乎全部都去巴黎,相比较而言,他们很少去意大利大学。布拉格大学在 14 世纪的重要性有所提升,在 15 世纪,离他们更近的德国大学③变得更加重要。尚存的一些遗嘱表明,直至 1350 年,几乎每一个留下重要书籍的人都是在巴黎学习过或者和法国有某种联系。④大主教桑尼森(Suneson)看上去就是在那里求学时购买的书。⑤阿普萨拉的教士海明(Hemming)于 1299 年在巴黎留下遗嘱,他在其中提及的书毫无疑问是在那里购买的。⑥贝尼基努斯·亨利希(Benechinus Henrici)的几本书也是如此。⑦但是,斯堪的纳维亚人也在佛兰德尔和英格兰购买书籍,大约 1350 年的时候,布拉格成了一个重要的市场。在宗教大会上有时也进行图书买卖的行为,尤其是在康斯坦茨宗教会议上。

479

---

　　①　在斯堪的纳维亚国家,羊皮纸在基督教传入之前不为人们所知。在拉丁文引入之后很长时间里,使用符号在羊皮纸上记事。参见 H. Hermannsson, *Icelandic Manuscripts*(Ithaca, 1929), pp.1-3。

　　②　*Scriptores rerum Danicarum*, I, 444; *Revue d'histoire ecclésiastique*, 1911, pp.667-668; *Vita Anskarii*, x, xxi.

　　③　C. Annerstedt, *Upsala universitets historia*, I(Upsala, 1877), 1-21, 44-45; L. Daae, *Matrikler over nordiske studerende ved fremmede universiteter* (Christiania, 1885); E. Jörgensen, "Nordiske Studierejser I Middelalderen," *Historisk Tidsskrift*, R. 8, V(1915), 331-382; E. Jörgensen "Nogle Bemärkninger om danske Studerende ved Tysklands Universiteter i Middelalderen," *ibid*., VI(1915-1917), 197-214.

　　④　H. Schück, "Anteckningar om den äldsta bokhandeln i Sverige," *Festskrift med anledning af svenska bokförläggareföreningens femtiårsjubileum* (Stockholm, 1893), p.26.

　　⑤　L. Weibull, *Bibliotek och arkiv i Skåne under medeltiden*(Lund, 1901), p.33.

　　⑥　*Diplomatarium Svecanum*, II, 287.

　　⑦　Erslev, *Testamenter*, pp.118-124.

　　许多手稿都是在家里被抄写的,而修道院尤其是抄写手稿的地方。其中一位最勤奋的书史是方济各会修士约翰尼斯·帕沙(Johannes Pashae)。在 1297 年,他经过 2 个月的工作之后,完成了一部 2 卷本的《圣经》抄写工作;2 年之后,他抄写完成了另外 5 卷本的《圣经》。他还为罗斯基勒、哥本哈根和伦德的方济各会修道院抄写了许多其他书籍。①布里奇汀(Bridgetine)修道院,尤其是瑞典的瓦斯泰纳和挪威卑尔根的蒙克利夫(Munkeliv),是抄写和文化活动的中心,15 世纪斯堪的纳维亚最精美的抄本之一《大写字诗篇》(*Psalterium literis capitalibus*),就出自蒙克利夫的一位修女贝尔吉塔·西格福斯达特(Birgitta Sigfusdatter)之手。②

　　在一些国家里,我们可以根据传承下来的图书目录追溯其图书馆发展的历史。但是,在斯堪的纳维亚国家,我们无法做到这一点。在这里,新书和旧书都列在一起,而且它们被放在书架上,很明显没有任何分类的迹象。③

　　到中世纪行将结束的时候,斯堪的纳维亚的图书馆变得日趋重要,它们足以激起意大利人文主义者的好奇心。波基奥在几封信里,都表达了希望从索罗(Soro)修道院获得一本李维著作的愿望。在 15 世纪中叶,教皇尼古拉斯五世派他的代理人伊诺克·德·亚斯克利(Enoch d'Ascoli)去丹麦,但是很显然,伊诺克·德·亚斯克利只是得到了西多尼厄斯·阿波利纳里斯(Sidonius Apollinaris)的《信札》的一个抄本,尽管看上去他还看到了两本米西奈斯的挽歌。教皇尤利乌斯二世和教皇利奥十世也派人去丹麦搜罗书籍。毫无疑问,这些教皇的代理人带回来一些书,但是可能为数不多。在意大利图书馆里,几乎没有几本来源于斯堪的纳维亚的书籍。梵蒂冈图书馆有一本抄本,这个抄本曾经一度属于艾斯诺姆(Esrom)修道院;在劳伦,有一本普林尼的《自然史》抄本,这是柯西莫·美第

480

---

① J. Lindbäk, *De danske Franciskanerklostre*(Köbenhavn, 1914), p.163.

② C. A. Lange, *De norske klostres historie i middelalderen*(2 Udg.; Christiania, 1856), p.143. 这部手稿现在布拉格的大都市图书馆里。

③ Cf. E. Jörgensen, "Studier over danske middelalderlige Bogsamlinger," *Historisk Tidsskrift*, R. 8, IV(1912-1913), 66-67.

奇从吕贝克得到的一本书，里面有签名，表明它和丹麦有所关联。①

在中世纪，斯堪的纳维亚的两个大学图书馆根本就是无足轻重。②一些主教座堂和修道院学校可能有图书馆，但是我们对它们知之甚少。我们有记载的斯堪的纳维亚图书馆可能在研究中被视作是主教座堂图书馆、教会图书馆和修道院图书馆以及私人收藏。半岛民族国家的特性的发展还不足以使这些国家显著地区分开来。越向北发展，文化的积淀越薄，但是，除了使用本国语言写的著作和一些属于特定地点的书籍以外，我们实际上无法对这一时期书籍的归属作出区别，比如，它们是属于丹麦图书馆的还是瑞典图书馆的。

我们不可能重构斯堪的纳维亚各个国家的主教座堂图书馆。大体的框架虽然依稀可辨，但是详细的信息无法找到。大约有 20 本抄本，包括两本《纪念卷》(*libri datici*)和《逝者名录》(*necrologium*)，③还有一些尚存的古版本来自伦德，它是这些主教座堂图书馆中最重要的一个。④这些抄本的时间一般从 12 世纪初到 15 世纪中叶，通常写得非常好，但是很少有图片和装饰。这个图书馆早在 12 世纪的头 25 年里就存在了。在 1124 年，执事之一乌尔夫（Ulf）给该主教座堂图书馆一些书和其他的珍贵礼物。⑤七年之后，教长阿瑟（Dean Asser）捐赠了《旧约》和《新约》、几卷医学著作和自然历史著作。在整个 12 世纪，还有其他的一些捐赠：执事伯恩哈杜斯（Bernhardus）捐赠了"许多好书"，执事海尔波多（Helbodo）捐赠了几本布道书，长老阿蒙杜斯（Amundus）捐了一本《诗篇》和其他的书，副助祭贝罗（Bero）捐了《教皇训谕》。大主教阿布萨隆（Absalon）捐了

481

① Cf. E. Jörgensen, "Italienske Humanisters Manuskriptrejser til Danmark," *Nordisk tidskrift för bok- och biblioteksväsen*, II(1915), 76-80.

② 乌普萨拉大学建立于 1477 年；哥本哈根大学建立于 1479 年。

③ A *liber daticus* was an official record of all gifts made to an ecclesiastical institution.

④ To the 17 manuscripts mentioned by Weilbull, *op. cit.*, pp. 112-119, Miss Jörgensen adds, law codices and parts of a Bible ("Studier over danske middelalderlige bogsamlinger," *Historisk Tidsskrift*, R. 8, IV [1912-1913], 7). *Liber daticus vestudior* is published in *Scriptores rerum Danicarum*, III, 474-579; *Liber daticus recentior*, in *ibid.*, IV, 26-68; the *Necrologium Lundense* in *ibid.*, III, 422-473. The two *libri datici* and the *necrologium* have been edited by C. Weeke, *Libri memoriales capitulo Lundensis* (köbenhavn, 1884 and 1889); the *necrologium* by C. Weibull, *Necrologium Lundense* (Lund, 1923).

⑤ *Scriptores rerum Danicarum*, III, 458.

几本书,但是最大的礼物来自大主教安德尔斯·桑尼森(Anders Suneson),他在1228年捐给图书馆30卷书,主要是神学著作。①尼尔斯·本卡福卢(Niels Bunkaflo)捐了两本教会法著作(1346年),②贝尼基努斯·亨利希捐了两本《教皇训谕》(1358年),③其他和这个主教座堂图书馆有关的教会人士也向图书馆捐赠了书籍。毫无疑问,许多书都是抄写的。④在16世纪初,这个图书馆接受了两笔大捐赠——一笔来自教士汉斯·西贝尔(Hans Seber),另一笔来自唱诗班赞礼员本格特·阿维德森(Bengt Arvidsen),本格特·阿维德森捐赠的书籍非常重要,所以它们被单独存放。⑤大主教比尔格(Birger)让人为主教座堂印刷了一些礼拜仪式用书,印刷的书籍和抄本都一起放在书架上。

如果我们从这些捐赠的记录和尚存的书籍来判断的话,可以发现,这个图书馆的藏书中除了礼拜仪式用书和神学著作之外,其他的书籍少之又少。在最古老的文献中,该图书馆被称为"书橱"(ar-marium librorum)。主要的藏书室坐落于教堂附属室,附属室用来给和主教座堂有关的教士来使用。斯堪的纳维亚国家最早的图书馆规章制度大约出现于1100年,规定如下:"这个图书馆由赞礼员管理。他要知道图书馆的藏书内容,要记录那些被借出去的书籍,不至于因为疏忽而使书籍丢失。"⑥在中世纪行将结束之际,图书馆制定了如下的规章制度:借了书的赞礼员一定要归还,如果他们想要续借的话,必须要重新登记。⑦

其他丹麦主教座堂图书馆尚存的著作很少:3本来自罗斯基勒,2本来自奥尔胡斯,另一本可能来自里伯主教座堂,一本著作来自哥本哈根的圣母教区教堂。相关的记载同样稀缺。给罗斯基勒主教座堂的几次捐赠均有记载:1292年有一本《诗篇》,1346年有几本关于教会

① *Scriptores rerum Danicarum*, III, pp.524-525.

② Erslev, *op. cit.*, p.91.

③ *Ibid.*, p.120.

④ Cf. Miss Jörgensen "Studier over danske middelalderlige Bogsamlinger," *Historisk Tidsskrift*, R..8, IV(1912-1913), 5-7.

⑤ Weibull, *Bibliotek och arkiv i Skåne*, pp.17, 134-135.

⑥ *Ibid.*, p.11.

⑦ "Lunds domk. statuter 1489," *Samlingar till Skånes historia*, utg. af M. Weibull (1874), II, 50.

法的著作,在 1358 年有一本《霍斯迪恩西斯大全》(*Summa hostiensis*),在 1386 年有一本《丹麦人的事迹》(*Gesta Danorum*),在 1434 年有一本《圣经》和几部关于教会法的著作,①1503 年有两大卷博韦的文森特的《历史之镜》。②该图书馆毫无疑问还接受了其他的礼物。15 世纪的一部文献表明,该图书馆还拥有其他的藏书,它提到了从教区总教堂图书馆借来的其他书的相关文献信息。③

在 1312 年,里伯主教座堂的图书清单仅提及了几本祈祷书,④有少数几份礼物被记载下来。⑤关于奥尔胡斯、博格勒姆、维堡和欧登塞的主教座堂图书馆情况我们知之甚少。但是斯勒斯维格(Slesvig)主教座堂有一份很有趣的书单尚存(1519 年)。⑥它既有抄本,也有印刷品,毫无疑问多数是印刷品,大约有 250 项。其中大部分书是神学著作;还有精选的教父著作,包括圣奥古斯丁的《上帝之城》,它在中世纪丹麦其他的任何图书馆里都没有被收藏,西里尔(Cyril)的《分类词汇汇编》(*Thesaurus*)在斯堪的纳维亚也是很稀有的。中世纪的作品有很多:历史方面有佛洛勒斯、奥罗修斯、卡西奥多罗斯、柏图斯·科米斯特(Petrus Comestor)、萨科索的著作。中世纪晚期的著作有:埃涅阿斯·塞尔维乌斯(Aeneas Sylvius)的《波西米亚史》(*Historia Bohemorum*)和普拉蒂纳(Platina)的《教皇传》(*De vitis pontificum*)。人文主义著作有彼特拉克的《论对世界的轻视》(*De contemptu mundi*)、《论隐逸的生活》(*De vita solitaria*)、《253 个拉丁文对话》(*De remediis utriusque fortunae*)和他用拉丁文翻译的薄伽丘的《格瑞瑟尔达的故事》;埃涅阿斯·塞尔维乌斯的《两个恋人之间的故事》(*De duobus amantibus*);还有瓜里亚诺、托尔特略(Tortello)、维基乌斯和波基奥的著作。古典作家包括:西塞罗、维吉尔、奥维德、佩尔西乌斯、尤维纳

①　Erslev, *op. cit.*, *passim*.

②　*Danske Magazin*, I(1745), 297.

③　*Scriptores rerum Danicarum*, VII, 324-325.

④　*Samling af Adkomster*, *Indtägtsangivelser og kirkelige Vedtägter for Ribe Domkapitel og Bispestol*, *1290-1580* (*Avia Ripensis*), udg. af O. Nielsen(Kjöbenhavn, 1869), pp.114-115.

⑤　14 世纪有许多捐赠(cf. *Scriptores rerum Danicarum*, V, 536-543)。

⑥　Cf. J. Lindbäk and E. Jörgensen, "To Bogfortegnelser fra det 16. Aarhundrede," *Danske Magazin*, R. 6, I(1913), 307-319.

利斯、马提雅尔、卢坎、希罗多德和普鲁塔克,最后的两位古典作家的作品是拉丁文译本。这些充分证明了人文主义对斯堪的纳维亚国家的影响。[1]

在中世纪即将结束的时候,瑞典大主教驻节地乌帕拉的主教座堂图书馆毫无疑问占有重要的地位,其记载可以追溯到 12 世纪。主礼牧师贝罗(Dean Bero)在其 1278 年的遗嘱中,捐赠了《圣经》《福音书》《使徒行传》和一本《诗篇》。[2]其他的礼物通常也是由教会人士捐赠的,这在 13、14 和 15 世纪都有所记载。[3]看上去除了主教座堂图书馆以外,还有一个图书馆属于大主教官邸。在大主教同时也是圣布里吉塔的传记作家的比尔格·格雷戈尔松(Birger Gregersson)借阅过并且因为某种原因而存放在阿尔诺教堂的一份书单中,[4]提及了其中的一些书来自"教会图书馆",另一些来自"石屋"(domus lapidea)。1369 年的图书清单证明了在王宫中也有许多图书馆,这份清单列出了 120 部著作,其中包括《圣经》、神学著作、布道书、圣徒传、教会法著作和少数其他学科的著作。[5]这些图书在 16 世纪的时候大部分散失了。少数留存下来的也在 1789 年被并入到乌帕拉图书馆。在存留下来的抄本中,仅有两本可以被确认属于主教座堂图书馆。[6]

至今还保持完整的斯堪的纳维亚国家唯一一个主教座堂图书馆是斯特兰奈斯(Strängnäs)图书馆。主教科纳德·罗吉尔(Konard Rogge,1455—1461 年在位)将其非常有价值的抄本全部捐给了该图书馆,[7]但是这些藏品中流传下来的寥寥无几。[8]

484

---

① T. Gottlieb, "Die mittelalterlichen lateinischen Handschriften der kgl. Bibliothek in Kopenhagen," *Archiv für Bibliorahpie*, *Buch und Bibliothekswesen*, I(1926), 216-225.

② *Diplomatarium Svecanum*, I, 725.

③ *Ibid.*, II, 94; V, 305, 572; J. F. Peringskiöld, *Monumenta Ullerakerensia* (Stockholm, 1719), pp.170, 223, 224.

④ H. Reuterdahl, *Svenska kyrkans historia*(Lund and Stockholm, 1838-1863), III, Part II, 415 f.

⑤ The list is published in Peringskiöld, *op. cit.*, pp.312-319.

⑥ V. Gödel, *Sveriges medeltidslitteratur*(Stockholm, 1916), pp.84-85.

⑦ *Diplomatatium Svecanum*, I, 643; III, 286.

⑧ F. V. Brannius, *Catalogues bibliothecae templi cathedralis Strengnesensis* (Strengnesiae, 1776), and H. Aminson, *Bibliotheca templi cathedralis Strengnesensis* (Stockholm, 1863). For extant incunabula, see I. Collijn, "Svenska boksamlingar under medeltiden och detas ägare," *Samlaren*, XXV(1904), 209-210.

1317 年卡斯特拉主教座堂的财产清单仅列出了祈祷书和几本教会法著作。①仅有 1413 年的一份礼拜仪式用书的捐赠有所记录，②但是它的藏书一定还是有一定规模的，所以才被称为图书馆，因为在 16 世纪，它被称为"圣殿第一大教堂图书馆"，直到 1589 年它还是完整的，当时的一份图书清单里记载有 56 卷书。③

斯卡拉（Skara）主教座堂的图书馆的历史要追溯到 12 世纪下 *485* 半叶。在 1475 年，它接受了贝罗图书馆的藏书，共有 130 卷。考虑到中世纪与林克平（Linköping）主教座堂有关系的学者的人数，我们可以认为该图书馆是占有一定重要地位的。14 世纪里众多的捐赠虽然数量都不多，但大部分是祈祷书和教会法著作。④15 世纪的一部手稿和少数古典版本著作还尚存。⑤阿博（Abo）的几个主教都是有文化素养和兴趣广博之人，并且身体力行管理主教座堂图书馆。在 1354 年，主教赫明捐赠了他的 40 卷藏书，其中大部分是神学著作和教会法著作，但是也有几部中世纪作家的著作。⑥除了一本弥撒书和一些残篇之外，其他的都没有流传下来。

尽管关于挪威的尼达罗斯（Nidaros）主教座堂图书馆的文献很少，很明显我们可以将其历史追溯到 12 世纪。特罗德里克·蒙克（Tjodrek Munk）在其可能是写于 1187 年的尼达霍尔姆（Nidarholm）修道院的《挪威古代史》（*Historia de antiquitate regum Norvagensium*）中，引用了古典作家、教父和中世纪作家的著作，他或许是通过修道院和主教座堂图书馆直接或者间接地知道了这些人。⑦在

---

① *Diplomatarium Svecanum*，III，325-326.

② *Ibid.*，II，689.

③ Cf. Gödel，*op. cit.*，pp. 78-79. See also Petrus Olar，*Bibliotheca s. catalogus librorum templi et consistorii cathedralis Arosiae*（Västeras，1640），and I. Collijn，*Katalog öfver Västeras läroverksbiblioteks incunabler*（Upsala，1904），p.7.

④ *Diplomatarium Svecanum*，I，181；II，29，107，182；III，4，397；IV，332；VI，236.

⑤ Gödel，*op. cit.*，pp. 80-81；I. Collijn，"Svenska boksamlingar under medetiden," *Samlaren*，XXV（1904），206-207.

⑥ The list is published in H. G. Porthan，*Historia bibliothecae r. acad. Aboensis*（Aboae，1771-1787），pp.15 f.

⑦ W. Munthe，"De Norske Bibliotekers historie," in S. Dahl，*Haandbog i Bibliotekskundskab*（3 Udg.；Köbenhavn，1924-1930），II，157.

1408 年,卑尔根主教的小教堂里有 19 本书。①

冰岛被分为两个主教区,对于南部教区的代主教座堂斯卡霍尔特（Skalholt）图书馆我们知之甚少,②但是,我们有理由认为它的藏书是相当可观的,因为阿尔尼·马格努森（Arni Magnusson）③在这个地区保护了许多抄本。在 1396 年,北部教区的代主教座堂霍拉尔（Holar）图书馆有大量的祈祷书、很多冒险故事和 2 卷骑士传奇。④1525 年的财产清单⑤记录了更多的祈祷书和其他书籍,有拉丁语的,也有本地语言的,还有许多著作,比如奥维德的《论爱的艺术》、亚里士多德的《论权威》（Auctoritas）和波埃修斯的《哲学的慰藉》,这些著作在其他的冰岛地区的财产清单中没有记载。这个图书馆可能是在宗教改革时期解体了。

斯堪的纳维亚的教区教堂除了几本礼拜仪式用书之外,其他的藏书寥寥无几,《圣经》都很少被列入进去,因为在公共祈祷仪式中不使用《圣经》。经常被提到的礼物是弥撒书和祈祷书,许多教会人士在遗嘱中还回忆起他们较小的教堂。在 1503 年,欧登塞的汉斯·乌尔内（Hans Urne）给教区里资金不充裕的教堂捐了 30 本手册。⑥偶尔会有一个教堂有很多书。挪威的伊尔姆海姆（Ylmheim）教堂在 1323 年的时候有 19 本抄本。⑦如果一位副主教恰巧是一位有读书兴趣的人,那么他的教堂图书馆就会有《圣经》和神学著作。⑧乌帕拉的三一教堂 1519 年的财产清单中有 30 本著作,全部都是礼拜仪式用书。⑨

因为有许多图书清单,所以我们可以据此判断冰岛地区的教区图书馆的情况,但是要全面了解它是不可能的。有一些教会仅提及更重要的一些书,其他的一些教会提供了一个大致的数目或者

---

① *Diplomatarium Norvegicum*, XV, 38.
② 1548 年的财产清单仅提及了 4 本书。
③ 爱尔兰的历史学家和古文物收集者（1663—1730 年）。他花了很多年搜集手稿,后来他将这些手稿捐给了哥本哈根大学图书馆。
④ *Diplomatarium Islandicum*, III, 612-613.
⑤ *Ibid.*, IX, 298-299. Cf. Hermannsson, *op. cit.*, p.35.
⑥ *Danske Magazin*, I(1745), 207.
⑦ *Diplomatarium Norvegicum*, XV, 10-11.
⑧ Cf. Reuterdahl, *op. cit.*, pp.417 ff.
⑨ Peringskiöld, *op. cit.*, p.14.

藏书的价值。①最早的图书清单表明,教会藏书非常匮乏。在1318年的霍拉尔(Hólar)教区,有许多教会有15本著作,还有一些超过了20本。1394年同一个教区的图书清单②和以后的图书清单③表明,教会图书馆的藏书已经在种类上而不只是在规模上增多了。④1397年斯卡霍尔特主教辖区的财产清单表明,南部教区比北部教区的藏书少,但是也有可能所看到的书单并不完整。⑤这些教会图书馆的藏书包括礼拜仪式用书、教会法著作、编年史、年代记和少数冒险故事。

修道院图书馆可能是最重要的图书馆,但是,它们的书籍几乎都没有逃过宗教改革的破坏,而且这些修道院经常因为政治斗争和大火而受到损失。本笃会是在11世纪最早到达这里的,接下来是西多会,他们得到了大主教埃斯基尔(Eskil)特殊的关照。多明我会于1221年在伦德建立了修道院,方济各会于1223年在福伦斯伯格(Flensborg)建立了修道院。

本笃修道院的藏书几乎全部都消失了。纳斯特维德(Nästved)修道院的一本《历书》(Calendarium)和少数几本古代版本书籍(incunabula)依然尚存,还有少数残篇可能是来自其他的本笃修道院。几个西多会修道院有很多藏书,尽管它们很少能够幸存下来。来自埃斯罗姆修道院的一个抄本,包括了比德的著作片段和一些五花八门的残篇,现在梵蒂冈图书馆。⑥我们有一个富裕的修道院——索罗修道院的藏书目录,主要包括:一部不来梅的亚当(Adam of Bremen)的手稿、大主教苏内松(Suneson)的《创世六天》(Hexameron)和少数几卷其他的书籍;⑦一部来自索罗修道院的瓦勒里乌斯·马克西穆斯的手稿在1728年和哥本哈根大学图书馆一起被烧毁了;查士丁尼的一本手稿还尚存;吕德(Ryd)修道院的一本《圣经》抄

---

① Cf. E. Olmer, *Boksamlingar på Island 1179-1490* (Göteborg, 1902), p.77.

② *Diplomatarium Islandicum*, II, 423-489.

③ *Ibid.*, III, 508-591.

④ *Ibid.*, V, 247-361.

⑤ *Ibid.*, IV, 27-240.

⑥ M. Vattasso and P. F. de'Cavalieri, *Codices Vaticani Latini* (1902), I, No.636.

⑦ C. F. Wegener, *Historiske Eferretninger om Anders Sörensen Vedel* (Copenhagen, 1846), p.103; *Scriptores rerum Danicarum*, IV, 541; V, 457 f.

488 本、①两部手稿和来自洛古姆（Logum）的《逝者名录》、②一部来自赫里斯瓦德（Herisvad）的带有神学内容的抄本③和另一部来自维茨科尔（Vitsköl）的抄本④尚存。

《欧埃姆修道院编年史》（*Exordium carae insulae*）⑤是欧埃姆（Oem）修道院尚存唯一的抄本，其中记载了一些关于这个图书馆的事情。主教奥尔胡斯的斯文德（Svend of Aarhus）准备羊皮纸，并付钱给他自己的抄工和画工。因此，《编年史》上记载："在我们的书中，有金色的和彩色的字母，这些都是我们的规则不允许做的，但是，当别人这样做完了以后，我们可以把它们当作礼物接受。"有几位修道院院长都是非常优秀的抄工和画工。1554 年该图书馆的书单尚存，⑥毫无疑问其中包括许多印刷品图书。它是中世纪修道院图书馆中一个非常重要的书单——总共大约有 200 个条目。这是目前保留的丹麦修道院图书馆唯一的图书目录。

瑞典和挪威的西多会图书馆没有多少藏品留存下来。乌帕拉大学图书馆有一部古德斯堡（Gudsberga）修道院的《圣经》抄本和一本拉丁文–德文辞典⑦。来自古德斯堡修道院的一本沃拉金（Voragine）抄本⑧和一本来自尼达拉（Nydala）的书还尚存。还有曾经属于瓦恩海姆（Varnheim）的一本书的记载。⑨据说，维斯比附近的罗489 马修道院有一个大的图书馆，但是关于其拥有 2 000 卷藏书的记载

---

① In the library of the Gymnasium at Flensborg.

② One of the manuscripts contains Petrus de Riga, *Aurora*, and is in the Royal Library of Copenhagen(Gl. kgl. Saml．, 54 fol.)；the other contains Hieronymus, *Epistolae*, and is at Wolfenbüttel(Gude Lat. 51). The Necrologium is in the library of of the University of Copenhagen(A. M. 868，4°).

③ 在哥本哈根大学图书馆（E. don var. 138，4°）。

④ 在哥本哈根皇家图书馆（Nye kgl. Saml. 13，8°）。

⑤ 在哥本哈根大学图书馆（E. don var. 135，4°）and published in *Scriptores rerum Danicarum*，V，235-302。

⑥ Suhm，*op. cit.*，III，312-324．

⑦ God. Ups. C：37 and C：152.

⑧ I. Collijn，"Smärre bidrag till de svenska klosterbibliotekens historia," *Nordisk tidskrift för bok- och biblioteksväsen*，IV(1917)，66-67.

⑨ Cf. N. Beckman，"Cistercienserklostrens bibliotek," *Nordisk tisdkrit för bok- och biblioteksväsen*，IV(1917)，81.

已经被证明是不可信的。①奥斯陆附近奥维多（Hovedö）的西多会修道院有关于一笔捐赠的记载。②这个图书馆在1532年遭到了摩根斯·格登斯耶尔内（Mogens Gyldenstjerne）的洗劫，他们将这里的书转移到了阿克什胡斯（Akershus）。③

　　奥古斯丁修会的书几乎全部被毁了。古老的哥本哈根大学图书馆有两本达尔比（Dalby）的著作。④这个修道院1530年的财产清单中提及了镶嵌着金银和奇石的书籍。⑤丹麦奥古斯丁修会图书馆的残余部分包括了一本达尔比的手稿、一部格林德斯莱夫（Grinderslev）的手稿和一部曾经属于博格勒姆（Börglum）的手稿。⑥挪威康谢勒（Kongshelle）修道院1485年的一份财产清单⑦记载了21本书——全部都是祈祷仪式用书，没有一本完整的《圣经》或者使用当地语言书写的著作。1531—1532年图特罗（Tuterö）修道院的一份书单提及了70本古老的著作。⑧冰岛的几个奥古斯丁修会修道院都有相当可观的藏书。在1397年，维奥伊（Viðey）修道院有61本书；⑨同一年里，赫尔加费尔（Helgafell）有大约25本祈祷仪式用书，35本用本地语言写的著作，大约100本拉丁文著作，但是没有列明书名或者作者。⑩

　　最有趣的图书清单之一，是莫鲁瓦拉（Möðruvalla）修道院1461年的清单⑪，它的记录最为完整。它列出了大约140个条目，其中约70本是祈祷仪式用书，30本是拉丁文著作，40本是使用本地语

———————

　　① This statement appeared in J. Ziegler's *Scondia* (Strassburg, 1532) and has often been repeated. Cf. Gödel, *op. cit.*, p.86.

　　② *Diplomatarium Norvegicum*, IV, 279-280.

　　③ O. A. Johnsen, "Norske geistlige og kirkelige institutioners bogsamlinger i den senere middelalder," *Sproglige og historiske afhandlinger viede Sophus Bugge* (Kristiania, 1908), p.80.

　　④ S. Birket Smith, *Om Kjöbenhavns Universitetsbibliothek för 1728* (Kjöbenhavn, 1882), p.162.

　　⑤ P. Wieselgren, *De claustris Svio-Gothicis* (Lund, 1832), p.50.

　　⑥ 第一本手稿在哥本哈根皇家图书馆（Gl. kgl. Saml. 1325, 4°）；第二本在哥本哈根大学图书馆（A. M. 783, 4°）；第三本在斯德哥尔摩皇家图书馆。

　　⑦ *Diplomatarium Norvegicum*, XIV, 128.

　　⑧ *Ibid.*, XI, 653, 655.

　　⑨ *Diplomatarium Islandicum*, IV, 110-111.

　　⑩ *Ibid.*, I, 282.

　　⑪ *Ibid.*, V, 286-291; Olmer, *op. cit.*, pp.71-75.

490　言书写的著作。一个注释中解释道,还有许多其他的拉丁文著作没有在这里列出来。使用本地语言撰写的著作包括许多传奇冒险故事,尤其是具有地方特色和世俗色彩的冒险故事,比如《沃尔森格萨迦》(*Volsungasaga*)、《斯科尔登斯萨迦》(*Skjoldungasaga*)、《罗尔夫·克拉克萨迦》(*the Saga of Rolf Kraka*)和奥拉夫萨迦系列(the Olaf sagas)。1525 年的一份图书清单①,仅提及了许多祈祷仪式用书和一个传奇冒险故事,这似乎可以表明,修道院图书馆和修道院生活在宗教改革之前就已经解体了。

　　方济各会修士是书籍爱好者,也是教育工作者。他们在奥尔堡(Aalborg)和伦德的学校非常著名,他们的图书馆一定也是很重要的。②当伦德的方济各会修道院在宗教改革时期遭到破坏的时候,其中的一些书被带到了哥本哈根,一些书被并入伦德主教座堂图书馆。赫尔辛格以及其他方济各会修道院的藏书在 1728 年哥本哈根的大火中被烧毁了。③今天留存下来的书很少,主要有:23 本抄本、4 本斯德哥尔摩方济各会修道院的古代版本书籍、几本弗伦斯堡(Flensborg)修道院的藏书、分别来自伊斯塔德(Ystad)修道院、马尔默(Malmö)修道院和赫尔辛格修道院的各一部抄本以及一本林克平的印刷书籍。④

　　方济各会和多明我会修士要宣誓守贫,但是很显然一些人是拥有书籍的。乌帕拉大学的抄本 C:250、C:614 和 C:647 有一些注释,表明它们曾经属于方济各会或者多明我会。在印刷的书籍中也发现了相同的注释,这些书现存哥本哈根皇家图书馆和哥本哈根及伦德的大学里。⑤

　　根据科林的研究,斯德哥尔摩方济各会修道院尚存的书籍构成了斯堪的纳维亚国家的第二大藏书。无数有学识的人和这个修道

　　① *Diplomatarium Islandicum*，IX，317-318.

　　② Cf. Erslev, *op. cit.*，pp.7，28，76）；*Scriptores rerum Danicarum*，V. 518.

　　③ J. Lindbäk, *De danske Franciskanerklostre*, pp.40-41，181.

　　④ I. Collijn, "Franciskanernas bibliotek på Gråmunkeholmen i Stockholm," *Nordisk tidskrift för bok- och biblioteksväsen*, IV(1917)，101-171；Weibull, *Bibliotek och arkiv i Skåne*，p. 35；I. Collijn, "Svenska boksamlingar under medeltiden," *Samlaren*，XXV (1904)，207.

　　⑤ Cf. E. Jörgensen, "Studier over danske middelalderlige Bogsamlinger," *Historisk Tidsskrift*，R. 8，IV(1912-1913)，51-53.

院有联系,其中许多人都在国外的大学里进修过。这个修道院建 *491*
立于 1270 年,但是关于这个图书馆早期的可考证资料寥寥无几,
《日志》(*Diarium*)①仅提及了少数的捐献。临近 15 世纪末的时候,
关于该图书馆的信息就非常明确了,我们关于它的大部分了解都
是从注释中搜集而来的,这些注释是卡努图斯·约翰尼斯
(Kanutus Johannis)②在修复的书籍中整理而来的。有 17 部抄本和
幸存下来的全部 4 本古代版本书籍都传到了他的手中,这些抄本
的装订构成了瑞典图书装订史上非常有趣的一章。书上使用的印
章和吕贝克印刷者使用的印章相类似。③其中的 14 本书里包含有
一个大的印刷体的"藏书票"("*ex libris*")标记,修道院的徽章为黑
白相间的蓝盾,两边各有一株草莓藤蔓,上面有绿叶和带有白色斑
点的红色浆果。④这些抄本的时间断限是从 12 世纪到 15 世纪,主
要是 14 世纪和 15 世纪的。超过三分之一的抄本来自国外,少数
来自德国,几本来自英国,大约有一半是由瑞典书吏抄写的。神学
和说教性的文献构成了藏书的主体,亚里士多德是唯一一个被提
及的古典学者。还有少量的抄本内容涉及占星术、医学和语法,有
一本抄本和两本其他抄本的部分内容是使用当地语言书写的。这
个修道院于 1527 年解体。在 1576 年,它变成了一所耶稣会会士
大学,但是耶稣会士很快就被驱逐了出去。他们在离开前劫掠图
书馆的传言可能是不真实的。⑤其他修道院的书被添加进方济各会
图书馆里,在国王古斯塔夫斯·阿道夫斯(Gustavus Adolphus)统
治的 1620 年和 1621 年,这些书成为乌帕拉大学图书馆的基础。

　　多明我会图书馆几乎没有留下来什么书籍。在丹麦和挪威,也 *492*
几乎找不到任何历史的痕迹。伦德的多明我会修道院从大主教桑
尼森那里获得了一本书,在 14 世纪中期的时候一笔包括很多书的
大笔赠予被记载下来。⑥给瓦斯特拉斯(Västeras)和斯特兰奈斯
(Strängnäs)修道院的小笔捐赠也有记载。在 1377 年,大主教比尔

---

①　*Scriptores rerum Svecicarum*, I, 67-82.
②　Or Knut Jensson, one of the important churchmen in Sweden of his time.
③　Cf. Collijn, *op. cit.*, pp.121-123.
④　See reproduction, Collijn, *ibid.*, plate opposite p.101.
⑤　Gödel, *op. cit.*, pp.153-154.
⑥　Weibull, *Bibliotek och archive i Skåne*, pp.21-22.

格从维斯比的多明我会修道院借了 4 本书。①斯堪宁格(Skänninge)和西格图纳(Siguna)修道院是多明我会的学术中心,但是对于前者的图书馆我们一无所知。在 1248 年,大主教托马斯向西格图纳修道院捐赠了书籍。②在 1328 年,乌帕拉的助祭劳伦提乌斯·德·瓦克萨尔德(Laurentius de Vaxald)向修道院捐赠了许多书,包括一本《圣经》和几本教会法著作。③主教埃尔兰德森(Erlandsson)曾经是该修道院的讲师,还记得这个图书馆的书籍。④在 15 世纪中叶,它从奥劳斯·佩特里(Olaus Petri)获得了相当可观的礼物。⑤乌帕拉大学图书馆里有 17 本抄本和 1 本古代版本著作可以追溯到西格图纳修道院图书馆。⑥瓦斯特拉斯多明我会修道院的一本书至今还尚存。⑦

斯德哥尔摩的多明我会修道院曾经是这个城市里最重要的修道院之一,据说它有一座雄伟的图书馆。在 1407 年大火中它被毁了,后来又得到了重建,但是新的图书馆与旧的图书馆无法相提并论。科林发现有 2 部尚存的抄本属于这个图书馆,⑧3 本古代版本著作现存乌帕拉大学图书馆,4 本在斯德哥尔摩皇家图书馆里。这些抄本都是由它的修道院副院长劳伦提乌斯·马格努斯捐赠的,而且由于一些古版本都是成套书的第一卷,因此捐赠应该至少包括 13 本书。⑨

493　　瓦斯泰纳是布里吉提尼斯(Bridgetines)的重要驻地,它的修道院图书馆毫无疑问是斯堪的纳维亚国家最大和最重要的图书馆。《日志》⑩和其他的文献得以保留。从一开始,瓦斯泰纳是一个贵族

---

① Gödel, *op. cit.*, p.89.

② *Diplomatarium Svecanum*, I, 329.

③ *Ibid.*, IV, 68.

④ *Ibid.*, II, 214.

⑤ Reuterdahl, *op. cit.*, 419.

⑥ Gödel, *op. cit.*, p.89.

⑦ I. Collijn, "Smärre bidrag till de svenska klosterbibliotekens historia," *Nordisk tidskrift för bok- och biblioteksväsen*, IV(1917), 71-72.

⑧ Cod. Ups. C: 614 and C: 616.

⑨ Cf. I. Collijn, "Svenska boksamlingar under medeltiden," *Samlaren*, XXIII (1902), 126-130.

⑩ The *Diarium* has been edited by E. Benzelius, *Diarium Vazstenense* (Upsala, 1721); and a Swedish translation(Stockholm, 1918), has appeared.

修道院，但事实上，这个起源于瑞典的修会也对普通人开放。许多书都来自居住在这里的人——既有教会人士也有世俗人士。它的领导者都热爱读书写字并且喜欢学术，还有和其他的修道院为抄本而经常进行协商的记载——修道院让人抄写手稿，或者书吏被派出去抄写手稿或校对手稿。①这个修道院和国外的图书市场有密切的联系，它在大的宗教会议中都有代理人。有几本尚存的抄本是从布拉格购买的，在康斯坦茨宗教会议（1414—1418 年）和巴塞尔宗教会议上（1436 年）也购买了大量的图书。②在 1406 年，神父泰雷鲁斯（Tyrrerus）从巴黎回来，他自己花钱买了许多书，他将这些书捐给了图书馆。1419—1420 年安德里亚和希尔德布兰迪在巴黎代表修道院买书。在 1414 年，瓦斯泰纳修道院的一位修士从雷瓦尔（Reval）回来带了许多书籍，在 1418 年，另一位修士从英格兰带回来一些书籍。③

许多书都是在修道院抄写的，《日志》提及了修士和修女都作抄工。在中世纪行将结束的时候，许多拉丁文著作被翻译成当地语言，大部分都是为修女们使用的著作。还没有人对瓦斯泰纳抄本进行全面的研究。它们主要是神学和说教类著作，许多抄本里都有瓦斯泰纳修士们的布道内容。④图书馆的规模没有被提及，但是，安纳斯泰特（Annerstedt）⑤根据其对分类体系的研究而估算，这个图书馆大约有 1 400 卷书。戈德尔（Goedel）认为该图书馆的藏书近 1 500 卷。⑥大约有 455 部抄本和 40 本古代版本著作尚存。⑦大部分拉丁文抄本都在乌帕拉大学图书馆里；用当地语言写作的手稿在斯德哥尔摩皇家图书馆里；在伦德、林克平、哥本哈根、柏林

*494*

---

① C. Silfverstolpe, "En blick i Vadstena klosters arkiv och bibliotek," *Ur några antecknares samlingar* (Upsala, 1891), pp.102 ff.

② Cod. Ups. C:102, C:199, and C:261 were purchased in Prague; Cod. Ups. C:26, C:72, C:76, C:77, and C: 277, at Constance; and C:156, at Basel.

③ Gödel, *op. cit.*, p.93.

④ See Malin, "Studier i Vadstena klosters bibliotek," *Nordisk tidskrift för bok- och biblioteksväsen*, XIII(1926), 139-150.

⑤ C. Annerstedt, *Upsala universitetsbiblioteks historia intill år* 1702 (Upsala, 1877), I, 47, n.4.

⑥ *Op. cit.*, p.99.

⑦ Malin, *op. cit.*, pp.129-130.

和吉森,都有瓦斯泰纳修道院的抄本。

近 15 世纪末获得的一些书没有任何注释,这可能表明,这个图书馆被忽视了,或者已经衰败了。可能是因为瑞典的治安情况,该修道院在宗教改革时期比其他的修道院被破坏程度要小得多,但是在 1595 年它也解体了,图书馆被废弃不用了。在 1453 年,在国王的命令下,其档案文件被洗劫一空。事实上,在 1557 年,有 60 多本书被偷,这非常清楚地表明,几乎没有什么措施来保护这个图书馆。①图书馆剩下的书在 1619 年被转移到斯德哥尔摩,收藏在古斯塔夫斯·阿道尔夫斯(Gustavus Adolphus)捐赠给乌帕拉大学的藏书中。

其他的布里奇丁修道院没有什么书留存下来。芬兰的纳登达尔(Nådendal)从瓦斯泰纳得到过早期的图书捐赠。院中的修士琼斯·布德(Jöns Budde)是一位勤奋的抄工和翻译者。该修道院至今有两部抄本尚存,在 1890 年的时候,该修道院的一本祈祷书和一本《读经集》(lectionarium)被保存在纳登达尔教堂中。卑尔根的蒙克利夫修道院有一个精美的图书馆,有几本捐赠图书都有记载。②马里博(Maribo)的丹麦布里吉提尼斯女修院也有几卷书尚存。③

其他修道院图书馆很少有书籍逃过一劫,但是奥尔堡的圣斯皮
495 里乌(San Spiriu)图书馆有几卷书还尚存。④科林已经确认了一本抄本是埃斯基尔斯蒂纳的圣约翰修道院的《逝者名录》。⑤在丹麦的赫辛格和斯卡尔斯科尔的卡米利特(Carmelite)修道院提到了图书的情况。⑥几本来自位于格里普斯霍尔姆(Gripsholm)的马里弗雷德(Mariefred)的加尔都西会修道院的古代版本书籍尚存。⑦

---

① Gödel, *op. cit.*, pp.124-126.

② *Diplomatarium Norvegicum*,XII,112,117.

③ E. Jörgensen, "Studier over danske middelalderlige Bogsamlinger," *Historisk Tidsskrift*,R. 8,IV(1912-1913),53-54.

④ J. Lindbäk and G. Stemann, *De danske Helligaandsklostre*(Köbenhavn,1906),pp.99,203-205.

⑤ "Ett necrologium från Johanniterklostret i Eskilstuna," *Nordisk tidskrift för bok- och biblioteksväsen*,XVI(1929),1-21.

⑥ *Scriptores rerum Danicarum*,VIII,358.

⑦ Cf. I. Collijn, "Svenska boksamlingar under medeltiden," *Samlaren*,XXV(1904),207-208.

　　所有重要的私人藏书都属于教士。大主教桑尼森捐给伦德主教座堂的书几乎全部是神学和教会法著作。①乌帕拉的助祭赫明在1299年的遗嘱中列出了各种不同性质的书籍，这些书是14世纪以前斯堪的纳维亚国家已知规模最大的藏书。这些书包括了神学、教会法、形而上学、韵律学、数学、天文学和音乐方面的内容，还有一篇关于兽医学的论文、一张世界地图以及卢坎和维吉尔的著作。②

　　大主教延斯·格兰德（Jens Grand）的图书馆是14世纪有记载的斯堪的纳维亚国家最大的图书馆。③自他去世以后，1327年在阿维农编制了一份书单，④其中列了81个条目，但是并不完整。整个图书馆被估价544荷兰盾（guilders）。大主教在慌乱中离开丹麦的时候，可能只挽救出了其图书馆中的一小部分藏书。⑤这些著作主要是神学著作和教会法著作，但是还有一部分其他作者的精选著作。我们发现有博韦的文森特、亨里克·德·塞古西奥（Henrico de Segusio）、波埃修斯、伊西多尔、爱尔兰的托马斯的流行著作；一些罗马法著作；大约20部哲学、自然历史和医学著作；⑥还有一本书，从题目上判断，是关于炼金术的。没有基督教教父的著作，希波克拉底的《格言警句》是唯一一本古典著作。这份书单以一份备注结尾，这份备注是编辑该书单的教皇的代理人添加的，备注中说，该图书馆还有一些关于大主教的家乡的文献以及使用当地语言写作的书籍，但是他只是一带而过，因为这些没有实际的货币价值。

　　伦德其他几任大主教的藏书都形成了相当可观的图书馆。大主教尼尔斯·约翰森·比尔德（Niels Johannsson Bild）去世的时候，他有46卷书，但是他已经将其他的书都送给了主教座堂学校。大主

496

---

　　①　*Scriptores rerum Danicarum*，III，524.

　　②　*Diplomatarium Svecanum*，II，287.

　　③　延斯·格兰德是丹麦最有权势的家族成员之一。他在担任伦德大主教时因反对国王而被捕，后来他担任不来梅大主教，但由于与地方教会的分歧而辞职。他生命的最后岁月是在阿维农度过的。

　　④　The complete list is published in P. A. Munch，"Diplomatiske bidrag til erkebiskop Jens Grands levnetshistorie," *Annaler for nordisk oldkyndighed og historie*，1860，pp.172-175.

　　⑤　在国王面前接受审讯的时候，大主教抱怨说在1294年当他被囚之时，他的图书馆被抢劫了。

　　⑥　当书单列出来以后，教皇约翰二十二世就借了大部分自然历史、医学和法学著作，还有9本神学著作。

教卡尔的遗嘱中提及了许多书籍。伦德主教座堂其他的教会人士也都有相当不错的图书馆，比较有名的有尼古劳斯·本卡夫卢（Nicholaus Bunkaflo）、图乔·斯鲁厄尼斯（Tucho Thruonis）、贝尼基努斯·亨利希、雅各·加尔默（Jacob Järmer）和斯文·萨克斯托夫（Sven Saxtorph）。[①]他们的图书馆规模很难估计，因为我们不能肯定唯一记载其书籍的遗嘱是否提及了他们全部的书籍。贝尼基努斯的图书馆可能有大约 80 本著作。主教赫明送给阿博的主教座堂图书馆 40 卷著作。[②]在挪威，图书馆藏书相对较少。1304—1314 年任卑尔根主教的阿尔内·西格德森（Arne Sigurdsson）的图书馆有 33 卷书：[③]包括圣奥古斯丁和格里高利的著作，一本关于特洛伊城毁灭的著作，[④]8 本本地语言的著作。卑尔根主教伯托尔夫·阿斯约尔森（Botolf Asbjornsson）的藏书中包括完整的《法令大全》（*corpus juris*）和许多神学及教会法著作。[⑤]

在 15 世纪上半叶，藏书的性质基本上与从前是一样的。在奥托·博埃希（Otto Boecii）的遗嘱中，提及了里伯（Ribe）的教规，[⑥]这和前面几个世纪里任何一位教会人士的藏书都是相吻合的。图书收藏在规模上也没有很大的变化。作为卑尔根主教，阿斯拉克·博尔特（Aslak Bolt）有大约 20 本著作，除了一本《诺里库姆人编年史》（*Cronica gestorum Noricorum*）之外，都是神学著作，《诺里库姆人编年史》可能是不来梅的亚当的历史部分内容的抄本。[⑦]后来，作为尼达罗斯（Nidaros）大主教，他用一本《圣经》和一本《教皇训谕》交换了一本精美的《圣经》，这本《圣经》保存在奥斯陆的代哈曼（Deichamnn）图书馆。我们所知道的哥本哈根拥有最多私人藏书的是佩德·阿尔伯森（Peder Albertsen）博士，他在 1482 年将一些

---

① Erslev, *op. cit.*, *passim*.

② Porthan, *op. cit.*, pp.15-16.

③ G. Storm, "Den bergenske biskop Arnes bibliothek," (*Norsk*) *Historisk tidsskrift*, II(1880), 185-192.

④ The work is listed as "Brutum" and was undoubtedly one of the medieval accounts of the Troy story.

⑤ *Diplomatarium Norvegicum*, IV, 375.

⑥ Erslev, *op. cit.*, pp.196-201.

⑦ Johnsen, *op. cit.*, pp.88-89.

书捐给了哥本哈根大学图书馆，在 1497 年又送给该图书馆 24 本书。①这些著作大部分是教会法和医学著作，它们成为该大学图书馆的基础。

在 15 世纪，斯堪的纳维亚国家最大的私人图书馆可能要数贝罗·德·卢多西亚（Bero de Ludosia）图书馆，他是斯卡拉主教座堂附属教堂的一名教士。他曾经在维也纳大学求学，从 1429 年起，他是维也纳大学的亚里士多德哲学教授，一直到他 1465 年去世。他的图书馆有 138 卷藏书，它们被遗赠给了斯卡拉主教座堂，在 1475 年的时候，这些藏书的书单被列出。②尽管贝罗是在维也纳，但是很明显他和主教座堂有着密切的关系，因为教士们选举他当主教，但是由于教皇的干预，主教一职最终由他人担任。他的图书馆很明显是在维也纳建立起来的，主要的部分有超过 90 本神学著作。教会法著作包括 9 本，其他的著作涉猎广泛：哲学著作、精选的语法著作、5 卷医学著作、少数几本数学和音乐著作、动物学百科全书、古典学、一本关于餐桌礼仪的书。亚里士多德是这里所提及 _498_ 的唯一一位古代学者。

在 15 世纪晚期，印刷书籍占据了藏书的主要部分。斯德哥尔摩多明我会修道院学校的教授克莱门茨·赖廷格（Clements Rytingh）的图书馆的三份书单，都是在 1484 年和 1487 年间整理的，总共有 61 卷著作，许多都是不只一卷。科林估计，赖廷格图书馆至少有 80 卷书，其中有 7 卷尚存。③赖廷格的同时代人劳伦提乌斯·马格努斯（Laurentius Magnus）的藏书，以及同一时期瑞典其他学者的著作都留存了下来。④富裕一点的教会人士，比如汉斯·乌尔内（Hans Urne）就拥有印刷书籍。这位有学问的欧登塞主教座

---

① *Scriptores rerum Danicarum*，VIII，346.

② Published in Reuterdahl，*op. cit.*，pp. 562-567；G. Carlsson，"Mäster Beros af Lödöses bibliotek，" *Nordisk tidskrift för bok- och biblioteksväsen*，IX(1922)，135-141. See also Carlsson，"Vårt största enskilda medeltidsbibliotek och dess ägare，" *ibid.*，V(1918)，228-238.

③ I. Collijn，"Svenska boksamlingar under medeltiden，" *Samlaren*，XXIV(1903)，129-136.

④ *Ibid.*，XXIV(1903)，137-140；XXIII(1902)，125-130；XXVII(1906)，99-105.

堂的助祭给贫穷的教堂捐赠了 30 本祈祷仪式用书,给欧登塞有需求的学生 200 本学校用书。[①]到他去世的时候,他印刷书籍的账单达到 5 054 马克。[②]

低级教士拥有很少的书籍,通常都是礼拜仪式用书,偶尔会有一个有文化的教区牧师有精美的藏书。里伯教区牧师威尔海姆(Wilhem)的遗嘱(1338 年)中提及了 17 本著作:两本《教皇训谕》、一本《诗篇》、一本每日祈祷书、塞内加的《选集》(*Auctoritates*)、奥维德的《爱的医疗》(*De remedio amoris*)、西奥多罗斯附有评论的著作和几本布道书。[③]日德兰半岛教区牧师汉斯·杰普森(Hans Jeppesen)的书籍目录包括 15 本著作:7 本布道书、一本《圣经》、一本《诗篇》、《布道集》(*Tractatus sacerdotales*)、《镜鉴》(*Speculum exemplorum*)、《圣布里吉特的启示》(*Revelations of the Holy Brigitte*)、罗温克(Rolewinck)的《大编年史》(*Fasciculus temporum*)、一本《蒙蒂编年史》(*Cronica mundi*)和一本《腊叶集》(*Herbarius*)。[④]法尔斯特岛上科别列夫的教区牧师米克尔·佩德森(Mikkel Pedersen)的财产清单中,列出了两本每日祈祷书、3 本布道书、3 本礼拜仪式用书和一本其他的书籍。[⑤]

499     我们没有发现在俗人士的藏书。在贵族的家庭里,可能会有几本是为家庭成员所使用的祈祷仪式用书、一本灵修阅读的书卷以及使用本地语言书写的娱乐书籍。我们也没有发现国王和大诸侯的私人藏书。在国王比尔格于 1311 年抵押给乌帕拉主教座堂附属教堂的财物中,我们只发现了一本《附主的荆冠故事的加冕书》(*Liber de coronacione regis,cum ystoria de spina corona domini*),这是一本与国王有关的官方书籍。[⑥]挪威国王哈康五世(Haakon V,卒于 1319 年)的遗嘱仅提到了一本弥撒书和两本祈祷书。瑞典国王马格努斯·埃里克森(Magnus Eriksson)1340 年在巴胡斯城堡

---

① *Danske Magazin*,I(1745),p.297.

② *Ibid.*,p.299.

③ Erslev,*op. cit.*,pp.74-75.

④ C. J. Brandt,"Danske Kirkelevninger fra Middelalderen," *Kirkehistoriske Samlinger*,I(1849-1852),461-463.

⑤ *Ibid.*,pp. 458-461.

⑥ *Diplomatarium Svecanum*,III,31.

(Båhus Castle)的财产清单中有 14 本著作：①一本大部头的瑞典语
《圣经》；②一本德语《圣经》；5 本法律著作；两本骑士传奇；一本《助
祭乌普萨伦西斯书》(Liber decani Upsalensis)，它可能是劳伦提乌
斯·德·瓦拉(Laurentius de Valla)的《神学大全》(Summa)；两本
其他的德语著作和两本不能确定内容的著作。

　　私人藏书至少比主教座堂图书馆和修道院图书馆的藏书内容多
样。尤其在这一时期接近尾声的时候，在俗人士的藏书倾向于编年
史、骑士传奇和冒险故事类的世俗文献。祈祷书在他们的藏书中无论
是质量还是数量上都有所减少。低地德语书籍在这一时期出现了。
《贫民的圣经》(Biblia pauperum)在低级教士中流行，此外还有其他的
书籍：一本选集《贫民的神学大全》(Summa pauperum)；一本布道书
《穷人的面包》(Panis pauperum)；一本法律手册《穷人书》(Liber pau-
perum)；医学著作《穷人医药典籍》(Thesaurus pauperum)(在高级教
士中这本书也流行)。《诊视镜》(Specula)以及编著《英华集》(Ma-
nipulus florum)和《哲学之花》(Flores philosophiae)经常被提及。
但是很少有历史著作，使用本地语言的文献仅在在俗人士的藏书
中能够被发现。偶尔会有高级教士对民族文学表现出兴趣，比如
卑尔根主教阿尔内。

　　通过对图书馆藏书的记录和图书残篇的研究，我们对图书馆藏
书总体的印象是品种单一且内容不丰富。直到 15 世纪，情况几乎 500
一成不变。最经常被提及的两本书是格里高利的《道德论》(Mora-
lia)和科米斯特的《中世纪流行圣经》(Historia scholastica)；波埃修
斯的《哲学的慰藉》和伊西多尔的《词源学》是在任何规模的藏书中
最标准的配置。其他经常出现的名字是雅各布·德·沃拉金斯
(Jacobus de Voragine)、莱蒙杜斯·德·佩内福尔特(Raimundus de
Pennaforte)、文森特·德·博拜斯(Vincent de Beaubais)、彼得·伦
巴德、托马斯·阿奎那、亨里克·德·塞古西奥(Henrico de Segu-
sio)、埃布拉德斯(Ebrardus)和杜兰德斯(Durandus)。教父著作主

---

　　①　Diplomatarium Svecanum，IV，709 f.
　　②　这一时期有一个传统，圣布里吉塔赞助将《圣经》翻译成瑞典文，在这种情况下，
她可能会给她的皇家亲戚一本抄本。

要有奥古斯丁、杰罗姆、格里高利、安布罗斯和奥利金的著作。在
拉丁作家中,西塞罗和塞内加是最经常被提及的,奥维德的作品也
在几个教会人士的图书馆中出现。①主教赫明的遗嘱(1299)和其他
人的遗嘱提及了卢坎和维吉尔。斯勒斯维格的书单中有尤维纳利
斯、佩尔西乌斯和马提雅尔。有几处都提及了李维。大主教阿布
萨隆(Absalon)有查士丁尼和瓦勒里乌斯·马克西穆斯的手稿。马
林(Malin)在芬兰图书馆中发现了马克西穆斯和斯塔提乌斯的手稿
残篇,他认为,在中世纪斯堪的纳维亚国家的图书馆中的古典著作
比遗嘱和尚存的样本中留存得更多,这一观点值得我们相信。②希
腊文的古典著作实际上是不为人所知的,那些经常被提及的名
字——希波克拉底、亚里士多德以及后来的希罗多德和普鲁塔
克——他们的著作都是翻译成拉丁文的。③

　　这一时期行将结束的时候,图书馆的藏书包括了意大利人文主
义学者的著作,古典藏书也更加有价值。在 1519 年斯勒斯维格主
教座堂图书馆和 1550 年特隆赫姆(Trondhjem)主教座堂图书馆的
书单中,我们可以发现人文主义的发展趋势,但是主教座堂图书馆
被这一时期宗教上的动荡局势深深地影响。修道院图书馆或者解体
了,或者被忽视,修道院学校也衰落了。只有私人藏书在这一时期可
以自由地增加,16 世纪的藏书反映了文艺复兴时期兴趣的广泛。④

　　学校用书,比如埃布拉德斯(Ebrardus)的《拉丁语法诗》(*Graecis-mus*)、普里西安和多纳图斯的著作以及学校里使用的混合内容的抄
本占据了重要的位置,它们不仅在主教座堂和修道院图书馆里被发
现,而且也出现在私人藏书中。事实上,图乔·瑟罗尼斯(Tucho
Thuronis)和教区牧师威廉的图书馆几乎全部是这一类的藏书。

　　我们没有发现世俗历史著作,即使是那些具有民族重要性的著
作。修道院保存着他们的地方编年史。但是,在 15 世纪初,当基

　　① Erslev, *op. cit.*, pp.114-115.

　　② A. Malin, "Bidrag till nordisk bokhistoria under medeltiden," *Nordisk tidskrift för
bok- och biblioteksväsen*, IX(1922), 146, 155-158.

　　③ Cf. E. Jörgensen, "Studier over danske middelalderlige Bogsamlinger," *Historisk
Tidskrift*, R. 8, IV(1912-1913), p.26, n.1.

　　④ The library collected by the Franciscan, Lutke Naamensen, most of whose books
undoubtedly antedate 1536, is mostly theology.

督徒佩德森准备编辑和印刷萨克索（Saxo）的《丹麦人的事迹》并从巴黎被派到丹麦以换取一本手稿的时候，他什么也没有找到。他返回丹麦，在丹麦修道院找了很长时间，但是一无所获，最后伦德大主教在他的教区发现了一本抄本。[①]自然科学和医学著作在一些藏书中被发现——小部头的有一本《腊叶集》或者可能还有一本《穷人医药典籍》，大部头的有这一时期的医学著述。在阿塞尔（Asser）给伦德主教座堂的捐赠中，有一些医学著作。里伯主教座堂有阿维森纳的著作和其他的医学著作。包括医学著作的一部抄本现存罗斯基勒主教座堂图书馆。代码为 C：647 的古籍收藏本曾经是丹麦一个多明我修会的财产，里面包括了阿维拉斯（Averras）、阿维森纳和阿尔加泽尔（Algazel）著作的部分内容；代码为 C：587 的古籍收藏本有阿尔布沙希斯（Albushasis）的《卫生维护卷》（*Liber de conservatione sanitatis*）。这些著作自然都是拉丁文译本。延斯·格兰德和贝罗图书馆包括一些医学著作，其他的医学著作在本卡夫卢（Bunkaflo）和西蒙德斯·约翰尼斯（Semundus Johannis）的藏书中也被发现。既然在这一时期，修士们就是医生和外科医生，那么我们可以推测，修道院图书馆不会完全没有医学著作。偶尔也会发现其他的科学著作，比如数学、天文学、炼金术和兽医学著作。在许多图书馆中都有教会音乐书籍。[②]

　　无数的法律著作残篇说明，在中世纪行将结束的时候，这些书在宫廷和其他的藏书中非常普遍，当然主要是法官和律师的藏书。贝尼基努斯·亨利希和萨克斯托夫（Saxtorph）的遗嘱提及了法律抄本。[③]尚存的当地语言写就的文献残篇同样可以使我们相信，这些著作比文献中记载的数量要多。主教阿尔内图书馆中还有冒险故事书。尼达罗斯主教座堂中的咏礼司铎特龙德·加德森（Trond Gardarssön）有《古老的挪威国王萨迦》（*Heimskringla*）的片段。还有其他的教会人士拥有本土文献藏书的个别例子。[④]在挪威国家档案中，我们发现有奥

502

---

① Weibull, *Bibliotek och arkiv i Skåne*, pp.29-30.

② A. Hammerich, *Musik-Mindesmärker fra Middelalderen i Danmark*（Köbenhavn, 1912）.

③ Erslev, *op. cit.*, pp.121, 177-178.

④ Johnsen, *op. cit.*, p.85.

## 中世纪的图书馆

拉夫萨迦系列《古老的挪威国王萨迦》(*Heimskringla*)、《斯维尔萨迦》(*Sverresaga*)、《斯图伦加萨迦》(*Stulungasaga*)和其他的萨迦。①在冰岛语的藏书中,《尼格尔萨迦》(*Njálassaga*)是唯一被提及的较早时期的一部著作。没有任何参考文献提及包括《古冰岛诗集或散文集》(*Edda*)的抄本。

从16世纪到17世纪,数以千计的中世纪著作残篇从政府捆扎起来的文献中被找出来。在6 000片从挪威国家档案中拯救出来的羊皮纸残片中,有大约1 000件拉丁文和100本北欧的著作。大部分拉丁文著作是神学著作,但是也有部分医学著作、萨鲁斯特的《朱古达战争》和一本关于维吉尔的评论。59本北欧著作是法律文献,但是,也有冒险故事、使徒生活传和少数骑士传奇的残篇。②丹麦图书馆超过1 200片残片被挽救。③在从瑞典档案中找出的30 000片残片中,经过科林的研究,包括4 000多部抄本的片段,大部分是来自教会和修道院图书馆。④

由于几乎没有大的图书馆,因此系统的分类和图书目录体系也就显得没有必要。一般来说,教堂赞礼员负责图书馆管理工作,他有责任保护好图书,并且要负责看管借出的图书能够正常返还。1297年乌帕拉教区的尼尔斯·阿莱松(Nils Allesson)教规规定:一个新的教士在履新之前,必须要在他的一些教友面前将属于教会的书籍和其他的财产目录做出来。第二年又颁布了规定,要求要采取严厉的措施处理书籍。⑤14世纪中叶,在对哥本哈根圣母教会(Church of Our Lady)分会堂调查之后所起草的文献中记载要求必须要保留书单,并且每隔一年要通过誓言确认书单的存在。⑥

---

① P. A. Munch, "Levninger af norsk old litteratur nylig opdagede i Rigsarkivet," *Norsk tidsskrit for videnskab og litteratur*, 1847, pp.25-52.

② W. Munthe, "De norske bibliotekers historie," in Dahl, *op. cit.*, II, 161.

③ E. Jörgensen, "Les Bibliothèques danoises au moyen âge," *Nordisk tidskrift för bok- och bibliotheksväsen*, II(1915), 334-335.

④ See Collijn's article in *Bilaga till kung. bibl. Handlingar*, XXXIV (1914); Cf. T. Haapenen, *Verzeichnis der mittelalterlichen Handschritenfragmente in der Universitäts-bibliothek zu Helsingfors*(Helsingfors, 1922 and 1925).

⑤ *Diplomatarium Svecanum*, II, 227 f; II, 268.

⑥ H. F. Rördam, *Köbenhavns Kirker og Klostere i Middelalderen*(Kjöbenhavn, 1859-1863), p.48.

在主教座堂，书籍通常被放置在教堂附属室里，或者放在一个小的礼拜堂里。礼拜仪式用书被放在圣坛上，其他的书被锁在一起放在教堂的桌子上。在奥托·博埃希（Otto Boecii）的遗嘱（1427年）中明确写明，格里高利的《道德论》必须要锁起来放在人们能看到的桌子上，这本著作是他和另外一个人为里伯主教座堂抄写的。①教区牧师皮特鲁斯·马西（Petrus Mathie）在相同的情况下，遗赠了一本《安眠布道》（Dormi secure）。②没有任何证据可以表明和主教座堂及修道院相关的学校有单独的藏书，这和大陆国家的情况不尽相同。

最流行的分类方法是根据语言或者四个学科来分类，或者两者结合的方法。主教阿尔内的图书馆藏书被分成三类：神学，"语法" 504 和北欧的著作。③在延斯·格兰德图书馆的图书目录中，著作被系统地分为神学、法律、历史和哲学著作、自然科学和医学，结尾是使用本地语言所写著作的参考文献。④冰岛维奥伊修道院的图书馆（1397年）中的著作被分为拉丁著作、北欧著作和学校用书籍；⑤莫鲁瓦拉修道院图书馆的藏书被分成祈祷书、拉丁文著作和北欧著作。⑥贝罗的藏书分成神学、法律、艺术和语法类。⑦1519年斯莱斯维格的书单有三类书籍：神学，法律，自然科学、历史、艺术、人文主义，等等。⑧1558年特隆赫姆主教座堂的图书目录也分成了三类：神学著作、法律和历史学著作。⑨约尔根·吉尔登斯杰恩（Jörgen Gyldenstjerne）的书籍被分成三组：旧约、新约和学者著作。⑩

瓦斯泰纳是斯堪的纳维亚国家唯一一个我们能够重构其细节的图书馆。尚存的抄本有使用大写罗马字母作主要分类的标记，其中，B主要代表注释；D、E和F代表布道书；G代表教会法；N-Q

① Erslev, *op. cit.*, p.200.
② *Nordisk tidskrift för bok- och biblioteksvasen*, II(1915), 347.
③ (*Norsk*) *Historisk tidsskrift*, R. 2, II, 186.
④ *Annaler for nordisk oldkyndighed og historie*, 1860, pp.172-175.
⑤ *Diplomatarium Islandicum*, IV, 110-111.
⑥ *Ibid.*, V, 286-291.
⑦ *Nordisk tidskrift för bok- och biblioteksväsen*, IX(1922), 135-141.
⑧ *Danske Magazin*, R. 6, I(1913), 309-319.
⑨ *Diplomatarium Norvegicum*, XII, 823-825.
⑩ H. F. Rördam, "Efterretninger om Humanisten Jörgen Gyldenstjerne," *Danske Magazin*, R.5, I(1887-1889), 260-263.

代表印刷著作。①科林已经找出来一本带有"S VIII"标记的瓦斯泰纳抄本。②像"A IV 6：<sup>us</sup> in ordine"这样的标记也被找到,在这里,大写字母很显然指的是书架的罗马标号,最后的部分指的是书在书架上的顺序号。可能是因为图书馆规模增加了,在 15 世纪晚期又添加了第二个大写字母。Cod. Ups. C：98、C：104 和 C：172 分别有 KV 7、BV 4 和 EI 5 的标记,但是,封面上依然是早期的符号标识：P VII, I XI 和 G VI。③可能还有一批单独的藏书,书都锁在一起,这些书主要给修女使用,或者是适用于广泛的用途。④图书馆还有一个特殊的厅堂,一些抄本有不同时期同一个人笔迹所作的注释,这表明,那里有一个负责该图书馆的管理员。⑤所有图书都要求在图书馆里使用,只有在例外的情况下才可以把书借出去。⑥

大约是在 16 世纪中叶,丹麦主教克里索斯托穆斯在他的教区牧师之家整理了一份图书目录。当他发现如下评论的时候,他表达了自己的不满:"鲁多福斯赞歌,伪作,写耶稣的生平充满了捏造,以及某个弗朗西斯卡努斯的注释,题为救赎之车,关于古代的和乏味的食物。"⑦印刷术的应用使得书籍的价格更便宜;在文化上与从前的联系被中断了;过去的书被认为既不虔敬,也不实用。在丹麦国王克里斯蒂安三世(Christian III)统治时期,曾经组织人力从主教座堂和修道院搜集旧书。经过研究后,那些看上去有用的书被并入了哥本哈根大学图书馆。⑧但是,许多有价值的抄本都丢失了。在 1608 年,索罗修道院曾经放在哥本哈根兵工厂的 76 本旧书被有计划地焚烧了。⑨在 1634 年王子克里斯蒂安在哥本哈根

---

① A. Malin, "Studier i Vadstena klosters bibliotek," *Nordisk tidskrift för bok- och biblioteksväsen*, XIII(1926), 136.

② *Nordisk tidskrift för bok- och biblioteksväsen*, IV(1917), 359.

③ Malin, *op. cit.*, p.136.

④ Gödel, *op. cit.*, pp.95-98.

⑤ Malin, *op. cit.*, pp.137-138.

⑥ Cf. C. Silfverstolpe, *op. cit.*, pp.102 f.

⑦ Cf. E. Jörgensen, "Studier over danske middelalderlige Bogsamlinger," *Historisk Tidsskrift*, R. 8, IV(1912-1913), 58.

⑧ Smith, *op. cit.*, pp.13-16.

⑨ Petersen, *op. cit.*, in Dahl, *op. cit.*, p.43.

举行婚礼的时候,据说,被当作燃料的就是旧抄本。[1]冰岛赫尔加费尔的路德教堂牧师在 1623—1624 年几次烧毁了修道院的书籍。[2]

　　比宗教改革时期的狂热更早的是大约于 1430 年开始的毁灭文化的汪达尔主义,它持续了一个多世纪。羊皮纸被剪成碎片用来作政府账目的捆扎材料。天主教的祈祷书首先被使用,然后是拉丁文著作,最后是使用当地语言写的著作。到 17 世纪中叶的时候,看上去羊皮纸都被用光了。[3]我们常常会对整个的破坏感到遗憾,但是至少还有一些残片保留了下来,否则的话它们就全都丢失了。17 世纪和 18 世纪的藏书家还挽救了一批中世纪的著作,图书馆也挽救了一些书。但是,当维图斯图书馆被 1728 年的大火烧毁的时候,为哥本哈根大学搜集的全部抄本都没有逃过毁灭的最终命运。

　　最后我们要来简单谈谈中世纪冰岛图书馆的历史。[4]冰岛是在 9 世纪的时候被发现的,当时北欧人定居在那里,在公元 1000 年的时候,基督教被定为官方宗教。在 12 世纪中叶的时候——在 1150 年以前——冰岛有 20 000 居民、2 个主教和 1 个修道院。最古老的修道院是辛盖(Thingey)的本笃修道院,建立于 1133 年。接下来是蒙卡维拉(Munkavera)的奥古斯丁修道院。这两个修道院很快就因为其学校而闻名。但是,这两个修道院没有书单留存下来。14 世纪末前关于冰岛书籍最好的资料是主教生活传,但是数量不多。[5]首先是《琼斯·比斯库普斯萨迦》(*Jons Biskups Saga*),它是冈劳格(Gunnlaug)在大约 1200 年写的。约翰(1052—1121 年)跟随主教伊斯雷夫(Isleif)学习拉丁文,他被派到了英格兰、法国和意

507

---

①　E. Jörgensen, *op. cit.*, p.41.

②　Hermannsson, *op. cit.*, p.33.

③　Th. B. Bircherod, "Dissertatio de causis deperditarum apud Septentrionales et praesertim apud Danos antiquitatum," *Dänische Bibliothec*, IV(1743), 366-422; O. Nielsen, "Levninger af danske Haandskrifter fra Middelalderen," *Nye Kirkehistoriske Samlinger*, III (1864-1866), 435-448; P. A. Munch, "Levninger af norsk oldlitteratur, nylig opdagede i Rigsarkivet," *Norsk tidsskrift for videnskab og litteratur*, 1847, pp.25-52; S. A. Sörense, "Meddelalderske latinske membranfragmenter i det norske Riksarkiv," (*Norsk*) *Historisk Tidsskrift*, R. 4, VI(1910), 23-47; S. Gödel, *op. cit.*, chaps, iv and v.

④　Tenney Frank, "Classical Scholarship in Iceland," *American Journal of Philology*, XXX(1909), 139-152; F. Jónsson, *Den old norske og islandske Litteraturs Historie* (Köbenhavn, 1896-1902), especially II, 921 ff.

⑤　Cf. *Biskupa sögur* (Copenhagen, 1858).

大利去进一步学习,在他 1106 年返回的时候,他被任命为北部冰岛的第一任主教。他做的第一件事情是建立了一所主教座堂学校,向法国派了一名教师,又向戈特兰(Gothland)派了一名教师。很明显的是,约翰学校里的书并不完全是宗教类和牧师类,因为有一天,主教看到他最喜欢的学生阅读"一本奥维德《论艺术》(Ovidius de Arte)的书"。在这本书中,奥维德讲述了妇女之爱,以及男子如何欺骗她们。主教劳伦提乌斯传(b. 1267)①中记载,他跟随索拉林(Thorarin)开始学习,索拉林是一位著名的老师,"他为教会写了许多书",他的教育在挪威继续延续下去,在那里他师从一位在奥尔良学习过法律和在巴黎学习过神学的老师学习知识。②

遗憾的是,在修道院中没有很多可靠的资料。留存下来的书单数量很少,而且一般都是来自很小、不明确的地方。引用坦尼·弗兰克(Tenney Frank)的话:

508　　　　有长长的教科书的书单,比如伊西多尔的《词源学》等;少数几本世俗著作,比如 1 本《编年史》,2 本年代记和 1 本亚历山大传;最后是 9 本诗歌……③

从总体上来说,冰岛图书馆是大陆国家图书馆小规模的一个缩影。加图是在冰岛著作中第一个被引用的拉丁文作家,他出现在大约写于 1140 年的一本语法著作中。法律书籍和医学著作被从博洛尼亚引进来。有关医学方面包括狄奥斯科里德和盖伦著作选的不完整作品写于大约 1250 年。《豪克传》(Hauksbok)是写于大约 1290 年的关于律师豪克(Hawk)的自传小说,它反映了这一时期律师的文化兴趣。④豪克除了是一名诚实的、高效率的律师以外,他还是一名学者,他写了冰岛历史、读拉丁文和法文,很显然他还懂一些希伯来语,熟悉这一时期的科学文献——天文学、地理学和自然历史的标准文献——他本人还是将阿拉伯算术通过拉丁文翻译成冰岛文字的第一人。大陆的通俗文学和娱乐文学在冰岛也有

---

① Cf. *Biskupa sögur*, p.789.
② 冰岛其他的主教也在英格兰和法国接受过教育。Cf. Frank, *op. cit.*, p.141 n.
③ Frank, *op. cit.*, p.143.
④ Ed. Jónsson(Copenhagen, 1896).

读者。英国和法国关于蒙莫斯郡的杰弗里的骑士传奇以及特洛伊诗歌和亚历山大的故事是相似的。冰岛创造了它自己的特洛伊故事《特洛朱曼纳萨迦》（*Trojumanna Saga*）。历史学家斯诺尔（Snorre）在《唐戈尔散文集》（*Tounger Edda*）前言中，认为特洛伊是古斯堪的纳维亚人的祖先。法律学家豪克编辑了一本家谱，将其家族史从沃登（Woden）、索尔（Thor）（等于特罗斯）、普里亚姆（Priam）、泽乌斯（Zeus）、亚万（Javan）等人追溯到亚当。①

---

① *Diplomatarium Islandicum*，III，5।

# 第十七章　意大利文艺复兴时期的图书馆[①]

在整个文艺复兴时期,意大利图书馆的历史可以被划分为三个阶段:首先是被 J. A.西蒙兹(Symonds)称作"充满激情和渴望的时代";[②]其次是王公贵族图书馆的建设时期;最后,则是超越了图书的这个范畴,即印刷时代。

第一个运动,源于复兴辉煌的古代文明意识,致力于有意识地发掘古典作家的著作。这种需求沿着两个方向发展,有系统地寻找西方已经被遗忘的手稿,同时重新输入随着希腊研究的衰落而消失的希腊和拜占庭书籍。[③]

在文艺复兴时期,许多学者都参与了这两项工作。第一位人文主义者弗朗西斯科·彼特拉克尤其如此。有关他的生平已经有诸多著述,我们在这里不一一列举他的生平或者引导他走向古典学研究兴趣的驱动力。但是我们很容易发现正是因为对古典作家的钟爱才使得他去寻找已经不再流传的著作。例如,彼特拉克对西塞罗非常崇敬,尽管西塞罗的一些作品在中世纪已经被发现,但是

彼特拉克依然努力地寻找他已经被遗忘数世纪的其他手稿。他最伟大的发现是于 1345 年在维罗纳找到了《致阿迪克斯》(*Epistulae ad Atticum*)古抄本。其实他已经于 1333 年在列日发现了《为阿齐亚辩护》(*Pro Archia*),13 年以后他在同一个地方发现了四本其他的西塞罗演说词。彼特拉克在意大利的影响及其同法国、西班牙、

---

① 本章由 Dorothy Robathan 撰写。

② *Age of the Despots*(ed. 1907), p.16.

③ The material which follows is based on R. Sabbadini, *Le Scoperte dei codici latini e greci ne' secoli xiv e xv*, I(Florence, 1905); II(Florence, 1914).

德国和英国重要人物之间的关系使得他有可能找到隐藏在国外的手稿。从他自己的著述中,我们知道这一"近代第一人"对古典文学有着广泛的了解,他能够读懂不为同时代人所知的作者的手稿。

与彼特拉克始终不离左右的杰出追随者——乔凡尼·薄伽丘在卡西诺山修道院戏剧性地发现了塔西佗的手稿(《编年史》xi-xvi和《历史》i-v),他在暗橱里面发现了它们和其他一些古代的手抄本。正如众所周知的那样,这些手稿或多或少都处于一种散佚的状态。而且,他尽其所能将属于马提雅尔、奥索尼乌斯、瓦罗、拉克唐修·普拉西度(Lactantius Placidus)的著作和福尔金提乌斯的《阐释》(*Expositio*)、一部分《维吉尔时代以来拉丁文短诗集》(*Appendix Vergilianus*)、《为普里阿普斯神而写的诗歌集》(*Priapea*)、可能还有西塞罗的《雄辩术》(*Verrines*)首次完整地展示出来。其他手稿是他所寻找到的和他从来没有放弃希望寻找的失传的西塞罗的著作和失踪的李维著作。

第三位是早期佛罗伦萨的人文主义学者——卡卢乔·萨鲁塔蒂(Coluccio Salutati),我们也感谢他对古代著作的发现。在西塞罗的《给家人的书信集》(*Epistulae Familiares*)被帕斯基诺·卡普利(Pasquino Capelli)可能还有安东尼·洛斯齐(Antonio Loschi)发现之后,他在维切利复制了它们。卡卢乔自己首先发现了日尔曼尼库斯(Germanicus)的《阿雷提亚》(*Aratea*)、加图的《论农业》、塞尔维乌斯的《论诗歌的韵律》(*De Centum Metris*)、庞培在多纳图斯的《大艺术》(*Ars Maior*)上所作的评注、马克西米阿努斯(Maximianus)的《哀歌集》以及伪西塞罗崇拜者的《差异》(*Differentiae*)。

但是在搜寻手稿这个领域最为出色者毫无疑义是波基奥·布拉乔利尼(1380—1459年)。这位勇敢强悍的旅行者和坚韧不拔的图书收集者所受到的赞誉完全是因为他被认为是这一发现的全部或部分原因。他搜罗了卢克莱修、马尼利乌斯(Manilius)、斯塔提乌斯、普罗布斯(Probus)、欧迪奇、卡柏(Caper)、德尔图良、西留斯·伊塔里求斯(Silius Italicus)、瓦勒里乌斯·弗拉库斯、阿斯柯尼乌斯·佩蒂亚努斯(Asconius Pedianus)、彼得罗纽斯(Petronius)、科路美拉、维特鲁维乌斯、费斯图斯(保卢斯)、诺纽斯·马克林(Nonius Macrinus)、弗龙蒂努斯、西塞罗以及阿米阿努斯·马塞利

511 努斯这些古典作家全部或者是部分著作抄本。在数年间,他搜集书籍范围广泛,成就显著。

波基奥第一个有目共睹的成就发生于 1415 年,当时他陪伴教皇约翰二十三世赴康斯坦茨参加会议。在整个休会期间,他赴克吕尼进行了一次短暂旅行,在返回的时候,他带回了许多西塞罗的演说集,其中的两篇完全不曾被人知晓。在第二年里,他陪着巴顿罗米奥·达·蒙蒂普尔查诺(Bartonlomeo da Montepulciano)和琴乔·阿加皮托(Cencio Agapito)出席了圣加尔修道院的圣餐仪式。在那里,令他喜出望外的是他发现了瓦勒里乌斯·弗拉库斯的《阿尔戈船英雄记》(Argonautica)和昆体良的一部完整的著作抄本。次年(1417 年),他又进行了一次赴瑞士修道院的旅行,而且又再一次拜访了圣高尔,并获益匪浅。由此,波基奥发现了德尔图良、卢克莱修、马尼利乌斯、西利乌斯·伊塔里库斯、阿米阿努斯·马塞利努斯,还有语法学家卡柏、欧迪奇和普罗布斯的新文稿。在当年,波基奥还进行了他的第四次短途旅行,其足迹扩展到了德国和法国并导致了他对迄今未知的 8 篇西塞罗演说辞的发现。斯塔提乌斯的《诗林》(Silvae)被传入意大利可能也属于这一时期。

随着教皇马丁五世的当选,波基奥在教廷的职位也发生了变化。在 1418 年他开始担任英格兰的枢机主教,这一职务使他在英国待了近五年的时间。在旅途中,他在巴黎作了短暂停留,并在那里发现了诺纽斯·马克林(Nonius Macrinus)的一部手稿,他立即将之送到了佛罗伦萨。他从英格兰带回了卡尔普尔尼乌斯(Calpurnius)的《牧歌》(Bucolics)和彼得罗纽斯文稿的残篇,并以他在回途中在科隆发现的另一部分作为补充。他最后的重要贡献是获得了意大利人文主义者弗龙蒂努斯的《罗马城市的供水》(De Aquis Urbis Romae),从而使得新著作的清单数目得以增加,这本书于 1429 年在卡西诺山修道院面世。波基奥从来未对自己令人景仰的发现和探索心生厌倦,直到最后他确定无疑地搜寻到了西塞罗散佚的著作。为了这一目的他甚至赴葡萄牙去查找,他还徒劳地查看了李维那些晦涩难懂的著作。波基奥在整个过程中克服了重重困难,他的成功使得这些挫折相形见绌,他的冒险赋予了他浪漫的光环。

其他佛罗伦萨人在古典文学新作品传播方面的成就也是有目共睹的,其中尼科洛·尼科利(Niccolò Niccoli)发挥了显著的作用。与波基奥完全不同的是,他没有去过遥远的国度,但是他利用一些神秘的方式,使得新近发现的一些手抄本不断汇聚到他的手边。我们只有一份有关尼科洛旅行的记载。在 1430 年佛罗伦萨发生的一次传染性的流行病迫使他离开了这座城市。在旅居维罗纳和威尼斯之后,他携带了大量神学方面的手稿例如卢克莱修的神学小册子返回了佛罗伦萨。另一个重要的发现是塞尔苏斯《论医学》的残篇和格利乌斯的直到那时还不为人所知的最后 14 本著作。由于他对搜集手稿狂热的激情,因此当他离世的时候,他留下了多达 800 卷著作的遗赠财物,这些书成为圣马可教堂图书馆的核心藏书。

尼科洛的一个助手是安布罗吉奥·特拉弗萨里(Ambrogio Traversari),他把修道院变成了其物色图书的首要选择。但是,遗憾的是,在 1432—1434 年,意大利的修道院并没有提供什么有价值的文献作品。特拉弗萨里最值得赞誉的是他对大量神学著作的发现,但是关于古典拉丁文本,他只发现了科涅利乌斯·奈波斯(Cornelius Nepos)的《传记》(Vitae)。尼科洛不在意他物色图书的微小回报,他仍然不知疲倦地在博洛尼亚、拉文纳、维琴察、帕多瓦和威尼斯周边的修道院进行严格细致的调查,正如他在罗马所做的那样。

我们不能忽略那些 15 世纪早期佛罗伦萨的人文主义者团体,在抄本交易中,维斯帕西亚诺·达·比斯蒂奇(Vespasiano da Bisticci)发挥了很大的作用。他因为自己的传记作品而为世人所知,但是作为一位文献作品的代理人他应该获得更大的声望。像尼科洛·尼科利一样,他广泛游历去搜寻那些不为其他人所知的手抄本,但是他在佛罗伦萨的重要地位使其可以据此接触到意大利及国外的最新发现。然而,与尼科洛不同的是,他虽然没有建成自己的图书馆,但是他把自己所有的精力都投入到与客户建立关系之中,在他们中间不仅有他自己国家最出色的文学赞助人,而且还有像匈牙利的国王马提亚·科维努斯(Mathias Corvinus)这样声名显赫的外国人。维斯帕西安诺在意大利的文艺复兴史上占据着独一无二的位置,他一直被称为"中世纪最后一位书吏,同时又是近代第一位图书销售商"。

　　但是寻获和复制新发现的古代作家手稿这种浓厚的兴趣并不仅仅局限于阿尔诺河沿岸(指佛罗伦萨——译者注)。让我们来简略地看看有着同样活动的意大利最北端的一些先行者。由于米兰是人文主义运动的中心,我们发现罗迪(Lodi)主教杰拉多·兰德里亚尼(Gerardo Landriani)为他的主教座堂档案中添加了极具价值的包括有五卷修辞学著作的抄本,其中有完全崭新的《布鲁特斯传》(Brutus)和从前仅以残缺形式存在的《演说家》(Orator)和《论演说家》(De oratore)。

　　这座教堂的另一位显贵人物是巴托洛梅奥·卡普拉(Bartolomeo Capra),他可能在米兰的一些女修道院发现了 9 部手抄本。其中除了奥古斯丁、普里西安和费斯图斯·鲁弗斯(Festus Rufus)的全新著作外,它们还包括其他已为人所知但声名并不显赫的作家的作品,例如马提雅尔和塞索里努斯(Censorinus)。另一部著名的《米兰法典》作者为塞尔苏斯,它是由乔凡尼·拉莫拉(Giovanni Lamola)于 1427 年发现的。拉莫拉是北部杰出的人文主义学者,他是曾发现普林尼的书信和奥鲁斯·格利乌斯手抄本的维罗纳的瓜里诺的一位干练的追随者。

　　我们已经注意到康斯坦茨会议是如何帮助了波基奥及其助手协助搜寻新材料。15 年之后(1432—1440 年),另一次宗教会议在巴塞尔举办,搜寻瑞士和德国附近修道院的另一个机会就随之出现了。在这里活跃的人物有:托马索·巴伦图切利(Tomaso Parentucelli,即后来的尼古拉五世),他在建立意大利图书馆方面提供了很多帮助;巴托洛梅奥·卡普拉,他在米兰的活动我们已经提及过;乔凡尼·奥利斯帕(Gionanni Aurispa),一位优秀的藏书家,他在意大利关于希腊文抄本交易方面发挥了突出的作用;还有帕维亚的主教佛朗西斯科·皮佐尔帕索(Francesco Pizzolpasso)。在巴塞尔会议期间,被这些教会人士和学者挽救的手稿有:德尔图良的手稿、多纳图斯论特伦斯(Donatus on Terence)、普罗布斯和萨鲁斯特的手稿,还有丰富的教会文献作品,包括奥利金、西里尔、优西比厄斯的拉丁文译本以及奥古斯丁的 6 部著作抄本和杰罗姆的 10 部著作抄本。

但是意大利人文主义者与德国具有相同兴趣的人们之间的关系并不仅仅局限于上述宗教会议上。库萨的尼古拉斯是波基奥和皮佐尔帕索的挚友,他负责把包含有普劳图斯 20 部戏剧的古抄本带到了意大利,其中的 12 部是新的,其他抄本则属于塞内加和普布里利亚·塞勒斯(Publilius Syrus)。

当时德国人丰富的文献珍藏并没有枯竭。到 15 世纪中叶,阿斯科利的伊诺克(Enoch of Ascoli)仍然有其他发现,他不仅被教皇尼古拉五世派往丹麦、瑞典和德国,而且还被派往东方去搜寻新的珍品。他的名字总是与被发现的重要抄本有着密切的关联,因为他单独为我们保留了塔西佗的《阿格里古拉传》和《日耳曼尼亚志》,另外还有苏托尼厄斯的《语法和修辞》片段,这些抄本都是在赫斯菲尔德修道院里发现的。此外,伊诺克还发现了阿比修斯(Apicius)的《论烹饪》和波菲里奥(Porphyrio)对贺拉斯《诗艺》的评论。

当伊诺克在德国及北方搜寻抄本的时候,雅各波·桑纳扎罗(Iacopo Sannazaro)在法国,还有另一位意大利人安吉罗·德琴布里奥(Angelo Decembrio)在西班牙,在他们的故乡仍然有珍品在等待发现。安吉罗·波利提安(Angelo Politian)和乔治·梅鲁拉(Giorgio Merula)(或者还有他的秘书乔治·加尔比亚特)提供的这些抄本为 15 世纪末期带来了辉煌时刻。在 1493 年,在博比奥发现了一部非常重要的抄本汇编,主要涉及语法、韵律和词典学,但是也包括一些诗歌集,其中还有至今无人知晓的苏尔皮西亚(Sulpicia)的讽刺剧。

大约在同一时期,加尔比亚特(Galbiate)有了这些发现,而梅鲁拉则因为这些发现而获得了声望,波利提安对意大利的图书馆进行了有条不紊的调查。从他留存至今的记载中,我们今天能够确信他所使用过的或者是查阅过的大量抄本分属于不同的汇编,然而,其中的大部分都包含着已知的抄本。事实上,在 15 世纪末叶,只有极少数的著作还没有被发现。主要的例外有:在大约 1500 年在靠近巴黎的地方由维罗纳的一个吉奥康多(Giocondo)发现的普林尼和图拉真之间的书简,1508 年从科维修道院发现的包含有塔西佗(Med. I)的《罗马编年史》前 6 卷的重要手稿;从穆尔巴赫修道院发现的韦利奥斯·帕特库洛斯(Velleius Paterculus)的古抄本,它被发现于 1516 年;而李维一些新的作品则在 1527 年在洛尔施被发现。

在一本书的范畴内列举出所有手稿搜寻者是不可能的,只有那些极为突出的发现才能够被提及。当我们把重点放在了作出重大发现者身上的时候,我们一定不能忘记,如果没有像洛伦佐·美第奇和尼古拉五世这样的赞助者的财政支持和他们的兴趣,其中的大多数是不可能完成这样的工作的,他们作为图书馆建立者所做的工作会在后面有所提及。

人文主义运动对图书馆历史产生作用的一个重要方面是促进了古代希腊语言和文化的发展。我们可以从彼特拉克开始一直到这个运动完全发展起来的 15 世纪末期,来追寻其发展轨迹。虽然彼特拉克并不能阅读希腊文,但是他喜欢在其图书馆里面收藏柏拉图的原文手稿,这本手稿可能是来自法国,而一本荷马的著作则直接来自希腊。①这些手抄本不久之后都成为帕维亚的维斯康蒂图书馆馆藏的一部分。我们同样知道,彼特拉克也试图从君士坦丁堡得到赫西俄德和欧里庇得斯的著作抄本。②

如其尊敬的前辈一样,薄伽丘也努力地增加其图书馆希腊文抄本。幸运的是,这些早期的人文主义者已经与懂希腊语的意大利人之间建立了联系。一个名叫巴尔拉姆(Barlaam)的卡拉布里亚人曾经在君士坦丁堡居留过,当他在阿维农的时候,彼特拉克听过他的一些课。巴尔拉姆的学生南意大利人莱昂齐奥·彼拉多(Leonzio Pilato)曾在东方逗留了一段时间,薄伽丘也努力从他这里获取有关希腊语的知识。虽然不久之后彼拉多在佛罗伦萨获得了希腊文教授的职位,但是他的有关古典作家的知识仍然是微不足道的,因为他只懂拜占庭的语言。尽管如此,薄伽丘还是在他的帮助下完成了其第一部完整的《伊利亚特》和《奥德赛》的拉丁文译本。

希腊文化的传播有很大一部分得益于一位君士坦丁堡的当地人曼努埃尔·赫里索洛拉斯(Manuel Chrysoloras),他于 1394 年赴威尼斯寻求城市共和国帮助以反对土耳其人。求助失败以后,他在很短的时间内就返回了自己的祖国,但是 1397 年他又回到了意

---

① R. Sabbadini, *Le Scoperte dei codici latini e greci ne' secoli xiv e xv*, I(Florence, 1905), 43.

② P. de Nolhac, *Pétrarque et l'humanisme*(2d ed.; Paris, 1907), II, 131.

大利,在佛罗伦萨,他被任命为希腊语教授,并在那里发现了培育希
腊文化种子的肥沃的土壤。希腊文化从佛罗伦萨依次扩展到其他的
中心——威尼斯、米兰、帕多瓦和罗马,希腊人轮流拜访这些地方。

　　在赫里索洛拉斯的影响下出现的第一人是年轻的佛罗伦萨
人——贾科莫·安杰利·达·斯卡尔佩里亚(Giacomo Angeli da
Scarperia),他在赫里索洛拉斯赴威尼斯的外交使团失败后随着赫
里索洛拉斯返回了君士坦丁堡。在他的旅程里,贾科莫被萨卢塔
蒂(Salutati)委托去搜寻包括柏拉图、荷马和其他诗人的全部著作
抄本,以及关于语法和神话方面的著作。他搜寻抄本的确切成效
并不为我们所知,但是,安杰利·达·斯卡尔佩里亚作为一系列拜
访君士坦丁堡以保护希腊抄本的意大利人先驱而闻名于世。这些
人当中还有赫里索洛拉斯的其他学生。维罗纳的瓜里诺陪伴其老
师稍后于1405年返回了瓜里诺的故国,5年后他携带着大量的希
腊文本收藏品返回了家乡。从一份17世纪的清单中可知,他看起
来可能至少自己保存了其中的一部分,① 他所开列的54部希腊文
抄本以前就属于瓜里诺,然后到了费拉拉,这位学者于1460年逝
世于此。这份清单除了提及《福音书》和《赞美诗》以外,还有亚里
士多德、普鲁塔克、荷马、品达、索福克勒斯、阿波罗纽斯·罗迪斯
(Apollonius Rhodius)、色诺芬、狄奥·克里索斯托、伊索、柏拉图、
波里比阿、巴兹尔和伊索克拉底。正如我们从他的书信中所知道
的那样,其他的希腊文抄本只是在瓜里诺返回意大利后才成为其
藏品。遗憾的是,他的这些藏品后来散失了,仅仅有5部现存的希
腊文抄本被确定是属于他的,其中的2部藏于沃尔芬比特尔,而其
他的分别藏于梵蒂冈、巴黎和维也纳。

　　与瓜里诺同时代的乔凡尼·奥利斯帕(Giovanni Aurispa)也到
东方去搜寻希腊文抄本。在其首次旅行中,他于1417年返回,他
获得的藏书很少,但却极具价值,其中一些被他卖给了尼科洛·尼
科利。在他的首批收藏品中最珍贵的抄本是阿里斯塔克斯
(Aristarchus)对《荷马史诗》的评注。稍后在1421年的时候,奥利
斯帕又一次去了希腊,这一次是为了詹弗朗切斯卡·贡扎加(Gian-

516

────────────

　　① 　Published by H. Omont, *Revue des bibliothèques*, II(1892), 78-81.

francesca Gonzaga）。在他获得的 238 件珍品中有《荷马史诗》、柏拉图、阿里斯托芬、亚里士多德、阿忒纳奥斯（Athenaeus）、品达、色诺芬、埃斯基涅斯、德摩斯梯尼、阿庇安、伊索克拉底、斯特拉波、优西比厄斯、普鲁塔克、狄奥多罗斯·西库路斯（Diodorus Siculus）和普罗科匹厄斯的著作。①他已经从君士坦丁堡向佛罗伦萨寄送了这部包含着索福克勒斯、埃斯库罗斯和罗迪斯的阿波罗纽斯（Apollonius of Rhodius）作品的著名的综合抄本，它们现在收藏在劳伦提安图书馆。与瓜里诺截然不同的是，奥利斯帕出售他所收藏的抄本，到他去世的时候，他仅仅只拥有 30 部微不足道的抄本了。②

在奥利斯帕第二次访问君士坦丁堡的前一年，弗朗西斯科·费勒佛第一次前往那里。在 7 年之后即 1427 年他返回的时候，他携带了 40 位不同作家的著作，包括大量奥利斯帕藏品中没有的作品，其中有莱西阿斯（Lysias）、菲洛斯特拉托斯（Philostratus）和苏达斯（Suidas）的作品。虽然我们没有关于费勒佛抄本的完整的清单，但是有一个简短清单，里面有 27 卷③精选诗歌、哲学、地理和历史、语法和演说词。在这些手抄本当中，有 5 部早于 15 世纪，其中的一些手稿被确认收藏在罗马、巴黎、佛罗伦萨、埃斯科里亚尔、莱顿和沃尔芬比特尔。

在名气不大的希腊文抄本搜寻者中有罗伯托·罗西（Roberto Rossi）和莱昂纳多·布鲁尼（Leonardo Bruni），他们每一个人都有一部由赫里索洛拉斯给德摩斯梯尼的抄本。其他属于赫里索洛拉斯的手抄本成为了尼科洛·尼科利的希腊文本图书馆的核心藏品，其中一定包括有 100 卷的藏书。尼科洛的一位竞争者叫乔诺佐·马尼蒂（Giannozzo Manetti），他的希腊文抄本中的 40 本最终加入到梵蒂冈的帕拉丁藏品中，其中大多都是拉丁文本。安吉洛·帕拉丁（Angelo Palatine）不仅为自己搜集抄本，而且还为洛伦佐·美第奇做同样的事情。在他的收藏品中，约翰·拉斯卡里斯这个名字一定还会被提及，因为他是 15 世纪最为成功的希腊文抄

---

① R. Sabbadini, *Carteggio di Giovanni Aurispa*（Rome，1931），pp. xvii-xx.

② R. Sabbadini, *Biografia documentata di Giovanni Aurispa*（Noto，1892），pp.157 ff.

③ H. Omont，"Un nouveau manuscrit de la *Rhétorique* d'Aristote et la bibliothèque grecque de Francesco Filelfo," *La Bibliofilia*，II(1900)，136-140.

本收藏家,而且还向意大利引进了至少有 80 本之前不为人们所知的著作。虽然他的藏品中很多被发现已经成为美第奇的收藏品,但是他仍然为自己留下了大部分,因为有多达 128 卷抄本被确认为曾经为其所有。[①]他的图书馆在其去世的时候就解体了,其中的一部分被并入了福尔维奥·奥尔西尼(Fulvio Orsini)图书馆和梵蒂冈图书馆,其他著作被枢机主教里多尔菲(Cardinal Ridolfi)得到,而且最后被巴黎国家图书馆收藏。[②]

518

虽然在那个时代,洛伦佐·美第奇可能搜集了数量最多的希腊文抄本,但是教皇尼古拉五世仍然派遣阿斯科利的伊诺克前往东方搜寻抄本。由教廷所承担的精确的翻译工作,同样不逊于希腊文化传播的重要性。拉丁读者能够接触到的希腊作家有修昔底德、斯特拉波、波里比阿、阿庇安、狄奥多罗斯·西库路斯、希罗多德、色诺芬(《居鲁士劝学录》)、亚里士多德(《物理学》《论题篇》和《形而上学》)、柏拉图(《法律篇》和《理想国》)、泰奥弗拉斯(Theophrastus)、托勒密、一些希腊教父和许多较次要的作家。

在这个时代意大利各图书馆的财产清单显示出来的对希腊兴趣的增长并不令人感到奇怪。在两份最早的清单即分别编订于 1417 年的贡扎加在曼图亚藏品的清单和一年后汇编的柯西莫·美第奇的清单中,并没有希腊文抄本。下面的三份清单按照时间顺序排列——1426 年的帕维亚清单、1436 年的费拉拉清单和 1443 年的梵蒂冈清单,它们分别包含了 2 部、1 部和 2 部希腊文手抄本。在帕维亚和费拉拉,有大量的抄本是属于罗曼语系的。在 15 世纪末,不超过 2 部使用希腊文抄本被记载。另一方面,在美第奇和教皇的藏书之中,呈现出对于希腊的兴趣稳步增长的趋势。事实上,在一份财产清单中,大量使用希腊文书写的抄本已经超过了那些使用拉丁语书写的抄本的数量。贝萨里翁捐赠给威尼斯共和国的是一座富有的图书馆,无论是在其所有者的一生中还是在其后的岁月里,这座图书馆在传播希腊文化的过程中都扮演了重要的角色。

---

① P. de Nolhac, "Inventaire des manuscrits gracs de Jean Lascaris," *Mélanges d'archéologie et d'histoire*, VI(1886), 252. Cf. H. Rabe, "Konstantin Laskaris," *Zentralblatt für Bibliothekswesen*, XLV(1928), 1-6.

② P. de Nolhac, *La Bibliothèque de Fulvio Orsini*(Paris, 1887), p.157.

通过对现存巴黎的过去的希腊手稿的研究,可以看出在 15 世纪人们试图获得和复制希腊文手稿的巨大热情。15 世纪之前的那些手稿大多是来源于东方,而那些在整个 15 和 16 世纪被抄写的手稿都是由意大利书吏完成的。①在他们对希腊知识的渴求中,意大利人开始印刷这种文字的作品。在伟大的洛伦佐统治期间的 1488 年,一家佛罗伦萨的出版社发行了《荷马史诗》的初版,而其他在米兰、威尼斯和维琴察的出版者则印刷了希腊文本。但是奥尔多·马努齐奥(Aldo Manuzio)在运用新的方式传播希腊文化方面是杰出的,②然而,这不在本书的研究范畴之内。

在这个时代,修道院图书馆的发展进入了一种停滞的状态。意大利文艺复兴时期的最大图书馆是王室的藏品,甚至就连梵蒂冈的藏品也进入到这一收藏中。虽然在一般情形下,意大利的主教座堂图书馆在整个文艺复兴时期仅仅发挥了毫不起眼的作用,但是维罗纳图书馆在 14 世纪学术的复兴中却发挥了重要的作用。这些丰富的材料是由维罗纳写于 1329 年的无名诗选所提供的。③其他的同类证据发现于古列尔莫·达·帕斯特伦戈(Guglielmo da Pastrengo)和乔凡尼·曼西奥纳里奥(Grovanni Mansionario)的著作中,他引用了惊人数量的古典著作。④已知卡图卢斯最早的手稿在维罗纳由科卢乔·萨留塔蒂(Coluccio Salutati)复制以后就失踪了。另一部极为罕见的藏品是西塞罗的《致阿提库斯》抄本,从 9 世纪到 15 世纪初,它依然在教堂图书馆中,在 15 世纪初它被吉安加莱佐·维斯康蒂(Giangaleazzo Visconti)分给其在帕维亚的图书馆了。这部手稿的复制品完成于 1393 年,也曾经属于过萨鲁塔蒂,现在则收藏于佛罗伦萨的劳伦提安图书馆。因此,我们可以相信安布罗吉罗·特拉弗萨里在 1431 至 1434 年间访问过维罗纳,当他描述这个图书馆的时候不仅没有夸大其词,而且他还将其所发现的大量古代书籍补充了进去。

---

① H. Omont, "Les Manuscrits grecs datés des XVᵉ et XVIᵉ siècles de la Bibliothèque nationale," *Revue des bibliothèques*, II(1892), 1-32.

② A. F. Didot, *Alde Manuce et l'hellenisme à Venise*(Paris, 1875).

③ Sabbadini, *Scoperte*, I, 2.

④ See B. L. Ullman, "Tibullus in the Medieval Florilegia," *Classical Philology*, XXIII (1928), 172-174.

在1300年之前,明显的前人文主义运动就在维罗纳开始了。在文化方面,14世纪的意大利其他城市无法和它媲美,它甚至可以被认为是意大利文艺复兴的摇篮。[1]由于但丁和彼特拉克的频繁造访,使得它很快就感受到了他们所造成的影响。在早期启蒙年间最知名的人物当属约翰·德·马托西斯(John de Matociis)、古里埃莫·帕斯特伦戈(Guglielmo Pastrengo)和无名文集的编辑。其他最具代表性的维罗纳人还有彼特拉克的朋友里纳尔多·达·维拉弗兰卡(Rinaldo da Villafranca)和格斯帕罗·达·布罗斯皮尼(Gasparo dei Broaspini);安东尼奥·德·列戈纳果(Antonio de Legnago)、阿尔伯里克·达·马赛里斯(Alberico da Marcellise);莱昂纳多·达·昆托(Leonardo da Quinto);编年史家马尔扎加(Marzagaia);吉蒂诺·达·索马坎帕尼亚(Gidino da Sommacampagna)和乔凡尼·杰利斯塔·达·泽维欧(Giovanni Evangelista da Zevio)。[2]

在1306和1320年间,这个主教座堂的传教士约翰·德·马托西斯牧师撰写了他的《帝国史》(*Historia imperialis*)——一部卷帙浩繁的从奥古斯都直至查理曼时代的编年史,如果其作者不曾接触过大量的著作,包括神学的和世俗的书籍,那么他是不可能完成这部著作的撰写工作的。根据萨巴蒂尼(Sabbadini)所说芝诺和普林尼是约翰最喜爱的作家这点来判断,他不仅仅引用了杰罗姆、安布罗斯、奥古斯丁、大格里高利、波埃修斯、克里索斯托和尼撒的格里高利(Gregory of Nyssa)的著作,而且还包括李维、苏托尼厄斯、查士丁、索利努斯、尤特罗比乌斯、奥罗修斯、卡西奥多罗斯、优西比厄斯、鲁费努斯的著作和议会的法令。[3]他于1337年去世,并将其书籍遗赠给了主教座堂。

维罗纳大学的校长亚历山大里亚的本西乌斯(Bencius of Alexandria)在1325和1329年,曾游历了意大利北部去搜寻编年史。

---

① G. Biadego, "Dante e l'umanesimo veronese," *Nuovo archivio Veneto*, N. S., X (1905), 39 ff.

② *Atti dell' Accademia di agricoltura*, *scienze e lettere di Verona*, CLXXXII(1906), 254-255.

③ Sabbadini, *Scoperte*, II, 88-89.

特别是奥索尼厄斯吸引了他的注意力。[1]

古里埃莫·达·帕斯特伦戈展示了他对极宽泛的文献作品的
熟悉程度。他具有广博精深的文化知识，包括古典学、基督教神学
和中世纪的文献。他宣称，他撰著《万物的起源》(*De originibus re-*
*rum*），源于他渴望保留作者的名字，使他们避免因为其著作的遗失
而被遗忘[2]——这种遗失是由于无知和忽视还包括时间的流逝、干
燥、潮湿、火灾、沉船、飞蛾和鼠患造成的。他首要的资料来源是优
西比厄斯、杰罗姆、根纳狄乌斯(Gennadius)、伊西多尔、格利乌斯、
马克罗比乌斯、索尔兹伯里的约翰、伯利(Burley)和马托西斯的著
述。他熟悉很多流行的拉丁诗歌，包括特伦斯、维吉尔、贺拉斯、奥
维德、卢坎、斯塔提乌斯、佩尔西乌斯、尤维纳利斯和极少为人所知
的克劳迪安的作品。他熟悉数位历史学家的著作：李维、瓦勒里乌
斯·马克西穆、库尔提乌斯(Curtius)、苏托尼厄斯、索利努斯和
其他人的作品。他熟知格利乌斯、昆体良、塞内加，还有诸如多纳
图斯、塞尔维乌斯、普里西安和卡佩拉那样的语法学家。他所知晓
的科学方面的作者有弗龙蒂努斯、维吉蒂乌斯、帕拉丢斯(在农业
领域)和普林尼(自然史)。他拥有 25 位占星术作家的著作。在基
督教神学家中有杰罗姆、伊西多尔、奥罗修斯、福尔金提乌斯、波埃
修斯的译著、安布罗斯、苏尔皮西乌斯·塞维鲁斯、图尔城的格里
高利、西普里安和西多尼厄斯·阿波利纳里斯的书信集；在他所知
道的从希腊文翻译过来的译著中，除了波埃修斯翻译的亚里士多
德的著作，还有约瑟夫斯和尼撒的格里高利和大马士革的约翰的
一些译著。在以前很少为人所知但最近走入人们视线的著作中，
他知道的有：普林尼的《信札》、瓦罗的《论农业》、克里普斯的《约翰
尼斯》以及《罗马皇帝列传》(可能是现存梵蒂冈巴勒斯坦藏品中著
名的 899 号抄本，它曾经由彼特拉克、马内蒂和海德堡之手)。[3]他
注意到，在维罗纳的图书馆中，没有西门尼底(Simonides)和萨福

① R. Sabbadini, "Bencius of Alexandrinus und der Cod. Veronensis des Ausonius," *Rhein isches Museum*, LXIII(1908), 225-226.

② Sabbadini, *Scoperte*, I, 6, n.21.

③ Susan H. Ballou, *The Manuscript Tradition for the "Historia Augusta"* (Leipzig, 1914), p.39.

(Sappho)的著作。萨巴蒂尼认为，帕斯特伦戈没有引用许多文选的内容，但是他直接了解这些原作大部分内容。我们在此必须再次承认，他是在教会图书馆中发现了它们。

皮耶罗·迪·但丁（Piero di Dante）的著作可以使我们得出相同的结论。他是一位法学家，对语法很感兴趣，他于1339—1341年在维罗纳居住期间，曾为其父亲的《神曲》（*Divine Comedy*）写了 522 一篇评论，这篇评论体现了他对拉丁文古典著作的广泛了解。关于希腊文献，他知道的有《蒂迈欧篇》和约瑟夫斯《犹太古代史》的古代译本，还有亚里士多德的几部著作、苏格拉底的一部著作和托勒密的《天文学大成》中世纪译本。

在16世纪末，这些文献都消失了，直到1713年它们才又重新被发现。[①]在那一时期发现的抄本中，许多依然还在维罗纳。这些藏书在古文字学方面的重要性如何评价也不为过。它包括4种尚存的方形大写字母中的一种，33本使用本土大写字母书写的尚存手稿中的一本和388本散存在世界各地使用安瑟尔字体抄本中的26本。[②]

另一个繁荣兴旺的图书馆是博洛尼亚图书馆。[③]关于这个图书馆，有图书清单尚存，它们对于我们了解波隆那的图书馆文化非常重要，因为毫无疑问，教会里面的学者和教会外的学者都使用这个图书馆。留存下来的最早的图书清单是1420年的清单。[④]它表明，在当时这里的藏书仅有43本手稿。但是1451年的图书目录列出了近300卷书，其中的一些书卷包括多部著作。除了神学著作之外，还有法律、哲学、拉丁文古典著作、历史和科学著作，包括自然科学和物理学著作。历史学著作方面，除了中世纪的编年史和约瑟夫斯的著作之外，其他的著作比较少。拉丁文古典著作也不多——仅有塞内加、斯塔提乌斯、卢坎、西塞罗、维吉尔、奥维德、昆体良和昆图斯·科提乌斯的著作。哲学方面的代表作比较多，亚

---

① Cf. chap. v. above.

② L. Traube, *Vorlesungen und Abhandlungen*（Munich，1909），pp. 162，171，248-253.

③ A. Sorbelli, *Biblioteca Capitolare della cathedrale di Bologna*（Bologna，1904），p.21.

④ *Ibid.*，Appen.，pp.166-169.

里士多德是最杰出的。我们发现，神学著作几乎全部是教父著作和布道书。最有趣的现象是这份图书目录在 1457 年又被进行了重检，当时"est"和"non est"（后者比较少）在页边被加注。由于这些书是根据其在图书馆的位置而编排的，校对者在每一个书单的结尾处都添加了新的内容。因此我们可以看到，在 6 年的时间里，35 本抄本被添加进去，使得藏书的总数达到了 329 部。有人认为，收藏抄本突然增加的原因，来源于托马索·帕伦图塞里（Tommaso Parentucelli）的教诲，他是主教座堂的教士。如果真是这样的话，我们知道还有另外的一个图书馆是受了未来的教皇尼古拉斯五世的影响而建立起来的。

文艺复兴运动初期，维罗纳图书馆的人文主义影响后来可与博比奥古老的修道院图书馆相媲美，后者的历史从 11 世纪末到 15 世纪中叶一直是一个空白。15 世纪一个惊人的发现是在博比奥发现的藏在那里的 25 本珍贵的抄本，可能是乔吉奥·加尔巴蒂奥（Giorgio Galbatio）于 1493 年发现的，尽管乔吉奥·梅鲁拉（Giorgio Merula）声称他是抄本的发现者。究竟谁才是抄本真正的发现者，其实是加尔巴蒂奥，他在梅鲁拉于 1494 年去世以后，拿出来 6 本在这里发现的更重要的语法著作；在 1496 年，另一位人文主义者托马索·因吉拉米（Tommaso Inghirami）编辑了 6 本农事著作。① 还有其他同一来源的抄本传到奥拉·吉亚诺·帕拉西奥（Aula Giano Parrasio）的手里，然后又通过其继承人安东尼奥·塞利潘多（Antonio Seripando）传给了枢机主教那不勒斯的吉罗拉莫·塞利潘多（Girolamo Seripando），吉罗拉莫·塞利潘多又将它们转给了圣乔凡尼·迪·卡尔博纳拉（S. Giovanni di Carbonara）修道院，从这里，这些抄本最终被带到了那不勒斯的国家图书馆。其他的抄本现在安布罗斯、都灵、巴黎、维也纳和沃尔芬比特尔的图书馆里。

尚存的一份图书清单记载着这个图书馆解体前 32 年的藏书内容。在 1461 年，帕多瓦的一些修士被带到了博比奥来复兴这个修道院，他们汇编了该图书馆的财产清单。放置抄本的书架号码第

---

① O. von Gebhardt, "Ein Bücherfund in Bobbio," *Zentralblatt für Bibliothekswesen*, V (1888), 351.

一次被标出，当时在注有"Liber sancti columbani［de Bobio］"（意为"博比奥的圣科伦班之书"）的标签上的"sancti"和"columbani"两个词汇之间，添加了阿拉伯数字，这个标签被题写在所有的抄本上。在每一部抄本的前面页码里，列出了该书卷的内容。从此，在图书目录中，就列出了书架号和目录（通常以缩略形式）。①抄本被分成三类：《圣经》、宗教著作、哲学、诗歌、语法和意大利文著作，最后是唱诗班保留的礼拜仪式用书。最后一组是按照字母顺序排列，从"轮流吟唱"（Antiphonaria）到"诗篇"（Psalteria）。将这份图书清单与早前尚存的一份可能是 10 世纪的书单相比较，②可以看出，意大利文的手稿全部都是新的，但是大部分古典著作抄本和语法著作抄本在两份书单中都存在。12 本尚存且已经确认是属于博比奥的抄本在两份图书目录里都没有出现。

524

　　研究文艺复兴时期意大利其他的修道院图书馆将是徒劳的，因为在意大利，正如在欧洲的其他地方一样，修道院已经大大地衰落了。③在图书馆的发展史上，和其他所有的事情一样，文艺复兴是高度崇尚个人价值的；在图书收集方面，它经历了两个独具特色的阶段。首先，是学者们建立起来的图书馆，文艺复兴运动也是由他们首倡的；其次，是由教会贵族、世俗贵族和商业贵族们建立起来的精美的图书馆，这些人对他们收藏图书的稀有程度和外观的关注甚于对其内容的关注。

　　在学者的藏书中，彼特拉克的图书馆④是最早也是最有吸引力的图书馆之一。他的传记反映了其从年轻时代开始一直到生命的最后时刻对收藏书籍和研究文本的热情。年轻的弗朗西斯科从大

525

---

　　①　T. Gottlieb, "Ueber Handschriften aus Bobbio," *Zentralblatt für Bibliothekswesen*, IV(1887), 445.

　　②　G. Becker, *Catalogi bibliothecarum antiqui*, No.32.

　　③　关于这方面的内容，最有价值的材料是 Ambrosio Traversari's *Hodoeporicon*，它是在 1680 年前由 Nic. Bartholini Bargensi 在佛罗伦萨出版的。

　　④　关于这一内容最完整的出版物是 Pierre de Nolhac's *Pérarque et l'humanisme*(2d ed.; Paris, 1907)。其他重要的著述包括：W. Fiske, *A Catalogue of Petrarch's Books*(Ithaca, N.Y., 1882)；R. Sabbadini, "Il primo nucleo della biblioteca del petrarca," *Rendiconti del R. Istituto Lombardo*, XXXIX(1906), 369-388, K. Schneider, "Die Bibliothek Petrarcas," *Zeitschrift, für Bücherfreude*, N.F., I(1909), 157ff.; B. L. Ullman, "Petrarch's Favorite Books," *Transactions of the American Philological Association*, LIV(1923), 21-38。

火中抢救他深爱的维吉尔的作品的故事广为人知,这本书是他严厉的父亲托付给他的,这给了我们关于他父亲的错误的印象。除了被严厉地强化纪律的方法以外,他没有被强迫学习文学。事实上,我们知道,在其父亲访问巴黎期间,他买了一本精美的伊西多尔的著作抄本,并把它送给了他的儿子,他的儿子一生都珍藏着这本有价值的抄本。[①]正是他,首先向弗朗西斯科介绍西塞罗的著作,从此激起了后者终生的学习热情。

在离开了父母以后,年轻的彼特拉克将他的第一笔钱花在了奥古斯丁的《上帝之城》上,这本抄本现在依然还可以在帕多瓦大学的图书馆里找到。在阿维农最初的时间里,这位年轻的学者同教廷的藏书家建立了联系。当他有机会去法国、比利时和意大利的时候,他利用一切机会寻找新手稿。其通信内容反映了这一点。他在写给他的朋友帕斯特伦戈、内利、布鲁尼和薄伽丘的书信中,经常向他们索要新书,或者感谢他们给他邮寄新书。他的朋友们似乎都是争先恐后地给他的图书馆提供书籍,或者至少向他提供他会感兴趣的有用的信息。除了在意大利和法国的联系以外,他还同英格兰的理查德·德伯里有联系,他也从东方获得过抄本。

尽管彼特拉克喜欢外观有吸引力的抄本,但是,他更注重抄本的内容。他对抄写出错的抄工没有一点耐心,他愤怒地质问:"如果李维或者西塞罗复活的话,或者古代其他的作家复活的话,首先是普林尼,如果让他们阅读自己作品的话,他们能辨认出来吗?"[②]

526 在他的晚年,他在家里请了许多抄工,带着他们一块儿出行,这在他许多抄本的注释中可以看出来——比如,"在帕多瓦开始,在帕维亚结束,在米兰受到启发"。

以彼特拉克的热情和他与外界的广泛联系,他建立了一座非同寻常的图书馆,这一点不足为奇。这个图书馆的藏书规模和藏书性质如何,我们有哪些线索呢? 关于这个问题,我们有三种证据。首先,我们有彼特拉克亲笔列出的他最喜爱的书目,这个书目尚

---

① Now MS Lat. 7595 of the Bibliothèque nationale in Paris.
② De Nolhac，*Pétrarque et l'humanisme*，I，72.

存,是他在大约 1333 年和 1334 年间写的。①在这一书目中,有一部或者更多代表作的作者如下:西塞罗、塞内加、波埃修斯、瓦勒里乌斯·马克西穆斯、李维、尤斯蒂努斯、弗洛鲁斯、萨鲁斯特、苏托尼厄斯、鲁弗斯、尤特罗比乌斯、马克罗比乌斯、格利乌斯、普里西安、帕皮亚、维吉尔、卢坎、斯塔提乌斯、贺拉斯、奥维德和尤维纳利斯,还有一些关于辩证法和天文学论述的佚名作者。这份清单并不是他图书馆全部藏书的清单,这一点从它的标题②和我们所知的他在此之前拥有的一些抄本在这里并没有被提及这件事情上就已经非常清楚。

彼特拉克在生前还拥有其他作者的书籍,这一点可以从参考文献和他自己的著作引文中清楚地得到证明。尽管我们不可能认为他自己的图书馆里拥有每一本他引用的著作抄本,但是,我们可以根据诺亚克(Nolhac)周密的研究而断言,除了前述书单以外,他还有普林尼、昆体良、普劳图斯、科提乌斯·鲁弗斯、马提安努斯·卡佩拉、维特鲁维乌斯、奥索尼乌斯、奥里留斯·维克多、奥罗修斯、达雷斯和迪克提斯以及维比乌斯·塞奎斯特(Vibius Sequester)的著作抄本。

关于他的图书馆另一则信息材料并没有提供任何新的书目,但是它给我们提供了不同类别的细节。这就是一些抄本本身的幸存。经过对所有证据的仔细研究和筛选,已经粉碎了传统的说法,即认为威尼斯的圣马可图书馆的核心藏书来自这位杰出的人文主义者的说法。但是,诺亚克认为,38 本尚存的抄本可以确定是他的。其中,有 26 本现存巴黎的国家图书馆,一本在特鲁瓦,一本在米兰的安布罗斯图书馆,③一本在帕多瓦大学图书馆,一本在威尼斯的圣马可,一本在佛罗伦萨的劳伦提安图书馆,7 本在罗马的梵蒂冈图书馆。在这些手稿中的 6 部中有彼特拉克的著作,一本但丁的《神曲》和 16 位古典作家(其中 2 位是希腊作家)的著作。这只是全部藏书中的一小部分,据估计有 200 卷。

527

---

① Ullman, *op. cit.*, corrects the erroneous view that this inventory described Petrarch's first library at Vaucluse.

② "Libri mei peculiares. Ad reliquos non transfuga sed explorator transitre soleo."

③ The Ambrosian Vergil has been completely reproduced in facsimile(Milan, 1930).

### 中世纪的图书馆

薄伽丘和两个修道院图书馆的历史联系在一起——这两个修道院是卡西诺山修道院和佛罗伦萨的圣斯皮尔多（San Spirito）。正是在前一个修道院里，他发现了著名的塔西佗的《编年史》和《历史》片段。他在 1378 年去世之前，将自己的书留给了圣斯皮尔多。在这些藏书的第一任保管人弗拉·马蒂诺（Fra Martino）修士生前的时候，这些抄本得到了妥当的保管，而且，学生们可以借阅它们，这也是捐赠者的初衷。但是后来，这些书就被忽视了，虫子、老鼠开始侵蚀它们。但是最终，尼科洛·尼科利在 15 世纪初的时候挽救了这些书，他让人做了一个精美的书箱子，把书装在里面，保护了这些抄本。①

长久以来，人们一直以为，薄伽丘的这些手稿已经在 1471 年席卷圣斯皮尔多的大火中消失了，但是有充足的证据表明，这些书在 15 世纪末的时候依然还在那里，其内容在 1451 年列出的圣斯皮尔多清单中有所记载。这份图书目录的第三部分是关于帕尔瓦藏书（*parva libraria*）的，其中部分是薄伽丘的著作。②所有的条目（总共 107 条）并不是指他全部的手稿，这一点在薄伽丘去世后所列的书目中可以清楚地看出来：一本布鲁尼的著作和一本教皇尼古拉斯五世的手稿可能为了更安全起见而被放在了"小图书馆"里。有 90 本手稿可能是属于薄伽丘本人的。其中首先得到确认依然尚存的是薄伽丘亲笔写的关于特伦斯的著作，现存劳伦提安图书馆里。在同一个图书馆中，其他的曾经在圣斯皮尔多也有抄本的古典作家包括斯塔提乌斯（两本抄本）、尤维纳利斯、卢坎、奥维德（两本抄本）和阿普列尤斯。这种说法是准确无疑的，因为财产清单不仅列出了每部抄本倒数第二页开头的词汇，而且也列出了最后的词汇。

最早见于记载的王室图书馆是费拉拉王室图书馆。但是，在 15 世纪初以前，还不能使用"图书馆"一词来形容它，③有迹象表

---

① Oskar Hecker，*Boccaccio-Funde*（Braunschweig，1902），p.6.

② This discovery was published by A. Goldman，"Drei italienische Handschriftenkataloge s. XIII-XV，" *Zentralblatt für Bibliothekswesen*，IV(1887)，137-155.

③ Cf. A. Cappelli，"La Biblioteca Estense nella prima meta del secolo xv，" *Giornale storico della letteratura italiana*，XIV(1889)，2.

明，和彼特拉克关系非常密切的德斯特（D'Este）王子们，在上一个世纪中对收藏手稿非常感兴趣。同样为人熟知的是，对于 13 世纪的朝臣来说，抒情诗人的诗歌对他们具有非常大的吸引力。毫无疑问，正是抒情诗这种文学形式以及统治者与早期人文主义者之间密切的关系，使得人们读书的热情在 15 世纪早期的费拉拉王室非常盛行。

第一个在图书馆历史上占有重要地位的德斯特王子是尼科洛三世（Noccolò III，1384—1436 年）。他在年轻的时候受到学者多纳托·德利·阿尔巴扎尼（Donato degli Albanzani）的指导，多纳托·德利·阿尔巴扎尼是著名的佛罗伦萨三杰——彼特拉克、薄伽丘和萨卢塔蒂的朋友。[1]在其长时间的统治里，他尽其所能吸引有学术兴趣的人到其宫廷中。其中主要的有维罗纳的瓜里诺，他于 1429 年在 60 岁的时候到达费拉拉，担负起尼科洛非嫡出儿子也是他的继承人列奥内罗的教育。[2]大约与此同时，和他同龄的杰出的乔凡尼·奥利斯帕和乔凡尼·拉莫拉以及古列尔莫·卡佩罗也一起加入他的宫廷学术圈里。[3]

我们有一份 1436 年该图书馆的图书清单，这份图书清单在尼　*529*科洛三世去世以前已经编制出来。[4]当这份图书目录被整理出来的时候，这个宫廷图书馆是在城堡的塔楼上，它不是根据内容而主要是按照语言来编排的。首先是一个包括 165 卷拉丁文抄本的长长的书单，其他大部分是古典著作。接下来是 20 本意大利文著作，然后是 58 本法语抄本，包括大量的骑士传奇，然后是少量的宗教学著作，最后是少量杂书，它们基本上不在目录之内，因为它们是后添加进来的。在每一个系列中，没有分类。比如，在法文抄本中，我们发现了《圣经》、骑士文学，与之并列的有波埃修斯的著作。这一最早的图书目录，和 15 世纪通常的图书目录一样，详细描述

---

① F. Novati, "Donato degli Albanzani all corte estense," *Archivio storico italiano*, 5th ser., VI, 371.

② R. Sabbadini, *La Scuola e gli studi di Guarino Veronese*(Catania, 1896), p.22.

③ G. Bertoni, "I Maestri degli Estense nel quattrocento," *Archivum Romanicum*, II (1819), 58 ff.

④ Published by Cappelli, *op. cit.*, pp.12-30, except for the French books, which are published by Pio Rajna in *Romania*, II(1873), 49-58.

了抄本的外观,因此我们可以想象羊皮纸的重量(只有少量是写在羊皮纸上的)、精美的装订(有时使用天鹅绒或者锦缎)以及带有装饰的扣子。

现存摩德纳的埃斯滕斯图书馆的这些抄本中的剩余部分可以构建起关于该图书馆的史实。封面标题页往往装饰有德斯特家族成员的象征性族徽等,经常有尼科洛的设计,这显示了他在这个图书馆形成过程中所发挥的作用。[1]他的兴趣主要在古典拉丁作者上。另一方面,在数量上仅次于古典拉丁著作的法语著作有少量也有他的标志,这表明这些书是在他这个时代之前获得的。一个突出的例外是一本法语《圣经》,它是在 1434 年尼科洛让人精美装裱过的。

值得关注的是一本尤利乌斯·恺撒的著作抄本,[2]我们对它是由帕尔马的雅各布·迪·卡萨拉(Jacopo di Cassola)所写这一点知之甚少,但是我们知道它是由两位杰出的学者瓜里诺和拉莫拉于 1432 年修订的,这一点可以在一份同时代的注释中看出来。由于古老的藏书中所有的抄本在 17 世纪末都已经被重新装订,早期的图书清单现在不能够帮助我们确认这些抄本。但是,一些抄本在梵蒂冈的乌比诺藏书中心、在牛津大学博德利图书馆和巴黎被发现。[3]

从尼科洛宫廷相当严格的读写活动到他的继承人依然维系广泛的对外联系这些情况,我们可以发现这个图书馆相应的发展。列奥内罗(1436—1450 年在位)不仅致力于将文人学士聚拢到自己的周围并努力获得他们著作的抄本,而且,作为其早期受训于瓜里诺的结果,他还带着极大的热情搜寻古典著作抄本,试图挽救它们。下面的事件可能是很典型的:一本包括普劳图斯 16 部喜剧的抄本最近到了大主教奥尔西尼的手里,学者们非常希望得到它,希望能抄写它。但是,所有的请求都被拒绝了,包括瓜里诺的请求。

① D. Fava, *La Biblioteca Estense nel suo sviluppo storico*(Modena, 1925), p.6.
② Cod. lat. 421.
③ A. Thomas, "Sur le sort de quelques manuscrits de la famille d'Este," *Romania*, XVIII(1889), 296-298.

瓜里诺让列奥内罗帮他说情，最后抄本被交给了费拉拉。①

受到列奥内罗慷慨捐赠的杰出的人文主义者有奥利斯帕（Au-rispa）、托斯卡内罗（Toscanello）、安吉洛·德琴布里奥和加斯帕里诺·巴尔齐扎（Gasparino Barzizza）。在他们的帮助下，侯爵扩大了其父亲建立起来的图书馆。在他的宫廷中，专业的抄工被雇用来抄写手稿，他们不仅使用最好的羊皮纸，认真地复制加洛林时代的字母，而且还受到人文主义文化的熏陶。②在这些抄工中，最主要的有瓜里诺的一个朋友比亚吉奥·布索尼（Biagio Bosoni），他一直活跃到 1445 年，甚至他有时要抄写后来的文本。他抄写的一些抄本最近得到了确认。比如，我们知道他在其所负责抄写的费斯图斯的《论词汇的意义》（De verborum significatu）抄本中，添加了前面的书吏因失误而疏漏的页码。③但是，抄写手稿仅仅是比亚吉奥工作的一部分。他还有其他的职责，包括：订购列奥内罗需要的抄本，安排书卷的重新装订和修补工作，为新增加的图书编制序号，更新图书清单，记录外借的书籍。在账簿中，他被称为"塔上的比亚吉奥"（"Ser Biaxio de la Torre"），这表明，他主要的任务是保护这个被置于塔楼上的图书馆。

但是，遗憾的是，我们没有列奥内罗时代的图书清单，我们把幸存下来的许多抄本确定为是这一时期的作品，是因为有许多抄本是作为献礼送给他的。我们知道，瓜里诺翻译了普鲁塔克的《苏拉和莱桑德传》（Lives of Sulla and Lysander），然后在列奥内罗第一次结婚的时候送给了列奥内罗，但是这个抄本没有得到确认。在另一个重要的场合，当瓜里诺获得费拉拉的公民身份时，作为回报，他翻译了《佩罗普斯和马塞勒斯传》（Lives of Pelops and Mar-cellus）。尽管流传下来的版本是写在纸上的，但是它可能是赠送的抄本。④不仅仅是从希腊文翻译过来的抄本被认为适合献给执政的王子，而且还有在他启发下写作的天文学和数学著作。此外，阿里斯托的《伊塞德》（Iside）是戏剧史上非常重要的剧本，被献给了列

531

---

① Cappelli, op. cit., p.4.
② Fava, op. cit., p.26.
③ Cod. lat. 26, presumably abridged by Paulus Diaconus.
④ Cod. lat. 158.

奥内罗。我们有一份 15 世纪的抄本,①尽管它不是赠送的抄本,但它也很重要,因为它是这个剧本唯一幸存下来的抄本。

列奥内罗的继承人博尔索(Borso,1450—1471 年在位),为这个图书馆做出了特殊的贡献。他是抄本装饰的赞助人,费拉拉因此成为文学爱好者、有才华的图书彩饰者、技艺高超的图书装订者和能工巧匠向往的地方。这一时期工艺精巧的一个特例是著名的与博尔索的名字有所关联的《圣经》。这本《圣经》包括两卷,共1 200 页,装帧非常精美,其制作共用了 7 年的时间。在这 7 年的时间里,许多代表不同流派的艺术家参与其中,所以,最终完成的作品尽管缺少设计上的一致性,但是它成为了一件非常重要的历史性的样本书。在 1923 年,这些《圣经》书卷在消失了 64 年之后,又回到了意大利。在这 64 年的时间里,它们历经奥地利的弗朗兹·费迪南德之手,又到了皇帝弗朗兹·约瑟夫手中,从他那里又经卡尔一世之手到了巴黎的书商手上。在这里它们又得到一个爱国的意大利人塞纳托尔·乔凡尼·特雷卡尼(Senatore Giovanni Trecanni)的挽救,他将它们送给了摩德纳的图书馆,这些抄本现在编号 422-3,这和它们在费拉拉的编号相一致。②

除了激发了这一艺术风格的发展之外,博尔索还因其对待一个伟大图书馆的开明态度而闻名。他的前任搜集著作只是为了自己的娱乐,而博尔索搜集书籍是为了给费拉拉有学识的人甚至是外国人使用。一个正规的出借体系建立起来,这一时期大部分朝臣的名字都出现在簿册中,这些簿册依然保留在近代摩德纳图书馆里。从这一文献中,我们知道,在 1457 年,20 多本大部分是法文的抄本被借给了朝臣,③博尔索本人也急切地寻找一本普林尼的手稿抄本,这个抄本在 1467 年丢失了,没有被还回来,不仅如此,伟大的洛伦佐要求借一本迪奥·卡修斯(Dio Cassius)的希腊文抄本和

---

① Cod. lat. 1096.

② For other interesting details concerning these volumes see D. Fava, "La Bibbia di Borso," *Italia che scribe*, VII(1923), 119-120; G. Agnelli, *Bibliofilia*, XXV(1923), 49-54, 85-87.

③ G. Bertoni, *La Biblioteca Estense di tempi del duca Ercole I* (Torino, 1903), pp.55 ff.

译本,著名的乔凡尼的父亲皮科·达·米兰多拉(Pico da Mirandola)在 1461 年借了"一本关于新集锦诗的书"(uno libro de cento novella)。

　　这一时期幸存下来的 1467 年的图书清单和 1436 年的图书清单一样,是根据语言而不是科目编排的。遗憾的是,包括法文抄本的那部分已经散佚了。拉丁文抄本编号是 123;意大利文抄本编号是 25。其中的一些抄本还可以在现在的摩德纳德斯特图书馆中根据图书馆塔楼的三个看管人的签名鉴别出来,正是这三个人编制的这份图书清单。

　　埃尔科莱一世(Ercole I,1471—1505 年在位)任命了第一位真正意义上的图书管理员佩莱格里诺·普里夏诺(Pellegrino Prisciano)。他编制了 1480 年的图书清单,实际上这个清单和 1467 年的那个清单是一样的,但是在幸存下来的抄本中,有 65 本法文抄本被列在其中。埃尔科莱建立了一个个人图书馆,根据 1490 年前列出的一份书单,这个图书馆包括了大约 400 本不同的抄本。埃尔科莱的妻子阿拉贡的埃莉诺也有一个私人图书馆。在 1495 年,埃尔科莱的私人藏书加上塔楼的藏书大约一共有 700 卷。[①]其中有许多拉丁文古典著作、少量的宗教学著作和大量的人文主义学者著作,但是仅有两本希腊抄本——《诗篇》和狄奥多罗斯·西库路斯的著作。[②]

　　在 16 世纪末的一份书单中,已经有印刷书籍了,400 本古代版本书籍可以追溯到费拉拉王室时代。[③]它包括许多希腊文印刷书籍,还有卢克雷蒂亚·博基亚(Lucretia Borgia)带来的西班牙古代版本。

　　在前述每一份图书清单中,我们注意到法语的抄本大大超过了意大利语抄本的数量。这非常清楚地表明,当时在费拉拉的读写文化更具有法国属性而并非意大利属性。这在 15 世纪费拉拉的

533

----

　　① Fava, *op. cit.*, p.94.

　　② Cf. H. Omont, "Les Manuscrits grecs de Guarino de Verona et la bibliothèque de Ferrare," *Revue des bibliothèques*, II(1892), 79 ff.

　　③ D. Fava, *Catalogo degli incunabuli della R. Biblioteca Estense di Modena*(Firenze, 1928), p.2.

簿册中也有所反映，因为在借给朝臣和统治者的朋友抄本的登记册中，法语抄本居多。①遗憾的是，这些法语书籍很少留存在摩德纳的德斯特图书馆，这里的藏书在 1598 年被转移走。

文艺复兴时期在意大利建立起来的王子图书馆大部分在 15 世纪以前都没有获得任何程度的声望，在曼图亚的贡扎加家族的图书馆是一个例外。在 14 世纪，该图书馆在其抄本的数量和重要性上都可以和维罗纳的主教座堂图书馆相竞争。我们不仅有彼特拉克与圭多·贡扎加（1360—1369 年在位）之间的友谊和书写往来的证据，而且还有证据表明，在圭多和他的继承人洛多维科一世（Lodovico I，1370—1382 年在位）统治的时候，这个图书馆里的藏书曾经被借给远方的学者。②有一种说法，"洛多维科对于贡扎加家族的重要性，就相当于柯西莫对于美第奇家族的重要性"③。在他及其儿子弗朗西斯科的领导下，他们建立起了一个堪与彼特拉克的朋友圭多的图书馆相媲美的图书馆。

在 1407 年弗朗西斯科·贡扎加去世的时候，曼图亚的图书馆有 400 本抄本，其中大约 300 本是拉丁文，67 本是法语，32 本是意大利语。④法语抄本在数量上是意大利语抄本的两倍，这表明，和在费拉拉一样，法国文化是非常盛行的。因此我们可以推断，1407 年的图书清单中列出的书籍大量的是法语骑士故事。不幸的是，这些抄本都没有在曼图亚留存下来，所以我们也无法作完整的确认。当贡扎加图书馆在 1708 年被解散的时候，一些法文抄本被乔凡尼·巴普蒂斯特·雷卡纳蒂买走，在 1734 年，它们成为威尼斯圣马可藏书的一部分。⑤在这些抄本中，有 17 本与 1407 年图书清单

534

---

① G. Bertoni, "Lettori di romanzi francesci nel quattrocento alla corte estense,"*Romania*（1873），120.

② F. Novati, "I Codici francesi de'Gonzaga secondo nuovi documenti," *Romania*，XIX（1890），163.

③ B. Selwyn, *The Gonzaga*, *Lords of Mantua*（London，1927），p.51.

④ G. Paris, W. Braghirolli, and P. Meyer, "Inventaire des manuscrits en langue francaise possedés par Francesco Gonzaga I," *Romania*，IX（1880），498；P. Girolla, "La Biblioteca di Francesco Gonzaga secondo l'inventario del 1407,"*Atti e memorie della R. Accademia Virgiliana di Mantova*，N. S.，XIV-XVI（1921-1923），60-72.

⑤ G. Valentinelli, *Bibliotheca manuscripta S. Marci Venetiorum*，I（1868），74.

中的抄本相吻合。①一些抄本进入了牛津大学博德利图书馆卡诺尼奇的藏书中,其中的一本还可以追溯到 15 世纪初的这份图书目录。②

在这一辉煌的基础上,贡扎加图书馆的发展在 15 世纪达到了更高的程度。在弗朗西斯科于 1407 年去世以后,他的小儿子詹弗朗西斯科受到了卡洛·马拉泰斯塔的指导和保护,卡洛·马拉泰斯塔同样对文学有着浓厚的兴趣。结果,这位年轻的王子为他父亲的图书馆又添加了新书,并且成为学者的赞助人。他后来被称为维托里诺·兰巴尔多尼(Vittorino Rambaldoni),更为人熟知的名字是“维托里诺·达·费尔特雷”(Vittorino da Feltre)。这位知名教师的影响超出了曼图亚的疆界。詹弗朗西斯科的儿子洛多西科坐在维多里诺的脚边接受教育的场景,应该一点儿也不令人感到吃惊。在他的管理下(1445—1475 年在位),该图书馆达到了其历史上最辉煌的时期。1460 年 5 月,当时他正在锡耶纳进行治疗,在写给他妻子的一封信中,表明了洛多维科是一名读者,也是一位书籍收藏者。在这些通信中,他请求给他寄一些卢坎、昆图斯·科提乌斯·鲁弗斯的抄本和奥古斯丁的《上帝之城》。③ 535

从尚存的文献中,我们可以看到,这位统治者和意大利其他地方的学者以及文人都保持着密切联系。在 1461 年,洛多维科向维斯帕西亚诺·达·比斯蒂奇索要一本希腊文《圣经》。当他收到这本书的时候,他并不满意,抱怨说它写得不好。此外,后来梵蒂冈图书馆的负责人普拉蒂纳在美第奇家族统治时期,他就充当其在佛罗伦萨的赞助人和曼图亚领主之间的中间人,他为后者弄到了重要的手稿。④在佛罗伦萨的另一位朋友是巴乔·乌戈利尼(Baccio Ugolini),他与洛伦佐·美第奇以及波利提安关系密切,他曾经在 1459 年写信给洛多维科说他将在几个月之内带着一些抄本到达曼

---

①　D. Ciampoli, *I Codici francesi della Biblioteca nazionale di S. Marco in Venezia* (Venice, 1897), p. xvii.

②　Paris *et al.*, *op. cit.*, p.499.

③　A. Luzio and R. Renier, “Il Filelfo e l'umanismo alla corte dei Gonzaga,” *Giornale storico della lettteratura italiana*, XVI(1890), 146.

④　A. Luzio and R. Renier, “Il Platina e i Gonzaga,” *Giornale storico della letteratura italiana*, XIII(1889), 431.

图亚——一些是拉丁文,一些是意大利文,一些是他自己抄写的,其他是购买的。我们从洛多维科的一个便条中发现了他向博尔索·德斯特索求一本普林尼的手稿来抄写,根据费拉拉和曼图亚王室之间的密切关系,这一点并不令人感到吃惊。另一方面,我们知道,弗朗西斯科·斯福尔扎曾经又一次从曼图亚借了斯特拉波的一本希腊文本让人来翻译。

洛多维科的文学活动另一个阶段从他在 1459 年写给普拉蒂纳的一封信中有所反映,在这封信中,洛多维科让普拉蒂纳找寻一本非常精确的维吉尔的《农事诗》抄本,因为他想要校订这个文本。可以肯定的是,他并没有仅仅将自己的精力用在维吉尔的这一部著作中,因为不久以后,他以同样的方式索要一本《埃涅阿斯纪》的抄本。

536　　费德里戈(Federigo)在 1478—1484 年间在位,他对骑士传奇文学的兴趣超过了对古典文学的兴趣。在其图书清单中,他在抄本和印刷书籍之间作了区别。[1]我们有一份弗朗西斯科(1484—1519 年)的妻子伊莎贝尔·德斯特的书籍清单。[2]她的兴趣具有非常浓厚的天主教色彩。那一时期曼图亚的公爵夫人和意大利一些最重要人物之间的通信清楚地表明了她的读写兴趣,同时也表明了她的政治倾向。[3]

在文艺复兴时期意大利全部的王室图书馆中,没有一个超过乌尔比诺公国图书馆的盛名。根据当代一位传记作家的记载,它的建立者希望建立一个同时代无人能与之匹敌的图书馆,为此他不遗余力地投入人力和物力。他争得了托马索·帕伦图塞利(Tommaso Parentucelli)(即后来的教皇尼古拉斯五世)的援助,他的圣典著书目录是应柯西莫·美第奇的要求而作,后来在佛罗伦萨圣马可图书馆重新排列图书的时候被使用,也被菲耶索莱和佩萨罗的图书馆建立者所使用。[4]由一位未来的教皇筹划起来的乌尔比诺图

---

　　① A. Luzio and R. Renier, "Coltura e relazione letterarie d'Isabella d'Este," *Giornale storico della letteratura italiana*, XLII(1903), 81-87.

　　② Luzio and Renier, *ibid.*, pp.75-81.

　　③ Cf. Luzio and Renier, *Giornale storico della letteratura italiana*, XXXVII(1901), 201-245; XXXVIII(1901), 41-70; XXXIX(1902), 193-251.

　　④ Sabbadini, *Scoperte*, I, 200.

书馆,今天成为梵蒂冈抄本中重要的组成部分。

在这样有利的条件下,乌尔比诺图书馆此后的历史发展非常幸运。它的建立者蒙泰费尔特罗的费德里戈公爵在位接近 40 年的时间(1444—1482 年)。在如此长时间里,他的读写兴趣从未衰减。关于他的藏书性质,我们有许多当代的文献资料证明,包括帕伦图塞利的圣典抄本。①可以想见的是,被抄写的大部分书籍的内容是和教会有关的。其次是亚里士多德及其注释者的著作、柏拉图的著作、少量数学著作、大约 30 本世俗作家的拉丁文著作。古典诗人仅有维吉尔、贺拉斯、奥维德(《变形记》和《罗马岁时记》)、斯塔提乌斯和卢坎。我们可以将维斯帕西亚诺·达·比斯蒂奇在其费德里戈传记中对乌尔比诺图书馆藏书的描述和这个书单作一个对比。②维斯帕西亚诺·达·比斯蒂奇写道,这些藏书先是拉丁诗人及其评论者的著作,然后是演说家(只有西塞罗的名字被列出来)、历史学家、罗马和希腊哲学家,其作品是拉丁文译本。接下来是许多神圣科目、哲学、占星术、医学、数学和天文学,还有大约 25 个“近代”作者,比如彼特拉克、克鲁齐奥和马内蒂,其后是一系列希腊诗人和散文作家。如果这一描述准确地说明了该图书馆的藏书内容的话,那么很显然,帕伦图塞利的标准似乎并没有完全被遵循,尤其是在希腊书籍方面。

但是,人们可能很容易就毫无异议地接受索福克勒斯、荷马、柏拉图、亚里士多德等人的名字,将米南德的“全部著作”也包括在内,这使现代学者怀疑韦斯帕夏诺的精确性。③在这一时期,在乌尔比诺,看上去不可能有一本完整的米南德的手稿,它可能在被抄写之前就已经消失了。但是,韦斯帕夏诺后来的简短陈述认为,该图书馆包括当时每一本为人所知的或是原文或是译本、或是神圣的或者世俗的著作的完美的抄本,这一点是令人难以置信的。④因此韦斯帕夏诺其他说法的可信度也令人质疑。因为从他这里我们知

_537_

---

①　Published by G. Sforza, *La Patria*, *la famiglia e la giovinezza di papa Niccolò V* (Lucca, 1884), pp.359-381.

②　*Le Vite di uomini illustri del secolo xv* (Florence, 1859), pp.5-99.

③　J. Burckhardt, *The Civilization of the Renaissance in Italy*, tr. S. G. C. Middlemore(London, 1929), p.200, n.1.

④　Cf. C. Stornaiolo, *Codices Urbinates Graeci* (Rome, 1885), p.xxiii.

道,这个图书馆花了 30 000 达克特,公爵在乌尔比诺雇用了 30 或 40 个抄工,有一些抄本是使用深红色或者银色的带子捆绑,该图书馆甚至没有一本印刷的书籍。韦斯帕夏诺说,他自己将这里的藏书和意大利主要图书馆里的图书目录作过比较,甚至和牛津图书馆里的图书目录作过比较,没有发现任何与乌尔比诺一样完整的抄本。

538　　幸运的是,我们可以通过流传下来的两份 15 世纪图书馆里的图书清单来核对韦斯帕夏诺的图书目录。在介绍它们之前,我们最好先来简要回顾一下这个图书馆后期的历史。在费德里戈去世以后,他的儿子圭多巴尔多一世(Guidobaldo I)从 1482 年到 1508 年间继续其父亲的事业。当乌尔比诺于 1502 年被恺撒·博基亚(Caesar Borgia)占领的时候,公爵被赶了出去,他的一些书遭到了劫掠。但是,该图书馆的部分书籍被藏在了堡垒里,当圭多巴尔多从流放地重新回来的时候,这些书又被取了出来。下一任公爵弗朗西斯科·马里亚一世(Francesco Maria I)非常值得尊敬,因为当他在 1517 年被利奥十世驱逐出城堡的时候,他将图书馆的藏书当作最值得珍藏的财物随身携带着,从而保存了这个图书馆的完整性。他的继任者圭多巴尔多二世可能在图书馆的藏书方面没有做出什么改变,但是乌尔比诺的下一任也是最后一位公爵弗朗西斯科·马里亚二世(Francesco Maria II, 1549—1631 年)被称为"图书馆的第二任建立者",这一评价是恰如其分的。有人认为他搜集了大约 700 部抄本;因为他并不像费德里戈那样喜欢印刷书籍,所以他建立了一个单独的抄本图书馆,并将其转到了杜兰特城堡。他去世以后,乌尔比诺的抄本除了能搬走的以外,其余的都被留在了这个城市里。但是在 1658 年,教皇亚历山大七世让人将这些抄本转到了梵蒂冈,"以保证它们被妥善管理"。①杜兰特城堡的那些抄本,也引起了教皇亚历山大七世的注意,它们在 1667 年被转移,只剩下大约 500 部抄本留在那里以平息市民的愤怒。

　　我们现在来看上面提到的两份图书清单内容的性质。第一份

---

　　① J. Dennistoun, *Memoirs of the Dukes of Urbino*, re-edited by Edward Hutton(New York and London, 1909), pp.241-243.

在 19 世纪中叶被公之于众,有费德里戈·维特拉诺的名字,他在
费德里戈公爵及紧随其后的两个继承人统治时期任乌尔比诺图书
管理员长达大约 40 年的时间。自从这个图书目录被出版以后,[①]
另一份目录《古老的索引》(*Index vetus*)也已经被发现,[②]可以将两
份目录进行对比。

　　首先,我们可以发现,两份目录都使用了同样的分类方法。首 　539
先是长长的大约 300 部《圣经》和神学、哲学著作,之后是中世纪的
文献、法律文献、地理、历史、诗歌、语法和其他主题的著作。然后
是希腊抄本,后面有希伯来文抄本,很显然与帕伦图塞利的教规是
不同的。维特拉诺的图书清单到此结束。但是,《古老的索引》还
包括了一个额外的书单,内容庞杂,前言是"在其他图书馆里的藏
书"、[③]"非羊皮纸书籍"和"使用母语写作的书籍"等等,总共有
1 104 本抄本,维特拉诺的图书清单中只有 772 本抄本。

　　然而,通过逐条考察(因为作者也按照同样的顺序排列)可以
发现,这两个书单并没有那么大的差异。在许多情况下,《古老的
索引》对同一个作者的著作列了两个不同的条目,而它们在维特拉
诺的图书清单中是一个条目。至少有一个例子我们可以肯定,维
特拉诺的图书清单中的一本著作以综合抄本的形式出现,而它在
《古老的索引》目录中,则是独立的两卷,因为《古老的索引》的编辑
者遵循突出抄本外观的传统,所以试图告诉读者,一本书的外皮装
订使用红色,一本使用紫色。还应该指出的是,维特拉诺记载的复
制品经常在第一本之后简单地使用"bis",但是在《古老的索引》中,
每一本抄本都有一个独立的编号。这样,看上去在《古老的索引》
目录中抄本总数更有可能代表这个图书馆真实的抄本数量。

　　此外,还有许多条目没有出现在维特拉诺的图书清单中。后面
的记载表明,在《古老的索引》目录中的许多书被瓦伦丁
(Valentinois)公爵恺撒·波基亚的士兵偷走了。在某些情况下,抄
本依然缺失,已经有一些印刷本取代了同一本著作的抄本,也有一

---

　①　*Giornale storico degli archive toscani*，VI(1862)，127-247；VII(1863)，46-55，
130-154.

　②　Published by Stornaiolo, *op. cit.*, pp.lv-clxxv.

　③　很显然,费代里戈有不止一个图书馆。

540　些书后来被一些士兵还回来了。比如彼特拉克的一本著作,我们知道自从瓦伦丁的公爵洗劫了这个城市以来,它就已经丢了。公爵夫人伊丽莎白说,她听说过这本书在威尼斯的一个贵族手中。还有一条关于维吉尔的珍贵注释,它被公爵圭多巴尔多将封面翻新成"金色",因为它的绿色装订丝线已经被士兵们剥掉了。和彼特拉克的著作命运不同的是,这本书同样出现在维特拉诺的图书清单中。在维特拉诺的图书清单中被略掉的《古老的索引》目录中的许多条目都以同样的方式被记载。此后若有记载某一部抄本在1502 年被士兵掠走,那么这个抄本的目录在维特拉诺的图书清单中就是缺失的。

　　但是《古老的索引》长长的篇幅不能仅仅完全用这种方式来解释。比如,在少量的中世纪著作中,我们发现一本额外的盖伦著作抄本被列入其中。在希腊抄本中,我们发现了亚里士多德的《尼可马可伦理学》(*Nichomachian Ethics*)的另一个抄本、泰奥弗拉斯托斯的《植物志》(*Historia de Plantis*)抄本、两本托勒密的《地理学指南》(*Geographia*)的新样本、一本菲洛斯特拉托斯的著作、两本德摩斯梯尼的著作、一本马努埃利斯·克雷腾西斯(Manuelis Cretensis)的著作、《奥德赛》的第二个抄本、《伊利亚特》的第四个抄本。在古典拉丁文著作当中,新添加了卢坎的《法尔萨利亚》(*Pharsalia*)和克劳狄的著作;在宗教和哲学著作中,有一半的书没有出现在维特拉诺的图书清单中。另一方面,《古老的索引》目录中有一些条目没有出现在维特拉诺的图书清单中,但是这种情况非常少见。

　　这些事实是否提供了与这两份图书清单日期相关联的信息呢?梵蒂冈乌尔比诺抄本的现代目录编辑者斯托奈尔(Stornaiolo)并没有对此作出结论,但是他认为,维特拉诺的图书清单可能是先编辑出来的。他毫不怀疑图书管理员的名字都正确地附在这个清单的后面,因为在《古老的索引》中有一条注释,可能是出自维特拉诺之手,其中提及了"我的清单"(inventario meo),这非常像以他名字所作的为人们所知的目录。出自同一个人的另一个条目写了这一文献的主要内容,这很清楚地表明,后者不可能是在圭多巴尔多就职之前写的。因此,斯托奈尔得出结论认为,这份清单是在费德里戈

541　去世之后被编辑出来的,但它是以较早的清单为基础的,并且添加

了许多稍后时期的书目。

看上去我们应该同意维特拉诺的图书清单比所谓的《古老的索引》出现得要早这一说法。可以肯定,在《古老的索引》中出现的大量抄本可以表明,它们是在维特拉诺的图书清单编辑之后获得的。比如,在《古老的索引》中有一本抄本被错误地归到昆图斯·罗马纳斯身上,后来有人作了纠正,这部抄本真正的作者应该是埃乌波利昂。在维特拉诺的图书清单中,著作对应的作者都是正确的。有证据表明,有时抄本编排的变动会导致一本著作被录入两次。比如,在《古老的索引》中的哲学著作中,我们发现了一个抄本里有克鲁齐奥·萨鲁塔蒂的几本著作,以紫色装订。后来有人添加信息,这卷书被置于人文主义的作家类别中再一次以同样的方式被列出来。在维特拉诺的图书目录中,没有提及任何早期的书籍安排,这表明,这种变化是在他之前就已经出现了。在《古老的索引》图书清单中,我们发现了亚里士多德的一本著作是后添加进去的,这本著作中有一条注释表明,它是在图书清单编辑之后获得的。但是,维特拉诺按正规的顺序将它添加进来,而没有加任何评论。在《古老的索引》中,有三本抄本有双重标注,第一种说它们缺失了,第二种说它们后来又被找到了。很显然,维特拉诺的图书目录是在这些书在图书馆消失之后又被重新发现之前编辑出来的。我们还要记得,在《古老的索引》中列出的每一个自 1502 年劫掠后丢失的抄本,都在维特拉诺的图书目录中被忽略掉了。

根据这些事实,《古老的索引》应该在维特拉诺的图书目录之前。既然前者可能是在圭多巴尔多接管政府之后被编辑出来的,那么很可能其他的书目都是在这个城市被恺撒·波基亚的军队洗劫之后编出来的,而且可能是在公爵流放归来之后、丢失的抄本有时间重新被找回来这个时间段编制出来的。如果情况确实如此的话,唯一可以说明《古老的索引》中添加抄本的理由是:要么是维特拉诺在核对丢失书目的时候不准确,要么是这些特殊的书籍在书目编辑的时候被借出去了。

《古老的索引》给我们的感觉是,它看上去很像费德里戈时代的图书目录。怎样将这份目录和韦斯帕夏诺表述的同一份藏书相比较呢?在《古老的索引》中列出的 1 104 本抄本中,我们发现了许多费

542

## 中世纪的图书馆

德里戈热情的传记作家没有提及作者的书目，他们没有打算将这个图书馆所有藏书的作者都列出来。但是，另一方面，我们必须指出的是，两份图书目录都没有提及米南德、帕萨纽斯、《蛙鼠之战》（*Batrachomyomachia*），或者维基奥（Vegio）、彭塔诺（Pontano）、加斯帕里诺（Gasparino）和托尔特略（Tortello）——而所有这些名字都被韦斯帕夏诺特别提及，它们在费德里戈图书馆中有自己的位置。

维特拉诺图书目录在时间顺序上被排在第二位，绝不是因为其目录编撰者和乌尔比诺公爵们长时间保持着联系。由于这位难能可贵的绅士担任图书管理员长达近 40 年的时间，他一定是一位合格的图书管理员。在一本关于王室和圭多巴尔多一世家族的规章制度的书籍中，我们发现了关于图书管理员职责的清晰的规定。①他应该不仅学识渊博，而且还是一位有着乐观性格、做事精确、演讲流利的人，他一定是非常干净、忙碌的人，他保管着这份图书目录，将这些图书摆放整齐，使人们很容易找到想要看的书，与此同时，把这些书保存得整洁而又干燥。他一定还是一位有着地位歧视的人，因为他愿意将好书给那些有权势之人，给那些真正对书感兴趣的人。他会向他们解释清楚关于抄本的详细信息，与此同时，监视他们不要将任何书页撕毁。如果要求看抄本的人仅仅是出于好奇心，或者并没有对抄本表现出学者似的兴趣，让他们走马灯似地看一看抄本就足够了。关于书籍的外借问题，他不会让任何人不经允许就将公爵的任何书借走。如果有人得到了允许，那么他必须有借条作为凭证。当许多人同时来图书馆的时候，他就会格外警惕，以保证任何一本书都不会被偷走。在这份图书清单被编制出来的时候，具有所有这些特征的人还是一位不知名的图书管理员，他的名字叫阿加比托，但是我们可以推断，在维特拉诺管理这个图书馆的长时间里，相同的规定一直在实施。

关于这个图书馆的情况，同时代有许多证据。从幸存下来的作为梵蒂冈藏书的抄本中能搜集到哪些第一手信息呢？在今天被归为"乌尔比诺手稿"一类的 1 767 本抄本中，有 700 到 800 本是费德

---

① Dennistoun, *op. cit.*, I, 167.

里戈的藏书。①在这些书中，一些是由公爵本人购买的，其他的是其朋友作为礼物寄给他的。由当代人文主义学者在《古老的索引》中的"杂篇"类中发现的大量奉献的抄本和颂词，可以证明在公爵的激励下那个时代的作者的虔诚。韦斯帕夏诺描述了这些抄本精美的装订。至少从这方面来说，我们知道关于其藏书的描述是真实可靠的。但是我们必须承认，费德里戈对精美的图书比古代的书籍更感兴趣。费德里戈并没有拒绝带有精美彩饰的古代抄本，他的图书馆剩下来的书籍表明，在 500 本较早的抄本中，有 16 本属于 14 世纪以前的时代，40 本写于 14 世纪。那些特别为他而写的抄本，或许可以通过他的盾形纹章或者其家谱来确认，大约 70 本抄本是属于此类，但是其他的抄本大部分是在佛罗伦萨或者乌尔比诺以外的某个地方制作的，都带有精美的装饰，以方便在任何地方出售出去。

从带有评论的彼特拉克的《胜利》(*Triumphs*)一个抄本中，我们可以知道，维特拉诺认为他自己不仅仅是这些藏书的守护人，而且还是许多手稿的抄写者。尽管他自己告诉我们说，这部著作是 544 他抄写的 60 本手稿中的最后一本，但是梵蒂冈图书馆抄本的编辑只能找到 11 本有其签名的抄本。我们必须记住的是，有一些书在 1502 年和 1517 年的混乱中丢失了，今天幸存下来的藏书在弗朗西斯科·马里亚二世（1549—1613 年）统治时期有了大量的增加。其中，少数是古代的抄本，大部分是写在纸上，并且使用的速写体，所以，将这些抄本和属于费德里戈公爵的抄本进行区分并不难。后者藏书中最重要的特征是有大量的希伯来语著作——83 本在《古老的索引》图书目录中。在梵蒂冈的藏书中，最珍贵的是乌尔比诺《希伯来圣经》，一共 979 页厚重羊皮纸。另一个精美的样本是两卷对开本的拉丁语《圣经》，其画工被认为是佩鲁吉诺（Perugino）或者平图里乔（Pinturicchio）（尽管可能是错误的）。

正如柯西莫·美第奇（1389—1464 年）通常被称为"祖国之父"一样，他可以被称为"图书馆之父"，这一称呼是名副其实的，因为正是他发起了后来文艺复兴时期最好的图书馆之一的建立这样一

---

① Stornaiolo, *op. cit.*, p.ix.

场运动。这些最早的藏书被称为柯西莫私人图书馆,以和美第奇公共图书馆相区别,这种区别一直持续到豪华者洛伦佐(1469—1492年)时期,在洛伦佐统治时期,独立的部分已经有了"公共的"和"私人的"简单划分。①

在洛伦佐的儿子皮埃罗于 1494 年从佛罗伦萨被放逐以后,所有的手稿都被存放在圣马可修道院的回廊里。一年以后,为了制作图书清单,它们又被重新迁回美第奇王宫,编完清单之后,它们又被带回圣马可修道院。但是在 1498 年,当时这所女修道院在人们对萨伏那洛拉的抗议中遭到了劫掠,这些书又被带回市政广场王宫接受检查。②它们在这里被保存了 7 个月,此后又被存放在巴迪亚一段时间。在 1500 年,它们又被送回圣马可修道院。8 年以后,这些书全部被转运到罗马,存放在枢机主教乔凡尼·德·美第奇(后来的教皇利奥十世)王宫里,对所有的学者开放。有趣的是,两年以后,圣马可修道院的修士给罗马寄了 37 卷书,因为失误,当其他的书都到达目的地的时候,这些书依然还在佛罗伦萨。但是在 1521 年利奥十世去世以后,所有的书又再一次被运回佛罗伦萨,它们随后就被安置在和圣洛伦佐毗邻的精美的建筑中,今天这些书依然在这里。这个建筑是在枢机主教朱利奥·德·美第奇的命令下由米开朗基罗修建的,枢机主教朱利奥·德·美第奇后来成为教皇克莱门特七世。

美第奇私人图书馆的发展可以从其一系列的图书清单中看出来。最早的图书清单是 1418 年的书单,③它为我们提供了这个家庭图书馆的核心内容,通过柯西莫最早的努力,它又有所增加。尽管在这份图书目录中只有 66 个条目,其中的一些含有几卷书,还有一些条目里是一个作者名下有许多手稿。在这份图书清单被拟出不到两年的时间里,波基奥在康斯坦茨有了他的发现,值得一提的是,他发现的阿斯科尼乌斯·佩蒂亚努斯对西塞罗的评论、几篇

---

① E. Piccolomini, *Intorno alle condizioni e alle vicende della libreria medicea privata dal 1492 al 1508* (Florence, 1875), p.6.

② 在这次劫掠中财产清单中仅有一卷书丢失了。

③ Published by F. Pintor, *La Libreria di Cosimo di Medici mel* 1418 (Florence, 1902), pp.13-15.

西塞罗新的演说词和昆体良的著作都在这个简短的书单里。柯西莫的手稿并不是都在佛罗伦萨写的,这一点从查士丁尼的一个名为"伦巴第书简"(di lettera longobarda)抄本中可以清晰地得到说明。它已经被确认和现存劳伦提安图书馆里的一本抄本相一致,这本抄本是在卡西诺山修道院写的。[1]从这一起点开始,到这个世纪末,其藏书规模已经超过1 000卷,这一点令人印象深刻。

在这一图书清单被编制之后的几年里,柯西莫又建立了其他的几个图书馆,[2]其中最著名的一座图书馆于1440年建在圣马可修道院的回廊中,它是意大利第一个公共图书馆。[3]为了给那些想要在那里工作的人提供必需的资料,柯西莫使用了托马索·帕伦图塞利制订的著书目录准则,这个准则已经被同乌尔比诺图书馆联系在一起来讨论。大约与此同时,柯西莫在菲耶索莱建立了另一个图书馆,这个图书馆里大部分都是教会藏书。维斯帕西亚诺·达·比斯蒂奇的工作主要是作为一个代理人,他不仅要采购一些需要的手稿,而且还负责监管大批书吏来抄写借来的古老抄本。有一些手稿是通过购买的方式获得的,正如卢坎修士的藏书就是通过柯西莫在1446年为圣马可图书馆购买的。[4]还有大量的书是通过继承遗产的方式获得的,最有代表性的是尼科洛·尼科利的藏书。今天在劳伦提安图书馆,我们经常可以看见一本抄本,在这本抄本的扉页上写着"来自尼科利的遗产"("ex hereditate Niccolai"),表明它是属于1437年他遗赠的800本抄本之一。波基奥同样也给圣马可图书馆馈赠了抄本,因为在他的遗嘱中,他将除了希腊抄本之外的全部教会书籍都贡献给了这个图书馆。同样,克鲁齐奥·萨卢塔蒂的一些抄本也留给了美第奇公共图书馆。[5]

从柯西莫之死(1464年)到洛伦佐的儿子皮埃罗被放逐,我们的记录主要是关于美第奇私人图书馆的。毫无疑问,这个私人图书

*546*

---

① Published by F. Pintor, *La Libreria di Cosimo di Medici mel* 1418(Florence, 1902), p.7.

② 总共有5个图书馆。Cf. A. M. Bandini, *Catalogus codicum grecorum bibliothecae Mediceae Laurentianae*, I, x.

③ G. Voigt, *Die Wiedèrbelebung des classischen Alterthums*(Berlin, 1893), I, 401.

④ Sabbadini, *Scoperte*, II, 199.

⑤ 这些手稿中有许多今天都在佛罗伦萨的国家图书馆。

## 中世纪的图书馆

馆无论在数量还是藏书的种类上都要超过圣马可图书馆,而且,我们可以发现,它同样也发挥着公共机构的功能。关于这一点,波利提安关于科路美拉的一个注释是很有趣的。他说:"我将科路美拉的这些书……和美第奇家族私人图书馆的一本非常古老的抄本相对照,也和同一个家族私人图书馆尼科洛·尼科利的抄本相对照。"①

柯西莫、乔凡尼和皮埃罗的儿子们都和他们的父辈一样对搜集抄本有着浓厚的兴趣,以至于在 1450 年和 1460 年间他们举行了一场竞赛,看谁能拥有更好的图书馆。遗憾的是,乔凡尼 1457 年的图书清单没有留存下来,但是,我们可以从其书信的参考文献和有其名字的抄本中来重构他的部分藏书内容。比如,他从波基奥那里购买了瓦勒里乌斯·马克西穆斯和科路美拉的抄本,这些抄本今天还在劳伦提安图书馆。②其他的他曾经所拥有而现在在同一个图书馆的抄本是西塞罗的《腓利比克之辩》、西利乌斯·伊塔利库斯、拉克坦修、塞内加的《书信集》、卡图卢斯和狄巴拉斯以及西塞罗的《修辞学》。③在 1455 年和 1460 年间,有表明他文学兴趣的证据。有一次,他给阿雷佐的主教写信,索要他从波皮听说的一些手稿。在 1456 年,皮杰罗·波尔蒂纳里从米兰寄给乔凡尼一本普里西安著作的抄本和那里能找到的其他著作的书单。在接下来的几年里,乔凡尼寄了一本狄奥弗拉斯的《论植物》(*De plantis*)给诺韦洛·马拉泰斯塔,让他寄给自己一本多纳图斯的《论特伦斯》。在 1455 年,在阿斯科利的伊诺克探险归来以后,乔凡尼请求其在罗马的同父异母兄弟卡洛把刚刚从阿尔卑斯山那边带回来的著作抄本寄给他。在乔凡尼去世以后,他的一些书被柯西莫送给了菲耶索莱图书馆,其他的书被并入了其兄弟的藏书里。但是后者的书仅占全部藏书的一小部分,而且看上去它们都在乔凡尼的图书清单中,乔凡尼的图书都包括在 1495 年的目录里。④这份图书目录仅包括 79 个条目,其中大部分是人文主义学者的著作或者翻译作

---

① Piccolomini,*op. cit.*,p.6.

② Sabbadini,*Scoperte*,I,150.

③ V. Rossi,"L'Indole e gli studi di Giovanni di Cosimo di Medici," *Rendiconti della Reale Accademia dei Lincei*(Cl. di. sc. mor. stor. e fil.),5th ser. II,54.

④ Published by Piccolomini,*op. cit.*,pp.90-93.

品。古典作家的著作比较少,7 本著作是使用本国语言写作的。

但是,关于皮埃罗图书馆的内容,1456 年的图书清单为我们描 548
述了一幅清晰的画卷。[1]其中的书被分为以下几类:圣书类、语法
类、诗歌类、历史类和哲学类著作,还有杂书,其中包括自然哲学著
作、农学著作、建筑学著作、宇宙学著作、军事科学著作和自然历史
著作各一卷。每一类作品与其他作品是通过不同的装订颜色来区
分的。比如,13 卷神学著作是使用蓝色装订,6 卷语法学著作使用
黄色装订,15 卷诗歌使用紫色,18 卷历史著作使用红色封皮。在
只有一个作者的部分里,没有提及任何分类装订的颜色问题。
1464 年的图书清单[2]和 1456 年的图书清单按照相同的顺序编排,
而且在间隔期很少变化。[3]但是其总数是 128,而前者的总数是
160。逐条地对两个目录进行比较,可以发现,这一差异源自如下
的因素:(1)在 1456 年的目录中,有些条目被录入两次;(2)在
1464 年的图书目录中,明确提及的在合集中的一些作者在 1456 年
的目录中则是单独提及的。因此,1464 年的图书清单在卷数上更
精确,但是在著作数量上精确度要稍差一些。至于皮埃罗藏书的
内容,结尾的杂项类在 1464 年的目录中没有标题,[4]除此之外,内
容最多的是历史著作,其中包括 18 卷。在这份目录中,没有提及
印刷书籍和希腊文著作。现存劳伦提安图书馆里有 60 多卷著作
来自皮埃罗的藏书。

尽管柯西莫和他的儿子们在美第奇图书馆的建立过程中起到
过非常重要的作用,但是豪华者洛伦佐的名字同样在这一历史中
占有特殊的地位。这个图书馆较早的公私两部分依然尚存,因为
公共图书馆依然在圣马可修道院,私人图书馆依然在美第奇宫邸。
因此,尽管该图书馆的整体计划没有变化,但是其内容还是有所改 549
变的。洛伦佐做了非常大的努力促进意大利文化的发展。在这一
运动中,毫无疑问,他深受其老师兰迪诺和马西里奥·费奇诺的影

① Published by Piccolomini, *op. cit.*, pp.115-122.
② Pubiished by E. Müntz, *Les Collections des Medicis au quinzième siècle*(Paris, 1888), pp.44-49.
③ 唯一添加的是 2 本语法学著作。
④ In that of 1456 it is headed "Libri frammentati e altri volumi picchoni".

响。马西里奥·费奇诺最初在柯西莫时代获得了杰出的地位,但是其主要的著作写于洛伦佐时代。①

洛伦佐另一引人注目的兴趣是在他搜集希腊抄本的热情上。他雇用了佛罗伦萨的一个希腊教师约翰·拉斯卡里斯作为代理人,后者两次赴君士坦丁堡搜寻抄本。关于他的第一次行程的信息非常少,但是很清楚的是,他的第二次行程持续了两年的时间,获得了 200 本抄本,其中至少有 80 本今天在意大利已经找不到了。根据拉斯卡里斯的说法,一些作品的作者至今都不为那里的人们所知。②

约翰在第二次行程中使用过有其亲笔签名的笔记本(如果不是更早的话)还尚存,其中有非常有价值的信息。我们关注的首先是美第奇图书馆所需要书籍的一个书单,其次是已经在图书馆那里的图书的书单。两份书单中的一些标题有些令人迷惑,可能是人们需要第二个抄本,也可能是当约翰在录入第二个抄本的时候,忘记删掉第一个标题了。这些书获得的时间不确定,但是可以肯定的是,在第二份书单中的所有书在 1492 年 4 月 8 日洛伦佐去世之前就已经在美第奇图书馆了。这一令人吃惊的包含有 262 本希腊抄本在内的长长的书单是根据科目分类的:语法、诗歌、修辞、演讲、哲学、数学、农业、医学和神学。每一类又进一步划分为两个部分:"内部"和"外部",至于为什么这样划分,至今没有令人满意的解释。一些相同的标题出现在两部分中。很显然,由于超过半数的藏书都是在"外部"这一部分中,因此这个词的意思不可能是"借出去的书"。这两个词的意思也不可能是公共图书馆和私人图书馆的意思。

在 1495 年的图书清单③中,有 1 000 多个条目,几乎有一半都是希腊文抄本,根据拉斯卡里斯的活动范围,这并不令人感到惊奇。那些拉丁文抄本包括古典、中世纪、人文主义著作,我们尤其注意到还有大量从希腊文翻译过来的抄本。这份图书清单中除了

550

---

① E. Armstrong, *Lorenzo dei Medici* (London, 1896), p.337.

② K. K. Mueller, "Neue Mittheilungen über Janos Laskaris und die mediceische Bibliothek," *Zentralblatt für Bibliothekswesen*, I(1884), 336-338.

③ Published by Piccolomini, *op. cit.*, pp.65-108.

洛伦佐私人图书馆中的 168 卷抄本之外（这些书是在他的儿子皮埃罗被放逐之后委托给圣马可的），还有皮埃罗家中的图书清单（89 卷）、在圣洛伦佐的图书清单（103 卷）、在圣马可书箱中的书（102 卷）以及属于乔凡尼·迪·柯西莫（Giovanni di Cosimo）的书单，这些书在前面已经有所提及。

这份图书清单不仅记载了图书馆里著作的种类，而且还有关于当时使用的图书目录方法。希腊文著作在先，数量最少；然后是拉丁文著作。希腊文和拉丁文著作都是根据科目进行分类：语法、诗歌、演讲、修辞、数学、天文学、哲学、医学和神学类。这一编排一直至 539 号。很明显，从 539 号到 742 号之间是根据时间先后新添加的书目（大部分都是拉丁文著作）。之后是 366 卷抄本，没有序列号，其中大约 125 本是希腊文抄本可能是拉斯卡里斯购买。有趣的是，当这份图书清单被编制出来以后，152 本希腊文抄本和 38 本拉丁文抄本丢失了。在这份图书目录的结尾，有一个圣马可的修士们追回来的书目清单，当时该城市宣称，任何保有美第奇家族抄本的人都要受罚。在这些书中，1496—1497 年间追回的书有 23 本，其中一些是拉斯卡里斯本人的书。一份匿名的资料提及了一本曾经属于费勒佛的书，这份资料解释说，这本书可能是属于美第奇图书馆的，因为洛伦佐已经买下了费勒佛的藏书。

毫无疑问，这些书的丢失源于美第奇慷慨借书给学者的做法。尚存有关 1480—1494 年间从该图书馆外借文献的一系列记载反映了图书的借阅情况。借书者都是这一时期佛罗伦萨最有名的学者。他们借了 155 本书，包括亚里士多德、荷马、托勒密、维克多利纳斯、西塞罗、埃斯奇纳斯、加图和科路美拉、欧几里得、欧里庇得斯、品达、阿普列乌斯、西利乌斯·伊塔利库斯、特伦斯、贺拉斯、普鲁塔克和伊索克拉底的著作。希腊著作的流行尤其值得一提。一些条目反映了这个图书馆借书的管理规定，借书似乎没有时间上的限制。一位名叫韦斯帕夏诺的书商很明显对亚里士多德的著作感兴趣，他在 1480 年的 3 月 13 日借了名为《论世代》（De generatione）的拉丁文译本。在 1480 年的 9 月 6 日，他借了同一个作者的《论哲学》（De philosophia），是阿尔基洛博罗的拉丁文译本。他在 1491 年的 7 月 5 日将这两本书都还了回来。另一个著名的名字是

551

**中世纪的图书馆**

波利提安，有证据表明，这位人文主义者——至少是暂时——对医学感兴趣，因为在 1491 年 7 月 9 日他借了希波克拉底的"古代医学术语"（"antiquus"），2 个月以后，他又借了同一位作者的另一本书，两本书的归还情况都没有记载。事实上，在 1491 年和 1492 年间外借的大部分书在 1495 年的图书清单中都没有提及，这表明，这些书直到那个时候都没有归还。很明显，对于外借的图书没有数量的限制，因为波利提安曾经被控一次借了 6 本书，而拉斯卡里斯曾经在两个不同的场合分别借了 9 本和 10 本书。在这些记载中，一个显赫的名字是乔凡尼·皮科·迪·米兰多拉，有一个记载特别提及他借书的目是抄写。拉斯卡里斯和乔凡尼两个人的名字都出现在 1495 年之后由圣马可的修士发现的美第奇书籍中。

直到 1491 年，外借的书只有书名。此后，书名和图书馆的序号都有记录。有时，抄本所属的图书馆被提及，比如，乔凡尼·托尔纳博尼的儿子洛伦佐借了费勒佛的《伊利亚特》和《奥德赛》抄本，伯纳多·鲁切拉伊（Bernardo Rucellai）被控从皮埃罗的妻子卢克雷齐娅·托尔纳博尼的藏书中拿了萨鲁斯特的著作。有时，记载使用第一人称的形式，正如如下的记载："我，德米特里厄斯，希腊人，从洛伦佐图书馆中借了如下的书：柏拉图、亚里士多德、洛伦佐翻译的亚里士多德的《伦理学》。"这些珍贵的书借于 1489 年 1 月 13 日，归还于 1491 年 10 月 3 日。

关于意大利其他的图书馆，在 15 世纪初就有藏书近 1 000 卷，而且包括了彼特拉克最重要的手稿，因其盛名而吸引了如下杰出的来访者：洛伦佐·美第奇和匈牙利国王马塞厄斯·科维诺，维斯康蒂-斯福尔扎家族的图书馆就是如此，它坐落于帕维亚砖砌的王宫塔楼里。在 15 世纪之前，它很少被提及。但是有足够的留存下来的证据表明，至少这些藏书的核心部分在加莱亚佐（1354—1378年）时代之前就已经存在了，传统上人们认为加莱亚佐是这个图书馆的建立者。①1339 年米兰的领主阿佐·维斯康蒂写的一本手稿

① G. d'Adda, *Indagini storiche，artistiche e bibliografiche sulla libreria visconteosforzesca del castello di Pavia*(Milan，1875)，p. xxii.

538

还尚存。[1]还有几本其他的手稿中有大主教乔凡尼·维斯康蒂的名字，他是阿佐的叔叔和继任者（1349—1354 年在位）。所以，认为彼特拉克是这个图书馆的建立者这一传统的说法是建立在不确定的材料之上的。[2]毫无疑问，他在米兰和帕维亚的活动，以及他与王公贵族们之间的友好关系刺激了宫廷的读写兴趣。

但是，是加莱亚佐的儿子詹加莱亚佐（Giangaleazzo，1378—1402 年）在为帕维亚图书馆搜集抄本的过程中起到了最重要的作用。在 1388 年，乔凡尼·曼奇尼在给里扎尔多·迪·维兰尼（Rizzaldo di Villani）的一封信中，提及了"我们君主的引人注目的图书馆"（conspicua nostril principis bibliotheca）。[3]他毫不犹豫地从维切利的主教座堂里拿走了一本珍贵的西塞罗的《致亲友书》（*Epistulae ad familiars*），从维罗纳的教堂图书馆拿走了几本重要的抄本，包括西塞罗的《致阿提库斯》。[4]通过他的努力，彼特拉克珍贵的手稿传到了帕维亚。

当彼特拉克去世的时候，他的图书馆里大部分抄本落入了帕多瓦的一位叫弗朗西斯科·达·卡拉拉的王子手中，威尼斯共和国很快就与帕多瓦发生了战争。[5]在 1388 年，帕多瓦被打败。由于詹加莱亚佐·维斯康蒂支持了胜利的一方，因此他得到了被没收的图书馆，并将其带到了帕维亚。除了彼特拉克的手稿以外，还有很多从前在维斯康蒂图书馆的其他抄本也来源于帕多瓦。在 1499 年，许多抄本被洛斯十二世（Lous XII）从帕维亚带到了布鲁瓦。在弗朗西斯一世统治时期，它们被转移到枫丹白露，在亨利二世统治时期，又被移到了巴黎，这些抄本现存巴黎国家图书馆。在这个图书馆里，有 23 本抄本已经被确认是属于彼特拉克的，并且来自帕维亚。[6]这些抄

553

---

[1]　L. Delisle, *Le Cabinet des manuscrits de la bibliothèque impériale*（Paris，1886），I，129.

[2]　关于这个问题的讨论参见 V. Rossi, "Il Petrarca a Pavia," *Bolletino della società pavese di storia patria*，IV(1904)，395-396。

[3]　C. Magenta, *I Visconti e gli Sforza nel castello de Pavia*（Milan，1883），III，226.

[4]　Sabbadini, *Scoperte*，II，121.

[5]　De Nolhac, *Pétrarque et l'humanisme*，I，100.

[6]　De Nolhac, *ibid.*，p.103.

本的作者如下：克劳迪、卡西奥多罗斯、伊西多尔、柏拉图、荷马、苏托尼厄斯、福尔金提乌斯、尤斯塔丘斯、奥古斯丁、安布罗斯、格列高利、维多利纳斯、昆图斯·科提乌斯和昆体良。这些抄本全部都在 1426 年帕维亚的图书清单中。①

但是，彼特拉克著作中最著名的一本，也是曾经在维斯康蒂图书馆里的藏书，和前述藏书有不同的历史。这本手稿，现存安布罗斯图书馆里，被称为"彼特拉克的维吉尔"，尽管它同样也包括塞尔维乌斯的评论、斯塔提乌斯的《阿基里斯》（Achilleis）、贺拉斯的《歌集》（Odes）以及一些多纳图斯的评论。在彼特拉克去世之后，这本带有作者亲笔注释的抄本传到了乔凡尼·迪·唐迪（Giovanni dei Dondi）手里。在他于 1388 年去世的时候，这个抄本又传到了他的弟弟那里，8 年之后，他弟弟将这本书处理出去。②正是在帕维亚图书馆，我们从 15 世纪学者的证明中知道了他们所引用的《劳拉之死》中的著名诗句正是彼特拉克亲笔所写。但是它进入维斯康蒂图书馆的时间不确定。在两份图书清单（1426 年和 1459 年）中都没有这本抄本，关于其最早的文献记录出现在 1460 年的一封信中。当这个图书馆被法国人占据的时候，帕维亚的一个当地人成功地抢出了这本抄本，几经周折，它最终进入了米兰的安布罗斯图书馆。③

彼特拉克的手稿仅占帕维亚藏书中很小的一部分，这从 1426 年的图书清单中就可以看出来。要对这份目录作一个简短但是精确的描述最初看上去是不可能的，因为它包括了 988 个条目，共 90 页，其中有拉丁文、希腊文、法语和意大利语抄本，没有按任何顺序排列。前言中介绍了其中的文献包括以下类别：语法、诗歌、历史、哲学、天文学、医学、建筑学、宇宙学、法律、政治学和宗教。从总体上来说，这份目录中的条目是按照科目而不是按照语言来划分的。法语抄本，包括许多骑士的传奇故事，共 87 本；拉丁文抄本占了总数的三分之一，只有两本抄本可以确定是希腊文（柏拉图和荷马），还有两本被标明"或者是希伯来语或者是希腊文"。所有其他的抄

554

---

① Published by D'Adda, *op. cit.*, pp.1-91.

② De Nolhac, *La Bibliothèque de Fulvio Orsini*, p.296.

③ Published in facsimile by Hoepli and Co. (Milan, 1930)，with the co-operation of Pope Pius XI.

本很明显都是拉丁文。在这些抄本中,中世纪和人文主义学者的抄本明显超过古典作家的著作抄本,但是,这些古典著作抄本非常显眼地摆为一列。有40多本西塞罗的著作抄本、11本普里西安的著作、16本塞内加的著作以及维吉尔、贺拉斯、奥维德、卢坎、斯塔提乌斯、尤维纳利斯、马提安努斯·卡佩拉、克劳迪、麦克罗比乌斯、普罗柏夏斯、波埃修斯、特伦斯、佩尔西乌斯、拉克坦修、弗洛鲁斯、塞尔维乌斯、索利努斯、普林尼、优西比厄斯、萨鲁斯特、瓦勒里乌斯·马克西穆斯、尤特罗比乌斯、瓦罗、帕拉迪乌斯、加图、昆体良、查士丁的著作抄本以及柏拉图和亚里士多德的译著。

不仅这些著作的名称被列了出来,而且对于抄本的外形也有描述,这对于找到这些书来说是非常重要的,因为这些抄本没有明确地按照任何体系摆放。这些详细的描述在最近已经被证明对于鉴别一些抄本非常有帮助。抄本在图书清单中的号码和图书馆号码没有任何关系。比如,在图书清单中,1—7号是普里西安的著作, 555 它们在图书馆中的号码分别是 134、629、361、719、183、878 和832。但是第12个条目依然是普里西安的著作,在图书馆中的号码是337。图书馆中的号码也代表图书进入图书馆的时间顺序,因为彼特拉克的23本手稿可能是一起进入图书馆的,但是它们在图书馆中的序列号非常分散(12—845)。[1]这些书看上去也不是按照科目分组的,因为奥古斯丁的两本关于《诗篇》的著作序列号分别是 12 和331。因此,这个1000卷的藏书在书架上的摆放没有任何规律可言。

这里记载的988本书并不总是在图书馆里,这个情况可以从这份图书清单中反映出来,在这份图书清单中,一些图书外借和归还日期都有记载。因为有许多书被借出去了,但是没有归还日期。有记载的最早的借书日期是 1426 年;最晚的日期是 20 年之后。经常出现的一个名字是米兰一位有名的人文主义学者皮耶·坎迪多·德琴布里奥(Pier Candido Decembrio)。比如,我们注意到,在1439 年的 8 月 3 日,他带到米兰 3 本荷马的著作(其中一本是彼特拉克的抄本)抄本,他在 1446 年 12 月 6 日将这些书归还。尽管已

---

① The hypothesis advanced by O. E. Schmidt in "Die Visconti und ihre Bibliothek zu Pavia," *Zeitschrift für Geschichte und Politik*, V(1888), 444-474.

经有莱昂齐奥·皮拉托的一本拉丁文译本,但是德琴布里奥使用这个著名的手稿文本,开始翻译另一个译本。我们也注意到,特伦斯的著作在 1430 年 8 月 1 日被带到米兰供公爵使用,但是将近 5 年它都没有被归还。在 1430 年和 1438 年间,如下古典作家的著作经常被外借:马克罗比乌斯、奥维德、阿普列乌斯、李维、普林尼和西塞罗。并不总是最好的抄本才被外借,比如外借的书中还有西塞罗的《论友谊》。记载表明,这本书篇幅不大、内容不佳,几乎没有什么价值。但是,非古典作家的著作外借的书目要多得多。其中有一本《诗篇》、几本圣徒生活传的抄本(拉丁文和意大利文)、彼特拉克、几本祈祷书、编年史、托马斯·阿奎那的著作、安布罗斯、格里高利、《圣经》以及相关作品、法律著述和法国骑士传奇。

在 1447 年,维斯康蒂家族的最后一位公爵菲力波·马里亚(Filippo Maria)去世。他的继承人弗朗西斯科·斯福尔扎继承其爵位。现在米兰的档案文献表明,这位第一个斯福尔扎依然与其前任维斯康蒂一样具有文学爱好。他与其他的王公们保持着联系,这可以从 1456 年 4 月洛多维科·贡扎加参观帕维亚图书馆一事体现出来,米兰公爵从曼图亚的侯爵那里借了一本手稿来抄写,这一事件也表明米兰公爵与王公贵族的联系。[①]在 1453 年,弗朗西斯科让宫廷大臣博洛尼诺·德·阿腾多利斯伯爵汇报图书馆的情况,期间他亲笔写信,命人将书借给米兰的一些人。帕维亚的书籍处置权总是在其儿子们和他们的导师们手里,但是公爵本人对这些书的去处有决定权。有一次,他吩咐图书管理员将普里西安和西塞罗的《论法律》(De legibus)给了他的大儿子加莱亚佐。还有一次,他批准了外借李维、萨鲁斯特、西塞罗、恺撒、昆体良和普里西安的著作。在 1456 年,公爵非常急切地希望图书馆能将丢失的书都找回来,他下令编订新的图书清单,并且将这份新的图书清单和 1426 年的清单进行了对照。[②]

这份目录没有遵循早期的目录顺序,它包括大约 175 个条目,

① E. Motta, "Documenti per la libreria sforzesca di Pavia, *Bibliofilo*, VII(1886), 129.

② Published by G. Mazzatinti, "Inventario dei codici della biblioteca visconteo-sforzesca redatta da Ser Facino de Fabriana nel 1459 al 1469," *Giornale storico della letteratura italiana*, I(1883), 40-56.

毫无疑问，条目减少的原因是这份目录在编制的时候有一些抄本被借出去了。拉丁文抄本数目最多，有《圣经》、教父著作、圣徒传、骑士文学、编年史以及从拉丁文古典著作翻译过来的译本。这些抄本大部分看上去都来自法国，但是，也有一些是意大利抄工抄写的著作，这从对国家图书馆中的 13 本抄本的考察中可以得到证明。①33 本拉丁文著作要么带有维斯康蒂-斯福尔扎的盾形纹章，要么带有"De Pacye"或者"au roy Loys XII"或者仅仅是"Pavye"的题字。②国家图书馆中来自帕维亚的抄本大约有 100 本，但是许多都不在这份图书清单中，可能是因为它们是在这份清单编制之后抄写的。③其中包括一本《圣经》《福音书》、圣杰罗姆、苏托尼厄斯、瓦勒里乌斯·马克西穆斯、西塞罗、塞内加、亚里士多德、维吉蒂乌斯、卢坎、斯塔提乌斯、彼特拉克和一组新拉丁语作家，比如皮耶·坎迪多·德琴布里奥和波基奥。其中仅有 21 本抄本是古典著作，三分之一是西塞罗的作品。④很显然，自 1426 年的图书清单之后，再没有新的希腊文抄本被添加进来。10 年之后，在 1459 年的图书清单的末尾，附上了由公爵加莱亚佐·马里亚添加的一份手稿清单，其中大部分都是人文主义学者的著作，有拉丁文也有意大利文，但是古典作家很少，仅有西塞罗、尤斯蒂努斯、瓦勒里乌斯·马克西穆斯和特伦斯的著作，还有使用本国语言翻译的李维和维吉尔的著作译本。

　　在 1470 年之后，我们没有任何书单能够显示詹加莱亚佐·斯福尔扎和洛多维科·艾尔·莫罗（Lodovico il Moro）添加了任何新书。但是我们判断，这个图书馆的藏书在数量上还是有大量的增加，因为自 1469 年以后，米兰和帕维亚所有的印刷图书都必须将一本副本放在这里。这些印刷者受到了公爵的赞助，尤其受到了洛多维科的赞助，所以到 15 世纪末的时候，有 700 卷书由他们印

①　Delisle, *op. cit.*, I, 136; A. Thomas, "Les Manuscrits francais et provencaux des ducs de Milan au château de Pavie," *Romania*, XL(1911), 571-609.

②　G. Mazzatinti, *Inventario dei manoscritti delle biblioteche di Francia* (Rome, 1886), I, lxxxi.

③　G. Mazzatinti, "Alcuni codici latini visconteo-sforzeschi della Biblioteca nazionale di Parigi," *Archivio storico lombardo*, XIII(1886), 17-58.

④　还有大约 40 部拉丁文手稿可能也来自帕维亚。Cf. Delisle, *op. cit.*, I, 128-129.

刷出来。稍晚些时候,与这个图书馆有关的事情,①我们知道的有,在 1490 年 6 月 9 日,洛多维科写信给图书管理员巴托洛梅奥·卡尔科,让他重新管理这个图书馆。毫无疑问,一份新的图书清单被编制出来,但是遗憾的是,它没有幸存下来。在同一个月份里,洛多维科还写信给卡尔科,让他将《意大利名城集》(*De claris urbibus Italiae*)借给佛罗伦萨大使奥索尼乌斯。另一份文献列出了 25 本抄本,大部分是纸质抄本,它们先是到了洛多维科的手里,然后在公爵的亲兄弟塞肯多·斯福尔扎(Secondo Sforza)去世以后,几乎可以确定到了帕维亚图书馆。这些著作中许多都是天文学著作,其中只有一本著作《论招魂术》(*De necromantia*)注明了语言。洛多维科本人对图书馆很感兴趣,这可以从他与意大利人和外国王公贵族之间的通信中反映出来。比如,他试图从匈牙利的乔凡尼·科维诺那里获得彭佩尤斯·费斯特斯的一部手抄本。②已知有 4 部抄本是专为洛多维科而作:德莱尔在国家图书馆发现了一本萨鲁斯特的著作抄本,该抄本于 1467 年抄写于米兰;马扎廷提(Mazzatinti)在同一个图书馆确认了其他的两本抄本;还有一本发现于都灵,是洛多维科亲手抄写的。

佩扎罗的领主亚利桑德鲁·斯福尔扎(1409—1475 年)的图书馆保留了两个传统。首先,韦斯帕夏诺·达·比斯蒂奇已经用非常的溢美之词描述了它。按照他的说法,亚利桑德不惜代价挽救了佛罗伦萨所有可能找到的书籍,并且在全意大利购买手稿。为了保护这些书籍,他任命了专职人员。韦斯帕夏诺还说,和乌尔比诺、佛罗伦萨及菲耶索莱一样,这个图书馆也遵循托马索·帕伦图塞里的准则。遗憾的是,这个图书馆没有任何早期的图书清单保留下来,帕伦图切利的书单仅仅最小限度地满足了任何正常的藏书需求,韦斯帕夏诺只是含糊地概述说这个图书馆包括所有诗歌、历史、占星术、医学和宇宙学方面的著作。但是,根据这两份材料,我们依然无法重构该图书馆的藏书内容。我们得到的最早的图书目录是 1500 年的一份,当时这些藏书还在为乔凡尼·斯福尔扎所

---

① Cf. Motta, *op. cit.*, pp.132 ff.
② D'Adda, *op. cit.*, p.lxii.

拥有,乔凡尼·斯福尔扎是佩扎罗最后一位合法的领主。①这份图书清单包括两个书单,第一份有 266 个条目,第二份有 261 个条目。古典作家很少:在第一份目录中有 50 位,第二份中有 15 位。仅有 4 个条目标明是希腊文,但是这些抄本的文本并没有说明。这些被忽略的细节、许多拼写错误的名字以及简短的表述——所有 559 这一切都表明,这份图书目录的编制者文化水平不高。尽管如此,这些证据可以证明在佩扎罗存在一个独具特色的图书馆,这也是令人感兴趣的事情。

在文艺复兴时期,雇佣兵(condottieri)在文化传播中所发挥的作用可以在马拉泰斯塔家族的读写兴趣中体现出来。卡洛·马拉泰斯塔(1386—1429 年)和彼特拉克、尼科洛·尼科利以及柯西莫·美第奇都有建立一个公共图书馆的想法,但是遗憾的是,他没有将这个设想付诸实施。后来有一个天主教会的教士和一位名叫桑普里诺的语法教师赠给他一批书,卡洛认为,应该把这些书放在"穷人和其他学生能使用的"地方。②但是他很快就去世了。他的侄子也是马拉泰斯塔家族中最著名的人物西吉斯孟德(1417—1468年)继续保有这些藏书,他在里米尼建立了第一个图书馆。关于这个图书馆究竟是何时在圣弗朗西斯科的女修道院建立的我们不得而知,所以关于其后期的历史也是非常模糊的。但是我们确实知道,在1478 年,西吉斯孟德的一个朋友罗伯托·瓦尔图里奥将自己的藏书赠给了圣弗朗西斯科,因为当时的图书馆向俗界人士开放,而且抄本从阴暗潮湿的楼层搬到了条件更好的地方。罗伯托·瓦尔图里奥和西吉斯孟德一样,也是一位手稿的搜集者。③图书馆搬迁一事发生在1490 年,这在《在原位》(in situ)的铭文中有所记载。

西吉斯孟德本人是一位学者,他对希腊文和拉丁文古典著作均感兴趣,并通过捐赠自己丰富的藏书而使得该图书馆的藏书量大增。但是遗憾的是,我们没有任何图书清单或者任何信息能够说

---

① A. Vernarecci, "La Libreria di Giovanni Sforza signore di Pesaro," *Archivio storico per le Marche e per l'Umabria*, III(1886), 501-523.

② C. Tonini, *La Coltura leteraria e scientifica in Rimini dal secolo XIV al primordi del XIX*(Rimini, 1884), II, 20.

③ *Ibid.*, I, 117.

明这个图书馆的命运。可能里米尼的一些书在 1527 年市民暴动中被毁了,少数被拯救出来然后被克莱门特七世带到了梵蒂冈,这些书依然还在那里。[1]还有记载表明,在 17 世纪初的时候,在这个城市还有一个图书馆藏书有 400 册,其中大部分都是抄本。它们完全消失了,历史学家维拉尼将其归咎于是它们的守护人的疏忽和大意造成的。[2]

560

与里米尼的马拉泰斯塔图书馆不幸命运形成鲜明对比的是,同一个家族在切塞纳的图书馆保存完好。在今天意大利任何一个其他的地方,我们都很难再找到一个保存着 15 世纪完整面貌的图书馆。这个图书馆由西吉斯孟德的弟弟多梅尼科·马拉泰斯塔·诺韦洛建于 1452 年,其中的藏书同样也留给了方济各会。因为诺韦洛与柯西莫·美第奇的亲密关系可能是这个图书馆与圣马可图书馆非常相像的原因。[3]

有两份有趣的文献资料反映了切塞纳图书馆的历史。第一份是教皇尼古拉斯五世于 1459 年 5 月签署的同意诺韦洛修建图书馆的诏书。[4]写于 14 年之后的马拉泰斯塔的遗嘱告诉我们,除了建立这个图书馆和其遗赠给圣弗朗西斯科女修道院之外,捐赠者还为它的维护提供了一笔资金。[5]

尽管这座建筑本身仍然还有被仔细保护的证据,但是毫无疑问,其内容的性质已经发生了变迁。今天大部分图书都是教会性质的,许多古典著作已经散佚。一个显著的例外是伊西多尔精美的《词源》,据说它是 8 世纪的抄本。仅有 13 本希腊抄本幸存下来。我们知道,诺韦洛早先可能还有计划要收藏希腊文书籍,但是这个计划没有成功实施,因为一艘满载着从东方为其搜集来的希腊文抄本的船在海里失踪了。[6]切塞纳的这个图书馆究竟是什么样

---

① C. Yriarte, *Un condottiere au XV<sup>e</sup> siècle*(Paris, 1882), p.62.

② Tonini, *op. cit.*, II, 21.

③ J. W. Clark, *The Care of Books*(Cambridge, 1901), p.205.

④ G. Muccioli, *Catalogus codicum manuscriptorum Malatestianiae Caesenatis bibliothecae*(Cesena, 1780), p.13.

⑤ *Ibid.*, p.12.

⑥ A. Martin, "Les Manuscrits grecs de la bibliothèque malatestiana à Cesena," *Mélanges d'archéologie et d'histoire*, II(1892), 227.

子,我们可以从图书室的精美程度以及它的建立者经常与瓜里诺、费勒佛、奥利斯帕和柯西莫保持联系窥见一斑。

教皇图书馆的早期历史前面已经有所赘述。我们在此从教皇于1410年返回罗马开始谈起。但是,正如已经有人所讲的那样,"直到15世纪,梵蒂冈图书馆都不能被说成是一个真实的存在。"①　　561

尽管我们没有教皇马丁五世(1417—1431年在位)图书馆的图书清单,但是,我们知道他对学术充满了热情。他的私人图书馆中的一份马提安努斯·卡佩拉的抄本还在德累斯顿,②这一时期的簿册表明,他为这个图书馆提供了新的书箱子,而且还让人修补这里的书籍。另一个条目表明,他从阿维农获得了一些宗教和历史方面的书籍:一本《仪式之书》(Liber ceremoniarum)、《历史之镜》《礼拜仪式用书》(Pontiicale)、《祈祷书》(Missale)。但是毫无疑问,这些书仅是保留在法国的丰富藏书中的很小一部分。

在今天被人们称为梵蒂冈图书馆的藏书形成的过程中,15世纪尤金四世(1431—1447年在位)的藏书占有非常突出的地位。其1443年的图书清单显示,他拥有340册藏书。③其中神学和经院哲学著作占大多数,但是他的人文主义兴趣也可以从下列作者的出现而体现出来:奥维德、塞内加、西塞罗、李维和亚里士多德、色诺芬和德摩斯梯尼的拉丁文版本,以及马菲奥·维基奥、布鲁尼和安布罗西奥·特拉维尔萨里。

但是,尤金在建立教皇图书馆的过程中,仅提供了其丰富藏书的核心部分,更多藏书要归功于其后继者尼古拉斯五世(1447—1455年在位)。尼古拉斯五世即托马索·帕伦图塞里,他的图书馆著书目录准则在前面已经被经常提及。因此,当他当上教皇并打算建立一个使梵蒂冈为世界范围的学者所知晓的大图书馆的时候,这一点也不令人感到吃惊。在他在位的8年时间里,他实施了其计划的第一步,就是让人从德国、英国和丹麦这样遥远的地方带　562

---

① J. W. Clark, "On the Vatican Library of Sixtus IV," *Proceedings of the Cambridge Antiquarian Society*, X(1899), 13.

② E. Müntz and P. Fabre, *La Bibliothèque du Vatican au XV e siècle*(Paris, 1887), p.2.

③ *Ibid.*, pp.9-32.

来不同种类的抄本。他同时代的人估算他的这个图书馆有 600—9 000 册抄本（原文如此——译者注）。①幸运的是，我们现在可以从他去世以后立即被编制出来的图书清单中知道藏书的准确数字。②这些书单有 1 209 册藏书（795 册拉丁文和 414 册希腊文），这几乎是 8 年前藏书的 3 倍。藏书量的增加，部分是因为教皇派出使者到处去搜集抄本，教皇有权利将那些拒绝交出藏书的藏书者开除教籍。与此同时，国内一些杰出的学者被指派翻译希腊文抄本。尼古拉斯付给工作人员薪水，也希望他们多出成绩。但是不幸的是，在他的图书馆计划还没来得及进一步实施之前，他就去世了。

　　尽管我们想直接从尼古拉斯五世讲到西克斯图斯四世（Sixtus IV），西克斯图斯四世是梵蒂冈图书馆三位建立者中最后一位也是最重要的一位，期间的几位教皇我们也必须要有所提及。卡利克斯特斯三世（Calixtus Ⅲ，1455—1458 年在位）经常被一些人文主义者和近代作家指控要夺取其前任们的藏书，但是最近发现的文献资料表明，这一指控是不成立的。③卡利克斯特斯自己的图书馆记录④表明，他有浓厚的学术兴趣，其私人藏书是那一时期法学领域中最重要的藏书之一。而且，他放弃了许多属于教皇图书馆藏书的说法可能源于其慷慨的外借图书的做法。他借给枢机主教贝萨里翁 11 本希腊文著作，到 1458 年的时候，仅有 8 本书被还回来；他借给鲁塞尼亚的枢机主教大约 50 本抄本，后者保留这些抄本一直到死。因此，尽管卡利克斯特斯慷慨地将书外借出去，而且他也没有增加新的藏书，但是他并不是处心积虑要弄丢这些藏书。

563　　　因为我们缺少 1458—1471 年间的图书清单，所以我们只能猜测，在下两任教皇庇护二世和保罗二世在任时期，图书馆的藏书是有所增加的。庇护二世的人文主义兴趣是广为人知的，但是看上

---

① 关于这个问题的精彩讨论，参见 J. Hilgers，"Zur Bibliothek Nikolaus V，"*Zentralblatt für Bibliothekswesen*，XIX（1902），1-11.

② Müntz and Fabre，*op. cit.*，pp.48-113，316-343.

③ 关于支持或者反对这一指控的观点分别参见 V. Rossi，*L'Indole e gli studi di Giovanni di Cosimo dei Medici*（Rome，1893），pp.143 ff.，and Muntz and Fabre，*op. cit.*，pp.116 ff.

④ Published by F. Martorelli，*Miscellanea Francesco Ehrle*，V（1924），166-191.

去他建立了其私人图书馆,而不是罗马教皇的图书馆。他的一些藏书①及其侄子庇护三世(1503 年 9 月 24 日—10 月 18 日在位)的藏书现在都在梵蒂冈图书馆里,但是我们已经不可能去推断是否在他有生之年又添加了任何新书。由于保罗二世主要是一位艺术品收藏者,因此他的财产清单里没有提及书籍,而且其开支很少用于图书馆上,这也就不足为奇了。

在西克斯图斯四世(1471—1484 年在位)任职期间,不仅图书馆的藏书量增加了,而且它的组织得到了进一步的完善,图书馆的外观也被改进,我们可以断言,一个新的时代已经开始了。尚存的图书清单表明,在 1475 年,有 2 527 册书,包括 770 本希腊文抄本和 1 757 本拉丁文抄本。9 年以后,其藏书总数达到 3 650 本。②对这份书单作进一步的研究可以发现,在 1475 年,人们做了一些努力试图按照科目和作者来编排这份图书目录,但是没有什么系统的编排方法被实施,举例说明,在"哲学"一栏下,竟没有包括柏拉图。更有趣的是,这个图书馆医学方面的藏书多于诗歌(前者数目为 55,后者为 53),希腊教父被归为"教会作家"和"一些不太出名的教会作家"(Obscuriores quidam auctores ecclesiae)一栏。希腊文藏书另一个最大的类别包括 70 本演说家的著作抄本。

在接下来的 9 年时间里,一共添加了 1 100 册藏书,根据 1484 年的图书清单所记录的内容,这个图书馆建筑架构可以进行重新安排。③到这一时期,这里的藏书被分成几部分,分别是:"公共的"希腊文和拉丁文图书馆、藏书较少的私人图书馆、罗马教皇图书馆,包括教皇档案和簿册。 *564*

但是,比这些图书清单本身更有趣的是西克斯图斯四世时代的开支账本和接待簿册。④对于这些详细的记载,我们必须要感谢巴尔托洛梅奥·普拉提纳,他在 1475 年被任命为该图书馆的管理

①　Enea Piccolomini, "De codicibus Pii Ⅱ et Pii Ⅲ ," *Bollettino senese di storia patria*, VI(1899), 483-496.

②　This inventory has not been published but is summarized by Müntz and Fabre, *op. cit.*, p.141.

③　P. Fabre, "Le Vatican de Sixte IV," *Mélanges d'archéologie et d'histoire*, XV (1895), 455-475.

④　Müntz and Fabre, *op. cit.*, pp.148-159, 269-298.

者。他和他的三个助理一起住在紧挨图书室的房间里,这三个助理在相关记载中经常被提及。图书馆的花费包括书柜、衣物和医疗费用。图书馆管理人的职责不仅仅是管理内务,因为普拉提纳也要去购买羊皮纸和颜料。从记载中我们还可以知道更详细的一些信息:蜡烛和木头、买狐尾草为书除尘、扫地的扫帚、杜松子用来消毒,当有一天需要燃料的时候,他购买了一个便携式炉灶。

普拉提纳的另一项职责是负责管理图书的外借。从 1475 年到 1485 年的 10 年间,外借的图书有大约 400 个条目。尽管书籍都是被锁在图书馆的陈列室里,但是在普拉提纳的允许下,它们可以被带出去。有一些借书者被警告说,如果他们不能将书完好无损地归还,他们就会招致教皇的怒火。借书的时候,通常要写一个正规的借条,使用第一人称;当书被还回来的时候,就在借条的反面写上"返还"(restitutus),或者由普拉提纳本人写,或者由他的助理写。图书馆管理者的名字也和那些知名的人士如彭波尼奥·勒托、卢坎的德米特里奥、乔凡尼和伊萨克·阿伊洛普利斯一起出现在借书者的名单中。有时,希腊文图书的条目取代拉丁文的条目。值得一提的是,有许多借书者都是教会人士。通常来说,一次只能带出去一本书,尽管有时候好几本书同时被一个人带出去。遗憾的是,登记册的最后 50 页缺失了,毫无疑问,这 50 页包含着 16 世纪上半叶关于借书的非常有趣的信息。

565

在西克斯图斯四世时代,梵蒂冈图书馆尚存的记录是从 15 世纪以来留存下来的最复杂的记录。在他的后继者中,教皇英诺森八世(1484—1492 年在位)是"那些最不关心尼古拉斯五世和西克斯图斯四世珍贵藏书的教皇之一"。[1]1484 年的图书清单表明,当时的图书馆有大约 3 700 册书。尽管传统的说法认为,亚历山大六世(1492—1503 年在位)派彭波尼奥·勒托去德国搜罗新的古典著作抄本,但是没有记载表明,梵蒂冈图书馆添加了新书,那个时代的图书清单也没有留存下来。

尤利乌斯二世(Julius II,1503—1513 年在位)在任时期的图书馆信息在某种程度上更令人满意。他作为教皇做的第一件事情是

---

[1]　Müntz and Fabre, *op. cit.*, p.307.

为其私人图书馆增加了相当可观的藏书,他的私人图书馆包括了最珍贵的藏书。由于这一时期的簿册并不完整,我们仅发现了提及两本新书获得情况的记载——一本是罗马教皇教堂的弥撒书,一本是关于税收的书。①尤利乌斯二世喜欢收藏精美的书籍和精美的艺术品,这从已被确认的其私人图书馆的藏品中能够看出来。②在他去世之后编制出的两份图书目录中有大约 200 册书,其中大部分是神学著作和法学著作。但是,他还有许多拉丁文古典著作和一些人文主义学者的著作,包括彼特拉克、弗拉西奥·比昂多、纳尔多·纳尔蒂、托尔泰利和马内蒂。尽管他没有任何希腊文抄本,但是他有瓦拉、特拉塞尔萨里和尼科洛·佩罗蒂从希腊文翻译过来的译本。③

首先,和西克斯图斯四世时期一样,图书依然可以自由外借,尽管新的条款规定必须要合适的抵押品以保证外借的图书能够安全返还。然而即便如此,外借的书籍也经常不能按期返还,在这种情况下,在 1505 年,教皇觉得有必要颁布新的条例,规定所有外借的书籍必须在 10 日内被返还,否则要受到开除教籍的处罚。此外,西克斯图斯四世还指出,这个图书馆可以被"所有识字的人,包括我们这个时代和后世的人来使用",这一做法似乎也得到了执行。里昂的克劳德·贝利维尔(Claude Bellievre)在 1513 年的时候访问罗马,他提到了这个图书馆的管理条例:阅读者不可以相互交谈,不可以互换位置,不可以爬到椅子上,或者在阅览室里刮脚;阅读以后,他们必须将书合上,送回原来的位置。任何人如果违反了这些规定,将会被不留情面地逐出图书馆,不允许再进入图书馆。

我们已经看到,当利奥十世(1513—1521 年在位)还是大主教乔凡尼·美第奇的时候,就已经搜集了许多属于其家族的书籍,并且将它们搬到了罗马王宫中,在那里,学者们可以使用这些书。作为教皇,他不仅将梵蒂冈图书馆的藏书增加到了 4 070 册,④而且还希望这些藏书能够受到很好的保护,为此他增加了另外一位管理员。

566

---

① E. Müntz, *La Bibliothèque du Vatican au XVIᵉ siècle*(Paris, 1886), p.10.

② 许多遗物都在托里诺的公共图书馆中被发现。

③ L. Dorez, "La bliothèque privée du Pape Jules II,"*Revue des bibliothèques*, VI (1896), 97-121.

④ This inventory has not been published. Extracts from it are given by Müntz, *op. cit.*, pp.46-62.

## 中世纪的图书馆

这一时期图书馆发展的两个阶段值得一提。首先是教皇发起的发掘未知手稿的运动。为此,他派出代理人去全面考察斯堪的纳维亚和德国的图书馆,要么借来新的著作进行抄写,要么获得抄本本身。他并不是过于审慎的人,这一点是很清楚的:他公开提及从科维挽救塔西佗的《编年史》这一令人垂涎的手稿,换取印刷和装订精美的版本。[①]第二个发展阶段是有系统地获得印刷书籍的时期。利奥对新兴的艺术非常感兴趣,尤其是对希腊文本的出版感兴趣,因此,在1513年他授予了奥尔多·马努齐奥(Aldo Manuzio)拥有对希腊抄本达15年时间的垄断权,期间马努齐奥被要求按照合理的价格售书。1518年在利奥的图书清单中包括的印刷书籍非常显著,同时教皇还有兴趣建立一个东方书籍图书馆。

567利奥继续其前任要求借书者用某些珍贵之物作抵押以将书带出图书馆的做法,但是后来,在克莱门特七世(1523—1534年在位)任职期间,除了杰出的学者以外,其他人无权再借书。在这一时期少数几个借书者中,有记载的有约翰·拉斯卡里斯和安吉洛·科洛奇。[②]

两个名字长期以来和威尼斯的圣马可图书馆的建立联系在一起——彼特拉克和贝萨里翁。前述已经表明,[③]这个图书馆与前者的关系像许多其他的包括人文主义学者的说法一样,属于杜撰,因此马尔西亚恰纳图书馆的建立应归功于枢机主教贝萨里翁。这位拜占庭的学者于1438年来到意大利,他在罗马搜罗了西方最重要的希腊文抄本。但是,罗马和佛罗伦萨都没有继承这些珍贵的抄本,继承这些抄本的是威尼斯,因为在1468年,贝萨里翁将这些手稿送给了威尼斯共和国,前提条件是要在那里要建立一个公共图书馆。这个项目受到了教皇保罗二世的支持,保罗二世于1467年9月16日签署文件,这个图书馆被该城正式接受。[④]但是,几乎是在一个世纪以后,这些抄本才被安放在一个建筑物里,发挥着图书馆的功能。

---

① L. Pastor, *History of the Popes*, ed. by R. F. Kerr(London, 1908),VIII, 268.

② 科洛奇的许多手稿现在梵蒂冈。Cf. De Nolhac, *La Bibliothèque de Fulvio Orsini*, pp.79-81.

③ De Nolhac, *Pétrarque et l'humanisme*(2d ed.; Paris, 1907), I, 98.

④ H. Omont, "Inventaire des manuscrits grecs et latins donnés à Saint Marc de Venise par le Cardinal Bessarion," *Revue des bibliothèques*, IV(1894), 131.

　　与此同时，这些抄本被存放在圣约翰和圣保罗修道院的包装箱里，该修道院有专门的条款规定，不经过四分之三议会成员的同意，任何抄本都不能外借。还有一条规定，政府要派人监管这些抄本，以防止丢失。①较早的教皇诏书明确规定，在没有安全保证的情况下，任何一本抄本都不可以被出售或者外借，这些抄本只能留在本国。②从文献来看，在捐赠者去世两年之后，这些条例就被违反了。由于强制执行这些条例的权力是在圣马可几个管理者手里，因此它没有受到应有的重视，而且由于学者们无法轻易地就看到这些抄本，因此抄本就必须要外借。③在 1478 年，7 本书被借给了罗马的马尔切洛·鲁斯蒂奇，但是只有一本书在 1494 年被还回来。在 1491—1493 年，洛伦佐·美第奇借了 7 本希腊文抄本来抄写。很显然，这种慷慨有的时候被滥用了，因此在 1506 年，通过了一项法律，禁止一切书外借。此外，任何外借的书都必须在 8 天之内归还。这一规定很显然并没有受到一些借书者应有的重视：一本关于亚里士多德的《逻辑学》评论在 1501 年被借出去，直到 1503 年它才被还回来。

　　在 1515 年，第一位图书管理员被任命，我们可以据此推断，从此以后，图书得到了更好的管理。尽管如此，在 1545 年，当图书管理员彼得罗·本博（Pietro Bembo）检查核对贝萨里翁图书馆藏书的时候，他发现有 80 份抄本丢失了。这一数字还是骇人的，因为其中的一些抄本实际上被本博在当时列在图书馆的书单里了，他没有能够核对出原始书目中错误的条目。但是 16 世纪初贝萨里翁的抄本流出了威尼斯这件事情还是确凿无疑的，因为它们在其他的图书馆里被发现。现在在巴黎、维也纳、慕尼黑、都灵、戈洛塔费拉塔、纽伦堡、牛津和罗马都能够明确无误地鉴别出一些抄本。④

　　在 1468 年，当贝萨里翁将其藏书送给了威尼斯共和国的时

568

---

　　① Valentinelli, *op. cit.*, I, 38.

　　② G. Caggiola, "Il Prestito di manoscritti della Marciana dal 1474 al 1527, *Zentralblatt für Bibliothekswesen*, XXV（1908），57.

　　③ C. Castellani, "Il Prestito dei codici della biblioteca di San Marco in Venezia ne'suoi primi tempi e le conseguenti perdite de'codici stessi," *Atti del R. Istituto Veneto di scienze lettere ed arti*, 7th ser., VIII(1896-1897), 312.

　　④ Omont, *op. cit.*, p.137.

候,有几份图书清单的抄本都在。其中最重要的图书清单①首先列
569 出的是希腊文抄本,其中包括 200 本宗教著作、几十篇医学论文、
几本法学著作、大约 40 本数学和天文学著作,还有几组修辞学、历
史、地理、哲学、诗歌和语法著作。264 本拉丁文抄本几乎是按照同
样的顺序列出的,首先是数量最多的 139 卷《圣经和教父著作汇
编》,西塞罗的著作数量比其他的拉丁作家的要多。人文主义作家
的作品较少是值得一提的,尽管我们确实发现了布鲁尼翻译的柏
拉图的《对话》。由于贝萨里翁是在他捐赠这个图书馆 3 年之后去
世的,因此他后来很可能又添加了一些抄本和印刷书籍,这些抄本
和印刷书籍不一定出现在这份图书清单里。直到 16 世纪中叶,威
尼斯的图书馆就是贝萨里翁的图书馆。就我们所知,在 1533 年桑
索维诺建立一栋漂亮的建筑物安置这些抄本和印刷书籍之前,没
有其他更重要的书籍被添加进来。②

　　对于 15 世纪一些著名的图书馆来说,我们不得不追根溯源到
两个世纪以前,尽管没有任何文献证据能够支持这一点。但是对
于那不勒斯的图书馆来说,却不存在这样的情况:在该城市的皇家
档案中有簿册和记载留存下来,这些档案里包含着安茹王朝查理
一世(1220—1285 年)时代开始搜集图书情况的记载。③关于画工、
抄工、校改者和翻译者的规定都有记载,并特别提及了物理、神学
和医学著作。有几处地方还提及了当时对医学的特别兴趣。比
如,有一个重要的条目记载道:在 1280 年 10 月 4 日,国王查理命
令其在德洛沃城堡(Castello dell'Uovo)的财产保管员让他的希伯来
朋友马斯特·法拉格(Master Farag)将一本阿拉伯医学著作带回
家,还有其他一些他可能需要翻译的著作。此外,巴黎的一本拉丁
570 文医学著作抄本和另一本由同一位学者于 1278 年翻译的阿拉伯

---

① Omont, *op. cit.*, pp.149-179.
② 在 16 世纪后半叶关于这个图书馆更多有趣的信息已经被 Castellani, Caggiolo 和 H. Omont("Deux registres de prêts de manuscrits de la bibliothèque de Saint Marc à Venis," *Bibliothèque de l'ecole des chartes*, XLVIII [1887], 651-686)出版。
③ P. Durrieu, *Les Archives angevines de Naples*; *étude sur les registres du roi Charles I^{er}* (Paris, 1886-1887); C. Minieri-Riccio, "Il Regno di Carlo I d'Angio," *Archivio storico italiano*, 3d ser., XXII-XXVI; 4th ser., I-VII, *passim*.

文译本也得到了确认。①

　　正是在查理的孙子统治时期,人文主义在那不勒斯的土壤里深深地扎下了根。安茹的罗伯特(1310—1341 年在位)是彼特拉克的朋友,他在 1341 年最先访问了那不勒斯,他受到了但丁和薄伽丘的高度重视。②他统治时期的簿册包含着关于这一时期图书馆历史的丰富资料,显示这一时期添加的大部分著作是宗教、法律或者医学方面的,还有几本《圣经》、圣徒生活传《法律汇编》和《药典》(Codex)的抄本被特别提及。尽管有李维③和塞内加的著作以及《论统治原则》(De regimine principum),④但是几乎很少有其他种类的著作抄本被提及。后者是由一位叫弗拉•安东尼奥(Fra Antonio)的人抄写的,很显然此人负责管理该图书馆。罗伯特还为图书馆添加了一些希腊文抄本,尽管他主要是一位收集者而不是一位学者。大部分抄本的获得和大的花销都发生在 1332—1335 年间,这些花销主要是用在手稿彩饰、抄写和装订方面。这一时期没有留下任何图书清单,这使得我们很难准确地判断这里的藏书规模或者内容。但是可能的情况是,与教会和修道院的藏书相比,这里的藏书更具世俗性。

　　在我们探讨接下来的世纪里图书馆更丰富的历史之前,还有一份文献值得我们关注。这是 1348 年的一份图书清单,现存佛罗伦萨档案馆,它反映了 14 世纪中叶那不勒斯的藏书情况。⑤在这一时期,继承了祖父财产的阿拉贡的罗伯特的王后乔安娜送给教皇克莱门特六世 4 箱子书,希望以此让教皇不要反对她与他林敦的路

*571*

------

　　①　G. Mazzatinti, *La Biblioteca dei re d'Aragone in Napoli* (Rocca S. Casciano, 1897), p.ii.

　　②　N. A. Rillo, *Francesco Petrarca alla corte angioina*(Naples, 1904), pp.17-21.

　　③　1332 年 12 月 23 日簿册中的一个条目记载,罗伯特为李维关于马其顿战争十本著作中的一个副本而支付了一位名叫帕斯卡里诺(Pascalino)的修士。因为这是李维《自罗马建城以来历史》的不完整的版本之一,这一条目就尤其有趣。1924 年,一位意大利学者声称他找到了那不勒斯图书馆的那部抄本,这令学界非常震惊。Cf. S. Reinach, *Revue archéologique*, XX(1924), 226-228, 284-286; E. Chatelain, *Revue des études anciennes*, XXVI(1924), 314-316; E. Cocchia, *Nuova antologia*, CCXXXVIII (1924), 81-87.

　　④　Presumably the treatise by Egidio(Colonna) Romano.

　　⑤　Luigi Chiapelli, "Una notevole lireria napoletana del trecento," *Studi medievali, nuova serie*, I(1928), 456-470.

易之间的结合。这些珍贵的书籍中有一些成为阿维农教皇图书馆早期藏书的一部分，从图书清单中我们可以发现，何种著作看上去值得送给教皇。在 98 本被列出的抄本中，有大量的中世纪拉丁文学、《圣经》、圣徒传、一本希伯来语、希腊语和拉丁文《诗篇》和许多医学著述。古典著作只有亚里士多德、维吉尔、瓦勒里乌斯·马克西穆斯、波埃修斯和索利努斯各一本著作；两本塞内加的著作抄本；一本伪奥维德的《论老妇人》(de vetula)，实际上它是由理查德·德·富尼瓦尔(Richard de Fournival)创作的。很显然，人文主义的研究还没有渗透到这个宫廷中来。

在罗伯特去世以后，人文主义在那不勒斯找不到任何其他的皇家支持者了，直到阿拉贡的阿方索（1442—1458 年在位）时期情况才有所好转。尽管这位新的国王出身于西班牙，但是他已经熟悉了意大利的文化，意大利文化在 15 世纪初的时候已经在卡斯提和阿拉贡得到繁荣发展。维斯帕西亚诺·达·比斯蒂奇评价他是这一时期仅次于教皇尼古拉斯五世的学术的最大促进者。无论他去哪里——是征战还是旅行——阿方索都随身携带着古典著作，而且经常带着学者，他们大声给他朗读或者与他讨论。在其他任何的宫廷里，人文主义学者都不会享受到这样的待遇。在他的学者圈子中，主要有如下一些人：来自帕维亚的帕诺米塔(Panormita)；热那亚的巴尔托洛梅奥·法齐奥(Bartolomeo Fazio)；这一时期那不勒斯最有名的学者瓦拉；在教皇尼古拉斯五世去世以后从罗马来到那不勒斯的马内蒂；那不勒斯繁荣学术圈的领军人物乔瓦诺·庞塔诺(Giovano Pontano)。还有奥利斯帕，他访问了那不勒斯，但是没有和这个宫廷学者圈子建立正式的联系。还有一些其他的人文主义学者，比如波基奥，他由于将其著作献给了阿方索并因此受到了奖励，但是他本人并没有亲自来那不勒斯。关于宫廷和人文主义学者之间这样的联系，我们读到了一则非常有趣的评论，韦斯帕夏诺评论说，如果再有一个教皇尼古拉斯和另一个阿方索，所有的希腊著作都将被翻译过来，一本也不会少。

572　　有了这样一群学者在阿方索的周围，他一定会建立一个足以与意大利最好的图书馆相媲美的图书馆，这丝毫不会令人感到惊奇。在这个图书馆建立的过程中，特别值得一提的名字是贝卡代利

(Beccadelli)。档案中包含了一些条目,提及了为阿方索工作的抄工月工资从 10 到 20 达克特(ducats)不等。斯加利亚(Sgariglia)是一位手稿装订者,托马索·达·维尼亚(Tommaso da Venia)是图书馆的助理,他们俩的工资一个月是 8 达克特,外加 1.5 磅糖和 4.5 磅蜡烛。档案中其他的有趣条目①显示,宫廷史学家巴尔托洛梅奥·法齐奥 1446 年的收入是 300 达克特,1454 年,阿方索从帕诺米塔那里花 170 达克特买了一本托勒密的《天文学大成》。另一个条目告诉我们,在 1453 年,有一艘装载书籍的船只从热那亚来,这些书都交付给了图书管理员。

属于阿方索时代的唯一尚存的图书清单是在巴塞罗那档案里发现的,时间是 1417 年 7 月,地点是瓦伦西亚。②但是,这一文献并不能令人感到满意,因为我们不能相信这里提及的 61 卷抄本代表了阿方索图书馆全部的藏书。事实上,这个书单的标题是"皇室图书馆藏书清单",列举的抄本是法语、加泰罗尼亚语、一些西班牙方言和拉丁语。除了奥维德的《书信集》(法语)和维吉蒂乌斯的著作(拉丁语)之外,没有其他的古典著作。在这份图书清单的附录中,我们发现了阿方索的一些书信,其内容主要是索要庞培·特罗古斯(Pompeius Trogus)的著作(1418 年)、圣杰罗姆的书信(1422 年)和奥古斯丁的《上帝之城》(1424 年)。

额外的信息来自其他的材料。在国家图书馆的抄本中,有一些抄本原来是为他人所有,但是现在有阿方索的标志。比如西塞罗的《信札》和昆体良的《法学阶梯》抄本。我们尤其注意到 3 本曾经属于彼特拉克所有的抄本,通过热那亚的公爵托马索·迪·坎普·弗雷戈索(Tommaso di Campo Fregoso)而为阿方索所有。这些抄本分别是李维的著作、普林尼的《自然史》、约瑟夫斯的《犹太古代史》(De antiquitate Judaeorum)。这些抄本在 1425 年的托马索清单中都有所提及,阿方索与托马索保持着非常好的关系。有一种说法认为,李维的著作是在托马索的孙子受洗的时候被献给

573

---

① C. Minieri-Riccio, "Alcuni fatti di Alfonso di Aragona," *Archivio storico per le provincie neapolitane*, VI(1881), 1-36, 231-258, 411-461.

② Ramon d'Alos, "Documenti per la storia della biblioteca d'Alfonso il Magnaimo," *Miscellanea Francesco Ehrle*, V(1924), 390-422.

那不勒斯国王的,当时阿方索是托马索孙子的教父。①

阿方索的妻子伊波利塔·斯福尔扎(Ippolita Sforza)同样致力于收集手稿和书籍。②她在从米兰到那不勒斯的途中,无论在任何地方停留,她都会买一些书。她从米兰总是随身携带她的小图书馆,包括一本《圣经》、一本办公室用书、一本祈祷书、希腊文《福音书》、一本奥古斯丁的《上帝之城》抄本、一本附有塞尔维乌斯评论的维吉尔的诗作(现在瓦伦西亚的大学图书馆里)、一本李维的《十年》、一本关于灵丹妙药的书和一本圣徒传(现在巴黎)。③

费迪南德一世于 1458 年继承了其父亲的王位,在他统治时期为这个图书馆添加了许多珍贵的抄本。尽管毫无疑问,费迪南德一世和他父亲一样通过购买和获得礼物的方式获得了一些书,但是大量的抄本是通过继承和没收而进入该图书馆的。在阿方索所创立的学术氛围中,许多朝臣很自然地会建立自己的图书馆。当其中的一个起而反对国王而被打败的时候,他的书就会被没收。以这样的方式被没收的,有他的一个宫廷秘书安托内罗·佩特鲁奇(Antonello Petrucci)的丰富藏书。另外一位财产被没收且书籍都被并入国王图书馆的是奥尔西尼(Orsini)兄弟,他们被囚禁在诺拉。13 本圣塞韦里诺(Sanseverino)的手稿和 22 本卡拉乔洛(Caracciolo)的手稿都是通过同样的方式进入了国家图书馆。

关于费迪南德图书馆的一些情况,可以通过 1481 年的一份图书清单得知,这份清单中有一些证据表明,它是在那不勒斯国王处于非常危险的处境中而匆忙编成的。④当时土耳其人准备进攻他的王国,费迪南德从佛罗伦萨的一位银行家巴普蒂斯特·潘多尔菲尼(Baptiste Pandolfini)那里借了一笔贷款,以其藏书和珠宝作为抵押。这份图书清单因此以非常简短的形式编制,没有特别的顺序。它包括 206 个条目,其中有手稿和古代版本。所有的抄本看上去都是拉丁文和希腊文,其中大约有 70 本古典拉丁文著作、28 本人

574

---

① De Nolhac, *Pétrarque et l'humanisme*(2d ed.；Paris, 1907), I, 105；II, 276.

② Cf. Mazzatinti, *op. cit.*, pp. xl.

③ Cf. Mazzatinti, *ibid.*, pp. xxxiii-xxxvi.

④ H. Omont, "Inventaire de la bibliothèque de Ferdinand I d'Aragon," *Bibliothèque de l'ecole des charte*, LXX(1909), 456-470.

文主义学者的著作和 30 本宗教文献。

阿方索二世于 1494 年继承了费迪南德一世的王位,但是阿方索二世在位的时间不到一年。在王室的文献中,没有任何用在图书馆上花销的记载,尽管在他当国王之前,他曾经是一个学生并拥有许多抄本,其中一些抄本是维斯帕西亚诺为其采购或者为其制作的。[①] 他自己的图书馆别具特色,有别于费迪南德和阿方索的图书馆,他的图书馆就在他为自己和公爵夫人建立的王宫里。传统的说法认为,他将一些抄本送给了奥利维托山(Monte Oliveto)修道院的修士,在修道院被镇压以后,这些抄本又流入那不勒斯的国家图书馆。费迪南德的另一个儿子枢机主教乔凡尼于 1485 年去世,他同样也有一个私人图书馆。这个图书馆后来被并入王室图书馆。除了抄本以外,他还有装饰有微型画及其家族盾形纹章的印刷书籍,其中有两本这样的印刷书籍现在在国家图书馆。

由于阿拉贡图书馆没有任何详细的图书清单可以供我们来研究,因此我们有必要去寻找其他的方式来了解该图书馆的内容。鉴于此,两位杰出的学者德莱尔和马扎廷尼到国家图书馆的书架上去寻找带有铭文或者盾形纹章的抄本,它们能够证明这些抄本出自那不勒斯。因为一系列不寻常的原因,这个著名图书馆藏书的大部分源于一个西班牙人在意大利的建树,并且最终落户于最著名的法国图书馆里。

在 1495 年,当法国的查理八世占领那不勒斯的时候,他将 1 000 多本抄本和印刷书籍带到了其在安布瓦斯的城堡。其妻子布列塔尼的安妮的财产清单可以证实这一点。[②] 但是,王室图书馆中藏书的大部分依然在费迪南德的继承人手里,其中的最后一位继承人是他的叔叔弗雷德里克三世,他于 1504 年将这些藏书带到了法国。枢机主教安布瓦斯的乔治获得了其中大约 140 本,他将这些藏书放在了其在加永(Gaillon)的城堡里。路易十二世从弗雷德里克的遗孀伊莎贝尔那里获得了另一批书,阿拉贡的弗雷德里

575

———————

① Mazzatinti, *op. cit.*, pp.lxxi, cii ff.

② L. Delisle, "Notes sur les anciennes impressions des classiques latins et d'autres auteurs conservées au XVe siècle dans la librairie royale de Naples," *Mélanges Graux* (Paris, 1884), pp.245-246.

克曾于 1517 年在布鲁瓦城堡看见了这些书,阿拉贡的枢机主教还对加永的抄本作了注释。这批书在 1554 年被转移到了枫丹白露,后来又被送到巴黎,在那里,这些书成为亨利四世统治时期杜罗伊图书馆(Bibliotheque du Roi)的重要组成部分。那些曾经属于安布瓦斯的枢机主教的藏书到巴黎更晚一些,因为当加永图书馆被解散的时候,这些书被卖给了私人,通过这些私人书商之手,其中的一些书最终到了国家图书馆。①

在安布瓦斯枢机主教购买的抄本中,我们有一份 1518 年的图书清单,②这份清单一共有 138 个条目。其中大部分属于宗教性质,但是有少量的古典作家名列其中,包括李维(4 卷)、昆体良、普林尼、维吉尔、西塞罗、亚里士多德、斯特拉波、柏拉图、普鲁塔克和查士丁尼。但是没有证据表明这些书使用罗曼语,也没有任何印刷的书籍被提及。遗憾的是,关于弗雷德里克的遗孀卖给路易十二世的书,我们没有任何图书目录。但是通过马扎廷尼和德莱尔的研究,国家图书馆中大约 300 本阿拉贡的抄本被确认。其中,有 15 本是希腊文著作,234 本是拉丁文著作,包括教父著作、地理、历史、法律、中世纪评论、医学、天文学和少数古典作家的著作。有 7 本书是用西班牙语写作,27 本是用意大利语写作,但是没有法语抄本。这一确认工作,通过 1518 年的图书清单和 1544 年的图书清单得到了进一步的证明,1554 的图书清单是在布卢瓦的图书馆被运到枫丹白露的时候编制的。

巴黎图书馆的其他藏书可以通过几种方式追根溯源到那不勒斯。比如,当"秘书"(secretario)一词出现在一部抄本上的时候,它表明这本抄本曾经属于费迪南德的大臣佩特鲁奇,其藏书值得一提。已经有 13 本希腊文抄本和 24 本拉丁语抄本被确认是他的藏书。另一批被并入王室藏书的抄本上面有"老师的讲述"(lo conte de Ducente)[或者"老师"(Docente)]的字样。这些抄本都出现在纳多(Nardo)公爵和乌真托伯爵安吉尔伯托·德尔巴尔佐(Angilberto

---

① G. Mazzatini, *Inventario dei manoscritti italiani delle bilioteche di Francia* (Rome, 1886), p. xxiv.

② L. Delisle, *Le Cabinet des manuscrits de la biblothèque impériale*, I, 233-238; Mazzatinti, *op. cit.*, pp. cxx-xccviii.

del Balzo)的图书清单中。①这份图书目录包括 97 个条目,其中有 8 本是印刷书籍,7 本使用当地语言,宗教类著作多于古典类著作。

阿拉贡图书馆藏书的残余部分在瓦伦西亚、伦敦、那不勒斯、维也纳、斯德哥尔摩、哥本哈根、摩德纳、都灵、锡拉库扎、佛罗伦萨、墨西拿、柏林等地都有所发现。②在这些藏书中,最大的一批目前在瓦伦西亚大学图书馆里。它们从前是弗雷德里克三世的儿子费迪南德的财产,弗雷德里克三世于 1550 年在西班牙流放的时候去世,他将其拥有 795 卷藏书的图书馆留给了他自己建立的圣米格尔·德·洛斯·雷耶斯(San Miguel de los Reyes)修道院。当这个修道院被镇压的时候,这些书也散失了,但是被抢救出来的 233 卷抄本现在瓦伦西亚。在作为礼物的著作中,③大约 250 本是宗教著作或者神学性质的著作,35 本拉丁文或者当地语言的法学著作,55 卷诗歌,135 册在“历史与演讲”一类里。在 79 本意大利语著作中,大部分是那个时代作家的著作,也有一些是从古典著作翻译而来。

在研究这个图书清单的过程中,我们对其中大量的印刷书籍印象深刻。每一个条目并没有被定名为“手工”(en mano)或者“印刷”(en forma),这给了我们一种感觉,就是这一时期的印刷书籍正在取代抄本。比如,在这份清单之首的 12 本《圣经》中,有 7 本是抄本,两本是印刷品,其他的没有标明是抄本还是印刷著作。在维吉尔的 7 本著作抄本中,仅有 3 本被标明是抄本。在 28 本《圣经》中,仅有 3 本被特别提及是手工抄写的,10 本是印刷的,其他的没有标明是抄本还是印刷品。④在这份图书清单中,复制品的数量尤其是古典作家的数量是令人吃惊的。除了维吉尔的 7 本著作抄本以外,还有 8 本奥维德的著作抄本,6 本塞内加的著作抄本,4 本李维的著作抄本,5 本瓦勒里乌斯·马克西穆斯的著作抄本,15 本西

577

---

① H. Omont, "La Bibliothèque d'Angilberto del Balzo," *Bibliothèque de l'école des chartes*, LXII(1901), 241-250.

② Mazzatinti, *op. cit.*, pp.lxxxvi, clvi.

③ *Inventario de los libros de Don Fernando de Aragon, duque de Calabria*(Madrid, 1875).

④ 我们必须要记住的是,这份清单是在 16 世纪中叶编辑出来的,其中记载的一些著作毫无疑问是在他们的主人离开那不勒斯之后获得的。

塞罗的著作抄本和 3 本恺撒的著作抄本。

我们发现，这些抄本不仅是在意大利获得，而且还有的来自其他国家，这反映了当时人们猎取抄本的热情。许多珍贵的抄本被获得之后，都进入了前述的大图书馆中，还有一些被私人所拥有，他们争先恐后地建立自己的私人图书馆。遗憾的是，人们几乎没有采取任何措施来重建这些图书馆。一个值得一提的例外情况是 P. 德·诺亚克（P. de Nolhac）在发现彼特拉克藏书方面所取得的令人钦佩的成就。但是在缺少显著数字的情况下，几乎很少有图书清单幸存下来，要获取关于这些图书馆内容相对精确的信息，唯一的方法是去研究数百本抄本本身，寻找签名信息或者其他的所有权信息，这样的方法现在正在被克鲁齐奥·萨鲁塔蒂图书馆应用，大约有 100 本他的著作抄本已经被确认。①

同样的方法还可以用于研究波基奥的著作，②他作为一位抄本猎取者已经被讨论过。我们还知道，他作为一个抄工也非常活跃，尽管其笔迹几乎还没有得到准确的辨认。③一些现存抄本的扉页上写有"波基奥藏书"（"Liber Poggii"）字样，他的信件中也提及他拥有一些著作，据此我们可以确定，波基奥的图书馆里有许多古典拉丁作家的著作。在当代的作家中，布鲁尼的《普鲁塔克》是唯一被提及的作品。

另一个我们应该关注的图书馆是杰出人物佛罗伦萨的书商尼科洛·尼科利的图书馆。据说，在他去世的时候，他有 800 本抄本。④其中的一些抄本曾经属于科卢乔·萨卢塔蒂，后来又归柯西莫·美第奇所有，其他的抄本可能是来自索洛拉斯和奥里斯帕。这些抄本里不仅有拉丁文和希腊古典著作，而且还有宗教著作，其中的一些可能是东方抄本。

反映尼科洛如何获得这些抄本的有趣的文献是一份书单，他在1431 年将这份书单给了两个枢机主教，当时这两位枢机主教开始

578

---

① By B. L. Ullman, who is preparing a book on Coluccio's library.

② E. Walser, *Poggius Florentinus*, *leben und Werke*(Leipzig，1914)，does not go into this question very deeply.

③ According to Walser, only 6 manuscripts in Poggio's former hand and 4 cursive documents have been identified with certainty.

④ Vespasiano da Bisticci, *Vite di uomini illustri*, ed. by Frati，III，91.

了前往法国和德国的征程。①这份书单中包括了一些抄本的名称,这些抄本可以在那些国家的一些图书馆里找到。能够在指定图书馆里找到的大部分抄本都用符号"重复"(repertus)在每一个条目对应的空白边儿上标出来。在这里列出来的已经被找到的著作中,主要有:多纳图斯(《评论维吉尔》)、弗龙蒂努斯、塔西佗、希吉努斯、普里西安、福卡斯、阿米阿努斯·马塞利努斯、普罗布斯、阿斯珀、普林尼、尼波斯、加图、塞尔苏斯、德尔图良、苏托尼厄斯和西塞罗的许多著作。

　　在 1441 年 4 月,尼科洛的遗嘱执行人将这些书发给了柯西莫,以此让他代为偿还尼科洛的债务并将这些抄本上锁保存起来。他在图书馆的墙壁上刻上铭文,注明了捐赠者的名字。②传统的说法认为,这些抄本中有 400 本被放在了圣马可修道院的新图书馆里。尽管当时编制的图书清单丢失了,但是我们知道,这些藏书是那个时代最为丰富的,尤其是希腊文抄本。③

579

　　15 世纪另一个值得一提的藏书属于皮斯托亚的索佐门(佐米诺)(1387—1458 年)图书馆。尽管这位藏书家在 40 年的时间里担任其生活的城市里主教座堂的牧师,但是很显然他搜集了佛罗伦萨修辞学和诗歌方面的手稿。在他 1423 年的遗嘱中,索佐门将其图书馆留给了皮斯托亚的圣亚科波(San Iacopo),希望这些藏书能够对所有的学生开放,在他死后,议会将该图书馆设置在了德利·安西亚尼宫(Palazzo degli Anziani)。两年以后,由于这些抄本还没有被编出目录,市议会下令要在 8 天的时间里编制这些抄本的清单。我们对于这个图书馆的了解也仅限于这份图书清单。④尽管时间仓促,但是这份图书清单还是根据当时常用的分类方法编撰的。每一个条目相对应的是一个阿拉伯数字,上面还标注着索佐门图书馆的标记。⑤第一类中的 14 卷(语法著作)里有如下作者

---

　　① R. P. Robinson, "The Inventory of Niccolò Niccoli," *Classical Phiology*, XVI (1921), 251-255.

　　② G. Zippel, *Niccolò Niccoli*(Florence, 1890), p.68.

　　③ E. Rostagno, "Indice dei codici greci laurenziani non compresi nel catalogo del Bandini," *Studi italiani di filologia classica* I(1893), 176-196.在这里列出的手稿中,有 27 本已经被确认是尼科洛的。

　　④ F. A. Zacharias, *Bibliotheca Pistoriensis*(Turin, 1752), pp.37-48.

　　⑤ Quinto Santoli, "La Biblioteca Forteguerriana di Pistoia,"*Accademie e biblioteche d'Italia*, II(1929), 68.

的著作:普里西安、瓦罗、诺尼乌斯·马塞勒斯(Nonius Marcellus)、
庞培斯·费斯特斯(Pompeius Festus)、帕皮亚斯、塞尔维乌斯、阿
斯科尼乌斯·佩蒂亚努斯(Asconius Pedianus)和马克罗比乌斯。
下一类中的21本著作主要是西塞罗的著作,但是也有昆体良、普
林尼(《信札》)、塞内加(《雄辩术》)和列奥纳多·布鲁尼翻译的柏
拉图的作品。接下来是20本拉丁文诗歌抄本,包括古代诗人的和
但丁的作品。诗歌之后是21本历史著作抄本,包括李维、萨鲁斯
特和当时的历史学家马内蒂、列奥纳多·布鲁尼、阿雷蒂诺和索佐
门本人。在下一部分中的16本抄本中,主要是祈祷书、《圣经》和
流行的教令。最后一组有24本抄本,其内容庞杂,里面有8本希
腊文抄本。在总共116本抄本中,阿拉伯数字从111到200被省
略了。一般认为,省略掉的89卷抄本可能是宗教类。或者很可能
的情况是,①由于只有一本使用本土语言写作的手稿即但丁的手稿
被列入其中,而这本手稿在书单中排位靠后,索佐门很可能将其他
意大利人的著作拿出去了,而只列出了他认为学者们会更感兴趣
的抄本。

580

　　在这份图书清单出台以后的几个世纪里,大部分抄本都消失
了。在1553年,这些藏书被并给了按照尼科洛·福尔泰圭里(Nic-
colo Forteguerri)留下的传统而建立起来的智慧宫,用于其生活的
城市人民教育之用。今天索佐门的这些财产依然在皮斯托亚的福
尔泰圭里图书馆里,但是1460年图书清单中仅有30本抄本能够
被辨认出来。其他抄本的丢失可能部分是由于图书外借,甚至借
给本国以外的人。比如,我们知道,索佐门的亲笔稿和亚里士多德
的《伦理学》被寄给了洛伦佐·美第奇。索佐门的藏书引起美第奇
的关注是在1478年,当时皮耶罗和乔凡尼带着波利提安去了皮斯
托亚以躲避佛罗伦萨的瘟疫。

　　在索佐门尚存的抄本中,最有趣的一份是他亲自抄写的阿斯科
尼乌斯·佩蒂亚努斯对西塞罗的评论。签名中写道,他抄写的原
本是其在圣高尔发现的一个抄本。学者们不能肯定,它是直接抄

---

　　① R. Piattoli, "Ricerche intorno alla biblioteca di Sozomeno," *Bibliofilia*, XXXVI
(1934), 273.

自波基奥在一年之前发现的著名的抄本，还是抄自波基奥一位同行的一个抄本。后一种说法看上去更具可能性。[1]在皮斯托亚以外的索佐门抄本，一些已经被确认：一本在大英博物馆哈德里安藏书中，9 本在阿斯纳图书馆，在国家图书馆、罗莫朗坦和莱顿还各有一本。由于索佐门许多抄本后来都到了法国藏书家皮图（Pithou）的手里，系统地考察其图书馆的遗物毫无疑问将会进一步确认索佐门的抄本。

15 世纪末最大的私人图书馆之一乔凡尼·皮科·德拉·米兰多拉（Giovanni Pico della Mirandola）的图书馆没有留下任何痕迹。 *581* 他于 1494 年去世，并将他的藏书留给了佛罗伦萨的圣马可修道院。但是，这些藏书经过一番周折，到了威尼斯的圣安东尼奥城堡（San Antonio di Castello）修道院，在 17 世纪这些书毁于一场大火。然而幸运的是，1498 年编制的一份图书清单记载了各个图书馆的藏书情况，其中记载的书目超过1 000。[2]根据其主人在哲学、占星术和神学方面的兴趣，当我们发现这个图书馆里的藏书大部分是这些方面著作的时候，就不会感到吃惊。古典作家的著作相对较少，而且许多都是印刷的书籍，但是还有 150 多本希腊文著作，100 多本希伯来文著作。皮科的人文主义同行也在其中，还有法学和医学著作。这份图书清单中的大部分内容都注明"印刷体"（impressus），使我们不至于为这些藏书的丢失而感到遗憾。

我们可能会对 15 世纪伟大的人文主义者拥有的内容广泛的私人图书馆感到吃惊，当我们读到那些不是专业学者的个人藏书的时候，我们甚至感到更惊讶。对于像维罗纳的瓜里诺或者布鲁尼这样的学者来说，拥有一个图书馆是不可或缺的，但是对于行医者或者从事毛织品业的人来说，他们也收藏古典作家的著作抄本，尤其是当获得新书不用花费很多时间的时候，这反映出当时文艺复兴运动在社会渗透之深。我们了解到，一个毛织品商人迪蒂萨尔

---

① R. Sabbadini，"La Biblioteca di Zomino da Pistoia，" *Rivista di filologia e di istruzione classica*，XLV(1917)，199.

② F. Calori-Cesis, *Giovanni Pico della Mirandola*(Mirandola，1897)，pp.32-76.

维·迪·内隆（Dietisalvi di Nerone）就拥有一个小而精的图书馆。[1]
早在 1433 年，他有 37 本抄本，其中大部分都是古典著作抄本，甚
至连 1421 年发现的西塞罗的《布鲁图斯》也在该书单中。他与人
文主义者的密切关系在一封尚存的书信中有明确的证据，在这封
信中，他说在尼科洛和索佐门之间争论的过程中，他本人就在尼科
洛·尼科利的图书馆里。

582　　　另一位与当地人文主义者有接触的佛罗伦萨人是医学博士安东
尼奥·迪·保罗·贝尼维耶尼（Antonio di Paolo Benivieni）。[2]他的图
书清单日期是 1487 年 12 月 25 日，里面有 175 个条目。其中除了
大量的医学著作之外，还有哲学、诗歌、演讲学、逻辑学和神学方面
的拉丁文、希腊文和意大利文著作。除了一本印刷的维吉尔的著
作之外，其他的全部都是抄本。

　　　另一位医生巴尔托洛·迪·图拉·迪班迪诺（Bartolo di Tura
di Bandino）的图书馆内容更加广泛，这个图书馆目录时间是 1483
年，里面有 220 卷书，其中仅有 45 卷是纸质藏书。[3]尽管这个目录
中首先列出的是医学著作，但是我们还是发现了尤维纳利斯、恺撒
和塞内加的名字，天文学、气象学著作也在其中，而神学方面仅有
托马斯·阿奎那的著作。

　　　锡耶纳的读写活动也很活跃，这一点可以从主教座堂图书馆、
修道院图书馆以及私人藏书经常被提及这一点看出来。[4]在私人藏
书中，最引人注目的是尼科洛·迪·梅瑟·巴尔托洛梅奥·博尔
盖西（Niccolo di Messer Bartolomeo Borghesi）的藏书。[5]在 1500 年
的时候，该图书馆里的藏书有 363 项条目，很显然所有的都是抄
本。规模最大的一组有 68 条，主要是语法、修辞学、逻辑学和词典

　　① L. Chiappelli, "Inventario dei manoscritti raccolti dal lanaiolo florentino Dietisalvi di
Nerone," *Bibliofilia*, XXV(1924), 247-252.
　　② B. de Vecchi, "I Libri di un medico umanista fiorentino del secolo xv," *Bibliofilia*,
XXXIV(1933), 293-301.
　　③ C. Mazzi, "Lo Studio di un medico senese del secolo xv," *Rivista delle biblioteche*,
V(1894), 27-48.
　　④ Cf. L. Zdekauer, *Lo Studio di siena nel rinascimento*(Siena, 1894).
　　⑤ C. Mazzi, "La Biblioteca di Messer Niccolò di Messer Bartolomeo Borghesi ed altre
in Siena nel rinascimento," *Rivista delle biblioteche*, VI(1895),120-125，150-159.

类。规模次之的有 49 条。之后是 44 卷神学和教会方面的著作。在 33 条历史学家书目里面,我们发现了两本希罗多德的希腊文著作。接下来是 29 本科学方面的抄本,作者有斯特拉波、塞尔苏斯、希吉努斯和庞波尼乌斯·梅拉。还有一组单独编目的是摘抄和作品选集,一共有 14 本。书目最少的是演讲、书信和戏剧作品。

　　在意大利北部鲜为人知的地方还有一些人参与到文艺复兴运动中来,这从一些图书清单中可以看出来,比如瓜奈里奥·迪·安特格纳(Guarnerio dei signorin di Antegna)的图书清单,他在乌迪内 583 生活。在他 1466 年去世的时候,他将其图书馆留给了圣丹尼尔(San Daniele)的圣米歇尔·阿尔坎杰洛(S. Michele Arcangelo)。[①] 在这个拥有 169 部抄本的图书馆里,几乎有一半都是在"教会书籍"(ecclesiastici)这一组里,但是还有古典作家和非拉丁作家,比如洛伦佐·瓦拉、皮埃尔·保罗·韦尔杰里奥(Pier Paolo Vergerio)、弗朗西斯科·巴巴罗(Francesco Barbaro)、维罗纳的瓜里诺以及列奥纳多·布鲁尼。让人感兴趣的是一条注释,该注释解释说,普劳图斯的著作抄本中包含 12 部喜剧作品最近被发现(*novissime inventi*)(1425 年),大部分抄本都是写在羊皮纸上,而且,圣丹尼公共图书馆几乎所有幸存下来的抄本都保留着最初的装订。在丢失的抄本中,记载表明,有 5 本是在 1510 年丢失的,当时该图书馆从最初的房间搬到了现在的这个房间里,有 10 本是在法国人的劫掠中被抢走的,一本被借出去没有被归还,还有一本的命运我们无从知晓。

　　我们在讨论古典著作抄本重新被发现的时候,米兰的一些人文主义者所发挥的作用是值得我们关注的。在这个城市里,发现一些著名的私人图书馆丝毫不会令人感到吃惊。在较早的藏书中,突出的是乔凡尼·科维尼·阿雷蒂诺(Giovanni Corvini Aretino)的藏书,他在 1412 年拥有大量重要的抄本。[②]他的乌托尼厄斯、格利乌斯和马克罗比乌斯的著作抄本里全都有希腊文引文,这受到了

---

　　①　G. Mazzatinti, *Inventario dei anoscritti delle biblioteche d'Italia*(Fori, 1893), III, 101-107.

　　②　R. Sabbadini, "Delle biblioteca di Giovanni Corvini e d'una ignota comedia latina," *Museo di antichita classica*, II(1888), 81-96; E. Motta, *Libri di casa Trivulzio nel secolo XV con notizie di altre librerie milanesi*(Como, 1890), p.24.

当时学者的高度赞赏,维罗纳的瓜里诺用了 7 年的时间找到了乔凡尼·科维尼的马克罗比乌斯的著作抄本。其他的抄本在这一时期也不同寻常,主要是加图、帕拉迪乌斯、科路美拉和瓦罗的农学著作。他的西塞罗的《致阿提库斯》抄本代表了与佛罗伦萨学术界不同的校订方法。我们对科维尼藏书中一部古代喜剧中的一个引文感到迷惑,因为它不是来自普劳图斯或者特伦斯尚存著作中的任何一本。从这些少数几个条目中,我们可以判断,他的图书馆只是菲利普·马里亚·维斯康蒂(Filippo Maria Visconti)宫廷图书馆的一个点缀,他是在 1409 年进入这个宫廷提供服务的。

584　　　15 世纪末的三份图书清单描述了特里瓦奇家族作为卓越藏书世家的文献财富,他们的后代依然在米兰的古代宫廷里保有一个重要的图书馆。①第一份图书目录有 60 个条目,记载了加斯帕雷·特里瓦奇(Gaspare Trivulzi)在 1480 年的藏书。由于他是一个律师,因此其藏书几乎有一半都是法学方面的著作,此外,还有许多古典作家的著作,比如奥维德、西塞罗、维吉尔和亚里士多德。洛伦佐·瓦拉和列奥纳多·阿雷蒂诺(Leonardo Aretino)的著作也在其中。卡洛·特里瓦奇(Carlo Trivulzi)的图书清单是在 1497 年编制的,有 98 个条目,其中许多是神学著作,但是大部分都是古典作家的著作。在翻译成意大利文的拉丁文著作中,有李维、苏托尼厄斯、普林尼和尤维纳利斯的著作。相对短一点的书单是雷纳托·特里瓦奇(Renato Trivulzio)的,时间是 1498 年。其中的 54 卷抄本大部分是古典作家的著作。总体上来说,抄本的语言没有被说明,但是一本迪奥克里塔(Theocritus)的抄本被确认是希腊文。

在我们讨论过的私人图书馆中,我们几乎依据的都是尚存的图书清单,这或多或少是因为这些目录有能够幸存下来的机会。一定还有其他的图书非常值得一提,但是它们要么没有图书目录,要么是图书目录没有被出版。比如,帕多瓦的人文主义者西科·波兰顿(Sicco Polenton)(出生于 1375 年或者 1376 年),他的大部头著作

---

① Motta, *Libri di casa Trivulzio*, pp.8-16; G. Porro, *Catalogo dei codici manoscritti della trivulziana* (Torino, 1884).

《拉丁语缮写室》(*Libri scriptorium illustrium linguae Latinae*)①作为第一部拉丁文文献而流传下来,他拥有一座藏书内容非常广泛的图书馆。②他使用过的著作有多少在其藏书里是一个问题,这个问题只能通过图书清单的发现或者对抄本本身进行确认才能够解决。同样,波兰顿的同时代人多梅尼克·德·班迪诺(Domenico de Bandino)在一本具有百科全书性质的名为《世界大事记》(*Fons memorabilium universi*)著作中,表明他对许多古典作家都非常熟悉,而在此之前,一些古典作家只为彼特拉克、薄伽丘和萨卢塔蒂所了解。但是,仅从其引文中,我们不可能确认这些珍贵的著作中哪些属于他自己。

　　在那些在国外搜寻抄本的人中,我们已经提到过安吉洛·德琴布里奥在西班牙的经历。在他于 1446 年返回意大利的途中,他身上的财物被抢劫一空。他丢失的财物清单幸存下来。③在这份清单中,他说他不能单独说出每册书的价格,这不像每件衣物一样,但是全部图书馆里的藏书可以肯定价值超过 300 达克特。在随后的书单中,他的贺拉斯的著作抄本注明来自佛罗伦萨;他的卢坎、马提雅尔、塞尔维乌斯和约瑟夫斯的著作抄本都被描述成"最古老的"(antiquissimus)。他还有一本格里乌斯的著作抄本里面有"出色的"希腊文片段,还有一本伪昆体良的《雄辩术》(*Declamations*),这是一本在当时都几乎不为人所知的著作。多纳图斯和德摩斯梯尼的著作都是希腊文版,包括有约瑟夫斯和赫格西普斯(Hegesippus)(拉丁文)的抄本。在当代人的著作中,有洛伦佐·瓦拉翻译的希罗多德、修昔底德和荷马的著作,还有德琴布里奥本人的著作。

　　维罗纳的瓜里诺的私人图书馆没有图书清单幸存下来,他搜集希腊文抄本的情况在前面已经有所提及,但是通过对其书信的仔细研究,萨巴蒂尼发现他的藏书内容非常广泛,其中包括了一些不

----

① Published by B. L. Ullman, *Papers and Monographs of the American Academy in Rome*, VI(1928).

② D. M. Robathan, "A Fifteenth-Century History of Latin Literature," *Speculum*, VII(1932), 239-248.

③ A. Cappelli, "Angelo Decembrio," *Archivio storico Lombardo*, XIX (1892), 110-117.

常见的作家。①比如,他从维罗纳的主教座堂里获得了那个时代所知的芝诺著作唯一的抄本,他还有直至 1427 年才为人所知的塞尔苏斯唯一的著作抄本。他的普林尼的《书信集》抄本(现已丢失)是许多流传下来的抄本的母本。他的格里乌斯著作抄本里面有希腊文,但是他的马克罗比乌斯著作抄本里面没有。他花了 7 年的时间试图获得一本乔凡尼·科维尼的手稿,最终,瓜里诺拥有一本特伦斯的著作抄本,因为在 1424 年,洛多维科·贡扎加向他要这本抄本。他自己的书信或者与他通信者的书信表明,他还有其他如下作家的著作抄本:拉克坦修、费尔米阿努斯(Firmianus)、贺拉斯、尤斯蒂努斯、卢克莱修、萨鲁斯特、塞内加、塞尔维乌斯、塔西佗、瓦罗、维吉尔、苏托尼厄斯、阿斯康尼乌斯·佩蒂亚努斯、奥古斯丁以及许多西塞罗的著作抄本。

在以希腊文抄本著称的私人图书馆中,有贾诺佐·马内蒂(Gianozzo Manetti)和帕拉·斯特罗奇(Palla Strozzi)的图书馆。尽管这两个人都是佛罗伦萨人,但是他们将自己的图书馆都留在了其他地方,因为他们都被从本土流放。因此,马内蒂一生最后的岁月是在那不勒斯度过的,他的 40 本希腊文抄本最终流入梵蒂冈的帕拉丁收藏中,②帕多瓦的圣朱斯蒂娜(S. Giustina)修道院获得了斯特罗奇的希腊文抄本,他在流放期间生活在那里。在他写于 1462 年的遗嘱中,斯特罗奇嘱托一定要仔细保护好这些抄本,不能借给其他的修道院。但是到 16 世纪末的时候,在这个修道院里已经找不到一本他的著作抄本,直到一个世纪以后,一些抄本才又重见天日,在 1810 年,一些抄本被修士们偷偷地卖掉了。因此,其中的一些现在巴黎的国家图书馆,而其他被带到英国的抄本,被从阿什伯纳姆图书馆返还给意大利佛罗伦萨的劳伦提安图书馆。还有一些可能是在帕多瓦和威尼斯的大学图书馆里被发现。③

另一个值得一提的图书馆是希腊文抄本最热心的研究者之一

---

① R. Sabbadini, "Codici latini posseduti, scoperti, illustrati da Guarino Veronese," *Museo di antichita classica*, II(1888), 376-455; Also his *Scoperte*, I, 96-98.

② Sabbadini, *Scoperte*, I, 55.

③ L. Ferrai, "La Biblioteca di S. Giustina di Padova," in G. Mazzatinti, *Inventario dei manoscritti italiani nelle biblioteche di Francia*(Rome, 1887), II, 549-661.

皮亚琴察的乔吉奥·瓦拉(Giorgio Valla)的图书馆。①他的拉丁文和希腊文抄本都首先落入了卡尔皮的阿尔贝托·皮奥(Alberto Pio)的手里,从他那里又传给了枢机主教里多尔多·皮奥(Ridoldo Pio)。1564 年的图书清单至今尚存,但是我们很难将这份清单与瓦拉的图书馆联系起来。因为仅有 14 本看上去与 1490 年拉斯卡里斯在瓦拉图书馆里看见的书完全一样。据说在摩德纳的埃斯藤泽图书馆(Biblioteca Estense)里的 65 本希腊文抄本来自瓦拉的图书馆。

还有一位杰出的藏书家,他的图书馆仅受到了我们的部分关注,他就是弗朗西斯科·费勒佛。在他被确认的希腊文抄本中,包括哲学、地理、历史、语法、演讲学和诗歌著作。②它们被散置于莱顿、罗马、巴黎、佛罗伦萨、埃斯科里亚尔和沃尔芬比特尔的各大图书馆里,这些抄本一定可以代表费勒佛曾经一度繁荣的图书馆的轮廓,因为他在 1427 年写给安布罗吉欧·特拉维尔萨里(Ambrogio Traversari)的一封信中,列出了他从君士坦丁堡带回来的希腊文抄本,他在君士坦丁堡待了 7 年半的时间。这个丰富的书单里有下列作者的著作:普罗提诺、埃利亚努斯、亚里斯泰德斯(Aristides)、哈利卡纳苏斯的迪奥尼修斯、斯特拉波、赫莫杰尼斯、亚里士多德、希罗多德、迪奥·克里索斯托、修昔底德、普鲁塔克、斐洛、泰奥弗拉斯托斯、荷马、菲洛斯托拉托斯、利比拉尼乌斯(Li-branius)、卢西恩、品达、柏拉图、阿拉图斯、欧里庇得斯、赫西奥德、迪奥克里塔、德摩斯梯尼、埃斯奇纳斯、色诺芬、利西亚斯(Lysias)、卡利马科斯(Callimachus)、波利比乌斯(Polybius),还有一些作家的名字没有被列出来。③

但是,这些图书馆在规模上没有一个能够与枢机主教尼科洛·里多尔菲(Niccolo Ridolfi)的图书馆相媲美,尼科洛·里多尔菲图

---

① J. L. Heiberg, "Beiträge zur Geschichte Georg Vallas und seiner Bibliothek," *Beihefte zum Zentralblatt für Bibliothekswesen*, XVI(1896).

② H. Omont, "La Bibliothèque grecque de Francesco Filelfo," *Bibliofilia*, II, (1900-1901), 136-140.

③ J. A. Symonds, *The Renaissance in Italy: The Revial of Learning* (New York, 1888), p.270, n.2.

书馆中的希腊手稿可以与教皇尼古拉斯五世的希腊文抄本相匹敌。尽管里多尔菲的活动属于我们前面讨论过的图书馆之后的时代了，但是在 16 世纪初期，在罗马有一个私人图书馆里有 809 册书，其中大部分（618）是希腊文，而其他的是希伯来文和阿拉伯语抄本，这具有特别重要的意义。①这个图书馆非常重要，不仅是因为其规模大，而且其抄本的质量特别高。当我们知道里多尔菲获得了大约 130 本拉斯卡里斯的抄本的时候，那么他拥有一本 9 世纪柏拉图的作品抄本，一本 10 世纪德摩斯梯尼和亚里士多德的作品抄本和一本 11 世纪欧里庇得斯的作品抄本的事情就不会让我们为此感到吃惊了。为了躲避 1527 年的破坏，这些书被寄到了奥尔维托。在 1549 年尼科洛去世的时候，他的弟弟洛伦佐将该图书馆卖给了皮耶罗·斯特罗齐（Piero Strozzi），皮耶罗·斯特罗齐又将这些书带到了法国。后来这些书又被凯瑟琳·美第奇获得，通过凯瑟琳·美第奇，这些书最终进入了国家图书馆，这些抄本是这个图书馆里希腊文抄本最有价值的藏书。关于这些书的一个完整的图书目录即将出版。②

588

---

① H. Omont, "Un premier catalogue des manuscrits grecs du Cardinal Ridolfi," *Bibliothèque de l'école des chartes*, XLIX(1888), 310; R. Ridolphi, "La Biblioteca dei cardinale Nicolò Ridolfi," *Bibliofilia*, XXXI(1929), 176 ff.

② Documents recently published by Ridolphi, *op. cit.*, p.186.

# 第四部分 中世纪书籍的 生产及保护

我们的书的书名都记在这里，以便修士们永远把它们放在心里。

——戈特利布转引自 12 世纪昂热
本笃修道院的一份图书目录

那么，遵守我们的规则，这样我们才能保护我们这些精神食粮……我们决定……要遵守……

——特里尔加尔都西会修道院图书馆规章（1436）

作家啊，写吧，以便后人学习。

——里拉圣母院（Notre-Dame de Lyre）缮写室铭文

# 前　　言

　　非常明显的是，在所有的历史时期，书籍生产的每一个因素都在图书馆领域里有所反映。图书馆发展的任何历史阶段一定都会关注书籍形成中材料的质量和数量。但是，正如已经发生的那样，研究这其中某些因素的独立学科已经发展起来了，有大量用英语和其他语言写作的特殊的文献资料以供我们使用。因此，古典学者侧重于对古文字学和文本的批评，艺术史家研究书籍装帧、书法、图书彩饰、插图和装订。在图书馆发展的历史中，不会有人去总结书籍生产的这些因素，因为这些在容易获得的文献中可以充分地展示出来。但是，另一方面，我们在这里必须要对修道院缮写室、图书市场、抄本的漂泊以及中世纪图书馆的规章制度予以关注。

　　对于一个习惯了自由性与复杂性相交织的家庭与社会生活的现代人来说，去理解中世纪修道院的实际生活状况及其精神生活是很难的事情。可能我们尽可能设想出来的是下面一幅场景：相当低级的乡村寄宿学校，都是成年男人（不包括男孩），他们要参加长时间的教堂仪式而不是上课，他们要来住上不是几年的时间，而是要在这里度过一生的岁月。在修道院里和在这样的学校里一样，个人没有任何的私人生活空间。不仅是在宿舍、饭厅和教堂里是这样，而且在闲暇时间里也是如此，他都是和他的同伴们在一起。在厨房、田间或者作坊里，都是分组工作。但是通常来说，大部分修士在缮写室里一起工作，在这里他们几乎没有闲暇时间。要保持表面的秩序并不总是一件容易的事情。在人群嘈杂的环境下，严肃的修士缺少安静和设备来阅读或者从事自己喜欢的工作。事实上，他会成为大家嘲笑的话柄，被同伴粗俗地讥笑。除非是有一位非同寻常的管理者赞赏这样的读写文化活动，并且为读写文化活动的发展提供恰当的途径和方法，否则修士们唯一可能发挥的才能就只能是顺应常规和环境。这在修道院中得到了尝试，抄写书籍通常仅有两个动机：提供修道院所需要的材料，作为修士们锻炼手脑的方式，否则他们会怠惰。在第一种情况下，目的是生产；在后一种情况下，仅仅是单调的活动。

每一个修道院都需要一定的书籍：教堂祈祷仪式所需的祈祷仪式用书、初学者指南、用餐时大声朗读所需要的书籍以及牧师和教师所需的神学研究材料。这些不同的书籍自然有不同的目的。对于在祭坛上使用的书籍来说，其目的是为了使用其丰富的材料，要有缜密的工艺、最好的羊皮纸、最仔细的抄写、要有金色和彩色的华丽装饰以及奢华的装帧。而对于学校用的教材来说，草率的抄写以及最廉价的材料就足够了。

随着各个时期、要求和地区的流行标准变化，书籍生产的质量和数量也会有增有减。在禁欲苦行被推崇的地方，就会有精美的礼拜仪式用书和《圣经》抄本。同样，一些简洁且毫无创意的无害的规范图书的抄写会被当作一项工作。在其他的时期和其他的地方，如果读写文化的兴趣超过了宗教兴趣的话，就会将重点放在教材和研究材料上。在这种情况下，最重要的是抄写著作的内容，而不是抄写的速度。在宗教和读写活动都衰落的时期——书籍有时候依然被抄写——但是母本往往内容无用，版本不好，字迹潦草——只是按照传统和习惯而抄写。同样，也有这样的情况，某一个人因其对书籍的爱好还有个人的天赋，用自己的精力、热情和权势而开展一项文化和学术甚至是世俗学术的运动，这样的运动甚至会持续几代人的时间。

修道院体系随着其每一届领导者个人的经历或者志向而逐渐发展起来，它的中心原则永远是全心全意服务于宗教实践的集体生活，它的基本模式是家长制下的个人意志，有成文的教规或者制度，征求所有成员的意见但绝不需要他们的同意。关于修道院院长，尤其是大的修道院院长，有助理或者下属，他们的称号和职责有的时候是有成文的习惯法规定的，这些成文的习惯法一般来说是现成的规章而不是真正的成文法。最初是在实践中，有的时候

593

也是在理论上，领导班子成员被认为是一个临时的发挥一定职能的一班人马，而不是真正的领导。后来，所有的行政安排和规章都变得根深蒂固了，由法律规定的官员的权力变成了主流。但是在图书馆和缮写室发展的过程中，这已经是后来的事情了。首先，当一个修道院需要一本特定书籍的时候，适合做这项工作的一个修士被命令来制作它。修道院会给这个人所需要的材料和一个工作的地方，他在修道院院长或者修道院院长派去的代表的直接监管下工作。同样，如果是一组人被要求从事抄写工作的话，也会有一个合适的人监管他们，指导他们的抄写工作。逐渐地，所有这些安排就变成了常规工作。在第一种制作某一种特定书籍的工作中，产生了单独的书桌、工作间；在第二种工作方式中，需要团体工作，产生了写作间或者缮写室。总的来说，修道院的图书馆至少在某种程度上一直是这两种抄写形式中的一种或另一种的附属设施，要有装书的柜子或者房间来存放书吏们要抄写的母本书和他们已经完成的抄本。修道院图书馆作为供修士们阅读的藏书室和作为研究的参考书的功能是独立发展起来的。

# 第十八章 缮 写 室[1]

由卡西奥多罗斯在维瓦里乌姆引进的缮写室和图书馆制度成为本笃修道院最大的特征之一。[2]修道院很贫穷,需要大量的劳动力为教友提供生活来源,书吏的数量非常少,他们通常是那些身体羸弱不能从事重体力的劳动者。但是,随着修道院财富的增加,修士们便放弃了繁重的体力劳动而从事轻体力劳动。缮写室里的抄写和写作工作,不再是那些不适于其他工作的人来从事,而是变成了最有能力最有文化的修士们的工作。[3]欧洲大陆上图尔城、弗勒里、科尔比、普罗姆、科维和圣高尔的修道院和英国坎特伯雷的圣奥古斯丁修道院,都以其书吏而闻名。

"缮写室"或者"书写室"这个词,意思是在一个大的房间里抄写著作,而且这个房间主要是适用于抄写的目的。但是,理论上如此,实际情况则往往不一样。用于抄写的类似房间在图尔城的圣马丁、圣高尔、富尔达、圣阿尔班以及其他的地方都被发现。普遍的情况是,缮写室和图书馆是在一个房间里。书籍被放在封闭的书柜或者壁橱里,垂直地贴墙摆放,这样可以被阳光照射。在房间

---

[1] 本章由 Florence Edler De Roover 撰写。本章的部分内容发表在 *Thought*,VI,No.2(September,1931)。关于这个问题的文献资料,参见 F. Friederici, "Schreib- und Bücherwesen des Mittelalters," *Die Bücherwelt*,XXI(1924),Nos. 3,4;M. L. W. Laistner, *Thought and Letters in Western Europe*,*500-900*,chap. Ix;G. G. Coulton, *Social Life in Britain*,pp.106-111;G. G. Coulton, *Art and the Reformation*,pp.49-50,83,521-522;A. T. Drane, *Christian Schools and Scholars*,*passim*。

[2] Cf. chap. Ii,above.

[3] 在卡西奥多罗斯之后,爱尔兰修道院里的书吏比任何其他地方的书吏都更早地获得了人们的尊重。在 7 世纪和 8 世纪,在爱尔兰,杀害一个书吏的罚金相当于杀害一个主教或者修道院长的罚金。Cf. Madan, *Books in Manuscripts*(New York,1927),p.42.在 11 世纪末的图尔城,阿尔昆带领修士们离开田野劳动,告诉他们,学习和书写是更高贵的追求。Cf. E. A. Savage, *Old English Libraries*(Chicago,1912),pp.76 f.

的中间摆放长桌子或者单个椅子,有的时候在书柜之间摆放椅子。3 到 20 个抄工被提供膳宿,而一般最常见的是 12 个。①

　　普通的缮写室地点各不相同。如果同一个房间既被用作图书馆也被用于缮写室的话,它经常是挨着厨房或者有取暖的房间里(修士们可以在这里取暖),爱尔兰的修道院尤其如此。在圣高尔修道院,书写室都是在教堂和取暖室之间,图书馆在它的上面。依然保留在圣高尔修道院的一幅画显示了 9 世纪建二层楼的规划。在缮写室的中间有一张大桌子,靠墙有七张用于书写的桌子。②当缮写室最终和图书馆分离的时候,人们就很少再关注抄工的舒适与否,经常有抄工抱怨身体冻僵了、手指冻麻木伸不开了、甚至墨水都冻上了。在圣阿尔班、考克桑德修道院(Cockersand Abbey)和伯肯海德小隐修院(Birkenhead Priory),缮写室均在牧师会礼堂之上。

　　从总体上来说,大的书写室看上去是本笃修道院的典型特征,而西多会和加尔都西会倾向于小的房间或者单个的缮写室。③这些小的房间有的时候是建在取暖房的周围,比如,在 12 世纪最后的 25 年里,在布拉班特(Brabant)维勒斯(Villers)的西多会修道院院长雅各就是这样建的小房间,他的继任者增加了两个相连的教堂管理人的房间。④克莱尔沃的圣贝尔纳助理尼古拉斯写了一篇关于小书写室或者"缮写室"的生动的、图文并茂的文章。他的书写室的门开向初学修士的住所,在右边是修道院的回廊,在左边是医院和病人们活动的地方。尼古拉斯写道:

　　　　但是不要误以为我的小房是被人鄙视的,因为它是一个令

――――――――――――

　　① T. D. Hardy, *Descriptive Catalogue of the Materials Relating to the History of Great Britain and Ireland*, III, xii. 在 11 世纪的希尔绍修道院里,有许多书吏,但是修道院长委任 12 个最好的书吏抄写《圣经》和教父的著作。其他的著作由剩下的书吏来抄写. Cf. S. R. Maitland, *The Dark Ages*(6th ed.; London, 1890), p.364.

　　② Savage, *op. cit.*, p.94.

　　③ E. G. Vogel, "Einiges über Amt und Stellung des Armarius in den abendländischen Klöstern des Mittelalters," *Serapeum*, IV(1843), 24. 加尔都西会会士都住在单独的小房间里,每一个人有一间学习室、一个卧室和园圃. Cf. J. W. Clark, *The Care of Books* (Cambridge, 1901), p.69.

　　④ Maitland, *op. cit.*, p.443; Savage, *op. cit.*, p.80.

人渴望的地方,是一个适合于休息的地方,里面装满了最好的最神圣的书籍,我最不喜欢人们轻视这里的态度。这个地方是我读书、抄写、创作、沉思、祈祷和崇敬全能的主的地方。①

在许多英国修道院里,抄工们在一起工作,而这样的单独的小房间是为社团里那些学识更渊博的成员提供的,这些人编撰书籍,也抄写书籍。就是在这样的个人的书房里,马姆斯伯里的威廉、亨丁顿的亨利、吉拉德斯·康布拉恩西斯(Giraldus Cambrensis)、温多弗的罗杰(Roger of Wendover)、马修·帕里斯还有其他人编撰了他们的著作。

我们已经提及了两种缮写室——普通的书写室和单个的书写和学习的小房间。第三种是修院回廊缮写室。有的时候抄工的工作是在开放的回廊里完成的,右面有墙,有拱形结构的屋顶,就形成了一个这样的回廊。图尔奈的克吕尼圣马丁修道院就是如此。第三任修道院院长赫里曼(Herimann)在描写第一任有学问的修道院院长奥多的时候,这样写道:

因为他特别喜欢读书,他极力鼓励写书,他曾经为上帝给他这么多抄工而感到非常欣慰。如果你有机会走进修道院回廊,你会看到十几位修士们非常安静地坐在椅子上,趴在桌子上写字,非常认真,训练有素……②

巴黎圣维克多修道院的教规《习俗》提及,抄写是在修道院的回廊中完成的,它远离社区。③奥尔德利库斯·维塔利斯(Ordericus 597 Vitalis,1075—1143 年)终生都在诺曼底的圣埃弗罗特(St. Evroult)修道院度过,他可能在一两个开放的修道院回廊里工作,因为他在其第四本书《教会史》(*Ecclesiastical History*)的结尾写

① Translation quotd from Hardy, *op. cit.*, pp.xxi f.
② Translated by Hardy, *ibid.*, p. xxii, from the *Narratio Herimanni*, printed in L. d'Achery's *Spicilegium*, II, 913.
③ C. D. du Cange, *Glossarium mediae et infimae latinitatis*(Niort, 1883-1887), *s. v.* "Scriptores"; F. A. Gasquet, *The Old English Bible and Other Essays*(London, 1897), p.45.

道,他必须在冬季将这本书放在一边,他对此感到失望。①亨丁顿郡拉姆西修道院的一个修士在一首拉丁对句中记载了自己的不舒适感,这个对句暗示,在一个开放的修道院回廊里,所有的季节对于严肃的著作来说都是同样具有毁灭性的:

> 坐在风里、雨里、雪里、太阳下,
> 我们无法在封闭的空间里写作或学习。②

一位韦索布伦(Wessobrunn)的书吏记载道:"你们现在看到的这本书,是在外面的座椅上写的。""当我抄写的时候,我冻僵了,我不能在阳光下完成的部分,都是在烛光下完成的。"③

为了整年在修道院里加快阅读和抄写,许多英国的修道院屏蔽了四个修道院回廊之一,在面对回廊花园的窗户处蒙上油纸、草席或者玻璃,在每一扇窗户前建了几个通常是木制的屏风,使得抄工们免受恶劣天气的影响,而这些修道院在 14 世纪末以前几乎没有特殊的房间用作图书馆或者缮写室。在这些小的书房里,在一个修道院回廊的窗户下,有一个椅子和一张座位,这些小的回廊书房被称为"分隔式阅读间"(carrels)。④在里面做了一些试图使得抄工们感觉到更舒适一些的尝试:座椅有的时候是带一个木制的后背和木制的侧面,这样可以防风,地上铺上木板,并铺上干草或者麦秆,以使人可以感觉更暖和。这一描述听起来非常像过时的教堂用的高背椅,事实上,在《达勒姆的仪式》中,就已经被如此命名了,我们已经在第 8 章中引用过。在达勒姆沿着北墙有 11 扇窗户,每一扇窗户前有 3 个分隔式阅读间,如果所有的窗户都是这样的话,可以供 33 个修士使用。分隔式阅读间的大小情况是它们宽不超过 2 尺 9 英

598

① Clark, *op. cit.*, p.80(2d ed. p.71).

② 这个对句写在现存剑桥的一部手稿的空白页上。Translated by Clark, *op. cit.*, p.80(2d ed. p.71).

> "当我们在大风暴、雨天、雪天和阳光下坐在这里的时候,
> 在修道院回廊里无法写作,也无法阅读。"

③ W. Wattenbach, *Das Schriftwesen in Mittelalter*, p.284.

④ Cf. H. F. Feasey, *Monasticism: What Is It?* (London, 1898), p.188, and the *Oxford English Dictionary*.

寸,使用者几乎找不到剩余的房间。①敞开的低矮的窗户不能阻止管理读者或者抄工的教堂赞礼员或者图书管理员监督他们的工作。

有文献和考古证据表明,在 13 世纪威斯特敏斯特修道院里有相同的分隔式阅读间;在 14 世纪的伯里圣埃德蒙德、伊夫舍姆、阿宾顿、圣奥古斯丁、坎特伯雷也有;在 15 世纪坎特伯雷的基督教堂也有。不是所有的分隔式阅读间都是由木头建造的。在格洛斯特主教座堂南面的修道院回廊里,有 20 个漂亮的石头建造的分隔式阅读间,它们建于 1370 年和 1412 年间,在克拉克的《书籍的保护》一书中对此有过图文并茂的描述,格洛斯特主教座堂的修道院前身是圣彼得本笃修道院。②它们建在 10 个主窗户下面,每个窗户下两个分隔式阅读间,它们由有墙垛的顶部或者飞檐组成拱状穹顶。每一个分隔式阅读间宽 4 尺,纵深 19 英寸,高 6 尺 9 英寸。除了每个分隔式阅读间两个小的光玻璃之外,它们看上去就像雕塑的壁橱一样。很明显,这些分隔式阅读间不可能像达勒姆那样被门和修道院回廊的过道隔开。

在每一个大的修道院里,都有不同层次的抄工。受过书法方面训练的成年的修士,被雇用制作礼拜仪式和其他精美的书籍,他们被称为"博古学家"(antiquarii)。③学校里的男孩子们、初学的修士以及其他的修士,他们抄写的速度很快,但是精确度不够,他们被雇用从事修道院普通的抄写工作,被称为"图书馆员"(librarii)或者"作家"(scriptores)。④那些善于画微型画或者设计首字母的人通常把自己仅限于从事用红字标题或者抄本的装裱工作,他们被称为"加红字标题者""微型画创作者",后来被称为"画工"。最有才华的抄工被用来作校正者或者校对者,许多修道院院长在繁重的管理修道院工作间隙,也会找时间抄写或者校正手稿。

除了修士本人之外,在修道院的缮写室里还有被雇用的抄工。通常情况下,在修道院里,没有足够多的受过训练的作者从事所有的

*599*

---

①　Clark, *op. cit.*, p.96(2d ed., p.89).

②　Fig. 31.

③　Feasey, *op. cit.*, p.183; G. D. Huddleston, "Scriptorium," *The Catholic Encyclopedia*, XIII, 635.

④　Cf. W. Wattenbach, *op. cit.*(2d ed.; Leipzig, 1875), pp.371 f.

文书工作,而这项工作在拥有大量财产的规模比较大的修道院里是非常繁重的。对于这样的工作,在俗的公证人士和抄工经常会被雇用。[1]他们有时在家里完成工作,在其他的时间里在修道院里从事抄写工作,这里负责供应他们食物,这样其工作不会受到耽搁。有的时候,在俗的加红字标题者被雇用来制作大写首字母,修道院里的抄工已经为他们留出了空白的地方。在俗的画工设计并且完成里面的插图、人物画像、插花、纹章设计、漫画和其他的页边装饰。

我们仅仅只是在盎格鲁-撒克逊的修道院里发现所有神圣书籍的抄写工作都是由在俗的抄工们完成的,这种情况非常罕见。这其中主要的原因,是在诺曼征服之前丹麦人入侵导致了英国修道院的衰落。在诺曼征服之后,随着诺曼人修道院院长的引进,对学术和宗教的热情又逐渐得到了恢复。但是,最初的时候,在英国修士中如果有书法家的话,数量也非常少。圣阿尔班的诺曼人修道院院长卡昂的保罗(Paul of Caen,1077—1098 年在位)建立了一个缮写室,它后来成为英国最著名的缮写室,保罗雇用了诺曼人的抄工抄写他的亲戚坎特伯雷大主教兰弗朗克借给他的书籍。[2]晚至12 世纪上半叶,在修道院院长杰弗里(1119—1146 年在位)的领导下,圣阿尔班修道院还在缮写室只使用雇用来的抄工。[3]在阿宾顿,修道院院长法里提乌斯(Faritius,1100—1117 年在位)建了一个缮写室,在那里仅仅使用雇用来的抄工为图书馆制作书籍。[4]

修道院院长是唯一有权力选择书吏的人,尽管有时候这样的任职是在修道院会议上公布,就如同巴黎圣维克多的奥古斯丁律修会修道院的情况一样。[5]缮写室由一位管理人员负责,他直接听命

600

---

[1] Feasey, *op. cit.*, pp.183-184.

[2] Ttranslation by Hardy, *op. cit.*, p. xxiv.

[3] Cf. C. Jenkins, *The Monastic Chronicler and the Early School of St. Albans*(London, 1922), p.25.

[4] *Chronicon monasterii de Abingdon*, ed. J. Stevenson, II, 289; R. Graham, "The Intellectual Influence of English Monasticism between the Tenth and Twelfth Centuries," *Transactions of the Royal Historical Society*, N. S., XVII, 46.

[5] "每当修道院长责成任何人在修道院的回廊做书吏工作的时候,都是在普通的礼拜堂中强制实行的。在那里,修道院长会为他们规定完成任务需要的时间,而当他需要他们重返社团生活的时候,他们必须在以后完成指派给他们的工作。"(translation by F. A. Gasquet, *op. cit.*, p.47)

于修道院院长，这个管理人员通常是唱诗班赞礼员或者指挥，他们既管理图书馆，又管理缮写室。当他做图书管理员的时候，他被称为"armarius"（意为"主事书吏"，来自"amarium"，意思是保存书籍的书柜）。在西多会修道院里，唱诗班赞礼员和图书管理员是两个分开的职位。后者管理缮写室，或者更准确地说，后者管理在单个的书写房间里从事的工作。①唱诗班赞礼员根据修道院院长的指示分配工作任务。没有修道院院长的允许，他不能指派任何人抄写任何著作。不经许可，任何抄工都不可以抄写著作，他也不可以和任何人互换抄写任务。②另一方面，任何修士被指派了抄写的任务之后，都不可以拒绝。加尔都西会以禁止享用葡萄酒的方式惩罚那些不愿意抄写的抄工。③在洛尔施修道院，逃避工作的修士会受到更严厉的惩罚。在一本 9 世纪的洛尔施抄本的结尾，我们发现了一个抄工的签名："雅各抄写了这本书"；在这些文字的后面，是另一个人的笔迹："这本书的某些部分并不是他心甘情愿写的，而是被强迫，他被束缚着，就像一个逃亡者或者亡命者那样被束缚着。"④

教堂赞礼员或者图书管理员提供抄工所需要的所有必需品——桌子、羊皮纸、墨水、钢笔、小折刀、抛光羊皮纸的符石、尖锥和打线的尺子、放置抄写母本的阅读框架等等。⑤他从修道院的事务管理者或者管家那里获得这些物品。其中大部分都是在修道院所在地生产或者准备的。

现在让我们来看一位极其典型的修道院抄工所描述的抄写著作的实际流程。抄工坐在一张台几或者书桌前的一个凳子上，抄写的书桌以一个锐角的角度放置，这样抄工可以几乎在一个垂直

① Cf. L. A. Muratori, *Antiquitates Italicae medii aevi* (Milan，1741)，V. col.379.

② Hardy，*op.cit.*，p.xiii. 1388 年坎特伯雷本尼迪克修道院规定："没有教长的允许，任何人也不可以抄写书稿或者彩饰书稿，无论是大部头的著作还是小著作，除非是为了他的修道院所用。"Cf. A. Morgan，"Monastic Bookmaking," *Library Association Record*，XI(1909)，304.

③ "Qui scribere scit et potest et noluerit, a vino abasineat arbitrio prioris" (Carthusian Statute of 1279，cited by Wattenbach，*op. cit.*，p.373).

④ Translation from Putnam，*op. cit.*，I，67.

⑤ Wattenbach，*op. cit.*，chap. iii.

的平面上抄写。他坐的凳子没有椅背。①他用右手握着芦苇笔或者翎笔。②在他的左边，放着一把小刀用来削笔、抛光羊皮纸粗糙的表面以及擦除和裁剪羊皮纸。他的墨水瓶里装满了黑墨水，就放在手边。③在他前面的桌子上，放着羊皮纸或者仿羊皮纸，每一张纸对折一次，这样可以使得纸变成2页或者4页。羊皮纸已经用符石作了抛光处理，用彩色笔或者粉笔弄软，用一个金属工具弄平坦了，
602 剪成了合适的尺寸，由抄工自己或者其他人施画辅助格线（ruling）。④为了画线，要在羊皮纸上或者用锥子或者用四周带尖状物的金属轮以合适的间隔扎孔，然后用一根金属针在纸上画横线，⑤在纸边画出垂直线。书吏桌子上的羊皮纸张是称过重量的，他要抄写的书打开放在一个阅读架上。如果抄写一本特别的书需要很快的速度，抄本会被分成几叠或者几部分，在几个抄工间进行分配。⑥但是，书写的大小不同，会导致空白页或者拥挤页的出现，所以通常抄写图书的时候不采用这种做法。⑦

即使有的时候原文明显错了，抄工们抄写的内容也被要求要和他面前的原文一模一样，除非他首先得到了修道院院长的批准，因为他抄写的著作以后还会被修订。⑧直到800年之后，词汇被分隔

① Cf. A. Lecoy de la Marche, "L'Art d'écrire et les calligraphes," *Revue des questions historiques*, XXXVI(1884), 197.
② 根据 Madan, *op. cit.*, p.17, 翎笔在6世纪的时候取代了芦苇笔。
③ See *ibid.*, pp.17 ff.; Wattenbach, *op. cit.*, pp.233-243; E. K. Rand, *The Script of Tours*, *passim*.
④ Cf. A. Ebert, *Geschichte der lateinischen Litteratur im Mittelalter*, III, 154.
⑤ 11世纪画线开始用线，这种做法13世纪和14世纪已经普遍使用。在15世纪，红线被经常使用（M. Prou, *Manuel de paléographie latine et francaise*［4ᵗʰ ed.; Paris, 1924］, p.13）。在剑桥，有一部手稿，由C. H. 哈斯金斯发现，在他的著作《中世纪的科学研究》（*Studies in Mediaeval Science*）中发表，见第61页，其中的一部分探讨的是中世纪的缮写室使用的工具。作者可能是13世纪的百科全书派学者亚历山大·尼克海姆（Alexander Neckham）。
⑥ Rand, *op. cit.*, I, 22.
⑦ 有的时候，抄写同一本书稿的书吏的名字都会列出来。Cf. Wattenbach, *op. cit.*, p.438. 阿尔昆的 *Miscellanea* 手稿中，在74页的篇幅里，出现了多达20个人的笔迹，这部手稿现存科隆。一些页的书写使用的是盎格鲁-撒克逊字母，但是大部分使用的是图尔城的小写字母。这很可能是802年阿尔昆匆忙为主教萨尔兹堡的阿尔诺（Arno of Salzburg）准备的手稿。Cf. W. M. Lindsay, *Paleeographia Latina*, II(1923), 28.
⑧ Hardy, *op. cit.*, p. xviii; E. J. Sandys, *A History of Classical Scholarship*, I, 624; J. Destrez, *Les Copistes du moyen âge*.

开的做法才开始流行,早期的抄工完全按字面来抄写手稿的内容,经常是不理解所抄写内容的意思,他们觉着没有任何理由去添加内容或者作任意改动。直到 9 世纪,经典的文本都不曾被改写。随着 603
词汇被分开和对语言的逐渐熟悉,书吏们才经常在抄写手稿的时候作一些改动。对拉丁文越熟悉,对文本的改动就越恰当。

中世纪的抄工普遍缺乏近代排字工人对抄写工作的忠诚。或者粗心或者欠考虑,他会将错读的词汇抄进去或者丢字落句。另一方面,如果他是一位仔细的严肃的抄写者,如果他认为可以改动,他可能会去更改。他是那些 17 世纪和 18 世纪像本特利那样的学者的前辈,本特利不喜欢抄本古文字学,"因为它存在臆想的错误"。[①]当某一本书的一个版本以印刷工艺印出来之后,每一本与其他的抄本都完全一样。它们就像具有相同价值和相同印记的硬币一样。但是,同一本书的每一个抄本或多或少都与另外的抄本有所不同,而且大部分抄本都接连不断地被抄写。在古代,通过口授给许多抄工来制作多个抄本的情况也是非常普遍的。在中世纪,口授的做法不是经常被使用,因此,抄工因为听力欠佳而导致的抄写的错误在中世纪的著作中不再是常见的现象。无论如何,一个抄工正在抄录的一个抄本可能是几乎肯定来自通过口授被写下来的抄本,因此这一时期的最初的错误就会成为永久的错误。抄工易于出现的错误在本质上更多地与文本评论文章有关,而不关乎中世纪缮写室里的常规。F.W.霍尔对这些错误进行了简单易行的分类。[②]

当抄工完成抄写工作之后,抄本就被转到"校正者"的手里,他们是近代校对者的先驱,他们对照原稿进行核对。[③]正如我们在前面已经看到的那样,正是加洛林文艺复兴践行了中世纪最早努力去校订文本以保持其精确性的实践。在加洛林的抄本中,我们经常能够找到证据,表明抄写、核对和校正都是非常认真地进行的。 604
我们还经常可以发现一个特殊的标志,标明"核对和改正"。在中世纪每一个缮写室里,校对工作都是非常重要的。最有学识的修

① See W. M. Lindsay, "Scribes and Their Ways," *Palaeographia Latina*, II(1923), 21 ff.

② In his *A Companion to Classical Texts*(Oxford, 1913), pp.153 ff.

③ 关于手稿的核对,参见 Rand, *op. cit.*, I, 23-24.

士都从事校对的工作,修道院院长有的时候也会利用业余时间去校对文本,因为即使是最为一丝不苟的抄工,由于记错或者看错而出现错误的几率也是非常大的。校正者还会添加必要的标点符号。标点符号的发展也对我们研究中世纪书写习惯有一点关系。但是,需要指出的是,尽管在古典时代标点符号就已经被使用了,但是各种符号的发展大部分还是中世纪的事情。①卡西奥多罗斯和塞维利亚的伊西多尔都承认标点符号的重要性。阿尔昆关于标点符号的正式的使用说明被保留了下来,还有加洛林王朝关于校正文本的法令集也被保留了下来。②到 9 世纪的时候,事实上所有重要的标点符号都已经被使用了。③

加尔都西会和西多会的会规都对仔细校对文本作出了规定,但是仅仅是针对宗教文本。④校正者需要逐字逐句地将抄本和范本进行对照。如果范本有错误,恰好在图书馆里还有其他的抄本,或者可以从其他的修道院借一本,就需要将其进行对照。⑤有的时候,会将一个抄本和不止一本其他的文本进行对照。校正者可以使用一根铅笔在页边空白处标出所有的错误,然后标出的修改会替换到整本书卷的文本当中。⑥或者他可能使用我们今天使用的一个笔画(/)在文本中划掉多余的字母。他可以在页边写上添加的内容,用一个星号或者三个点(∴)表明插入的位置。如果缺失的内容太长了,他将在另一页上添加,并且说明其被添加的实际的位置。⑦

在缮写室里要工作多少天、多少小时,不同的修道院有不同的规定。作为一个原则,那些拥有作为抄工的技能的修士们即使不是把抄写当作他们唯一的工作的话,也要把它当作主要的积极的工作。一位 9 世纪或者 10 世纪的佚名的作者说,每天 6 个小时是

605

---

① B. L. Ullman, *Ancient Writing and Its Influence*(New York,1932),pp.212 ff.

② Lecoy de la Marche, *op. cit.*,pp.202 ff.; Vogel, *op. cit.*,p.36.

③ See E. A. Lowe, *The Beneventan Script*,pp.231-232.

④ Vogel, *op. cit.*,p.36,n.4.

⑤ This reason for book-borrowing is amply documented in the case of Lupus of Ferrières.

⑥ This was done in the case of a Gospels in the Royal Collection,translated by F. A. Gasquet, *Monastic Life*,p.106.

⑦ Cf. K. Preisendanz,"Aus Bücherei und Schreibstube der Reichenau,"*Die Kultur der Abtei Reichenau*,ed. K. Beyerle,II,661.

一个抄工正常的工作量,①这将耗尽他宗教义务之外几乎所有白昼的时间。修士们被允许在次要的宗教节日里从事抄写工作,但是在星期天或者重要的节日里绝对不可以。克吕尼修道院和奥古斯丁修道院的院规允许抄工们在修道院院长的允许下离开其工作的地方,而西多会禁止在礼拜仪式期间进行任何抄写工作。但是,除了农忙季节之外,他们确实免除了抄工们田间和花园里的劳作,允许他们到厨房润饰写字板、融化蜂蜡并烘干他们的羊皮纸。②一般来说,在人造光下工作是不被允许的,因为这样更可能产生错误,或者影响书写效果,而且会造成昂贵的书被油脂或者火烧毁的危险。但是,还有一些书是在晚上抄写的。在一本 9 世纪的拉昂的抄本中,奥尔兰的修士抱怨光线太暗。③克莱尔沃的贝尔纳的秘书尼古拉斯在晚上写下了他的《伟人传》(Vita Magni),抱怨因为光线的原因而导致不好的书写效果。④巴伐利亚的韦索布伦的一个修士路易斯在晚上抄写了杰罗姆的《〈但以理书〉评论》(Commentary on Daniel),他被冻僵了。⑤维特维鲁姆(Wittewierum)普拉蒙斯特滕西安(Praemonstraten-sian)修道院的第一任院长埃莫(Emo)(1204—1237 年在位)将晚上的时间都用来抄写、标记和彩饰唱诗班的书籍。⑥圣高尔修道院的埃 606克哈德四世告诉我们,抄工们发现在夜间值班和天亮之前的时间是校对抄本最好的时间。⑦

　　当修士们读书或者抄写的时候,在任何地方都必须要严格遵守保持安静的规章,无论是在作为图书馆或者缮写室的房间里,还是在私人的小房间里,或者是在修道院的回廊里。⑧为了防止受到干

　　①　"毕竟书吏的工作是一项艰苦的工作:这项工作很难,而且低头在羊皮纸上抄写 6 个小时也是很艰难的。"(translated in Madan, op. cit., p.45, n.1)

　　②　Wattenbach, op. cit., p.372.

　　③　Lindsay, "Scribes and Their Ways," Palaeographia Latina, II(1923), 24.

　　④　Wattenbach, op. cit., p.288.

　　⑤　Maitland, op. cit., 444.

　　⑥　Wattenbach, op. cit., p.374.

　　⑦　Cited by Du Cange, op. cit., s. v. "scriptorium".

　　⑧　Dom L. Gougaud, "Anciennes coutumes claustrales," Moines et monastères, VIII (1930); Hardy, op. cit., p. xviii; Gasquet, Old English Bible, p.45; Sandys, op. cit., I, 622; Madan, op. cit., p.40. 在本章前面已经写到,根据口授而写下来的书籍在中世纪不再是一个普遍的现象了(尽管在后期的教材是用这样的方式写出来的)。关于口授的理论,参见 A. F. Wert, Alcuin and the Rise of the Christian Schools (New York, 1912), p.72; for criticism see Wattenbach, op. cit., pp.368 ff.

扰和喧闹的影响,没有修道院院长的允许,任何抄工在工作期间都不可以离开缮写室。只有修道院院长、小隐修院院长、副院长和图书管理员才可以进入缮写室。如果有信息要告知给一个正在工作的书吏,那么教堂赞礼员或者图书管理员可以将其带进会话室把消息告诉他。同样,如果需要对书吏抄写的内容进行一个口头的测试,也是如此。为了进一步保证图书馆和缮写室里的安静,还设计了一套复杂的告示体系。

尽管有规定,但是喜爱说话的书吏依然找到了交流的方式。在上世纪(指19世纪——译者注)的中期,都柏林大学的一位校长参观瑞士的圣高尔图书馆,圣高尔是欧洲最古老的爱尔兰修道院之一,那里收藏了一批极具价值的古老的爱尔兰抄本。图书馆送给这位校长普里西安的摩恩加尔(Moengal)抄本请他指正,他很快就放声大笑起来,因为爱尔兰人对拉丁文本的评注这样写道:"感谢上帝,很快黑暗就将来临";"阿尔玛的圣帕特里克,让我不用再抄写";"哦,一瓶好的老酒在我旁边"。[1]大量这样非正式的匆匆记下的文字在拉丁文抄本上面的页边上用爱尔兰文被认真地写下来,它们和拉丁文本一样清楚。在9世纪拉翁修道院的一份卡西奥多罗斯的抄本中,也发现了这样的页边备忘录,拉翁那里有一群爱尔兰人居住:

> 今天很冷。当然,是冬天。
> 灯光很暗淡。
> 我们该开始做一些工作了。
> 这张羊皮纸上多毛,
> 这张羊皮纸很薄。
> 我今天感觉非常无聊。
> 我不知道我怎么了。[2]

我们已经不可能知道一个好的抄工平均的抄写速度,因为在几乎所有提及抄写速度的地方,它之所以被提及,是因为抄工对其工

---

[1] See C. Plummer, "On the Colophons and Marginalia of Irish Scribes," *Proceedings of the British Academy*, XII(1926), 11 ff.

[2] Lindsay, *Palaeographia Latina*, II, 24.

作的高效率而感到自豪。瓦滕巴赫（Wattenbach）发现了几个抄写慢的例子，或者它也可能代表普遍的抄写速度。[1]有一部 8 世纪或者 9 世纪的作品，最初是 146 页，其中清晰地说明了它是共用了 166 天被抄写出来的，也就是说，抄一张对开纸或者 2 页纸要用 1 天的时间。现存维也纳的一本漂亮的《新约》，有 278 页大对开纸，它是在 1333 年用了 6 个月的时间抄写出来的，平均 1 天抄写 3 到 4 页。抄写速度快的代表性著作是 9 世纪雷根斯堡的一个抄本，里面有奥古斯丁关于《约翰福音》的评述，共有 109 页，每页 10×8 英寸，20 行。捐献书上记载，它是两个抄工用了 7 天时间抄写出来的，用了 8 天时间校对。这意味着每个抄工 1 天大约抄写了 15 页。[2]

事实上，在羊皮纸上抄写是一项体力劳动。用钢笔在这样的材料上留下永久的印记需要气力。抄工很快就理解了那句人们常说的话的意义："三个手指握笔，但是整个身体都在劳动。"[3]他会感觉更强烈，正如不止一个抄工所做的那样，他们这样表达自己的感受："抄写是极其枯燥无聊的工作。它会累弯你的背，让你的视力变得模糊，让你的胃难受，让你的身体扭曲变形。"[4]他的手指经常被冻得疼痛、麻木；他的拇指酸痛。当他还离最后一行很远很远的时候，他就像水手盼着快一点到岸和病人盼望快一点康复那样，盼望着快一点抄到最后一行。[5]他写上"结束语"或者"结尾"这样的字眼儿是为了来寻求一点安慰。现在漫长的、令他身心交瘁的工作终于完成的时候，即使是明天，或者是下一个小时，就可能又是一个相同任务的开始，他也经常会加上一个注释，在里面表达自己完成任务的那一刻内心深处最真实的感受——疲倦、怨恨、宗教情感、期盼，或者幽默感。[6]

608

---

① Wattenbach, *op. cit.*, pp.240 f.

② Lindsay, *Palaeographia Latina*, II, 22 f.

③ 这句话可以经常在手稿末尾的结束语和注释中看到。本句话是引自科尔比的一本著作，printed in L. Delisle, *Cabinet des manuscrits de la Bibliothèque nationale*（Paris, 1874），II, 121。

④ From a manuscript of St. Aignan of Orléans. Translation from Savage, *op. cit.*, p.81.

⑤ Wattenbach, *op. cit.*, pp.232-236.

⑥ 中世纪版权页标记的例子——有趣的、提供有用信息的和虔诚的——可以在这一章中引用的许多文献作品中找到。

　　一个抄工有的时候会在抄本中附上自己的名字,或是出于自豪,或者是真实性的一个证明。有时为了强化教义著作的可信性,反对任何人改动文本或者使文本变得不完整的诅咒语通常附在后面。在不具有教义性质的书籍中,咒语通常是制止偷窃书籍和使抄本不完整的人。一句常用的套话如下:"任何人偷窃这本书或者带走这本书,或者使这本书变得不完整,都要被革除教籍,受到诅咒。"①语气更强烈的话如下:"任何人偷了这本书必死,让他在锅里被油炸;让他疾病缠身;让他被轮子压断并挂在上面。"②

　　抄写一本书的基础是四元法,准备 4 张折叠纸或者 8 张纸。在 15 世纪以前,一本书的页数没有定数,在 13 世纪以前,对折的纸张也没有定数。仅仅用四个一组的方法来表明它们的顺序。书稿的识别标记即签名,通常是标在一本书最后一页的右下角。通常来说,识别标记是字母"q",其后跟着一个数码,比如"q i""q ii""q iii"。字母表中的字母很少在这里被使用,这和它们在印刷的书籍中是有所不同的。另一种特别的方法是使用流行语来连接一叠对折的抄本,比如,下一叠纸中的最后一个词写在它前一叠纸的最后一页的页下。

　　在书被送到装订者手中之前,它通常要经过红色字体书写专家之手。最精美的抄本,尤其是《圣经》抄本,既需要彩饰,也需要用红色字体书写。中世纪最常见的装订方式是用木板,上面是羊皮纸、鹿皮纸或者小牛皮。

　　到目前为止,我们还没有提及作书吏的修女。但是,如果我们在探讨中世纪缮写室的时候忽略她们,是非常不公正的,因为许多修女并不比修士缺少技术或者缺少学识——事实上,有一些精美的书法作品出自修女之手。早在优西比厄斯的年代,就有年轻的处女被雇用抄写教父的著作。圣奥古斯丁提及过小圣梅拉妮亚(St. Melania the Younger),她早在 5 世纪的时候,在迦太基建立了一个女修道院,她通过抄写书稿而生活,她的书写快捷、精美、准确。③在 6 世纪,阿尔勒女隐修院的修女们在她们的院长圣切萨里

609

①　Clark, *op. cit.*, p.77.
②　W. B. Rye, *Archaeologica Cantiana*, III, 51.
③　Putnam, *op. cit.*, I, 33.

（St.Cesarie）的带动下，获得了书法家的出色声誉。①圣切萨里是大主教凯萨利乌斯（Caesarius）的妹妹。在 8 世纪和 9 世纪的时候，荷兰莫兹河畔的艾克修院的修女们不仅仅由于其书法著作还由于其彩饰抄本的精美而获得了很高的声望。在 12 世纪，海拉德（Herrad，1167—1195 年）编撰了一本带插图的百科全书《欢乐园》（*Hortus de-liciarum*），给她的修道院阿尔萨斯的圣奥体里恩山（Mont St. Otilien）的修女们使用。她亲自撰写，并且亲自作插图。②在 12 世纪末的马勒斯多夫（Mallersdorf），有一位名为卢坎迪斯（Leukardis）的爱尔兰后裔修女，她懂爱尔兰语、希腊语、拉丁语和德语。她著述如此之多，以至于和她一样多产的修道院的抄工莱乌波尔德（Laiupold）在她的回忆录中写了一篇"周年纪念演说"（anniversarium）。③巴伐利亚韦索布伦（Wessobrunn）有一位叫代穆迪斯（Diemudis，约 1060—约 1130 年）的修女，留下了她抄写的 45 卷书的书单。④

　　即使是在那些不雇用在俗抄工的修道院里，图书馆和缮写室的维修费用也是相当可观的。在法国和英国，向图书馆和缮写室捐赠已经成为一项习俗，通常规定要求修道院收入的一部分留出来作为维修费用。在法国而不是在英国，更经常的做法是向持有圣俸的隶属于一个修道院的附属的小修道院或者教士征税。关于第一种捐赠的例子如下：坎特伯雷的圣奥古斯丁修道院从米尔顿教堂的租金中获得了 3 马克来制作书籍（1144 年）。⑤伯里圣埃德蒙兹（Bury St.Edmunds）的缮写室得到 2 个磨坊的捐赠。⑥在 1160 年，主教奈杰尔（Nigel）将维塞尔西（Wythelsey）和伊姆平冈（Impingon）教堂的什一税和帕皮斯·福特（Pampis Ford）的什一税以及伊利的宅院捐给了伊利的本笃修道院，用于抄写和校正书籍。阿宾顿的教堂赞礼员得到了价值 30 先令的什一税购买羊皮纸。⑦在伊

*610*

①　Putnam, *op. cit.*, p.53.

②　De la Marche, *op. cit.*, p.196.

③　Wattenbach, *op. cit.*, p.445.

④　Maitland, *op. cit.*, pp.456-459.

⑤　Savage, *op. cit.*, p.88.

⑥　Hardy, *op. cit.*, p. xxiv.

⑦　*Chronicon monasterii de Abingdon*, ed. J. Stevenson（"Rolls Series," No.2），II，153，328.

夫舍姆修道院的财产登记册中，记载了如下的内容：贝宁沃斯（Be-ningworth）的什一税属于小修道院，用于购买羊皮纸和负担抄工的生活费，汉普顿的庄园属于教堂赞礼员，他每年从中领取 5 先令，从斯托克斯（Stokes）和阿尔塞斯特（Alcester）的什一税中得到 10 先令 8 便士，用于购买墨水、插图的颜料和装订书籍及修道院所需要的任何东西。①

对于第二种维持缮写室的方式，我们必须谈到法国的情况。所有隶属于沙特尔的圣皮尔修道院领取圣俸的教士必须要纳税，用来维持图书馆和缮写室的运转。②在弗勒里和科尔比，修道院的管理人员和独立的小隐修院的管理人员也要纳税，用于相同的目的。611 除此之外，克莱菲（Clairfai）的修士缴纳的一定数量的蒲式耳的谷物和布兰利埃（Branlieres）庄园的收入被预留出来作为科尔比图书馆之用。对于旺多姆的圣三一修道院的缮写室来说，独立的小隐修院必须要每年支付现金或支付谷物给图书管理员。

偶尔也会有世俗的封建主给修道院提供羊皮纸和装订用的兽皮。在 783 年，查理曼给圣伯丁修道院寄去了大量的兽皮用于装订抄本。在 790 年，他将狩猎的特权交给了同一个修道院的修士，以从他们猎杀的鹿身上获得鹿皮，来制作手套、腰带和书的封皮。③纳韦尔和奥塞尔继任的伯爵给格兰德·查特修道院提供羊皮纸来抄写，提供母牛皮作装订书籍之用。④

缮写室里的主要工作是抄写《圣经》、礼拜仪式用书和教会著作。但是在许多本笃修道院和那些较小的修道院，比如奥古斯丁的修道院，要保存古典作品、学校用的教材和所有学术著作是很令人头痛的事情。⑤在修道院缮写室里做的大部分工作是抄写，但是并不是全部。每一个任何级别的修道院都有一本编年史，其中不仅记载了当地发生的事件，而且还包括世界大事。在许多情况下，修道院的编年史和记录成为我们了解一个国家和世界大事的主要

---

① *Chronicon abatiae de Evesham*，ed. Macray（"Rolls Series，" No.29），pp.208-210.
② L. Maitre，*Les Ecoles épiscopales et monastiques en occident avant les universités* (Paris，1924)，p.181.
③ Maitland，*op. cit.*，p.247.
④ Vogel，*op. cit.*，p.27.
⑤ Cf. Savage，*op. cit.*，pp.52-58；Wattenbach，*op. cit.*，p.377.

的信息来源,有的时候是唯一的来源。13 世纪上半叶圣阿尔班的一位修士马修·帕里斯同时也是修道院的编年史家,他写了一部《大编年史》(*Chronicon majora*)、一本《英国史》和一本《附录》(*Additamenta*)或者《资料集》(*collection of documents*),我们在其中发现了最重要的资料——甚至是关于英国的国家机密文献——在圣阿尔班为人们所知。①其他在缮写室里完成的原著是以《圣经》、教父著作、选集和学术概要的评注方式出现的。

13 世纪末,修道院的缮写室开始衰落了。在 1291 年,穆尔巴 　612 赫没有一位会写字的修士了;在 1297 年,在圣高尔修道院,几乎很少有修士会写字了,甚至连隐修院的副院长也不会写字。②在这一时期以后,科尔比的修士们再也不自己抄写了,他们雇用在俗的抄工。③英国的缮写室没有像大陆这样衰落得这么早,尽管达勒姆的主教理查德·伯里在他完成于 1345 年的《对书籍的热爱》中,抱怨过这种衰落情况。随着有影响的巴黎大学的发展和对教材的需求,在 13 世纪,法国在俗的书吏开始进入自己的繁盛期。第一个作者法人团体或者行会在那个世纪出现了。

---

① Jenkins, *op. cit.*
② Wattenbach, *op. cit.*, p.377.
③ *Ibid.*, p.373.

# 第十九章　图书馆的管理
# 和书籍的保护①

　　图书馆从缮写室中分离出来以及具有专业性质的图书室的演变都是一个渐进的过程。事实上,许多修道院从未达到最终的发展阶段。同样,中世纪的图书目录整理也是一个不断发展的过程。许多收藏的数量太少了,以至于列出任何一种书目都显得十分没必要——或者,最多只是一个大致的目录。甚至仅仅有少量的书籍,都是为了一个目的:书籍是有价值的财产,因此必须被作为房子里的财产而列入清单。在许多图书馆里的记录中对书籍财产价值的强调一直持续到 16 世纪。在其他情况下,书籍被列入清单,不是为了编制目录,而是为了纪念对修道院的捐赠。有时编制图书目录清单仅仅是为了防止图书丢失或者被偷窃。此外,还有以韵律的形式写出的"目录",主要是为了让年轻的修士们记住这些清单。②只有在大一点规模的修道院中,我们才能发现真正的目录,例如可用书籍的内容及藏书地点的指南。因此,最早的中世纪图书目录主要是书架目录。有关真实的作者和内容记载的目录都是后来才发展起来的。③

---

　　① See E. G. Vogei, "Einiges Amt und Stellung des Armarius in den abendländischen Klöstern des Mittelalters," *Serapeum*, IV（1843）, 17-29, 33-43, 49-55; G. Meier, "Nachträge zu Becker, Catalogi bibliothecarum antiqui," *Zentralblatt für Bibliothekswesen*, II(1885), 239-241; T. W. Williams, "On Early and Medieval Libraries and the Evolution of the Book-Room and the Bookcase," *Transactions of the Bristol and Gloucestershire Archaeological Society*, XXIX(1907), 205 ff.; E. A. Savage, "The Care of Books in Early Irish Monasteries," *Library*, X(1909), 362 ff.

　　② P. Lehmann, *Mittelalterliche Bibliothekskataloge Deutschlands und der Schwen*, I, 279.

　　③ G. Leyh, "Aus der aelteren Bibliothekspraxis," *Beitraege zum Bibliotheks- und Buchwesen*, Paul Schwenke zum 20. März 1913 gewidmet, pp.159-174.

此外，早期目录不仅仅是有关著作的清单，同时也是多卷书合　*614*
集的清单，即由数个不同的作者写成的但又装订在一起，并经常在
清单上只注明卷集中第一位作者。①这种做法一直持续到印刷时
代。来自科隆的乌尔里希·泽尔（Ulrich Zel）就是众多书商中习惯
于出版这样混合型图书合集的人。

对现存的中世纪图书目录进行分析，是考察图书馆在 12 世纪
发展到顶点时的极具价值的线索。那些由戈特利布在 1890 年出
版的《论中世纪的图书馆》(*Ueber mittelalterliche Bibliotheken*)中的
图书清单都被标注了时间：其中 24 份目录是 9 世纪的，17 份目录
是 10 世纪的，30 份是 11 世纪的，62 份是 12 世纪的，在这之后这
一数字开始逐渐下降。1885 年，贝克尔②在《古代图书目录》中列举
了 136 份 12 世纪的图书目录，这比之前和随后的实际数量都更多。
贝迪（Beddie）自 1890 年开始出版印制了 1050—1250 年间的 69 个图
书馆的目录，其中有 15 份目录属于 11 世纪，36 份属于 12 世纪，18
份属于 13 世纪。所有这些让我们对所谓的“12 世纪的文艺复兴”有
了新的认识，显然，图书馆的发展和扩大只是它的一部分而已。

我们发现，在这个阶段，图书馆的工艺技术较之前也顺理成章
地有了很大的发展。图书管理员办公室因为其他职责衍生的截然
不同的功能的差别而逐渐变得更完善了。在 9 世纪之前，所有的
抄本，特别是那些得到精心保护的抄本，被看作是修道院中珍贵财
物的一部分而得到核验清点，这种做法从来就没有完全过时。③在
8 世纪晚期，富尔达最早的图书目录已将图书和珍宝完全区分开
了。④但是图书与档案之间还没有作明确的区分。最古老的图书清　*615*
单出自博比奥之手，可能是在瓦拉（Wala，833—835 年在位）治下
汇编而成的。⑤

---

①　Hariulf, *Chronique de St. Riquier*, ed. F. Lot, p.94.

②　J. S. Beddie,"Ancient Classics in the Mediaeval Libraries," *Speculum*, V(1930),
17-20.

③　Cf. F. Ehrle, *Historia bibliothecae Romanorum pontificum*(Rome, 1890), p.7;
F. Mercati, *Miscellanea Franz Ehrle*, V(1924), 133.

④　E. A. Lowe, "An Eighth Century List of Books in a Bodleian MS. from Würzburg
and Its Probable Relation to the Laudian Acts," *Speculum*, III(1928), 3-15.

⑤　C. Cipolla, *Codice diplomatico del monasterio di S.Columbano di Bobbio* [Rome,
1918], p.140.

## 中世纪的图书馆

因为每一家修道院图书馆的核心都是由《圣经》、祈祷书和神学性质的著作构成的,所以在早期,教堂唱诗班的赞礼员自然而然地也是图书管理员。只是到了后来,仅在大型的修道院里,图书管理员才和唱诗班赞礼员区分开来,图书馆也才和藏经室分开。在加洛林文艺复兴导致的学术研究的动力推动下,修道院的图书馆获得了新的礼遇和重要价值,相应地主事开始作为一个独立的正式管理人员,图书馆的管理手段和方法也愈加完善和发展。

很显然,皇帝虔诚者路易(814—840 年在位)是最早要求修道院和主教座堂编制他们所拥有的图书目录的。[1]洛萨一世因为在意大利大力宣传教育而著名,可能也强力推行了这一活动。在大部分的文件里都提到了巡按使(881 年),他们被命令在巡视的时候要汇报其在主教座堂或者修道院的图书馆中所发现的书籍情况。[2]

不但监管每一个教区教堂图书馆的主事是非常重要的,而且对每一个大型的修道院和教堂联谊会的合议厅的监管也同样重要。他要负责监管三种不同的图书藏品:主要的收藏品、祈祷书、学校图书馆的图书。学校的图书被作为单独的藏品而且被经常以"小图书馆"的名目单独编为一个目录。[3]在这些藏书中经常包括古典作家的作品,它们主要发挥着教育功能。在研究中世纪图书目录的时候必须要时刻牢记这些区别,因为古典文献或者明显不足,或者过剩,有时就会被事实证明学校图书馆的这份目录从来就没有被收藏过,或者反之亦然。[4]

目录最原始的形式仅仅只是一个清单,而且没有任何排序上的条理性。任何一种按照字母表的排序都是罕见的。[5]研究发现,奥古斯丁的名字经常出现在目录的第一个条目中,但是这往往是因为他的著作数量庞大而且极具重要性,而不是因为在字母表中他的名字在首位的缘故。大部分的图书目录是将《圣经》置于首要的位置,然后是教父著作和教义,通常是神学著作、布道书、圣人生活

---

[1] Becker No.6; Becker No.11.
[2] *MGH*, *Leges*, II, 372.
[3] Cf. Berker, Nos. 19, 20, 45, 62, 63...
[4] For instances see Gottlieb, *op. cit.*, pp.303-305.
[5] For examples see Becker, No. 77 (St. Bertin) and No. 79 (Corbie), both of the twelfth century.

传等等,最后是世俗的文献作品。在少数情况下,在清单上世俗作品排在与基督教有关的著作前面,但是在普通图书馆目录和学校图书馆目录中,则可能会是截然相反的排序。①通常,书籍顺序排列方法如下——至少是大致上——对这些藏书的目录按照图书类型排列法进行排列。②非常大和非常小的抄本有时似乎都被编制成独立的目录。③有时候,当抄本是用一种罕见的字体书写的时候,就会被排斥在主要的目录之外而被编制一个单独的目录,比如:"苏格兰文字图书目录"("libri scottice scripti")④。

在 10 世纪,洛尔施古老的加洛林修道院的图书馆管理有了显著的发展:首先登录的是有关礼拜仪式方面的著作;之后,依次是《旧约》和《新约》、历史学与地理学方面的书籍、神学著作和教父作品、最后是圣徒生活传和诗歌,还包括一些古典作家的作品。⑤

然而,正如现在一样将图书目录和图书分类区分开来,或者偶　*617*
尔也会发现一些特殊的范例,这在当时都是不可能的。在 1158 年编制普鲁芬宁(Prüfening)修道院目录的僧侣是一位新的图书管理员。然而不幸的是,他编制的清单中前面 5 页的对开纸丢失了,但是 185 个条目作为一组留存下来,在《圣经》后按照时间顺序排列:"古老的教父",之后是比德、阿尔昆和拉巴努斯·莫鲁斯;然后是德国在 9—10 世纪伟大的神职人员,在他们之后,正如神学离弃德国而选择了法国一样,依次是安瑟伦、阿伯拉尔、彼得·伦巴德、格兰西。此外,这位不知名的图书管理员还聪明地在目录的空白处添写了后来收购的图书。⑥另一个极富想象力的分类则发现于特里尔的圣马克西敏修道院的目录中。⑦在其中,我们发现在《圣经》之后被分为"奥古斯丁所著图书"("Augustiniani libri")、"圣杰罗姆所著图书"("Ieronimiani libri")、"安布罗斯所著图书"("Ambrosiani

---

① Cf. Becker, No.29(Fleury), No.80(Michelsberg), and No.125(Arras).
② Cf. Schmeller, *Serapeum* II(1841), 262; Gottlieb, *op. cit.*, No.751.
③ See remarks of Gottlieb, *op. cit.*, p.309; L. Delisle, *Cabinet des manuscrits de la Bibliothèque nationale*, II, 521.
④ Becker, Nos. 22, 117.
⑤ A. Wilmanns, *Rheinisches Museu*m, N. F., XXIII(1868), 385-387.
⑥ Becker, No.95.
⑦ Becker, No.76.

libri")、"格里高利所著图书"("Gregoriani libri")和"比德所著图
书"("Bedani libri"),而与这些作者同时代的较少作品的作家被排
在他们的后面。

随着图书馆的发展,目录的编排也愈加标准化了。通常包括这
七种分类方式:(1)档案;(2)《圣经》文本及其评注;(3)宪章;(4)地
方议会和宗教会议的公报;(5)教父们的布道书和书信;(6)经文选;
(7)殉道者传奇。在修道院中是允许世俗的文献作品存在的,七艺
被作为基本的子分类方式:语法、修辞、逻辑、算术、几何学、音乐和
天文学。弗赖辛的《宪章》在规范管理图书登记和分类方面显示出
了非凡的智慧。上面写道:"关于抄工,使用清单(登记)所有的书,
根据主题和作者排序,把它们分开按照其首字母摆放。"①

正如贝克和戈特利布所翻印的那些大量图书目录所揭示的那
样,一份图书目录也有可能在任何时候被编辑和整理,这取决于其
保管人的文化水平和实际行动。克吕尼的制度要求要对图书进行
每年一度的核验。②具有官方色彩的《规章制度》由多明我会的第五
任秘书亨伯特·德·罗曼斯(Humbert de Romanis,1254—1263 年
在位)发布,内容包括该图书馆管理和保护图书的内容。③英国波士
顿的圣方济各·约翰(1410 年)曾经试图将英国境内所有圣方济各
修道院的全部图书馆的图书编制一个总目录,但是这仅仅是独一
无二的具有远见的例子。

总的来说,在中世纪晚期,加尔都西会修道院掌握了大量成熟
和先进的图书馆管理方法。他们复制、收集并且一丝不苟地登记
其图书,为他们的图书馆编制了详尽的图书目录。④他们不仅收藏
那些精品图书,而且还喜欢收藏加尔都西会所情有独钟的图书。
这个修会 1094 年的制度创始人圣布鲁诺本人也是一位学者。克
吕尼最后一位伟大的修道院院长尊者彼得在 1124 年写道:"他们
安静、阅读、说,特别是在(抄写)的时候。"⑤大查尔特勒的第五任管

---

① V. E. Gardthausen, *Handbuch der wissenschaftlichen Bibliothekskunde*, II, 71.

② J. E. Sandys, *A History of Classical Scholarship*, I, 621.

③ L. Holstenius, *Codex regularum monasticarum et canonicarum*, IV, 173.

④ P. Lehmann, "Bücherliebe und Bücherpflege bei Dem Karthausern," *Misccllanea Francesco Ehrle*, V, 364-389.

⑤ Migneous, *Pat. Lat.*, CLXXXIX, col.945.

理者基戈（Guigo）在 1137 年负责汇编了加尔都西会的《风俗》（*Consuetudines*）①，特别阐明了那些不可或缺的文章中的写作材料是由一个修士在他的小房间写成的。②随后依据这些规章制度来管理这些被借出的图书。③在关于改善文本和装订问题上，规则继续规定："当修道士里有人被委托修订或装订或类似这样的任务的时候，他们自己相互交谈，没有外人，除了以前就在的或者发命令的人。"《教会法》（1259 年）和《新教会法》（1368 年）再次强调了这些禁令。前者有一条要求："进餐时间在餐桌上的阅读值得我们给予更大的关注。"在加尔都西会的修道院里，规则禁止有关教会法和民法著作被摆放在敞开式书架或者是餐桌上。在俗修士既不被允许学习阅读，也不被允许拥有这些图书。④

619

除了那些习惯的和固定的用法之外，图书主要被收藏在封闭的大箱子、橱柜或者是书柜、或者可能在一个角落的深处。自从储藏室或者是橱柜被粘贴上指示牌以后，说明哪一类图书被摆放在里面，书柜通常被称作"distinctio"，这个词最初指代"分类"的意思。书架一词标示为"gradus"，而且这些书架被用数字或者是字母从下向上标注。这种做法最初会因为古怪而导致尴尬发生的情况，但看上去却是实用的，因为如果添加书架变得必要，书柜中的所有图书并不需要重新摆放。

很明显，图书是要按照书柜和橱柜所必不可少的指示牌或者橱柜排号来摆放的。最古老的例子是在一本图尔城的抄本中发现了

---

① Migneous, *Pat. Lat.*, CLIII, cols. 963 ff.

② "Ad scribendum vero scriptorium, pennas, cretam, pumices duos, cornua duo, scalpellum unum, ad radenda pergamena novaculas sive rasoria duo, punctorium unum, subulam unam, plumbum, regulam, postem ad regulandum, tabulas, graphium. Quid si frater alterius artis fuerit—quod apud nos raro valde contingit, omnes enim pene quos suscepimus, si fieri potest scribere docemus—habebit artis sue instrumenta convenientia."

③ "Adhuc etiam libros ad legendum de armario accipit duos, quibus omnem diligentiam curamque prebere jubetur, ne fumo, ne pulvere vel alia qualibet sorde maculentur. Libros quippe tanquam sempiternum animarum nostrarum cibum cautissime custodiri et studiosissime volumus fieri, ut quia ore non possumus, Dei verbum manibus predicemus. Quot enim libros scribimus, tot nobis veritatis precones facere videmur."

④ Thomas Burton, *Chronica monasterii de Melsa*, ed. E. A. Bond（"Rolls Series," No. 43）, I, xliii.

### 中世纪的图书馆

一个墨洛温王朝 7 世纪的书柜指示牌。① 一种习惯做法是用字母去标注书柜和用罗马数字去标注橱柜，最后在每一卷的上面都要用小的罗马数字标注。然而，有的时候这种做法是颠倒的，即书柜用罗马数字标注而橱柜则用字母标注。

编目的发展直到印刷术发明的出现才由明确的科目—作者目录真正取代了粗略的橱柜清单，虽然在几个实例中出现了这种方法的早期预测。约翰·怀特菲尔德在 1389 年对多佛的圣马丁教堂图书馆图书进行了编目，值得赞许的是，他在其橱柜清单中添加上了有关作者的信息，"以便他能指给着急赶路的学者每篇文章"。②5 年以后，莱切斯特大修道院的图书管理员为其图书馆编制了两套目录，这两套目录是分别针对作者和科目分类的。③

在中世纪晚期，世俗文学作品和用本地语言书写的著作的出现，对于图书管理员来说是一项繁复的工作。迄今为止，用希腊文撰写的书籍，或者是用不寻常的字体撰写的书，会被要求给予特殊的对待，它们被单独存放起来，教会和世俗图书馆之间的区别因而出现。例如，在美因茨的加尔都西会图书馆的目录中，就登记有日耳曼语的很多抄本，名为"通俗地"（vulgariter）或者是"用德语"（Theutonico）。在达勒姆，英语书（libri anglici）被存放在一个单独的地方。④

它需要人们深入地思考进而认识到，当人们只具备抄本的时候来进行这项工作是困难的。没有两本抄本有可能是完全一样的，一页又一页去区别不会有什么大的麻烦出现，而且据显示，那样的麻烦在 13 世纪利用图书馆中的目录就可以辨别鉴定抄本的方法发明以后就不再出现了。现代图书目录是依靠印刷的时间和地点来区分图书版本的，而中世纪的图书管理

---

① E. K. Rand, *The Script of Tours*, I, 4.

② Cf. M. R. James, *The Ancient Libraries of Canterbury and Dover*, p. 407; E. A. Savage, *Old English Libraries*, pp.105-106.

③ M. V. Clarke, "Henry Knighton and the Library Catalogue of Leicester Abbey," *English Historical Review*, XLV(1930), 107 ff.

④ H. Schreiber, "Quellen und Beobachtungen zur mittelalterlichen Katalogisierungspraxis," *Zentralblatt für Bibliothekswesen*, XLV(1927), 105.

员,却没有那么显而易见的手段,而只是利用图书第 2 叶的头几个词来标注图书。第 1 叶的头几个词是引子(开场白),也就是扉页。无论是什么样的情况,总是如此。使用第 2 叶表明抄工并没有试图遵循原始文本的页码。不用到第 10 叶或者第 12 叶,就会出现偏差。在第 2 叶抄工毫无疑问就已经开始出现了偏离的情况。他的抄本尺寸可能造成了一个根本上的区别——因此要有区分的方法……①

那些要点和说明对于判断区分抄本是非常有价值的标志,它们那些长长的清单是由学者们据此汇编而成的。通常来说,第 2 页和倒数第 2 页被选择出来鉴别,因为第 1 页和最后一页大多因为暴露在外会受到磨损而有可能丢失,这些鉴定方法也是打击欺诈盗 621 窃的预防措施。所以,在 1321 年巴黎大学的图书馆规章中,下列规定是关于收回所发现的图书的:

> 同样,光写(如下这些)是不够的:谁谁谁有这样的书,除非在清单上也如此写上:在第 2 页注上如此或如此,以防欺诈,把价格高的书换到同类的价格低的,或如果(书)丢了,不会赔一本价格低的。②

从 13 世纪开始,图书管理日趋规范。不同的颜色被填涂在标签上。因此,在阿尔滕泽尔(Altenzelle),图书被散放在 36 张书桌上,其中红色的标签代表神学,绿色的标签代表医学,而黑色的标签则代表法律。③方济各会在图书和图书馆管理方面所给予的特殊保护也远胜于过去。阿西西的方济各会总会图书馆在 1381 年编制的目录中,图书管理员详细地描述了其有关以编目、箱子和橱柜上的标签和著作开头来分类的方法。每四个一组的图书的第 1 页

---

① P. S. Allen, *Proceedings of the British Academy*, XI(1924-1925), 352.

② See James, *op. cit.*, pp.502-503.

③ G. F. Klemm, *Zur Geschichte der Sammlungen für Wissenschaft und Kunst* (Zerbst, 1837), p.30. On this model library see also Delisle, *Cabinet des manuscrits*, III, 387 ff., and A. Birkenmajer, *Bibljoteka Byzarda di Fournival I jej Pozniejze Losy*(Cracow, 1922).

都用红色墨水标注上编号。这位工作一丝不苟的图书管理员甚至在扉页上添加了关于这部抄本原版的日期。①所有的编号使用的都是罗马数字，直到印刷术发明很久以后。仅仅是对开本的书或者是四本一组的图书要编号标注，而不是页码。最早的一本著作的页码被加入到目录之中是在1465年。②我发现很多分类最为完整的实例是在15世纪末期在巴塞尔的加尔都西会的圣玛格丽特修道院。那里的副院长雅各布·路德维希·冯·林多（1480—1501年在位）选择稀有的书卷藏品然后提供一个特别的地方来存放它们。他挑选出所有普通藏书中的日耳曼语著作，并把它们置于地窖中进行保护，因为这些书主要是由在俗会士使用。同样，具有教化作用的著作，比如布道和圣人传，被归类到"小图书馆"。编年史记载，因为图书的大量增加，包括"旧书与新书"，所以副院长林多确立了每两年时间要修订图书目录和清洁图书的制度。最后，也是这些规章中最有趣的地方，那就是新的章程明确地区分了抄本和新型图书，前者的开页（书脊）和书架隔板由典型的罗马数字进行了编号，而后者则是印刷书籍，而且其页码编号采用了阿拉伯数字。③随着纸张对羊皮纸的替换，以及印刷体图书的出现，图书目录都明确区分了如"羊皮纸（兽皮纸）""纸张""莎草本"或者是"印刷体莎草本"那样材质的图书。卡利克斯特三世（Calixtus Ⅲ）的图书目录共编列了122页的纸抄本和108页的羊皮纸。但是早期印刷体图书讹误的产生与抄本是非常类似的。例如，在兰贝斯图书馆，有一部是福斯特和舍佛（Schoeffer）的1466年版羊皮纸的西塞罗的《论诸义务》（De officiis et paradoxa），它被一位早期的图书管理员在目录中认定为手抄本。④

　　一个对于目录评注的偶然发现涉及了图书的状况，尽管其本身是微不足道的，并不值得关注。坎特伯雷圣奥古斯丁教堂的图书目录就登记了一本书"应该被擦拭"（nitudinem habebit），另一本注

622

---

① See the long extract in Gottlieb, *op. cit.*, No.525, and the late Cardinal Ehrle's detailed analysis in *Zeitschrift für Litteratur und Kirchengeschichte*, I, 491 ff.

② Schreiber, *op. cit.*, p.105.

③ K. Loeffler, *Deutsche Klosterbibliotheken*, p.272, n.41.

④ Cf. B. Botfield, *Notes on the Cathedral Library of England* (London, 1849), p.244.

明的是"要被清洗"(freri balneum)。①手写本书籍的格式不像今天的书籍那样固定。在中世纪的目录中,如果格式已经被设定,就会采用描述性的短语,比如,"马格诺模式"(in magno modulo)等等,一些目录并不像现在这样有明确的固定格式。因此,奥尔穆茨(Olmütz)的图书目录就记载,一些被捆扎好的书被磨损了,另一本没有装订。②

第一批书签是皮革夹,它结束了用束发带作为标签的做法。最早的例子是邓恩(Dunn)图书馆的一部 15 世纪之前的抄本,即《关于度量的书》(*In modorum usum liber*)。③

到 14 和 15 世纪,把书平放在书柜隔板上已经成为了一种习惯,但是这种方式显然很浪费空间,所以后来随着图书数量的增加,把图书竖直地放置在书柜隔板上成为一种常用的做法,此后印刷体图书的出现随之强化了这一方法。这种平放图书的习惯较之把书脊放置在后面更方便于把书的封面标题展示出来,就如今天这样,这也是为什么许多 15 世纪的书卷被发现其标题都处于图书的下边缘处的原因。也就是说,当读者为了一部书卷沿着书柜隔板索书的时候,面对读者的恰恰是标题部分。

客观存在的中世纪的表面现象——和文艺复兴时期图书馆的情况——与今天我们在现代图书馆所看到的是截然不同的。起初是教堂圣诗赞礼员对《圣经》和祈祷书少量的收藏——最初是在教堂里,随后是教堂的储藏室或者是壁橱(经常仅仅是墙上的一个壁龛)——然后图书塞满了数个大箱子,再后来逐渐装满直到一个房间容纳不下而塞进另一个房间,最后需要储藏室来共同承担图书馆的职能,或者是专用的房间或者是专用的建筑来收藏图书才成为必需,这是中世纪图书馆发展的脉络。粗略地说,在 12 世纪就已经达到发展的临界点了,但是保守势力长期抵制这种需要。这种变化在 15 世纪突然来到,在那个时代,过时的古老图书馆的内

623

---

① James, *op. cit.*, pp.308, 340.

② These example are from Schreiber, *op. cit.*, pp.97-105.

③ Frank Hamel, the London bookseller, published an article entitled, "History and Development of the Bookmarker," in the *Booklover's Magazine*, 1907, which is the only study of the subject I know.

质仍然在维持着。一个最为有趣的案例是牛津大学莫顿学院的图书馆在 1373—1387 年间建成并首先完备起来。[①]

有关准中世纪图书馆的特点保持下来的最好的范例就是在切塞纳的圣弗朗西斯科女修道院，该修道院建于 1452 年。佛罗伦萨的美第奇或者是劳伦斯图书馆建于 1525 年，它们是由米开朗基罗设计的。还有建于 1561—1563 年的荷兰祖特芬（Zutphen）的圣沃尔普吉斯（Walpurgis）教堂。根据 J. W. 克拉克的研究成果，最后这家图书馆是"讲经台系统"中保持最好的范例（从几个中世纪范例中选出的一个），也是近代图书馆发展的第一阶段。[②]克拉克所说的"小隔间系统"（stall system）即讲经台和壁橱的结合体，在 1480 年牛津的曼达琳学院（Magdalen College）首次出现。在赫里福德郡的主教座堂图书馆（现已被修复）、数个牛津学院的图书馆，还有牛津大学博德利图书馆的部分就属于这种类型，即这些图书不再被置于它们的两侧，而是通常被捆扎在一起并直立放置，而其背面则向内。威尔斯主教座堂的图书馆是英国另外一个接近于符合中世纪图书馆条件的范例。它是一个装配了窗户的狭长的房间，书橱被放置在每一对窗户中间的墙边直角的地方，在它们的前面则为读者准备了座椅。斯特里特（Streeter）对此有所谈及：

> 威尔斯主教座堂的图书馆表现出了它本身所特有的显著特点。当这些特点所具有的重要性变得明显的时候，而且仅仅是那个时候，我们会意识到正如在牛津大学莫顿学院的图书馆所配置的小隔间系统已经按照最初的为了讲经台系统设计的房间而建成了，所以毫无疑问它是按照原始的配置装修了这个系统。[③]

--------

① Illustrated discussed by the late Canon B. H. Streeter, *The Chained Library*: *A Survey of Four Centuries in the Evolution of the English Library*(London, 1931), pp.127 ff.

② The Classic work on library architecture and equipment is J. W. Clark's *The Care of Books*: *An Essay on the Development of Libraries and Their Fittings*, *from the Earliest Times to the End of the Eighteenth Century* (Cambridge, England, 1901; 2d ed., 1902). For the period about 1350-1750, it is admirably supplemented by the more recent work of Streeter, *op. cit.*, especially, p.25.

③ Streeter, *op. cit.*, p.273, with illustration on p.277.

"墙壁系统"（wall system）模式的大规模发展所带来的是书柜成排地靠墙排列，而书桌则被放置在房屋的中间。在埃斯科里亚尔就是这样的模式，它开始于 1563 年，而完成于 1584 年，在 1609 年应用于安布罗西亚纳（Ambrosiana）图书馆，在 1647 年应用于马扎林（Mazarine）图书馆，在博德利模式结束的时候这种方式被引进到英国，并由托马斯·博德利爵士（Sir Thomas Bodley）在 1610—1612 年间建成。首先，在英国以这种方式摆放的图书是被捆扎在一起的，但是这并非如克里斯托弗·雷恩（Christopher Wren）爵士于 17 世纪在剑桥的三一学院建立的图书馆一样，而是与圣保罗主教座堂的图书馆相同。

通常的假设是所有的图书都被捆扎在中世纪的图书馆里面，但这仅仅只是部分真相。在 13 世纪之前，除了祈祷书之外，没有明显的史实能够说明这种情况的存在。使用链子来捆扎图书似乎是首次用于索邦神学院的图书馆。在 1271 年，阿布维尔（Abbeville）的杰拉德，即索邦的罗伯特的一位朋友和神学院的一位成员，赠给索邦神学院大约 300 卷图书，并且为了安全保存，他希望将这些书用链子捆扎起来。①这种预防措施的实施可能有理由推论是因为贫苦的学生比别人更有兴趣试图去偷窃图书。在 1313 年，雷蒙纳尔·勒尔（Raymund Lull）将他的著作抄本捐赠给在巴黎的大查尔特勒，其附带条件就是它们应该被捆扎起来。"因为他希望这些图书被使用的时候没有被偷窃的危险。"②然而，我们要质疑，这种捆扎图书的举动是否是中世纪时期——甚至是 14 和 15 世纪的普遍做法。我个人认为，这种情况更应该常见于第一本印刷体图书，而不是书柜中的那些抄本。

直到 1931 年 B. H. 斯特里特的《拴着锁链的图书馆》出版，有人认为在赫里福德郡主教座堂存在过一个中世纪时期的拴着锁链的图书馆——"仍然存在"，就如同过往一样。通过研究和重构这个图书馆，他证明了该图书馆是建于伊丽莎白女王时代而不是建于 1394 年。在这里暂不详述这个问题。该研究对英国图书馆的

---

① H. S. Denifle, *Chartularium universitatis Parisiensis*, I, 491, No.436.
② L. Delisle, *Journal des savants*, 1896, p.5.

发展历史做出了显著的贡献。以现在的观点来看,他所发现的关于 1394 年的时候被分配了五个旧的书柜是错误的,正确的时间应该是在 1590 年。[1]这可能是与中世纪时期赫里福德郡图书馆有关的最重要的事实了。

626　　　因为无法将赫里福德郡图书馆所存在的书柜和他所具有的关于图书馆的建筑风格和配置的知识相调和,卡农·斯特里特(Canon Streeter)试图自己来解决这一问题。正如他所说的那样,兼具了"一个橱柜、一个讲经台和一个单间阅读室"的所有优点的小隔间系统的结合体在赫里福德郡被使用。[2]没有明显的证据显示这一系统是在 1480 年前发明出来的。而且,所有早期的例子都是关于双层书柜,而那些赫里福德郡的三层书柜都晚于那个时期。调查记录阐明了这一事实,据推测为捐助人的沃尔特·拉姆斯伯里(Walter Rammesbury),这位主教座堂的赞礼员,在 1394 年为这个图书馆捐赠了价值 10 英镑的新书桌,他同时也是莫顿学院的董事。他为图书馆捐赠金钱购买书桌是为了给他的学院,而并非给主教座堂、同样也是作为小教堂的唱诗班席位而使用。单词"教堂会众"经常被莫顿学院的记录用来特指唱诗班,它们有时也同样被作为教区教堂来看待。在 1727 年,布朗·威利斯(Browne Willis)推测这一词指的是主教座堂。他也将这些书桌和赫里福德郡联系起来。[3]他指出,在《拴着锁链的图书馆》出现之前,拉姆斯伯里提供给主教座堂图书馆书桌的说法就已经被普遍接受。《行传》(Act Book)这章记录了图书馆从"最古老的回廊"到圣母礼拜堂的变迁顺序。[4]这个图书馆在 1930 年在由卡农·斯特里特修复之前,至少经历了两次以上的变化。

当代人对中世纪图书馆内质的描述几乎还不为人所知,因此它一定是从残缺不全的信息和考古遗迹中临时拼凑而成的。F.马丹(F. Madan)在他的《抄本中的书》(Books in Manuscript,第 91—92 页)中对大约 1400 年间的泰彻菲尔德(Tychefield)所作的描述可以证明这一点。在抄本中对早期图书馆房间认识的观点也同样是欠

---

① Streeter, *op. cit.*, p.86.
② *Ibid.*, p.46.
③ *Ibid.*, pp.314-315.
④ *Ibid.*, pp.83 ff.

缺的。大英博物馆的一部抄本中关于 1400 年间意大利图书馆最为有趣的观点，被 G. R.西特韦尔（G. R. Sitwell）在《我的家乡的故事》（牛津，1933 年，第 37 页）中转载。而在波埃修斯著作的一部法文译本①中，一幅微型画中一个图书馆的内部结构图是 15 世纪的。事实上，克拉克私人收藏的篇章中几乎所有的插图也都是更晚时期的。学者们在中世纪图书馆各个角落的书桌上工作而其周围全被书所包围的插图，在抄本和早期的印刷书籍中都有所呈现。 627

　　在印刷术发明之后，中世纪的做法还长期存在。例如，在克拉克的《书籍的保护》中最后的插图，从约翰·博伊斯（John Boys）博士（1622）所画的插图中所雕刻的标题页，显示了这些图书虽然是竖立着，但是并没有被捆扎起来。所以这些书正如显示的那样，是按照书的前边缘而不是书的背面放置的。因此，把书名镌刻在书前部边缘的习惯就长时间存留了下来。

　　据传中世纪的图书馆在有关借阅图书方面有许多有趣的信息。在中世纪没有书店和图书目录服务的情况下，修士和学者能够通过四种方式来获得图书或者有关图书的信息：他们可以借阅一部图书并抄写它；他们可以派一名抄工去另一个修道院那里去抄写一部手稿；他们可以要求转抄一本书；或者是他们可以交换图书。其中第一种方法是常用的方法。一般来说，出借图书会要求出具抵押物，因为图书是宝贵的财产。希尔德斯海姆的隐修院会长在 1150 年提到科维的修道院院长维巴尔（Wibald）时说："出借图书没有可靠的抵押和保证不是我们的习惯。"②但是只是依靠承诺来出借图书也是有危险的。因此，许多修道院的图书馆都将他们的图书附加上了咒语，给予借阅他们图书而不归还的人以逐出教会的威胁。然而，这种做法在 1212 年遭到巴黎地方议会的正式谴责，它规定：

　　　　我们禁止他们保证不把他们的图书出借给穷人的做法，因为出借给穷人是一项仁慈的工作原则。我们希望通过严格的检查后将这些图书分为两类：一类是应该被保留在教堂里面由

---

① 　reproduced as Fig. 64 in Clark, *op. cit.*
② 　Sandys, *op. cit.*, I, 619.

教徒来使用；另一部分则应该根据修道院院长的建议而借给穷人，修道院院长应该负责监管修道院的利益不受损害。今后，任何图书都不可以再加咒语。我们要废除过去所有被强加的咒语。①

628 　　许多关于图书馆之间馆际互借图书的例子在前面的章节当中已经有所提及。②在这里必须指出的是，在早期甚至还存在国际间的图书借阅现象。德国的圣卜尼法斯就经常从英格兰借阅图书。阿尔昆曾致函给萨尔斯堡的阿诺主教，并寄给他一部《训道篇》的抄本，在信中他写道："我希望这本书会很快被抄写完毕并及时返还。"③尼古拉斯作为克莱尔沃的贝尔纳的秘书，他自己制定了馆际图书馆之间借阅图书的流程模式。他仅仅是在每卷图书的副本和原本都被还回来的条件下才出借图书。这些复制品他用来出售或者是用来交换新的抄本。他在写给塞勒（Celle）的彼得的信中说，"赶快行动""快点抄写它们并把它们寄还给我，然后根据我讨价还价的条件，要为我复制一份副本。把我寄给你的那些书和这些复制品，像我所要求的那样都要寄还给我，并小心爱护图书，我不想有任何的闪失。"后者从他那里借了两卷圣贝尔纳的著作。但是当他自己借书的时候却从来没有提出过这样的条件。④在中世纪如何广泛地交换和售卖图书复制本是一个只能推测的问题。M. R. 詹姆斯曾就这一问题评论说：

　　　　在图书馆［彼得学院（Peterhouse）］中的那些 15 世纪的赠品中，有一两件赠品导致了不同寻常的问题。一本是来自伯里并且有着伯里标记的图书；另一本则属于赫里福德郡的主教座堂教士；还有一本来自伍斯特；另外的一本则来自达勒姆［它仍旧可以确认在达勒姆的 1391 年的目录中］，而且还有关于

　　① P. Labbé, *Concilia*, XI, 69, 70.
　　② See also O. Lerche, "Das älteste Ausleihverzeichnis einer deutschen Bibliothek," *Zentralblatt für Bibliothekswesen*, XXVII(1910), 441-450; P. Gambier, "Lending books in a Medieval Nunnery," *Bodleian Quarterly Record*, V(1927), 188-190.
　　③ *Ep.* cxliv; Migne, *Pat. Lat.*, C, col.391.
　　④ Maitland, *op. cit.*, p.477.

此类的其他例证。这种现象,使得人们非常想知道大学和修道院在分立前的时间里,如何自由地并且习惯于在何种条件下能够游刃有余地将它们双方的图书分开呢?有没有可能形成一个出售图书副本的广泛的体系呢?我更倾向于认为,他们是不加选择地将书籍清除掉,因为一项对修道院图书目录的研究表明,在任何一个规模相当可观的图书馆里的图书副本的数量都是巨大的。另一方面,很显然,图书经常会离开旧的图书馆而落入没有被授权的人手中。所以在这种事情中可能是合理与非法并存。①

　　朗斯托夫(Lonstorf)的奥托大主教(1254—1265 年在位)将他的许多书借给了奥地利和德意志南部的修道院,甚至有一些远借 629 至像波西米亚那样的地方。②在 1259 年,科尔比的僧侣们两次向鲁昂大主教恳请使用他的权威来迫使埃洛伊(Eloi)大修道院归还它所借阅的图书。③蓄意偷窃图书的行为并不普遍,但是粗疏草率的管理却能够导致图书的丢失,粗心大意也会导致抄本丢失现象的发生。针对这一问题的告诫是习以为常的。皮特·达米亚尼要求丰特·阿维拉纳(Fonte Avellana)图书馆的所有图书都不要赤手接触,甚至不允许将它们暴露在烟尘和炎热中。④然而,因为黄金和白银经常被用于图书的装饰上,因而对装饰华美的抄本的偷窃就变得十分普遍了。当希尔德布兰在劫掠法尔法的珠宝的时候,他自己带走了 4 部装饰精美的著作。⑤1005 年的《爱尔兰编年史》(*Chronicon Scotorum*)记载:"克鲁姆·塞尔(Colum Cille)伟大的《福音书》在晚上被恶作剧般地盗走,然而在那个季末,这本书被找到了,但是这本书上的黄金和白银都被偷走了。"⑥

---

　　① *Proceedings of the Cambridge Antiquarian Society*,IX,399.
　　② A. Czerny, *Die Bibliothek des Chorherrnstiftes St. Florian*, pp.223-226.
　　③ L. Delisle, *Recherches*, p.499.
　　④ Dresdner, *Kultur- und Sittengeschichte der italienischen Geistlichkeit im 10. und 11. Jahrhundert*, pp.231-232.
　　⑤ *Ibid*.
　　⑥ Ed. W. M. Hennessy("Rolls Series," No.46), p.245.

# 第二十章　纸张、图书贸易 和图书的价格

古代的书籍使用纸草作为书写材料,中世纪的书籍则是使用羊皮纸。每一种书写材料在当时的年代里都代表着书籍制造工艺的革命性发展。但是,在印刷术发明之前,图书历史上最具革命性变化的是纸张的发明。因为纸张比羊皮纸便宜得多,对于学生和学者来说,它是一种天赐之物。这一技术上的变革具有无法估量的影响。在欧洲,纸张的使用是文艺复兴得以发生的最大因素之一,也是印刷术发明的重要因素之一。反过来,印刷术和文艺复兴时代的批判精神成为科学、资本主义、近代国家和近代文明的基础。历史表明,没有廉价的纸张,就不可能有普遍的读写能力或者科学或者信贷系统的产生和发展。我们可以说,在某种程度上,近代科学是在纸张的基础上产生的。

关于纸张的起源有一系列的问题。[1]它是由谁发明的?它是由谁最先引进到欧洲的?它是在哪里生产的?它的成分主要都有哪些?这些不仅仅是学术的问题,因为关于纸张的主题和两大文明的发展有密切的关系。

近代纸张的原材料或者是破布,或者是纸浆。所有的纸张都必须具有内聚性和纤维度的特性。那么现在我们要问,这两大主要的材料里都有哪些成分?很明显,最好的最长的纤维来自某种纺织品:亚麻布、大麻、亚麻纤维或者这些纤维的混合物。棉花也是一个主要的成分,但是在中世纪很少使用它。

---

[1]　关于纸张的历史最全面且具有学术性的简短叙述是 Andre Blum 写的,现在可以看到的英文翻译由 H. M. Lydenberg 所做,题目是《论纸张的起源》(*On the Origin of Paper*)(New York, 1934)。

## 第二十章　纸张、图书贸易和图书的价格

据说最早的造纸者是中国人蔡伦（Ts'ai Lun），他是湖南人，是耶稣基督的同时代人。在大英博物馆里，有最古老的关于中国造纸术的文献资料，佛教文献中将其时间定为基督教诞生之后的二世纪和三世纪。①通过用显微镜对由奥雷尔·斯坦（Aurel Stein）发现的其他古老的纸张进行分析，可以发现，它们主要是用树皮和破布混合制成的，其成分主要是大麻（原文如此——译者注）。②

在数个世纪的时间里，纸张看上去主要是中国的物品，但是它逐渐地沿着从戈壁沙漠到撒马尔罕的商队路线而传入中亚和波斯，这条商路后来因为马可·波罗而变得有名。穆斯林阿拉伯人在征服撒马尔罕之后很快就意识到了纸张的价值。③因此他们垄断了纸张和纸草，这是当时三种书写材料中的两种。而欧洲则被完全与书写材料④供给隔开了，穆斯林世界的阿拉伯人手中拥有无限量的书写材料可供他们使用，他们才得以创造非凡的文学和科学成就。早在8世纪哈里发哈伦·拉希德（Harun al-Rashid）时代，在巴格达和叙利亚（大马士革、的黎波里和哈马）就有造纸厂，那里出产优质的白麻。

和人们普遍认为的现象正好相反，纸草的使用并不局限于古代，相反，一直到11世纪它还被使用。抄写著作很少使用它，但是它被大量应用于外交和公证记录中。教皇尤其钟爱纸草，直到本笃八世任教皇期间（1020—1022年），它才被羊皮纸所取代。⑤

在13世纪的时候，纸张肯定已经传入欧洲了，虽然之前其在南 意大利已经被广泛使用，但是因为它的易碎性而曾经被皇帝弗雷

① T. F. Carter, *The Invention of Printing* (New York, 1925), p.5; A. Conrady, *Die chinesischen Handschriften und sonstigen Kleinfunde Sven Hedins in Lou-Lan* (Stockholm, 1920); E. Chabannes, *Les Documents chinois découverts par Aurel Stein dans les sables du Turkestan oriental* (Oxford, 1913), p.iii.

② J. von Wiesner, *Ueber die ältesten bis jetzt aufgefundenen Fasernpapiere* (Vienna, 1911).

③ J. Karabacek, *Das arabische Papier* (Vienna, 1887); P. Pelliot, "Des artisans chinois à la capitale abbaside en 751-762," *T'oung Pao*, XXVI(1929), 110-112.

④ H. Pirenne, "Le Commerce du papyrus dans la Gaule mérovingienne," in *Comptes-rendus des séances de l'académie des inscriptions et belles-lettres*, 1928, pp.178, 299.

⑤ W. Wattenbach, *Das Schriftwesen im Mittelalter*, pp.96-114; Pirenne, *op. cit.*, pp.173 ff.

德里克二世废止过。①意大利和西班牙两个国家更是宣称要优先使用以亚麻为原料的纸张。至于意大利,巴勒莫有书写于 1109 年的纸质文本②,热那亚也有 12 世纪中期类似的文档③。但是没有证据表明这些纸张是在当地生产的。它们可能是进口产品。因为意大利的第一家造纸厂,即法布里亚诺造纸厂,直到 1276 年才建成。④

这一问题并不需要从地理方面来讨论,只需要从逻辑和事实两方面来看,就会发现纸张是穿过西班牙而进入欧洲大陆的。在那里阿拉伯人生产纸张已经有数个世纪的历史了。在欧洲人知道纸张之前的很长一段时间里,西班牙的基督徒们就已经了解了纸张。他们对羊皮纸(*pergamino de cuero*)和纸张(*pergamino de pano*)在词源上进行了区别。⑤在靠近布尔戈斯的西洛斯修道院的地窖里面发现的两份古老的纸质文件成为进一步的证据。其中的一个证据可以追溯到 11 世纪,为修道院图书馆的馆藏目录,是一个共有 157 页的非常白的碎本。⑥另一份使用西哥特字母(Visigothic Characters)书写的拉丁文词汇表包括 123 页混杂着羊皮纸和纸张的抄本(现存国家图书馆),也不晚于 12 世纪。⑦

阿拉伯时期的西班牙比欧洲其他地区建立造纸作坊要早很久。但是这些纸是由什么材料制成的?专家们对这一问题进行了经年的讨论。在 12 世纪早期,尊者彼得访问西班牙,他在那里留意到一个由犹太人抄录的《塔木德》抄本被写在一种奇怪的载体上面。

633 这位迷惑不解的修道院院长在一段颇有争议的文章段落中记录了他的观察情况:"来自面包屑,或其他什么碰巧有的杂碎的东西。"

---

① F. Gregorovius, *History of the City of Rome in the Middle Age*, V, Part II, 614.

② G. la Mantia, *Il primo documento in carta esistente in Sicilia*(Palermo, 1908).

③ M. Amari, "Nuove ricordi arabici su la storia di Genova," *Atti della società liguri di storià liguri di storia*, V(1867), 633.

④ C. M. Briquet, *Sur les papiers usités en Sicile, à l'occasion de deux manuscrits en papier dit de coton*(Palermo, 1892).

⑤ See the ordinance of 1265 by Alphonso X, the Wise, of Castile, *in Recueil de lois d'Alphonse X le Sage de Castille*, ed. By Berni(Valencia,1759), XVII, 111.

⑥ See M. Férotin, *Histoire de l'abbaye de Silos*(Paris, 1897), p.275; W. M. Whitehill and J. Perez de Urbel, "Los Manuscritos del real monasterio de Sancto Domingo de Silos," *Boletin de la real academia de la historia*, XCV(1929), 521-601.

⑦ L. Delisle, *Mélanges de paléographie et de bibliographie*(Paris, 1880), p.108.

（Ex rasuris pannorum, seu ex qualibet alia forte viliore material.）①首先两个令人费解的单词给我们带来了极大的困惑。马菲和马比伦创造了"rasuris pannorum"，其意思为棉花。但是为什么是棉花呢？② 正确的翻译应该仅仅是"零散的碎布"。我们也知道在西班牙最为古老也是非常重要的造纸作坊位于靠近瓦伦西亚的克萨蒂瓦（xativa）———一个因亚麻生产基地而闻名的城市。③

克萨蒂瓦或者是哈蒂瓦的造纸工业，都被置于哈里发的特别保护之下。基督徒征服瓦伦西亚以后，同样认识到了造纸工业的价值并继续保护同阿拉伯人的贸易往来。阿拉贡王朝时期的詹姆斯一世在 1273 年颁布法令，规定犹太人拥有生产纸张的特许权，并限定税率为每令纸张 3 丹尼尔（deniers）。④犹太人显然已经控制了西班牙地区的造纸工业，可能还垄断了向基督教欧洲地区输入纸张的工作。⑤

在克萨蒂瓦之后欧洲最古老的造纸作坊于 1276 年建于意大利的法布里亚诺。⑥其他意大利城市不久也纷纷效仿。1293 年和1340 年分别在博洛尼亚和帕多瓦建成作坊。此后很多的作坊又在热那亚和特雷维索落成。由于具有了完备的工艺技术，意大利变成了基督教王国的造纸工业中心。造纸工业变得如此重要，以至于 1373 年瓦伦西亚的议会禁止出口造纸的原材料。它的产品在保护下成为了专营品。⑦

在法国，最早的造纸作坊位于特鲁瓦，它们建于 1348 年。⑧在 *634*

---

① *Tractatus adversus Judaeos*；Mìgne，*Pat*，*Lat*.，CLXXXIX，col. 606.

② Microscopic examination of early paper specimens fails to discover the use of cotton at any time as a major ingredient.

③ Edrisi，*Description de l'Afrique et de l'Espagne*，tr. and ed. by R. Dozy and M. J. de Goeje(Leyden，1866)，p. 233.

④ *Derechos reales impuestos a los Judios que en Xativa fabricaban papel*(decree of James I，Feb. 8，1273，in the Archives of Barcelona).

⑤ Cf. P. Berger and M. Schwab，"Le plus ancien manuscrit hébreu," *Journal asiatique*，II(1913)，139-175.

⑥ See J. Berthelé，"Un prétendu Moulin à papier sur l'Hérault en 1189,"*Bibliographe moderne*，X(1905)，201-213.

⑦ G. H. Putnam，*Books and their Makers during the Middle Ages*(New York，1896-1897)，I，409.

⑧ L. le Clerc，*Le Papier*，*recherches et notes pour servir à l'histoire du papier*，principalement à Troyes et aux environs depuis le XIVᵉ siecle(Paris，1926).

这之前,法国一直在使用西班牙所造的纸张。对于这些书刊交易商来说,早期的法国纸张制造商会获得免税的优惠待遇。虽然包税人经常会对这种免税的优惠待遇提出异议。英格兰第一家造纸作坊在赫里福德郡落成。这一事件在亨利七世的家谱中所记载的1498—1499 年大事记中有所提及。但是在巴塞罗缪《论事物的秩序》(De proprietatibus rerum)的序言中,还有有关这一问题更早的证据,这本书大约于 1490 年由温金·德·沃德(Wynkyn de Worde)印刷面世。①

在德国,第一家造纸作坊于 1390 年建于纽伦堡。在很长一段时期内德国一些专家都认为,第一家亚麻纸的生产这一荣誉应该归属于拉文斯堡,在那里,霍尔拜因家族被认为在 14 世纪早期建了一家造纸作坊。事实上,甚至没有一点证据能够证明这家工厂的存在。②德国人仍然从意大利尤其是米兰进口最好的纸张。早期的德国纸张样本呈现出外国的特征,尤其是意大利语的水印。斯托默(Stromer)——这位纽伦堡造纸作坊的主人和他的意大利工人们产生了纠纷。斯托默被工人们指控偷窃了他们的工艺秘密。其他的那些德国造纸作坊有位于吕贝克的(1420 年)、有位于巴塞尔的(1440 年)、有位于包岑(1445 年)的、有位于奥格斯堡(1468 年)和坎普顿(1477 年)的,它们都建于德国已经可以生产出优质纸张的那一时期。这应该归功于那些重要的来自加利西亚的西班牙工人。德国因此能够有资格而成为欧洲的印刷技术中心。

造纸术的传播路径就是沿着这样的轨迹从发源地最后在整个欧洲扩散的。它从中国首先被传至撒马尔罕,然后又从撒马尔罕传至叙利亚,紧接着从叙利亚传到了埃及,然后从埃及又传播到西西里岛、南意大利直至西班牙。从西班牙,造纸术又进入了法国南部。意大利又为德国提供纸张,法国也为低地国家和英格兰提供

---

① Quoted by B. Botfield, *Prefaces to the First Editions of the Greek and Roman Classics and of the Sacred Scriptures* (London, 1861), p. xlviii. See, further, R. Jenkins, "Early Attempts at Paper-making in England, 1495-1586," *Library Association Record*, II (1900), 479 ff.

② The whole problem is sharply treated by Sotzmann, "Ueber die ältere Papierfabrikation, insbesondere über die Frage: ob die von Ravensburg die älteste und erheblichste in Deutschland gewesen sei," *Serapeum*, VII(1846), 97-108, 123-128.

同样的服务。英国人使用最早的纸张样本被发现用于加斯科尼的 *635* 账本，这是 14 世纪英国人在法国所拥有的。这些纸张的大部分来自波尔多，它们从这里被输入英格兰。

我们发现造纸术传入欧洲历经了五个世纪之久，罔顾埃及莎草纸应用的自然湮灭。至少有三个原因造成了基督教国家并不是十分情愿地接受了造纸术的传入。其中的一个原因，是相较于羊皮纸来说，纸张容易破碎，这就使得官署的工作人员对由纸张形成的文件上的痕迹是否能够得以完好地保存产生了怀疑。第二个原因则是由于基督徒的狂热造成的，这一原因造成了他们会不信任或者憎恨任何来自异教徒的每一种东西，而纸张恰恰就是犹太人和阿拉伯人生产出来的产品。第三个原因则是由于纸张的高价格导致的，作为进口商品，纸张的价格已经几乎和羊皮纸的价格不分伯仲了。

纸张价格的逐渐降低，可能是缘于亚麻服装取代了羊毛服装和衬衫这一新时尚的出现。[①]但是有一件事是可以肯定的，截至十五世纪晚期，反对使用纸张的偏见消失了，这一时期纸张已经在很多城市被大量生产，造成了纸张的价格大幅度降低，[②]在印刷机的助力下，它由此成为现代文明的奠基石。

图书馆的历史总是涉及着图书的生产和传播。因此我们必须还要对图书的交易和图书价格进行探讨才能够使我们这本书更为全面。在中世纪没有图书商，也没有图书俱乐部，没有收费图书馆，没有强力广告和评论杂志，更遑论什么文学出版了。没有为各种不同口味的大众服务的书店存在。中世纪时期的读书人（阅读公众），如果能够这样称呼的话，只被限定在很少的一类人群——主要为神职人员。他们的首要兴趣是神学书籍。通常情况下，一个读者得到一本书是为了抄写或者雇用抄工来为他做这件事。但是情况也不完全如此，比如像理查德·德·伯里，他可能会从流浪 *636* 的学者或者僧侣的手中购买一卷图书。偶尔一些经济困顿的修道院会出售他们的一些珍稀抄本，但是通常很多被出售的书都是非

①　S. Luce, *Histoire de Duguesclin*(Paris, 1896), p.60.

②　See L. C. Douët d'Arcq(ed.), *Comptes de l'hôtel des rois de France au XIVe siècle* (Paris,1851), pp.208, 219, 227.

常稀少的种类。有关查理曼的史实是：他在其遗嘱里面就提出希望在自己死后要把他的藏书卖掉。这些情况几乎没有可比性。一些宗教机构每当需要金钱的时候，他们就会把其所拥有的书抵押出去，并且几乎没有可能把它们再赎回来。然而，尽管有很多困难，一些意志坚定的有钱人却依然沉迷于收藏带有精美装饰和花边的书籍。这种藏书竞赛一直持续不断。事实也的确如此，甚至塞维利亚的伊西多尔（636年）在他的独白中说，他就是那些希望拥有很多带有装饰金边的书籍，只是把那些书保存在书橱中而从来不去阅读，或者是把它们出借给别人就已经从中获益了的那些人其中的一员。

尽管普通的读者以及藏书者对书籍有要求，但是在数个世纪里，除了意大利之外，很少有证据表明图书的商业化生产已经存在。在那里，在罗马文明兴衰枯荣的命运变迁的过程中，这种交易貌似存续了下来。在其他地方，直到13世纪随着大学的兴起，图书以及书商才开始得以迅速地增加。从此以后，图书交易在欧洲变得普遍起来。除了罗马一直是图书贸易中心外，博洛尼亚和巴黎也成为早期图书交易的重要地点。阿伯拉尔著作的巨大知名度及其大量作品的出版，证明了巴黎的图书贸易早在1140年就已经成为了那里的重要产业。在圣贝尔纳的一封信中，明晰地证明了阿伯拉尔作品的数量以及其广博的范围：

> 我宁愿他的那些发霉的书页仍旧躺在阴暗角落的书橱里面，而不是在十字街头被阅读。他的图书行销国外……遍及城市和城堡的角角落落……他的图书从一个国家辐射至另一个国家，从一个王国传至另一个王国……他夸耀说，他的图书在任何地方都极为抢手，甚至是在罗马教廷内也不例外。①

637　　在同一世纪晚期，布卢瓦的皮特的一封信也为我们披露了当年巴黎图书贸易的境况。②

在13世纪，欧洲的整个文化生活在很大程度上开始了从教会

① *Epp.* clxxxviii-ix; Migne, *Pat. Lat.*, CLXXX II, cols. 353B, 355 A. Cf. G. Paré, A. Bruent, and P. Tremblay, *La Renaissance du XIIe siècle*, pp.87-91.
② Migne, *Pat. Lat.*, CCVII, col.219.

学校向新式大学的迁转，这种迁转造成了图书历史上重要的变化。①大学的生活主要依赖于大量的课本。一种有效的方法就是允许复制印刷迅速激增的课本。首先，先制作出由四对开本的松散的分册组成的标准课本的范本，叫作"派碎"（peciae）。然后这个"派碎"被分发给抄工们，每个抄工只负责完成他所承担的那部分内容的抄写。一旦抄工对他所抄写的课本熟练以后，他就能够抄写得非常快速，事实上，可以说几乎就变成了机械运动。当每一个抄工把他所抄写的内容上交以后，被雇用的书商就把各个部分汇编起来装订成完整的一卷，或者是把它们一部分一部分地租借给学生以获得少许报酬。②借阅原稿的学生似乎经常把它保留足够长的时间直到他自己抄写完为止。正因为如此，中世纪的大学才能保证获得数量不断激增的教科书，而且，它们的数量并不比后来印刷厂可能生产出来的产品少，尽管印刷术要比早期的方法有着巨大的进步。这种体制在13世纪中期的博洛尼亚、帕多瓦以及巴黎的大学蓬勃兴起，并很快扩散到其他的大学。有关教会法、民法、宗教学、医学以及自由派艺术的重要论文著作也像教科书一样广泛流传起来。

　　当然，有钱的学生理所当然地享受着拥有大量书籍的奢华生活。在一个博洛尼亚地区教堂僧侣和两个德国学生共同签署的合 *638* 同中，规定提供膳食和住宿，其中早餐食物有优质面包和葡萄酒，晚餐则有肉类。如有必要还可以配备取暖。还有帮助他们运送书籍的仆人，这些项目一年共需要花费50博洛尼亚里拉。这一时期的书卷变得厚重起来了，因为它们都是由羊皮纸或者是皮革制成的。而在教室和宿舍之间来回运送这些书就变成了一项体力活儿。在那一时期大学杂役的佣金多少，取决于学生们的书到底占据了课桌的多大空间。③

　　早期的图书销售商被称为"坐商"（stationarii），这可能是因为

---

　　①　H. Rashdall, *The Universities of Europe in the Middle Ages* (Oxford, 1895), I, 415-417.

　　②　R. Steele, "The Pecia," *Library*, 1930, pp.230-234; J. Destrez, *La Pecia dans les manuscrits universitaires* (Paris, 1935), reviewed in *Isis*, XXV, 155-157.

　　③　*La Rassegna nationale*, November I, 1897.

他们是在开放的货摊上面进行销售活动。因为在中世纪的商铺中，"驻守"（statio）是一个常见的词汇。英文单词中的"stationery"（书商）就是由此派生而来。①第一个"印刷者的代码"使用了一个时髦的短语，是由博洛尼亚大学颁行的。这所大学于1259年颁行了划时代的有关销售、出借以及生产图书的法规，其目的是为了保护学生们的兴趣。因为大多数学生非常贫困，以至于买不起一卷书。虽然没有法律的保障，但是学生们还是得到了图书销售商的怜悯。1259年颁行的法规和1289年实行的补充细则，都包含了出借和销售两方面的内容。

书商们非常重视大学，他们会在大学附近摆设书摊。大学对他们采取了硬性监督和控制的方式并定期检查其存货。书商们迫于压力只能出售准确无误的抄本，并被禁止随意上涨租金或者是向 **639** 其他学校出售抄本，一些违反规定的行为会受到课以罚金的惩罚。到了14世纪，有关规范图书销售商的章程就更为苛刻了。图书销售商被要求存货中要保证有117种指定的图书。所有的图书都被分解成"派碎"。所有的图书，无论是新的还是旧的，都必须要得到一个由六人组成的大学委员会的仔细检查和订正，其中包括三名意大利人和三名外国人。由学院成员负责修改课本中出现的错误和瑕疵，所需要的所有花销都由书商承担。一旦后者出租了一本有瑕疵的图书，学生就会将书返还给书商，并且书商还要被科以罚款，其中四分之一的罚款会奖励给举报者。这些规章制度会被书商张贴在他的店铺内，以便于每一个顾客都可以看到。②

这些章程主要是为了规范从事租赁业务的书商。但是对于图书销售商和图书馆的卖书者，同样也会受到严格的限制。他们在没有向出售者表露自己交易身份的时候不能购买图书，这一条款可能是刻意阻止他们挟仓垄断市场，使其不能以高于规定的价格出售图书。在文艺复兴时代早期，古典文明的复兴激发了图书产业的发展，书商们为了迎合广阔市场的需要，演变为公众图书销售

---

① *Opus minus*. ed. Brewer, p.333.

② A. Kirchhoff, *Die Handschriftenhändler des Mittelalters*（2d ed.；Leipzig，1853），first published in *Serapeum*，XIII（1852）；H. Rashdall, *op. cit.*，I，191-192；H. Denifle，*Archiv für Litteratur und Kirchengeschichte des Mittelatters*，III，291-297.

商，不再受到大学的限制而变得无拘无束起来。自此以后他们中的一些人也成了造纸业主，这一行业后来被称为"纸类商"（cartolaji）。他们发行图书，充当代理商，而且还雇用书吏来复制拷贝图书。当印刷工艺被引进后，他们中的一些人开始成为印刷商和书商。

在 1275 年，即在博洛尼亚大学发布首个条例的 16 年之后，巴黎大学发布了一条新的涉及书商的法令，这与意大利城市发布的相关法令极为类似。它通常被认为是有关书商的第二个重要的规章，虽然可能西班牙更先于法国。1252 年至 1285 年间在位的卡斯蒂利亚的阿方索十世，在他的《七部法典》（*siete partidas*）法规中，对图书销售、出借和生产等内容的规范恰恰和博洛尼亚的规章一样。西班牙大学的管理机构监督管理教科书、控制租金并委任书商。阿方索声称："校长和他的委员会成员……应该准确测算出书商在向学生出租图书的时候应该从每个四张对折的一叠（quaternion）中收取多少租金。"[1]

再看巴黎的情况，其大学的声望吸引了大量的贫穷学生，他们任凭图书交易商们的摆布：在这里所有的人都和图书交易有联系——图书馆员、抄工、羊皮纸制造者、彩饰工以及图书装订者，他们都居住在拉丁区以专门从事这些工作。因为住在那里是可以享受免税待遇的。[2]

有关书商的详细法律必须与生产图书的困难程度和开支花销联系起来才能理解。比如，一个法国的教区牧师为了出版轮唱歌集支付了等值于 160 蒲式耳的小麦，这一做法一直持续到 1470 年。[3]在这之前的四个世纪，大约在 1057 年，一个僧侣与旺多姆的修道院院长谈论某些讲道的内容，给我们提供了令人震惊的信息。

令人尊敬的长辈：我们希望你能了解我们所听说的由伯爵

---

[1]　Las siete partidas del rey don Alfonso el Sabio（Madrid，1807），II，345-346.

[2]　P. Delalain, *Etude sur le libraire parisien de VIII<sup>e</sup> au XV<sup>e</sup> siècle*（Paris，1891）；L. Thorndike, *A History of Magic and Experimental Science*（New York，1923），II，405.

[3]　A. Lecoy de la Marche, "L'Art d'écrire et les calligraphes," *Revue des questions historiques*，XXXVI（1884），206.

夫人从现任主教马丁那里以极高的代价得到了一部法典。曾经有一次她为这本书支付了 100 只绵羊。在另一次,她共支付了大麦、小麦和小米各一蒲式耳购买了一些书。她为了同样的目的再一次支付了 100 只绵羊,另一次又支付了大量的貂皮。当他不再为伯爵夫人服务的时候,他从她那里收到 4 镑并用它来购买绵羊。此外,他索取了金钱并抱怨这项任务,于是伯爵夫人立即向他支付了这笔相应的钱款。①

很显然,在当时的条件下,大学行政当局必须为那些穷困的学者做一些事情来帮助他们。图书销售商被要求展示他们的所有库存,并确定一个合理的价格,并且要在每一本书上把他的名字标示在上面。一个穷苦的学生有资格以 3 苏或者是 15 先令的价格租借阿奎那的《神学大全》,而第二本书《教皇训谕》则需要 4 苏的价格。②1275 年的章程引言写道:

众所周知,如果一块土地能出产大量丰裕的水果,是因为耕种者付出了大量的劳动。所以我们(巴黎大学)在这块土地上辛勤劳作是为了利用我们的美德和知识,在神的恩典下收获百倍的宝贵成果。为了避免我们恐惧的罪恶和障碍,特别是环绕在大学各个学院周围的期望用自己的自身努力和拼搏来获利的那些书店,书商们,通俗地应该被称为图书馆主,他们在商业运作和职业经营中的欺诈和不诚实行为都受到了法令的限制。就个人来讲,他们每年一次或者是至少每两年一次,都要宣誓遵守法规以期获得授权给他们出售的图书,将其变成库存,并公开出售它们。他们在环绕着大学所作的所有职业行为,都是为了体现他们的真诚和忠诚。③

1275 年的法令在 1292 年、1323 年和 1342 年分别得到其他人

---

① Migne, *Pat. Lat.*, CLI, cols. 697-698.

② J. Destrez, "Etudes critiques sur les œuvres de St. Thomas d'Aquin," *Bibliothèque thomiste*, XVIII(1933), 8.

③ Text in Delalain, *op. cit.*, pp.1-6.

的增补。每一位销售商都被要求把他的所有存货的目录表张贴在商铺醒目的位置。要保证教科书的存量，并且不允许拒绝出租。在图书销售或者出租之前，必须要接受大学当局的检查。为了阻止书商们投机买卖和抬高物价的行为，大学当局最后仅仅同意批准那些具有良好声誉和受到充分教育的书商们经营这一业务。在获准在大学附近开设货摊之前，每一个人都必须交付 100 里弗的保证金。他只有在两个目击证人在场的前提下，才可以收取佣金出售图书。书商们需要宣读的部分誓言如下：

> 你要发誓在图书贸易事业当中永远做到坚守信用和忠诚……不许屯积或者隐匿任何你准备销售的图书……定价公平合理……在醒目的地方要展示出售价格和卖家的名字……不许出售这本书……没有拥有者的信息……这些副本在被你认为是可能正版的情况下……不要向专家或者学者要求比大学定价更高的价格。①

举行过宣誓仪式后，书商就会被校长授予许可证进行经营。如下的授权仪式开始于 1378 年。

> 巴黎大学的校长威廉·戈兰以我主之名，向所有在场的这些人致意。一个名叫艾蒂安的人在我们面前出现，被称为安茹人，作家，居住在巴黎，桑斯教区的书记员。希望和渴求在我们的大学的庇护下居住。……②

"书店""粗略的""书商"这些词汇涵盖了致力于图书生产和销售的整个法人团体。在大学羽翼庇护之下的行会，包括了抄工、加红字标题的人、装订工以及画工。③那些直接管理公众事务的人会把他们的店铺设置在公共建筑物的附近，比如教堂或者是宫殿，或

642

---

① Statute of 1302; text in *ibid.*, pp.6-9.

② *Ibid.*, pp.52-53.

③ M. Lalanne, *Curiosités bibliographiques* (Paris, 1845), p.126. cf. L. Gilliodts von Severen, *Inventaire des archives de la ville de Bruges* (Bruges, 1871), p.134.

者是他们常来常往的场所比如大桥或者是广场附近。①

在神圣罗马帝国的领土上,特别是在德国和奥地利,几乎没有规模很大的大学,因此有关书商的规章制度也几乎没有。早在1230年,斯特拉斯堡就有一个图书销售商。②在接下来的一个世纪里,那个城市有了一些人开始从事图书贸易活动。人们知道"图书制作者"(Buchschreiber)和画工,它们有时被写作如下的词汇:"scribae aurarii""goldschriber"和"goldinschreiber"。这些"泥金抄本制作者"(gold-writers)自己准备金色或其他色彩的颜料,不仅装饰抄本而且还要制作卡片,这显然是一个极为有利可图的职业,他们其中的一个看起来在斯特拉斯堡的城墙外拥有自己的房子和花园。甚至在印刷术发明之前,德国就已经成为了较大的图书贸易中心。③

在维也纳,德国第二古老的大学(建立于1365年)拥有附属于学校的图书馆。根据大学1385年制定的规章制度,这些图书销售商被要求要向教区牧师履行盟誓仪式,许诺要诚实守法经营并拒绝对外出售图书。④这些书商似乎也在从事着羊皮纸制造的行当,因为这些记载指出他们可以交换"羊皮纸"和"文具"。他们把自己的店铺安置在布兰德斯塔特(Brandstatt)靠近圣斯蒂芬教堂的地方。⑤

在1384年的布拉格大学,职业抄工要在行政机构的监督下认真仔细地抄写图书。建于1386年的海德堡大学就沿袭了巴黎大学的规章制度。至于低地国家,书商行会这一组织直至15世纪才建立起来。⑥

---

① In other French cities, such as Angers, Orléans, Rouen, and Montpellier, statutes resembling those of Paris and Bologna were also in force.

② C. Schmidt, "Livres et bibliothèques à Strasbourg au moyen âge," *Annales de l'est*, 1893, pp.583 ff.

③ J. W. Thompson, *The Frankfort Book Fair*(Chicago, 1911).

④ R. Kink(ed.), *Geschichte der kaiserlichen Universität zu Wien*(Vienna, 1854), II, 86, 155.

⑤ 在1436年,维也纳有16名书商;在欧洲其他城市,维也纳的书商在教堂附近售书;参见 *Sitzungsberichte der wiener Akademie*, LXXI, 495; A. Czerny, *Bibliothek des Chorherrnstiftes St. Florian*(Linz, 1874), pp.65-75.

⑥ A. Kirchhoff, *Serapeum*, XIV(1852), 307-315; J. F. Willems, *Berigten wegens de boek printers van Antwerpen*, ten jare 1442(Ghent, 1844), p.16.

## 第二十章　纸张、图书贸易和图书的价格

在英国,大学书商所从事的生意虽然与他们的大陆同行一样,但是他们所受到的管理并不严格规范。牛津大学和巴黎大学的情况一样,书商们习惯于将图书的定价标注在首页上,并且收取每一本书的佣金。然而,英国的图书贸易并不像在欧洲大陆一样是围绕着大学发展起来的,而是仅仅局限在伦敦市这一范围之内,那里的书商们最早于 1403 年建立了行会组织。首个图书商的行会会馆坐落于靠近圣保罗教区主教座堂的地方,在此方便交易商们经营其店铺。不久他们开始向帕特诺斯特街(Paternoster Row)区域迁移,最后那里变成了英国的图书贸易中心和重要的印刷业基地。①在印刷术发明之前,我认为唯一已知中世纪书店内部设计插图是现藏于大英博物馆内科顿收藏的一份 14 世纪的对开本抄本《朝圣者》中第 91 页背面有关提比略(Tiberius A. VIII)的内容。这首诗歌以古老的英语韵文格式,由朝圣者和各色人等之间探讨美与恶的相关对话构成。在这部抄本中还有许多其他的图片,它们都非印刷品而且值得被作为美术作品,或者是因为其语言艺术而作为重要的文献来进行研究。　644

在佛罗伦萨,甚至在印刷术发明之后,维斯帕香亚诺·达·比斯提西(Vespasiano da Bisticci)拥有欧洲最重要的书店。他所雇用的缮写员复制了大量拉丁文、希腊文和希伯来文抄本。他从德国、匈牙利、法国、西班牙和英国以及 15 世纪三大藏书家即柯西莫·德·美第奇、教皇尼古拉斯五世和乌尔比诺的弗雷德里克公爵的首席代理商那里订购了大量图书。当已经建有三座图书馆的柯西莫决定建立第四个图书馆的时候,他向维斯帕香亚诺寻求帮助,后者迅速地组织了 45 名缮写员投入了工作。在不到两年的时间内,他们就完成了 200 部抄本的复制工作。他用同样的方式花费了 14 年的时间帮乌尔比诺公爵建成了图书馆。虽然当时印刷术已经传入了意大利,但是他除了自己收藏的抄本外并没有任何印刷藏品。在 1470 年,意大利具有极高声望的学者和藏书家费勒弗承认他是极不情愿地购买了"那些手抄本中一些没有任何问题的、没有用过

---

① Kirchhoff, *op. cit.*, XIII, 315-320; M. Bateson, *Mediaeval England*(New York, 1904), p.156.

一支钢笔的、但却有一定所谓的版式（types）、看起来是由一丝不苟的抄工完成的作品。"[1]

当抄本开始以商业化的形式制作出来的时候，抄本复制者（transcriber）和校对者（corrector）会使制作出来的抄本变得愈加整洁，这样利润会增加，而抄本的准确性则变成了次要的问题。夹注被很仔细地插入抄本中，以避免损坏图书的美观。甚至一个字节被删除，整个句子被重复，但是都没有删除掉有缺陷的行段，因为如此会损坏整页的外观，或者其他的订正会被插入本卷书的后面作为勘误表。

许多有关中世纪图书价格方面细枝末节的记录可以被引用。但是如果不能估算出当时金钱的购买能力，要想测算出真实的花费是不可能的。附表并不详尽，而其被提供的目的则是作为比较和说明。任何试图去估算中世纪那个时期的价格所代表的价值注定是毫无意义的。有关价格相对性的话题，被提及最多的是一个中世纪抄工的工资大致接近于一个劳动工人的报酬。在 14 世纪的英国，一个抄工一天的工资是 2 便士，相当于一个农业工人的酬劳。[2]

中世纪的图书显然是昂贵的，但是因为缺乏标准，所以试图做一个大概的估算都是非常困难的。几乎没有资料能够告诉我们，一本特定的图书是否被装裱、被很好地装订或者被彩饰。我们也不清楚有关尺寸、页码的数量、行的数量或者是关于书写的质量。

645

---

① Sandys, *History of Classical Scholarship*, II, 96.

② Readers who wish to pursue the subject farther will find an enormous mass of data in J. E. T. Rogers, *A History of Agriculture and Prices in England* (Oxford, 1866). The most complete list of book prices in given by H. Gerstinger, "Johannes Sambucus als Handschriftensammler," *Festschrift der Nationalbibliothek in Wien* (Vienna, 1926), pp.349-395. Reference should also be made to the following: Reuss, "Alte Bücherpreise," *Serapeum*, VI(1845), 286-287; L. Delisle, "Documents sur les livres et les bibliothèques au moyen âge," *Bibliothèque de l'école des chartes*, 3d ser., I(1849), 219; "Preis der Bücher im Mittelalter," *Serapeum*, XX(1859), 121-122; A. Dresdner, *Kultur und Sittengeschichte der italienischen Geistlichkeit*, *im 10. und 11. Jahrhundert* (Breslau, 1890), pp.231-232; H. B. Wheatley, *Prices of books* (London, 1898), chap. iii; F. A. Gasquet, "Books and Bookmaking in Early Chronicles and Accounts" *Transactions of the Bibliographical Society*, IX(1906-1908), 15-30; G. G. Coulton, *Social Life in Britain from the Conquest to the Reformation* (Cambridge, 1918), pp.101-102; A. Kirchhoff, *Die Handschriftenhändler des Mittelalters* (2d ed.; Leopzig, 1843).

关于一本书价格如何确定的这些问题是不言自明的。例如，一位克莱尔的女伯爵在 1324 年雇用了一名抄工为她抄写一本《沙漠教父传》(Vitae partum)。这名抄工在 16 周的时间里完成了这本书的抄写工作，该书共包括 317 000 个单词，平均一天要抄写 3 300 个单词。包括食宿在内，女伯爵为这项劳动共支付给抄工 8 先令。[①]但是这也仅仅只是花销的一部分。假定这本书使用了羊皮纸来进行书写，那么据说伯爵夫人就要购买至少 1 000 张羊皮纸（粗略估计，以每张羊皮纸能够书写 317 个单词来计算）。在那个时代，每张羊皮要花费 1.5 便士，这就会花费超过 6 英镑，仅仅相当于现在的大约 30 美元，但是在中世纪如此数额的钱则意味着一笔小小的巨款。如果有人能记住每夸特小麦的价格是 5 先令 6 便士[②]和银质的汤匙只值 10 便士[③]，那么他就会对 6 英镑在当时意味着多大的价值有一个概念了。此外，假如伯爵夫人希望这本书能够体现她的地位和财富的价值，她就还要雇用一个画工、一个插图画家和一个装订工。现在，甚至如果要想将极少数的大写字母饰以金粉，她还要花费大概每个金粉字母 3 便士的价格。[④]这些总价估计要花费她 40 先令。装订还要花费 10 先令的劳务费和 4 先令的材料费。[⑤]总花销，包括钢笔、墨水以及抄工的生活费，将不少于 10 英镑。

就像许多图书一样，如果一本书饰有金、银和珍贵的石头，那么其价值就会大大地增加。一位巴伐利亚州的选帝侯竟然以整座小镇来换取一本精美的图书。但是这些僧侣们却理智地认识到，这个王公会轻而易举地将这个小镇收回，因而他们拒绝卖掉这部珍贵的抄本。[⑥]阿拉贡王朝的玛格丽特皇后在 1420 年为了获得 100 弗罗林典当了一本配有精美插图的《圣经》。[⑦]安茹的一位伯爵夫人共花费 200 只绵羊、5 夸特小麦以及 5 夸特黑麦购得了哈尔伯

646

---

① Rogers, *op. cit.*, II, 612；Coulton, *op. cit.*, pp.101-102.

② Gasquet, *op. cit.*, p.24.

③ Rogers, *op. cit.*, II, 569.

④ M.Faucon, *La Librairie des papes d'Avignon*(Paris, 1886), I, 41-42.

⑤ Gasquet, *op. cit.*, pp.25-26.

⑥ W. Forsyth, *History of Ancient Manuscripts*(London, 1872), pp.47-48.

⑦ J. F. de Heredia, *La Bible en Catalan*(Paris, 1886).

施塔特的主教海默的《布道书》。理查德·考特尼预存了 300 英镑的保证金以用于 6 本图书的使用，包括一本奥古斯丁的著作。一直到 1456 年，斯托克豪森的僧侣们典当了科维修道院的一部《萨克森之镜》（Sachsenspiegel）抄本，获得了 8 枚莱茵金币（rhenish gulden）。靠近科维地区的价值 120 塔尔（thalers）的大片土地在 19 世纪依然能售出同样的价格。按我们（笔者）这个时代的购买能力计算，这块地大约总计价值为 1 000 美元。

# 第二十一章 抄本的漂泊[①]

书籍就像人一样，有着自己的命运。一些书孤孤单单，结局悲惨；一些书遭到了大屠杀；一些书在经历奇怪的命运狭路逃生后，历经长久的漂泊和磨难，最终找到安全的避难所，并在那里抚平伤痕而更加地成熟，它们会向好奇者讲述自己的历险记。奥德赛就是中世纪历险书籍中一个令人着迷的故事。如今富尔达图书馆里有两卷书反映了这段具有浪漫色彩的历史。一本是《福音书》古抄本，其版权页告诉我们，该书是于 547 年在卡普亚主教维克多的指导下完成的。这本书是如何到了富尔达的？很明显它是经历了长途的旅行。它一定到过英国，因为该书的正文是使用 6 世纪的意大利体(Italian Script)，页边注则是盎格鲁撒克逊体。有可能它是在 596 年随圣奥古斯丁或者他的一位随从来到的英国。如果是这样的话，这本书能够保存下来着实是令人吃惊的，因为西奥多和哈德里安带到英国的书籍都已经不见了。另一本书还是《福音书》，这本书几乎被锋利的工具洞穿(cut through)，这与传统记述相吻合，正如拉特伯德(Ratbod)主教在其著作《卜尼法斯传》中所提及的那样："当圣徒被剑猛击时，圣人会用一本圣福音书盖住头。"[②]

其他数不清的抄本也会告诉我们类似的故事。保存最为完好

---

① For literature on the subject see L. Taube, *Vorlesungen und Abhandlungen*, I, 121-127; M. R. James, *The Wanderings and Homes of Manuscripts* (Oxford, 1919); C. H. Haskins, *Studies in the Medieval Culture*, chap. iv; F. Madan, "The Localization of Manuscripts," *Essays in History Presented to Reginald Lane Poole* (Oxford, 1927), pp.3 ff.; B. Williams, *Nineteenth Century*, CVI(1920), 37 ff.

② C. Scherer, "Die Codices Bonifatiani in der Landesbibliothek zu Fulda," *Festgabe zum Bonifatius-Jubilaeum* (Fulda, 1905); W. M. Lindsay, *Early Irish Minuscule Script* (Oxford, 1910), pp.4-12.

的比德的著作抄本有可能是由阿尔昆在公元 8 世纪由法国带到英格兰的。在同一个世纪，另一本抄本被保存于位于阿登（Ardennes）的圣于贝尔（St. Hubert's）修道院里面。①《普吕姆福音书》（Gospels of Prüm）是一本漂亮而又精美的书籍，它是由皇帝洛塔尔一世（855 年）赠送给洛林的普鲁姆修道院的。从那里，这本书又流落到特里尔的圣马克西敏修道院，之后又辗转流落到慕尼黑，现在则收藏于坐落在柏林的普鲁士国家图书馆。②

在 1158—1161 年，克吕尼图书馆的目录提到：

> 492. 西塞罗《致阿提库斯》。
>
> 496. 西塞罗《为米洛辩护》《为阿维塔辩护》《为穆勒纳辩护》《为某些人辩护》。
>
> 498. 西塞罗《反喀提林》《为利加利乌斯辩护》等。

一部非常重要的《致阿提库斯》的信函副本《托纳西阿努斯抄本》（the Tornaesianus）（Z）现在已经丢失了，它第一次为公众所知是在距克吕尼不远的里昂。而且，作为非常罕见的信函抄本，它毫无疑问具有非凡的价值，而且与目录中的第一个条目相吻合。③克吕尼图书馆的另一份在 15 世纪被波基奥带往意大利的古老抄本现在也已经散佚了。但是《穆勒纳》（Murena）和《为塞克斯图·罗修斯辩护》（Pro Sexto Roscio）的所有副本均源自这本抄本，内在证据显示它最晚不迟于 8 世纪被完成。这最后的一部是最近被 L. 多尔兹（L. Dorez）在霍尔科姆图书馆发现的。它出自 9 世纪，并附有图书馆的标签："克伦女修道院的藏书"。

在斯德哥尔摩的皇家图书馆有一部四福音书抄本，它明显是一种古老的爱尔兰斜体版，可能生产并完成于 7 世纪时期的博比奥。649 在 1690 年这部抄本被斯帕文费尔（Sparvenfelt）在马德里发现，并

---

① T. D. Hardy, *Descriptive Catalogue of Manuscripts Relating to the History of Great Britain and Ireland*, I, Part I, 434.

② E. K. Rand, *The Script of Tours*, I, 151; L. Delisle, *Journal des savants*, 1902, pp. 461 ff.

③ A. C. Clark, *Recent Developments in Textual Criticism*, pp. 8-9, based on M. Manitius, *Philologisches aus alten Bibliothekskatalogen*, p. 15.

被他捐赠给现在的图书馆。①但是这部著作在很久以前曾经属于坎特伯雷的一个基督教堂。这一事实可以由用盎格鲁-撒克逊体写在第二页上端的赠予说明来证明。它详述了伊尔多曼·艾尔弗雷德（Ealdorman Aelfred）和他的夫人沃伯格（Werburg）用黄金从异教徒的军队（丹麦人）手中购得这本书，为了拯救其灵魂，他们又将这本书捐赠给基督教堂的兄弟会，时间被建构为在 871 年之前，因为捐赠者被 J. M.肯布尔（J. M. Kemble）确认为阿尔弗雷德大帝统治早期萨里的富裕贵族艾尔弗雷德，他的遗嘱印在《盎格鲁-撒克逊文书》（Codex diplomaticus aevi Saxonici）Ⅱ，第 120 页中。

在阿博被从英格兰召回到弗勒里之后，他收到了来自坎特伯雷的一本散文集《邓斯坦传》，并被要求将其改写成诗歌，因此而衍生了一段关于一本中世纪图书可能经历的引人入胜的历险故事。在 1004 年，阿博被派往加斯科尼，在斯夸尔斯（Squirs）修道院进行克吕尼改革，他随身携带着这本散文集，但是斯夸尔斯的修士们则激烈地反对屈服于克吕尼改革派的淫威之下。直到有一天，当阿博手握铁笔和蜡片，在忙于从事将这部散文改编为诗歌的任务之时，修道院的院子里面突然爆发了骚乱。阿博冲出去去平息骚乱，一个僧侣用长矛刺中了他。后来他因伤而死并被葬于斯夸尔斯，他对《邓斯坦传》的诗歌改写工作还没有完成。这部散文集也不曾再回到坎特伯雷，而是一直被保存在斯夸尔斯，直到 16 世纪这座修道院被胡格诺派摧毁。最后它无意间落入了瑞士藏书家巴塞罗缪·肖宾格（Bartholomew Schobinger）的手里，后来又作为他的遗产被收藏于圣高尔图书馆。②

《斯蒂芬的事迹》（Gasta Stephani）是有关英国国王斯蒂芬（1135—1154 年在位）统治时期最重要的原始历史资料。它可能是由温彻斯特的亨利主教手下的专职司铎所撰写，并于 1148 年带到了法国，在同一年，亨利主教被召到罗马。或许是由于他的离世，或许仅仅是一件偶然的事件，导致他的行李丢失，造成了这本

---

①　*Codex Aureus*, *sive quatuor evangelia ante Hieronymum Latine translata*, ed. Belsheim(Christiania, 1878).

②　W. Stubbs, *Memorials of St. Dunstan*（"Rolls Series," No.63）, pp. xxviii-xxxix.

650　书变成遗弃物而被留在了法国,最终它偶然成为了拉昂教会图书馆的藏书。①一份有关英国一个修道院的拉丁文文件竟然被发现于开罗的藏经阁,毫无疑问,它是在爱德华一世于 1290 年驱逐犹太人的时候,被犹太逃亡者带出了英国。②

　　那些比特殊抄本数量还多的文稿,也经历了不可思议和大跨度的漂泊。有关阿卡尔夫主教在 680 年如何用蜡片绘制圣墓教堂的平面图,以及这幅平面图最后如何充满艰辛坎坷地抵达了一个叫作艾奥纳小岛的故事充满了历史的沧桑。阿卡尔夫是一位高卢主教,在大约 678 年到过耶路撒冷。他甚至还访问过大马士革。在那里他绘制了一幅地图。在归途中,他启程想穿越英吉利海峡回到英格兰,但是毁灭性的暴风雨阻断了他的行程。幸运的是,在艾奥纳这个小岛的海滨上,修道院院长阿德曼为他提供了一个庇护所。阿德曼是圣克鲁姆巴的继任者和传记作家。他对阿德曼口述了他在东方的冒险经历。这部抄本最后落入了伟大的诺森伯里亚的最后一位统治者智者奥尔德弗里斯(Aldfrith the wise)的手中。比德阅读了这本书,并就该书写了两篇摘要。其中稍短的那篇收录在《英吉利教会史》中,稍长的那篇则形成了单独的小册子。在整个中世纪,有关这个小册子有超过 100 部的抄本被制作出来,其中大多数抄本都包含了这份平面图。据我们所知,790 年被抄写于卡西诺山修道院的一个抄本现在收藏于法国巴黎的国家图书馆内。在某一页中,在一个抄工抄写的拉丁文本中出现了德文单词"verbotan"(德语中译为"禁止"之意——译者注),这表明这部抄本的原始文本是在德国的某个修道院转译和抄写的。此外,文本中所出现的错误显示出了原始手稿一定是用盎格鲁-撒克逊体写的。

　　除了由旅行的教会神职人员、传教士和学生以和平方式传播图书的渠道外,战争和侵略也经常会使得藏书四处流散。发生在德国人和斯拉夫人之间的长期战争、9 世纪诺曼人对法国和英格兰的征服、10 世纪马扎尔人对德国和意大利的突袭、14—15 世纪英国
651　对法国反复的入侵、十字军在近东的东征以及 13 世纪蒙古人的侵

---

① *Gesta Stephani Regis Anglorum*, ed. R. Howlett("Rolls Series," No.82), p.xii.
② *Journal of Theological Studies*, XXVIII, 215.

略,均给图书收藏造成了极大的破坏。

诺曼历史学家奥德里克·维塔利斯(Ordericus Vitalis)在 12 世纪所写的著作中,表达了他对丹麦人统治时期书籍流失的极度惋惜。写于 843 年的《南特纪事》(Chronicle Nantes)记载了诺曼人毁坏大批"珍贵稀有的图书"的行径。①塞纳河流域盆地所有修道院的历史纪事都在 9 世纪湮灭了。没有只言片纸从朱米日、圣杰曼德佩区、圣杰曼-奥塞尔、圣热纳维耶夫留存下来,在加洛林时代甚至圣德尼修道院都没有任何东西留存下来。在这些劫掠中,位于图尔奈(比利时)的圣马丁修道院为了安全起见,将大量珍贵抄本送往靠近桑斯(Sens)的费里埃保存。近 200 年后的一天,一个曾经造访过费里埃的科特赖克(Courtrai)的修士在圣马丁修道院和修道院院长谈及他在费里埃看到过一些和该修道院有渊源的图书。但是又过了多年以后,在 1119 年兰斯的地方议会期间,该修道院院长偶然遇到了费里埃的一位书记员,后者告诉他费里埃位于何处,以及这些长期流失的图书都已经物归原处。圣高尔的诺特戈(Notger)在致韦尔切利的留特瓦尔德(Liutward)主教(约 884 年)的书信中,提及他关于序列(sequences)的概念来源于一位从诺曼人处逃离出来的一位朱米日的修士带到圣高尔的一本应答轮唱歌集。

一部精美爱尔兰抄本《圣塞亚达》(St. Ceadda),在某个不明的时间被赠送给兰达夫(Llandaff)主教座堂,之后这部抄本落到了北欧海盗的手里,很显然,他们把这部抄本带到了西班牙,因为几个世纪之后它出现在了马德里。现在它则被保存在斯德哥尔摩。②在 1014 年的克隆塔夫(Clontarf)战役中被杀害的著名的爱尔兰国王布莱恩·博茹(Brian Boru)委派爱尔兰的学者们出国去搜集图书,来补充被北欧人摧毁的爱尔兰图书馆的藏书。③一部由查尔西迪乌斯用拉丁文翻译的柏拉图的《蒂迈欧篇》抄本现存于瓦朗谢纳图书馆,在它的扉页上面写着这样一句话:"被买下的柏拉图比卖他的海

---

①　*Chronicon Namnetense*, ed. R. Merlet(Paris, 1896), chap. vii, p.21.

②　W. Wattenbach, *Das Schriftwesen im Mittelalter*(3d ed.; Leipzig, 1896), p.545.

③　H. Zimmer, *Neues Archiv für sächsische Geschichte und Altertumkunde*, XIX, 440.

盗更伟大。"（"Emptus Plato fuit major venderite Pyrata."）①

652　　　如果中世纪图书漂泊的历史可以完全被知晓的话，那么我们对中世纪的观念的了解会更加广泛。人们所做的仅仅是猜测大多数中世纪抄本所经历的奇遇。尚存的威尔士的杰拉尔德的孤本《教堂宝物》（*Gemma ecclesiastica*）看起来像是从海水里劫后余生的一部制作精美的手抄本。可能与这部抄本完全相同的另一个副本被杰拉尔德随身带到了罗马，英诺森三世将其置于床边达一个月之久。②《阿玛书》（*Book of Armagh*）中珍贵的一叶是偶然丢失了还是被人为地撕掉了呢？③

　　　毫无疑问，这位学者应该庆幸有如此多的中世纪思想为我们而保存下来，但是他仍然为那些湮灭消失的图书而惋惜。④生活在中世纪初的圣奥古斯丁所知道的西塞罗的《霍尔腾西乌斯》（*Hortensius*）自从五世纪初起就已经失传。在西哥特统治西班牙时期那些珍稀的文本已经散佚。⑤博比奥很多珍贵的无价藏书都消失不见了。在 10 世纪失踪的一部《法国编年史》在 13 世纪的时候被一位叙事诗人所引述。⑥如果我们拥有这部丢失的取材于一部更古老的《豪特科姆修道院编年史》（*Chronique d'Hautecombe*）的编年史，那么关于萨伏依修道院的起因这个错综复杂的问题就有可能被澄清。⑦

　　　米兰与库尔（Chur）在古代的交往，解释了在瑞士存在着北意大利人古抄本的原因。⑧《圣贝尼尼年代纪》（*Annales S. Benigni Divionenses*）（第戎）一书取材于 967 年前的《科隆纪事》，后者在图勒、梅斯和朗格勒已经被重新编写过。它原创于 1112 年。圣贝尔纳著作的传播本身就是一项关于图书迁转的研究。大英博物馆里卡西奥多罗斯的《杂文集》（*Variae*）和莱顿版本之间不仅仅存在着

①　Wattenbach, *op. cit.*, p.546.

②　F. M. Powicke, *Bulletin of the John Rylands Library*, 1928, p.405.

③　See *Quarterly Review*, CXIX, 487-488.

④　R. W. Chambers, "The Lost Literature of Medieval England," *Library*, 4th ser., V(1925), 293-321.

⑤　*Cambridge Medieval History*, III, 494.

⑥　F. Palgrave, *The History of Normandy and of England*, II, 468.

⑦　*Mémoires de l'académie de Savoie*, 3d ser., I(1875), 259-261.

⑧　C. Burkitt, *Journal of Theological Studies*, V, 105-106, gives illustrations.

表面上的关联。莱顿版本写于 12 世纪,并曾经在富尔达出现过。 *653*
一旦我们能够确定前者写于哪个地方,那么一个新的与富尔达之
间的文化关联就可能将被发现。加洛林王朝时代的《摩泽尔纪事》
(*Annales Mosellani*)在 19 世纪上半叶被拉彭贝格(Lappenberg)发
现于圣彼得堡。它又是如何漂泊到那里去的呢?

维罗纳的主教埃吉诺(Egino,卒于 799 年)和罗萨尔杜斯
(Rothaldus,卒于 840 年)与赖歇瑙之间以书为媒[1],维罗纳的副主
教帕西菲库斯(Pacificus)则与科尔比之间有联系。[2]在奥托一世统
治时期,康布雷的维巴尔(Wibald)从意大利携带着书籍返回。[3]另
一方面,当乔治五世(卒于 996 年)被推举为教皇后,他很高兴收到
了赖歇瑙修道院院长送上的书籍礼物。[4]在 10 世纪,那不勒斯公爵
派利奥大祭司去拜占庭,利奥返回时带回来了多部希腊文骑士传
奇类著作。随后,亨利二世在他于 1022 年对南意大利的历险考察
中,获得了那不勒斯丰富的藏书,并把它们赠给了班贝格的主教座
堂图书馆。[5]从科维获得的维吉蒂乌斯的《论军事问题》(*Epitome
de re Militare*)一书使用了贝内文托体书写,该书显然曾经落到过
兰杜尔夫斯·萨加克斯(Landulfus Sagax)的手中,他活跃于约公元
1000 年。这是德国与意大利之间有图书联系的一个证明,它可能
是亨利二世皇帝翻越阿尔卑斯山时所携带的书籍。科维的维杜金
德所据有的卡西诺山修道院文本《撒克逊编年史》(*Rerum gestarum
Saxonicarum*)甚至可以作为意大利与德国之间有图书联系的更早
的证据。[6]在 10 世纪稍晚一些时候,一批来自西奈山上寻找资金的
希腊修道院的修士们,将一些东方书籍带到了德国。[7]在大约公元

---

[1] *Mélanges offerts à M. Emile Châtelain*(Paris,1909),p.643.

[2] Cf. C. G. Crump and E. F. Jacobs, *The Legacy of the Middle Ages*, pp.213-214.

[3] *MGH. Scriptores*,VII,438.

[4] Cardinal Deusdedit, *Collectio canonum e codice Vaticano*(Venice,1869),III, No.149,321.

[5] M. Manitius, *Geschichte der Lateinischen Literatur des Mittelalters*,I,529-531; O. Hartwig, "Die Uebersetzungsliteratur Unteritaliens in der normannisch-staufischen Epoche," *Zentralblatt für Bibliothekswesen*,III(1886),164 ff.; H. Fischer,"Die kgl. Bibliothek in Bamberg und ihre Handschriften," *ibid.*,XXIV(1907),364 ff.

[6] Cf. Preface to G. Waitz's edition(Hannover,1882).

[7] A. Hauck, *Kirchengeschichte Deutschlands*(3d ed.),III,281.

1200 年，吉拉尔杜斯·坎布伦西斯哀叹来自托莱多的亚里士多德的拉丁文译本掺杂了异端的影响，它表明，在阿拉伯抄本翻译的过程中，图书的交易一定是非常常见的现象。

坎特伯雷的基尔沃迪（Kilwardy）大主教在成为枢机主教的时候，他辞去了大主教的职务，并将该教区的《登记簿》带到了罗马。在佩克汉姆（Peckham）主教（卒于 1292 年）的《登记簿》中，有一份向罗马教廷审判庭提交的要求给予赔偿的申诉书记录。[1]自从教皇英诺森三世（1198—1216 年在位）以后，教皇登记簿就开始被非常妥善地保存下来，虽然上面出现了一些裂痕和缺口。而英诺森自己的《登记簿》中所丢失的一节是在上一个世纪中期都柏林三一学院的图书馆中找到的。根据推测它有可能是被厄舍尔大主教——一位著名的猎书者得到了，但是关于这本书来自何处以及如何被得到的，没有任何记载。当 1883 年利奥十三世向全世界的学者开放梵蒂冈档案的时候，为了答谢利奥十三世的好善乐施，三一学院将这卷丢失的《登记簿》归还给了梵蒂冈。

一个奇思怪想可能会挽救一本书，一次微不足道的事故或者仅仅是一次草率的行为，则可能会导致另一本书的丢失。阿里斯托芬的著作能够保留下来，显然要归因于圣约翰·克里索斯托对他的喜剧的喜爱。而在 10 世纪的时候，维罗纳将卡图卢斯非常精美的著作抄本带到了列日，这本著作抄本在文艺复兴时期被发现并被带到了意大利，今天它已经丢失不见了。现在已经丢失的《拉丁诗集》（*Pervigilium Veneris*）在 1508 年被阿尔杜斯（Aldus）向伊拉斯谟展示过。据猜测，这部书是由意大利诗人雅各布·桑纳扎罗（Jacopo Sannazaro）在法国发现并带到威尼斯的。埃涅阿斯·西尔维斯（Aeneas Sylvius）在 1435 年在英格兰的时候说过，他在圣保罗教堂的圣器室里看到了一部他认为是 9 世纪时期的修昔底德著作的拉丁文译本。[2]

李维的伟大的《历史》（即《从罗马建城开始》——译者注）现存的部分有赖于不同时期的数次发现。作为第四个十年的一部分的

---

[1] Hardy, *op. cit.*, III, 236.

[2] *Ep.* cxxvi, cited by M. Creighton, *The Early Renaissance in England* (Cambridge, 1895), III, 53.

莫贡提努斯抄本(Codex Moguntinus)，在1518年被发现于美因茨的主教座堂图书馆，它以班贝格抄本作为附录，后者被发现于1615年。6世纪时期的劳瑞莎伊姆尼斯抄本(Codex Laure Shaimenis)在从靠近沃尔姆斯的洛尔施消失后，被格里诺伊斯(Grynaeus)于1531年在瑞士发现。它包括书12—14 Books xli-xlv。最后，布伦斯(Bruns)发现书91(Book xci)部分为梵蒂冈重写本。在这三部分中，洛尔施抄本的经历是抄本漂泊的有趣例证。部分被损毁的版权页上写着这样的话："杜雷斯塔特的苏特贝尔蒂"(Sutberti epi de dorostat)。这位苏特贝尔蒂(Suitbert)是一位爱尔兰僧侣，后来成为英国的一位修道院院长，在693年的时候作为一名传教士去过弗里西亚。他在靠近乌特勒支的杜雷斯塔特——弗里西亚的一个重要的市镇工作过，后来被丕平派遣到凯泽斯维尔特(Kaiserswerder)。我们因此可以推测，这部珍贵的李维手稿的片段抄写于爱尔兰，之后流落到洛尔施，后来又落入了圣高尔。①

最古老的普罗佩提乌斯(Propertius)抄本是13世纪的古尔菲尔拜塔努斯抄本(Codex Guelpherbytanus)。据推测原来的母本在庞塔努斯(Pontanus)时代被藏在葡萄酒窖的酒桶里面。②赫利奥多罗斯(Heliodorus)的《埃塞俄比亚人》(*Ethiopics*)是被奥普索庞斯(Opsopaeus)从一部由一位匈牙利士兵交给他的抄本编印而成的，该士兵是在一次对马希亚斯·科维努斯图书馆的抢劫中得到这部书的。③

遗憾的是，几乎没有什么抄本能够证明它们的出身世系、它们的古代身份或者是它们的起源地。西塞罗的《致亲友书》手抄本是被彼特拉克在维罗纳的牧师会图书馆中发现的，它可能是11世纪的抄本，现存于佛罗伦萨。那么它又是从何而来的呢？而且它又是如何漂泊到维罗纳的呢？佛罗伦萨也拥有显然是塔西佗《编年史》前六卷的原本，是9世纪的版本，或许就是富尔达的鲁道夫当时使用过的那个版本。在教皇利奥十世时期(1513年)，这个版本被从富尔达带到了罗马，由此写出的摘要错误百出。差不多整整

---

①　Cf. the Drakenborch-Twiss edition(Oxford, 1841), IV, 436.

②　Preface to van Santen's edition(Amsterdam,1780).

③　R. E. P. Ernle, *The Light Reading of Our Ancestors*(London, 1927), pp.27-28.

一个世纪之前,波基奥在圣高尔的一个腐朽的书橱里面发现了一部昆体良著作抄本,"处于十分可怕又黑暗的环境中,上面布满了灰尘"("in teterrimo quodam et obscuro carcere, plenum situ et pulvere squalentem.")。这部书残破的品相证明了其说法的真实性。波利提安(Politian)对波基奥从法国带来的斯塔提乌斯的《森林志》抄本作了如下描述:"错误百出,曲解原文,甚至不完整"("mendosus, depravatusque, et etiam dimidiatus.")。他伤心地说到了彼特拉克拥有的西塞罗《书信》原本空白页的出现可能是由于那些丢失的页码被装订工人切掉了这样一个事实。

656

　　希腊文抄本同样存在破损的状况。狄奥斯科里德斯(Dioscorides)从君士坦丁堡带来的古老的恺撒法典(Codex Caesarus)被他的买家作了如下的描述:"像老旧的衣服,外面被虫咬得千疮百孔,就算在路上看到也没有人愿意捡起来。"[①]塔西佗的《日耳曼尼亚志》原本也是如此,现在丢失了,所有尚存的以其为母本的抄本除了梵蒂冈的那部以外,似乎都曾经在富尔达。塔西佗的《阿格里古拉传》原本很明显是在 1470 年其著作第一次印刷版(*editio princeps*)之后不久发现的,但是此后就丢失了,以后出现了 4 部抄本。同样的脱漏在西塞罗的《论神性》(*De natura deorum*)、《论法律》和《论占卜》(*De divinatione*)中都有出现。很显然,仅仅只有一部抄本在中世纪劫后余生,并成为了整个文艺复兴时期所有其他流通本的母本。

　　甚至当我们已经重构了一个古抄本最早的来源地的时候,我们可能还不知道它是在哪里被抄写的。一个例子就是被埃克塞特的牧师和地方分会(chapter)于 1602 年捐赠给新建的博德利图书馆的著名的《弥撒经书》。它并不是在埃克塞特被抄写的,而是由忏悔者爱德华统治时期的主教利奥弗里克(Leofric)捐赠给这个教堂的。它是在阿拉斯的圣维达斯特(Vedast)修道院被抄写的。

　　"战争、偏见和无知",一位奥地利学者写道,"是人类和书籍最大的敌人,而宗教狂热对图书的损坏更是超越了人为的损坏"。[②]在

---

① B. de Montfaucon, *Palaeographia Graeca*, III(Paris, 1708), 195.

② M. Landau, *The Bibliographer*(1903), p.260. Cf. L. F. Brown, "On the Burning of Books," *Vassar Medieval Studies*, pp.255-271.

梅特兰《黑暗时代》中关于这一点有一个段落值得提及：

> 如果读者能够充分地考虑到战争和火灾可能造成的影响，加上更为缓慢和静寂无声但却持续不断的时间的运转，以及潮湿和所有能运用的辅助条件，疏忽大意之男子因仁慈而留下了抄本；如果读者能考虑到自我们正在讨论的那个年代结束以来又过去了六百年时间，而在这段时间里对于图书的损毁仍然在继续；如果读者能够领悟所有这些事实，想必我可以很自信地向他求证是否那个时期或者更早一个时期的抄本能留存到现在是一个极其短暂的奇迹。① 　657

仅有为数不多的例证可以来阐述说明这一命题。图尔城的格里高利（大约 600 年）收藏有圣雷米吉乌斯（Remigius）的《传记》（*Vita*）原本，诗人福图纳图斯从中对它进行了节选。在查理·马特时期对兰斯的劫掠中，"由辛克马尔在 9 世纪搜寻的《传记》（*Life*）原本除了有一些书页散落外，由于潮湿、蠹虫或者是人为原因而造成了损毁，之后他根据从其他古老的图书节录摘选和民间流传的故事对该书进行了修订"。②编号为 Paris, B. N. Lat. 9733 的抄本，是图尔城的格里高利的《图书在全世界的传奇和湮灭》（*liber miraculorum in gloriam martyrum*）一部残破的副本。其他的部分则收藏在海牙，6 叶在图尔城。兰德博士指出 18 世纪"布里坦尼（Brequigny）③在图尔城曾经看到过的全本或者由于鼠患的原因而剩余的部分"现在已经消失了。对比这样的因为疏忽而造成书籍损失的记载，就可以理解为何在 12 世纪中期，克吕尼修道院伟大的修道院院长尊者彼得对收藏在坐落于侏罗山脉的数个小修道院中的一家中的圣杰罗姆的一部《书信集》因为一只熊为羊皮纸的气味而被吸引所造成的损毁感到悲哀。④

在 10 世纪上半叶，匈牙利人在德国南部和伦巴第劫掠的时候

---

① S. R. Maitland, *The Dark Ages*, p.276.
② S. Dill, *Roman Society in Gaul in the Merovingian Age*(London, 1926), p.29.
③ E. K. Rand, *op. cit.*, I, 179; cf. L. Delisle, *Manuscrits disparus*, p.94.
④ P. Lorain, *Histoire de l'abbaye de cluny*(Paris, 1845), p.328.

对修道院的图书馆造成了严重的破坏。①9 世纪萨拉森人对修道院的劫掠,造成了收藏在卡西诺山修道院的由圣本笃亲笔签名的《圣本笃会规》抄本的毁坏。②在 1221 年,当博洛尼亚和皮亚琴察被裹进一场艰苦的战争厮杀的时候,皮亚琴察被打败,并被强迫支付巨额赔偿金,以至于不仅教堂和修道院的锅碗瓢盆都被征收,而且连那些珍贵的被精美装订的抄本中起装饰作用的宝石和金箔也被强行掠夺了。③英国的历史学者为下列著作的丢失而感到痛心:《玛蒂尔达皇后传》(*Life of the Empress Matilda*),玛蒂尔达是亨利一世的女儿以及德意志皇帝亨利五世的遗孀,后来又成为安茹伯爵杰弗里的妻子和英国国王亨利二世的母亲;理查德·菲茨·奈杰尔(Richard Fitz Nigel)创作的《英格兰史》三部曲,理查德·菲茨·奈杰尔也是《英国财政大臣的对白》(*Dialogue of the Exchequer*)的作者;威斯特敏斯特的劳伦斯为亨利二世所写的《忏悔者爱德华传》(*Life of Edward the Confessor*)以及兰顿(Langton)的《理查德一世传》。④

对 12 世纪前 25 年德国的历史编纂来说,由德国凯尔特家族出身的一位苏格兰或者是爱尔兰僧侣戴维在亨利五世统治时期(1106—1125 年)根据皇帝特殊命令而撰写的编年史的丢失是一个无法弥补的损失。奥拉(Aura)的埃克哈德(Ekkehard)认为,这部编年史"风格朴素,将当时的事一一道来,几与日常言语无异,在写作时还考虑到了普通读者和有中等学识的人"。⑤

研究十字军的历史学家对由提比利亚的拉乌尔撰写并附有塞浦路斯王国的法律专家蒙特利尔的热拉尔(Gérard of Montréal)评注的《评论》的湮灭非常痛心,此外还有写于让·德·伊贝林(Jean d'Ibelin)时期的《耶路撒冷的征服史》(*Livre de la Conquête de Jeru-*

---

① Cf. L. A. Muratori, *Antiquitates Italicae medii aevi*, Dissertation I; *Revue historique*, IX, 418.

② F. Gregorovius, *History of the City of Rome in the Middle Ages*, III, 186.

③ *Registri dei cardinalo Ugolino d'Ostia e Ottaviano degli Ubaldini*, ed. G. Levi (Rome, 1890), Doc. xxxv.

④ Hardy, *op. cit.*, II, 400, 535; III, 7, 73.

⑤ *MGH*, *Scriptores*, VI, 243.

*salem*），与提尔的威廉（William of Tyre）所写的关于耶路撒冷拉丁王国的大历史相比，让·德·伊贝林更喜欢前者。罗马教皇的档案在 1405 年的劫掠中遭到了可怕的损毁。[①]在 1527 年波旁公爵的军队对罗马的征服对图书造成了令人骇闻的大破坏。在这场大劫掠中，如果我们可以相信，历史学家保罗·乔维奥（Paolo Giovio，1483—1552 年）自述说他有过惊险的体验：为了保证安全，他把他的历史手稿和一些银币一起寄放在圣玛利亚教堂上面密涅瓦女神的一个盒子里面。这个盒子被两个西班牙士兵发现，一个人拿走了钱，另一个名叫赫雷拉（Herrera）的士兵拿走了这部手稿，希望作者能够花钱赎回它。然而，赫雷拉如此蠢笨，竟然把那些他发现写有字迹的纸张抛弃了，仅仅只留下那些刻在羊皮纸上的书页。这些羊皮纸随后就被他卖给保罗用以交换在科尔多瓦的一份有俸圣职，这份圣职是由罗马教皇克莱门特七世恩准给他的。由此《历史》的六册书就失踪了，因为这位作者再也没有重写它们。

在中世纪，对图书的损毁更甚于战争的毁坏程度的，可能就是火灾了。图尔城的圣马丁教堂于 905 年毁于火灾。[②]坎特伯雷图书馆于 1067 年被烧毁。1160 年美因茨自治市在反对他们大主教的战争中，圣雅各布修道院的图书馆也毁于大火之中。在概率上可以说，几乎每一个修道院和主教座堂的图书馆都曾经遭受过火灾。[③]但是造成图书毁坏的这种方式并不仅仅局限于中世纪。都灵的图书馆在 1904 年 1 月就毁于一场大火，共有接近 25 000 册图书和大约 4 500 册的抄本被烧毁。[④]

圣米歇尔山修道院图书馆的很多图书都毁于 1300 年，当时这个教堂的双塔之一被闪电劈裂随之倾覆。在劫后余生的图书中有一部是阿普利亚的威廉的诗集《罗伯特·吉斯卡尔的事迹》（*Gesta Roberti*

659

---

① Gregorovius，*op. cit.*，VI，Part II，578；M. Creighton，*A History of the Papacy*，I，191.

② E. K. Rand，*op. cit.*，I，160.

③ Cf. J. Flach，*Les Origines de l'ancienne France*，II，237-238.

④ *Zentralblatt für Bibliothekswesen*，XXII（1905），122-129；*Bibliothèque de l'école des chartes*，LXV，132-140，681-685.

Wiscardi),它还仍然保留着这次劫难的痕迹。①

丢失的图书在数个世纪之后,有时会以一种令人不可思议的方式重现人世。《埃克塞特末日审判书》(*Exeter Domesday*)所丢失的书页及其修复都被伯特菲尔德(Botfield)作了描述:

> 为了将《埃克塞特末日审判书》的每一部分正确排序,巴恩斯先生在 1810 年记载,当他发现第 233 页中的一叶被抽离时感到非常窘迫难堪。随后,特里维廉(Trevelyan)先生提出要看这部《末日审判书》,当书打开的时候,他从口袋中拿出的一叶正好准确补充了之前记录中的遗缺。特里维廉先生所展示出来的这一叶是来源于他的祖先威洛比(Willoughby),后者在亨利八世统治时期曾经担任过埃克塞特的主礼牧师,毫无疑问,正是他可能是因为求知欲或者是微小得可以饶恕的动机,从这部书中抽取了这一叶。②

660

但是,对于今天来说,那些大部分丢失或者被偷窃的中世纪图书已经无法寻回了。普罗特劳(Prothero)先生在他的《亨利·布雷德肖传》(*Life of Henry Bradshaw*)中指出,剑桥图书馆被偷走的那些书被收藏在其他地方。关于中世纪时期抄本被盗取的情况是今天的我们远未能知的,而且和现代社会一样,在中世纪借书不还也是一种普遍的现象。③

这种不良的行为不久之后造成了灾难性结果。自从 1500 年起那些珍贵的书籍由于战争、火灾、洪水、蠹虫和极为恶劣的恣意疏忽造成的毁坏是骇人听闻的。④下列事件都造成了抄本的流散:1537—1539 年亨利八世一手解散英国修道院、德意志农民战争(1525 年)和 1561—1589 的法国胡格诺战争,它们使数以万计的中世纪图书——历经 800 年才积累起来的文字财富散落或者是被

---

① *The Chronicle of Robert of Torigni*,ed. R. Howlett("Rolls Series," No. 82),pp. iv, xv.
② B. Botfield, *Notes on the Cathedral Libraries of England*,p. 139.
③ Cf. Hardy, *op. cit.*,II, I f.
④ For instances see Hardy, *op. cit.*,I, Part I, xliv f.

毁坏。而那部分因为收藏在主教座堂或者是修道院图书馆躲过劫难的图书也在每一次接连不断的现代欧洲文明的战争中失传或者是遭到了毁坏。阿尔昆关于约克主教座堂图书馆的诗集现在仅仅通过 17 世纪的马比伦抄自兰斯的原稿而为人们所知，这部原稿在法国大革命时期已经遭到了损毁，它是在英国宗教改革期间和许多英文抄本一起被运往国外的。[①]很多有价值的书籍都在 1870 年对斯特拉斯堡的围攻期间被毁坏了，包括与古登堡早期职业生涯有关的几乎所有的论文。意大利的主教座堂和修道院图书馆在 1871 年以后也遭受到了可怕的境遇，当时教皇国被废除，意大利实现统一。举例来说，塞满了从那些古老图书馆里面接收的数以千 *661* 计的图书和抄本的罗马万神殿遭到了掠夺。一直到 1877 年，在佛罗伦萨的一家奶酪店里才发现一包从一些图书馆得到的作为战利品的古书，其中包括一部 4 世纪时期的仿羊皮纸古抄本、薄伽丘的一部手稿和一些伊丽莎白女王时代的材料以及哥伦布的一封书信。这还不能与世界大战的后果相比较，在这场战争中（指第一次世界大战——译者注），不仅在军队战斗和革命爆发的地区有许多图书馆被摧毁，而且大量官方的、教会的以及私人的藏书在整个战后的动荡时期都被扫荡一空并四处流散。

---

① A. F. Leach, *The Schools of Medieval England*, p.56.

# 索　引

666

667

668

669

671

657

*674*

675

679

*682*

# 附　录

# 评 论 文 章[①]

## 中世纪的图书馆[②]

本书是一部有关图书馆的杰出著作,它所涉及的内容对于在图书馆学这一领域的专家以及研究中世纪所有阶段的学者来说都具有显著的价值。

这是一部大部头的关于书籍和图书馆历史的综合性著作,这一广泛研究涵盖了 15 个多世纪,为此,汤普逊教授列出了 7 位参与者,其中包括他过去的学生,他们不仅对这一选题有兴趣,而且有足够的能力确保自己可以胜任这一写作;但是,最重要的工作——21 章中的 11 章以及几个部分的前言——都是汤普逊教授自己完成的。

本书共分为四个部分,其中前三部分是中世纪每一个历史阶段的图书馆历史,而第四部分则主要讨论了中世纪时期制作图书的工艺技术问题。每一章节都用数字连续排序贯穿始终。在第一部分"早期中世纪"中,主要包括以下章节:早期教会和修道院图书馆、加洛林文艺复兴时期的图书馆以及盎格鲁-撒克逊时期不列颠群岛的图书馆;第二部分为"中世纪鼎盛时期",内容涉及中世纪意大利、德国、法国的图书馆以及诺曼王朝和安茹时期的英国和拜占庭即希腊的修道院图书馆,此外还有犹太人和穆斯林图书馆;第三部分为"中世纪的结束和意大利文艺复兴",内容涵盖了 14—15 世

---

① 原文发表于《图书馆季刊》1940 年(7 月)第 10 卷第 3 期(Reprinted from:*Library Quarterly*,Volume X,Number 3,July 1940.)。

② James Westfall Thompson,*The medieval library*("University of Chicago studies in library science."),Chicago:University of Chicago Press,pp.viii+682.

纪英国、法国和德国的图书馆，以及中世纪后期斯堪的纳维亚地区的图书馆和文艺复兴时期意大利的图书馆。第四部分为"中世纪的图书制作和管理"，这一部分会激起普通读者的兴趣，内容包括：缮写室；图书馆的管理和书籍的保护；纸张、图书贸易和图书价格；抄本的漂泊。本书结尾是历史索引（原书 665 至 682 页）。

　　本书要呈现如此纷繁众多的材料，不可避免地会存在不足，尤其是涉及高度专业化的知识和特殊技术问题。通览全书，便可知需要有足够的各个领域的专家才能够完成这项工作。

　　我们可以发现，从前的评论者几乎完全是从自己感兴趣的那些抄本、拉丁文古典传统以及中世纪某些方面的视角来进行评论的。已经有人试图不仅仅指出看起来错误的事实和方法，而且还对被认为不错的一些话题提出了建议，以备将来这部有价值的著作将会被要求再版所用。　684

　　"在 6 世纪"（原书 27 页）与福图纳图斯全部的古典教育相关的"奥秘"这一点上，作者错误地认为，福图纳图斯的教育来源于拉文纳。拉文纳有一所修辞学校，其实力不逊于米兰和罗马的修辞学校。在 6 世纪的时候，拉斯蒂希乌斯·赫尔皮迪乌斯·多姆鲁努斯（Rusticius Helpidius Domnulus）在这里编辑过一个古抄本，里面包含庞波尼乌斯·梅拉、尤利乌斯·帕里斯（瓦勒里乌斯·马克西姆斯的《摘要》）和维比乌斯·塞奎斯特的著述文本，这一点已经被尚存的评论所证实，其中维比乌斯·塞奎斯特的文本被保存在属于梵蒂冈图书馆的一个 9 世纪的独本抄本（文献号为 Cod. Vat. Lat. 4929）中。在这里，帕维亚主教恩诺迪乌斯（513）的门徒和学生基督徒诗人阿拉托和恩诺迪乌斯的侄子帕耳忒尼俄斯（Parthenius）一起读恺撒的评论。这些被帕耳忒尼俄斯的一个兄弟弗拉维乌斯·里塞利乌斯·费尔米乌斯·卢皮西努斯（Flavius Licerius Firminus Lupicinus）编辑过，他的评论渗透在恺撒的许多手稿中。这个世纪的一位杰出人物卡西奥多罗斯曾经在拉文纳居住过很长一段时间，他在西奥多里克宫廷文化圈子中是最重要的人物。

　　塞维利亚的伊西多尔的著作被不恰当地引用。他的百科全书被作为"*Etymologiarum* 或者 *Originum*"引用（原书第 28 页），而缺少了"*Libri*"一词，这一词应该放在 *Etymologiarum* 或者 *Originum*

的前面。此外（原书第 112 页），这两个可以相互替换的标题被标为两部独立的著作"*Etymologia* 和 *Origines*。"有关马尼蒂乌斯的参考文献（I，52-70）或者粗略地看一下在本书第 28 页脚注 54 被引用的参考文献①，都可以避免这些错误，并且能够提供伊西多尔全部的著作，包括世俗和神学著作。伊西多尔"大量的书信"（原书第 28 页）被局限于仅和萨拉戈萨的布劳里奥（Braulio）（全部中的 7 封）还有 6 个其他人之间进行书信交流（其中至少 4 个真实性可疑）。或许，在这里作者将塞维利亚的伊西多尔和培琉喜阿姆的伊西多尔混淆了，后者大约有 2 000 封书信，这在第 32 页已经有所提及。作为学者和传道者，塞维利亚的伊西多尔在这里被完全忽视了，尽管他的《修道院清规》（*Regula monachorum*）第八章是特别切题的。这一章标题为"关于书"，规定圣器收藏室的管理员应该负责管理所有的藏书，这些书每天的第一个小时里允许每个人从他那里一次借一本，不允许再借，每天晚上，借出去的书都要归还——在仔细阅读或者至少是用双手摸过之后。第二部分是修道院院长向白天遇到任何困难段落的读者所作的解答。第三段提出了关于选书的警告：异教徒的著作或者是持异端者的著作不能选；最好要无视他们致命的教义，不要熟悉它们，以免坠入错误的深渊。

685　　关于伊西多尔对 154 个异教徒和基督教作家的引用以及他在当代作者中"仅仅忽略了卡西奥多罗斯的百科全书"（原书第 28 页）这一点，真实的情况是，在伊西多尔的著作中确实找不到卡西奥多罗斯的 Book I，但是伊西多尔确实使用了 Book II 和《拼字法》及《历史三部曲》。他没有提及卡西奥多罗斯和他一贯的做法是一致的，事实上，当伊西多尔确实提及一个作者的名字的时候，非常有可能的情况是，这个名字以及他的引用是来自第二手资料。

　　"有的时候，一张羊皮纸被重写不是 2 次，而是 5 次甚至 6 次，"（原书第 31 页）关于这一点，缺少文献证据。而且甚至三次书写的被称为"双层羊皮纸"的例子都很少：夏特兰（Chatelain）在《拉丁文重写本》（*Les palimpsests latin*）（1904）中也仅举出两例，即 London

---

① 　该参考文献为 Beeson，*Isidorstudien*。

B. M。额外的还有 17217 和圣高尔 908。在前一份羊皮纸抄本中，一个北意大利人所写的拉丁文语法上面还有一份 10 世纪的叙利亚语文本，而拉丁语文本的下面是李锡尼亚努斯（Licinianus）的一份 5 世纪的《年鉴》抄本。第二份羊皮纸抄本，莱曼称之为"羊皮纸之王"，包括 9 世纪抄写的《词典》（Vocabularius）文本，下面是写于 7 世纪的圣保罗书信，再下面是更早的《殉道者行传》。洛在《贝内文托字体》（Beneventan script）（1914）第 347 页中，提及了卡西诺山修道院 271，其中 11 世纪的大格里高利的《对话录》取代了羊皮纸上的 10 世纪的《祈祷书完整文本》（Missale plenum），里面包含有一份 7-8 世纪的奥古斯丁的《评论〈诗篇〉》抄本和格里高利的一个祈祷书残片。霍尔德在 Carinthia Cod. 25. 2. 36 中，[1]详细提及了圣保罗，其中包括以下三个文本：抄写于 8 世纪的杰罗姆的小册子，曾经包含有一份 5 世纪的老普林尼的《自然史》，在下面是可以辨认字体但是内容不确定的 3 世纪文本。

为了评价波埃修斯《论哲学的慰藉》的广泛传播，该书（36 页注释 13）提及了马尼蒂乌斯出版于 1892 年的著作，[2]第 130-135 页列出了拥有该著作的 82 个图书馆。参考文献中还应该提及马尼蒂乌斯 1935 年出版的著作，[3]其中的第 276-300 页列出了包括大约 170 个图书馆的较长的清单。莱斯特纳[4]推测，包含《哲学的慰藉》的尚存抄本大约有 400 部。

作者在本书第 37 页指出，维瓦里乌姆修道院建立"在 546 年和 555 年之间的某个时间"，这一论断建立在《制度》所使用的最新的材料之上，特劳伯在 1898 年认定维瓦里乌姆建立的时间为 546 年。考虑到随后莱曼在 Cassiodorstudien III（1913）中认为这部著作写于 551 和 562 年之间的事实，它应该得到修订。

杜布罗斯基不是"法国大革命初期俄国驻法国的大使"（第 40 页注释 27），而是大使的一个小随员，他在 1780 年之后成为大使的

---

[1] Holder, *Die Reichenauer Handschriften*, III，Part II [1916]，114-116.

[2] Manitius, *Philologisches aus alten Bibliothekskatalogen*，1892，pp.130-135.

[3] Manitius, *Handschriften antiker Autoren in mittelalterlichen Bibliothekskatalogen*，1935，pp.276-300.

[4] Laistner, *Thought and letters in western Europe* [1931]，p.64.

686  秘书。我们不知道他通过什么样的方式获得了绝佳的手稿,清单共有 1 065 项,其中有 1791 年从圣日耳曼德普雷修道院偷来的大量抄本。在杜布罗斯基于 1800 年回国以后,他将这些抄本送给了圣彼得堡,这些藏书被存放在公共图书馆和国家修道院博物馆里。圣日耳曼抄本今日可以在列宁格勒的公共图书馆里见到,每一部抄本上面都有捐赠者的签名"ex musaeo Petri Dubrowsky"。这还出现在斯特尔克的两卷本著作[①]100 本副本中的 17 本中。同一页上面还经常出现该书原拥有者的较早的标记,比如 Sangermanensis,S. Petri Corbeiensis,S. Remigii Remensis。

本书 65 页提到了在列宁格勒的抄本中的杰罗姆和鲁费努斯的科尔比抄本,但是作者显然不清楚这一事实。他的信息既不全面也不准确,而是来自非常过时的一份材料[②]。他这样提到这一抄本:"科尔比修道院是一个学术中心可以从以下事实中得到证明:一本抄本包含了两本《杰罗姆反约维尼安的著作》和一本《鲁芬编辑的信经说明》,结尾有一篇很长的希腊铭文。这本抄本还有一些正确抄写的希腊文词汇。"这部抄本,抄写于 9 世纪的科尔比,经历 1638 年该图书馆解散以后而传到了圣日耳曼,在这里它第一次被编目为 No.144,后来又被编目为 No.1276。在 1791 年圣日耳曼被劫掠之后,该图书馆的剩余抄本被并入巴黎的国家图书馆,这部抄本被发现,但是残缺不全了。缺失的部分[③]后来又重新出现在杜布罗斯基的藏书中,[④]现在列宁格勒,即 Codex Q. I. 19。

"长长的希腊碑文"被认为是 1874 年的,并且完全消失了,[⑤]而且我们只是通过存在于科尔比图书馆中的由格雷尼尔(Grenier)写于 18 世纪的长长的笔录了解相关情况,这个笔记在列宁格勒原稿的页码中。但是它既不长也不是希腊文:

ΑΔΑΛΧΑΡΔΟΙC MONAXOIC IOCCHT ΦΗΕΡΗ UOLOIMEN

---

① Staerk, *Les MSS latins du v<sup>e</sup> au viii<sup>e</sup> siècle conservés à la Bibliothèque Impériale de Saint-Pétersbourg* (1910).

② 1860; cf. p.65, n.49.

③ 缺失的部分为 *Rufinus in symbolum*。

④ Reported by Gillert, *Neues Archiv*, V [1880], 252.

⑤ Cf. Delisle, *Cabinet des MSS*, II, 112-113.

HCTOIT Tω Θω HIKAPHCTIAC. AMHN①

这是一个传统的碑文方式,抄工在大量的中世纪抄本中使用了个人化的或者随意的字体。它可能有词汇颠倒、字母或者音节顺序颠倒、种种拉丁字母、希腊或古代北欧文字的替换,或者点、线的使用或者元音、辅音数量的颠倒情况。在此,抄工的想象力导致他写出了希腊字母的形式;他继续记载了如下这些文字"Adalhardus 687 monachus iussit fieri uolumen istud"(意为"阿达尔哈德修士命制此卷"),然后又附上了(不正确地)与之同义的 Deo gratias(意为"蒙上帝保佑"),以"阿门"而结束。修士阿德尔哈德的名字因此被永久保存下来(德莱尔对科尔比第一个修道院院长的身份有争议;林赛和 Mme Rozdestvenskaia 接受了这一观点),永久保存下来的还有如下文字"la prétention que ce religieux [or his scribe] avait de connaitre le grec"(意为"要求他的修道士(或他的抄工)掌握希腊语")。②至于"正确抄写的希腊词汇数量",有杰罗姆文本的一个完整部分(比如巴黎抄本),而且,正如德莱尔(同上)所指出的那样,"plus ou moins correctement écrits en caractères grecs"(意为"是正确地用希腊语写的")。

爱尔兰对 7 世纪英国学术贡献的可能性在书中没有得到重视(原书第 54 页),"英国的学术氛围来自罗马";"爱尔兰人对古典文化有了解,在他们早期的学校里,开设古典课程"(原书第 103 页),这一传统几乎没有得到认可。假设这些学校主要的目的是培训教士(原书第 104 页),语法不过是学科的基础,在 6 世纪的古典学中保持着活力(关于这一点参考原书第 408 页圣科伦班的例子)。爱尔兰学校享有很高的声望,在比德时代,它吸引了大量的学生来到这里,③这并不是新的发展——这不是哈德里安和西奥多在坎特伯雷通过艾奥纳和诺森伯里亚而对爱尔兰产生的影响(原书第 104 页);克鲁姆巴发明的爱尔兰体(原书第 106 页)及其对盎格鲁—撒

---

① Staerk I, p.49.
② Delisle, *op. cit.*, p.113.
③ *Hist. eccles.* III, xxvii.

克逊体的发展产生的影响是朝着相反方向发展的。（顺便提一下，没有古文书学家会认为将《圣克鲁姆巴诗篇》视为与《林迪斯法恩福音书》和《杜若经》一样是爱奥那及其独立修道院抄写艺术"完美的证明"［原书第 106 页］。）因此，认为哈德里安和西奥多给坎特伯雷图书馆添加了"法律书籍、语法和修辞学方面的书籍……都是新的，不仅给坎特伯雷，而且还给英伦诸岛"（原书第 115 页）是不正确的。

无论认为卡西奥多罗斯对保留古典知识发挥了什么样的影响，都不能相信"林赛所断言的梵蒂冈的普罗布斯（Vatican Probus）著作抄本归到他那里"（第 40 页注释 29）的说法。林赛的结论建立在他毫无保留地相信的一个假设上面。这个假设被轻率地表述如下："如果比尔（Beer）的大胆理论是正确的话（而且它已经得到了被赞人的赞扬），我认为，梵蒂冈的普罗布斯著作抄本是卡西奥多罗斯的家藏，然后又给了图书馆，先是给了维瓦里乌姆图书馆，然后又到了吕克瑟伊图书馆。"

"in territorio Cumano"（原书第 42 页，意为"在库迈地区"）取自 559 年 5 月 27 日的订阅报刊评论，在奥古斯丁的《论三位一体》（第戎 141）中，只要与其他来自同一地区的当代订阅报刊评论联系在一起，它就是非常重要的。赖菲尔斯凯德是第一个引起人们注意这位未署名编辑在同一时期活动的人，[1]那不勒斯的皮特鲁斯·诺塔利乌斯（Petrus Notarius）在那不勒斯附近鲁库兰（Lucullan）的第一任修道院院长尤吉皮乌斯的请求下，于 582 年修订了《奥古斯丁节选》（B. N. Paris 11642）抄本；关于蒙上帝恩典的长老（"gratia Dei presbyter"）多纳图斯编辑的《奥利金》在同一个修道院完成于 569 年，[2]加普亚主教维克多抄写的《福音书拉丁文译本》于 546 年抄写修改完成（Codex Bonifatianus I）。在时间和空间上距离这些人不远的是波埃修斯和卡西奥多罗斯。

至于科伦班生涯的重要日期这一点，现在有普遍的共识（参考原书第 45、48 页）。他的传教事业开始于 590-591 年，而不是 585

----

① Reifferscheid，*De Latinorum codicum subscriptionibus commentariolum*，Breslau，1872.

② Casinensisi 150 *olim* 346.

年；因此，"在 585 和 610 年间，他不在勃艮第。"博比奥建立于 614 年，而不是 612 年。科伦班去世的时间不是 615 年 11 月 21 日，而是 11 月 23 日。

关于博比奥的第二任修道院院长的记载，"当他来到新修道院的时候，他带来了几箱子书"（原书第 45 页），几乎不能在《圣科伦班传》的引文"Libros ligaminibus firmat"（注释 44，意为"把书用线固定装订"）中得到证实。断言"在博比奥使用的都是岛屿体，在 10 世纪的时候，它被伦巴德体取代"（原书第 45 页）是错误的：林赛的观点（在 45 页注释中阐明）更接近事实。现在还保存博比奥抄本的城市（原书第 45 页注释 8）还应该包括南锡。

在关于穆拉托里（原书第 46 页注释 50）对博比奥图书管理员功能定义的引文中，有印刷错误，"scriptorium"的正确拼写应该是"scriptorum"。同一个段落还在不同的地方被正确地引自 Cipolla："Bibliothecarius omnium librorum curam haneat lectinum atque scriptorum"（原书第 615 页注释 8）。

关于复原博比奥重写本较早文本（被擦掉的段落）的可能性，作者持有太乐观的态度（原书第 46-47 页）。在许多情况下，书写的文字被擦掉了，而且是在 100 多年以前，这已经超出了使用试剂复原文字的年限；在其他情况下，羊皮纸的原始文本被刮得如此彻底，照相机和荧光镜也无法发挥作用。

原书第 51-52 页关于卜尼法斯抄本（Codices Bonifatiani）的论述中，有错误和混淆。关于这些抄本，作者说还有 4（！）部在富尔达当地的图书馆里。第一部是富尔达拉丁文圣经古抄本，是 Bonifatianus I（前面提及过）。作者这样写道："几乎可以肯定的是，这卷书是在本笃·比斯考普或者西奥弗里德把它从意大利带到英格兰以后，从诺森伯里亚给了富尔达的卜尼法斯；"（原书第 51 页）但是后来（原书第 647 页）又有如下的描述：

> 它一定到了英国，因为该书的正文是 6 世纪的意大利文手抄本，页边注则是盎格鲁-撒克逊体。有可能它是在 596 年随圣奥古斯丁或者他的一个随从来到的英国。如果是这样的话，这本书的保存着实是令人吃惊的，因为西奥多和哈德里安带到

英国的书籍都已经不见了。

689　　　而且,在 51 页,该抄本的日期被标为 546 年,而在 647 页,则是 547 年。第二部手稿拉吉德鲁迪斯古抄本,是 Bonifatianus 2。传统的说法认为,卜尼法斯使用这本书(而不是 Bonifatianus 3)试图躲避刺客的袭击。所有页面的上部边缘都被劈开了,通常仅仅到第一行或者第二行,但是在这本书的末尾,在下部边缘有 2 处砍痕。这在 *Aus Fulda's Geistesleben*(1928)98v-99r 复制品 Plate V 或者 Aimmermann's *Vorkarolingische Miniaturen*(1916)的 Plate 68 中清晰可见。因此,作者两次出错。第一次是"《福音书》几乎被锋利的工具给切割了"(原书第 647 页),第二处是对 Bonifatianus 3 这本书的确认方面(原书第 51-52 页)。任何人在研究了后者之后都不会怀疑谢勒将 64 页正面(64r)上的名字译解为 Cadmug(而不是原书 52 页的 Vidrug)的正确性,[①]而且都会发现,尽管它是卜尼法斯装在衣袋里的福音书,但也不会是 52 页论述的卜尼法斯殉教时的那本。此外,这个传说的出处《卜尼法斯传》在 52 页被归为是乌特勒支一位不知名的教士写的,但是在 647 页则把作者归为拉特伯德。

阿尔昆的诗文在原书第 57 页被引用了一句以说明他在图尔城的政策,可以和伊西多尔的《图书馆铭文》相比,这是他为主教座堂图书馆所作的诗文(原书第 28 页注释 55),它们被印刷出来,但是没有标题,[②]在阿尔昆的 *In dormiturio* 和 *In latrinio* 流行之后,它应该被加上标题"In scriptorio"比较恰当。

至于图尔城的爱尔兰人,引用兰德的著作[③]是错误的,其中提及"爱尔兰时期",但是没有让人们注意莱曼在评论该书时提出的反驳观点。[④]

令人遗憾的是,格兰杰(Granger)提出的关于哈利父子搜集的维特鲁维乌斯的古抄本的奇特理论(原书第 57 页注释 15)全文出现在一个新的出版物中,这比发表于 *Speculum*,XII(1937)相反观

---

① Scherer, *Die Codices Bonifatiani in der Landesbibliothek zu Fulda*, Fulda, 1905.
② Duemmler, *Poetae Latini aevi Carolini*, I, 320.
③ Rand, *A Survey of the manuscripts of Tours*.
④ Lehmann, *Philogische Wochenschrift*, L [1930], 723-724.

点的争论概要和无可争议的论据①晚了两年。

太多的材料来自《杂录》(原书第 58 页),这部著作被认为是来自克雷莫纳的鲁特普兰德(Luitprand),但是实际上,它是大约 1600 年编撰的一部伪著。这在该页脚注 20 引用莱曼的文章中有所表述(不正确),文章标为 1916 年(而不是 1919 年)。

(原书第 61 页)说在弗勒里发展了一所书写学校,它在书法史上非常有名,但是弗勒里的文字并没有被充分地研究和描述来证明这一观点。

《加洛林时代的拉丁诗人》(*Poetae Latini aevi Carolini*)第三卷 690
的编辑者是特劳伯,而不是杜穆勒(原书第 64 页注释 47)。

关于(原书第 66 页)我们要感谢塞杜利乌斯·斯科特斯抄写的在其他抄本中缺失的西塞罗的部分演说词,以及贺拉斯的《书札》的最古老抄本的论断,作者引用的是《剑桥中世纪史》。作者为什么不引用如下的著述:(1) Klein, *über eine HS des Nicolaus von Cues nebst ungedruckten Fragmenten Ciceronischen Raden* (Berlin, 1866);或者(2) Traube, *O Roma nobilis* (1891), p.368;或者(3) Hellmann, *Sedulius Scottus* (1906)?

在有关富尔达的参考文献中,尤其是有关富尔达图书馆目录的参考文献中,我们看克里斯特的著作②是徒劳的。*Jahrhundert* (1933)已经取代了福克和谢勒(原书第 71 页)较早期的著作,且其材料更丰富准确。谢勒引用了"古典时期最有趣的著作"之一(原书第 71 页),这里或许引用克里斯特的另一著作③会更好。即使是谢勒根据 1561 年马尔堡的详细目录而印制的完整的条目中,*Livius de Rep: et gestis Roman* 这一条也是模糊不清的,但是在克里斯特出版的梵蒂冈目录中,同一个条目被更准确地记为 *Titus Livius de republica ab urbe condita libri decem*,而且克里斯特出版的引言中进一步表明它是属于头十年的。但是这里提及的西塞罗的著作要比其他地方提及的少得多。谢勒列出的仅有 *Epistolae Cic*,这并不是像人们长时间以来所认为的那样是《致阿提库斯》和

---

① Leslie Webber Jones, "More about the London Vitruvius", *Speculum*, XII(1937).
② Christ, *Die Bibliothek des Klosters Fulda im* 16.
③ Christ, *Livius, de republica*.

《致布鲁图斯》（Book II），后者在 15 世纪的《尼科利评论》（*Commentarium Nicoli*）中被引用，而是正如引言①所表明的那样，是《致亲友书》手稿。*De senectute et de anima* 一定是 *De senectute et de amicitia*——两本抄本经常被捆在一起。

有两本抄本被错误地归为富尔达。关于第一本抄本，福克被认为是一个权威（原书第 68 页，注释 71），但是，除了文献号为 Rome Pal. Lat. 235 的抄本是用 8 世纪的岛屿小写体所写这一事实之外——而这并不是富尔达所拥有的典型的字体特征——再没有其他的证据能够证明它来自富尔达。②关于第二本抄本，没有证明性文献，著名的文献号为 Eutropius，Gothanus I. 101 的抄本被编入"现在其他图书馆的富尔达抄本中"，但是它来自阿尔萨斯的穆尔巴赫；6 世纪的《新约》拉丁文抄本早就散失了。③

关于赖歇瑙修道院的建立者皮尔米尼厄斯的渊源我们不清楚；各种观点（原书第 72 页）被集中为三个理论——他是一个爱尔兰人，法兰克人或者盎格鲁-撒克逊人。但是很久以前特劳伯就持另一种看法：他是一个西班牙人。④最新的观点来自卡尔·杰克尔的文章⑤，他采纳特劳伯和多姆·莫林（Dom Morin）的观点，争论（1）皮尔米尼厄斯著作的文学背景；（2）在他的修道院组织中可见的西班牙影响；（3）赖歇瑙图书馆中强烈的西班牙色彩，皮尔米尼厄斯是来自西班牙或者从前被西哥特人统治的法国南部地区的 Romane。杰克尔的第三种观点与我们的作者最近的一个发现相仿，"该图书馆由于它们的西班牙渊源而在许多特殊兴趣的经典方面藏书丰富"（原书第 76 页）。

关于赖歇瑙 5 份目录的准确信息（原书第 75-78 页），因为有了莱曼的著作⑥，贝克尔的著作⑦显得过时了。参考莱曼的著作可以

691

---

① Christ，p.149.

② Cf. Christ，*op. cit.*，p.202.

③ Cf. Beeson，"The oldest MS of Paulus Diaconus，" *Memorie storiche Forogiuliesi*，XXV［1929］，15.

④ Traube，*O Roma nobilis*，p.248.

⑤ Karl Jecker，"St. Pirmans Herkunft und Mission"，*Die Kultur der Abtei Reichenau*，ed. K. Beyerle，I(1925)，19-36.

⑥ Lehmann，*Mittelalterliche Bibliothekskataloge*，Vol.I (1918).

⑦ Becker，*Catalogi bibliothecarum antiqui*［1885］.

避免原书第 77 页与彼得和伊西多尔以及关于赖歇瑙的一个抄本内容中关于复活节的论述一起列出的"小普林尼注释"的错误。贝克尔著作第 20 页 list 10.3 内容如下："Deinde notarum Plinii Secundi lib. I et notarum Isidori ep. lib. I et notarum de naturis rerum Bedae presb. Liber"（意为"然后小普林尼注一卷以及伊斯多尔主教注一卷以及比德长老论自然注"）。莱曼的著作①中正确地用"rotarum"取代了"notarum"。"Rotarum"一词很显然来自伊西多尔的《论事物的本性》，②与普林尼的名字一起使用，表示的是老普林尼的《自然史》。

在第三章当中有一些非常奇怪的盲点——比如在加洛林文艺复兴中为我们制作了最古老尚存抄本的中心图尔城和洛尔施都被略掉了（第 60 页），而且洛尔施没有和四个修道院富尔达、赖歇瑙、圣高尔和新科维一起列出来，这些中心是"勤奋研究的学术中心和图书馆所在地"（原书第 67 页），尽管洛尔施的圣纳扎里乌斯（St. Nazarius）的图书目录后来被讨论（原书第 80-82 页）。洛尔施的重要性被莱曼作了评价：

> 在中世纪早期，在德国，除了洛尔施以外，大约没有一个地方像富尔达这样，自 8 至 9 世纪以来就拥有这么多的古代作品……在 9 世纪，洛尔施首先有了一家图书馆，因为藏有丰富的古代作品和教父著作，它（洛尔施图书馆）属于整个欧洲的、一流的古典著作宝库之列，而当时的欧洲收集不到有影响的作家的作品。③

康布雷被挑选出来（原书第 67 页和 86 页）作为爱尔兰强烈影响在法兰克高卢爱尔兰修道院消失之后持续存在的地方，而拉昂的地位却没有被认同，这里也没有谈及马丁和爱留根纳。

爱因哈德的遭遇要稍好一些，他的出现即使纯属偶然——且不是意外的话——比如：

① Lehmann, *op. cit.*, I, 258, 1. 32.
② cf. Traube, *Vorlesungen und Abhandlungen*, Vol. II, 161.
③ Lehmann, *Zeitschrift für deutsche Geistesgeschichte*, I［1935］, 72-73, 143.

他［鲍古尔夫］对藏书和教学非常感兴趣,曾是在他生活的年代里,爱因哈德和拉巴努斯在富尔达学习,维特鲁维乌斯的《论建筑》这一时期一定在这个修道院里,因为在爱因哈德离开富尔达之后,他还给其中的一个学生写信询问这本书中的一些技术性词汇(原书第 68 页)。

他(卢普斯)又向爱因哈德索要西塞罗的修辞学著作,他仅有一本错误百出的抄本,这本抄本已经被与一本更多错误的富尔达抄本作了比较(原书第 70 页)。在第三种情况下,仅有爱因哈德的著作被发现,"卢普斯谈及了塞利根斯特的目录,好像他在富尔达见过它"(原书第 95 页)。而且,这一说法并不矛盾;卢普斯使用了一份爱因哈德的藏书清单 breuis uoluminum uestrorum(参考第 95 页注释 168),从中他选取了一些他迫切需要之书。这些藏书作为私人图书馆最早的中世纪图书目录中的条目因其稀少而更显珍贵。第一个条目是 Tulli de rhetorica liber(不是如上所说的西塞罗的修辞学著作,而是西塞罗的《演说家手册》[De inuentione]);卢普斯自己的这本著作抄本现在保存在法国巴黎国家图书馆(Lat. 7774 A),为了矫正抄本,他索要爱因哈德的抄本,有两组不同之处都通过字体和墨水的不同表明出来。第二本抄本是 Ciceronis de rhetorica,这个标题被定名为西塞罗的《论演说家》(De oratore)。卢普斯亲笔签名的这部著作抄本在大英博物馆被发现(MS Harleianus 2736)。从爱因哈德那里获得的第三本抄本是"Agelii noctium atticarum"(意为奥鲁斯·盖利乌斯《阿提卡之夜》),它被富尔达借了很长一段时间。5 年或者 6 年之后,卢普斯写了第一封信,解释他没有归还这本著作的原因是拉巴努斯想要让人抄写这本著作。卢普斯的 Noctes Atticae,Books IX-XX 抄本在梵蒂冈图书馆的 Reginenses 藏书中(No.597)。第四本被提及的著作 Liber ad Herennium,莱曼认为有证据表明在一本 9 世纪的伍兹堡抄本中有卢普斯的校勘[①]。此外,一本弗洛鲁斯(Florus)的抄本 Bern 249 被确认为是塞利根斯特的藏书。这些书对于作为学者的爱因哈德

① Lehmann, op. cit., p.142.

来说非常重要,也说明他的图书馆不同寻常的特征。莱曼说,塞利根斯特"正好位于富尔达和……洛尔施之间,那条自 9 世纪以来在富尔达和洛尔施之间的、非常活跃的图书交流之路应该是经过艾因哈德修道院的"。①

斯特拉波的第二首世俗诗歌被提及(原书第 78 页),流行的标题是 *Hortulus*,但是这首诗歌没有权威的抄本。这首诗真正的标题是 *De cultura hortorum*(在三本重要抄本中的两本的开端发现的),诗人要感谢科路美拉。斯特拉波在这首诗歌中对奥维德的回忆通常被过分强调;事实上,在杜穆勒的版本中,两次提及它多处地方借用了维吉尔的《埃涅阿斯纪》和《田园诗》,此外还有《变形记》。

几乎很少有书籍如 *Reichenau school book*(St. Paul in Carinthia Cod. 25. 2. 31 b)这样被经常提及,尽管第一手资料非常少。其第16 页的内容多次被详细列出(有缺陷),但是很少有在一处记载中 693 出现如此多的错误,如下:

> 这部书卷包括维吉尔的《传记》,附有可能由约翰尼斯·爱留根纳写的关于《埃涅阿斯纪》的评论;对普林尼《自然史》的一些注释;一部包括贺拉斯著《诗艺》部分内容的语法书,还有一本包括西塞罗的《论神性》摘录的地理著作。同样还有一些用拉丁字母写作、带有拉丁翻译的希腊词汇;两本拉丁语法家查里西乌斯的评注;一本附带术语汇编的关于古典计量表的著述;一部天文学著述,可能是普林尼写的;一本由鲁宾写的关于逻辑学的著作;还有许多爱尔兰的诗歌[原书第 79 页]。

附有关于《埃涅阿斯纪》评论的维吉尔的《传记》在第一页 37行中和第一页对开纸左页的 3 行中——总共 40 行;《传记》由佩特谢尼格印刷出版;②接下来的"评论"仅仅包括从奥古斯丁的《上帝之城》i. 3 中的一处引用。在第二页中有 13 行关于《埃涅阿斯纪》i 28—39 的评注,但是这个与被归于爱留根纳的《传记》没有任何关

---

① Lehmann, *op. cit.*, p.143.
② Petschenig, *Wiener Studien*, IV[1882], 168-169.

系。第三个条目"对普林尼《自然史》的一些评论";一部包括贺拉斯著《诗艺》部分内容的语法书,还有一本包括西塞罗的《论神性》摘录的地理著作占据了一页对折纸的左页 16 行。带有脚注的详述老普林尼回忆录、西塞罗的《论神性》和贺拉斯的《诗艺》最早是由斯特恩印刷,①据我所知,在此之前,它们没有得到确认。普莱森丹茨的抄本对该抄本的描述被引用(原书第 79 页注释 107),哈提格(他的记述没有被引用,尽管它已经被翻阅②)仅仅称之为"附注自然史,语法,圣经地理"。实际上,它们是教父作家的摘录;比如:

(1)所谓的包括贺拉斯著《诗艺》部分内容的语法书包括 2个语法句子和 2 个不相联系的杰罗姆的《致教皇达马苏斯》中的句子,③在其中的一个句子中出现了一行贺拉斯(*Ep*. i. II. 27)的诗句"Caelum non animum mutat qui trans mare currit"(意为"从海上驰过的改变的是天而不是灵")。但是引用的杰罗姆的句子就与"语法"没有任何关系了;它们是在"地理学"条目之后。

(2)包括西塞罗的《论神性》摘录的地理著作中有三个摘自杰罗姆《致达尔达诺斯》(*Letter to Dardanus*)中④的不完整句子。但是没有任何古典典故。

(3)斯特恩提及少数几个句子的"对普林尼《自然史》一些注释"——他对普林尼和西塞罗著作的引用——以及他认为是普林尼著作的一个段落,事实上是逐字逐句摘自 *Hexaemeron of Ambrose*, *Lib*. V. xxic 和 *Lib*. VI, iv⑤。

此外,5 页背面—6 页正面(5v—6r)的摘录被称为"可能是普林694 尼 的 天 文 学 著 述"——普 莱 森 丹 茨 称 之 为 "angeblich aus Pli（nius)"——我已经经过考证认为它是摘自 Martianus Capella, De

---

① Stern, *Zeitschrit für celtische Philogogie*, VI [1907-1908], 546-555.

② Hartig, *Die Klosterschule und ihre Männer*, ed., K. Beyerle, *op. cit.*, II, 619-644/4.

③ *Ep*. xvi, Migne, *Patrologia Latina*, Vol. XXII, cols. 358 and 359 respectively.

④ *Ep*. cxxix, *op. cit.*, cols. 1104-1105.

⑤ Mignem, *op. cit.*, Vol. XIV, 254 B and B-C, respectively.

*nuptiis Philologiae et Mercurii*，*Lib*. VIII，§§849—858。有几处混淆作者之处已经被莱曼指出来，比如，经过辨认，发现从前归于 Agano、Hrabanus 和 Gregorius 的段落（在页边缩略语 ag，hr，gg 的基础上）是从奥古斯丁、希罗尼穆斯和鲁费努斯的著作中摘录的——包括后来格里高利·托马斯格斯的一处引文①。但是"鲁宾写的关于逻辑学的著作"这个条目有新的问题，它不是出自普莱森丹茨或者斯特恩，而是源自哈提格的"logische Ausführungen nach Rubin"这句话（错误地印刷为 Rufin，Rufinus）②。经莱曼辨认，摘自鲁费努斯的引文占据了第 4 页对折纸左页的头 13 行。

尽管这里没有提及，但是另一个（匿名的）条目值得关注，因为它和卡西奥多罗斯及伊西多尔有关。③第 2 叶背面（Folio 2v）的 15 行都摘自"de modis sylogismorum"。斯特恩注意到了它和 Boethius，"de syllogismo categorico"④有相似性；但是 R. P. McKeon 指出这可以在假设的三段论中找到，这和 Cassiodorus *Inst*. Ii 13 以及 Isidore *Etym*. II. XXVIII 真正相同。伊西多尔借用了卡西奥多罗斯，但是这两个版本之间有少许不同。在第 2 行 conclusione 取代 coniunctione，圣保罗片段与伊西多尔的相一致。

《尤维乌姆年代记》（原书第 88 页）保存在包含有 *Minores*，viz.，Würzburg Mp. Th. f. 46 相同的抄本中。它们的时间跨度分别为 550-835 年（和 975 年）以及 742-814 年。这一记载该是多么简短，事实上印刷时它仅占了 2 页半（M. G. H.，SS. I，87-89）的空间。

弗洛鲁斯的图书馆在 Wandalbertus Prumiensis 引言性的书信中而不是在他的诗歌（*Carmina*）中受到了赞扬。参考文献中应该提及杜穆勒的版本⑤而不是 *Patrologia Latina*。

利雪的弗雷卡尔夫在他的教区通过借书可能"修补了书籍缺乏的这一状况"（原书第 91 页）。他从拉巴努斯那里获得了一本《摩

---

① Gregory Thaumaturgus，*Bayerische Blätter für Gymnasialschulwesen*，LXI [1925]，29-34.

② 参见 Beyerle，*op. cit.*，II，644。

③ See p.398 of review.

④ Migne，*op. cit.*，Vol. LXIV，col. 823.

⑤ Duemmler，*Poetae Latini aevi Carolini*，II [1884]，569.

西五经》的抄本，同样他也可能从他那里获得了弗洛鲁斯的《李维的著作摘要》（*Epitome of Livy*），以作为它的历史的早期部分来使用——我们知道富尔达有一个抄本——或者他可能是从图尔城获得了这个抄本（Manitius I，663）。

费里埃的卢普斯为弗留利的艾伯哈德所写的《蛮族法》被提及（原书第 93 页），就好像它还尚存；但事实并非如此。991 年的一个完整的抄本在摩德纳的主教座堂图书馆中（MS I.2）；其范本已经丢失了。

695　　介绍"弗留利的伯爵艾伯哈德，一个拥有大图书馆的有文学素养之人"（原书第 93 页）需要和"弗留利侯爵艾伯哈德"（原书第 101 页）相互对照，后者的文化兴趣可以从他与拉巴努斯·莫鲁斯、兰斯的安克马尔和塞杜里乌斯·斯科特斯的联系中有所表明。

描写费里埃的卢普斯的几个段落（第 93-99 页）许多地方都有待商榷。作者无论是在这里，还是在前面（原书第 69 页注释 79）以及在后面（原书第 136 页注释 1）都没有指出卢普斯的信源自哪一个版本。大部分引用中罗马数字后面的阿拉伯数字表明它是 1888 年的 Desdevises du Dezert 版本，比如，"*Ep*. Xlv. 114"是这个版本的 114 页，书信 45。但是"*Ep*. ciii"两次用于一个段落中（原书第 93 页注释 162 和原书第 136 页注释 1）与引用"*Ep*. cxi. 191"的一个段落相一致（原书第 97 页注释 172）。后者在杜穆勒的版本中[1]是 ciii，它还保留着该抄本的顺序。Desdevises 版本中的标号有 5 处错误需要指出：lxxxv.161（原书第 95 页注释 169）应改为 lxxxvi. 161；x. 66（原书第 95 页注释 169）应改为 vii. 66；lxxv. 148（原书第 97 页注释 171）应改为 lxxvi. 148；lxxv. 160（原书第 97 页注释 173）应改为 lxxxvi. 160；x. 66（原书第 98 页注释 174）应改为 vii. 66。

卢普斯致戈特沙尔克的信的引文中（原书第 99 页）有一个错误源自 Desdevises，*reperisti* 中的一个词语，杜穆勒和利维莱恩都将其作了更正，[2]其正确形式应为 *repetisti*。该句应为"你要的那部四本一组的书卷，已经被别人从我这里偷走了"。

---

① Duemmler，*M. G. H. Epistulae*，VI［1902］.

② ed. *Tom.*，I［1972］，*Tom.*，II［1935］.

原书第 94 页引用的信中确认收信人是圣高尔的雷金伯尔特，这一观点是由巴鲁兹（Baluze）和多姆·布凯（Dom Bouquet）提出来的，但是早已经被摒弃了；所以在最近的版本中①，马比伦又提出了第二种观点，马克瓦尔德（Marckwald）和杜穆勒提出了第三种观点。但事实上，我们甚至不知道他的名字就叫 Reginbert，在抄本中，它仅仅是 REGINB。

卢普斯并没有指出其更正或者文本变化的资料来源（原书第 95 页），尽管在大多数情况下它们是源自另一本抄本。这可以从经常伴随变体出现的"Aliter"得到证明。

在讨论英伦诸岛图书馆的第四章中，作者指出，诗歌作品是科伦班接受过古典教育的唯一的证据，但其真实性值得怀疑（原书第 103 页）。事实上，并非所有与科伦班的名字联系在一起的诗歌都是真实可信的，至少有 4 封由古恩德拉齐②出版的诗文书信可能是真的。此外，在 6 封受质疑的散文书信③中出现了与诗文书信④中发现的相同的古典痕迹。作为爱尔兰文化的标志，在西欧，贺拉斯并不是从 6 世纪到加洛林时代才为人们所知，所以，贺拉斯与维吉尔被等同对待这一点更重要。

作者认为，"盎格鲁-撒克逊图书馆的内容一定大部分是通过写于这一时期的著作中的证据得到了保存"（原书第 107 页），但是他没有注意到，奥格尔维已经在他的著作《为奥尔德海姆到阿尔昆时代拉丁文作家所知的书籍》⑤中对此进行了研究。应该用这一材料代替书中不恰当的参考文献⑥（原书第 117 页注释 59）*Harvard summaries of theses*（1933）。 *696*

因此，没有必要以"详细的证据"（原书第 108 页）来证明《圣本笃清规》和格里高利的《教牧守则》是在盎格鲁—撒克逊时代英国的藏书之列。奥格尔维已经指出，《圣本笃清规》已经为奥尔德海

---

① Levillain, 1927 and 1935.

② MGH. *Epistolae Merovingici et Karolini aevi*, I〔1892〕, 189-190.

③ Gundlach, *op. cit.*, pp.156-182.

④ Cf. Kenney, *The sources for the early history of Ireland*, I〔1929〕, 190-191.

⑤ Ogilvy, "The Medieval Academy of America studies and documents," No. 2 〔1936〕.

⑥ 即原书 117 页注释 59：*Harvard summaries of theses*（1933）。

姆、比德、卜尼法斯和阿尔昆所知①，《教牧守则》已经为比德、卜尼法斯和阿尔昆所知晓（同上，第 40 页）。苏珊·科布斯（Susan Cobbs）女士在她未出版的博士论文②中指出，Tatuin 熟悉格里高利的著作。

认为比德为写作他的《教会史》而使用了小普林尼的著作（原书第 111 页）是绝不可能的。没有任何证据表明小普林尼在英国为人所知，尽管教皇格里高利的答问卷 1 第 27 章使普卢默（Plummer）③想起了帝国皇帝的书面答复比如图拉真皇帝给小普林尼的答复，但是在帝国的语言和教皇的语言间很自然有很大的相似性。普卢默的论断④："在古典作家中，他［比德］在他的科学著作中大量引用了小普林尼的著作，尽管他为此表示歉意，很显然这指的是笔误（*lapsus pennae*）。"普林尼的《书信》对比德的科学著作不会有任何帮助，普卢默自己的注释表明，比德在自己的科学著作和《教会史》中自由使用的是老普林尼的《自然史》。

经赖歇瑙和圣布莱恩（St. Blasien）而到达卡林西亚的圣保罗这里的普林尼《自然史》的刮干净重写的羊皮纸抄本 25.3.36⑤ 在几个地方被提及——前后不一致——在第三章和第四章中。第一次是这样写的（原书第 74 页）它"用被三次书写的羊皮书卷交易了伦巴第的一份 4 世纪的《早期日耳曼法》的第一版"；但是《早期日耳曼法》是 643 年颁布的，其文本的字体有争议，比如，其最初的文字是 3 世纪的！接下来（原书第 80 页），完整的文本被正确地列出，同一条目被标上"3 世纪的不为人知的第三个文本"。作者关于这本抄本在赖歇瑙逗留之前的地点作了太积极的论断："据我们所知它来自维罗纳。"（原书第 150 页）但是几页之后（原书第 155 页），这一点又得到了明确的证实："从前写于维罗纳的一些书，其中可能有现在卡林西亚的重写本羊皮纸抄本。"

---

① *op. cit.*, p.21.
② Susan Cobbs, "Prolegomena to the Ars grammatical Tatuini," University of Chicago [1937], p.104.
③ ed., Vol.II, p.46.
④ Vol.I, p.lii.
⑤ Cf. p.398 of review.

在 Cassinese 抄本 Paris 7530 中的语法文章（原书第 170 页）中有瓦罗的《论拉丁文法》。作者没有任何理由地怀疑这是一个错误。 *697* 洛①说："瓦罗的《论拉丁文法》仅存于 Beneventan MSS, Flor. Laurent. 51. 10……和 Paris lat. 7530……这两本抄本中，它们都写于卡西诺山修道院。"事实上，在后一本抄本中，根本没有瓦罗的著作文本，而仅仅在 Priscian, *De figures numerorum*②271 页背面—272 页正面（217v—272r）中引用了瓦罗的著作。

抄写巴黎 7530 号抄本的抄工在拉丁文本中写了一个关于"令状"的德语词汇（在比德的《论拼字法》中），其原型不是"verbotan"（原书第 650 页），而是"forboten"。③

独一无二的抄本 *Peregrinatio Aetheriae* 和 Hilary, *Tractatus de mysteriis*④ 被发现在一个图书馆里，在阿雷佐，相同的抄本是 Fraternità di S. Maria VI. 3。

在第六章中，我们再一次发现作者漏掉了最近的重要的参考文献。如前所显示⑤，克里斯特对富尔达图书馆的记载是不可或缺的；当富尔达的较古老文献被引用的时候，其重要性必须被强调，比如原书 193 页注释 16；在第 15 章 445 页脚注 7 中也同样如此。有两位编辑者莱曼⑥和霍尔德⑦认为，195 页脚注 23 中提及的 9 世纪的图书馆目录是赖歇瑙的图书馆目录。霍尔德确认了大量的目录与尚存的赖歇瑙抄本相一致。他认为，Donaueschingen 抄本 No.191 是一本赖歇瑙的抄本，它于 14 世纪被康斯坦茨主教座堂的教堂图书馆所拥有，拉斯伯格就是以此为样本作了他的目录抄本。它从来也不属于圣高尔。

Lucian（原书第 196 页）显然是印错了，正确的形式应该是 Lucan，但是在缺少文献的情况下，这一推断无法得到证实。

---

① Cited on p.171, n.130, in *The Beneventan script* [1914], p.16.

② Cf. Keil, *Grammatici Latini*, III [1859], 410.9-411.9 or Goetz and Schoell, M. Terenti Varronis *De lingua Latina* [Teubner, 1910], pp.52.2-53.7.

③ Cf. Lindsay, Palaeograhia Latina, III [1924], 9.

④ p.174, n.138.

⑤ see p.403 of review.

⑥ Lehmann, *Bibliothekskataloge*, I, 262.

⑦ Holder, *Die reichenauer Handschriften*, III, Part I, 97-103.

## 中世纪的图书馆

在讨论圣高尔图书馆(原书第196页)的过程中,大部分讨论的是通俗版圣经(Vulgate codex No.1935)。但是来自特纳结论性的文章①探讨的是这些曾经零散的书页原来的排列顺序,后面有这样的论断:"即便如此,从前的维吉尔著作抄本仅是一个片段。特劳伯在其残留的地方卡林西亚发现了2页;其他的片段很可能在重新装订之后在圣高尔的图书中找到。"但是维吉尔的著作抄本片段是codex 1935,而不是1394。而且,在推测"可能其他的片段可以在其他地方发现"的时候,作者忽视了特纳关于在圣高尔Vadiana图书馆尚存codex 1395其他页的报告,也忽视了莱曼后来在圣高尔其他抄本中发现的同一个抄本大约27个额外的残片。②

根据特劳伯的一些观察,③认为"他[吉尔贝]的书在近代没有一本得到确认"(原书第234页)这一观点需要改变。特劳伯指出,现在在班贝格的一些兰斯的抄本和吉尔贝有一定的联系。他让人们注意西塞罗的《论演说家》Erlangen 848的一本抄本,在里面发现了如下的订阅报刊评论:"Venerando Abbate Gerberto Philosphante Suus Placens Ayrardus Scripsit."④他解释这句话的意思为这本抄本是由吉尔贝的学生Ayrardus为他抄写的,吉尔贝在信中吩咐他的学生为他抄写其他手稿。

Odo Rigaud, *Registrum visitationum*⑤ 由于其人文兴趣以及其历史和哲学方面的重要性,连同第245页脚注86中引用的二手资料一起值得我们给予关注。

贝克尔指出:"弗龙蒂努斯关于地理学的著作和弗拉库斯的《论土地》(原书第245页)形成了科尔比图书馆中的一个抄本。它们可能是摘自Agrimensores的摘录,这两个条目中的第一项是巴尔布斯(Balbus)写的一篇文章,它通常被归于弗龙蒂努斯的错误百出的抄本中。"

作者根据9世纪的目录(参考原书第64页注释46)内容"Plinus

---

① Turner, *op. cit.*, p.196, n.29.

② Lehmann, *Zentralblatt für Bibliothekswesen*, L [1933], 50-79.

③ Traube, "Bamberger Fragmente der IV. Dekade des Livius", *Palaeographische Forschungen*, IV [1904], 9-10.

④ 最初在1852年Irmischer的目录中刊出。

⑤ ed. Bonnin, 1852.

secundus de moribus et vita imperatorum"（意为"小普林尼论皇帝之道德与人生"）错误地将小普林尼的著作归到圣里基耶图书馆（原书第 246 页）。甚至马尼蒂乌斯也误解了这个条目。他认为在"Secundus"之后应该加一个日期，或者用苏托尼厄斯代替普利尼乌斯。[①]这条参考文献是一本匿名的著作《罗马城名人传》（De viris illustribus urbis Romae），在抄本中，它通常被归于 C. Plinius Secundus 或者 Plinius Orator Veronensis，在其他的版本中，它被归于小普林尼、科尼利厄斯·尼波斯或者苏托尼厄斯。

作者认为，"我们通过研究有那个图书馆编号的瓦朗谢讷抄本，至少可能部分地复原圣阿芒图书馆"（原书第 248 页），但是当作者这样写的时候，他忽视了德莱尔在 1874 年、德西尔夫（Desilve）在 1890 年已经确认了瓦朗谢讷和巴黎大量的抄本从前属于圣阿芒这一事实。对于瓦朗谢讷抄本来说，这一信息和瓦朗谢讷目录中的个人描述有关。[②]此外，在 190 页该目录的前言中，编者指出 280 条为圣阿芒所拥有的条目（1641）。

瓦朗谢纳 411 记载的关于波埃修斯计量器的文章（原书第 248 页注释 98）不需要推测。编号为 Metz 377 的抄本引用的属于费里埃的卢普斯同样存在于另一本瓦朗谢纳著作抄本 MS298 中；这是正确的，自 1871 年派佩尔（Peiper）在他编辑的波埃修斯的《慰藉》前言中（pp. xxv—xxviii）出版这本简短著作以来，没有人质疑这一点。

第 15 章讨论的时间段里德国最有趣的藏书——爱尔福特的安普洛尼亚纳（Amploniana）藏书没有被提及。莱曼提及了它以及爱尔福特的其他三个图书馆，[③]这一卷在提及大学图书馆之后应该加上参考文献（原书第 472 页注释 97）。

斯堪的纳维亚图书馆的参考文献（原书第 477 页注释 4）中应该加上 Paul Lehmann, "Skandinavische Reisefrüchte," Nordisk Tidskrift for Bok-och Biblioteksväsen, XXI(1934), XXII(1935)。

为了补充博比奥抄本现存地点的论述（原书第 523 页），应该

---

① Manitius, *Handschriften antiker Autoren in mittelalterlichen Bibliothekskatalogen*, p.121, n.1.

② *Cat. Gén. des manuscrits*, tome XXV—note XX, as given in n.98 on p.248.

③ Lehmann, *Mittelalterliche Bibliothekskataloge*, II(1928), I-603.

提及 Emidio Martini，"Sui codici Napoletani restituiti dall'Austria," *Atti della Reale Accademia di Archeologia*，*Lettere e belli arti*，n.s.，IX(1926)，157-182。这篇文章中包括了 18 世纪早期从那不勒斯图书馆(其中有许多博比奥的抄本)移到维也纳的大量抄本清单，这些抄本在 1919 年被奥地利归还给意大利，在 1925 年被存放在那不勒斯。

伊西多尔的《词源》切塞纳抄本"被认为是 8 世纪的抄本"(原书第 560 页)，比森认为它是 9 世纪的。[①]

在书籍编辑方面，作者认为四张对折纸张构成的折子的识别符号"通常是在一叠纸中的最后一页的右下角"(原书第 608 页)。在早期的抄本中，签名确实是这样的，但是到 9 世纪以前，通常的做法是识别符号页下居中。

在 648 页使用了过多的二手资料，这是非常显而易见的遗憾之处，在这里作者从 A. C.克拉克在 1914 年发表的一篇文章中引用了克吕尼目录中的三部抄本，正如脚注 5 所表明的那样，它是建立在马尼蒂乌斯对古代目录(1892)的第一手研究基础之上的。但是，马尼蒂乌斯是从德莱尔的文章[②]中获得的信息，因此作者应该再次引用这篇文章。而且，在引用中，作者出现了两处错误，将"Avito"印成了"Avita"，将"Catillinam"印成了"Catalinam"(这是在现代一个常见的拼写错误)(马尼蒂乌斯和德莱尔都对此有所提及)。

关于高卢主教阿卡尔夫到达艾奥纳小岛的背景，是对比德叙述的一个误解。在《论圣地》[③]和《教会史》[④]中，比德都记载到，阿卡尔夫从圣地回家所乘坐的船只受风暴阻断而到了不列颠，最终，主教经历了重重风险后到达了阿德曼那里，而不是如作者所说的(原书第 650 页)："在归途中，他启程想穿越英吉利海峡回到英格兰，但是毁灭性的暴风雨阻断了他的行程。幸运的是，在艾奥纳这个小岛的海滨上，修道院院长阿德曼为他提供了一个庇护所。"

《摩泽尔纪事》是如何到达列宁格勒的？(原书第 653 页)对于

---

① Beeson，*Isidorstudien*，p.9.
② Cab. Des MSS，II [1874]，478.
③ ed. Geyer，*Corpus scriptorium ecclesiasticorum latinorum*，XXXIX [1898]，323.
④ ed. Plummer，Vol.I，316.

这一问题,答案是——杜布罗斯基。①

不恰当的措辞和错误是对李维著作抄本传统简短叙述的特征(原书第 654-655 页)。作者认为摩冈蒂努斯抄本(原书第 654 页)于 1518 年发现于美因茨的主教座堂,早在 1516 年就被美因茨的两个人文主义者使用来编撰美因茨 1519 年版本。对于 1535 年的 Bale 版本,它被再次校对,但是之后就杳无音讯了。洛尔施抄本中包含李维的《第五个十年》,是由西蒙·格里内乌斯(Simon Grynaeus)于 1537 年发现于洛尔施,而不是"在 1531 年……在它离开洛尔施之后在瑞士发现的"。任何称职的古文书学家都不会像本书这样认为这本抄本源自爱尔兰,没有一点证据能够表明这本抄本曾经在圣高尔。应该参考韦塞利(Wessely)为这部著作抄本副本(Leyden, 1907)所写的前言,以此代替 1841 年的 Drakenborch-Twiss 版本(原书第 655 页注释 30)。洛尔施抄本起源于意大利。据推测,它是通过到访问过意大利并到达弗里希岛的传教士,或者通过从意大利将大量书籍运送到诺森伯里亚的奥古斯丁传教团而到主教留得格那里的。②从乌特勒支,它又到了洛尔施,但是是在什么时间以及通过什么方式,我们都无从知晓。在它由格里内乌斯在那里发现以后,它传到了蒂罗尔的阿姆布拉斯(Ambras),在 1655 年它又从这里到了维也纳,在这里作为 Codex 15 一直留存至今。

现在佛罗伦萨的西塞罗的《致亲友书》抄本(Laurentianus 49.7)并不是如本书(第 655 页)所说的由彼特拉克在维罗纳的教堂图书馆发现的 11 世纪的抄本。它是一部 9 世纪的抄本,如本书前面正确阐明的那样,它是由"帕斯基诺·卡普利,可能还有安东尼·洛斯齐"在维切利发现的(原书第 510 页),大约于 1390 年从维切利主教座堂转移到帕维亚维斯康蒂-斯福尔扎家族图书馆(原书第 552 页)。它进入劳伦提安图书馆的背景和时间我们不知道。彼特拉克在维罗纳发现的西塞罗的《信札》包括(如原书第 510 页正确阐明的那样)《致阿迪克斯》。在洗劫过维切利的詹加莱亚佐·维斯康蒂将它从维罗纳教堂图书馆移走之后(原书第 552 页),它和

---

① cf. pp.398-399 of this review.
② cf. the wanderings of Codex Bonifatianus I.

维切利抄本不同,它消失了。

在论述斯塔提乌斯的《诗草集》的时候,有些不连贯和含糊不清的地方。首先(原书第 79 页),这本珍贵著作在赖歇瑙图书馆的出现——根据一份 9 世纪的目录——被提及了。稍后(原书第 195 页注释 23),这同一份目录与赖歇瑙的关系受到了质疑,①很显然作者采纳了布拉斯的观点,他认为这份目录和赖歇瑙没有关系,但是他从其特征中发现它"与圣高尔和康斯坦茨有联系",并且说:"这份目录真正的重要性在于它表明斯塔提乌斯的《诗草集》在 9 世纪的时候就在这一地区为人们所知,15 世纪的时候波基奥在这里发现了这位作者。"最后(原书第 655 页),在波基奥从法国带回来的"斯塔提乌斯的《诗草集》"的参考文献中和前面的这些论述出现了矛盾。在别处关于这部抄本的发现由两位协作者给出了如下不同的论述:(1)"当那些渴望书籍的人文主义者于 1414 年来到康斯坦茨的时候,他们很快就发现了赖歇瑙,并在那里找到了罕见的古典文本,其中包括斯塔提乌斯的《诗草集》和西利乌斯·伊塔利库斯的《石榴》,"(原书第 454 页);(2)"在当年[1417 年],波基奥还进行了他的第四次短途旅行,他的足迹扩展到了德国和法国并导致了他对迄今未知的八部西塞罗演说辞的发现。也可能斯塔提乌斯的《诗草集》被传入意大利也属于这一时期"(原书第 511 页)。

关于塔西佗的小型著作的参考文献(三个作者)存在很大的差异。作者写道,波基奥(原书第 457 页)与赫斯菲尔德的修士交涉"要塔西佗、阿格里古拉[原文如此!]、弗龙蒂努斯、苏托尼厄斯、阿米阿努斯·马西利努斯、李维和西塞罗的著作。"但是,波基奥的兴趣并不局限于塔西佗的《阿格里古拉传》上,还包括《日耳曼尼亚志》和《对话录》。作者在其他地方(原书第 514 页)提及了阿斯科利的伊诺克:"他的名字总是与被发现的重要抄本有着密切的关联,因为他单独为我们保留了塔西佗的《阿格里古拉传》和《日耳曼尼亚志》。另外还有苏托尼厄斯的《语法和修辞》片段。这些抄本都被发现于赫斯费尔德修道院。"进而"塔西佗的《日耳曼尼亚志》原本在那些所有存在的抄本当中现在也丢失了。而例外的梵蒂冈

---

① Cf. p.410 of this review.

的那一本则可以推导出似乎曾经在富尔达被收藏过。自从普林西普斯(Princeps)修订版的著作于 1470 年丢失以后,以四本抄本代替塔西佗的《阿格里古拉传》原本很显然就被发现了,并被 4 本后来的抄本所代表。"作者提及《日耳曼尼亚志》和《阿格里古拉传》就如同它们是分别独立的抄本一样,这样是错误的;它们被保存在一本 9 世纪的抄本中。罗宾逊认为,①苏托尼厄斯的语法片段也包括在其中,这本抄本在 1429 年和 1455 年间被从赫斯菲尔德带到了意大利,但是现在除了《阿格里古拉传》(Iesi MS)部分外,其余的丢失了。他还对被普遍接受的观点即伊诺克负责将它移到了罗马提出了质疑。②他列出了《阿格里古拉传》和《日耳曼尼亚志》尚存的抄本。对于前者,有 Aesinas 抄本,它属于 15 世纪(最初的 Hersfeldensis 中的 8 页内容除外),一本 15 世纪的 Aesinas 抄本和两本丢失的 Hersfeldensis 誊本;关于《日耳曼尼亚志》有 31 个派生版本。

由于作者或者印刷者的缘故,书中的一些名字不准确。在巴黎 702 的著名的迪奥斯科里德斯和在佛罗伦萨的维吉尔的作品的修正者鲁菲厄斯·阿普罗尼阿努斯(Rufius Apronianus)的名字在原书第 23 页被错误地写成了 Rufinus,在 37 页的脚注 16 中被错误地写成 Rufus。如下页码中的内容还需要作更正:

33 页注释 4　velitris 应改为 Velitris

49 页　Cassiorodus 应改为 Cassiodorus

65 页　Sestis 应改为 Sestio

71 页注释　85　Sherer 应改为 Scherer

81 页　Iordansis 应改为 Iordanis

82 页　Consentius Pompeius 应改为 Consentius, Pompeius(2 个人)

82 页　Eutychis 应改为 Eutyches,Palaemonis 应改为 Palaemon

84 页注释　123 和 196 页注释 25　T 应改为 I(比如 Ildefons)

96 页　Alsigus 应改为 Altsigus

112 页　Alfricanus Julius 应改为 Julius Africanus

---

① Robinson, *The Germania of Tacitus: a critical edition*(1935)，p.1.
② Robinson, *op. cit.*，pp.351-356.

169 页注释 127　　Casienensia 应改为 Casinensia

同上　　Casiensi 应改为 Casinensi

同上以及 170 页注释 128　　Casiensis 应改为 Casinensis

244 页　　Fretulf 应改为 Freculf

### 参考文献

86 页注释 132　　M. tr.应改为 Mp. Th

114 页注释 42　　IV 应改为 XV

200 页注释 49　　LXVI 应改为 XLVI

201 页注释 55　　23 应改为 28

522 页注释 22　　插入 I(卷)

在 62 页的脚注 31，*foliorum* 被不正确地翻译为"页码"。

Blanche B. Boyer

芝加哥大学

# 译　后　记

　　《中世纪的图书馆》是美国著名历史学家 J. W. 汤普逊（James Westfall Thompson，1869-1941）教授和他的学生们共同撰写的一部著作（原书共 702 页）。汤普逊被誉为他那个时代最多产的学者之一，而国内学者对他的了解应该源于他的《中世纪经济社会史》（1929 年）和《中世纪晚期经济社会史》（1931 年）。《中世纪的图书馆》初版于 1939 年，再版于 1957 年。虽然年代久远，但对于中世纪史和图书馆学领域的学者和学生来说，它依然具有重要的史料参考价值和学术价值。

　　这部关于书籍和图书馆历史的著作涵盖了 15 个世纪的内容，它呈现了海量的史料，提及了海量的人名和著作，文中还涉及了大量的拉丁文、法文以及德文条目，其难度之大，甚至超出了译者的翻译水平。从接手翻译此书开始，屈指算来，这本大部头的著作翻译历时 4 个年头（2009—2013 年），自 2020 年 9 月至今，经过出版社编辑与译者数轮校对，终于要与读者见面了。我首先要感谢南京大学哲学系宋立宏教授，他引荐译者认识美国德堡大学古典学教授刘津渝博士，我和刘津渝教授在芝加哥大学北京中心虽只一面之缘，她却在美国通过邮件不厌其烦地帮助翻译了本书中的大部分拉丁文条目，对于她的学识，我怀有深深的敬意，对于她的无私帮助，我要在此表示诚挚的谢意。感谢以色列本-古里安大学圣经、考古和古代近东系的 Mayer Gruber 教授，我因曾翻译他的《古代以色列妇女和早期犹太文明》（中国社会科学出版社 2009 年）而与其相识，但至今未有机会谋面，他热心介绍他的同事 Emeritus Pau Figueras 教授帮助翻译了本书中近半数拉丁文书目。我还要感谢我的同事魏凤莲教授，她介绍中国人民大学徐晓旭教授耐心帮助翻译了本书中的部分拉丁文条目。刘津渝教授、徐晓旭教授精通古典拉丁文，Emeritus Pau Figueras 教授精通中世纪拉丁文，从而确保了本书大量拉丁文条目翻译的准确性。

本书中出现的德语条目由山东大学犹太教与跨宗教研究中心的刘新利教授帮助翻译，法语条目由鲁东大学外国语学院的王金英老师帮助翻译。感谢我的朋友徐鹤鸣帮助翻译了本书中的一段中世纪英语以及两处中世纪英语书名，感谢鲁东大学外国语学院贾正传教授帮助翻译了前言中引用的培根名言以及彼特拉克的一本著作名称。可以说，没有上述朋友的无私帮助，这本译著永远都不可能付梓出版。在此我向他们表示诚挚的谢意！

在本译稿校对的过程中，感谢青岛理工大学的莫玉梅教授、山东大学的卢镇副教授、鲁东大学的魏风莲教授、高春常教授、戴瑶玲博士、李建松博士和孙维屏博士对于个别段落及德语、意大利语、拉丁语和法语专有名词的翻译提出的建设性意见。首都师范大学的陈志坚教授所撰写的"中世纪抄本中的'叶'与'折'"为本书中一些专业名词如 quire 和 quaternion 等翻译提供了重要的参照，同时陈老师对我所提出的问题给予了极其耐心的答复。向陈志坚教授致以诚挚的谢意。感谢我的女儿阅读了第一、二、三、七、八、二十一章，并认真为我们提出了许多细致宝贵的行文方面的修改意见。

在本译著出版的过程中，陈恒教授、宋立宏教授、郭子林教授和王秦伟先生给予了本人无私的帮助，在此一并致谢。

特别感谢上海三联出版社的殷亚平老师对本译稿耐心细致的校对，在此向她表达深深的敬意。感谢出版社为此译著出版付出辛苦努力的所有未曾谋面的朋友。

本书的第十三章、第十八章、第十九章、第二十章由鲁东大学学报编辑部的郑军翻译，其余由张淑清翻译，全书由张淑清和郑军共同校对，由张淑清统稿。

尽管译者尽力在翻译的过程中避免讹误，但由于能力和水平有限，翻译这样一部宏大的著述尤其是中世纪的著述难免会有错误和不当之处，敬请同行和专家谅解并批评指正。

我带着深深的爱意将这本译著献给我的家人和亲爱的读者朋友们。

# 上海三联人文经典书库

## 已 出 书 目

17.《秘史》 [东罗马]普罗柯比 著 吴舒屏 吕丽蓉 译

18.《论神性》 [古罗马]西塞罗 著 石敏敏 译

19.《护教篇》 [古罗马]德尔图良 著 涂世华 译

20.《宇宙与创造主:创造神学引论》 [英]大卫·弗格森 著 刘光耀 译

21.《世界主义与民族国家》 [德]弗里德里希·梅尼克 著 孟钟捷 译

22.《古代世界的终结》 [法]菲迪南·罗特 著 王春侠 曹明玉 译

23.《近代欧洲的生活与劳作(从15—18世纪)》 [法]G.勒纳尔 G.乌勒西 著 杨军 译

24.《十二世纪文艺复兴》 [美]查尔斯·哈斯金斯 著 张澜 刘疆 译

25.《五十年伤痕:美国的冷战历史观与世界》(上、下) [美]德瑞克·李波厄特 著 郭学堂 潘忠岐 孙小林 译

26.《欧洲文明的曙光》 [英]戈登·柴尔德 著 陈淳 陈洪波 译

27.《考古学导论》 [英]戈登·柴尔德 著 安志敏 安家瑗 译

28.《历史发生了什么》 [英]戈登·柴尔德 著 李宁利 译

29.《人类创造了自身》 [英]戈登·柴尔德 著 安家瑗 余敬东 译

30.《历史的重建:考古材料的阐释》 [英]戈登·柴尔德 著 方辉 方堃杨 译

31.《中国与大战:寻求新的国家认同与国际化》 [美]徐国琦 著 马建标 译

32.《罗马帝国主义》 [美]腾尼·弗兰克 著 宫秀华 译

33.《追寻人类的过去》 [美]路易斯·宾福德 著 陈胜前 译

34.《古代哲学史》 [德]文德尔班 著 詹文杰 译

35.《自由精神哲学》 [俄]尼古拉·别尔嘉耶夫 著 石衡潭 译

36.《波斯帝国史》 [美]A.T.奥姆斯特德 著 李铁匠等 译

37.《战争的技艺》 [意]尼科洛·马基雅维里 著 崔树义 译 冯克利 校

38.《民族主义:走向现代的五条道路》 [美]里亚·格林菲尔德 著 王春华 等 译 刘北成 校

39.《性格与文化:论东方与西方》 [美]欧文·白璧德 著 孙宜学 译

40.《骑士制度》 [英]埃德加·普雷斯蒂奇 编 林中泽 等译

41.《光荣属于希腊》 [英]J.C.斯托巴特 著 史国荣 译

42.《伟大属于罗马》 ［英］J. C. 斯托巴特 著 王三义 译

43.《图像学研究》 ［美］欧文·潘诺夫斯基 著 戚印平 范景中 译

44.《霍布斯与共和主义自由》 ［英］昆廷·斯金纳 著 管可秾 译

45.《爱之道与爱之力：道德转变的类型、因素与技术》 ［美］皮蒂里姆·A.索罗金 著 陈雪飞 译

46.《法国革命的思想起源》 ［法］达尼埃尔·莫尔内 著 黄艳红 译

47.《穆罕默德和查理曼》 ［比］亨利·皮朗 著 王晋新 译

48.《16世纪的不信教问题：拉伯雷的宗教》 ［法］吕西安·费弗尔 著 赖国栋 译

49.《大地与人类演进：地理学视野下的史学引论》 ［法］吕西安·费弗尔 著 高福进 等译

50.《法国文艺复兴时期的生活》 ［法］吕西安·费弗尔 著 施诚 译

51.《希腊化文明与犹太人》 ［以］维克多·切利科夫 著 石敏敏 译

52.《古代东方的艺术与建筑》 ［美］亨利·富兰克弗特 著 郝海迪 袁指挥 译

53.《欧洲的宗教与虔诚：1215—1515》 ［英］罗伯特·诺布尔·斯旺森 著 龙秀清 张日元 译

54.《中世纪的思维：思想情感发展史》 ［美］亨利·奥斯本·泰勒 著 赵立行 周光发 译

55.《论成为人：神学人类学专论》 ［美］雷·S.安德森 著 叶汀 译

56.《自律的发明：近代道德哲学史》 ［美］J.B.施尼温德 著 张志平 译

57.《城市人：环境及其影响》 ［美］爱德华·克鲁帕特 著 陆伟芳 译

58.《历史与信仰：个人的探询》 ［英］科林·布朗 著 查常平 译

59.《以色列的先知及其历史地位》 ［英］威廉·史密斯 著 孙增霖 译

60.《欧洲民族思想变迁：一部文化史》 ［荷］叶普·列尔森普 著 周明圣 骆海辉 译

61.《有限性的悲剧：狄尔泰的生命释义学》 ［荷］约斯·德·穆尔 著 吕和应 译

62.《希腊史》 ［古希腊］色诺芬 著 徐松岩 译注

63.《罗马经济史》［美］腾尼·弗兰克　著　王桂玲　杨金龙　译

64.《修辞学与文学讲义》［英］亚当·斯密　著　朱卫红　译

65.《从宗教到哲学：西方思想起源研究》［英］康福德　著　曾　琼　王　涛　译

66.《中世纪的人们》［英］艾琳·帕瓦　著　苏圣捷　译

67.《世界戏剧史》［美］G.布罗凯特　J.希尔蒂　著　周靖波　译

68.《20世纪文化百科词典》［俄］瓦季姆·鲁德涅夫　著　杨明天　陈瑞静　译

69.《英语文学与圣经传统大词典》［美］戴维·莱尔·杰弗里(谢大卫)主编
　　刘光耀　章智源等　译

70.《刘松龄——旧耶稣会在京最后一位伟大的天文学家》［美］斯坦尼斯拉
　　夫·叶茨尼克　著　周萍萍　译

71.《地理学》［古希腊］斯特拉博　著　李铁匠　译

72.《马丁·路德的时运》［法］吕西安·费弗尔　著　王永环　肖华峰　译

73.《希腊化文明》［英］威廉·塔恩　著　陈　恒　倪华强　李　月　译

74.《优西比乌：生平、作品及声誉》［美］麦克吉佛特　著　林中泽　龚伟英　译

75.《马可·波罗与世界的发现》［英］约翰·拉纳　著　姬庆红　译

76.《犹太人与现代资本主义》［德］维尔纳·桑巴特　著　艾仁贵　译

77.《早期基督教与希腊教化》［德］瓦纳尔·耶格尔　著　吴晓群　译

78.《希腊艺术史》［美］F.B.塔贝尔　著　殷亚平　译

79.《比较文明研究的理论方法与个案》［日］伊东俊太郎　梅棹忠夫　江上
　　波夫　著　周颂伦　李小白　吴　玲　译

80.《古典学术史：从公元前6世纪到中古末期》［英］约翰·埃德温·桑兹
　　著　赫海迪　译

81.《本笃会规评注》［奥］米歇尔·普契卡　评注　杜海龙　译

82.《伯里克利：伟人考验下的雅典民主》［法］樊尚·阿祖莱　著　方颂华　译

83.《旧世界的相遇：近代之前的跨文化联系与交流》［美］杰里·H.本特利
　　著　李大伟　陈冠堃　译　施　诚　校

84.《词与物：人文科学的考古学》修订译本　［法］米歇尔·福柯　著　莫伟民　译

85.《古希腊历史学家》［英］约翰·伯里　著　张继华　译

86.《自我与历史的戏剧》［美］莱因霍尔德·尼布尔　著　方　永　译

87.《马基雅维里与文艺复兴》[意]费代里科·沙博　著　陈玉聃　译

88.《追寻事实:历史解释的艺术》[美]詹姆士　W.戴维森　著　[美]马克
　　H.利特尔著　刘子奎　译

89.《法西斯主义大众心理学》[奥]威尔海姆·赖希　著　张　峰　译

90.《视觉艺术的历史语法》[奥]阿洛瓦·里格尔　著　刘景联　译

91.《基督教伦理学导论》[德]弗里德里希·施莱尔马赫　著　刘　平　译

92.《九章集》[古罗马]普罗提诺　著　应　明　崔　峰　译

93.《文艺复兴时期的历史意识》[英]彼得·伯克　著　杨贤宗　高细媛　译

94.《启蒙与绝望:一部社会理论史》[英]杰弗里·霍松　著　潘建雷　王旭
　　辉　向　辉　译

95.《曼多马著作集:芬兰学派马丁·路德新诠释》[芬兰]曼多马　著　黄保
　　罗　译

96.《拜占庭的成就:公元330～1453年之历史回顾》[英]罗伯特·拜伦　著
　　周书垚　译

97.《自然史》[古罗马]普林尼　著　李铁匠　译

98.《欧洲文艺复兴的人文主义和文化》[美]查尔斯·G.纳尔特　著　黄毅
　　翔　译

99.《阿莱科休斯传》[古罗马]安娜·科穆宁娜　著　李秀玲　译

100.《论人、风俗、舆论和时代的特征》[英]夏夫兹博里　著　董志刚　译

101.《中世纪和文艺复兴研究》[美]T.E.蒙森　著　陈志坚　等译

102.《历史认识的时空》[日]佐藤正幸　著　郭海良　译

103.《英格兰的意大利文艺复兴》[美]刘易斯·爱因斯坦　著　朱晶进　译

104.《俄罗斯诗人布罗茨基》[俄罗斯]弗拉基米尔·格里高利　耶维奇·邦
　　达连科　著　杨明天　李卓君　译

105.《巫术的历史》[英]蒙塔古·萨默斯　著　陆启宏　等译　陆启宏　校

106.《希腊-罗马典制》[匈牙利]埃米尔·赖希　著　曹　明　苏婉儿　译

107.《十九世纪德国史(第一卷):帝国的覆灭》[英]海因里希·冯·特赖奇
　　克　著　李　娟　译

108.《通史》[古希腊]波利比乌斯　著　杨之涵　译

欢迎广大读者垂询,垂询电话:021-22895540

**图书在版编目(CIP)数据**

中世纪的图书馆/(美)詹姆斯·韦斯特福尔·汤普
逊著;张淑清,郑军译.—上海:上海三联书店,
2023.4
(上海三联人文经典书库)
ISBN 978 - 7 - 5426 - 7911 - 6

Ⅰ.①中…  Ⅱ.①詹…②张…③郑…  Ⅲ.①图书馆
史-世界-中世纪  Ⅳ.①G259.19

中国版本图书馆 CIP 数据核字(2022)第 224058 号

# 中世纪的图书馆

著　　者／[美]詹姆斯·韦斯特福尔·汤普逊
译　　者／张淑清　郑　军

责任编辑／陈马东方月
装帧设计／徐　徐
监　　制／姚　军
责任校对／王凌霄

出版发行／上海三联书店
　　　　　(200030)中国上海市漕溪北路 331 号 A 座 6 楼
邮　　箱／sdxsanlian@sina.com
邮购电话／021 - 22895540
印　　刷／上海展强印刷有限公司

版　　次／2023 年 4 月第 1 版
印　　次／2023 年 4 月第 1 次印刷
开　　本／640mm×960mm　1/16
字　　数／650 千字
印　　张／46
书　　号／ISBN 978 - 7 - 5426 - 7911 - 6/G·1658
定　　价／198.00 元

敬启读者,如发现本书有印装质量问题,请与印刷厂联系 021 - 66366565